JN411518

고용과 성장

김승택 허재준 조준모 전용일 編著

博 英 社

차 례

제 1 장 서 론

제 2 장 거시경제정책과 고용

제 3 장 노동시장정책과 고용

제 4 장 산업정책과 고용

제 5 장 교육·인적자원개발과 고용

제 6 장 성장과 고용에 관한 선진국의 이론과 현실: 한국에의 적용

제 1 장

서 론

제 1 장

서 론

성장과 고용의 선순환 구조 정착을 위하여*

외환위기를 거친 한국경제는 이전과는 다른 경제구조를 갖게 되었으며,[1] 한국의 노동시장 구조도 이에 상응하여 변화하게 되었다. 제조업의 고용 없는 경제성장, 경제 전반의 일자리 증가 둔화, 비정규직 중심의 고용 증가, 청년층의 고용부진 등이 노동시장에서 나타나고 있는 대표적인 현상이다. 한국경제는 최근 수 년간 서비스업의 고용창출이 크게 늘어나지 못하는 상황에서[2] 수출의 내수 연관성은 저하되어, 노동시장에서 자영업자가 점차 감소하고 있으며 임금근로자의 신규취업자 증가폭도 많이 줄고 있다. 청년실업률은 수치상으로 개선

---

* 김승택(한국노동연구원 선임연구위원, 사회정책연구본부장), 허재준(한국노동연구원 선임연구위원, 노동시장연구본부장), 조준모(성균관대학교 경제학과 교수), 전용일(성균관대학교 경제학과 교수). 본 책에 실린 논문들은 노동부와 노동연구원 주관으로 2008년 6월에 성균관대학교에서 열린 "일자리 창출과 경제성장을 위한 국제고용포럼"에 발표되었고 이후에 수정·보완되었다. 성균관대학교 경제학과 대학원에 재학중인 손동희 조교와 박원주 조교가 원고편집에 많은 제언과 도움을 주었다.

1) 경제학자는 종종 항구적인 경제구조의 변화(economic structural breaks)라고 부른다.

2) 허재준(2008b)에 의하면 서비스업에서 제한적으로 일자리가 증가하고 있는데 주로 일자리가 증가하고 있는 부문은 사업서비스업·교육서비스업·개인서비스업이고, 늘어나는 사업서비스업 부문은 비정규직 활용이 높고, 교육서비스부문도 독립계약자나 특수고용형태의 일자리 공급이 증가하고 있어 서비스업에서 늘어난 일자리가 장기적 숙련향상이나 높은 생산성를 위한 양질의 일자리공급과는 거리가 있다고 한다.

된 것처럼 보이지만 일자리를 찾는 것 자체를 포기한 청년 니트족(NEET)이 늘어나고 있다.[3)]

특히 2007년도 미국의 서브프라임 주택대출시장 위기에서 시작되어 2008년도 후반기에 파국적 형태로 진행된 세계 금융시장의 위기는 향후의 일자리 창출 전망을 더욱 어렵게 하고 있다. 금융위기가 실물경제로 전이되어 수출 및 내수, 제조업부문과 서비스업을 막론하고 동반부진을 초래하여 결국 가계소득의 흐름이 악화되고 소비도 감소할 것으로 전망된다. 금융 불안이 기업의 자본조달과 투자에 차질을 가져옴에 따라 기업들이 생산과 고용을 줄일 것으로 예상되고 있다.

거시고용정책과 관련하여 노동수요가 상품수요의 파생수요라는 점에만 주목하여 성장이 이루어지면 고용창출은 자연스럽게 이루어진다는 접근법이 학계의 주류를 이루기도 했지만, 현실 정책에서는 고용정책에 대한 중요성이 점점 부각되어 왔던 것이 주요국의 일반적인 경험이다. 인적자본의 축적이 성장 내지 경제발전에 지대한 영향을 미치고 그를 통해 고용이 증진되는 측면이 존재하기 때문이다. 성장과 고용의 상호관계에서는 원인적 역할이 어느 한 쪽에 있는 것이 아니라 양자 간의 선순환 구조를 확보하는 것이 무엇보다도 중요한 일임을 알 수 있다. 이러한 점은 당연히 정책차원에서도 중요한 의미를 갖는다.

이명박 정부는 출범 직후 성장률 제고를 위해 수출확대 정책을 취해 오다가 달러화 약세 및 세계 정세변동에 따른 유가 및 원자재가격의 급등으로, 수출에 의한 성장이 한계에 봉착하고 국내 물가 불안은 확대된 경험을 갖고 있다. 더욱이 금융위기가 심화되고 있는 상황에서 성장률 저하와 함께 고용사정은 더욱 악화될 것으로 전망되고 있다. 2008년 9월의 취업자수 증가는 전년 동기 대비 11.2만 명에 그침으로써, 올해 3사분기까지의 취업자수 증가는 17.5만 명에 불과해 정부가 취업자수 증가 목표치를 35만 명에서 28만 명으로, 다시 20만 명으로 낮추었으나 이 목표치 달성도 가능하지 않을 것이 명확해졌다. 게다가 금융위기가 실물경제로 확산됨에 따라 기존의 일자리에서도 고용 불안이 증가할 것으로 예상된다.

---

3) 청년 NEET(Neither in Education, Employment or Training)의 유형과 규모는 조준모·전용일(2008)의 연구를 참조할 수 있다.

현재 시점에서 계획한 모든 경제정책을 원점에서 재검토할 필요성까지는 아니더라도, 성장률 제고를 통해 고용문제를 자연스럽게 해결할 수 있다는 기존의 고용정책 접근법으로 당면한 문제 해결은 물론 경제 위기를 헤쳐 나가기에도 힘들다는 점은 명약관화해 보인다. 고용사정이 하반기로 올수록 급격히 악화됨으로써 정부가 고용문제를 수수방관하고 있는 것이 아닌가라는 비판이 대두되고 있으며, 이러한 비판의 근저에는 이명박 정부가 고용문제의 해결을 지나치게 성장의존적으로만 바라보고 있다는 우려가 존재한다.

현재의 한국경제 상황에서 잠재성장률[4]을 높이는 데 역량을 집중함으로써 고용문제를 장기적으로 해결하는 방향으로 정책기조를 가져가야 하는지, 성장률을 다소 희생하더라도 단기적 일자리 증진 정책을 수행해야 하는지, 아니면 성장잠재력을 제고하면서 고용도 동시에 증진시킬 수 있는 창의적 전략 설정의 가능성은 없는지에 관하여 실천적 모색과 논쟁이 필요한 시점이다.[5]

2000년 이후 세계경제의 호황 국면에서 한국의 제조업은 기록적인 수출증가를 이루었다. 그러나 다른 한편으로 이 시기에 대기업 중심의 성장 편중 현상이 극명하게 나타나기도 하였다. 즉 수출확대에 기반한 대기업의 성장이 중소기업과의 동반 성장으로 연결되지 못하고 중소기업에서 양질의 일자리 창출이 미미한 한계에 봉착하게 되었다. 또한 제조업분야 중소기업들은 저렴한 수송·통신비에 기초하여 노동비용 절감을 이유로 중국과 베트남 등 다른 국가로의 공장이전을 모색하여 왔으며, 서비스업분야 중소기업은 낮은 생산성으로 인해 좋은 일자리 공급이 제한되었다.

노동공급 측면에서도 저출산이 보편화되고 인구구조가 고령화됨에 따라 일할 수 있는 양질의 노동력 공급이 제한될 것으로 예상되고, 실제로 현실 속에서 이러한 문제들이 경제에 부정적인 효과를 야기하기 시작하였다. 노동력의 고학력화가 노동력의 질적 향상으로 이어지고 있다고 보기 어렵고 노동수요 둔

4) 잠재성장률은 노동과 자본이 완전고용된 상태에서 물가상승을 유발하지 않고 달성할 수 있는 경제성장률을 가리킨다.

5) 유사한 접근법으로 유럽의 리스본전략이 있는데, 유럽연합(EU) 15개 국 정상들이 2000년 3월 포르투갈의 수도 리스본에 모여서 합의한 것으로 높은 경제성장률(2010년까지 3%대)과 고용률(70%대)을 동시 달성을 목표로 하면서 금융과 유통 등 서비스시장을 하나로 통합하고자 하였다.

화와 정규직 노동시장의 유연성 부족 등으로 인하여 청년층 고용률은 하락하고 있으며, 대학졸업 이상의 고등교육을 받은 예비 노동자들도 자신의 눈높이에 맞는 직업을 찾지 못하여 직업생애의 출발이 지연되고 있다. 그리고 빠른 기술변화에 맞추어 시기적절한 직업훈련을 받기가 용이하지 않으며, 학교교육이 시장수요에 부응하는 숙련도를 가진 근로자를 만들어내기에도 상당히 벅찬 상황에 처해 있는 것으로 판단된다.

거시경제학에서 사용되는 신고전학파적인 사고와 성장론이나 기업이론에서 주로 사용되어지는 생산함수 〈생산＝f(노동, 자본)＋외부충격〉이 의미하는 바는 생산이 노동과 자본의 투입에 따라 증가하는 것이지만,[6] 경제학의 일반균형모형하에서는 이윤극대화를 위해 기업들이 결정한 생산량으로부터 파생되어 노동과 자본을 선택하게 된다. 선산출물-후생산요소투입의 결정모형에서는 높은 성장률이 생산요소의 투입량을 확대하는 데 전제가 되며 금융정책, 재정정책, 환율정책 등으로 대표되는 거시경제정책과 산업정책, 노동시장정책, 교육과학기술정책 등의 정부관련 정책들도 생산요소보다는 산출물의 규모를 확대하는 방향으로 작용한다. 그러나 이러한 측면에만 주목하면 성장-고용-성장-고용으로 이어지는 선순환 논리가 제대로 파악되지 못하는 측면이 있다. 다만 성장-고용의 단순화되고 일방적인 고리만이 존재할 뿐이다.

우리나라의 경우 외환위기 이전에는 생산의 증가가 고용의 창출로 연결되고, 이익의 일부는 자본의 질을 증가시키는 데에 재투자됨으로써 다음 시기의 생산이 더욱 증가하는 선순환 구조를 가지고 있었다. 따라서 초기 성장이 자본의 외연을 확대시키고 결과적으로 경제성장률을 제고하는 방향으로 작동하였다. 그러나 외환위기를 경험하면서 경제개방화가 급속도로 이루어지고 저가 노동력을 강점으로 하는 중국의 추격이 이루어지는 상황에서 더 이상 과거 모형으로는 경제성장이 지속가능하게 되지 않았으며 한국경제 중흥을 위한 노동의 의미는 무엇인가가 새로운 화두로 대두되었다. 노동의 질 제고 없이는 경제성장이 고용창출로 이어지는 선순환고리가 파괴된다. 경제성장-자본잉여의 해외투자-국내고용감소-내수감소-고용의 추가 하락이라는 악순환이 지배적인 메커

6) $f(\cdot)$의 함수가 시간이 지나도 일정한 형태를 유지한다고 가정하며 이것은 현실경제상 매우 설득력 있는 가정이다

니즘이 되는 상황에서는 더 이상 과거의 성장위주의 접근법에 안주해서는 곤란하다.

1990년대 이래 성장이 고용으로 환류되는 효과가 줄어들고 성장이 고용창출로 이어지지 않는 현상이 여러 나라에서 보고되었다. 새로운 노동자의 진입과 기존 노동자의 교육훈련이 높은 생산성을 낳기는 하지만, 그것이 고용창출에 대한 기여로 연결되지 못한 것이다. 그 대신에 자본집약적인 기술에 경도되고, 값싼 노동력을 찾기 위하여 해외로 생산기지를 이전하는 현상이 보편화되었다. 이러한 생산방식의 변화는 한국 기업도 예외가 아니다.

이러한 생산방식의 변화를 배경으로 성장과 고용의 선순환 구조에 이상 현상을 감지한 주요 선진국에서는 새로운 패러다임을 가지고 고용정책 내지는 고용전략을 수립하는 데 정부의 역량을 집중하고 있다. 반면 최근 국내의 경제·사회 정책은 오히려 생산성 증가의 원천을 자본집약화에 둠으로써 해외 이전의 촉진과 자본집중화에 유인을 제공하고 있는 것은 아닌가 하는 의문이 제기되고 있다. 이러한 정책 기조는 생산을 증가시키는 데에서 단기적으로 가시적인 결과를 보여줄 수는 있지만, 고용의 질적·양적 증가에는 별로 도움이 되지 못하여 장기적으로 한국경제가 우수한 노동력의 공급 한계에 따른 성장 고착의 함정에 빠져들 수 있다는 우려를 제기하고 있다. 최근 10여 년간 한국과 주요 유럽 선진국 정부가 시도한 것처럼 적절한 고용정책이 성장을 견인하고 경제사회의 안전망 역할을 하면서 적절한 거시·고용정책의 조합을 모색하도록 하는 것이 필요한 시기는 아닌가라는 생각이 들 정도이다. 즉, 고용과 성장의 선순환 구조 확립 당위성이 부각되면서 사회·경제정책의 수립에서 고용증대와 생산증가를 동시에 고려하는 일이 매우 중요한 쟁점으로 부각되고 있다.

본 저서에서는 이러한 문제의식에 입각하여 서장에서 고용과 성장의 선순환 구조 확립이라는 관점에서 고용정책의 의미를 검토하고, 현실경제를 염두에 두고 거시정책, 노동시장정책, 산업정책, 교육과학기술정책이 어떠한 조합을 이루는 것이 적절한가에 대한 최근의 논의와 여러 정책적인 시도를 개괄하고자 한다. 이러한 시도가 이 책에 실린 여러 논문들에 대한 보완적이고 총체적인 시각을 제공해 줄 수 있기를 기대한다.

제 2 장에서는 거시경제정책과 고용정책의 접목을 토론하는데, 투자 활성화를 통하여 내수를 증진하고 수출을 촉진시켜 실질성장률과 잠재성장률을 높여 일자리를 창출하는 정책에 대해 설명하고 있다. 잠재성장률과 실질성장률 간에 괴리가 발생하며 자연히 고용문제가 대두되고 여기에 멈추지 않고 유휴화된 노동의 인적자본은 퇴화되어 미래의 잠재성장률은 감소하는 악순환이 반복되게 되는 것이다. 오늘의 노동의 문제가 내일의 성장의 문제를 유발하고 있는 것이다. 노동시장의 구인·구직 정보유통 효율화, 직업훈련체계의 효율화를 통한 노동시장 이직의 효율화, 외부충격에 유연하게 적응할 수 있는 유연노동시장 구조, 노동시장 열위자가 재활성화되어 노동시장으로 재진입하는 것을 도와주는 적극적인 사회안전망 구조는 단순히 실업정책 차원의 문제가 아니라 미래의 잠재성장률을 높이는 경제정책의 핵심임을 간과해서는 아니 될 것이다.

최근 수출증가에 따른 기업의 투자증진으로 경제성장률을 높여 그에 따라 일자리를 창출하고자 하는 거시경제정책은 고용을 증대시키는 데 한계를 갖는다. 특히, 고용구조 악화와 상대적 빈곤 증대를 경험하고 있는 현실을 고려한다면, 성장-고용-복지의 측면에서 거시정책을 연계시켜야 할 것이다.

제 2 장 제 2 절에서 최공필 박사는 현재 한국경제상황을 고려하여 고용친화적인 거시경제성장을 어떻게 구현할 것인가에 대해 종합적으로 논의한다. 1990년대 이래 세계경제의 상호의존도가 증가하였을 뿐만 아니라 자본이동 또한 더욱 자유로워졌다. 특히 한국은 1990년대 말 외환위기를 겪으면서 개방화가 더욱 진전되어 세계화의 흐름 속에 더욱 강도 높게 편입되었다. 보다 높은 경제적 이윤을 위하여 자본이 자유롭게 이동하고, 때로는 이윤 실현을 위해 자본이 급격히 이동하여, 외환보유액 부족으로 인한 경제 전반에 걸친 위기나 환율의 급격한 변동을 경험하기도 한다. 이러한 세계화와 개방화가 고용증가의 효과로 이어지기를 기대하였지만, 현실에서는 수출주도형 성장을 통한 고용창출의 효과가 과거만큼 나타나지 않고 있다. 금융위기로 미국의 소비가 위축되고 세계 각국의 대미수출이 감소함으로써, 수출 의존도가 높은 한국은 수출감소로 인해 수출의 고용창출 기여도가 더욱 제약될 것으로 전망된다.[7)]

---

7) 허재준(2008a)에 의하면 2000년 불변가격 기준의 수출의 취업유발계수는 10억원당 1990년 26.4명에서 2000년 15.7명으로 줄어들었고 2003년에는 13.9명으로 감소했다. 제조업의 GDP는

제 2 장 제 3 절에서 허재준 박사는 고용탄력성이 최근의 경기순환기인 2003~2007년 기간에만 낮아졌을 뿐 장기적으로는 물론 외환위기 이후에 있었던 두 번의 경기순환기만 한데 묶어 보아도 매우 안정적이었음을 확인한다. 그리하여 단위성장률이 자아내는 취업자수 증가율이 하락한다는 의미의 일자리 창출력 저하 현상은 최근의 경제순환기인 2003~2007년간에 한정된 '과도적 현상'이며 이를 항구적 현상으로 간주해서는 안 된다고 한다. 고용탄력성이 장기적으로 안정적인 사실로 미루어 볼 때 창출되는 일자리의 크기는 장기적으로 성장의 고용탄력성의 증감보다는 성장률 자체에 의존할 것이기 때문이다. 그리하여 허재준 박사는 일자리 창출 문제에 대응하기 위해서는 성장률 제고를 위한 노력이 우선되어야 한다고 주장한다. 그런데 성장률 제고를 위한 노력은 단기적 경기진작이 아니라 구조조정을 촉진하는 것과 함께 성장잠재력을 확충하는 데에서 모색되어야 한다고 한다. 고용증대를 위해서는 성장률이 제고되어야 하지만 시장 확대가 생산물 수요증가와 성장을 제고시키고 그를 통해 고용이 증가하는 경로 외에도 인적자본 축적이 성장을 가져오고 이를 통해 고용이 증진되는 경로 모두에 주목하여 경제·산업정책을 펴고 교육제도 개혁과 경제환경 변화에 맞는 제도 정비를 통해 성장잠재력을 확충할 것을 주장한다. 고용과 성장간의 관계를 이처럼 양면적으로 바라보며 종합적 정책조합을 꾀할 때에 성장과 고용의 선순환이라는 소기의 성과를 거둘 수 있다고 한다. 이러한 관점에서 그는 일자리 창출의 제약을 극복하기 위한 처방으로 성장잠재력 확충을 꼽지만 경제상황에 맞게 정부가 적극적 노동시장정책과 일자리 창출사업을 전개하는 것을 배제하지 않는다.

세계경제의 변동성으로 인해 외부충격이 발생했을 때에 고용에 미치는 부작용을 최소화하기 위해서는 노동시장유연화에 과부하가 걸리기 이전의 선제적 거시경제정책이 필요하다. 허재준(2008a)에 의하면 한국경제는 국제시장 진출을 통해 성장한 개방경제여서 내수부문이 진작되든 그렇지 않든 수출부문의 신장이 일자리 확충 및 소득향상에 필수적이다. 그리하여 단기적으로 적정수준의 외환보유고 유지와 장기적으로 수출상품의 다각화·다양화가 요구된다. 이 밖

2000년과 2007년 사이에 59.4% 증가했지만 고용은 17.4만 명 감소하였다.

에도 정부의 시장개입 허용 및 중앙은행과 정부기관의 금융 및 거시정책의 신뢰도 유지, 물가안정을 위한 강력한 추진 의지 등이 필요하다. 유가변동이 국내경제의 성장과 고용측면에 영향을 미칠 수 있음을 고려할 때 장기적인 예측과 단기적인 수급정책, 에너지 고효율체제로의 전환 등도 거시경제정책에 필수적이다.

투자와 소비를 증가시켜 성장을 도모하는 과정에서는 투자 증진에 걸림돌이 되는 사전규제가 있는지 아니면 합리적인 사후규제에 대한 자신이 없어 사전규제에 집착을 하는 것은 아닌지에 대한 검토가 필요하다. 그리하여 필요한 규제의 실효성을 확보하면서도 규제의 파급효과를 성장과 고용의 관점에서 분석하여 규제 품질 관리를 지속적으로 할 수 있어야 한다. 공공부문의 민영화 및 구조조정 과정도 규제완화와 경쟁체계의 도입을 통해 효율성을 제고하여 국내투자를 증진시키고 생산성 제고를 통한 고용증대가 이루어지도록 설계해야 한다.[8)]

제 2 장 제 4 절에서 양준모 교수는 외환위기 이후 교역조건의 악화에 따른 실질소득과 소비의 감소에 대응하는 정부의 대책이 고환율정책을 통한 잘못된 대응으로 흐르고 한국경제 대내적으로도 혁신역량이 부족하였다고 지적하고 있다. 이러한 적절치 못한 정책 대응이 현재 한국경제의 저성장과 추가고용의 창출이 없는 성장을 가져오는 동기가 되었다는 것이다.

제 3 장은 핵심적인 노동시장정책인 노동시장 유연화, 고용보험, 근로빈곤에 대해 다루고 있다. 외환위기 이후 한국의 노동시장 정책은 경제성장에 필요한 인력 양성이나 실업대책이라는 테두리에 머무르지 않고 고용창출에도 역점을 두어 왔다. 그럼에도 불구하고 여성, 취업준비 청년, 고령자 등을 포함한 비경제활동인구가 증가함과 동시에 새로운 고용창출이 기대만큼 크지 않고, 일자리 자체도 비정규직, 저임금 근로자의 비중이 높아지는 등 노동시장의 이중구조화가 진행되었다. 한국은 선진국과 비교해 볼 때 실업률이 낮긴 하지만 고

---

8) 허재준(2008c)은 노동시장의 유연성과 물가압력진단, 노사관계 및 노동시장 정책 대응방향에 대해 자세히 논의하고 있다. 그에 따르면 공공부문의 구조개혁이나 민영화의 추진과정에서, 미국과 영국은 사회적 대화 전통이 발달하지 않아 노조의 별다른 저항 없이 정부의 주도하에 이루어졌고, 서유럽국가에서는 노조, 소비자들과 사회적 협의를 거쳐 점진적으로 이루어졌다.

용률 또한 높지 않다. 따라서 가용한 — 특히 여성 — 노동력이 충분히 활용되지 못하고 있는 편이고, 질적인 면에서 고용구조가 개선될 여지가 많다.[9] 이러한 예로 청년층들의 눈높이에 맞추어 일자리를 공급하지 못하고 기업들이 필요로 하는 인력을 적절히 배출하지도 못한 점을 지적한다. 허재준(2008b)에 의하면 지난 수 년간 대기업 근로자와 중소기업 근로자간의 임금격차는 증가한 반면 대기업보다는 중소기업에서 일하는 노동자의 비율이 증가하여 중소기업 근로자가 대기업으로 이동할 수 있는 가능성은 줄어들었다. 전병유(2007)에 의하면 한국의 노동시장 유연성은 높은 편이지만 대기업 노동시장의 경직성으로 인하여 기업이 경영환경변화에 탄력적으로 대응하지 못하게 되는 측면이 있다. 노동자의 고용불안을 제거하고 노동생산성을 향상시키면서 기업의 경영효율성을 도모하기 위해서는 노동시장의 유연성과 안정성이 모두 필요하다.

제 3 장 제 2 절에서 배진한 교수는 한국이 분배 악화 없이 고도성장을 이룩한 것은 노동시장이 유연하게 작동하였기 때문이라고 한다. 선진국의 경험에 의하면 노동시장의 규제 강화가 일자리 창출을 억제하고 비정규직 비율과 실업률을 높인다. 이를 볼 때 노동시장의 유연성 강화는 양극화를 초래하기보다는 비정규직의 증가를 낮추고 정규직과 비정규직간의 격차도 줄이며 지속성장을 용이하게 만들게 된다고 주장한다. 지식정보화, 개방화, 서비스화로 노동시장의 유연성이 높아져야 할 필요성이 증가함에도 불구하고, 상대적으로 경직적인 상태가 유지되고 있는데, 그에 대한 처방으로 노사관계와 노동시장제도 및 정책에 종합적으로 접근할 것을 주장한다.

외환위기 이후 세계화와 개방화가 더욱 진전되어 생산시설 자체의 이동이 빈번해짐에 따라 근로자가 느끼는 고용불안도 상당하다. 사회안전망의 보호를 적절히 받지 못하고 장기적인 전망 부재로 자기계발에도 투자를 하지 못하고 있다. 취약계층이 고용보험에 가입하지 않아 실업급여를 받지 못하는 등 제도적 보호를 받지 못하고 있어, 영세기업 근로자나 자영업자에게 사회보험가입의 동기를 부여함과 동시에 그에 따른 경제적 혜택을 주는 것이 반드시 필요하다. 또한 공공 직업능력개발 및 고용지원이 충분히 활용되도록 할 필요가 있다. 제

9) 조준모(2008)는 한국보육정책이 여성고용 창출과 독립적으로 시행되고 있어 보건복지가족부의 보육정책과 노동부의 여성고용정책의 연계가 필요하다고 주장한다.

3장 제3절에서 이인재 교수는 고용보험제도에 대한 개혁안으로써 실업급여제도를 수정하여 실업급여수준을 조정하고 실업기관간 실업급여액을 연동하는 방안, 자산에 근거한 프로그램으로 바꾸는 방안을 검토한 후, 실업근로자의 보호수준을 저하시키지 않으면서도 부정적인 동기효과를 완화할 수 있는 실험보험저축계좌제의 도입을 주장하고 그 실현방안에 대해 논의하고 있다.

여성, 노령자, 자영업자에 대한 일자리 제공, 청년층 실업대책, 취약계층에 대한 일자리 지원 및 직업훈련이 주로 국가재정에 의존하여 이루어지고 있지만, 빈곤층과 저소득 근로자를 보호하기 위해 자활사업을 내실화하고 근로빈곤을 해소하기 위한 정책은 그다지 발달되어 있지 않다. 지금까지 빈곤문제에 대한 접근은 주로 복지서비스 제공이 대부분이었는데 빈곤층의 고용·훈련·복지를 연계하는 제도가 필요하다. 시간부족, 비용부담, 정보부재로 인하여 취약계층에게 능력개발의 기회가 공정히 제공되지 못하는 현실을 반영하여, 빈곤층이나 취약계층에 맞는 훈련기회가 주어져야 한다. 또한 고용안전망의 사각지대에 위치하고 있는 이러한 빈곤계층에게 고용지원이 효율적으로 제공되도록 여러 형태의 투자가 이루어져야 하고 이러한 제도의 적절한 평가가 반드시 수반되어야 한다.

김혜원 박사는 제3장 제4절에서 행정보호의 사각에 위치하는 빈곤층에 대하여 근로경험의 취약함을 극복하도록 고용을 지원하는 — 현금급여와 고용지원서비스가 결합되어 제공되어지는 노동시장 통합 촉진형 프로그램인 — 취업촉진급여제도를 소개하고 있다.

제4장에서 다루어진 산업정책과 고용의 연관측면을 살펴보면, 산업수요와 인력양성체계가 잠재적 일자리를 창출하고 있지 못하여 인력수급의 불일치를 해소할 필요가 있다. 산업기술과 고용이 밀접한 연관성을 가진 환경에서 산업정책에만 매진하면 고용이 늘지 않고, 고용유발에만 초점을 두다 보면 산업기술변화를 충분히 반영하지 못하여 성장동력이 약해질 수 있다. 기술혁신이 요구되는 산업에서는 혁신의 원동력이 연구인력 등 사람이기 때문에 기업의 노동수요를 충족시키기 위해 노동시장의 유연성이 필요하고, 반면 저생산 산업군, 저생산 영세 서비스업부문 등에서는 고용이 지속적으로 감소하고 있어 구조조

정에 따른 방출인력의 재교육훈련이 필수적이라고 할 수 있다.

그 동안 우리나라는 산업수요를 면밀히 검토하지 않고, 중소기업의 인력수요를 충족시키지 못하면서 실업고등학교 교육과 전문대학의 확충에 매달려 왔고, 과잉 공급된 4년제 대학들은 1980년대 이후 청년실업의 문제를 양상하게 되었다. 실업계 특성화와 전문대의 실무형 기능인 양성은 한계성을 보였고, 4년제 대학에서의 대학과정과 직무의 직접적인 연관성의 결여로 인하여 직무에 맞는 교육을 기업이 다시 시행하여야 하는 등의 비효율성을 가져왔다. 이처럼 과잉공급된 고등교육인력과 수급상의 불일치를 줄이기 위하여 대학정원 조정, 교육과정 및 학과의 재편, 대학간의 통합 및 정원감축, 해외교육 및 훈련기관과의 교류 등이 필요하며, 사회의 수요에 맞추어 전문인력을 양성하고 국제화에 동참하는 것이 필요하다.

한편, 신성장분야의 발전을 위해서는 고부가가치산업의 연구개발 인력이 절대적으로 필요하다. 이러한 기술·자본집약적인 신성장동력산업에 대비하여 고용유발효과가 높은 중소기업층이 두터워질 수 있는 환경을 조성할 필요가 있고, 중간 기술인력의 원활한 공급을 위하여 교육, 직무훈련의 현장성이 제고되어야 한다. 고용창출의 관점에서 혁신형 중소기업을 육성하고, 서비스업을 일자리 창출의 한 방편으로 고려하여 — 특히 소규모 자영업자에 의해 운영되는 — 도소매, 음식, 숙박업 또는 관광, 레저산업의 전략적인 육성이 필요하다.

세계화·개방화와 자본·기술집약적인 성장으로 인하여 경제부문간에 격차가 확대되고 있는데, 수출업종과 내수 주력업종간, 제조업과 서비스업간, 대기업과 중소기업간에 성장속도 및 성과격차가 현저히 존재하고 고용측면에서 고용형태와 임금소득의 차이가 발생하고 있다. 노동시장도 대기업에서의 정규직 중심부문과 저임금의 중소기업에 고용된 비정규직부문의 양극화를 경험하고 있다. 이러한 비정규 함정, 저임금 함정으로 인해 산업부문간의 노동이동이 차단되고 정체되어, 노동자원은 효율적으로 배분되지 못하게 된다. 이와 같은 상황을 극복하기 위해서는 산업현장인력의 직업능력개발을 위해 훈련기관에서 시행되는 학습을 학점으로 인정하고 학습과 노동을 연계하는 훈련제도가 필요하며, 현장성이 높은 자격제도를 구축하여 훈련을 통한 보상이 적절히 이루어지도록 조치해야 한다.

제 4 장 제 2 절에서 조준모 교수와 황성수 박사는 한국 기업정책이 보호 위주의 중소기업정책과 규제 위주의 대기업 정책으로 양분되어 있다고 지적하고, 대-중소기업의 정책적인 분류로 인해 우수 중견기업이나 대기업으로 성장할 수 있는 중소기업들이 특혜를 받기 위해 규모를 늘리지 않으려고 하며, 비정규직을 늘리거나 사내 하청 등의 비정상적인 아웃소싱을 하여 결국 고용증가에 역행하고 있다고 주장한다. 따라서 중소기업의 범주를 적절히 재조정함으로써, 중소규모의 중견기업을 키워가는 것 자체가 국내 산업구조를 튼튼히 하여 국가가 성장하는 동력이 되며 일자리 창출의 중심축이 된다고 한다. 즉, 대기업-중견기업-중소기업으로 나누어 성장단계별 유연지원제도가 필요하다고 주장한다.[10)]

고용창출은 양과 질적인 면에서 모두 고려되어야 하고, 산업별로도 각기 다른 대책이 마련되어야 한다. 신성장동력산업을 새로이 발굴하고 금융, 서비스산업의 경쟁력을 강화하면서 일자리를 창출하는 한편, 고용지원서비스를 강화하고 선진화하여 고용구조 개선을 위한 대책이 필요하다. 제 4 장 제 3 절에서 김종일 교수는 90년대 이후의 경제구조변화를 통하여, 경제성장률 자체의 문제보다는 한국경제 구조의 조정이 더 시급하다고 진단하고 이를 해결하기 위해, 장기적인 구조조정을 지연시키기만 하는 단기적이고 총량적 거시경제정책보다는, 양질의 일자리 창출을 가져오는 중장기 구조정책에 역점을 두어야 한다고 주장한다. 한국의 경제구조 변화방향이 수출비중이 높은 제조업 주도적이라는 측면을 고려하면, 세계화된 대기업에 부응하지 못하는 취약한 중소기업으로 인하여 제조업 비중이 과도하게 낮아지고 있는 측면도 우려하면서, 제조 대기업의 고용축소와 그간 고용을 흡수해 온 중소기업의 고용증가세가 감소세로 돌아서면서 제조업의 고용은 계속 줄어들 것으로 예상한다. 규모가 일정수준 이상인 국가에서 서비스업이 경제성장의 원동력이 되는 경우를 찾아보면 오로지 영국과 미국만 발견되는 점을 볼 때, 서비스업이 생산성 있는 일자리를 창출할 수는 있지만 성장의 엔진으로 삼으려는 정책은 현실성이 없다고 결론지을 수 있다. 한국의 경우 해외 경쟁에 의하여 모든 경공업이 사양화될 필요는 없고,

---

10) 정책대안으로 초기 생산요소 지원, 성장단계에서의 R&D 지원, 중견화된 이후에는 경영기법의 전수 등의 방법으로 중소기업 정책을 재구성할 필요가 있다고 주장한다.

이러한 산업에서도 제품고급화와 기술혁신에 의해 국내 생산활동이 유지되어 기존의 전통 제조업과 기존의 서비스업에서 생산성 있는 일자리가 창출되어야 한다고 주장한다.

현재 재정·금융정책을 통한 경기부양이 쉽지 않은 면을 감안하면 변화하는 노동시장 및 기업환경에 맞추어 일자리 창출을 위한 규제개혁방안과 고용친화적 환경을 조성해 나가야 할 필요가 있다.[11] 이주선 박사는 제 4 장 제 4 절에서 노동시장에서의 유연성과 안정성을 이루어 내기 위해서는 경직적인 노동시장과 노사관계에 대한 규제개혁이 필요하다고 주장하며 그에 대한 구체적 방안을 자세히 논하고 있다.

우수한 인적자원과 높은 교육열이 한국의 경제성장에 기인하는 바가 크다는 점은 국내외를 막론하고 널리 인정되고, 개발연대 이후 최근까지 전체적인 교육수준이 양적으로 급속하게 증가한 데에는 일정정도 교육정책이 기여한 바가 있다.[12] 논쟁의 여지는 다소 있으나, 과거의 고도 성장기에는 고등교육 졸업자에 대한 고용기회가 확대되었으며, 이들 고학력 노동자들이 고도성장의 주역으로 활동하는 방식으로 고용과 성장의 선순환 구조가 어느 정도 작동하였다고 말할 수 있다. 그러나 과거와 같은 고도성장의 시대가 지나가고, 세계화의 거센 물결이 몰아치고 있는 현 시점에서 과거 개발연대에서 경험하였던 교육확대를 통한 고용과 성장의 선순환 구조는 더 이상 제대로 작동하지 않고 있는 것으로 보인다. 우선 산업현장에서 기술변화가 급속히 이루어지고 있고, 기업에서 개인의 직무가 다양화·다기화됨에 따라 산업에서 요구하는 인재상 역시 과거에 비해 다양화되고 있는 데 반하여, 고등교육 과정은 산업사회의 변화에 대응하여 유연성과 창의성을 신장시키는 방향으로 변화하고 있지 못하다는 점이 그 이유 중의 하나이다. 특히 세계화로 인한 경쟁압력이 현실화되기 시작한 2000년대 이후, 변화하는 한국경제의 현주소에 맞는 인적자원이 개발되어 노동

---

11) 전병유(2007)는 금전보상을 통한 근로관계 종료제 도입, 부당해고 형사벌제도 폐지, 경영상 해고예고기간의 차등화, 탄력적 근로제도확대, 성과급 임금체계 확산지원 등의 탄력성증대를 언급하고 있다. 또한 업종, 고용형태 등에 따른 근로계약 체결방식의 다양화, 퇴직 연금제에 대한 고려 등을 다루고 있다.

12) 교육인적자원개발정책에 대한 논의는 이병희 외(2005) 참조.

력의 질적·양적 증가로 연결되었는지에 대한 의문이 강하게 제기되고 있다. 즉, 노동력의 전반적인 생산력 수준이 그다지 높아지지 않고, 현실적으로 고등교육을 위한 과잉교육투자 여부의 논란이 있는 반면, 고학력자가 많이 포진하고 있음에도 불구하고 교육과정이 산업구조의 발전과 노동시장의 변화를 제대로 반영하지 못하고, 직업교육의 산실인 실업계 고교나 일부 지방대학 등은 때때로 그 존재성의 위기에 봉착하고 있다.[13] 즉, 교육과 노동시장과의 연계가 제대로 이루어지지 않고 있으며 이는 노동자의 생산성 향상에 걸림돌로 작용한다.

제 5 장의 교육인적자원과 고용에 관한 세 편의 논문도 세부적인 초점은 다소 다르나 크게 보아 교육을 통한 고용과 성장 선순환 구조의 재확립에 필요한 분석과 정책대안들을 제시하고 있다. 제 5 장 제 2 절에서 주무현 박사는 직무·교육의 불일치가 — 특히 첫 일자리의 과잉학력을 통한 — 노동시장의 성과에 미치는 영향을 실증분석하고 있다. 고등교육이 대중화단계로 접어드는 과정에서, 대학교육이 지속적인 경제성장과 기술변화에 따른 노동시장수요의 변화에 충분히 대처하지 못하고 있는 상황이다. 명문대학 대비 비명문대학, 수도권대학 대비 지방대학, 지방대학간의 차이 등으로 출신대학이 노동시장에서 중요한 역할을 하고 있는데, 문헌에 따르면 지방대 졸업생은 수도권대학과 비교하여 첫 일자리로의 이행기간이 길고, 첫 직장의 사업체 규모가 상대적으로 작으며, 임금수준도 낮은 편이다. 또한 지방대학간에도 많은 성과의 차이가 존재한다. 오호영 박사는 제 5 장 제 4 절에서 실질적인 대학서열화가 중위권 대학부터 시작한다고 해석하고 있다. 또한, 출신학과가 직업선택의 중요원인이 되는 학력주의 관행이 팽배한 현실은 대학교육이 노동시장의 요구와 성장에 부합하지 못하고 있다는 것을 나타낸다. 고등교육 공급자에 대한 정보가 부재한 상태에서 고등교육에 대한 초과수요가 발생하고 비탄력적인 공급으로 인해 고등교육의 질적 수준이 상대적으로 하락하고 있다. 그리고 이러한 청년층의 고학력화가 하향취업을 유도하며 청년대졸자 내에서도 임금격차가 급격히 확대되고 있다. 제 5 장 제 3 절에서 김진영 교수는 고등교육과 노동시장의 관계를 고찰하고

13) 허재준(2008a)에 따르면 대학진학률은 33.2%(1990년)에서 82.8%(2007년)으로 증가하였고, 실업계고등학교 졸업자의 대학진학률도 40.0%(2000년)에서 71.5%(2007년)으로 급격히 증가하였다.

있는데, 서열이 높은 학교출신 졸업생들이 높은 임금을 받는 이유로 노동시장의 차별성, 긍정적인 동료집단효과, 높은 질의 교육제공 등을 들고 있다. 따라서 직무에 필요한 학력수준보다 높은 교육을 받은 고학력자의 증가가 거시적인 측면에서 한국 노동시장의 효율적인 자원배분 및 성장에 충분히 기여하지 못하고 있다.[14)]

입시교육에 공교육자원의 대부분을 소진하고, 대학들도 우수한 인재선발에 우선순위를 두는 현실에서 대학자율화는 학생선발권 자율화의 포장으로 비추어진다. 오호영 박사는 우수한 학생을 선발한 상위권대학이 독과점적인 지위에 안주하려는 암묵적 담합구조가 존재한다고 한다. 그렇지만, 고용성장 측면에서 볼 때 고급인력의 양성을 위해서는 대학간의 경쟁이 필요하다. 구체적으로, 김진영 교수에 따르면 교수연구업적이 학교서열을 변화시키고 졸업생 임금에도 영향을 미쳐 대학경쟁이 필요하다는 것을 실증적으로 증명하고 있어 연구-교육중심대학을 통한 전문인력양성을 강조하고 있다.

유지에 많은 사회적 비용이 들어가지만 사회적 "낙인효과"의 위험이 있는 실업계 고등학교의 직업교육이 반드시 임금상승을 유도하지 못하였고, 실업계 교육과 일자리의 전공적합도의 연결시에도 효과가 의문시되며, 전문대까지의 연계교육도 긍정적인 효과가 발견되지 않아 직업교육정책의 한계성의 일단면을 보여주고 있다. 주무현 박사는 노동이동의 낙인효과가 노동시장의 구조적 요인에 기인하기도 하지만, 사회문화적 요인에 의해 유발될 수도 있다고 한다. 따라서 실업계 고교의 기피와 졸업생의 열등감 형성, 교육여건이나 투자의 취약성, 기업의 실업계 고교졸업자의 외면현상, 전문대나 실업고교의 현장성 미흡으로 직업교육의 중심축을 형성하지 못하고 있다. 교육과정의 유연한 운용, 산업수요에 적합한 맞춤형 교육, 자격증취득을 위한 다양한 프로그램의 제공, 산업체 현장실습의 확대, 대학의 체계적인 교육으로 이어지는 순환교육의 활성화가 필요하다.

제 6 장에서는 2008년 6월 성균관대학교에서 개최된 국제고용포럼에서 여

---

14) 하지만, 개인적인 측면에서 학력과잉으로 인한 교육수준별 임금손실의 정도가 심하지 않은 것으로 연구되어 미시적인 손실은 그다지 크지 않은 것으로 판단된다.

섯 석학분들이 발표한 "고용과 성장"에 대한 주제발표를 정리한 것과 그것이 한국에 주는 시사점에 대해 논의하고 있다. 제 6 장 제 1 절에서는 미국 브라운(Brown)대학교 갤러(Galor) 교수의 "다양성, 인적자본, 경제성장"에 관한 연구와 영국 정경대학(London School of Economics) 피사리디스(Pissarides) 교수의 "복지국가의 고용성과," 미국 스탠포드(Stanford)대학교 하누쉑(Hanushek) 교수의 "인지기술, 제도와 경제성과"에 관한 연구가 논의되고 있다. 이어서 성균관대학교 조준모 교수는 이 논문들이 한국경제에 주는 시사점을 토론하고 있다. 우선, 경제의 성장단계에 따라서 문화적 동질성 및 다양성이 인적자본의 형성에 다른 영향을 미칠 수 있다는 갤러 교수의 발표는 한국사회를 오랫동안 지탱해 온 문화적 동질성이 고도산업화로 넘어가는 한국경제에게는 경직적으로 작용하여 기술발전 등을 저해할 수 있음을 보여준다. 하지만 IT 강국인 한국은 사이버공간에서 문화적 다양성을 추구하고, 영어 교육이 강조되고 있는 현실과 함께 젊은층의 자유분방한 가치관을 통해 극복되어지고 있다고 판단된다. 둘째, 한 국가의 사회복지제도가 고용과 밀접한 관계를 가진다는 피사리디스 교수의 발표는 조세와 보조금 등의 재정정책이 여성의 근로시간 및 가사노동시간의 배분에 긍정적 영향을 줄 수 있음을 보여준다. 이는 한국의 여성고용률을 높이기 위해서 조세 및 보육지원에 대한 체계적인 지원이 필요함을 시사해 준다. 셋째, 교육의 질 가운데 인지기술을 강조하는 하누쉑 교수의 발표는 한국의 교육훈련분야에 문제점이 있음을 시사한다. 즉, 한국경제가 지속적으로 성장하기 위해서는 교육의 외연확대보다는 인지기술의 향상, 직업교육 등을 통해 교육의 질을 제고하여야 한다. 사실 한국의 교육현실을 보면 중·고등학교에서는 인지기술 수준이 최고조에 이르지만 대학교 이후 계속 떨어지는 현상을 보이고 있으며, 학교의 정규교육 또한 직업세계에 직접적으로 적용되지 못하고 있는 상황이다.

제 6 장 제 2 절에서는 독일 에센(Essen)대학교 보쉬(Bosch) 교수의 "유럽 고용모형에 대한 사례연구"와 베를린자유대학교 슈미트(Schmid) 교수의 "독일고용의 역학관계"에 관한 연구, OECD 스웨임(Swaim) 박사의 "경제 세계화시대의 고용전략"에 관한 연구가 논의되고 있으며, 이어서 노동연구원 금재호 박사와 김승택 박사가 세 논문이 주는 시사점에 대해 토의하고 있다. 첫째, 보쉬 교수에 따르면 유럽국가의 고용모델은 자유주의, 사회민주주의, 대륙형, 과도기형으

로 구분할 수 있고 그의 발표에 의하면 한국은 아직 고용모형이 과도기 형태를 띠고 있어 고급기술에 대한 투자가 미비하고, 교육훈련이 대기업 정규직에 편중된 문제점을 갖고 있음을 알 수 있다. 둘째, 슈미트 교수는 독일 하르츠 개혁의 고용성과에 대하여 발표하였는데, 독일은 낮은 노동생산성, 비정규직의 증가, 상대적으로 높은 저숙련 인구의 실업률, 지역고용불균형, 여성의 취업취약성을 극복하고, 고용과 성장을 함께 이루어가고 있다고 주장한다. 이는 유연안정성제도를 통한 노동시장구조를 토대로 이루어진 것으로, 독일과 비슷한 문제를 경험하고 있는 한국도 노동공급 측면에서의 취업능력 향상과 노동수요 측면에서의 생산성을 증진시키기 위한 제도가 필요하다는 것을 시사한다. 마지막으로 스웨임 박사는 세계화의 진전이 노동시장을 활성화시키는 측면에서 새로운 기회를 제공하지만, 노동시장구조에 있어서 미래의 불확실성과 불안정성을 야기한다고 보고 있다. 이는 한국의 노동시장에서도 중대한 문제로서, 이를 해결하기 위해서는 적극적인 노동시장 정책과 산업구조 조정과정에서 퇴출되는 인력의 재교육 및 실업자보호대책, 노동시장의 유연성제고 및 사회안전망의 확충, 연구개발의 증진 및 교육정책의 질적인 변화가 필요하다.

고용정책은 협의로는 직업훈련, 실업급여, 노동시장 정보제공, 구직구인 등 미시적인 적극적 노동시장정책을 가리키고, 광의로는 이들 적극적 노동시장정책뿐만 아니라 거시외환정책, 경제산업정책, 조세정책, 복지정책, 교육인적자원개발정책 등의 다양한 경제정책영역을 유기적으로 연계하여 일자리를 창출하는 종합적인 정책을 의미한다. 전병유(2007)에 따르면, 성장과 고용을 함께 고려하는 전략이 정책적으로 실효성을 갖지 못하는 이유는 다음과 같다. 첫째, 기존의 성장을 통한 일자리 창출전략의 한계를 완전히 극복하지 못하였고, 각종 정책이 효율적인 측면에서 종합적으로 운용되지 못하였다. 둘째, 국가재정투입에 기인한 일자리 창출은 근본적인 고용창출의 근간이 될 수 없다. 셋째, 취약계층에 대한 정책이 한계를 보이고 있다. 넷째, 국가고용정책에 대한 평가와 효율성제고가 충분하게 이루어지지 않고 있다.

2008년 상반기에는 석유를 포함한 원자재 가격이 상승하여 한국경제를 압박하다가 하반기에는 미국발 금융위기로 선진국뿐만 아니라 중국, 인도 등의 신흥국가에서도 경기침체가 가속화되고 있어 전 세계적으로 한국수출품의 구매력이 악화되어 앞으로 당분간은 수출 증가율이 둔화될 것으로 전망된다. 따라서 향후 수 년간은 수출을 통한 일자리 공급 가능성도 더욱 제약될 것으로 생각된다.

정책적인 측면에서 볼 때, 재정에 의한 일자리 창출의 한계와 고용 없는 성장 현상을 극복하고, 미국발 금융위기 및 석유 등의 원자재 가격상승, 환율의 급격한 변동 등으로 인한 외부충격을 적절히 흡수하면서, 장기적인 측면에서 성장-고용-분배의 선순환구조를 정착시킬 수 있는 거시-미시정책의 조합을 추진해야 할 것이다. 이를 위해서는 경제성장과 수출증대를 통한 일자리 창출을 넘어서는 광의의 고용정책 개념을 도입하여 노동시장정책, 거시외환정책, 경제산업정책, 조세정책, 복지정책, 교육인적자원개발정책을 아우르는 종합적인 대책이 수립되어야 할 것이며, 고용영향평가에 기초하여 이들 제반 정책을 조율하기 위한 시스템 구축이 필요하다.

참고문헌

이병희 · 김주섭 · 안주엽 · 정진호 · 남기곤 · 류장수 · 장수명 · 최강식(2005), 「교육과 노동시장연구」, 한국노동연구원.

전병유(2007), "일자리창출과 사회통합을 위한 국가 고용전략," 「월간 노동리뷰」, 25(1), 42~64쪽, 한국노동연구원.

조준모(2008), "고용-성장의 선순환 패러다임의 구축," 2008년 9월 발표자료.

조준모 · 전용일(2008), "한국형 니트(NEET)개념을 통한 한국 청년실업의 경제학적 고찰," 성균관대 경제학부.

허재준(2008a), "노동정책의 방향 전환을 위한 새로운 시도," 「월간 노동리뷰」, 14~26쪽, 한국노동연구원.

허재준(2008b), "새정부의 새 고용정책 방향 모색," 노동부 고용정책 자문회의 발표자료, 4월, mimeo.

허재준(2008c), "유가상승이 노동시장 및 노사관계에 미치는 영향," 노동부 고용정책 자문회의 발표자료, 6월, mimeo.

제 2 장

거시경제정책과 고용

제 2 장

거시경제정책과 고용

제 1 절 대표토론: 거시경제정책과 고용*

본 장에서는 실업률과 같은 노동경제지표의 변화가 경제상황에 큰 영향을 미칠 수 있음을 고려하여, 고용을 안정시키기 위한 거시경제정책에 대하여 논의하고 있다. 즉, 산업간 연관 및 산업별로 고용을 창출할 수 있는 장래 거시정책의 주안점을 제시하고 산업 구조적인 문제제기에서부터 산업간 연관 및 개별 산업의 고용창출 가능성에 대하여 평가하고 나아가 대외적 상황과 고용간의 관계를 고려하고 있다. 경제성장은 통상 생산의 증가와 취업자수의 증가를 동반하지만, 21세기의 한국은 고용창출이 없는 경제성장을 유지하고 있다. 이러한 사실을 설명하기 위한 노동경제학의 미시적인 접근은 종종 거시경제정책의 거시적인 접근법과 방법론 및 해석상의 차이를 보이고, 때로는 정책상의 의사결정 과정에서 서로 의견을 교환하기 어려운 측면이 있다. 거시금융전문가인 최공필 박사와 노동전문가인 허재준 박사의 논문를 통해 국내노동시장의 문제에 대한 해법의 차이가 대비되었고, 더욱 확장된 국제경제의 틀에서 거시정책을 논한 환율전문가인 양준모 교수는 교역조건 및 환율을 통하여 현재 노동시장의 상황을 설명하였다. 각 논문들은 경제상황의 현실을 잘 반영하고 있었으

---

* 전용일(성균관대학교 경제학과 교수).

나, 학계의 시각이 보다 많이 반영될 수 있도록 세 분의 경제학 교수들의 토론이 함께 이루어지고 있다.

첫 번째로 최공필 박사(한국금융연구원 연구위원)는 고용친화적인 거시경제성장의 구현방안에 대해 논하였다. 정규직과 비정규직의 양극화 및 서비스산업의 생산증가와 고용의 약화된 연결고리를 극복하는 거시정책의 일환으로서 서비스산업에서의 생산성 격차를 완화해야 한다고 주장하였다. 즉, 비정규직 문제의 대두 등의 이유로 고용현황의 질적인 발전이 이루어지지 않고 있는 상황이며, 또한 교육, 금융, 의료, 법률, 회계 등 낙후되거나 수요보다 공급이 부족한 산업이 존재하는 상황이므로, 이를 집중적으로 개선함으로써 기득권 지배구조를 탈피하여야만 생산성 향상을 유도할 수 있다고 하였다. 결국 투자와 고용의 핵심은 부문 간의 생산성 격차의 해소에 있기 때문에, 과감한 빅뱅 등을 통해 비교역재 서비스업에서의 생산성을 제고한다면 노동력 창출이 가능하다고 논하였다. 고용창출을 제약하는 요인으로 지적되는 입시에만 집중하는 소모적 교육제도와 폐쇄적 네트워킹은 노동력의 질적 발전보다 양적 팽창에만 매달리는 결과를 초래했다. 환율정책 또한 성장기반의 양적인 확충만을 추구하여 생산성이 높은 노동력을 창출하는 데 그 역할을 다하지 못하였다. 이에 따라, 개선에 따른 외부효과가 큰 교육부문, 노동시장 및 금융시장을 미래성장의 동력산업으로 주목할 필요가 있음을 주장하였다.

이러한 논의에 대한 토론에서 전용일 교수(성균관대 경제학과)는 서비스업보다는 제조업에서의 부가가치 창출과 고급노동력의 양성으로 고용확대를 이루어나가야 한다고 주장하였다. 기업이 추구하는 이윤극대화나 정부가 추진하는 국가의 복지정책 또는 성장추진이 반드시 고용을 창출하는 것은 아니기 때문이다. 따라서, 자본집약적인 제조업산업에 고급노동력을 접목시켜 고부가가치를 창출하도록 한다면, 연관파급효과가 제조업을 중심으로 나타나는 효과를 볼 수 있다고 한다. 즉 추가 고용의 창출은 기술혁신을 통해서만 가능한 반면, 서비스산업은 금융산업 등에서 나타나는 기득권 지배구조와 연관파급효과의 제약성 때문에 자원이 충분히 사용되지 않고 있으며, 이에 따라 노동력의 일시해고나 영구해고를 통해 자본집약적인 산업이 되고 있는 상황이라고 주장한다. 결과적으로 금융, 자영업, 서비스업은 경제 내에서 경제가 원활하게 움직이도록 하는 매개체 역할이 기본적인 임무이므로, 고용창출의 메카로 사용되기보다는 이윤극대화나 공공경제의 운영방침에 밀려 오히려 고용축소의 산업이 되기가 쉽고, 이는 2000년대에 한국에서 현실로 나타나게 되었다. 현재 한국의 서비스산업에서의 고용증가는 숙박음식업과 교육·서비스업에 집중적으로 일어나고 있으며, 서비스업의 저생산성은 저임금 비정규직의 창출을 주도하였으며, 상대적으로 취약한 국내 서비스업의 경쟁력이 원화가치의 상승과 맞물려 고용증대의 한계를 유도하였다. 기본적으로 2차산업 내에서 부가가치를 높이고 고급노동력을 활용하여 발전을 도모한다면 파급효과가 더 큰 보다 근본적인 성장이 나타날 수 있다고 주장하면서, 자본집약적인 한국원양어업산업이 어떠한 형태로 발전하여야 고용을 창출할 수 있는가를 예로 제시하였다. 공공기업의 민영화는 경쟁력강화와 이윤극대화라는 측면에서 바람직하지만, 공공기업 자체가 시장구조에 의해서 운영되지 못하는 공공재생산의 성격을 가지고 있으므로 생산적인 고용의 창출과 유지라는 측면에서 볼 때 반드시 비효율적인 것은 아니다. 정부의 간섭이 때때로 비효율을 가져오지만, 단기적인 이윤을 추구하는 기업의 성격상 장기적인 관점과 고용촉진의 측면에서 의견을 개진할 수 있는 정부의 역할도 중요하다고 할 수 있다. 사기업의 고용 없는 성장보다는, 정부와 공공기업의 공공성을 고려하여 고용을 촉진시키는 형태의 경제성장도 고려해 봄직하다. 또한 기업의 이윤추구전략에 따른 해외이전이나 아웃소싱에 대해서도 정부의 적절한 평가와 그에 따른 제약이 고용창출을 가져오는 하나의 방법이 될 수도 있다.

이러한 토론에 대한 답변으로 최공필 박사는, 물론 제조업 내에서의 고부가가치 산업 육성이 중요하지만, 현재는 금융 등 서비스업에 대한 중요도가 높고, 많은 부분에서 예전의 2차산업 중심의 사회와는 달라졌기 때문에 성장에 대한 패러다임도 바뀌어야 한다고 말하였다. 예를 들어, 기업컨설팅산업이 외국 유명 회사에 의해 독식되고 있는 한국의 현실을 설명하면서, 한국에서 고급두뇌의 육성을 통해 이러한 컨설팅분야를 고용창출적이고 생산적인 것으로 이끌 수 있다고 주장한다. 한편, 통신산업 등에서 볼 수 있듯이 제조업과 서비스업의 분류기준이 모호하게 되어, 산업 자체를 2차 또는 3차 산업으로 분류하기보다는 전체 산업으로 보아야 한다는 점도 강조하였다. 논문과 토론을 종합하는 측면에서 볼 때, 고용친화적 시장환경 조성을 위해서는 제조 공정과 맞물려 있는 서비스산업의 중요성과 다양성에 강조점을 두어야 한다.

두 번째 논문 "성장과 일자리 창출: 한국경제의 고용증가율 감소는 '고용 없는 성장' 때문인가?" 의 허재준 박사(한국노동연구원 선임연구위원)는 일자리 창출 제약을 극복하기 위한 보다 근본적인 방안으로 잠재성장력을 확충해야 한다고 주장하였다. 그리고 최근의 일자리 창출력 저하 문제는 구조조정 과정의 과도적 특성이라고 보고 있다. 현재 한국은 자영업부문의 취업자가 구조조정의 압력을 받고 있고, 청년층의 고용사정이 매우 악화되고 있으며 늘어나는 일자리는 비정규직 일자리를 중심으로 늘어나고 있다. 수출산업의 경우 자본집약적으로 전환된 전기, 전자, 자동차, 조선, 화학산업 등이 부품 및 소재를 외국수입에 의존하여 직접적인 고용창출효과가 적었다. 정부는 투자 활성화를 통한 경제의 일자리 창출 능력 증진, 우수한 인적자본 육성을 위한 대학교육 및 직업훈련체계의 혁신, 기업조직의 적응력 제고, 변화하는 새로운 환경에 걸맞는 노동시장제도 정비 등이 필요하다. 그러나 성장잠재력을 확충하기 위한 전략이 단기에 성장률 및 일자리 증가로 나타나기 힘들 수 있으므로 경제상황에 맞게 적극적 노동시장정책과 일자리 창출 사업을 전개하되 적극적 노동시장정책의 효과성을 제고하는 방식으로 운영해야 한다고 제안하였다.

이에 대한 토론으로 최창곤 교수(전북대학교 경제학과)는 논문의 많은 부분에 대해서 동조하지만 '취업유발계수'를 바라보는 관점이 다를 수 있음을 토론하였다. 우선, 이 논문은 일자리 창출이라는 문제를 해결하기 위하여 경제에 미치는 효과를 다각적인 측면에서 분석하고 있다고 평가하고 있다. 논문에 대한 세부적인 논평에서는 고용유발계수보다 고용탄력성이 정책적으로 보다 유용한 틀임을 강조하면서, 논문에서 간혹 이론에 근거한 고용창출력의 유지와 현실에 기초한 일자리 창출력 저하를 언급함으로써 독자들에게 혼동의 여지를 주고 있다고 지적하였다. 최창곤 교수는 일자리 창출의 대안으로써 임금의 경직성을 극복하는 정책이 필요하고, 어떠한 일자리에 취업하여도 최소한의 생계를 유지할 수 있는 복지제도 확충이 필요하며, 기업과 근로자간의 정보부족으로 인한 일자리 감소를 방지하기 위하여 기업으로 하여금 근로자를 공정히 평가할 수 있는 정보를 충분히 활용할 수 있도록 해 주는 정책이 필요하다고 한다.

허재준 박사는 논평에 대한 답변에서 취업유발계수가 산업별 취업계수와 생산유발계수를 기초로 도출되긴 하지만 취업계수와 취업유발계수가 전혀 다른 개념임을 강조하다. 취업계수가 일정기간 동안 생산활동에 투입된 노동량을 총산출액으로 나눈 계수인 반면, 취업유발계수는 어느 산업부문의 생산물 한 단위 생산에 직접 필요한 노동량뿐만 아니라 생산파급과정에서 간접적으로 필요한 노동량도 모두 포함하는 개념이다. 따라서, 취업유발계수는 산업연관표를 이용하여 노동수요 변화를 분석하는 데 정당하다.

세 번째 논문 "거시경제정책과 고용: 현황과 과제"에서 양준모 교수(연세대 경제학과)는 국제무역과 환율이론을 배경으로 하여, 외환위기 이후 실질소득과 소비를 감소시키는 교역조건의 악화에 대한 잘못된 정책대응과 대내적인 혁신역량의 부족으로 인해 산업의 고부가가치의 한계성이 드러나게 되어, 경제 저성장 및 낮은 고용창출 등의 고용 없는 성장을 가져왔다고 주장한다. 즉, 한국정부의 재정, 환율, 금리의 정책조합이 단기적으로 경제성장을 가져오지 못하고 고용을 창출하지 못하였다고 한다. 이에 따라 고용창출의 관점에서 정책조합을 찾아야 함을 지적하였다. 정부는 규제완화, 서비스산업 육성, 공공사회서비스의 확대를 통해 일자리가 창출되고 있다고 주장하지만, 현실체감도는 반대로 나타난다. 이는 교역조건의 악화가 수출산업의 불확실성을 증가시켜 고용창출의 한계성을 가져왔고, 국내소비의 둔화가 고용창출로 이어지지 못하여 전체적으로 취업자수 증가가 (특히 서비스업보다는 제조업에서 많이) 둔화되었기 때문으로 판단된다. 결국, 총수요를 증대시키는 정책은 물가상승만을 초래할 뿐, 고용을 증대시키지 못하게 된다. 즉, 한국정부의 고환율정책과 고금리정책하에서 재정지출의 증가로 인한 고용 미창출의 문제를 노동시장에 국한하지 않고, 산업구조와 고용구조 측면에서 고찰하고 있다. 지속적인 유가상승과, 곡물 및 자원의 가격상승으로 인해 저금리·저물가는 유지하기 어려워지고, 주택가격 등은 급변동하고 있다. 교역조건이 악화되었을 때, 고금리정책과 수출증대를 위한 과도한 환율정책은 상대가격의 왜곡을 심화시키고 고용창출의 둔화를 초래하고 수출의 취업유발계수의 지속적 하락을 유도하므로, 교역조건의 악화에 대해 보다 근본적으로 대응해야 할 필요가 있음을 주장하였다. 현재와 같은 교역조건의 악화는 한국수출산업이 수출산업의 고부가가치화를 유도하지 못하였기 때문에 발생한 것으로, 장기적으로 수출산업의 경쟁력확보를 통한 선진화가 필요하다고 보았다. 단기적으로는 금리인하를 통한 해외자본의 유입을 막고, 금융시장의 안정을 확보하며, 경쟁력 있는 반도체·전자부품·기계·자동차·조선 등에 투자가 일어나도록 하고, 재정지출 축소 및 정부부채의 상환을 유도하여 자원이 생산부문으로 이동할 수 있게 해야 하며, 감세정책 및 민간 시장의 활성화 정책이 필요하다고 제시하였다. 정부의 소비지출은 공공행정 및 국방 분야의 일자리를 창출하고, 민간 노동시장의 일자리를 구축시킨다고 한다. 또한 환율도 경상수지와 관련하여 시장에 의해 자율적으로 결정되어야 한다고 주장하였다.

이에 대한 토론에서 신관호 교수(고려대 경제학과)는 고환율정책의 부당성을 지적하는 본 논문에 대해, 취업자수가 이 정책에 의해 어느 정도 감소되었다는 점에는 동조하고 있다. 즉, 제조업부문의 노동흡수 능력이 외환위기 이후로 줄어들고 노동집약적인 성격이 희석됨에 따라, 제조업이 더 이상 취업자수를 증가시키기에는 역부족이라는 것이다. 하지만, 교역조건의 악화만을 가지고 최근까지 진행되고 있는 취업자 증가세의 감소를 설명하기에는 한계가 있다고 지적하면서, 취업자수의 감소에는 경기둔화에 따른 노동수요의 감소도 일정한 역할을 했다고 보았다. 또한, 수출부문 위주의 선진화와 발전은 결과로서 받아들이는 것일 뿐, 목표로 삼아야 할 것은 아니라고 주장한다. 고환율유지정책은 제조업 위주의 수출부문에만 유리한 점을 제공하였고, 더구나 한국의 경우 수출부문의 양적인 팽창에만 주력하여 고용창출에는 한계가 있다는 것이다. 수출주도의 경제발전전략은 경제발전의 이륙기에만 가능하지, 성숙기로 넘어 가는 한국경제에는 더 이상 해당되지 않는다고 주장한다. 그 뿐 아니라, 한국은 소규모 개방국가로서 교역조건을 통제할 수 있는 힘을 갖고 있지 않으며, 국제정세도 유가 및 원자재의 가격급등으로 교역조건의 개선여부를 예측하기 힘들다고 보았다. 따라서 수출산업의 촉진보다는 내수산업, 특히 서비스산업의 활성화가 경제성장의 주요한 전략이 되어야 한다고 한다. 단기적으로 금리인하를 처방하는 것이 적절하다는 주장에는 동조하지만, 이는 내수의 촉진과 서비스산업의 활성화를 발생시키는 선에서 이루어져야 한다는 것을 설명하였다.

이러한 토론의 답변으로 양준모 교수는 수출부문 위주의 성장에서 탈피한다는 것은 우리나라 성장의 근간인 수출부문을 등한시하는 것이라고 반박하였고, 수출과 수입 등 우리나라의 개방성을 잘 살려야 한다고 주장하였다.

본 장의 논문과 토론을 통해, 저성장과 고용창출이라는 한국경제의 거시 전체 문제에 대한 경제학 내에서의 다양한 시각과 의견을 접할 수 있었다. 거시경제의 목표 및 정책수단에는 성장, 물가안정, 적정실업률 유지, 이자율정책, 국제수지의 균형, 환율정책 등이 있는데, 이러한 정책들이 총체적인 측면에서 반드시 고용을 촉진시키는 것은 아니다. 따라서 정년이 보장되는 고용이 어렵고 신규노동진입이 치열한 반면, 고용 없는 성장이 일어나고 있는 한국의 현실하에서, 고용창출을 중요한 거시정책목표 중 하나로 삼는 것이 필요하다. 앞으로 이러한 시각을 바탕으로 거시경제정책과 고용과의 연결을 통해 좋은 일자리 창출 및 청년층의 진입장벽 완화 등을 이끌어 내고, 이에 따른 고용창출 및 잠재성장력 확충에 기반을 둔 경제성장과 소득분배에 대한 활발한 연구가 이루어지고 현실경제정책에 적극 반영되기를 기대해본다.

제2절 고용친화적 성장전략의 구현 방안*

• 요 약 •

우리나라의 비교역재부문 고용창출은 생산성이 저하된 숙박, 음식, 도소매, 부동산관련 업종에서, 비정규직을 중심으로 이루어져 생산성을 더욱 낮추는 요인으로 작용하고 있다. 준비 없는 고용창출 노력의 결과이다. 우리나라의 성장과 고용기반이 견고하지 못한 이유는 부문별로 생산성 격차가 지나치게 확대되어 생산요소를 다양한 형태로 결합시키기 어려운 데 있다(coordination failure).

* 최공필(우리금융지주, 전략총괄 전무, 전 한국금융연구원 선임연구위원).

부문별 생산성 격차로 배태된 이중구조의 경제(dual economy)에서 불가피한 시장실패와 양극화의 완화를 위해서는 상당한 정책노력이 필요하다. 부문별 생산성 격차가 큰 경제가 수출을 통한 성장에 매달릴 경우 연관된 안정화비용의 증가와 정책적 제약으로 인해 과잉유동성 문제에 봉착하게 된다. 더욱이 이러한 구조적 제약은 버블경제와 양극화의 심화를 통해 경제의 이중구조를 더욱 심화시키는 요인으로 작용하게 된다. 부문별 생산성 격차로 배태된 여러 문제가 복합적으로 나타나면서 대응자체에 과도한 재원과 노력이 소모되고 있는 것이다. 또한 이와 연관하여 중장기적 성장기반 확충상의 애로와 산업기반의 공동화(hollowing out) 및 해외로의 자본유출이 초래되고 있다. 즉, 성장과 고용의 족쇄는 바로 부문별 생산성 격차인 것이다.

향후 성장의 고용창출 효과를 극대화하려면 비교역재와 교역재부문 간의 생산성 격차해소와 더불어 비교역재부문 내에서의 생산성 격차해소가 필요하다. 기본적으로 비교역재와 교역재 간의 생산성 격차는 실질환율의 절상요인으로 작용하면서 상당한 안정화 비용을 강요하게 되며 비교역재부문 내의 생산성 격차는 버블경제와 고용의 양적·질적 저하를 초래하는 요인이다. 실증분석결과 우리나라의 부문별 생산성 격차가 미국수준으로 줄어들었을 경우 생산성 격차의 1단위 충격에 대한 기본예측치에 비해 2년 이내에 성장률은 0.29%p 높아지고 비정규직 비율은 0.06%p 증가하는 것으로 나타났다.

낙후분야의 생산성 제고를 위해서는 개방과 규제완화라는 정책의 틀을 토대로 해당분야 진입관련 제한을 완화하는 동시에 공정경쟁 환경을 위한 감독과 모니터링을 강화할 필요가 제기된다. 지식서비스산업 분야의 낙후성은 우리 경제의 서비스수지 적자 요인 중 가장 중요한 부분이므로 이들 분야의 획기적 발전에 필요한 빅뱅식의 개혁조치가 조기 현실화될 필요가 있다. 특히 금융을 중심으로 한 지식산업분야의 고용창출은 우리 경제의 취약부문을 보완하고 고용창출효과가 크며 제조분야의 생산성을 더욱 높일 수 있는 외부효과(positive externality)도 있다. 글로벌 시각에 기초한 신산업정책이 구체화될 경우 우리나라는 샌드위치현상을 극복할 수 있는 고용창출여력을 확보할 수 있게 되며 이는 특정품목 수출위주로 편향된 우리 경제의 구조적 왜곡을 점차 시정함으로써 지속성장에 기여할 수 있다.

결론적으로 고용 친화적 성장전략의 핵심은 특정부문의 생산성을 높이는 것에서 더 나아가 부문간 존재하는 생산성 격차를 해소하는 것이다. 특히 교육, 금융, 법률, 의료 등 지식이나 사회복지 서비스관련 분야의 생산성을 높여 생산성 격차를 줄이면서 다변화된 고용창출기반을 다지고 경제의 구조적 왜곡 요인으로 대두되고 있는 안정화(stabilization) 비용을 줄여나가야 한다. 무엇보다도 경제의 서비스화에 대응하기 위한 성장잠재력, 성장과 고용의 구조적 제약 요인, 인플레이션과 환율에 대한 영향, 기타 부문에 대한 긍정적 파급효과를 감안하여 금융 및 교육부문의 혁신을 통한 고용친화적 성장전략을 구사하는 것이 가장 바람직하다.

Ⅰ. 문제의 제기

고용에 대한 중요성이 높아지고 정책노력이 강화되고 있으나 실제 고용관련 통계는 좀처럼 개선기미를 보이지 않고 있다. 고용의 여부나 안정성도 문제이지만 일종의 일자리 나누기로 간주되는 다양한 고용형태가 자리 잡으면서 근로계층간의 양극화도 심화되고 있다. 고용의 여부만 아니라 고용의 형태에 따라 소득계층이 결정되는 것이다. 특히 고용의 어려움과 질적 저하는 근로소득 비중이 높고 자산보유비중이 낮은 중산·서민층의 심각한 퇴조를 의미한다.

우선 전반적인 고용여건의 악화추세와 더불어 임시직이나 일용직의 비중이 높아지는 현실을 반영하여 고용현실을 파악할 필요가 제기된다. 실제 우리나라의 임시직 비율은 OECD국가 중 최고 수준을 보이고 있다(〈표 2-2-1〉). 또한 1999년 이후 국내 임금노동자의 절반 이상을 차지해 오고 있는 비정규 노동자의 월평균 임금총액은 정규 노동자의 절반정도의 수준을 유지하고 있으며([그림 2-2-1]), 근로시간에 있어서는 오히려 정규직 노동자보다 긴 것으로 나타나고 있다. 그 결과, 비정규 노동자의 시간당 임금이 정규 노동자의 절반수준에 불과하다(〈표 2-2-2〉). 이같이 저임금·장시간 근로의 비정규 노동자들이 급증함에 따라 외환위기 이후 전반적 취업난과 더불어 임금노동자 집단 내부의 소득분배구조가 크게 악화되고 있다.

〈표 2-2-1〉 주요 국가별 임시직 비율

	2000	2001	2002	2003	2004	2005	2006
독일	0.13	0.12	0.12	0.12	0.12	0.14	0.14
일본	0.13	0.13	0.14	0.14	0.14	0.14	–
한국	0.33	0.32	0.33	0.32	0.32	0.32	0.32
영국	0.07	0.07	0.06	0.06	0.06	0.06	0.06
미국	–	0.04	–	–	–	0.04	–
G7	0.12	0.08	0.12	0.12	0.12	0.09	0.12
OECD	0.14	0.11	0.14	0.14	0.14	0.11	0.14

주: 한국의 자료는 통계청의 취업자 중 1년 미만 계약 근로자의 비중.
자료: OECD Stat, 통계청.

[그림 2-2-1] 임금근로자 중 비정규 근로자 비율

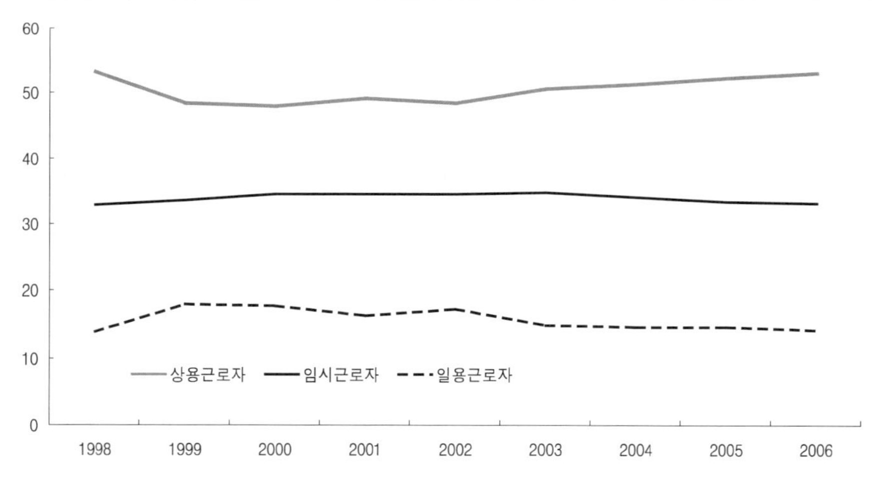

주: 비정규 근로자는 임금근로자 중 고용계약기간이 1년 미만인 임시근로자와 일용근로자.
자료: 통계청, 「경제활동인구조사」 원자료.

고용의 형태가 비정규직으로 다양화되고 있는 추세는 고용의 질적 저하와 연관되기 때문에 단순한 고용통계의 추이만으로는 고용정책에 대한 잘못된 시사점을 도출하기 쉽다. 따라서 고용의 질적 변화를 감안한 고용상태에 영향을 주는 다양한 요인들을 파악하려는 노력이 선행되어야 한다.

〈표 2-2-2〉 고용형태별 임금 추이

(단위: 천 원/월)

	월평균 임금 총액		
	상용직	임시직	일용직
2000	1,527	852 〈0.56〉	646 〈0.42〉
2001	1,649	916 〈0.56〉	689 〈0.42〉
2002	1,769	971 〈0.55〉	760 〈0.43〉
2003	1,958	1,032 〈0.53〉	759 〈0.39〉
2004	2,036	1,080 〈0.53〉	779 〈0.38〉
2005	2,117	1,102 〈0.52〉	783 〈0.37〉
2006	2,184	1,139 〈0.52〉	814 〈0.37〉

주: 월평균 임금 총액은 각년도 6~8월 평균치.
〈 〉는 상용직 근로자 임금대비 비율(%).
자료: 통계청, 경제활동인구 부가조사 자료, 각년도 8월.

일반적으로 제조업 위주의 성장이 성장한계에 봉착함에 따라 추가성장과 고용을 위해서 비교역재부문, 특히 서비스업의 발전이 불가피한 것으로 인식되고 있다. 무엇보다도 고용창출면에서 서비스업이 제조업에 비해 우월한 것으로 파악되고 있어 제조업 수출위주의 성장패러다임에서 벗어할 수 있는 새로운 성장 동력으로 간주되고 있다. 한국은행에 따르면 기업이 10억 원을 투자할 때 창출되는 일자리는 서비스업이 19.9개로 제조업(10.2개)의 갑절이나 될 정도로 일자리 창출력이 높다. 실제 OECD국가들의 경우 서비스업이 전체 경제에서 차지하는 비중은 70%에 이른다. '2007년 경제협력개발기구(OECD) 국가별 지표'에 따르면 전체 고용에서 서비스업이 차지하는 비중은 한국이 64%로 미국(76.1%), 영국(75.9%) 등에 못 미쳐 향후 서비스분야의 고용여력은 충분하다.

실제 고도화된 제조업은 고용 없는 성장(jobless growth)을 고착화시켜 2000~2006년 전체 취업자 중 제조업 종사자는 12만 6천 명 감소하였다(〈표 2-2-3〉). 서비스업은 231만 명이 증가하여 외형적으로는 2005년 현재 전 산업고용의 71.3%, 매출액은 58.8%를 차지하게 되었다. 그러나 과거 제조업 위주 국가들

〈표 2-2-3〉 제조업 및 서비스업 종사자 추이 (단위: 천 명)

산업별	2000	2001	2002	2003	2004	2005	2006	(2006~2000)
제조업	4,293	4,267	4,241	4,205	4,290	4,234	4,167	−126
서비스업	12,939	13,481	14,026	14,053	14,511	14,879	15,252	2,313

자료: 통계청.

〈표 2-2-4〉 서비스 업종별 고용증가 및 생산성증가 기여도 (단위: %p)

	고용증가 기여분	생산성증가 기여분
도매 및 소매업	0.59	2.66
숙박 및 음식점업	1.46	0.24
통신업	−0.17	1.10
금융 및 보험업	−0.26	3.89
부동산 및 임대업	0.68	1.04
사업서비스업	4.51	3.68
교육 서비스업	2.55	1.03
보건 및 사회복지사업	1.96	0.86
오락, 문화 및 운동관련 서비스업	1.00	0.84
기타 공공, 수리 및 개인서비스업	0.71	0.33

자료: 통계청, 「서비스업총조사」.

의 경우 서비스분야의 외형적 신장에도 불구하고 여전히 수출위주의 성장패러다임에서 벗어나지 못하고 있다. 내수를 기반으로 한 서비스부문 발전이 더딘데다 당장 성장모멘텀의 저하를 감내하기 어렵기 때문이다. 기대만큼 실제 서비스분야의 고용창출면에서의 기여가 크지 않은 것이다(〈표 2-2-4〉).

고용인구의 증가에도 불구하고 서비스업의 노동생산성은 2004년 제조업의 절반수준인 49.5%에 불과하며, 국제비교를 해 보아도 우리나라 서비스업의 노동생산성(100)은 미국(379.1)의 4분의 1, 싱가포르(260.3)의 절반에 불과하다. 전반적 생산성의 향상을 토대로 고용증진이 이루어지지 못하고 있는 것이다(〈표 2-2-5〉). 서비스업의 발달로 새로운 일자리가 창출된다기보다는 일자리 나누기로 생산성 낙후를 메우고 있는 것이다. 정작 실질적 개선이 필요한 비교역재부문에 자리나누기식의 노력만 경주되고 있는 것이다. 더욱이 매년 1만여 명이 식당을 개업하는 등 개인서비스에만 재원이 낭비되고 있는 실정이다(〈표 2-2-7〉). 고용창출의 견인차역할이 기대되었던 서비스부문의 낮은 생산성은 이제

〈표 2-2-5〉 주요국의 제조업/서비스업 노동생산성[1)] 증가율 (단위: %)

국별	제조업		서비스업		금융 및 부동산, 사업서비스		공공부문	
	1995~1999	2000~2002	1995~1999	2000~2002	1995~1999	2000~2002	1995~1999	2000~2002
한국	8.5	2.4	2.2	3.3	2.1	0.3	−0.3	14.7
일본	2.2	1.9	1.1	1.3	1.0	1.3	−	−
영국	0.3	−0.1	1.6	2.5	0.9	3.7	−1.2	−2.2
미국	3.1	0.7	2.2	1.5	2.3	1.8	−	−

주: 1) 실질부가가치/취업자수 기준.
금융업의 노동생산성 증가율은 한국은 각각 7.5%, 12.1%, 영국의 경우는 −3.1%, 10.0%임.
자료: OECD STAN, ILO laborsta.

〈표 2-2-6〉 제조업과 서비스업의 부가가치 생산증가율 추이 (단위: %)

	1997	1998	1999	2000	2001	2002	2003	2004	2005	2006
제조업	4.9	−7.9	21.8	17.0	2.2	7.6	5.5	11.1	7.0	8.3
서비스업	5.1	−3.9	6.6	6.1	4.8	7.8	1.6	1.9	3.0	4.1

주: 2000년 가격 기준, 계절조정.
자료: 한국은행.

〈표 2-2-7〉 개인서비스 고용비중 추이 (단위: %)

국가	한국	일본	영국	미국
2006년 기준	25.4	16.5	13.3	20.3

주: 개인서비스는 음식숙박, 기타서비스업, 가사서비스.
자료: OECD ALFS.

성장잠재력을 낮추는 주요인으로 부각되고 있다. 서비스분야에서도 생산성 증가가 두드러지고 있는 금융업 등에서는 고용감소현상이 나타나고 있고 생산성 정체부문에만 비정규직 위주의 고용이 늘어나고 있는 것이다.

당연히 성장견인의 측면에서 내수시장은 아직도 제 역할을 하지 못하는 상태이며 소득의 증가에 따른 수요급증에도 불구하고 교육, 금융, 의료, 법률 등 고급서비스 공급은 여전히 부진한 상태이다. 그 결과 성장이 될수록 여행과 유학연수관련 경비지출만 2007년에 수입의 약 108배에 이르는 등 서비스수지만 악화시키고 있다(〈표 2-2-8〉). 즉, 고용창출에 대한 의지가 제대로 된 생산성 증가와 시장확대를 토대로 이루어지기보다는 고용의 질적 저하를 감수한 일자리수의 증가로 표출되고 있다.

이를 달리 표현하면 생산성이 뒷받침되지 않는 산업의 고용증가는 임시직이나 일용직의 비율증가로 표현되는 고용의 질적 저하를 수반한다. 기업규모나 업종에 따라 고용형태의 차이도 관찰되고 있다. 제조업종의 대기업일수록 정규직비중이 높은 반면 비제조업의 중소기업일수록 비정규직 비중이 높아지는 특징도 나타난다. 서비스업종의 낮은 생산성을 감안하면 비정규직에 대한 의존도가 높은 고용행태는 대체로 생산성 증가와 상관 없는 변화로 볼 수 있다(〈표 2-2-9~10〉).

〈표 2-2-8〉 여행수지 항목별 추이

(단위: 백만 달러, %)

항목명1	2000	2001	2002	2003	2004	2005	2006	2007
유학연수수입	23.0	10.8	16.9	14.8	15.9	12.6	28.0	46.5
유학연수지급	957.9	1,070.0	1,426.6	1,854.7	2,493.8	3,380.9	4,514.6	5,009.8
지급대비 수입비율	41.6	99.1	84.4	125.3	156.8	268.3	161.2	107.7
일반여행수입	6,811.3	6,373.2	5,918.8	5,343.4	6,053.1	5,793.0	5,759.8	5,750.1
일반여행지급	6,174.0	6,547.0	9,037.9	8,248.1	9,856.4	12,025.0	14,335.9	15,880.1
지급대비 수입비율	0.9	1.0	1.5	1.5	1.6	2.1	2.5	2.8

자료: 한국은행.

〈표 2-2-9〉 산업별 신규인력채용 동태

(단위: %)

구분	산업별	2002	2003	2004	2005	2006	2007
정규직	제조업	66.8	87.2	81.2	87.7	78.3	85.4
	비제조업	91.2	80.9	71.1	79.9	72.5	72.7
비정규직	제조업	33.2	12.8	18.8	12.3	21.7	14.6
	비제조업	8.8	19.1	28.9	20.1	27.5	27.3

자료: 통계청, 신규인력채용 동태 및 전망조사.

〈표 2-2-10〉 규모별 신규인력채용 동태

(단위: %)

정규직여부	규모별	2002	2003	2004	2005	2006	2007
정규직	대기업	72.4	90.1	83.3	91.9	78.7	86.9
	중소기업	81.2	69.9	74.2	73.7	71.8	70.2
비정규직	대기업	27.6	9.9	16.7	8.1	21.3	13.1
	중소기업	18.8	33.1	25.8	26.3	28.2	29.8

자료: 통계청, 신규 인력채용동태 및 전망조사.

〈표 2-2-11〉 2006년 서비스산업별 고용

(단위: 천 명)

연도	한국	일본	영국	미국
도소매	3,713.2 (24.6)	11,800 (27.7)	4,150 (19.4)	21,328 (19.0)
음식숙박업	2,049.2 (13.6)	3,370 (7.9)	1,234 (5.8)	9,474 (8.4)
운수, 창고 및 통신업	1,470.4 (9.7)	3,960 (9.3)	1,900 (8.9)	6,269 (5.6)
금융보험업	786.3 (5.2)	1,550 (3.6)	1,218 (5.7)	7,254 (6.5)
부동산 및 사업서비스업	2,168 (14.3)	7,410 (17.4)	3,247 (15.2)	18,105 (16.1)
공공행정, 국방 및 사회보장	801.3 (5.3)	2,220 (5.2)	1,888 (8.8)	6,524 (5.8)
교육서비스업	1,657.5 (11.0)	2,870 (6.7)	2,642 (12.3)	12,522 (11.2)
보건 및 사회복지 사업	685.7 (4.5)	5,710 (13.4)	3,538 (16.5)	17,416 (15.5)
기타서비스업	1,780.7 (11.8)	3,640 (8.6)	1,601 (7.5)	13,332 (11.9)

주: ( ) 안은 서비스산업 내 고용비중.
자료: OECD ALFS, ILO LABORSTA.

분야별로는 운수·통신업의 생산성은 비교적 높은 반면 도소매·숙박, 금융·사업서비스업의 생산성은 낮은 수준에 머물러 있다. 생산성의 시계열에 따른 변화추이도 미국 등 선진국에 비해 변동성이 매우 높은 특징을 보이고 있다.

이렇게 볼 때 우리나라의 최근 고용행태는 첫째, 기업규모별, 부문별로 정규직과 비정규직으로 양극화되고 있는 특징을 보이고 있으며(〈표 2-2-9~10〉 참조) 둘째, 서비스분야의 고용증가는 생산성 증가가 뒷받침되지 못함에 따라 고용의 질적 개선으로 이어지지 못하고 있는 반면(〈표 2-2-4〉 참조) 셋째, 서비스산업 내에서도 부문별로 생산성 차이가 심하고 변동성마저 심한 가운데([그림 2-2-2] 참조) 특정분야, 특히 식당분야에 분명 고용창출 가능성이 있는 분야의 포괄적 관리 없이는 개선이 어려운 실정이다. 과도한 창업과 고용이 집중되는 등 불안정성이 심화되는 특징을 보이고 있다.

〈표 2-2-12〉 주요국가의 소득수준, 성장률, 서비스업의 고용 및 생산비중 (단위: %)

국가	1인당 GDP (2004~2005)	경제성장률 (2004~2005)	서비스업 고용비중		서비스업 부가가치 비중	
			1995	2005	1994	2004
캐나다	116	2.9	74.0	75.3	67.3	67.0
프랑스	104	1.2	69.1	73.9	73.1	76.3
독일	103	1.0	60.5	67.6	65.9	69.8
이탈리아	98	0.0	59.2	64.6	66.6	70.2
일본	105	2.6	60.8	67.6	64.0	69.4
한국	75	4.0	54.8	65.2	51.7	55.6
영국	111	1.8	70.7	76.5	67.7	74.7
미국	144	3.2	73.1	78.6	71.7	76.7
EU 15개국	103	1.5	64.5	69.8	68.0	72.0
OECD	100	2.6	63.6	69.4	65.0	68.7

자료: OECD, OECD in Figures 2006~2007; 황수경(2008).

[그림 2-2-2] 우리나라의 서비스산업별 노동생산성[1)] 증가율 비교

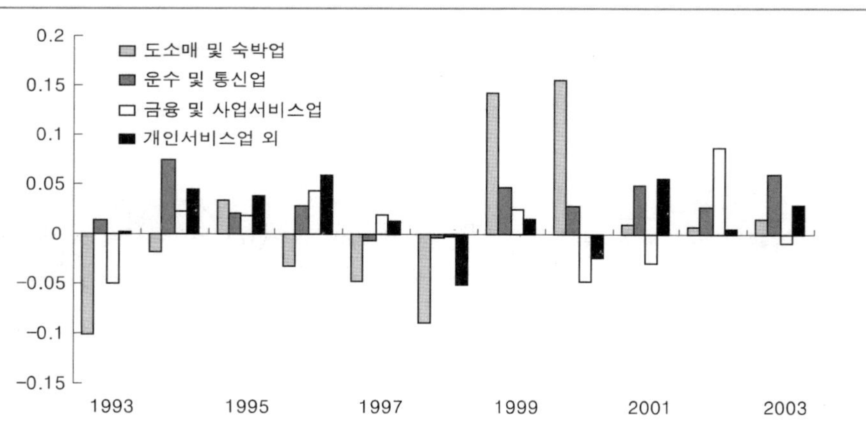

주: 1) 실질부가가치/취업자수 기준.
자료: OECD ALFS, ILO LABORSTA.

[그림 2-2-3] 미국의 서비스산업별 노동생산성[1)] 증가율 비교

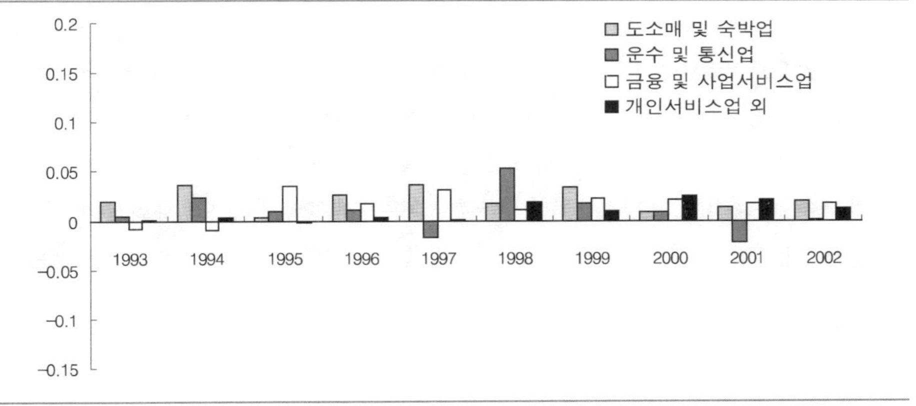

주: 1) 실질부가가치/취업자수 기준.
자료: OECD ALFS, ILO LABORSTA.

본 연구에서는 이러한 제반특징의 이유를 부문별 생산성 격차에서 찾고 있다. 생산성 격차는 생산요소의 효율적 결합을 저해하고 경제의 이중구조(경쟁력 있는 교역재와 경쟁력이 없는 비교역재부문)를 정착시켜 시장실패를 조장하면서 귀중한 재원의 국내축적을 근본적으로 어렵게 하고 있다. 분명 경쟁력이 충분히 입증될 수 있는 수준에서의 다양한 생산요소 결합이 가능해야 비로소 생산성향상에 기초한 안정적 고용을 기대할 수 있으나 우리는 아직 그 수준에 못 미치고 있다.

제조업에 비해 낮은 서비스부문의 생산성은 부문 내의 들쭉날쭉한 분야별 생산성 격차에도 기인한다(〈표 2-2-13~15〉). 제조업과의 생산성 격차는 물론 서비스부문 내에서의 현격한 생산성 격차(운수·통신과 도소매·숙박업 등)로 인해 기대한 만큼의 고용창출이 일어나지 못하고 있다. 정작 신규고용이 창출될 수 있는 지식이나 사회·복지서비스 부문은 여전히 낙후상태에서 벗어나지 못하고 있다. 무엇보다도 우리나라 서비스산업의 낙후는 금융, 회계, 법률 등 지식서비스산업의 비중이 낮은 반면 유통서비스의 비중이 크기 때문이다. 제조업과의 시너지효과가 커서 성장잠재력이 높은 지식서비스의 경우 국내기업의 1인당 평균매출액은 미국의 절반, 사업체당 종업원수는 1/3 수준에 불과하다. 생산성이 낮으니 고용창출력도 저하되는 것이다.

또한 지식관련 분야는 그 특성상 서비스부문 전반의 생산성에 미치는 영향이 크기 때문에 동 분야의 낙후는 기타 서비스부문 내에서의 자원배분이 왜곡되는 원인으로 작용하고 있다. 무엇보다도 공공서비스나 금융부문의 낙후는 투자기회를 제약하여 버블경제를 배태하기 쉬운 부동산 위주의 자금흐름 쏠림현상마저 초래하고 있다. 위험규제산업인 금융도 이러한 산업구조적 특성으로 인해 발전이 더뎌지고 있는 것이다. 의료, 교육, 사회복지 등의 사회서비스 분야도 경쟁 제한적 규제로 인해 산업 내 경쟁이 제한되어 생산성이 낮은 수준에 머물러 있다.[1]

〈표 2-2-13〉 우리나라와 미국간의 서비스산업별 노동생산성[1] 증가율 격차

(단위: %, %p)

	도소매 및 숙박업			운수 및 통신업			금융 및 사업서비스업			개인서비스업 외		
	a	b	b−a[2]	a	b	b−a	a	b	b−a	a	b	b−a
1993	−10.1	1.9	12.1	1.5	0.5	−1.0	−5.0	−0.9	4.1	0.2	0.1	−0.1
1994	−1.9	3.7	5.6	7.4	2.4	−5.0	2.2	−1.0	−3.3	4.5	0.4	−4.1
1995	3.4	0.4	−3.0	2.1	1.0	−1.1	1.9	3.5	1.6	3.8	−0.1	−3.9
1996	−3.2	2.6	5.9	2.9	1.1	−1.8	4.3	1.7	−2.6	5.9	0.4	−5.5
1997	−4.7	3.7	8.5	−0.7	−1.7	−1.0	2.0	3.1	1.1	1.3	0.1	−1.2
1998	−9.0	1.8	10.7	−0.3	5.3	5.6	−0.2	1.1	1.3	−5.1	1.9	7.0
1999	14.3	3.4	−10.9	4.6	1.8	−2.8	2.5	2.2	−0.3	1.6	1.0	−0.5
2000	15.5	0.8	−14.7	2.8	0.8	−2.0	−4.8	2.1	6.9	−2.4	2.6	4.9
2001	1.0	1.4	0.4	4.9	−2.2	−7.1	−3.0	1.7	4.7	5.6	2.1	−3.4
2002	0.8	2.0	1.3	2.8	0.1	−2.7	8.7	1.7	−7.0	0.5	1.2	0.7
평균	0.6	2.2	1.6	2.8	0.9	−1.9	0.9	1.5	0.6	1.6	1.0	−0.6
비중[3]	20	21	1	13	8	−5	37	40	3	30	31	1
σ_{kr}/σ_{us}[4]	7.45			1.20			2.86			3.67		

주: 1) 실질부가가치/취업자수 기준.
2) b(미국)~a(한국)는 미국과 한국의 노동생산성 증가율의 차이.
3) 1993년부터 2002년간 서비스업종별 총부가가치의 비중(%,%p).
4) 1993년부터 2002년간 미국과 우리나라의 노동생산성증가율의 표준편차 비율.
자료: OECD ALFS, ILO LABORSTA.

1) 상공회의소, 국내지식서비스산업의 경쟁력 실태 및 애로요인, 2008년.

〈표 2-2-14〉 우리나라의 서비스산업별 노동생산성[1] 증가율 기초통계 (단위: %)

	도소매 및 숙박업	운수 및 통신업	금융 및 사업서비스업	개인서비스업 외
평균	0.69 (2.18)	3.09 (0.90)	0.71 (1.51)	1.71 (0.97)
최대값	15.52 (3.70)	7.37 (5.26)	8.73 (3.48)	5.92 (2.55)
최소값	−10.13 (0.38)	−.0.67 (−2.17)	−4.96 (−1.00)	−5.09 (−0.13)
표준편차	8.21 (1.16)	2.49 (2.09)	4.07 (1.47)	3.36 (0.96)

주: 1) 실질부가가치/취업자수 기준, 1993~2002. ( )은 미국 노동생산성 증가율.
자료: OECD ALFS, ILO LABORSTA.

〈표 2-2-15〉 주요국의 제조업-서비스업간 노동생산성[1] 증가율 격차 (단위: %, %p)

		1980~1990	1990~2000
벨기에	제조업(A)	4.85	3.08
	서비스업(B)	0.91	0.95
	A−B	3.94	2.13
캐나다	제조업(A)	2.44	3.86
	서비스업(B)	0.59	1.25
	A−B	1.85	2.61
덴마크	제조업(A)	1.10	2.74
	서비스업(B)	0.87	1.13
	A−B	0.23	1.61
핀란드	제조업(A)	4.75	5.76
	서비스업(B)	1.63	1.63
	A−B	3.12	4.12
프랑스	제조업(A)	2.79	3.70
	서비스업(B)	1.61	0.29
	A−B	1.17	3.41
이태리	제조업(A)	2.76	2.12
	서비스업(B)	0.18	0.78
	A−B	2.58	1.34
영국	제조업(A)	4.57	2.90
	서비스업(B)	0.83	1.97
	A−B	3.74	0.93

미국	제조업(A)	3.50	4.88
	서비스업(B)	0.33	1.09
	A－B	3.17	3.79
일본	제조업(A)	3.83	2.97
	서비스업(B)	2.20	0.99
	A－B	1.64	1.99
한국	제조업(A)	6.60	9.85
	서비스업(B)	2.79	1.56
	A－B	3.81	8.30

주: 1) 실질부가가치/취업자수 기준.
자료: 한국은행, 김현정(2006).

〈표 2-2-16〉 사회복지 관련직 인력 부족률

연도	현원(명)	부족인원(명)	부족률(%)	총부족률(%)
2005	77,525	3,339	4.13	3.07
2006	88,429	2,986	3.27	2.74

주: 총부족률＝총부족인원/현원＊100.
자료: 노동부, 노동력수요동향조사보고서, 각년도.

특히 개인서비스업의 비중이 가장 높은 우리나라의 경우 추가적 고용창출을 기존 서비스분야에서 모색하는 데는 한계가 있다. 더 이상 기존의 유통이나 개인서비스 부문에서는 고용의 질적 개선도 기대하기 어렵다. 따라서 한국이 일자리를 창출하려면 생산요소의 보다 다양한 결합이 용이할 수 있도록 지식 및 사회서비스산업 육성에 관한 구체적 노력이 선행되어야 한다.

실제 최근의 세계적 불균형(global imbalance) 심화도 사실상 수출을 통해 벌어들인 자금을 내수로 연결시키기 어려운 역내의 여건과 직결되어 있다(〈표 2-2-17〉). 자체 공급이 어려운 금융 및 기타 고급서비스는 상당한 기회비용을 유발하는 달러화 위주의 자산수요로 전환되기 쉽다.[2)]세계적으로 서비스부문의 수급불균형이 제조업분야의 수급불균형과 연결되어 막대한 불균형 누적과 이후의 불안한 조정과정(unwinding)을 초래하고 있는 것이다.

2) 소위 글로벌 분리·연결현상(global decoupling-recoupling)은 세계성장엔진으로서의 역할을 도맡았던 미국의 부와 소득효과감소로 인해 다른 국가들의 성장 동력마저 시차를 두고 저하되는, 즉 성장기반의 불균형으로 초래되는 불가피한 결과이다.

본고에서는 제조업 수출기반성장의 한계와 서비스산업의 발전가능성, 그리고 향후 현실적 제약하에서 고용을 동반한 성장을 추구하기 위한 성장전략을 모색해 본다. 지적한 바와 같이 고용을 늘리는 방향에 대해서는 공감대가 형성되었으나 실제 고용창출에 필요한 산업 내의 제반조건을 충족시키는 데 있어서는 상당한 제약이 따른다. 따라서 현실적으로 부문간 생산성 격차를 무시하고 수출드라이브를 견지할 것인가 아니면 낙후된 부문의 생산성 제고에 주력할 것인가는 향후 성장전략의 핵심결정 사안으로 부각되고 있다. 이러한 선택은 정책기조와 밀접한 연관이 있는바, 성장잠재력을 단기가 아닌 중장기에 걸쳐 확충해 가는 배려와도 직결된다. 또한 향후 고용창출효과가 큰 분야의 고용여력을 부문간 생산성 격차를 중심으로 밝히고 향후 고용창출이 현실화되기 위해서 필요한 제반 요소들의 충족방안에 대해서 고민해야 한다.

이후의 전개는 다음과 같다. 구체적으로 본고에서는 고용관련 질적 변화를 포착할 수 있는 변수에 영향을 미치는 제반요인들을 파악한 후 이를 개선하기 위한 전략적 방안에 대해 논의한다. 또한 정책적 시사점 도출을 위해 본고에서는 해외로 유출되는 서비스지급이야말로 서비스분야의 고용창출 여력을 결정하는 요소인지를 밝히고자 한다. 중장기적 성장기반확충을 위해 투입되어야 할 재원이 해외로 이전되는 현상은 자체적인 노력 없이 개선되기 어렵기 때문이

[그림 2-2-4] 서비스수지별 추이 (단위: 백만 달러)

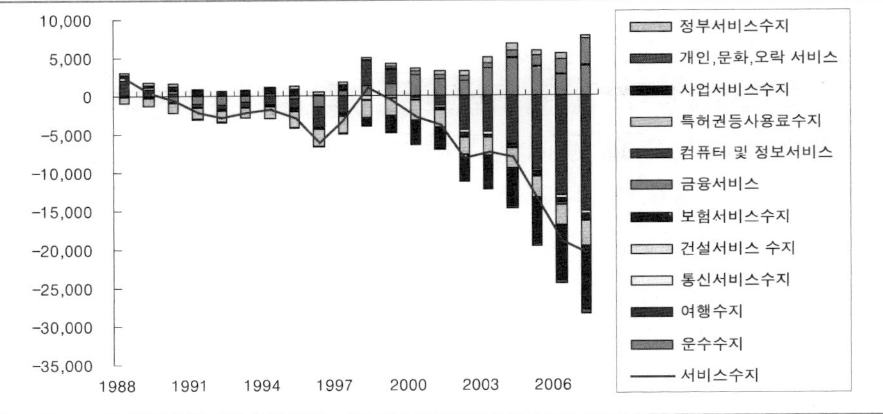

자료: 한국은행.

다. 본 논문의 2, 3절에서는 성장과 고용의 한계를 배태했던 요인들을 성장진단(growth diagnostics)의 관점에서 조명해 본다. 4절에서는 다변화된 성장기반으로의 패러다임 전환가능성을 제약하는 환율정책에 대해 그리고 5절에서는 부문별 생산성 격차 해소를 통한 성장과 고용증진 방안을 모색해 보기로 한다. 마지막 절에서는 결론과 시사점을 거론한다.

〈표 2-2-17〉 수출의 생산 및 고용유발계수

	1990년	1995년	1998년	2000년
생산유발계수	1.988	1.867	1.831	1.870
고용유발계수	47.64	22.17	21.02	10.92

주: 생산유발계수 = $(I-A^d)^{-1}Y^d$/최종수요액. 단, A^d는 국산거래표의 투입계수행렬, $(I-A^d)^{-1}$는 생산유발계수행렬, Y^d는 국내최종수요(소비, 투자, 수출)벡터임.
자료: 2000년 산업연관표, 한국은행.

Ⅱ. 현실진단

우리경제는 공공부문을 포함한 비교역재부문의 생산성 낙후로 경쟁력 있는 요소의 활용마저 저하되면서 성장잠재력이 심각한 도전에 직면(WEF의 생산요소별 평가 격차확대[3])해 있다. 이러한 부문별 생산성 격차는 막대한 서비스수지 적자로 이어지는바, 현 체제유지를 위한 안정화 비용의 급증(환율요인)과 지속가능한 생산기반형성의 장애는 이제 중장기적 전망마저 불투명하게 하고 있다. 따라서 급박해진 고령화의 도전에 직면해서 수출·내수균형 성장을 통해 성장모멘텀을 유지하려면 낙후부문에 대한 과감한 투자활성화가 절실하다.

그러나 무작정 투자만 독려할 것이 아니라 성장결정요인간의 인과관계와 주어진 여건상의 제약, 지배구조 등을 감안하여 전략적으로 접근해야 한다. 물론 투자와 고용의 핵심은 부문간 생산성 격차해소이다. 업종간 결합의 정도가 심화되고 있는 추세하에서 특정분야의 생산성이 높더라도 다른 분야의 생산성이 낙후될 경우보다 나은 생산요소간의 결합을 위해 상당 규모의 생산재원이

3) The Global Competitiveness Report 2006~2007, World Economic Forum.

[그림 2-2-5] 한국의 업종간 단위노동비용 격차[1]와 생산성 격차 추이

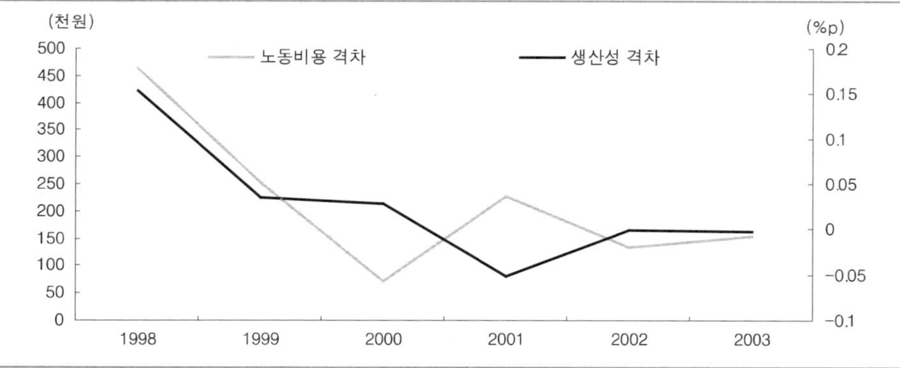

주: 1) 노동비용 격차는 서비스업의 평균 노동비용에서 제조업의 평균 노동비용을 차감한 수치.
자료: 통계청, OECD STAN.

[그림 2-2-6] 한국의 서비스수지 및 생산성 격차[1] 추이

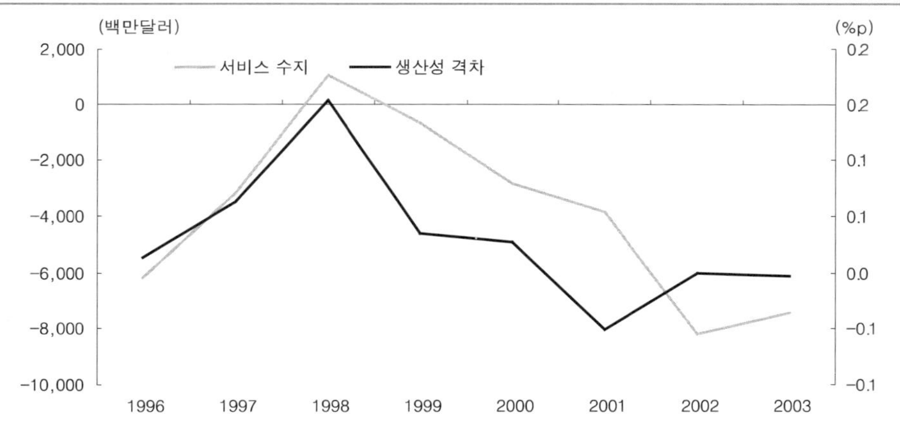

주: 1) 생산성 격차는 제조업의 부가가치 생산증가율에서 서비스업의 부가가치 생산증가율을 차감한 수치.
자료: Bloomberg, OECD STAN.

외부로 유출될 수밖에 없다. 실제 부문별 생산성 격차는 단위 노동비용의 중요 결정요인으로서 서비스수지와도 밀접한 연관을 보이고 있다([그림 2-2-5~6]). 서비스수지 적자요인에 대한 대응은 결국 낙후부문의 생산성 제고문제와 직결되는 것이다. 결론부터 지적하면 교육과 금융, 노동 및 공공부문에 대한 과감

한 빅뱅을 통해 비교역재부문의 생산성 향상을 추구함으로써 선진경제 진입에 필요한 성장추진력을 확보해야 고용 친화적 성장이 가능하다.

1. 성장의 한계

과거 수십 년간 고도성장을 지탱해 왔던 인구구조상의 혜택(두터운 청장년층)이 빠른 고령화로 인해 소멸되면서 비교역재부문의 생산성 저하로 초래되는 저성장 구도 진입에 대한 우려가 확산되고 있다(〈표 2-2-18~19〉 참조). 외환위기 이후 전면적인 구조조정에도 불구하고 낙후부문의 생산성 개선을 위한 민간주도 개혁보다는 정부주도의 단기실적 개선 및 위험기피 관행이 자리 잡았다. 고용의 주체로서 민간이 주도가 되는 체제개선은 여전히 일부 대기업에 국한되고 있다. 이는 외환위기 직후 추진한 정부의 4대 부문(금융·기업·공공·노사) 개혁 결과에서도 드러나는 것으로, 개혁과 혁신의 주체가 여전히 민간의 자발적 형태를 띠고 있지 못하는 데서 확인된다.

실제 세계경제포럼(WEF) 국가경쟁력 평가에 따르면 실제 우리나라 공공기관의 경쟁력이 처지는 데도 불구하고 개혁의 주체로서 개혁 드라이브를 추진하는 상태이다. 세계적 경쟁력을 갖추고 있는 글로벌 기업 주도의 개혁 추세와 상반된다. 더욱이 나열식·드라이브식 정부주도 개혁과제 추진은 효율성도 저하되고 지속적인 성과를 기대하기도 어려운 실정이다. 정부주도로 인해 개혁대상이 피상적이고 추진방식이 단선적인 점은 더욱 문제이다.

〈표 2-2-18〉 주요국의 인구고령화 속도

구 분	도달 연도			소요 연수	
	고령화사회(7%)	고령사회(14%)	초고령사회(20%)	고령사회 도달	초고령사회 도달
한 국	2000	2018	2026	18	8
일 본	1970	1994	2006	24	12
독 일	1932	1972	2010	40	38
미 국	1942	2014	2030	72	16
프랑스	1864	1979	2019	115	40

주: ( )는 65세 이상 인구 비중.
자료: 통계청, 2005년도.

〈표 2-2-19〉 인구구조 변동 추이 및 전망

(단위: 만 명)

구 분	1980년	2005년	2020년	2030년	2050년
총인구	3,812	4,728	4,996	4,933	4,235
생산가능 인구 (15~64세)	2,372	3,369	3,584	3,189	2,276
노인 인구 (65세 이상)	146	437	782	1,190	1,579
유소년 인구 (15세 미만)	1,295	899	630	554	380

* 급격한 고령화로 인해 잠재성장률은 2000년대 4.56% → 2010년대 4.21% → 2020년대 2.94% → 2030년대 1.60% → 2040년대 0.74%로 지속 하락 전망(KDI, 2007년).

참고로 WEF의 결과를 토대로 우리나라의 고용여력을 저해하는 요인을 파악해 보면, 다음과 같이 여섯 가지로 요약 가능하다.

① 정부 주도의 성장 패러다임과 규제 일변도의 위험 관리 ⇒ 혁신주도형 성장보다는 단기 안정 위주의 정책기조 정착
② 고령화로 인한 생산요소 투입의 장애 ⇒ 노동공급 측면의 애로사항
③ 법체계 및 지배구조의 글로벌 정합성 저하 ⇒ 세계화 수용면에서 공정한 경쟁의 틀(level playing field)을 유지하는 데 있어 장애 요인
④ 문화적 갈등 및 언어적 장애 ⇒ 비경제적 마찰요인으로 정치적으로 악용될 소지
⑤ 부문별 생산성 격차 및 경제의 이중구조 ⇒ 가장 중요한 시스템차원의 개혁 과제
⑥ 노동시장의 경직성과 강성 노조 ⇒ 경제주체별·부문별 이중적 고용구조(정규직과 비정규직 등)는 개혁추진의 가장 큰 걸림돌

본질적으로 과거 수십 년간 불균형 성장전략의 불가피한 측면이 상존하고 있으며, 현실적으로 정부를 대체할 만한 자체적 시장신뢰가 정착되지 않아 시장 불확실성이 아직 높은 수준에 남아 있다. WEF 국가경쟁력 평가 결과에서도 복잡한 창업절차 등 정부부문의 비효율성, 비협조적 노사관계, 민간부문의 지배구조 문제 등을 국가경쟁력 제약요인으로 지적하고 있다. 2006년에 들어 특

히 공공기관의 비효율성, 교육과 조세 및 기업활동 관련 규제가 뚜렷한 성장장애요인으로 부각되어 향후 순환적인 요인(cyclical factors)의 개선만으로 국가경쟁력 순위를 높이는 데 있어 한계에 봉착했다.

2. 성장 추진력의 진단

실제 이러한 WEF 평가가 성장추진력 진단의 틀과 부합하는가는 Hausmann, Rodrik, Velasco(2005)모형을 토대로 검증 가능하다. 신규고용창출은 오직 성장하는 경제에서 가능하기 때문이다. 일단 성장 진단(growth diagnostics) 모형에서 살펴보면 해외금리수준을 외생적으로 볼 때 소비증가율이나 투자증가율은 아래 방정식의 (1)식에서와 같이 민간의 기대투자수익률과 정(+)의 관계를 가지며 이는 다시 국내 조세부담률과 직결되는 것으로 나타난다. 직접적 영향을 주는 세금 외에도 투자수익률 자체가 (2)식에서와 같이 생산성이나 보완재의 가용성, 그리고 각종 왜곡요인의 함수임을 감안할 때 이러한 요소의 부정적 역할이 자본, 즉 투자수익률을 낮추는 근본요인임을 파악할 수 있다(3). 따라서 직접적으로는 투자와 소비 활성화를 위해 세율을 낮추는 선택 외에도 자본수익률의 결정 요인을 우호적으로 가져가기 위한 보다 근본적이고 포괄적인 접근이 절실하다.

구체적으로 설명하면 경제의 각종 왜곡요인 θ를 줄여가고 공공부문의 생산성을 높이면서 보완재 성격의 인적자원 x공급에 영향을 주는 비교역재부문의 전반적 생산성 a를 높이는 것이 투자활성화와 고용창출의 기본 토대임을 쉽게 파악할 수 있다. 즉, 투자가 이루어질 수 있도록 왜곡요인을 줄여가면서 기초 환경을 구비하는 것이 투자촉진의 정도임을 알 수 있다.

$$\frac{C_t'}{C_t} = \frac{k_t'}{k_t} = \sigma[\gamma(1-\tau)-\rho] \tag{1}$$

$$\gamma = r(a,\ \theta,\ x) \tag{2}$$

$$\frac{C_t'}{C_t} = \frac{k_t'}{k_t} = \sigma[\gamma(a,\ \theta,\ x)(1-\tau)-\rho] \tag{3}$$

$\gamma(1-\tau)$: 민간의 기대투자수익률

a: 총요소 생산성(TFP)
θ: 각종 왜곡요인(distortions)
x: 생산보완재의 가용성
τ: 조세부담률
ρ: 해외금리
σ: 소비의 기간간 탄력성(외생적으로 주어짐)

3. 전략적 선택: 공기업 민영화

이상 살펴본 성장의 결정 요인 중 제약요인과 촉진요인을 종합해서 성장과 고용전략을 수립할 필요가 제기된다. 다양한 성장 동인 또는 결정요인 중에서 현재 미흡한 모든 부문을 동시에 선진국 수준으로 끌어올리기보다는 우리 경제의 가장 핵심적 취약 부문에 대한 성장저해요인의 파악과 제거를 통해 개혁 드라이브 효과를 극대화할 필요가 있다. 거대 프로젝트의 동시수행에 따른 재원낭비를 줄이고 효과를 극대화하기 위함이다. 즉, Bottom-up보다는 역발상의 Top-down 방식이 제반성장 촉진기반이 열악한 우리의 여건(개혁여건 조성 자체가 어려움)을 고려할 때보다 현실적인 선택인 것으로 판단된다. 실제 성장 동인들 간의 인과관계를 무시한 나열식의 개혁 드라이브는 세계 어느 곳에서도 성공하지 못했다.

현실적으로 성장 결정요인의 파악만으로는 성장전략을 수립하기 어려우므로 추진면에서의 제약을 감안한 현실적 접근방법을 모색할 필요가 있다. 일종의 수평적 접근이 아닌 계단식 접근이 필요한 이유는 성장 결정요인간의 인과관계를 무시한 나열식 개혁추진이 효과가 없다는 실증분석 결과에 근거(Hausmann, Rodrik, Velasco 2005)한다. WEF에서 유추할 수 있는 성장 동인간의 복잡한 인과관계와 파급효과(spillover effect)를 고려할 때 최우선적으로 제거해야 할 부분은 비교역재부문의 구조적 생산성 저하요인이다. 이는 개혁의 주요대상인 "기득권 지배구조" 개선 자체가 가장 어려운데다, 가시적 성장결실을 얻어내는 데 있어서도 낙후부문 개발이 가장 적합하기 때문이다.

성장전략을 성공적으로 수행하기 위한 성장결정요인간의 인과관계는 다음과 같다([그림 2-2-7] 참조). 즉, 다음 그림에서 확인할 수 있듯이 정부실패 및

[그림 2-2-7] 성장추진력 진단과정(growth diagnostics)

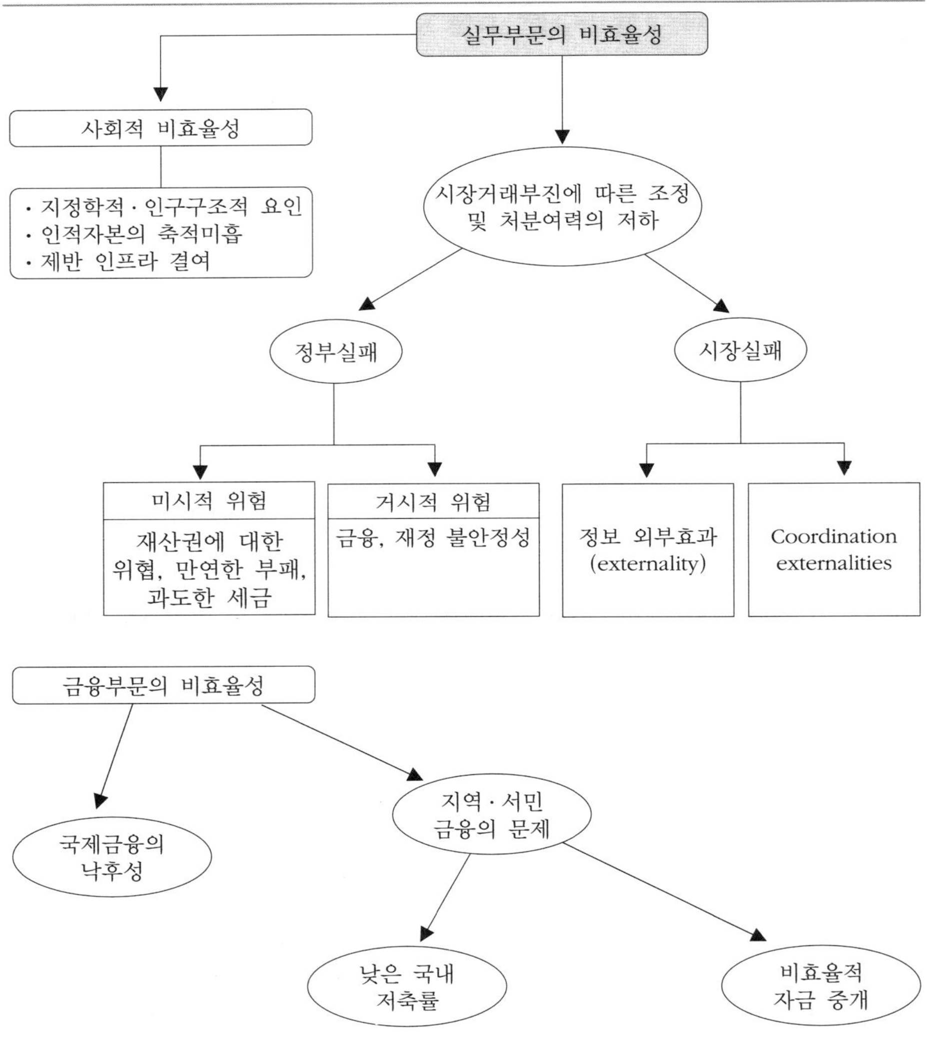

시장실패, 지역금융 및 국제금융 문제를 동시에 해소하려면 여러 문제가 최종적으로 얽혀 있는 비교역재, 특히 공공부문 개혁부터 시작할 필요가 있다. 이렇게 볼 때 신정부 들어 추진되고 있는 공기업 민영화는 올바른 정책방향으로 간주할 수 있다.

이는 동시다발적 나열식 드라이브 개혁의 폐단을 줄이고 개혁효과를 극대화할 수 있는 최선의 선택이다. 구체적으로 조세부담을 줄이고 각종 왜곡요인이나 조율실패(coordination failure) 등을 줄이면서 생산성을 높이고 인력공급을 원활하게 하여 국내투자 수익률을 제고해야 한다. 현실적으로 고용안정을 위한 각종 이익 및 시민단체의 입김이 거세지는 가운데, 안정 성장을 지키는 데 필요한 비교역재부문의 내부개혁은 여전히 지체되고 있다. 자체적 보호막이 절대적으로 취약한 개인과 서민계층으로 조정부담이 전가되고 있는 것이다. 세계화로 인한 경쟁적 시장의 대두와 더불어 강화되고 있는 보호주의는 경쟁력 제고의 기회를 차단하여 궁극적으로 경제적 불안정 요인으로 작용한다. 즉, 보호주의를 강화시킬 경우 경제적 비용이 급속도로 증가하여 결국 소득계층 및 세대간 형평성 악화가 불가피하다.

위의 그림에서 확인할 수 있듯이 성장 동인을 약화시켜 왔던 제반요인에 대한 근본차원의 접근(최종단계가 아닌 중간 내지 기초단계에서의 정책대응)을 통해 획기적 개선효과를 기대할 수 있다. 세계 수준의 경쟁요소가 생산성 증가에 직접적인 기여를 할 수 있도록 제반여건을 정비하는 노력자체가 발전토대를 견고히 하는 작업이다.

현재의 발전토대가 견고하지 못한 이유는 부문별로 생산성 격차가 지나치게 확대되어 생산요소를 일정 수준 이상으로 일관되게 결합시키기 어려운데 있다(coordination failure). 즉, 부문별 생산성 격차로 배태된 이중구조의 경제(dual economy)에서 불가피한 시장과 정부실패의 완화를 위해 자원배분이 지나치게 집중되고 있다. 따라서 중장기적 성장기반 확충상의 애로와 산업기반의 공동화(hollowing out) 및 해외로의 자본유출이 초래되고 있다.

결론적으로 전략적 접근방법을 토대로 "부문별 생산성 격차"를 해소해야 비로소 갈등요인도 관리되고 생산요소간의 다양한 조합이 원활해지며 보다 중장기적 제도나 기구개편도 자발적으로 추진되는 여건을 확보할 수 있다. 특히, 글로벌 경쟁에 노출된 주요산업에 비해 인적자원 비중이 높은 비교역재부문의 발전이 촉진되면서 보다 많은 고용창출을 기대해 볼 수 있다. 이는 고용 친화적 성장전략의 핵심 사안이다. 부문별 격차확대해소로 단기 정책처방의 필요성이 점차 줄어들면서 정부조직도 단견주의(short termism)에서 벗어날 수 있으며,

정치권도 단기적 이익에 집착하는 모습에서 보다 자유로워질 수 있다. 또한, 정책구사면에서의 첨예한 갈등요인(환율방어와 관련 비용 급증 문제 등)도 근본적으로 해결 가능하다. 많은 경우 정책선택상의 상충 관계는 정책시야가 단기에 국한되었기 때문이다.

한편 성장결정요인에 대한 철저한 검토와 대응이 미진했던 점은 최근의 해외투자열풍과 무관하지 않다. 최근 수 년간 투자 여건의 상대적 악화로 국내투자보다는 해외투자가 활발해지는 현상이 뚜렷하다. 해외투자는 자체적 유동성 처리능력의 한계나 위험의 분산차원에서 바람직하나 자본유출입관련 변동성 증가는 또 다른 비용이자 위험요인이다. 문제의 인식에도 불구하고 취해지는 조치들의 중장기적 유효성에 문제가 있음을 반증하는 사례이다. 이는 경쟁요소의 유치를 통해 국부를 증진시키고 고용을 늘려야 하는 국가적 기본시책과 상반된다.

특히 국내자본수출의 주된 수혜국인 중국과 인도 등 신흥시장은 위험요인이 중장기적 시각에서 객관적으로 평가될 만한 기초 여건도 갖추어지지 않았다. 국내적 제약요인을 자체 극복하기보다는 단기수익 기회를 추구하는 차원에서 중국과 인도 등 신흥시장 진출이 일방적으로 강조되는 추세이다. 그러나 신흥시장은 근본적으로 제도나 인프라가 취약하고 투자수익 회수면에서 상당한 위험이 내포되어 있으며 관련 위험에 대한 파악이나 관리도 소홀한 상태이다. 해외투자재원의 일부라도 국내에서 수용하고 활용할 수 있다면 보다 효율적인 위험관리기반이 자체적으로 구축될 수 있다.

결국, 단기적 개방과 해외진출의 효과를 무작정 기대하기에 앞서 자체적인 성장기반 확충 노력을 우선시하는 자세를 견지할 필요가 있다. 현실적으로 국내 기업의 해외 투자는 가파른 증가세를 보이는 반면, 외국기업의 한국 직접투자(FDI)는 제자리걸음이다.[4] 물론 시장 불확실성을 높이는 자체적 문제해결 능력에 대한 대내외 시장의 불신을 극복하려면 고용 친화적 성장전략의 구사와 더불어 시장관련 법체계 등 관련 인프라를 획기적으로 꾸준히 개선할 필요가 있다.

4) UNCTAD 발표 자료에 따르면, 2006년 한국의 FDA 순유입액(외국기업의 한국투자 — 외국기업의 투자회수액)은 5억불에 그쳐, 전체 141개국 중 114위에 랭크.

Ⅲ. 고용창출의 제약요인

참고로 성장제약 요인 외에도 고용창출을 직접적으로 가로막는 요인들을 검토할 필요성이 제기된다. 우리나라는 성장의 동인으로서 제조업의 비중이 여전히 높은 가운데 고용에 대한 기여도도 낮아지는 추세이다. 고용 없는 성장(jobless growth)이라는 말이 나올 정도로 세계화 환경하에서 성장과 고용은 과거의 연관을 가지고 있지 못하다. 특히 경쟁에 노출된 글로벌 기업일수록 국제적 경쟁력유지에 필요한 경쟁요소만 선택적으로 고용할 수밖에 없다(노동숙련도와 임금격차관련 Stolpher Samuelson Theorem). 따라서 일정 수준의 발전단계를 넘어선 국가의 경우 근본적인 노동수급의 불균형문제에 봉착하게 된다. 특히 금융업이나 지식서비스분야의 생산성이 낙후되어 고용창출력을 제약하고 있는 현실을 감안할 때 이들 분야의 발전을 가로막고 있는 제도적·거시적 요인들에 대한 제거 및 완화노력이 필요하다. 결국 이러한 근본요인들의 극복이야말로 구체적 고용증진 방안의 현실성을 결정하는 가장 중요한 전제조건이기 때문이다.

1. 교육제도의 문제

고용창출이 어려운 이유 중 하나는 세계적 경쟁을 이겨낼 만한 노동력 공급이 여의치 않기 때문이다. 우리나라의 경우 고용에 우호적인 교육이라기보다는 입시에 특화된 교육이 주를 이룬다. 세계화의 진전으로 경쟁력이 여러 방면에서 도전에 직면한 가운데 고용의 창출은 물론 고용의 안정적 유지에 있어 상당한 어려움에 봉착하고 있다. 즉, 고용창출과 유지에 필요한 경쟁력 지원체제에 심각한 문제가 노정되고 있는 것이다. 특히 교육제도가 입시위주로 편중되어 있는 국가의 경우 산업이 필요로 하는 노동력을 공급하는데 한계를 보인다. 취업에 필요한 성장잠재력은 무시되기 쉬우며 따라서 고용과 교육 간의 격차는 더욱 벌어지게 된다. 기존 지배구조의 유지차원에서 소수의 적자를 추려내기 위한 소모적인 교육제도와 폐쇄적 네트워킹은 시장 평가와 경쟁을 자체적으로 제약한다. 문화적 가치체계의 차이를 논하지 않더라도 이러한 여건에서는 세계적 경쟁에 노출되지 않은 공공부문의 일자리 창출만이 민간부문의 역할을 대신할 수밖에 없으며 이는 결국 재정적 부담요인으로 작용할 수밖에 없다.

이러한 기형적 현상은 신흥시장의 공통적인 연결고리의 문제로 제조업의 역량이 비제조업으로 파급되고 확산되는 데 있어 근본적 한계에 봉착하는 요인이다. 타 분야로의 확산을 가로막는 것으로 법제도, 국민정서, 사회인프라 등 다양한 요인들이 지적되고 있으나 개방과 관련된 지배구조적 장애요인이 심각한 것으로 받아들여지고 있다(Acemoglu, Johnson, 2005). 따라서 이를 극복하기 위한 정치적 지도력의 존재여부에 따라 신흥시장의 추가발전여력이 결정되는 것이다.

2. 노동시장의 구조적 문제

저임금 비정규직 일자리를 양산하는 현재의 노동시장 구조를 개선하지 않는다면, 서비스 사회화가 진전될수록 고용불안이 심화되고 고용의 질은 악화될 것이다. 사회서비스업 비중이 증가하면 고용의 질이 개선되지만, 개인서비스업 비중이 증가하면 고용의 질이 악화된다. 한국은 멕시코와 함께 OECD 국가 중 개인서비스업 비중은 가장 높고, 사회서비스업 비중은 가장 낮다. 따라서 서비스 사회화에 따른 부작용을 최소화하고 긍정적 측면을 제고하려면, 비정규직의 남용과 차별 해소와 더불어 사회서비스업 일자리를 늘려야 한다. 한편 최근 정부가 사회적 일자리 확충을 강조하는 것은 긍정적이라 할 수 있지만, 사회적 일자리가 단지 저임금의 임시적 일자리로 충당된다면, 사회서비스업 취업자 확대가 갖는 긍정적 의의는 실현되기 어렵다.

우리 노동생활의 양극화관련(polarized quality of working life) 문제의 심각성은 이미 정규·비정규 노동자들의 다양한 고용조건들을 비교·분석한 여러 연구에서 지적된 바 있다(전병유, 2007). 정규·비정규 노동자들 간의 노동생활 질 양극화를 해소하기 위해서는 정부의 조속한 관련 제도 개선이 요구되고 있다. 이중구조적 노동시장에서 진정한 의미의 생산성향상을 기대하기 어렵다. 이중구조적 특징이야말로 생산성 향상의 근본적 한계를 드러내는 징후이기 때문이다.

3. 경제적 요인: 환율정책

경제적 요인 중에서 환율은 부문간 생산재원의 분배에 있어 가장 큰 영향을 행사한다. 제조업 위주의 수출패러다임으로 성장모멘텀을 유지하는 국가일수록 비교역재의 가격상승률이 높아질 수밖에 없으며 이는 실질환율의 절상을 가져와 환율안정에 더 많은 재원을 소모할 수밖에 없는 구도로 이어진다. 성장 초기단계의 유효한 전략적 선택은 이후 성숙된 발전과정에서 부문별 생산성 격차를 좁히기 어려운 근본원인으로 작용한다. 특정부문만의 생산성 향상만으로 이루어 낼 수 있는 성장전략의 한계를 무시할 수 없다. 더욱이 이미 경쟁력이 인정된 부문의 생산성을 유지하기 위해서라도 비교역재부문의 생산성은 뒷받침되어야 한다. 환율정책의 방향은 비교역재와 교역재의 상대적 성장기여도를 결정하는 주요 요인이다. 과연 부문별 생산성 격차가 줄어들지 않는 이유는 무엇일까? 환율과 고용간의 상관관계는 그 중요도를 감안하여 별도의 장에서 다룬다. 생산성 격차가 고용창출능력의 장애요인으로 부각되고 있음을 인식할 때 이의 해소는 고용을 늘리는 성장전략의 핵심 사안으로 간주할 수 있다.

4. 신흥시장의 한계: 시장인프라 취약

신흥시장은 시장인프라가 취약하여 개방 환경에서 불가피한 자본유출입의 확대에 따른 안정화 비용도 늘어날 수밖에 없다. 신흥시장이 경험하는 일련의 현상들은 자체적 시장기반의 열악함이나 제도 및 기관의 미비 등 내부적 취약성과 연관되어 있다. 외부환경은 개방과 세계화로 점차 통합되는 데 비해 내부적으로 이러한 변화를 수용하는 데 한계를 보이는 신흥시장의 경우 과도한 안정화 비용을 치르게 된다. 구체적 사례로 신흥시장의 유동성 처리문제를 들 수 있다.

중국이나 우리나라는 해외자본유입에 따른 부작용을 줄이기 위해 엄청난 재원을 소모하고 있다. 소위 불태화관련 재원의 소모는 GDP의 2~3%까지 확대될 정도이며 이후의 이자 및 원금상환부담, 투자손실부담까지 포함하면 당장의 안정을 위한 시장개입의 혜택을 상회하기 마련이다. 고육지책으로 이러한 재원을 소모하는 배경에는 기본적인 경제안정기반이 취약함을 들 수 있다. 특히 개방과 더불어 안정화비용이 기하급수적으로 늘어남에 비추어 시장인프라구축 노력도 강조되어야 함을 알 수 있다. 더욱이 신흥시장 경제의 변동성은 국제자본시장으로의 접근성(accessibility)이 수시로 변하기 때문에 근본적으로 커질 수밖에 없다. 안정화비용은 체제적 개선이 지연되는 가운데 국제금융시장으로의 접근성을 유지하기 위한 고육책이다. 즉, 국제금융 접근성을 결정하는 제반요소가 충족되지 않아 초래되는 문제이다. 분명 자체적 저당가치의 안정화가 어려운 여건에서 각종 충격에 따른 접근성의 급격한 변화는 신흥시장에서 비용증가요인으로 작용하게 된다.

칠레와 호주의 예에서 알 수 있듯이 신흥시장이라고 하더라도 국제자본시장에의 접근성이 안정적인 국가의 경우 웬만한 충격에 크게 흔들리지 않음을 알 수 있다. 따라서 국제금융시장의 안정적 접근성을 확보하고 개방 환경에 필요한 인프라를 조기 구축하는 일은 국가적으로 가장 우선시되어야 할 과제이다. 구체적으로 금융시스템의 취약부문을 보완하고 시장부재로 초래되는 과소보험(underinsurance)의 피해를 줄이기 위해서는 계약 불가능한 위험의 산정과 거래메커니즘이 개발되어야 한다. 우리나라로서는 우리 주변의 모든 위험을 파악하고 가급적 거래가 가능하도록 관련시장을 개발하며 충격을 흡수 처리할 수 있는 자체적 시장기반을 확보하려는 노력을 단기안정화 정책과 병행하여야 한다.

〈표 2-2-20〉 초과 외환보유고 — 아시아의 기회비용

(단위: Billion $)

	초과 외환보유고,[1] 2006	기회비용	GDP대비 비중(%)
China	981	49	1.9
Japan	475	24	0.5
Taiwan	218	11	3.1
Korea	116	6	0.7
Singapore	27	1	1.0
HongKong	42	2	1.1
Malaysia	54	3	1.8
Total	1,9153	96	1.1

주: 1) Greenspan-Guidotti법칙 적용. 외환보유고는 해외단기부채와 동일규모가 적절하다는 주장으로서 단기외화부채는 비은행무역신용을 제외한 외화표시 은행자산과 해외채권의 합임.

자료: Global Insight; International Monetary Fund(IMF); Ministry of Economic Affairs, Taiwan; Mckinsey Global Institute analysis.

Ⅳ. 고용창출의 제약과 Balassa-Samuelson효과

본 장에서는 고용창출여력을 제한하는 요인으로서 부문별 생산성 격차의 영향을 실질환율과의 연관을 감안하여 집중적으로 살펴보고자 한다(Rodrick, 2007). 환경이 바뀐 상태에서 낙후된 금융시스템을 가지고 안정 기조를 유지하려다 보니 자금흐름이 왜곡되고 부문별 생산성 격차는 더욱 확대되었다([그림 2-2-8~10]). 과도하게 늘어나는 안정화비용은 개도국들의 유동성 관리 능력이 근본적으로 한계를 보이기 때문이다. 그리고 이러한 이면에는 경제의 이중구조라는 구조적 문제가 도사리고 있다. 경쟁력 있는 수출부문과는 달리 보다 다양한 생산요소와 총체적인 체제적 경쟁력이 뒷받침되어야 하는 비교역재부문의 생산성은 여전히 낙후된 상태이다. 자금이 흐르더라도 생산성 격차를 해소하는 방향이 아니라 격차를 확대하는 방향으로 이어지게 되며 이러한 격차확대는 추가적 안정노력을 필요로 한다. 이러한 여건하에서 현실적으로 민간부문의 유일한 유동성 흡수장치는 버블가능성에 노출된 부동산으로 볼 수 있다. 즉, 우리가 당면한 버블에 취약한 경제구조는 실상 부문별 생산성 격차문제를 근본적으로 해결하지 못한 결과로 간주할 수 있다.

경제부문간 생산성 격차에도 불구하고 자금흐름이 부동산 등에만 집중되는 상황하에서는 환율절상속도가 빨라질 수밖에 없다. 단지 비교역재와 교역재의 상대가격 변화뿐 아니라 인플레이션 압력의 가중은 교역부문의 경쟁력을 지키는 데 엄청난 비용이 소요됨을 뜻한다. 본 장에서는 금융시스템의 낙후성으로 초래된 버블경제와 Balassa-Samuelson 효과를 Dutch Disease의 관점에서 점검해 본다.

첫째, 자본유입이 원화절상에 미치는 영향을 분석한 결과 비교역재부문의 투자효율 정도에 따라 원화절상속도나 폭이 결정된다(Miyajima, 2005). 투자효율성이 저하되는 경우 자본유입은 곧바로 원화의 절상으로 이어진다. 비교역재부문의 낙후성이 실질환율의 절상요인으로 작용하는 것이다. 이는 낙후부문의 생산성 제고를 위한 노력 없이 환율안정을 통해 지지할 수 있는 수출탄력에 한계가 있음을 뜻한다. 또한 실질환율의 변동성도 비교역재부문의 상대가격에 의해 영향을 받고 있음도 밝혀졌다(Mendoza, 2006). 결국 개방 환경에서 비교역재부문의 생산성 개선 없이 수출만으로 성장을 지탱하려면 환율절상압력을 해소하기 위해 상당한 재원이 소모될 수밖에 없다.

둘째, 환율이 성장에 미치는 영향도 비교역재부문의 발전정도에 의존한다(Johnson, Ostry, and Subramanian, 2006). 선진국과는 달리 개도국들의 경우 수출의존도가 크기 때문에 환율변화의 영향을 많이 받게 될 수밖에 없다. 다양한 환율안정노력에도 불구하고 개도국 경제의 성장추진력에 모멘텀이 붙지 못하는 이유는 바로 이러한 부문별 격차라는 제약에 기인한다. 한마디로 수출신장세를 유지하기 위한 환율안정의 대가로 비교역재부문의 발전이 한계를 보이면서 버블출현과 함께 악순환의 고리가 강화되기 때문이다. 아무리 지역통화의 안정을 추구하더라도 결국은 비교역재부문의 생산성저하로 인한 인플레이션으로 자국통화의 고평가를 막을 수는 없다. 그러나 현실적으로 지역통화의 강세를 충분히 수용하기 어려운 만큼 환율의 일방적 기대에 따른 자금흐름의 편중화로 부동산 버블의 출현가능성은 그만큼 높아지게 된다.

셋째, 고역재와 비교역재부문의 생산성 격차는 여전히 존재한다. 연구방법에 따라 아시아지역에서의 Balassa-Samuelson효과에 대해 다른 입장을 보이고 있으나 대체적으로 환율절상과 부문간 생산성 격차간의 상관관계는 유의한 것으로 판단된다(Drine and Rault, 2002; Groen and Lombardelli, 2005; Ito, Isard, and Symansky, 1997). 특히 Choudhri and Kahn(2005)에 따르면 부문별 생산성 격차는 비교역재의 상대가격변화를 통해 실질환율에 안정적으로 유의적인 영향을 미치는 것으로 나타났다. 또한 고용통계에서 확인할 수 있듯이 구조조정도 주로 생산성이 높은 제조업부문에서 빠르게 이루어지고 있다. 이러한 여건에서 자본유입이나 민간부문, 특히 부동산에 대한 은행여신이 늘어나더라도(〈표 2-2-22〉) 다변화된 투자가 늘어나기 힘들며 생산성 격차는 더욱 벌어질 수밖에 없다. 이는 실질환율의 변화요인으로 작용하는 구조적 부문별 격차를 금융시스템이 아닌 정책노력만으로 메우는 데 한계를 보이기 때문이다.

결과적으로 환율안정이 중요한 경제에서 환율불안의 근본원인으로 작용하는 부문별 생산성 격차문제를 해결하지 못할 경우 우리는 상당한 재원낭비와 더불어 성장잠재력의 저하를 피할 수 없다. 이러한 일련의 제약은 고용여건의 개선이 실질적으로 점차 어려워지는 현실적 배경을 잘 설명하고 있다.

[그림 2-2-8] 환율의 고평가정도와 부문별 생산성 갭

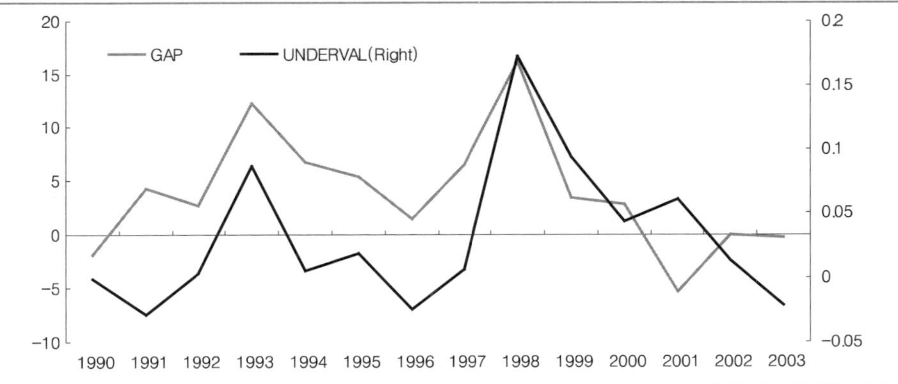

주: 1) 생산성 갭은 제조업의 부가가치 생산증가율에서 서비스업의 부가가치 생산증가율을 차감한 수치.
2) $\ln RER = \alpha + \beta \ln RGDPCH + ft + u$, $\alpha = 2.34(6.52)$, $\beta = -0.24(-5.25)$, ( )은 t값.
RER는 실질환율, RGDPCH는 실질 1인당 국내총생산, t는 기간더미변수를 의미함. β값의 유의함은 Balassa-Samuelson 효과를 뒷받침. 소득 10% 증가시 실질환율 2.4% 절상.
3) underval은 우리나라와 일본, 중국으로만 추정, underval>1은 자국화폐의 저평가, underval <1은 고평가를 각각 의미.
자료: 한국은행, Penn World Table 6.2.

[그림 2-2-9] 한국의 실질실효환율[1] 및 생산성 격차[2] 추이

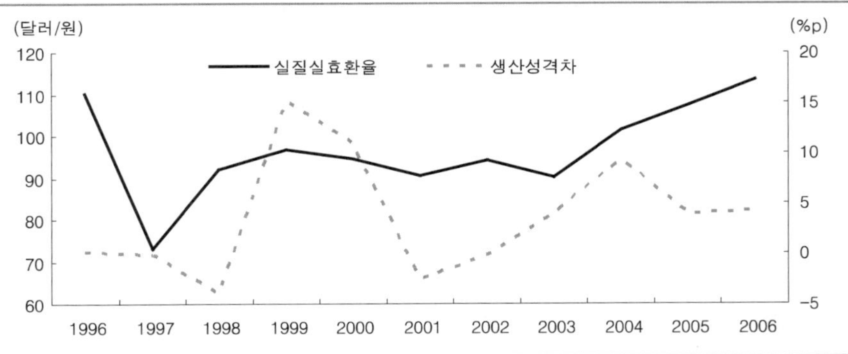

주: 1) 실질실효환율은 JP Morgan이 제공하는 우리나라 실질실효환율을 의미.
2) 생산성 격차는 제조업의 부가가치 생산증가율에서 서비스업의 부가가치 생산증가율을 차감한 수치.
자료: Bloomberg, OECD STAN.

[그림 2-2-10] GDP 성장률과 환율의 고평가 정도

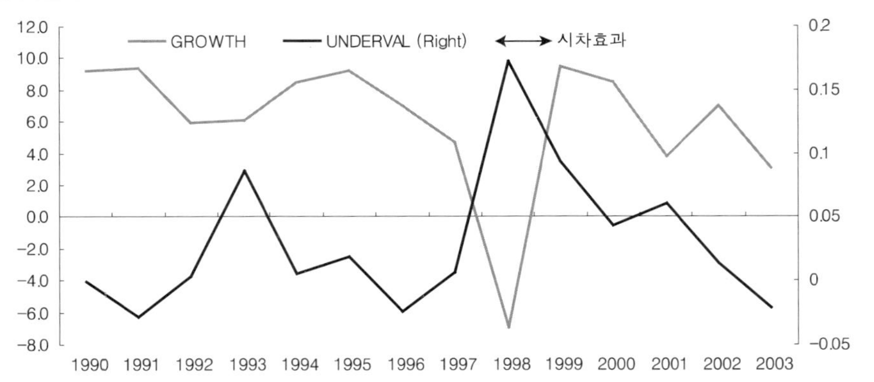

주: 1) 생산성 갭은 제조업의 부가가치 생산증가율에서 서비스업의 부가가치 생산증가율을 차감한 수치.
2) $\ln RER = \alpha + \beta \ln RGDPCH + ft + u$, $\alpha = 2.34(6.52)$, $\beta = -0.24(-5.25)$, ( )은 t값.
RER는 실질환율, RGDPCH는 실질 1인당 국내총생산, t는 기간더미변수를 의미함.
3) underval은 우리나라와 일본, 중국으로만 추정, underval>1은 자국화폐의 저평가, underval <1은 고평가를 각각 의미.

자료: 한국은행, Penn World Table 6.2.

〈표 2-2-21〉 환율의 고평가 정도가 성장에 미치는 영향(패널회귀분석)

	아시아 3개국의 1인당 실질 경제성장률
상수	0.046 (0.34)
1인당 실질 GDP	0.001 (0.06)
UNDERVAL	0.042** (4.55)
기 간	1960~2004
관측치	120

주: **는 5% 유의 수준을 의미, ( )은 t값을 위미. 분석함에 있어 기간더미변수와 국가더비변수를 적용함.
1) 아시아 3개국은 한국, 일본, 중국임.
2) UNDERVAL은 Balassa-Samuelson의 이론을 토대로 각국의 달러대비 환율을 PPP로 나눈 실질환율을 1인당 실질 GDP로 조정한 추정환율간의 차이를 의미함. underval>1은 자국화폐의 저평가, underval<1은 고평가를 각각 의미.

자료: Penn World Table 6.2.

〈표 2-2-22〉 예금은행 대출 잔액 추이

(단위: 조원)

	2005.12	2006.12	2007				2008
			1/4	2/4	3/4	4/4	1/4
예금은행대출	580.1	663.2	679.9	708.3	732.3	754.6	781.1
가계대출	304.7	345.6	348.0	350.4	356.5	363.4	367.4
주택담보대출	190.3 (2.5%)	217.0 (62.8%)	218.2 (62.7%)	217.8 (62.2%)	218.8 (61.4%)	221.6 (61.0%)	224.2 (61.0%)

주: ( )는 가계대출 중 주택담보대출 비중.
자료: 한국은행.

한편 과잉유동성 및 버블과 관련된 증상은 이미 Dutch Disease로 진단되었으며 개도국 공통된 현상이다. Prasad, Rajan, Subramanian(2006)의 결과는 해외자본의 역할이 금융부문의 발전여하에 따라 다르게 나타날 수 있음을 보이고 있다. 금융개방이나 통합이 단지 추가적인 유동성 공급 장치의 역할에 국한한다면 해외자본의 긍정적 역할은 기대하기 어렵다. 우리가 현재 겪고 있는 부동산 버블문제는 이러한 측면에서 볼 때 다양한 투자기회를 제공하지 못했던 억압된 투자환경과 투기적 자금흐름을 억제하지 못한 정책실패에 기인한다. 즉, 현재의 자산운용패턴은 사후적 위험관리측면에서는 타당성을 가질 수 있으나 선제적 차원의 위험관리와는 거리가 멀다.

[그림 2-2-11] 제조업-서비스업간 생산성 격차의 충격에 대한 반응

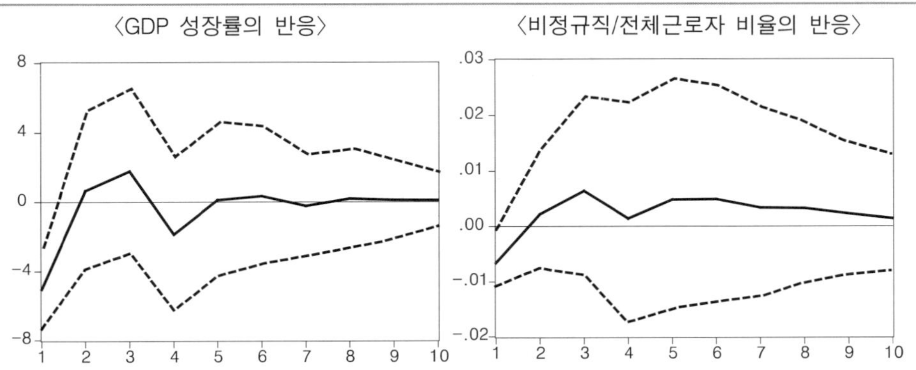

주: 본 모형에서는 VAR 모형을 이용하여 산출하였으며 변수의 순서는 생산성 격차, GDP 성장률, 비정규직 비율의 순으로 선정하였으며, 시차의 길이는 SIC, AIC 등을 고려하여 설정함.

[그림 2-2-12] 서비스부문의 생산성이 개선되어 미국수준으로 생산성 격차가 줄어들었을 경우 생산성 격차 충격에 대한 반응

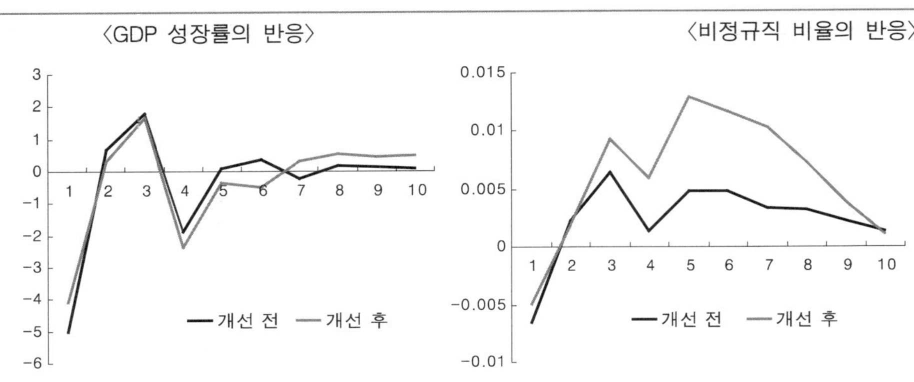

주: 본 모형에서는 VAR 모형을 이용하여 산출하였으며 변수의 순서는 생산성 격차, GDP 성장률, 비정규직 비율의 순으로 선정하였으며, 시차의 길이는 SIC, AIC 등을 고려하여 설정함.
* 개선 전은 기존 우리나라의 제조업과 서비스업간의 생산성 격차에 대한 반응 *개선 후는 서비스산업 분야의 노동생산성이 개선되어 생산성 격차가 미국만큼 줄어들었을 경우에 대한 생산성 격차에 대한 반응.

위의 사안들을 종합하면 생산성 격차가 부문별로 심한 경제가 수출을 통한 성장에 매달릴 경우 연관된 안정화비용의 증가와 정책적 제약으로 인해 더욱 심각한 과잉유동성 문제에 봉착하게 된다. 현실적 안정화 필요와 부문별 생산성 격차라는 구조적 제약은 결국 버블경제와 양극화의 심화를 통해 경제의 이중구조를 심화시키는 요인으로 작용하게 된다. 부문별 생산성 격차로 배태된 여러 문제가 복합적으로 나타나면서 대응자체에 과도한 재원과 노력이 소모되고 있는 것이다. 즉, 성장과 고용의 족쇄는 바로 부문별 생산성 격차인 것이다.

이상의 요인들을 중심으로 계량분석을 통해 고용창출의 결정과정을 파악한 결과는 다음과 같다. 부문별 노동생산성의 격차와 성장률, 그리고 고용변수로 구성된 3변수 VAR의 충격반응결과 예상대로 성장과 고용형태에 있어 유의적인 영향이 파악되었다. 이들은 공히 부문별 생산성 격차의 해소가 성장과 고용에 있어 중요함을 나타내는 결과이다. 또한 생산성 격차 충격이 성장과 고용에 미치는 영향을 충격반응을 통해 살펴본 결과 같은 충격이라 하더라도 부문별 생산성 차이가 적은 경우 성장과 고용의 반응이 보다 안정적임을 알 수 있다. 실

증분석결과 우리나라의 부문별 생산성 격차가 미국수준으로 줄어들었을 경우 생산성 격차의 1단위 충격에 대해 2년 이내에 성장률은 0.29%p 높아지고, 비정규직비율은 0.06%p 증가하는 것으로 나타났다([그림 2-2-12] 참조). 따라서 지금까지의 결과를 요약하면 생산성 격차가 거시적 안정을 저해하고 낙후부문은 물론 경쟁부문의 생산성 증가와 성장을 저해하는 요인으로 부각되고 있다.

V. 부문별 생산성 격차 해소를 통한 고용창출

무엇보다도 부문별 생산성 격차는 지속적인 고용창출을 가로막는 주요인으로 부각되었다. 그렇다면 이를 해소하기 위한 방법은 어떤 것들이 있을까? 위에서의 분석결과는 고용창출을 위해 일반적인 투자확대만으로는 소기의 성과를 거두기 어려움을 알 수 있다. 즉, 부문별 생산성 격차를 해소하는 방향으로 투자가 이루어지지 않을 경우 재원투입만으로는 안정적 고용창출을 기대하기 어렵다. 결국 민간주체들이 낙후분야에 자발적으로 진출하면서 생산성 제고에 주력할 수 있도록 여건을 조성하는 노력이 선행되어야 한다. 지금까지의 성장전략이 추진력을 상실한 이유는 개혁대상 선정이 피상적이고, 단기실적위주의 나열식 개혁과제 추진으로 시장의 호응확보나 사회공감대 형성에 실패했기 때문이다. 따라서 지속적인 성장력 확충을 위해서는 첫째, 고용창출요인에 대한 포괄적 분석을 통해 집중적으로 개선해야 하는 부분을 파악하고 둘째, 개선 주체의 개별적 인센티브를 가급적 경제 전반의 집단적 인센티브와 합치(align)시킨 후 셋째, 중장기적 관점에서 전략적으로 일관되게 접근해 나갈 필요가 있다.

무엇보다도 낙후정도의 개선에 수반하는 외부효과가 큰 부문부터 집중적으로 개발하는 전략이 타당하다. 제한된 재원을 배분하는 원칙은 낙후부문의 개발을 통해 부문간 격차를 해소하면서 연관효과를 극대화하여 고용창출여력을 제고하는 것이다. 이를 위해서는 지식서비스분야에서도 외부효과가 가장 큰 금융부문의 개발을 통해 생산성 격차문제를 해소하는 것이 시급하다. 특히 금융부문의 개발은 인적자원에 기초하는 만큼 교육과 밀접히 연계되어 있는 특징이 있으므로 동 부문의 개발은 고용관련 수급측면의 결정요인을 동시에 충족시키는 이점이 있다. 무엇보다도 금융부문의 발전은 소위 샌드위치 현상[5]의 해소를 위한 전략적 개방과 육성전략이다.

1. 금융부문의 발전: 금융부문의 샌드위치 현상 해소

우선 고용을 촉진하는 성장전략을 구사하기 위해서는 금융부문의 낙후현상을 극복해야 한다. 금융발전에 필요한 제반여건 미비로 인한 금융부문의 낙후, 즉 샌드위치 현상은 우리 금융기관들이 IB관련 고급서비스 제공능력은 부족한 가운데 담보대출 서비스에 지나치게 의존한 데 기인한다. 이로 인해, 금융산업자체의 발전이 지지부진할 뿐 아니라 시장안정 유지를 위해 재원이 낭비적으로 소모됨에 따라 성장잠재력이 지속 저하되고 실물부문의 양극화·투자부진도 심화되고 있다. 실제 금융부문의 낙후성은 고용창출여력을 저해하는 심각한 장애요인이다. 고용과 성장에 활용될 귀중한 재원이 금융부문의 낙후로 인해 허탈하게 낭비되는 것이다. 따라서 실물부문의 균형발전을 가로막고 고용불안·양극화·투자부진 요인으로 작용하고 있는 금융부문 샌드위치 현상 및 이를 해소하기 위한 구체적 방안을 검토해야 한다.

이 현상은 은행 중심 금융시스템의 특징인 IB관련 고급서비스 제공능력의 결여와 담보대출관련 일반 서비스 제공능력의 과다(over capacity)에 기인한다. 실제 자본집약도(capital intensity: 자본량/노동)가 높아지면서 고용유발효과가 저하되고 있는 제조업에 비해 금융업의 고용창출여력은 점차 커지는 추세이다. 그러나 현실적으로 금융산업 발전을 위한 기초여건 확보는 지연된 채, 해외진출 필요성만 강조되고 있는 상황이다. 즉, 우리 금융기관들은 국내시장에서의 과도한 경쟁으로 수익성 악화에 직면해 있기 때문에, 향후 경쟁적으로 해외시장에 진출해야 하는 상황이다. 그러나 현지 진출 국내기업·교포 위주의 해외영업 행태에는 큰 변화가 없으며, 점증하는 자산운용 수요도 주로 해외금융기관에 대한 위탁운영에 의존하고 있다. 금융부문 샌드위치 현상으로 인해 시장불안정성이 확대되고 체제안정 비용이 급속 증가하여 재원이 낭비적으로 소모

5) 금융부문의 샌드위치 현상'은 M&A·기업공개·파생상품 등 투자은행(IB) 관련 고급 금융서비스를 해외금융기관에 의존하는 반면, 대출 등 단순 금융서비스 및 위험관리 부담이 국내금융시스템에 과도하게 누적되어 초래되는 체제적 부조화 현상을 의미한다.

됨에 따라 성장잠재력이 지속 저하되고 있다. 결과적으로 금융발전 지연으로 초래된 금융서비스 수급상의 괴리를 "국내시장에서의 과당경쟁 및 해외진출과 위탁운용"을 통해 해소하고 있다. 이는 자체적 금융역량 제고 없이 "지속적 성장 동인"을 해외로 이전시키는 것으로 중장기적 성장기반을 잠식하는 결과를 초래할 뿐이다.

금융부문이 고용창출에 중요한 이유는 다양한 분야의 고용창출의 근간이 되는 재원이 금융시스템의 낙후성으로 인해 해외로 유출되기 때문이다. 직접적인 고용창출여력과 별도로 이러한 긍정적 외부효과가 금융부문이 우선적으로 발전되어야 하는 근본이유이다. 또한 금융부문 샌드위치 현상은 세계적인 우리 기업의 해외이전을 가속화시키고 가계 및 중소기업 부문의 위험을 집중시키며 양극화와 투자부진의 원인으로 작용한다. 이러한 금융부문의 왜곡은 실물부문의 왜곡으로 이어져 위험이 부문별로 집중되는 구조적 문제를 야기하게 된다. 실제로 중산층은 양극화 해소를 위한 각종 대책에도 불구하고 자산시장에 대한 접근성 저하로 지난 10여 년간 지속 퇴조하고 있다. 정책의 초점이 서민계층에 집중되고 있는 반면, 중산층을 위한 대책은 금융 샌드위치 현상의 심화로 효과를 기대하기 어렵다. 결국 소득원이 불안해지고 자본시장 접근성이 제한된 금융시스템의 구조적 문제가 중산층의 축소(vanishing middle-class)를 초래하게 된다.

금융부문의 샌드위치 현상을 극복하기 위해서는 무엇보다도 과감하고 전략적인 접근 방법이 필요하다. 열악한 금융 기초여건 극복을 위한 역외금융센타(OFC)·특화시장 개발을 통해 선진금융기관 유치와 금융역량 강화의 기폭제로 활용해야 한다. 시장과 기구의 확충 및 시장 참여자들을 다양화하기 위한 개방전략을 구사함으로써 고용 및 산업연관 효과를 극대화해야 한다. 첫째, 시장개방에 따른 부작용을 자체 흡수하면서 금융발전을 가속화시키기 위해서는 세계적 수준의 금융전문인력 확보가 시급하다. 이를 위해, 이중국적 허용 및 비자요건 완화 등을 적극 검토할 필요가 있으며, 법률체제·감독역량·공시 및 회계제도·교육 및 의료환경 등 종합적 기반을 지속 개선할 필요가 제기된다. 둘째, 우리의 최대 잠재능력인 공적 연기금 확대에 따른 자산운용수요를 PEF·헤지펀드 등 다양한 대체투자(alternative investment) 기구의 육성을 통해 적극 수용하면서 금융발전을 촉진해야 한다. 네트워크효과를 감안하여 해외 금융기관의 인수도 적극 고려해 볼 필요가 있다. PEF·헤지펀드에 대한 규제논의나 배경에 대한 타당성 재검토와 더불어 자금조달 및 투자대상 선정과 관련하여 선진국 수준에 상응하는 과감한 규제완화를 추진해야 한다. 셋째, 주가 및 부동산 선물·옵션의 장외파생상품(OTC)이 거래될 수 있는 특화시장을 육성해야 한다. 특히 자산운용 대상이 부동산으로 치중된 제한된 현실을 극복하기 위해 부동산 지수(real estate index) 선물옵션 시장을 신규 개설하여 시장유동성을 확보할 필요가 있다. 이는 위험관련 계약의 광범위한 거래를 통해 기존 부동산 거래 부족에 따른 시장위험을 효과적으로 축소 분산하는 효과를 창출한다.

2. 낙후부문의 집중 개발: 사회복지, 교육, 의료, 법률 등

위에서 거론한 성장결정요인을 조기 확충하기 위한 전략적 접근(중간단계의 차별화된 접근)의 핵심은 결국 낙후부문의 발전전략으로 귀결된다. 이는 부문별 생산성 격차해소를 통해 한 단계 높은 생산요소간의 결합을 통해 선진경제진입에 필요한 성장추진력 확보를 가능케 한다. 따라서 부문별 생산성 격차 해소를 위한 구체적 추진전략은 낙후부문에 대한 제한적 충격요법(jump-starting: controlled shock therapy), 즉 과감한 개방과 발전전략으로 규정할 수 있다.

실물부문의 공급애로를 해소하려면 교육 및 노동시장의 본질적 개선에 나서야 한다. 부문별 생산성 격차의 근본 원인으로 작용하면서 고질적인 생산성 저해요인인 이들 부문에 대한 획기적 개혁을 통해 막대한 서비스 수지 적자를 줄이고 미래 성장동력을 확보해야 한다. 교육시장을 개방하여 다양한 교육기회 선택의 자유를 가급적 모든 계층에 제공하는 방향으로 개혁을 추진하되 소득차이로 교육기회가 결정되지 않도록 보완적 인센티브(voucher, merit scholarship 등)의 동시제공이 필요하다. 또한 정규직과 비정규직의 이중구조로 정착된 노동시장의 경직성과 마찰요인 해소를 위해 가능한 고용형태를 계약위주로 전환할 필요가 제기된다.

낙후부문 개발의 가장 중요한 경제적 근거는 이러한 개발 없이 환율안정을 기대할 수 없기 때문이다. 결국 낙후부문이나 성장장애요인에 대한 본격적인 대응이야말로 미래 고용창출 성장전략의 핵심으로 간주할 수 있다. 다만 낙후부문의 개발을 탁상공론식으로 되풀이하는 것이 아니라 전략적 차원에서 시너지효과를 극대화하기 위해 우선순위를 정하고 연관효과(linkage effect)를 감안하여 접근하는 것이다. 무엇보다도 낙후부문의 집중 개발은 실질환율의 절상요인을 근원적으로 제거할 수 있어 환율안정을 위한 재원 낭비를 줄이고 원화의 국제화를 앞당기며 금융센터로서 부각될 수 있는 기초여건을 제공한다.

현재 우리 경제는 인적자원의 높은 잠재능력에도 불구하고 자원배분상의 근본적 왜곡으로 부문별 생산성 격차가 커진 가운데 투자부진과 성장탄력 저하의 심각한 문제에 봉착해 있다. 따라서 중장기 투자수익에 관련된 시장평가를 통해 균형 잡힌 지속성장을 이루기 위해서는 낙후된 비교역재부문에 대한 투자를 전략적으로 조기 활성화할 필요(rebalancing the growth strategy)가 있다. 투자주체 문제와 연관하여 재벌에 대한 사전적 규제를 완화하되 사후적 책임규명과 시장 모니터링을 강화하여 과도한 시장지배력이 소비자에게 영향을 미치지 않도록 배려해야 한다. 재벌은 무조건 안 되고 해외기업들에게는 전면적으로 개방을 허용하는 현 방식으로는 성장 동인을 해외에 이전하는 결과만 초래(합리적 공정경쟁의 틀을 조기 확립)할 뿐이다.

우리 경제의 가장 큰 취약부문인 비교역재부문의 생산성을 획기적으로 증가시킬 경우 미래 성장기반을 다지고 지속가능한 성장추진력을 확보할 수 있다. 따라서 지금까지 비교역재부문의 생산성 저하를 초래해 온 각종 규제와 보호 장벽의 조기 제거를 통한 성장 친화적 환경확보에 총력을 기울일 필요가 있다. 특히 고령화로 예상되는 추가부담에 대한 사전 대비 차원에서 각종 잉여예산을 적립하여 별도의 전문 운용기구에 위탁 운용함으로써 향후 지속적인 비교역재부문 생산성 제고 재원으로 활용하는 방안을 강구해야 한다. 즉, 잉여재원을 프랑스의 FPR(French Pension Reserve Fund)방식을 원용하여 의료·교육·보건복지 관련 고용증가에 활용(reserve fund strategy)해야 한다.

결론적으로 추가적인 성장모멘텀은 비교역재부문의 성장을 가로막고 있는 각종 규제를 철폐하고 기간별·부문별로 균형 잡힌 투자전략을 구사함으로써 가능하다. 이미 부문별 생산성 격차가 확대된 상황에서 특정분야에 대한 투자확대만으로는 소기의 성과를 기대하기 어렵다. 이는 가치창출의 근본인 산업연관효과를 부문별 차이가 확대된 상황에서 기대하기 어렵기 때문이며 결국 해외로의 자원이동을 통해서만 소기의 수익률을 확보할 수 있다. 무엇보다도 지금까지 부담으로만 간주되었던 부문을 역으로 활용하여 성장모멘텀을 모색할 필요가 있다. 예로 북한을 성장모멘텀을 확보할 수 있는 주요 카드로 활용하여 인프라 구축과 관련된 제반 성장요인에 우리 기업의 참여를 활성화하는 방안을 타진해 보는 것도 중요하다. 또한, 환경요인을 적극 반영하여 지속성장 전략에 반영시킬 필요가 있다. 역내시장을 겨냥, 탄소 거래시장, 선물옵션시장의 개설이나 개발금융 관련 경제 및 지정학적 이점을 살려 기초여건의 열악함을 극복하고 역내 주도권을 확보해 나갈 필요가 있다. 경제시스템 작동 차원에서 효율성을 높이려면 공공부문을 포함한 낙후부문의 생산성을 획기적으로 개선하여 이미 경쟁력 있는 부문과의 연계를 원활히 하는데 집중하는 것이 중요하다.

3. 노동시장의 개선

특히 고령화에 직면한 우리 경제의 성장동력을 확충하고 지속성장을 기하기 위해서는 노동력 수급관련 중장기적 대책이 강화되어야 한다. 일자리 창출은 정책의지나 구호만으로 이루어지는 것이 아니며 치밀한 준비와 시장의 평가를 견뎌내야 가능하다. 따라서 국가적으로는 최근의 환경하에서 고용상태에 영향을 미치는 요인을 파악하고 이를 자체적으로 구비하기 위한 제반 환경을 강화시키는 데 주력해야 할 것이다. 특히 앞으로 규제완화을 통해 성장탄력을 높이는 과정에서 고용창출이 배가되는 전략을 적극 구사할 필요가 있다.

고용을 늘리는 방향은 노동수요측면에서 고용관련 제반 비용을 낮추는 비교역재부문의 개발과 더불어 제도적 신축성을 제고하면서 노동공급측면에서 시장수요에 부합하는 노동력을 공급하는 것이다. 우선 노동공급측면에서의 대안은 교육제도의 개편과 유휴노동력의 활용을 위한 인프라 개선이다. 여성, 고령, 재활인력의 참여를 통해 수급불균형을 일부 해소해야 한다. 특히 여성인력의 참여폭이 넓은 서비스산업의 유치와 육성은 고용여건의 개선에 있어 결정적으로 중요하다. 특히 보육시설의 확충은 인프라구축 차원에서 적극 나서야 할 사안이다. 적어도 노동공급측면에서는 평생교육프로그램(continuing education)을 대학중심으로 크게 강화하여 필요한 일자리를 얻는 데 직접적인 도움이 될 수 있도록 운영방식을 개선해야 한다.

노동수요측면에서는 재벌들의 참여관련 제한을 완화하고 해외기업들의 참여와 공정한 경쟁의 틀에서 경쟁할 수 있도록 배려할 필요가 있다. 신규분야 진출기업의 고용을 권장하되 모니터링을 강화하는 방식으로 접근해야 한다. 노동수급관련 요인 외에도 노동시장의 고질적 문제를 해결해야 비로소 안정적 고용을 기대해 볼 수 있다. 노조들의 지나친 강성자세는 기존 근로자들의 이익보호를 위해 신규노동자들의 진입을 차단하는 효과를 가지므로 타협적 문화를 만들어 가야 한다.

Ⅵ. 결론과 시사점

더욱이 결론적으로 교육제도와 노동시장, 수출주도 경제구조, 각종 사회인프라의 낙후성은 고용창출의 제약요인으로 부각되고 있다. 세계화로 산업기반이 지역적으로 편중된 가운데 지속적인 고용과 성장기반의 확보가 어려워지고 있다. 지속적 경쟁력 확보에 필요한 비교역재부문의 생산성 발전이 지연되면서 특정산업의 글로벌 경쟁력마저 유지가 쉽지 않다. 또한 해외시장에 의존한 조선·전자 등 몇몇 주력업종의 높은 생산성이 다른 업종으로 파급되는 데 심각한 장애를 보이고 있다. 정작 고용이 늘어날 것으로 기대되었던 서비스부문의 고용은 생산성 증가가 뒷받침되지 않은 숙박, 음식, 도소매, 부동산관련 업종의 비정규직 위주로 이루어지고 있다. 내수시장에 의존한 금융·법률·의료·교육 등 비교역재부문의 생산성은 여전히 처져 있는 상태이다. 이러한 부문별 생산성 격차는 신규고용창출 여력을 크게 제약하는 근본요인으로서 이를 해소하기 위한 신산업정책이 필요하다.

본고에서는 고용을 늘릴 수 있는 성장전략의 현실성을 검토하였다. 현실적으로 고용창출이 기대되는 서비스 분야의 고용부진은 서비스산업 내의 생산성 격차와 제조업과의 생산성 격차가 해소되지 않고 있기 때문이다. 이를 해소하기 위한 개방과 FTA를 통한 시장확대, 부문별 성장전략이 구현되지 않을 경우 안정화를 위한 재원낭비는 물론 우선 경쟁력 있는 부문에 재원이 편중되면서 왜곡이 심해질 수밖에 없다. 향후 고용창출의 여력은 낙후부문의 생산성 개선에서 찾을 수 있는바, 조율된 부문간 생산성 격차의 해소는 부문간 융합을 용이하게 하여 고부가가치 성장과 고용을 가능케 한다.

또한 특정부문에 의존한 성장패러다임에서 불가피하게 수반되는 막대한 안정화비용을 전환하여 낙후부문의 투자에 활용할 수도 있다. 이는 내수기반확충에 크게 기여할 수 있으며 대외여건에 민감하게 반응하지 않는 안정성장을 가능케 한다. 더욱이 생산성 격차해소를 통한 성장전략은 낙후된 금융부문의 발전을 선순환구도하에서 기대할 수 있기 때문에 균형발전적 측면에서 큰 장점이 부각된다. 구체적으로 고용창출효과를 감안할 경우 금융을 포함한 지식 및 복지관련 분야의 생산성제고 노력이 고용창출면에서 우선시된다. 문제는 낙후부문의 개발에 있어 사회갈등요인을 관리하는 점이다. 이를 위해 개발이익이 우선적으로 서민과 중산층에 귀속될 수 있도록 정책적 고려가 강화되어야 한다.

분석결과 고용을 늘릴 수 있는 성장전략은 특정부문의 개별전략에 의존하기보다는 각 부문의 다양한 요소를 신축성 있게 융합할 수 있는 총체적 접근방식에 의존해야 한다. 부문별 생산성 격차확대는 일정 수준 이상에서 원만한 결합을 어렵게 하기 때문에 성장과 고용창출의 장애요인으로 부각될 수밖에 없다. 따라서 고용 친화적 성장전략의 핵심은 부문별로 격차가 확대되고 있는 현상을 완화하는 차원에서 FTA 등의 다각도 노력을 통하여 경쟁력의 지속적 개선을 도모하는 것이다.

구체적으로 향후 고용을 늘리는 성장정책의 핵심은 내수기반의 역할을 담당할 수 있는 낙후부문의 개발에 있다. 모든 산업의 서비스화 추세를 감안할 때 서비스와 결합된 분야의 신규고용은 정체부문으로 간주되고 있는 농업이나 제조업에서드 가능하다. 지식서비스의 투입은 제조업은 물론 산업구조의 고도화에 결정적으로 중요하다. 부가가치의 원천이 제조에서 서비스로 전환되는 추세를 무시하기 어렵기 때문이다. 지식서비스산업의 핵심은 금융산업이다. 특히 금융서비스 산업의 육성과 필요인력 양성을 위한 교육제도의 개선으로 소기의 신규고용여력을 확보할 수 있다. 그러나 현재 은행의 고용구조는 보조인력 중심으로 이루어져 고용창출능력이 제약되어 있는 실정이다. 따라서 진입장벽을 없애 금융서비스업(financial services industry)에 개방과 경쟁을 도입하고 제조업과의 정책 차별도 없애는 등 서비스업을 일자리 창출 돌파구로 활용하기 위한 노력이 강화되어야 한다. 특히 금융전문가의 비율이 턱없이 낮은 현실을 감안하여 해외인력의 활용방안이 강구되어야 한다.

고령화와 사회구조의 선진화에 따라 수요가 늘어날 수밖에 없는 사회복지, 보건의료분야의 육성도 절실하다. 서비스시장의 개방과 규제완화는 그 전제조건이다. 즉, 서비스업이 향후 고용창출의 토대로서 기대되는 역할을 수행하려면 과감한 자유화와 용의주도한 계획수행이 필요하다. 만약 수출위주의 성장전략을 불가피하게 지속한다면 우리는 시장왜곡은 물론 인력수급면에서 고용창출효과가 감소될 수밖에 없는 선택을 강요당할 것이다. 어느 정도의 내수기반과 다양화된 수출시장 그리고 정책적 자율성의 기반이 갖추어져야 비로소 고용창출효과가 큰 성장을 기대할 수 있다.

한편 일련의 분석결과 고용의 질적 변화를 고려할 때 현재 이루어지고 있는 노동시장 탄력성을 높이는 각종 제도들은 오히려 노동의 질을 저하시키는 분식적(cosmetic) 요인으로 작용하고 있음을 알 수 있다. 실제 고용안정의 측면에서 필요한 제반요소의 공급체계는 심각한 장애를 경험하고 있으며 이를 타개하기 위한 포괄적 노력이 시급하다. 고용통계의 분석결과에 나타나 있듯이 고용상태를 유지 내지 개선시켜 주는 인프라구축이 실패할 경우 고용안정을 유지하기 위한 상쇄적 비용은 재정적자의 원인으로 작용하면서 미래 성장잠재력을 저하시키게 된다.

향후 고용의 질적 개선을 고려한 고용안정을 위해서는 첫째, 비교역재부문의 생산성 개선을 위한 획기적 개방 및 자유화 조치가 조기 시행되어야 한다. 관련 노조의 역할도 재정립되어야 한다. 부문별 생산성 격차의 해소노력이 수반되지 않을 경우 고용의 질은 물론 성장지속 가능성도 저하되기 때문이다. 즉, 외부충격 요법이 필요한 이유는 고용증진여력이 주로 비교역재부문에 집중되어 있는 반면 이들의 역량개선을 위해서는 법제도의 정비나 지배구조의 개선과 같은 정책·기구관련 고차원적 개혁이 선행되어야 하기 때문이다.

둘째, 다양한 고용형태의 수준을 충족시키는 제반 인프라확충 없는 해외자본의 유치는 일시적 혜택만을 가져다 줄 것이며 자본유출입의 변동성 증가에 따른 부작용만 확대시키게 된다. 실제 해외자본 유입의 긍정적 효과가 극대화되려면 나름대로의 자체적 준비가 선행되어야 함을 기존의 실증결과들이 밝히고 있다. 따라서 단기의 가시적 결과개선을 위한 조치를 자제하고 고용안정의 결정요인들을 포괄적으로 공급할 수 있는 보육시설 등 다방면에서의 고용 인프라확충에 주력하는 것이 타당하다.

셋째, 비교역재의 낙후성을 극복하려면 환율 등 정책기조의 설정이 보다 탄력적으로 운영되어야 한다. 제조업기반경제의 딜레머에 종속되지 않고 글로벌 불균형의 원인제공을 줄여가려면 자체적 내수기반 및 고용기반의 확보가 절실하다. 더욱이 제조업의 지속적 경쟁력유지를 위해서라도 비교역재부문의 균형발전이 시급하다. 이는 결코 특정수준의 환율안정으로 이루어질 수 없다. 특히 수출위주 성장패러다임이 초래하는 외환보유고의 누적과 안정화비용의 급증, 부문별 생산성 격차는 우리 경제의 고용여력을 저하시킴으로써 향후 전망을 어둡게 하는 중요한 요인이다. 수출의 지속성장을 위해서라도 부문별 생산성 격차확대는 무시할 수 없는 구조적 문제이다. 이를 해소하는 노력이야말로 고용창출 친화적 성장전략의 구현방안이다.

결론적으로 위기 이후 우리 고용시장의 제반행태는 체제적 개선정도가 미흡한 채로 고용의 질적 개선을 포기한 피상적 발전으로 이해할 수 있다. 향후 선진경제로의 도약에 필요한 효율적 자원배분과 고용증진이 가능하려면 고용안정에 영향을 주는 제반요소의 공급과 결합이 원활해져야 한다. 무엇보다도 분야별로 생산성의 큰 차이를 보이는 현상을 극복해야 다방면의 고용증진이 가능하다. 구체적으로 미래 성장동력 확충 전략은 낙후된 교육과 금융부문에 대한 투자활성화에서 찾는 것이 바람직하다. 이는 기초여건이 열악한 상태에서 보완적 노력을 추가적으로 강화하기보다는 그동안 성장의 발목을 잡고 있는 장애요인을 제거함으로써 잠재능력을 극대화하려는 현실적이고 전략적 선택이다.

한편 지속성장에 필요한 인프라는 주로 비교역재부문의 생산성 제고에 초점을 두고 이루어질 필요가 있다. 이를 위해서는 지배구조와 법체제의 정비를 포함한 사회 상부구조(superstructure)의 개선이 전제되어야 하기 때문에 정치적 역량이 필수적이다. 전향적 정책발전을 위한 사회적 공감대의 형성이야말로 고용증진을 위한 인프라구축의 전제조건이기 때문이다. 구체적으로 다자간 FTA의 추진은 부문별·부문간 생산성 격차 해소를 통한 안정성장과 고용의 기반구축에 있어 중요한 기폭제 역할을 할 것으로 기대된다.

참고문헌

김현정(2006), “서비스산업 비중증가의 원인 및 경제성장에 미치는 영향,”「경제분석」, 제12권 제 4 호.

상공회의소(2008), “국내 지식 서비스산업의 경쟁력 실태 및 애로요인.”

전병유(2007), “한국 노동시장의 양극화에 관한 연구: 중간일자리 및 중간임금계층을 중심으로,”「한국경제의 분석」, Vol. 13, No. 2, pp. 171~244.

황수경(2008), “서비스산업 고용 및 노동생산성 변동의 구조 분석,”「노동정책연구」, 제 8 권 제 1 호, pp. 27~62.

Acemoglu, D. and S. Johnson(2005), “Unbundling Institutions,” *Journal of Political Economy*, vol. 113, pp. 949~95.

Choudhri, E. U. and Moshin Kahn(2005), “Real Exchange Rates in Developing Countries: Are Balassa-Samuelson Effects Present?” *IMF Staff Papers*, Vol 52, Number 3.

Christine Ebrahim-zadeh(2003), Back to Basics, *Finance and Development*, March, Volume 40, no. 1, IMF.

Drine, I. and C. Rault(2002), “Does the Balassa-Samuelson Hypothesis Hold for Asian Countries? An Empirical Analysis using Panel Data Cointegration Tests,” *William Davidson Working Paper* no. 504.

Enrique G. Mendoza(2006), “Real Exchange Rate Volatility and the Price of Nontradables in Sudden-Stop-Prone Economies,” *IMF Working Paper* 88.

Eswar Prasad and Raghuram Rajan and Arvind Subramanian(2006), “Foreign Capital and Economic Growth,” Paper presented at the 15th Anniversary International Symposium, Korea Institute of Finance.

Groen, J. J. and C. Lombardelli(2004), “Real Exchange Rates and the Relative Prices of Non-traded and Traded Goods: An Empirical Analysis,” Bank of England Working Paper no. 223.

Hausmann, R., D.Rodrik, A.Velasco(2005), “Growth Diagnostics,” Kennedy School of Government Working Paper.

International Monetary Fund(2003), “Guidelines for Foreign Exchange Reserve Management,” available at http://www.imf.org/external/np/mae/ferm/eng.

Johnson, Ostry and Subramaian(2006), “Levers for Growth,” *Finance and Development* vol. 43, no. 1.

Ken Miyajima(2005), "Real Exchange Rates in Growing Economies: How Strong Is the Role of the Nontradables Sector?" IMF Working Paper 233.

Rodrik, D.(2007), "The Real Exchange Rate and Economic Growth: Theory and Evidence," Kennedy School of Government Working Paper.

Takatoshi Ito, Peter Isard and S. Symansky(1997), "Economic Growth and Real Exchange Rate: An Overview of the Balassa-Samuelson Hypothesis in Asia," NBER Working Paper 5979.

WEF(2006~2007), "The global competitiveness report."

•토론• 고용친화적 성장전략의 구현 방안*

국내 노동시장의 실태는 다음과 같은 세 가지 사실로 요약될 수 있다. 첫째, 정규직과 비정규직의 양분화가 뚜렷해지고 있다. 자료를 통해 고용정책의 실효성이 드러나지 않는 가운데, 현실적으로 고용여부 및 고용형태에 따라 소득계층이 결정되고 있는 상황이다. 즉, 비정규직 노동자(임시직, 일용직)의 비중은 지속적으로 증가하고 있는 반면, 그들의 임금수준은 정규직 노동자의 절반 정도밖에 되지 않는다. 둘째, 서비스산업에서의 생산증가와 고용의 질적 개선 간의 연결고리가 약화되고 있다. 제조업위주의 성장이 한계에 다다르고 고용 없는 성장이 지속됨에 따라 서비스업의 발전이 요구되고 있는 상황이다. 한국의 경우, 향후 서비스분야의 고용여력은 OECD국가와 비교해 볼 때, 충분한 수준이다. 하지만, 수출위주의 성장패러다임을 견지함으로써 내수를 기반으로 한 서비스부문의 발전이 늦어지고 있다. 또한, 비교역재부분인 서비스업의 발달이 양질의 새로운 일자리을 창출하기보다는 일자리 나누기로 생산성 낙후를 보전하고 있는 실정이다. 그리고 서비스산업 발전의 중심으로 여겨지는 금융업에서도 고용감소현상이 나타나고 있으며, 생산성이 정체되어 있는 부문에서만 비정규직 위주의 고용이 증가하고 있다. 셋째, 서비스산업 내의 부문별 생산성

* 전용일(성균관대학교 경제학과 교수).

차이가 심각한 수준이다. 생산성 증가가 가능한 서비스업인 교육, 금융, 의료, 법률, 회계 등의 고급서비스 부문(지식/사회복지서비스 부문)은 수요에 비해 공급이 부족하여 발전이 부진한 상황이다. 그리고 운수업, 통신업의 생산성은 높은 반면, 도소매업, 숙박업, 금융업 등은 상대적으로 생산성이 낮은 편이다. 이처럼 비교역재부문의 생산성이 전반적으로 낮음에 따라, 부동산위주로 자금이 흐르고 있다.

성장이 제약을 받는다면 고용창출은 제대로 이루어질 수 없으며, 이를 해결하기 위한 투자와 고용의 핵심은 부문간 생산성 격차해소에 있다. 신규고용창출은 오직 성장하는 경제에서만 가능하다는 전제하에, 인적자원비중이 높은 교육, 금융, 노동, 공공부문(기득권 지배구조)의 과감한 빅뱅을 통해 비교역재부문의 생산성 향상을 유도하여 경제성장추진력을 확보함으로써 고용친화적 성장이 가능해질 것이다. 한국의 경우, 국내의 성장제약요인을 자체적으로 극복하기보다는 단기수입기회를 추구함으로써 중국, 인도 등 신흥시장으로의 진출이 강조되고 있다. 이러한 신흥시장 진출은 제도나 투자수익 측면에서 안정적이지 않으며, 체계적인 관리가 어렵다는 문제점을 지니고 있다.

고용창출 자체를 제약하는 요인으로는 입시에 특화된 소모적 교육제도와 폐쇄적 네트워킹을 들 수 있다. 이는 질적인 노동력 공급보다 양적인 노동력 공급에 편중된 결과를 가져왔다. 그리고 저임금, 비정규직 일자리를 양산하는 노동시장의 이중적 구조도 문제점으로 지적된다. 또한, 환율정책은 제조업위주의 수출패러다임을 지지하여, 다변화된 성장기반으로의 패러다임 전환가능성을 제약하면서, 노동력창출에 기여하지 못하고 있다.

제조업 수출기반 성장의 한계, 서비스산업의 발전가능성 그리고 향후 현실적 제약하에서 고용을 동반한 성장을 추구하기 위한 전략은 부문별 생산성 격차를 해소하는 방향으로 투자가 이루어져야 한다는 것이다. 즉, 낙후정도를 개선함에 따라 발생하는 외부효과가 큰 부문부터 집중적으로 개발하는 전략이 필요한 상황인데, 이는 금융부문의 개발에 중점을 두고 이를 교육부문과 밀접하게 연계시켜야 함을 의미한다. 교육 및 노동시장을 본질적으로 개선함으로써 생산성확보를 통한 미래 성장동력을 확보할 수 있으며, 규제철폐와 낙후된 부문의 집중개발을 통해 실질환율의 절상요인을 제거할 수 있게 된다.

다른 경제지표와 비교해서도, 실업률이나 고용률은 경제기반을 지탱해 주는 지표로서, 소폭의 악화에도 경제적인 부작용의 정도는 매우 크다고 할 수 있다. 본 토론자는 3차산업을 통한 고용창출보다, 제조업의 고부가가치의 창출과 파급효과를 통해 고용창출이 이루어져야 한다고 생각한다. 생명공학산업, 반도체, 조선, 자동차, 전자, 통신기기 등의 자본집약적인 산업에 고급노동력을 접목시켜 고부가가치산업을 창출하고, 연관파급효과를 통해 모든 종류의 노동력을 고용할 수 있는 구조를 만들어내야 할 것이다. 따라서, 논문에서 제시되었던 낙후정도의 개선에 따른 외부효과가 큰 부문부터 집중적으로 개발하는 전략과는 약간 차이가 있는 셈이다. 최근 경력이나 숙련도에 맞는 일자리가 줄어드는 고용 없는 성장을 경험하고, 증가하는 일자리 자체도 근로조건이 좋지 않는 비정규직 일자리가 대부분인데, 이는 사기업의 기술집약적이거나 자본집약적인 전략에 따른 부작용이라고 할 수 있다. 또한, 본 논문에서 제기된 대로, 금융부문의 낙후성은 고용과 성장으로 활용될 귀중한 재원을 낭비하고 있는 것이 사실이다. 그러나 고용측면에서 반드시 금융기관간의 합병/빅뱅이 필요한지은 확실하지 않다. 합병으로 금융기관의 효율성은 증진될 수 있으나, 이러한 효율성은 고용되어 있던 노동력의 해고나 지점의 정리를 통해서 단기적으로 이루어진다. 이러한 노동력의 희생하에서 금융산업 노동자 일인당 자본의 증가를 통해서 장기적인 효율성 증진의 기로로 들어서게 되는 것이다.

금융부문의 샌드위치현상은 우리 기업의 해외이전을 가속화시키고, 가계 및 중소기업부문의 위험을 가중시키고 있다고 한다. 이는 많은 측면에서 사실이지만, 이러한 주장은 너무 싼 노동력에 기인한 산업발전론에 중점을 두고 있다는 문제점이 있다. 중국이나 동남아시아로의 투자는 외국인투자자로서의 한계 때문에, 경영권방어를 먼저 생각하게 되어 대규모 투자에 대한 수익성 불안으로 인해 충분한 투자가 일어나지 않고 있다. 따라서 국내에 기반을 둔 새로운 산업의 발전과 중소기업의 건전화에서 그 기틀을 찾아야 한다. 기술혁신은 기업의 발전형태로서, 서비스산업은 이러한 근원적인 부의 원천을 창출하지는 못한다. 금융시스템은 직접 부를 창출하기보다는 원활한 경제의 매개체로서 그 기본적인 역할을 수행한다. 물론 금융발전이 고용을 직접 창출하긴 하지만, 2차산업의 발전이 반드시 선행되어야 한다. 제조업 없는 금융허브는 공허한 메아리에 불과한 것이다. 고용창출은 생산성 증가를 통해 이루어질 수 있으며, 이를 위해서는 고숙련 노동력과 결합된 자본집약적인 산업을 키우는 것이 한국경제가 살 길인 셈이다.

예를 들어, 한국원양산업은 자본집약적 산업 및 고부가가치 산업으로써, 많은 수익을 창출하는 산업이다. 한국의 경우, 자원의 확보라는 차원에서 정부의 강력한 지원을 받아 태평양, 인도양 및 대서양에서 왕성하게 활동중이다. 참치라는 자원보고의 획득을 위하여 한국정부는 조선자금을 보조하고, 해외에 나가 국제조약에서의 협상을 적극적으로 수행하는 등 산업활동에 지대한 도움을 주고 있다. 이러한 참치산업이 한국 내의 노동고용증진에 도움이 되는지의 여부는 참치산업의 한국경제에 대한 공헌도와는 다른 문제가 된다. 구체적으로 보면, 배를 만드는데 정부의 자금지원을 받지만, 정작 배의 건설은 비용의 이유로 대만이나 중국에서 이루어져서 한국조선업에서의 고용증진에 그다지 공헌을 하지 못한다. 배를 수리할 때도 수리비용이 싼 나라를 찾아가 참치배를 고치는 경우가 무척 많다. 또한, 한국참치업계의 선원들도 선장을 포함한 핵심인력 이외에는 인도네시아 등의 선원들로 채워져 고용창출의 효과가 크지 않다. 대양에서 많은 참치를 잡기 위해 사기업들은 큰 배를 운용하려고 자본을 투입하지만, 한국 내 고용창출에는 매우 인색한 셈이다. 태평양에서 잡힌 참치들은 운반선을 통해 육지로 보내지는데, 하역인부의 인건비를 이유로 한국으로 들어오는 경우는 적고, 대신 태국이나 베트남으로 가서 하역하고 통조림공장으로 보내지게 된다. 물론 한국으로도 오기는 하지만, 대부분의 경우 값싼 인력을 이용하기 위하여 한국노동력을 외면하는 것이다. 한국에 들어온 경우에도 자동화된 시설로 부두하역장과 통조림공장들이 운용됨에 따라, 고용창출은 최소한에 머무르게 된다. 이러한 운반선이나 참치배들은 많은 경우에 한국에 들어오지도 않고 태국 등의 국가에 머물면서, 선장 등 핵심인력의 한국 내 가족들이 태국으로 가서 면회하는 것이 현실이다. 값싼 노동력으로 지탱이 되는 산업은 곧 그 한계를 드러내는 경우가 많다. 정예화된 노동력과 자본이 결합되어야만 미래산업의 주역이 될 수 있다. 상대적으로 고비용인 국내조선업의 이용은 조선업자와 원양어업자에게는 비용증가의 측면이 있지만, 한국경제 내에서는 고용, 생산 등을 포함한 연관파급효과가 크다고 볼 수 있다. 통상 수산물수입국으로 지칭되는 일본은 첨단기법과 세련된 관리로 참치를 시가보다 4~5배 이상의 값으로(통상 참치수출국인) 한국에 팔고 있다. 첨단관리기법은 냉동산업, 첨단장비산업, 정보통신 등이 어우러져 만들어내는 합작품으로서, 우리가 고급노동력의 창출을 통해 습득해야 할 부분이다. 또한, 협상에 능한 전문가를 배출하는 것도 중요한데, 이들은 수산업뿐 아니라, 국제법, 자연과학에 능한 사람들로서, 우리의 교육체제가 얼마든지 배출할 수 있는 인력들이다. 그리하여 다양한 국제기구에 한국 국적을 가진 인력을 진출시키고, 남북한이 통일이 되는 날 훌륭히 교육된(한국어로 언어구사가 되고 정서가 일치하여 작업의 효율성을 높여줄) 북한 선원을 고용하는 등, 참치산업의 자동화는 국내 전자업계 등과의 연관관계를 통해 보통등급의 노동자에게도 많은 추가 고용을 유도할 것이다. 이 모든 것들이 2차산업에 대한 정책개발과 개도로써 이루어지는 고용증진정책의 일환이 될 것이다.

사기업의 이윤극대화는 건설비, 수리비, 인건비 등의 비용 절감을 통해 이루어지기 때문에 한국경제 내에서의 고용증대에는 그다지 공헌을 하지 못하는 셈이다. 따라서, 공공기업이나 국가의 간섭을 최소화하여 경쟁력을 강화하는 것이 고용창출의 지름길이라고 생각하는 것은 그다지 옳은 일이 아닌 듯하다. 고용창출을 위하여 공공기업을 민영화하기보다는, 국가의 장기적인 계획과 이윤극대화 이외에 고용창출 및 유지라는 측면이 강조되어야 할 것이다. 공공기업이 반드시 비효율적인 것은 아니다. 수익을 극대화하지 못하더라도 외부성으로 인한 공공기업의 존재가치를 존중할 필요가 있다. 교육, 노동시장의 해외개방이 본질적 개선으로 이어질 수 있는 지는 확신하지 못하지만, 국내교육체계를 입시체제에서 고급노동력을 창출하기 위한 효율적인 교육체제로 전환함으로써 국내노동력의 생산성확보를 통해 미래 성장동력을 확보할 수 있을 것으로 생각된다. 따라서, 비교역재부문의 각종규제와 보호장벽의 조기제거가 성장 친화 그리고 노동고용 친화적 환경이 되는 지에 대한 제고가 필요하다. 오히려 일정한 정도의 보호와 정부의 개도를 통한 제조업의 성장도 필요한 것은 아닐까 생각한다.

제3절 성장과 일자리 창출*

• 요 약 •

본고의 목적은 지난 20년간 노동시장을 규정해 온 성장과 고용간의 관계, 즉 단위성장률과 결부된 취업자수 증가율이 외환위기를 전후로 하여 낮아졌는지를 살펴봄으로써 외환위기 이후 한국경제의 일자리 창출력이 저하되었는 지 여부와 그 원인을 진단하고 그것을 극복하기 위한 접근법을 제시하는 데에 있다.

고용탄력성은 가장 최근의 경기순환기인 2003~2007년간에만 낮아졌을 뿐 장기적으로 매우 안정적인 움직임을 보여왔다. 이로 미루어 볼 때 창출되는 일자리의 크기는 장기적으로 성장의 고용탄력성의 증감보다는 성장률 자체에 의존할 것이다. '외환위기 이후 일자리 창출력이 저하되었다'는 명제는 외환위기 이후 전체 기간에 대한 평가로는 적절치 않고 일자리 창출력이 저하된 것은 최근의 경제순환주기에만 해당하는 현상이다. 경제 내의 일자리 창출력 저하 현상은 최근의 경제순환기인 2003~07년간에 한정된 '과도적 현상'으로 보아야 하며 이를 항구적 현상으로 간주해서는 안 된다. 따라서 일자리 부족문제에 대응하기 위해서는 성장률 제고를 위한 노력이 우선되어야 한다. 그리고 그 노력은 단기적 경기진작이 아니라 구조조정을 촉진하는 것과 함께 성장잠재력을 확충하는 데에서 모색되어야 한다.

기술혁신능력을 배양하고 성장산업의 경쟁력을 확보하며 부품산업을 육성하고 자유무역협정 추진을 통해 시장을 확대하는 정책과 같이 생산물 시장을 활성화하는 정책적 이니셔티브는 성장률을 높여 고용을 증진시키기 위해 중요하다. 변화하는 새로운 환경에 대응하는 상거래 규범 및 노동시장 규범을 확립하여 기업조직의 적응력을 높이는 것 또한 성장률을 높여 고용을 증진시키는 데 기여할 것이다.

---

* 허재준(한국노동연구원 선임연구위원, 노동시장연구본부장).

사교육 투자가 인적자본 향상에 기여하도록 대학선발시스템을 개선하고 대학교육의 수준을 높여, 학교-직장 이행능력을 증진함으로써 우수한 인적자원이 생산성 높은 일자리 창출에 기여할 수 있도록 교육체계를 혁신하는 것은 인적자본이 성장에 기여하고 다시 성장이 고용증진에 기여하는 메커니즘을 위해 중요한 일이다. 근로자들이 취업상태에서 숙련을 향상시키고 더 좋은 일자리로 통합되어가기 위한 이행과정을 보조하는 것도 마찬가지이다. 사회안전망 차원의 적극적 노동시장 정책을 확충하는 것은 미시적 수준에서 소비의 불안정성을 완화하고 거시적 수준에서 경기안정화에 기여함으로써 일자리 창출에 기여할 것이다.

고용정책은 협의로는 직업훈련, 실업급여, 노동시장 정보제공 및 구직·구인알선, 보조금 등을 수단으로 하는 노동시장정책을 의미하며, 넓은 의미에서는 이들 노동시장정책과 함께 경제·산업정책, 조세정책, 교육·인적자본축적정책 등 다양한 영역의 정책들을 상호 유기적으로 연계하여 보다 많이 좋은 일자리를 창출하는 정책까지를 아우르는 개념이다. 광의의 고용정책이 협의의 고용정책을 아우르고 조율할 수는 있지만 그 역은 가능하지도 바람직하지도 않은 일이다. 일자리 창출은 고용과 성장간의 이러한 관계를 염두에 두고 종합적 정책조합을 꾀할 때에 성장과 고용의 선순환이라는 소기의 성과를 거둘 수 있는 것이며 적극적 노동시장정책을 위해 나머지 정책들을 조율하고자 한다면 효과를 거두기 힘들 것이다.

Ⅰ. 서　　론

한국경제는 1980년대에 연평균 8.7%, 1990년대에 6.2%씩 성장을 해 왔다. 2001~07년간에는 경제성장률이 4.7%로 감소했다. 한편 취업규칙이나 단체협약이 정하는 정년까지 일하는 사람을 보기가 힘들뿐만 아니라 신규 노동시장 진입자의 구직경쟁은 갈수록 치열해지고 있다. 소비성향 고급화, 세원노출 증가 등으로 인해 유통·개인서비스부문 자영업 경영환경이 현저히 악화된 반면, 임금 노동시장의 고용사정도 좋지 못해 비정규직 근로자와 함께 불안정 취업과 비경활을 반복하는 근로빈곤층을 형성해 가고 있다. 이러한 저간의 사정은 외환위기 이후 한국경제의 일자리 창출력이 저하되었고, 향후로도 잠재성장률이 저하할 것이므로 일자리 문제를 해결하기 위해서는 더 이상 성장에 기대해서는 안 되고 고용정책 차원에서 획기적 대책이 마련되어야 한다는 인식을 낳게 했다. 이러한 인식은 최근의 정부 고용정책을 규정하고 있는 것처럼 보인다.

2006. 11월 발표된 「국가고용전략」은 기존에 추진해 온 일자리정책에 대한 종합적 평가를 바탕으로 그간에 정부가 추구한 고용정책의 개념과 과제를 종합적으로 정리하면서 앞으로의 정책과제 발굴과 일자리정책 추진의 준거 틀과 추진체계를 제시하고자 하였다. '성장-고용--분배'의 선순환구조를 이루기 위해서는 경제·산업정책, 노동시장정책, 교육정책, 복지정책 등 다양한 영역의 일자리관련 정책들이 유기적으로 연계되어야 함을 강조하면서, 경제·산업정책, 조세정책, 교육·인적자원정책을 아우르는 다양한 영역의 정책들을 상호 유기적으로 연계하는 틀을 마련하고자 했다. 그러나 소기의 틀을 만들기보다는 주어진 성장률 아래에서 일자리 창출이 많아지도록 경제운용과 고용창출의 주종을 바꾸려고 시도하는 방향으로 진전된 감을 지울 수 없다. 그 결과 기존 정책의 틀을 벗어나지도, 구체적인 정책에서 대안적 접근법을 마련하지도 못하고 재정에 의한 일자리 창출 사업을 확대했다.[6)]

사실 정부는 2003년 「중기고용정책기본계획」 수립에 착수하였으나 2003년 '고용 없는 성장'을 경험하자 장기적으로 성장-고용의 선순환구조를 정착시키기 위한 「일자리창출 종합대책」과 「국가고용전략」을 마련했다. 2004. 2월의 「일자리창출 종합대책」은 전략적 성격의 것으로서 적절한 고용정책의 방향을 포섭하고 있다. 이를 바탕으로 정부는 혁신형 성장전략, 고용서비스 선진화, 직업능력개발 혁신, 사회서비스 일자리 창출, 노동시장 유연·안정성 제고 등과 관련된 정책방안을 도출·추진한 바 있다. 그러나 장기적 견지에서 추구되어야

---

6) 고용정책은 협의로는 직업훈련, 실업급여, 노동시장 정보제공 및 구직·구인알선, 보조금 등을 수단으로 하는 노동시장정책을 의미하며, 넓은 의미에서는 이들 노동시장정책과 함께 경제·산업정책, 조세정책, 교육·인적자본축적정책 등 다양한 영역의 정책들을 상호 유기적으로 연계하여 보다 많이 좋은 일자리를 창출하는 정책까지를 아우르는 개념이다. 광의의 고용정책이 협의의 고용정책을 아우르고 조율할 수는 있지만 그 역은 가능하지도 바람직하지도 않은 일이다.

할 고용정책이 단기적 성과를 목표로 하면서 성장과 고용의 선순환구조 정착이라는 목표 아래 실업대책의 틀을 답습했다. 이는 전략적 목표를 단기에 가시적으로 확인하려 할 때 나타나는 현상이다.

일련의 정책경험이 고용정책의 외연을 확대하고 사회안전망의 세련화를 태동시키는 긍정적 효과를 가졌음에도 불구하고 한 가지 중요한 우려를 낳고 있다. 일자리 창출은 생산활동을 매개로 해서 일어날 수밖에 없다는 점을 간과하여 정책적 노력을 본질적이지 않은 영역에 집중하게 하고 재원의 효율적 사용을 저해함은 물론 장기적 지속가능성도 의심케 하기 때문이다.

본고의 목적은 지난 20여 년간 노동시장을 규정해 오던 성장과 고용간의 관계, 즉 단위성장률이 창출해 내는 고용이, 기업경영 및 금융부문에 관한 외환위기의 여파가 어느 정도 수습된 2000년대에 어떻게 달라졌는지를 살펴보는 데에 있다. 그를 통해 외환위기 이후 한국경제의 일자리 창출력이 저하되었는지 여부와 그 원인을 진단하고 그것을 극복하기 위한 접근법을 제시하고자 한다.

본고는 다음과 같이 구성된다. 2절에서는 지난 20여 년간의 고용 및 성장간의 관계어 비추어 외환위기 이후 경제성장이 일자리 창출에 미치는 영향이 감소했는지에 대해서 살펴본다. 3절에서는 경제의 구조변화와 함께 진행된 고용구조 및 일자리의 질 변화를 제조업과 서비스업의 부문별·직능별 고용구조 변화, 청년층 고용사정의 변화, 자영업부문의 축소, 생성되는 일자리와 소멸된 일자리의 특성을 중심으로 살펴본다. 4절은 투자와 소비증가가 저조해진 원인과 함께 수출과 내수의 연계성이 약화된 원인들을 진단한다. 5절은 요약 및 결론이다.

본고에서 발견한 사실과 제시하는 결론의 중요한 점은 다음과 같다. 고용탄력성은 가장 최근의 경기순환기인 2003~07년간에만 낮아졌을 뿐 장기적으로 매우 안정적인 움직임을 보여 왔다. 이로 미루어 볼 때 창출되는 일자리의 크기는 장기적으로 성장의 고용탄력성의 증감보다는 성장률 자체에 의존할 것이다. '외환위기 이후 일자리 창출력이 저하되었다'는 명제는 외환위기 이후 전체 기간에 대한 평가로는 적절치 않고 일자리 창출력이 저하된 것은 최근의 경제순환주기에만 해당하는 현상이다. 경제 내의 일자리 창출력 저하 현상은 최근의 경제순환기인 2003~07년간에 한정된 '과도적 현상'으로 보아야 하며 이를 항구적 현상으로 간주해서는 안 된다. 따라서 일자리 부족문제에 대응하기 위해서는 성장률 제고를 위한 노력이 우선되어야 한다. 그리고 그 노력은 단기적 경기진작이 아니라 구조조정을 촉진하는 것과 함께 성장잠재력을 확충하는 데에서 모색되어야 한다.

Ⅱ. 경제성장률이 일자리 창출에 미치는 영향이 감소했는가

1. 고용탄력성을 이용한 고찰

전체 거시경제를 두고 볼 때, 한 때 유럽에서, 그리고 2003년 한국에서 고용 없는 성장(jobless growth) 현상이 관측된 바 있으나 이는 구조조정기에 일시적으로 나타나는 현상일 뿐이고, 경제성장률과 고용증가율 사이에 존재하는 정(正)의 상관관계는 경제현상에서 일반적으로 확인할 수 있는 매우 강력한 관계이다. 또한 개별 경제에서 경기상황, 기업구성 변화에 따라 단기적으로 고용탄력성이 변화하기는 하지만 장기적으로 보면 비교적 안정적이다. 성장하는 경제에서 자본생산성이나 취업계수는 감소하는 것이 정상이기 때문에 자본생산성이 감소하는 현상을 두고 우리나라 경제에 어떤 구조적인 병증이 생긴 것처럼 해석하거나, 그 변화율 아닌 취업계수 자체가 지속적으로 감소하는 현상을 두고 경제의 고용창출능력이 감소한다고 해석하는 것은 적절하지 않다(보론 참조).

우리나라는 1984년 이래 2007년까지 총 6번의 경기순환을 겪었다. 경기확장의 평균기간은 28개월, 수축 평균기간은 20개월이었고 평균순환주기는 48개월이었다. 6번의 경기순환기 중 가장 최근의 경기변동주기는 2002. 12월~2008. 1월이다(〈표 2-3-1〉). 따라서 2003~07년간을 최근의 경기순환기로 보아도 무방하다. [그림 2-3-1]은 성장률과 고용증가율-생산가능인구증가율 차이를 좌표 평면으로 하여 지난 20년간(a와 c), 그리고 외환위기 이후의 기간(b와 d)에 대해 산포도를 도시한 것이다(보론 참조). 1998년을 포함하여 비교하든(a와 b), 1998년을 제외하고 고찰하든(c와 d) 외환위기 이전에 비해 외환위기 이후 고용의 성장탄력성(이하 '고용탄력성')이 감소했다는 증거를 발견할 수 없다.[7] 이

〈표 2-3-1〉 1984년 이래의 우리나라 경기순환기 구분

	기준순환일			지속기간(개월)		
	정점	저점	정점	수축기	확장기	순환기
제 1 순환기	1984. 2	1985. 9	1988. 1	19	28	47
제 2 순환기	1988. 1	1989. 7	1992. 1	18	30	48
제 3 순환기	1992. 1	1993. 1	1996. 3	12	38	50
제 4 순환기	1996. 3	1998. 8	2000. 8	29	24	53
제 5 순환기	2000. 8	2001. 7	2002. 12	11	17	28
제 6 순환기	2002. 12	2005. 4	2008. 1	28	33	61
제 7 순환기	2008. 1	?		–	–	–
평균	–	–	–	20	28	48

자료: 통계청, 경기동향.

러한 사실은 1998년을 제외하고 관찰할 때 외환위기 이전과 외환위기 이후의 고용탄력성이 매우 근사한 값을 보이는 사실로부터도 확인할 수 있다(〈표 2-3-2 (a)〉).

위와 같은 사실은 장기 시계열상에서뿐만 아니라 경기순환주기를 고려한 고찰로부터도 확인할 수 있다. 여섯 번의 경기순환기 중 외환위기 이후에 두 번의 경기순환기가 있었고 두 주기를 합한 기간이 2000. 8월~2008. 1월간이다. 2001~2007년의 기간에 고용탄력성은 0.31이었다. 즉 외환위기 이후의 경기순환기에서 고용탄력성이 줄어들지 않았음을 알 수 있다(〈표 2-3-2 (b)〉).[8]

---

7) x, y를 각각 X, Y의 자연대수값이라고 정의하면 X의 Y에 대한 탄력성[X의 Y탄력성] η은 다음과 같이 정의된다.

$$\eta \equiv \frac{\Delta X/X}{\Delta Y/Y} \equiv \frac{\Delta \ln X}{\Delta \ln Y} \equiv \frac{\Delta x}{\Delta y}$$

예컨대 '고용의 성장탄력성'은 위 식에서 X가 고용, Y가 GDP인 경우로서 경제가 1% 성장할 때의 고용증가율로 정의된다. 이를 단순히 고용탄력성이라고도 부른다.

8) 고용탄력성이 일정하다는 것은 성장률이 1% 증가할 때 성장률 1%당 창출되는 일자리 수가, 예컨대 5.4만 개나 5.7만 개로, 일정하다는 것을 의미하지는 않는다. 고용탄력성의 정의는 〈고용증분/성장률〉이 아니라 〈고용증가율/성장률〉이기 때문이다. 성장하는 경제에서는 시간이 흐를수록 취업자수도 증가하므로 고용탄력성이 일정하다면 단위성장률이 만들어 내는 일자리 수 역시 증가한다. 표에서 단위성장률당 창출되는 일자리 개수를 계산해 보는 이유는 그 수치가 외환위기 이전과 비슷하거나 줄어들지 않았을 뿐만 아니라 오히려 현저히 크다는 점을 보여주기 위한 것이다.

[그림 2-3-1] 경제성장률과 고용증가율 간의 관계

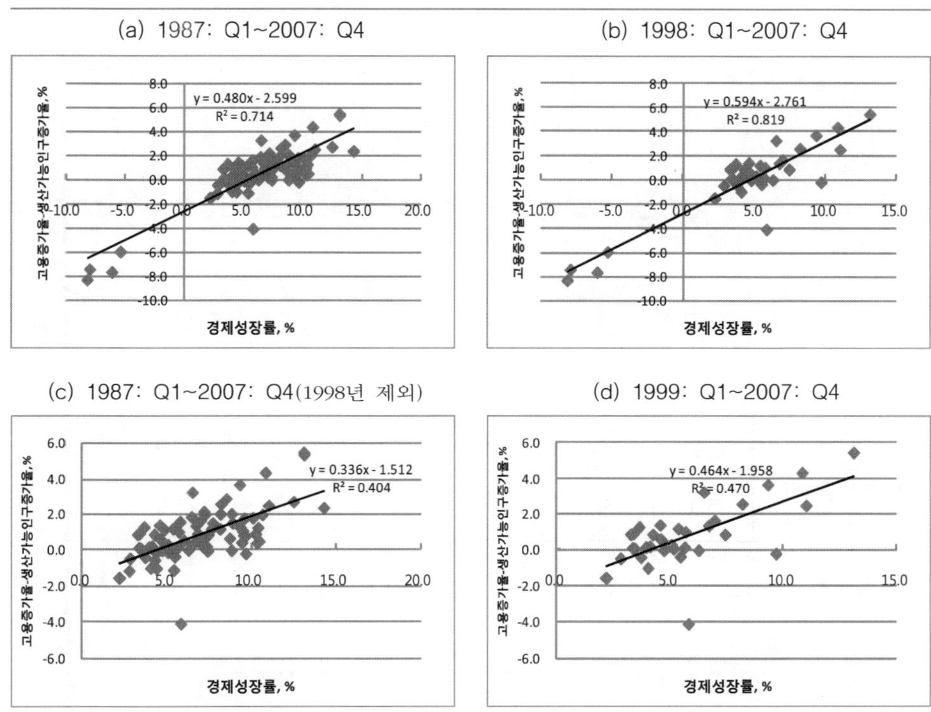

자료: 통계청, 「경제활동인구조사」; 한국은행, 「국민계정」.

〈표 2-3-2〉의 (b)를 보면 고용탄력성은 장기적으로 매우 안정적인 움직임을 보이고 가장 최근의 경기순환기인 2003~07년간에만 0.25로 낮아졌음을 확인할 수 있다. 지난 여섯 번의 경기순환기 중 가장 짧았던 2002. 8월~2002. 12월간의 경기순환기 동안의 고용탄력성이 장기적 추세에 비추어볼 때 큰 수치이고 역으로 2002. 12월~2008. 1월간의 고용탄력성은 낮은 수치여서 최근에 단위성장률당 취업자수 증가율이 현저히 감소하는 것으로 나타나지만 두 순환기를 합쳐보면 장기에서 확인되는 안정적 수준의 탄력성을 재발견할 수 있다. 이상으로부터 미루어 볼 때 경제에서 창출되는 일자리 수 저하는 일차적으로 성장률 저하에 기인함을 알 수 있다. 다만 최근의 경기순환기 동안 고용탄력성이 현저하게 낮아진 점은 심각한 구조조정이 진행되고 있음을 시사한다고 판단된다.

〈표 2-3-3〉은 성장률과 취업자수 증가율을 제조업과 서비스업으로 나누어 고찰하고 있다. 제조업만을 별도로 고찰하면 1990년대에 제조업의 생산성 증가율은 연평균 9.6%로서 1980년대의 6.7%나 2000년대의 7.6%보다 현저하게 높았음을 알 수 있고, 이로 이해 1990년대 이래 제조업 성장률은 8.4%로 높은

〈표 2-3-2〉 연평균 성장률, 취업자수 증가율, 고용탄력성, 단위성장률당 취업자수 증분 추이

(a) 장기시계열상에서 외환위기 이전과 이후를 구분한 경우

(단위: %)

	1981~07	1981~90	1991~00	2001~07	1981~97	1998~07*	1999~07*
성장률	6.7	8.7	6.2	4.7	8.1	4.3	5.7
취업자수 증가율	2.0	2.8	1.6	1.4	2.6	1.0	1.8
고용탄력성	0.30	0.32	0.26	0.31	0.32	0.23	0.32
단위성장률당 취업자수 증분	5.4	5.1	5.0	6.9	5.4	5.0	6.9

주: * 외환위기를 통제한 경우와 통제하지 않은 경우에 해당함.
자료: 통계청, 「경제활동인구조사」; 한국은행, 「국민계정」.

(b) 경기순환기를 고려하여 살펴본 경우

(단위: 만 명, %)

	1984~07	1984~02	2003~07	1984~00	2001~07
성장률	6.6	7.2	4.4	7.4	4.7
취업자수 증가율	2.0	2.3	1.1	2.3	1.5
고용탄력성	0.31	0.32	0.25	0.31	0.31
단위성장률당 취업자수 증분	5.7	5.6	5.7	5.3	6.9

자료: 통계청, 「경제활동인구조사」; 한국은행, 「국민계정」.

〈표 2-3-3〉 제조업과 서비스업의 연평균 성장률 및 취업자수 증가율

(단위: %)

		1981~1990	1991~2000	2001~2006	1981~1997	1998~2006
성장률 (A)	경제 전체	8.7	6.2	4.6	8.1	4.3
	제조업	12.0	8.4	7.0	10.2	8.1
	서비스업	8.0	5.8	3.2	7.6	3.1
취업자수 증가율 (B)	경제 전체	2.8	1.6	1.5	2.6	1.0
	제조업	5.3	−1.2	−0.6	2.7	−0.8
	서비스업	5.3	4.4	2.7	5.4	2.5

자료: 한국은행, 「국민계정」; 통계청, 「경제활동인구조사」.

수준이었음에도 불구하고 취업자수는 오히려 감소하여 고용 없는 성장 현상을 보이고 있다. 1990년대에 우리나라 제조업에 가해진 생산성 향상 압력이 특히 커서 저생산성 제조업이 축소되었고, 2000년대에도 그 경향이 지속되고 있으나 그 압력은 1990년대에 비해 둔화되었음을 알 수 있다.

또한 〈표 2-3-3〉은 외환위기로 인해 노동시장 사정이 어려웠음에도 불구하고 1990년대를 통틀어 서비스업의 연평균 취업자수 증가율이 4.4%에 달했음을 보여주고 있다. 그러나 2000년대에 들어서 서비스업 취업자수는 연평균 2.7% 증가에 그쳤다. 이러한 추세를 고려할 때 전반적인 일자리 창출 부진은 서비스업의 부진에도 기인함을 알 수 있다.

〈표 2-3-4〉는 임금근로자와 자영업부문 취업자수 증가율 추이를 시기별로 정리하고 있다. 자영업부문 취업자수 증가율은 1997년과 1998년만 임금근로자 증가율을 상회했을 뿐 고찰기간 내내 임금근로자수 증가율이 자영업부문 취업자수 증가율을 상회하였다. 외환위기 이후 자영업 취업자수 감소에도 불구하고 전체 취업자수가 증가한 것은 전적으로 임금근로자수 증가에 힘입은 것이다. 그 결과 2007년의 자영자와 무급가족종사자수의 합은 약 591.1만 명으로 1995년의 599.5만 명에 비해서도 감소하였다. 이는 2000년대에 들어 자영업부문이 구조조정을 겪으며 축소되고 있음을 시사한다.

이상으로부터 우리는 다음과 같은 점을 확인할 수 있다.

첫째, 고용탄력성은 가장 최근의 경기순환기인 2003~07년간에만 낮아졌을 뿐 장기적으로 매우 안정적인 움직임을 보여 왔다. '외환위기 이후 일자리 창출력이 저하되었다'는 신화는 외환위기 이후 전체 기간에 대한 평가로는 적절

〈표 2-3-4〉 임금근로자와 자영업부문의 연평균 취업자수 증가율

	1986~90	1991~00	2001~06	1986~97	1999~07	1998~07
경제 전체	3.9	1.6	1.5	3.0	1.8	1.0
임금근로자	6.3	2.1	2.6	4.3	3.0	1.8
자영업부문	−0.1	0.6	−1.0	0.3	−0.6	−0.4
[임금−자영]부문	6.4	1.5	3.6	4.0	3.6	2.2

주: 자영업부문=자영업자+무급가족종사자로서 고용주가 제외되어 있는 반면 전체 취업자수 증가율에는 고용주도 포함되어 있음.
자료: 통계청, 「경제활동인구조사」.

치 않고 '일자리 창출력이 저하되었다'는 명제는 최근의 경제순환주기에나 해당하는 현상이다. 경제 내의 일자리 창출력 저하 현상은 구조조정기의 과도적 현상으로 보아야 하며 이를 항구적 현상으로 간주해서는 안 된다. 따라서 일자리 창출력 제고를 위한 처방은 구조조정을 촉진하는 것과 함께 성장잠재력을 확충하는 데에서 모색되어야 한다.

둘째, 외환위기 이후 낮아진 성장률과 취업자수 증가율은 i) 외환위기로 둔화된 GDP와 취업자수 증가 추세가 외환위기 이후에 그 이전의 추세로 복귀하지 않았고, ii) 외환위기 이전의 추세보다 그 이후의 추세가 더 둔화되어 있다는 점을 의미한다. 이로부터 외환위기가 초래한 성장률 감소 그리고 그에 따른 취업자수 증가폭의 감소 충격은 외환위기 이전의 추세로 되돌아오는 일시적인 성격의 것(transitory shock)이 아니라 추세 자체의 변화를 가져온 항구적 영향을 갖는 충격(permanent shock)이었음을 알 수 있다. 이러한 변화는 경제주체들의 행태 및 제도를 포함하는 구조변화를 반영하는 것이어서 이자율, 환율, 정부지출 등과 같은 거시변수를 예전과 같이 회복시킨다고 해서 외환위기 이전과 같은 성장추세와 일자리 창출 추세로 복귀하기는 어려움을 시사한다.

셋째, 1990년대 이래 우리나라 제조업에 가해진 생산성 향상 압력 때문에 저생산성 제조업이 축소하여 제조업 고용이 현저히 감소했으며 2000년대에도 그러한 경향이 지속되고 있으나 그 압력은 다소 둔화되었다.

넷째, 최근 경기순환기의 일자리 창출력 저하는 자영업부문의 구조조정과 고용감소에 기인하는 바 크다. 자영업이 도소매업과 숙박음식업에 집중 분포되어 있는 점을 고려할 때 이는 서비스업의 취업자수 증가율을 제약하고 있는 한 요인이기도 하다.

2. 취업유발계수 변화를 이용한 고찰

2003년 산업연관표에 의거하여 최종수요 항목별 취업유발계수를 살펴보면 수출의 취업유발계수는 2003년에 10.3명이다(〈표 2-3-5〉). 1980년대 전반에 수출의 취업유발계수 연평균 감소율은 경제 전체의 평균과 유사한 수준이었고 1980년대 후반에는 그 감소율이 가장 낮았다. 반면 1990년대와 2000년대에는 민간소비와 민간고정자본형성(이하 '민간투자')의 취업유발계수 감소율보다 훨씬 빠른 속도로 감소했다. 그리하여 지난 23년간 민간소비, 민간투자, 수출의 취업유발계수 변화율을 살펴보면 수출의 취업유발계수가 가장 크게 감소했음을 알 수 있다. 반면 투자의 취업유발계수는 가장 완만히 감소했다. 그 결과 투자와 수출간의 취업유발계수는 2000~03년 사이에 역전되었다. 이러한 현상은 수출부문과 중간재 및 내수부문과의 연관관계가 감소한 데 기인한다. 이는 최근 일자리 창출력이 줄어들고 창출되는 일자리 중 좋은 일자리가 적어진 이유가 수출이 여타 경제부문과의 연관관계가 감소한 점과 관련이 있을 것임을 짐작케 한다.

〈표 2-3-6〉은 수출이 취업자수를 얼마나 증가시키는지를 나타내는 취업유발계수와 임금근로자수를 얼마나 증가시키는지를 나타내는 고용유발계수 추이를 정리한 것이다. 산업연관표에는 경상가격 10억원당 유발계수가 기록되어 있으나, 여기서는 GDP 디플레이터를 이용하여 2000년 기준가격으로 환산한 10억원 당 취업유발계수 및 고용유발계수로 전환하였다. 이에 따르면, 취업유발계수와 고용유발계수가 1975년 이후 지속적으로 낮아지고 있음을 알 수 있다. 경제성장과정에서 노동생산성이 증가하므로 수출의 취업유발계수 및 고용유발계수가 감소하는 것은 당연하나 1990~2000년간에 연평균 감소율이 현저히 증가하였음을 알 수 있다([그림 2-3-2]).

〈표 2-3-5〉 최종수요 항목별 취업유발계수

(단위: 명/10억원, %)

		1980	1985	1990	1995	2000	2003
취업유발계수	민간소비	82.4	60.7	47.2	34.8	24.2	22.4
	민간투자	38.6	34.5	26.8	21.7	15.4	16.0
	수출	54.0	42.6	38.1	26.4	15.7	13.9
	경제 전체	63.7	50.3	39.1	29.2	19.9	18.7
		'80~03	'80~85	'85~90	'90~95	'95~00	'00~03
연평균변동률	민간소비	−5.7	−6.1	−5.0	−6.1	−7.3	−2.5
	민간투자	−3.8	−2.2	−5.1	−4.2	−6.8	1.2
	수출	−5.9	−4.8	−2.2	−7.3	−10.5	−4.0
	경제 전체	−5.3	−4.7	−5.0	−5.9	−7.7	−2.1

자료: 한국은행, 산업연관표.

〈표 2-3-6〉 수출의 취업유발계수 및 고용유발계수 (단위: 명/10억원)

	취업유발계수	고용유발계수
1975	69.6	47.7
1980	54.0	36.9
1985	42.6	31.2
1990	38.1	27.7
1995	26.4	18.9
2000	15.7	10.9
2003	13.9	10.3

주: GDP 디플레이터를 이용해 2000년 기준 가격으로 환산한 수치임.
자료: 한국은행, 산업연관표.

[그림 2-3-2] 수출의 취업유발계수 및 고용유발계수 연평균감소율

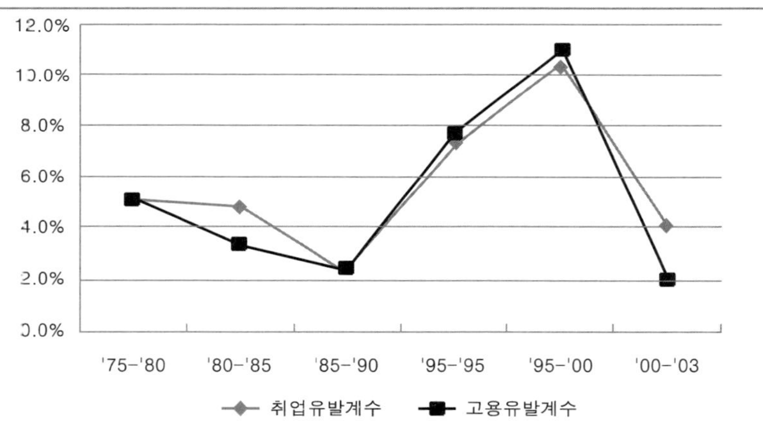

자료: 〈표 2-3-6〉으로부터 계산.

〈표 2-3-7〉은 전체 수출 및 주요 산업의 취업유발계수 및 고용유발계수이다. 전체 수출산업의 취업[고용]유발계수는 5대 수출산업이나 5대산업에서보다 높다. 이는 기간산업이 전체 수출산업 평균보다 자본집약적인 산업임을 시사한다. 1990년에 5대수출산업의 취업[고용]유발계수가 5대 산업에 비해 상당히 높은데, 당시에는 노동집약적산업인 섬유산업이 주요 5대산업에 포함되었기 때문이다. 그러나 1995년 이후에는 섬유산업이 주요 수출산업에서 제외되면서 5대 수출산업과 5대 주요 산업의 차이가 줄어들어 이들의 취업[고용]유발계수가 유

사해졌다. 5대 수출산업에서 취업[고용]유발계수가 가장 낮은데, 그 이유는 이들 산업이 자본집약적인 산업으로 고용창출효과가 상대적으로 낮기 때문이다. 그 결과 휴대폰 등의 수출이 증가하더라도, 고용창출효과가 약화됨으로써 거시경제 전체의 노동소득비율(labor share)이 감소하고 그로 인해 내수 증가가 제약받을 것임을 알 수 있다.

제조업의 고용 없는 성장 현상은 높은 성장률에도 불구하고 취업자수가 감소하는 현상뿐만 아니라 우리나라 수출품의 주종이 제조품이고 2006년 기준으로 수출액이 제조업 부가가치의 1.75배에 이르며, 수출의 취업유발효과가 1990년대에 현저하게 감소했던 점에서도 그 징후를 파악할 수 있다.

수출의 취업유발계수 추이를 보면 2000년대 들어 그 감소율이 1980년대 수준에 근접함으로써 제조업의 고용 없는 성장 추세도 완화될 것으로 전망된다. 그러나 1990년대에 제조업의 생산성 증가율이 9.6%에 이르렀다가 2000년대에 7.6%로 다소 하락했지만 여전히 1980년대보다는 높은 경쟁과 생산성 증가 압력을 받고 있어 제조업의 고용 없는 성장 현상은 당분간 지속될 것으로 보는 것이 타당할 것이다.

〈표 2-3-7〉 전체 수출 및 주요 산업의 취업유발계수와 고용유발계수 추이

	취업유발계수			고용유발계수		
	전체	5대수출	5대산업	전체	5대수출	5대산업
1990	38.1	37.3	27.6	27.7	32.5	23.7
1995	26.4	18.6	17.0	18.9	16.2	14.7
2000	15.7	9.6	10.7	10.9	7.9	8.8
2003	13.9	9.6	10.2	10.3	8.2	8.7

주: 1) 5대수출산업은 해당 연도 수출액 상위 5개 산업, 5대산업은 전자기기부분품, 영상·음향·통신기기, 컴퓨터 및 사무기기, 자동차 및 부분품, 선박.
2) GDP 디플레이터로 환산한 2000년 기준 10억원 당인원임.
자료: 5대수출산업 및 5대산업의 취업[고용]유발계수는 김태기·허재준(2007).

Ⅲ. 경제의 구조변화와 함께 진행된 고용구조 및 일자리의 질 변화 모습은 어떠한가

1. 제조업 고용구조 변화

지난 13년간 제조업 고용이 감소했으나 이는 경공업과 중공업부문에 한정된 변화이다. 제조업 내에서도 화학·기계·전기전자공업에서는 취업자수가 증가했다([그림 2-3-3]).[9] 동 기간에 광공업에서 총취업자수가 62만 명 감소하였

[그림 2-3-3] 산업별 취업자수 변화(1993~2006)

(a) 제조업 하부 부문별 취업자수 변화

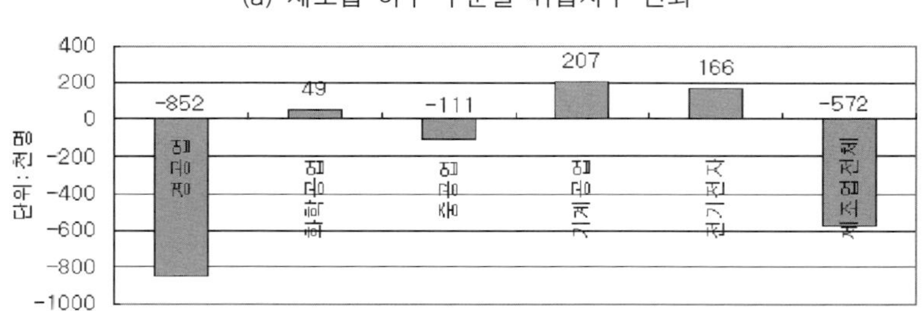

(b) 산업대분류별 취업자수 변화

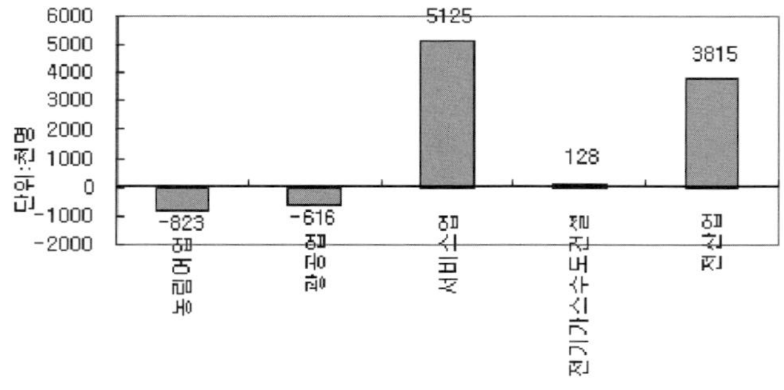

9) 1993년 이후부터만 산업분류와 직종분류의 일관성이 보장되는 한계로 인해 제 1 절과 제 2 절의 분석기간은 1993년 이후로 한정한다. 7차개정 표준산업분류 2자리 수준에서 각 범주는 다음과 같이 구분하였다. 경공업: 15~22, 36~37, 화학공업: 23~25, 중공업: 26~28, 기계공업: 29, 33~35, 전기전자: 30~32. 분석의 편의상 본고는 중공업은 <비금속광물제품 제조업+제1차 금속산업+조립금속제품 제조업>으로 한정하여 정의함으로써 일반적으로 다른 문헌들이 정의하고 있는 중공업 개념보다는 좁게 정의하였다.

는데 고직능직 일자리는 27만 개가 증가하고 저직능사무직에서는 6만 개, 생산직에서는 83만 개의 일자리가 각각 감소했다([그림 2-3-4]).[10] 그 결과 제조업에서는 고직능일자리 집약도가 크게 높아져 고직능일자리 비중은 7.9%포인트 증가했다(〈표 2-3-8〉).

지적재산권 보호와 같이 기술개발동기를 촉진하는 국제적 규범의 확산, 경제발전에 따른 소득 증가, 좀더 높은 질의 서비스와 재화를 소비하는 방식으로의 소비자의 기호 및 소비지출구조 변화, 제조공정 자체를 모듈화하고 전문적 생산이 가능케 한 기술발전, 기업의 생산기지를 세계적 규모로 광역화할 수 있게 만든 교통 및 정보통신기술의 발달 등은 협의의 제조품 생산공정보다는 연구개발, 디자인, 고객관리, 소비자 금융 등에서 생산되는 부가가치 비중을 현저하게 증가시켰다. 이로 인해 제조공정 전단계와 후단계에 위치한 서비스의 중요성과 다양성을 증가시켰다([그림 2-3-5]). 제조업 고직능일자리 집약도가 증가한 배경은 이러한 다양한 환경변화의 영향과 관련이 있을 것으로 판단된다(허재준·서환주·이영수, 2007).

〈표 2-3-8〉 고직능직과 사무직 취업자 구성비 변화

(단위: %, %p)

		1993	1995	2000	2005	2006	1993~2006 증분
고직능직	전산업	15.3	16.4	18.9	20.9	21.4	6.1
	제조업	9.7	11.3	14.3	16.6	17.6	7.9
	서비스업	22.5	22.7	24.1	25.3	25.6	3.1
사무직	전산업	49.2	49.9	54.3	59.8	59.6	10.3
	제조업	26.0	26.3	27.0	34.1	34.8	8.8
	서비스업	77.3	76.5	76.2	78.4	77.2	−0.1

자료: 통계청, 「경제활동인구조사」.

10) 고직능직은 제4차 개정 직종분류체계의 대분류 번호 1~3; 사무직은 1~5으로 정의하였다. 이와 일관성을 갖는 분류 기준을 제5차 개정 분류체계 기준으로 정의하면 고직능직은 대분류 번호 0~2, 사무직은 0~5가 된다. 이렇게 정의하면 다음의 관계가 성립한다.

⊿사무직 = ⊿고직능직 + ⊿저직능직사무직

⊿취업자수 = ⊿고직능직 + ⊿저직능직사무직 + ⊿생산직.

[그림 2-3-4] 고직능직 및 사무직 취업자수 변화(1993~2006)

(a) 고직능직

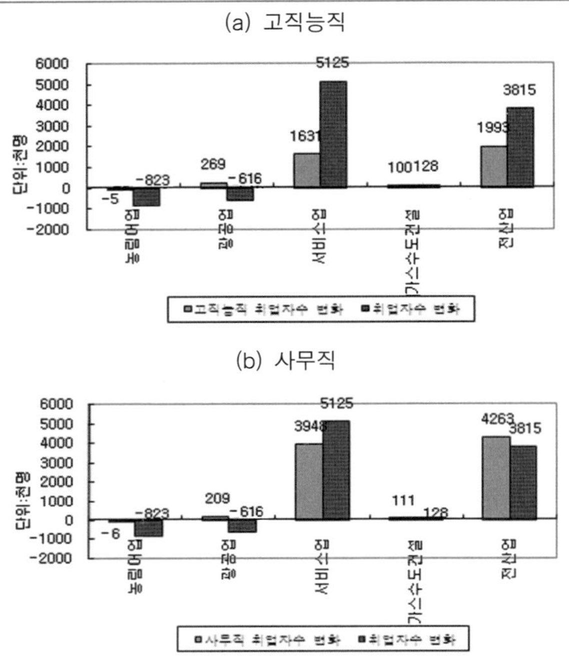

자료: 통계청, 「경제활동인구조사」.

[그림 2-3-5] 기업의 가치사슬에서 제조 전단계와 후단계에 위치한 서비스가 주요 부가가치 원천임을 보여주는 스마일곡선(Smile Curve)

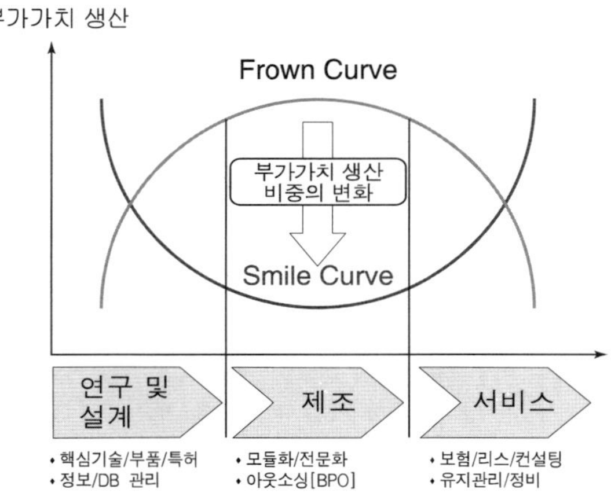

2. 서비스업 고용구조 변화

지난 13년간 서비스업에서 고용감소가 이루어진 업종은 가사서비스업이 유일하며 산업분류 2자리 수준의 모든 서비스업부문에서 고용이 증가했다. 그 중에서도 사업서비스업의 고용증가가 가장 두드러졌다. 그 다음으로 위생 및 기타/숙박음식/교육 서비스업 순으로 고용 증가가 많이 이루어졌다([그림 2-3-6]). 그럼에도 불구하고 우리나라 서비스업에서는 여전히 도소매업 및 숙박음식업

[그림 2-3-6] 서비스업 취업자수 변화

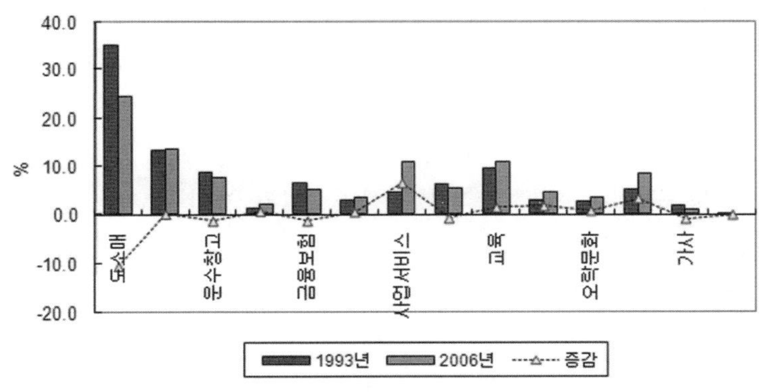

자료: 통계청, 「경제활동인구조사」.

[그림 2-3-7] 서비스업 취업자수 비중 추이

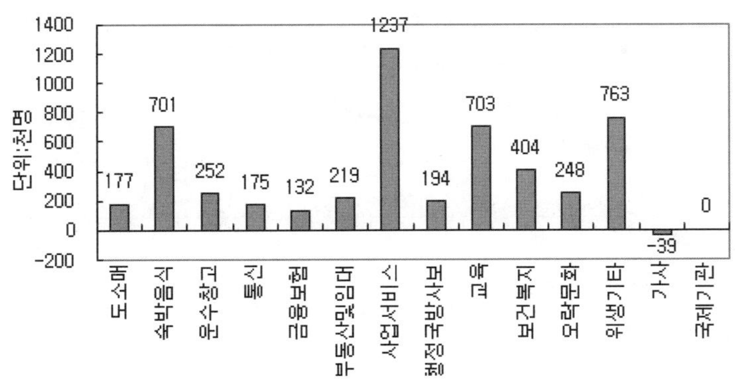

자료: 통계청, 「경제활동인구조사」.

고용 비중이 가장 높다([그림 2-3-7]).

분석기간 동안 서비스업 전체에서 취업자수가 513만 명 증가했는데 그 중 고직능직 일자리 증가는 163만 개였고 저직능사무직은 395만 개 증가했다. 생산직은 고직능직 개수보다 적은 118만 개 증가에 그쳤다([그림 2-3-3], [그림 2-3-4]). 그 결과 서비스업의 고직능일자리 비중은 지난 13년간 2.8%포인트 증가했다([표 2-3-3]).

2006년의 우리나라 서비스업 취업자수 비중은 66.1%로서 2002년의 일본·이탈리아·스페인의 서비스업 고용비중과 유사한 수준이며 다른 OECD국가들과 비교하면 낮은 수준에 속한다([그림 2-3-8]). 서비스업 부가가치 비중도 아일랜드를 제외하면 OECD국가 중 가장 낮다([그림 2-3-9]). 서비스 생산 및 수입 증가와 함께 중간재로 사용되는 서비스재 비율이 증가하고 있지만, 다른 OECD국가와 비교하면 그 비중이 낮다. 서비스업의 생산성 또한 OECD국가들 중 현저히 낮은 군에 속한다. 우리나라 서비스업의 이러한 제반 특성은 서비스업에서 생성되는 일자리의 수와 질을 제약하고 있는 요인들이다(허재준·서환주·이영수, 2007).

[그림 2-3-8] 서비스산업 취업자수 비중 국제비교

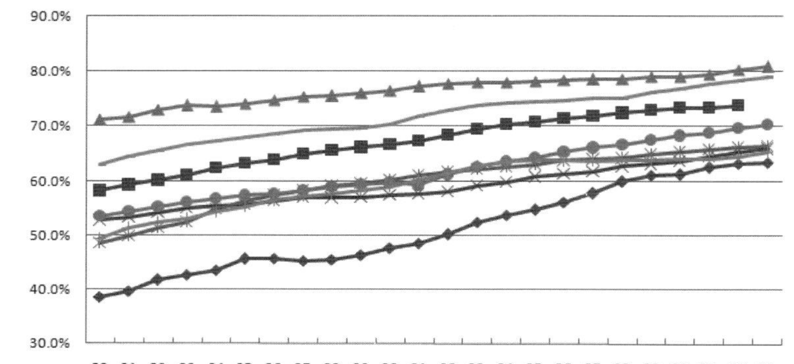

주: 독일의 경우 1990년까지는 서독, 1991년 이후는 통일독일.
자료: OECD STAN database 2005.

[그림 2-3-9] 서비스산업 부가가치 비중: 2003

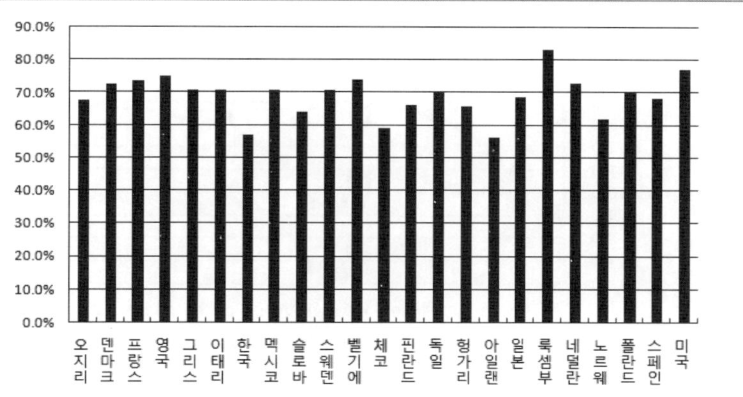

주: 독일의 경우 1990년까지는 서독, 1991년 이후는 통일독일.
자료: OECD STAN database 2005.

3. 청년층 고용사정

외환위기 이전까지 지속적으로 증가해 오던 고용률은 외환위기 직후 15세 이상을 기준으로 한 고용률과 15~64세를 기준으로 한 고용률이 공히 4.5%포인트 하락했다. 연령계층별로 노동시장 참여율이 다르므로 생산가능인구의 고령화의 영향을 감안하기 위해 고찰대상을 15~64세 연령계층으로 한정하더라도 2005년까지 외환위기 이전 수준을 회복하지 못하였다. 2006년에야 비로소 외환위기 이전 수준을 0.1%포인트 능가했을 따름이다([그림 2-3-10 (a)]).

청년층과 고연령층의 고용률은 경기변동에 가장 민감하게, 그리고 경기순행적으로 의존하는 것으로 알려져 있다(허재준·전병유 1996). [그림 2-3-10]의 (b)에서 1993년, 1998년, 2003년에 청년층과 고연령층의 고용률이 낮아진 사실로부터 이를 재확인할 수 있다. 그런데 특이한 점은 2005~07년간의 청년층 고용률 추이이다. 청년층 고용률은 경기와는 무관하게 하락하고 있고 15~24세 청년층 고용률은 거의 외환위기 직후 수준보다도 더 낮아졌다. [그림 2-3-10]의 (a)를 보면 2005~07년간에 청년층뿐만 아니라 65세 이상 연령층도 유사한 고용률 하락을 겪었을 것임을 짐작할 수 있다.

전반적인 고용률이 증가했음에도 불구하고 이처럼 청년층의 고용사정이 악

[그림 2-3-10] 고용률 추이

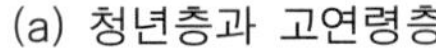
(a) 청년층과 고연령층

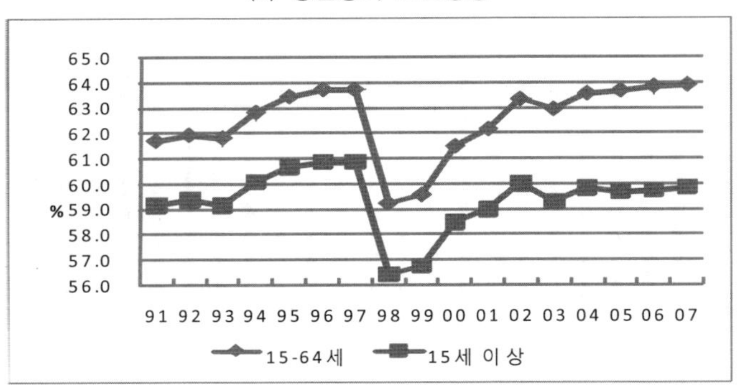

(b) 생산가능인구 전체

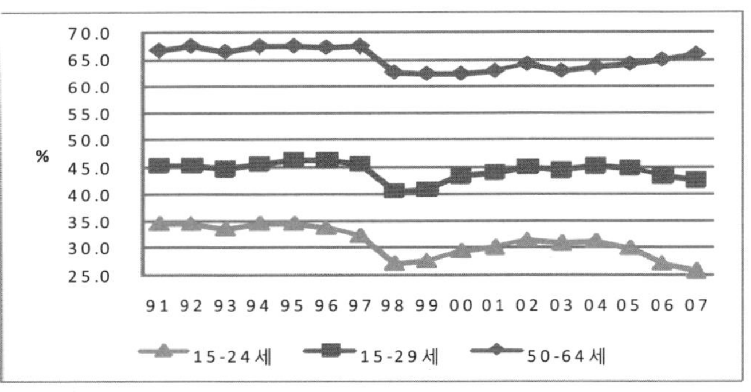

자료: 통계청, 「경제활동인구조사」.

화된 점은 최근 경기순환기에서 일자리 창출력이 저하함으로써 가장 심각하게 일자리 기회를 박탈당한 집단이 청년층임을 보여주고 있다.

4. 자영업부문 구조조정 압력

지난 10년간의 고용추이를 보면 산업별로는 농업과 광공업이 축소되고([그림 2-3-3]), 직종별로는 생산직이 감소하고([그림 2-3-4]) 있음을 알 수 있다. 종사상의 지위별로 고찰하면 자영업부문이 감소하고 있는 점도 확인할 수 있다(〈표 2-3-4〉).

[그림 2-3-11]는 임금근로자와 자영업부문 취업자의 증가율 추이를 도시한

것이다. 1993년, 1997년, 1998년을 제외하면 자영업부문 취업자수 증가율은 지난 20년간 항상 임금근로자수 증가율을 하회했다. 관찰기간 중 자영업부문 종사자가 감소한 기간으로는 1988~1991년의 기간과 2003년 이후의 시기가 두드러진다. 그러나 양자간에는 결정적인 차이가 존재한다. 1988~91년간에는 당시의 유례없는 호황과 임금근로자의 근로조건 향상에 힘입어 자영업부문이 축소되었던 반면, 최근의 경기순환 주기에서는 자영업부문의 이윤율 저하 등으로 인해 자영업부문 취업자가 구조조정 압력을 겪고 있다고 판단된다.

전체 취업자수 추이가 경기순행적(pro-cyclical)이라는 점을 염두에 두고 [그림 3-3-11]를 보자. 임금근로자수 증가율은 항상 경기순행적이었던 반면 자영업부문 취업자수 추이는 외환위기 이전에는 경기역행적(counter-cyclical)이었다. 그러나 외환위기 이후의 시기에는 경기순행적으로 바뀐 것을 알 수 있다. 노동시장 진입예정자를 자영업부문으로 도피시킬 만큼 임금근로노동시장이 악조건이지도 않지만 역으로 전반적인 노동시장 사정이 자영업부문 취업자를 흡수할 만큼 좋은 상황도 아니어서 양부문이 모두 과거에 비해 상대적으로 독자적인 균형화 경향 속에서 경기에 따라 노동시장 변화를 겪고 있다고 판단된다. 외환위기가 극복되었다는 평가에도 불구하고 자영업은 2000년대에 줄곧 영업환경이 호전되지 못해, 경제의 일자리 창출력을 저하시켰다.

[그림 2-3-11] 종사상지위별 취업자수 증가율 추이

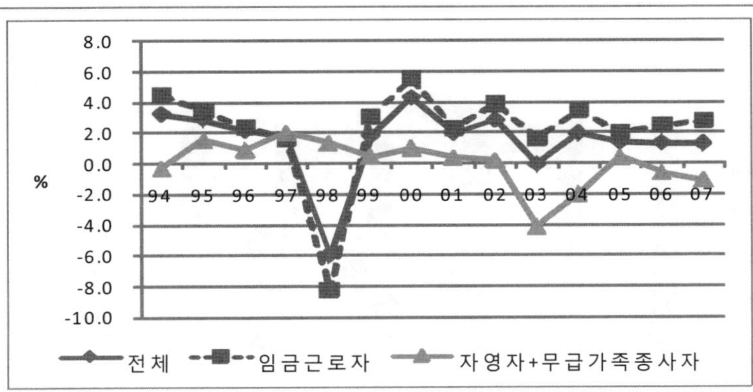

자료: 통계청, 「경제활동인구조사」.

5. 창출된 일자리의 질과 소멸된 일자리의 질

1) 정규직 일자리와 비정규직 일자리

[그림 2-3-12]는 경제활동부가조사에 나타난 정규직 근로자와 비정규직 근로자 규모의 추이를 보여주고 있다. 일자리가 창출되고 있지만 2002년을 초기 상태로 바라볼 경우 정규직 일자리보다는 주로 비정규직 일자리가 증가한 것을 알 수 있다. 비정규직 일자리가 한시적 근로, 시간제 근로, 비전형근로를 포함하는 개념이어서 비정규직 일자리가 모두 근로조건이 열악한 일자리라고 볼 수는 없다. 자발적인 비정규직도 있고 보수가 높은 비정규직 일자리도 있으며, 또한 정규직 비정규직간의 이동이 잦다면 정규직으로 진입하기 위한 숙련형성 단계의 의미도 가질 수 있기 때문이다.

그러나 이러한 선험적 가능성에도 불구하고 노동시장 상황이 좋지 않았던 2002~04년간에 9.6%포인트나 비정규직 비율이 증가한 것은 좋은 일자리보다는 상대적으로 근로조건이 좋지 않은 일자리가 증가했을 것임을 짐작케 한다. 또한 숙련형성이나 경력개발의 전망도 정규직에 비해 미치지 못했을 것으로 짐작된다. 한편 노동공급측면을 고찰해 보면 현재 노동시장에 진입하는 대졸자가 연간 23만 명에 달하며, 노동시장 진입자의 약 50%가 초대졸 이상의 학력을 지니고 있다. 이는 외환위기 이전인 1995년에 15만 명의 초대졸 이상의 학력

[그림 2-3-12] 비정규직근로자 규모 추이

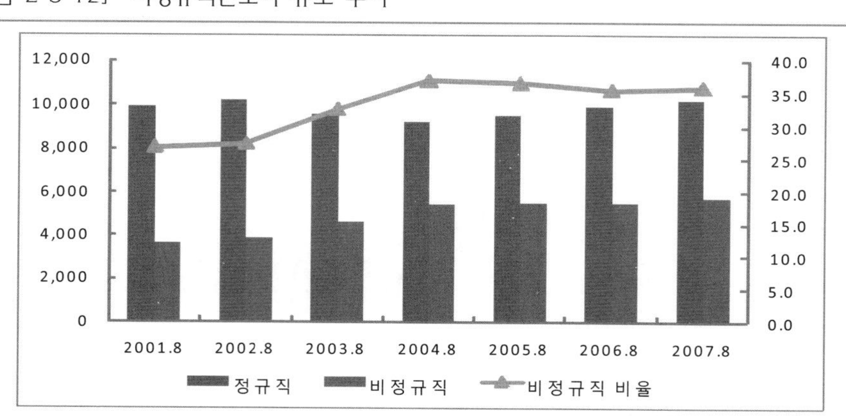

자료: 통계청, 「경제활동인구조사」 부가조사.

을 지닌 사람이 노동시장 진입자의 약 26%를 설명했던 데 비하면 급속한 속도로 노동시장 진입자의 고학력화가 진행되었음을 시사한다.

노동시장 진입자는 고학력화하고 있는 반면 주어지는 일자리 기회는 기대에 미치지 못하고, 전반적으로 고용률이 증가했지만 그것도 대부분 비정규직 일자리가 증가한 결과이므로 노동시장 참여자들이 느끼는 고용사정은 지표가 제시하는 것 이상으로 좋지 않았을 가능성이 크다.

2) 제조업 일자리와 서비스업 일자리

[그림 2-3-13]은 일자리를 산업과 직종을 기준으로 한 셀로 나눈 후 그 임금수준을 기준으로 분위를 나누어 일자리의 질을 정의하고 1993~2000년간 제조업과 서비스업에서 각 분위별 고용변동을 포착한 그림이다. 이를 보면 제조업 일자리는 저직능근로자에게도 장기적으로 숙련형성을 통해 상대적으로 높은 소득을 보장해 주는 특성을 지닌 반면 서비스업에서 창출된 일자리는 그러지 못하여 1990년대 이래 제조업부문의 일자리의 감소는 저직능근로자의 소득상승을 제약했음을 알 수 있다. 또한 서비스업의 저생산성으로 인해 서비스업부문에서 창출되는 일자리는 저임금 일자리가 훨씬 더 많았음을 알 수 있다. 이러한 경제구조 변화의 특성으로 인해 창출되는 일자리들 중 단기적으로뿐만 아

[그림 2-3-13] 제조업과 서비스업의 일자리 10분위별 고용증감

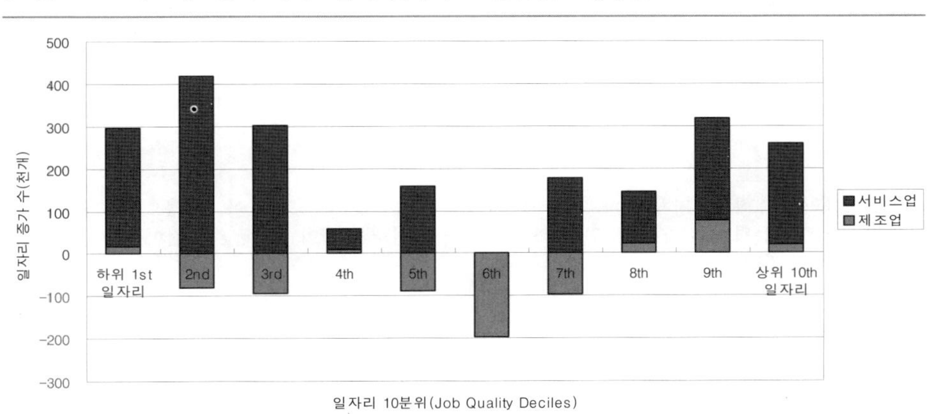

자료: 전병유 · 김혜원 · 신동균(2005).

니라 중장기적으로도 경력이나 장인적 숙련을 포함한 숙련형성을 뒷받침하는 좋은 일자리가 적어졌다.[11)]

이상으로부터 판단할 때 외환위기 이후 성장률 저하로 일자리 창출력이 줄어든 점, 그리고 청년층의 고용률 저하, 자영업부문의 구조조정, 고학력화는 진행된 반면 창출되는 일자리들 중 단기적으로뿐만 아니라 중장기적으로도 경력이나 숙련형성 비전을 뒷받침하는 좋은 일자리가 적어진 점이 맞물려 고용 사정이 악화되었다는 인상을 강화하고, 체감 고용사정을 훨씬 심각하게 부각시켰다.

Ⅳ. 투자 및 소비 증가율이 둔화되고 수출과 내수의 연계성이 약화된 원인은 무엇인가[12)]

1. 투자 저조

투자는 그 자체로서 GDP를 증가시키기도 하지만 장기적으로 자본스톡을 늘려서 미래의 성장에 영향을 미친다. 또한 새로운 자본에 체화되어 있는 신기술(embodied technological change)은 생산성 증가에 기여함으로써 미래의 경쟁력을 결정하는 요인이 된다.[13)] 투자는 또한 가속도원리(acceleration principle)를 통하여 동태적으로 성장률 제고에 커다란 영향을 미친다. 전통적으로 우리나라의 설비투자 증가율은 경제성장률을 훨씬 상회하여 이루어져 왔다. 그러나 2000년대의 설비투자 증가율은 경제성장률의 반 정도의 수준에 머물러 있다(〈표 2-

11) 그러나 서비스화 그 자체가 바로 일자리의 질 저하를 초래한다고는 볼 수 없으며 고급 중간재 서비스 공급능력이 취약하고, 전반적으로 서비스업의 생산성이 워낙 낮은 점이 그 원인이라고 보아야 할 것이다.

12) 고용정책 차원의 정책적 이니셔티브가 필요한 분야의 현황과 필요한 접근법에 관해서는 별도의 세션에서 논의될 것이므로 여기서는 투자 및 소비가 진작되지 못하고 수출과 내수 간의 연계성이 약화된 원인에 대해서 살펴보는 것으로 고찰범위를 한정한다.

13) 예컨대 이시욱(2006)에 의하면 우리나라 총요소생산성 증가의 약 21%는 체화기술진보에 기인하다고 한다. Sakellaris and Wilson(2004)은 미국은 체화기술진보의 총요소생산성에 대한 기여도가 60%를 상회하는 것으로 보고하고 있다. Eaton and Kortum(2001)은 국가간 생산성 격차의 약 25% 정도가 체화기술진보의 차이에서 기인한다고 추정하고 있다.

〈표 2-3-9〉 설비투자 증가율

	1981~90	1991~00	01~06	1987~97	1999~06	1998~06
총고정자본형성 증가율	12.6	5.2	3.0	11.6	4.8	1.7
설비투자 증가율	12.4	8.7	2.4	11.3	10.6	4.7
경제성장률	8.7	6.2	4.6	8.0	5.7	4.3

자료: 한국은행, 「국민계정」.

[그림 2-3-14] 투자율 추이

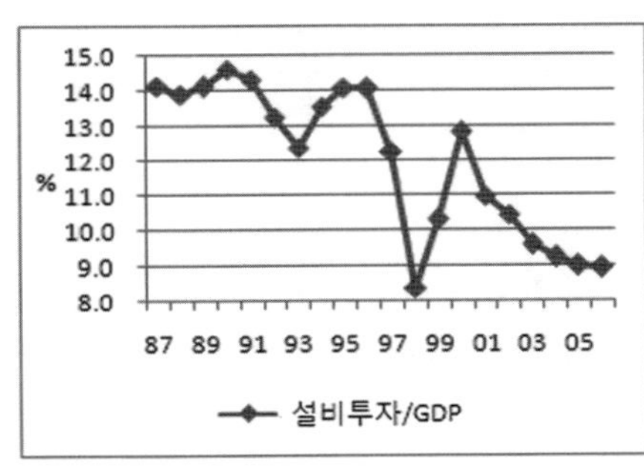

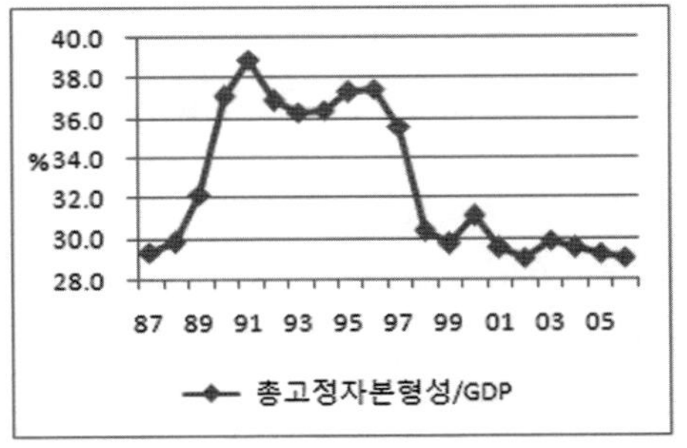

자료: 한국은행, 「국민계정」.

3-9〉, [그림 2-3-14]). 이러한 설비투자 증가율 저조는 성장률을 저하시키고 경제의 활력을 감소시켰다.

투자가 저조해진 가장 직접적 계기는 외환위기 이후 기업이 구조조정을 겪으면서 현금흐름을 중시하게 되고 위험관리 개념에 입각하여 투자결정을 보수적으로 한 것을 들 수 있다. 성장률 전망이 낮아져 투자 수익률 전망 자체가 불투명하게 된 데다가 금융기관 역시 외환위기 이전과는 달리 대출 리스크를 관리하면서 대기업에 대출을 용이하게 해 주지 않게 된 점도 기업이 내부에 유보하는 이윤을 늘리게 한 배경이 되었다. 제조업 대기업의 투자성향을 나타내는 대표적 지표인 현금흐름 대비 투자비율은 1996~97년간에는 350%에 달했으나 외환위기 이후에는 70% 내외에 머무르고 있다.

설비투자가 외환위기 이후 줄곧 저조했던 것은 아니다. 〈표 2-3-9〉에서 확인할 수 있다시피 1999년과 2000년을 포함하여 외환위기 이후의 설비투자 증

[그림 2-3-15] 투자증가율과 경상수지 추이

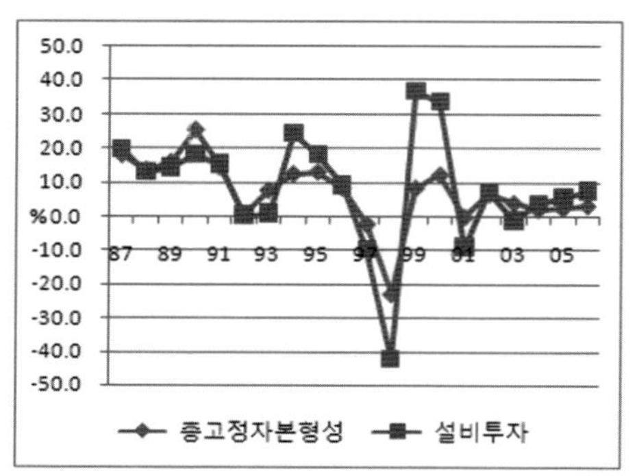

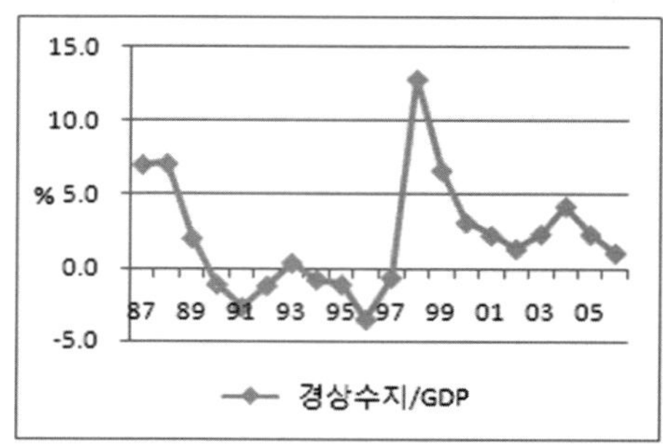

자료: 한국은행, 「국민계정」.

가율을 계산하면 1999~2006년간의 연평균 설비투자 증가율은 무려 10.6%에 이른다. 이는 2001~06년간의 연평균 설비투자 증가율이 2.4%에 불과한 것과 극명한 대조를 이룬다. 이는 1997년과 1998년에 각각 −9.6% −42.3%에 이르렀던 데 대한 반작용이라는 점을 고려하더라도 최근 경기순환기에 투자증가율이 현저하게 낮은 사실은 다소간 외환위기 직후의 오버슈팅과 관련을 갖고 있음을 시사한다. 외환위기 직후 원화 가치 하락으로 해외수요가 폭증하자 기업들은 설비투자를 크게 늘려 1999년과 2000년간에 급감했던 설비투자를 상당부분 상쇄할 정도로 투자하였다([그림 2-3-15]).

기업 내에 유보된 이윤은 늘고 설비투자가 감소한 데에는 국내시장이 포화되고 글로벌 생산체제가 일반화하는 가운데 M&A와 같은 전략적 투자를 통해 경쟁력을 증진하려는 경향이 증대된 점도 큰 원인이 되었으며, 적대적 M&A를 위한 주가관리를 위한 필요성도 그 한 원인이 되었을 것으로 판단된다.

2. 소비 둔화

소비는 GDP의 60~70%를 차지하는 구성요소이지만, 투자보다는 경기에 대해서 민감하게 반응하지 않기 때문에 경기변동에는 투자가 더 큰 영향을 미친다. 그러나 외환위기 이후 소비의 변동성이 커졌고 소비증가율이 둔화되었음을 시사하는 증거들이 존재한다(〈표 2-3-10〉, [그림 2-3-15]). 외환위기 이전에는

〈표 2-3-10〉 소비지출 증가율

	1981~90	1991~00	01~06	1987~97	1999~06	1998~06
민간소비지출	8.0	5.6	3.2	7.7	4.9	2.8
정부지출	6.2	4.6	4.9	6.9	4.2	4.0
최종소비지출	7.6	5.3	3.5	7.5	4.7	3.0

자료: 한국은행, 「국민계정」.

[그림 2-3-16] 소비지출 증가율과 평균소비성향 추이

(a) 소비지출 증가율

(b) 평균소비성향

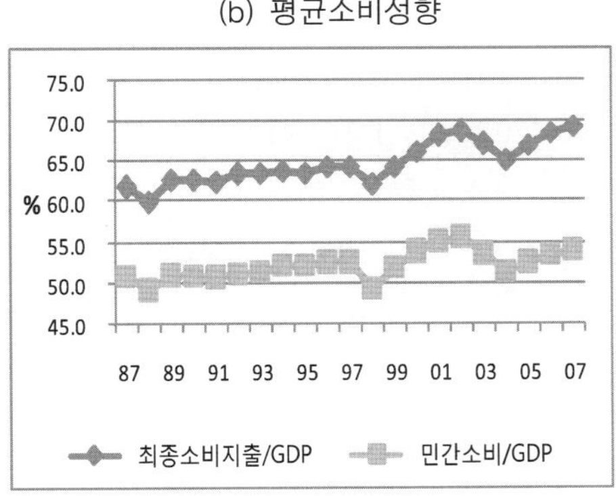

자료: 한국은행, 「국민계정」.

[그림 2-3-17] 여행수지와 전체 서비스수지 추이

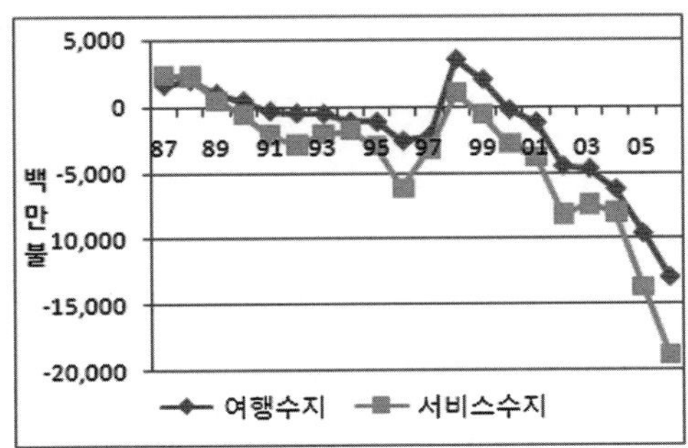

자료: 한국은행, 「국민계정」.

민간소비지출 증가율이 연평균 7.7%에 달했지만 외환위기 이후에는 4.9%로 감소했으며 2001~06년간에는 3.2%에 불과했다.

유경준·김대일(2003)에 의하면 외환위기 이후 소득의 변동성이 증가하였다. 소득의 변동성이 증가하면 미래에 대한 불확실성이 높아지면서 소비증가가 둔화되는 경향을 갖는다. 국내 서비스업의 취약한 경쟁력과 원화가치의 상승으로 해외 소비가 늘어나게 된 것도 내수를 더욱 제약했다. 높은 교육열과 치열한 경쟁, 소득수준 향상과 원화 구매력 증가에 더하여, 비싼 국내 레저 서비스 가격, 국내 대학이 국제수준의 경쟁력을 지닌 교육서비스를 제대로 공급하지 못하는 현실이 여행·유학 수요를 증대시켰고 이는 서비스 수지 적자를 확대하였다([그림 2-3-17]). 이처럼 소비 여력이 있는 중산층 이상은 해외 소비를 늘리고, 저소득층의 소득은 늘지 않은 것도 국내 소비수요를 둔화시킨 원인이 되었다.

외환위기 이후 악화된 소득분배구조 또한 경제전체의 소비성향을 하락시켰다. 강두용(2005)에 의하면 분배구조 변화가 소비성향에 미친 영향의 크기는 실제 소비성향 하락폭의 약 69(2000년 이후)~91%(1990년대 이후)에 달한다고 한다. 고직능노동 수요를 증가시키는 특성을 지닌 기술진보(허재준·서환주·이영수, 2002), 세계적 수준에서 생산기지가 광역화되고 아웃소싱이 증가하여 저직능근로자 임금상승이 제약된 점(Feenstra and Hanson, 1996; Strauss-Khan, 2003; Hijzen, Görg and Hine, 2005), 중국의 부상에 따른 저기술기업의 경영사정 악화(최용석·차둔중·김종일, 2005), 인도·중국·동구 등의 세계시장 편입으로 인해 세계적 규도에서 노동공급이 증가하여 임금상승이 억제되며 노동소득 비율이 하락한 점(IMF 2007), 산업구조의 조정과정에서 소멸된 제조업부문 일자리에 비해 서비스업에서 창출되는 일자리가 저임금 일자리가 많은 점(전병유·김혜원·신동균, 2005), 내수 증가가 제약되어 자영업부문의 소득이 줄어든 점 등이 소득분배 구조를 악화시키는 데 영향을 미친 것으로 평가된다.

3. 한국경제 선도산업의 자본집약도 증대

투자와 소비증가가 둔화되었을 뿐만 아니라 수출은 신장되어도 그 효과가 내수를 진작시키는 데 과거보다 매우 제한적 효과만 미쳤다. 그리하여 수출이 꾸준히 두 자리수 성장을 거듭해도, 국내 소득이나 고용사정은 과거에 비해 좋지 못했다. 여기에는 몇 가지 원인이 존재하는 것으로 보이는데, 그 이유 중 하나는 우리나라 수출산업이 노동집약적 산업 중심에서 자본집약적인 산업으로 전환된 데 있다.

1990년까지만 해도 섬유산업이 5대 주요 수출산업에 들었으나 이후에는 전자산업, 자동차산업, 조선산업, 화학산업 등 자본집약적인 산업이 우리나라의 핵심산업이 되었다. 2006년 5대 수출 주력 제품은 전자기기부분품, 영상·음향·통신기기, 자동차 및 부분품, 선박, 석유제품인데, 이들 제품의 수출비중은 전체 수출의 40%를 상회한다(김태기·허재준, 2007). 이들은 대부분 자본집약적인 장치산업이어서 생산이 증가하더라도 노동에 대한 수요증가가 크지 않고 따라서 직접적인 고용창출 효과가 작다.

특히 1990년대 들어 중국제품이 세계시장에서 차지하는 비중이 빠르게 증가하면서 한국의 산업구조는 노동집약적 재화 부문에서 비교우위를 상실하고, 기술집약적이고 자본집약적인 산업에 특화했는데, 이러한 산업구조의 변화가 수출의 고용유발효과를 약화시켜 수출과 내수의 연계가 약화되는 한 원인이 되었다고 판단된다.

4. 부품 및 소재 산업의 취약한 경쟁력

수출산업이 국내 산업과 전후방 연관효과가 크면 내수 파급효과와 고용유발효과가 창출되지만, 원재료와 부품의 수입비중이 크다면 수출이 증가하더라도 내수와 고용증가가 제한적일 수밖에 없다. 따라서 부품산업에서 경쟁력을 갖추지 못한 것이 수출과 내수의 연관성을 약화시킨 또 하나의 요인으로 판단된다.

만일 부품산업이 발달하였다면, 수출이 증가함에 따라 부품수요가 증가하고, 부품을 생산하기 위한 수많은 중소기업들이 형성되거나 기존 중소기업의 매출이 증가하면서 투자와 고용의 창출 효과가 컸을 것이다. 그러나 수출품이 IT 등 첨단 제품 중심으로 변하는 반면 여기에 소용되는 부품과 소재는 국내 부품보다는 해외수입에 의존하는 경향이 증가했다.

휴대전화의 부품 해외의존도는 40%를 넘고, 컴퓨터는 70%를 넘을 정도로

[그림 2-3-18] 서비스수지 중 특허권 사용료 수지 추이

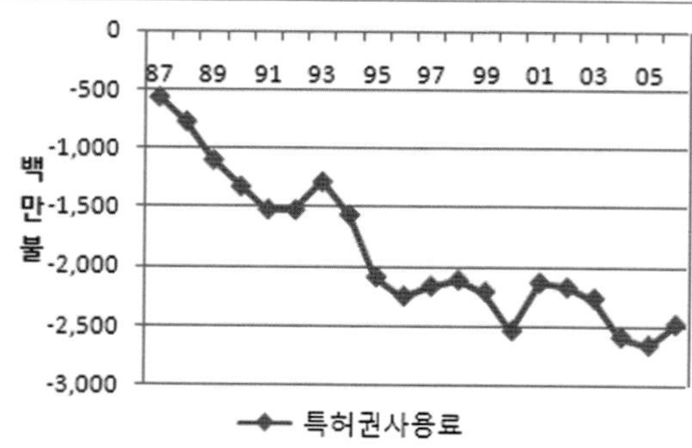

전기·전자산업 주요 수출품의 부품 해외의존도가 높다(김태기·허재준, 2007). 이로 인해 수출이 늘어나더라도 국내 부품과 소재 생산은 크게 늘어나지 않고 부품수입이 늘어나는 특성으로 수출구조가 바뀌었다.

부품 수입의 비중이 늘어나는 주된 이유는 첨단기술제품에 대한 한국의 기술경쟁력이 아직 낮기 때문이다. 우루과이라운드 이후 지적재산권이 강화되면서 한국의 연구개발투자와 특허출원 등이 괄목할 만하게 늘고는 있지만 한국경제는 아직 선진국에 비해 기술수준에서 경쟁력이 낮은 편이다. 우리나라는 기술료수지에서 아직 적자를 면치 못하고 있으며 특허권 사용료 수지는 2006년 24.8억 달러의 적자를 시현했다. [그림 2-3-18]에서 확인할 수 있듯이 우리나라 경제는 지속적으로 기술무역 역조현상을 보이고 있다. 특허권 사용료 수지 적자 원인 중의 하나는 국제표준이 외국기업이 출원한 특허에 의해 형성되어 있기 때문이다. 그러므로 단기적으로는 어렵더라도 국제표준을 주도하고 기술료 수지를 호전시키는 것이 수출의 내수 연관효과를 높이고 양질의 일자리를 창출하는 데 중요하다고 하겠다.

5. 신기술과 투자자유화에 힘입은 해외아웃소싱의 증가

국산 부품의 투입비중이 줄어든 또 다른 이유는 단순 노동집약적인 부품의 경우 국내에서 생산하기보다는 해외아웃소싱(outsourcing)을 통해 중국 등에서 생산하여 수입하는 비중이 늘어난 데에 있다. 이와 같이 기술수준이 높은 부품

[그림 2-3-19] G7의 해외아웃소싱 추이, 총산출 대비 비중

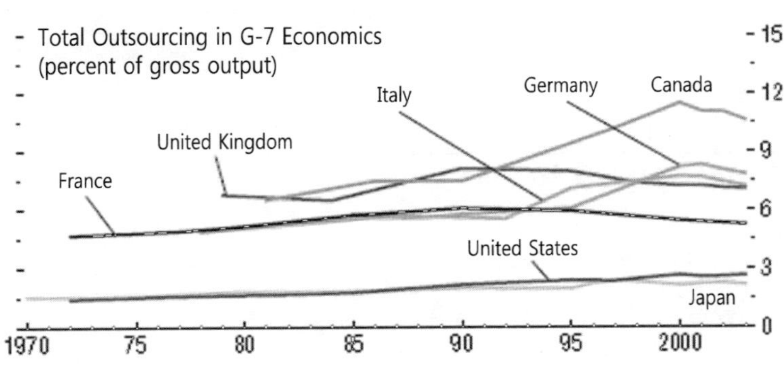

자료: IMF(2007).

은 선진국에서 수입하고, 단순 노동집약적인 부품은 중국 등 개도국에서 수입하는 비중이 늘어나면서 수출에 쓰이는 부품이나 소재의 수입의존도가 높아지고 있다. 이러한 이유로 수출의 부가가치 유발계수가 하락하고, 수출의 증가에도 불구하고 국내경제는 크게 활성화되지 못하고 있다.

세계무역기구(WTO) 출범을 전후로 하여 세계적 경쟁력을 갖춘 기업들이 급속히 세계시장을 재편해 왔다. 국내의 기술력 있는 기업들은 확대된 세계시장이라는 혜택을 누리지만 저렴한 인건비에만 의존하던 중소기업은 생산기지를 옮기거나 세계적으로 경쟁력 있는 가격에 공급할 수 있는 생산방식을 갖추어야 하는 상황에 처해 있다. 따라서 기업들은 세계적으로 가장 유리한 곳에 중간재 및 최종재 생산공장을 설치하거나 그로부터 물건을 조달받고 있다.

이처럼 세계적 수준에서 기업의 아웃소싱이 증가하고 있는데([그림 2-3-19]), 전자제품과 자동차 생산공정의 모듈화가 현저하게 진행되고(조성재 외, 2005, 2006), 기술발달로 인해 통신 및 수송비용이 감소하였으며(Feenstra and Hanson, 1996; IMF, 2007), WTO출범으로 무역 및 투자 자유화를 위한 국제적 규범이 정비되었고, 중국·인도·동구와 여타 개도국들이 두텁게 중간가공기지를 제공한 것 등을 그 배경으로 들 수 있다.

이러한 경제환경의 변화로 인해 국내 대기업 및 중견기업들도 급격히 생산의 일부문 혹은 전부를 해외로 이전하거나 해외 다른 기업으로부터 중간재를

〈표 2-3-11〉 중국 내 한국기업의 중간재 조달비율 변화

	ICT		섬유의류		자동차	
	1996	2003	1996	2003	1996	2003
중국 내 조달	16.7	56.5	21.8	63.3	31.1	40.8
한국으로부터의 수입	64.7	36.3	74.8	25.7	68.9	59.2

자료: 한국개발연구원(2006), 양극화 극복과 사회통합을 위한 사회경제정책 제안.

조달하는 해외 아웃소싱을 늘리고, 해외에 설립된 공장들의 중간재도 현지에서 조달하는 비중을 높이고 있다.

〈표 2-3-11〉을 보면, 중국 내 한국 기업들이 중간재를 한국에서 수입하기보다는 중국내에서 조달하는 비율이 높아가고 있음을 알 수 있다. 중국내 중간재 조달 비율이 1996년에는 산업에 따라 16~31% 수준이었으나, 2003년에는 64~74%로 높아졌다. 이와 같이 해외투자기업들의 국내 산업과의 연관성 하락도 기업의 국내투자를 줄이는 요인이 되고 있다. 즉 기업의 해외 공장이전이 국내 중간재 수요를 증대시키는 경향이 있었으나 그 여지가 점차 줄어들고 있는 것이다.

6. 국내 서비스산업의 낮은 생산성으로 인한 중간투입 서비스재 수요 제약

1990년대 이래 한국 서비스산업의 비중은 꾸준히 증가하고 있다. 전체 경제에서 차지하는 취업자수 및 부가가치 생산 비중에서뿐만 아니라 중간재로 사용되는 서비스재의 비중도 증가하고 있다. 〈표 2-3-12〉는 중간투입으로 사용된 서비스재 비중의 변화를 요약한 것이다. 1990년대에 중간투입으로 사용되는 서비스재의 비중이 증가하였으나 1990년대 상반기에 비해 하반기에 중간투입으로 사용되는 서비스재 비중의 증가속도가 현저히 감소했음을 알 수 있다.

그 한 가지 원인은 서비스업의 생산성 수준과 증가율이 제조업에 비해서 매우 낮은 데에 있다. 우리나라 제조업의 생산성은 다른 OECD 국가들에 비해 크게 낮지 않은 반면 서비스업의 생산성은 OECD평균의 60%에도 미치지 못할 정도로 매우 낮다. 2003년 한국 서비스산업의 생산성을 100으로 할 때, 미국은 242.0, 일본은 184.4로서 우리나라 서비스산업의 생산성은 OECD 국가 중 멕

〈표 2-3-12〉 중간투입으로 사용되는 서비스재 비중

(단위: %)

	1990	1995	2000	일본(2000p)[3]
중간투입 계	100.0	100.0	100.0	100.0
물적투입[1]	74.6	70.0	68.5	49.7
서비스투입[2]	25.4	30.0	31.5	50.3

주: 1) 농림어업, 광업, 제조업, 전력·가스·수도 및 건설.
2) 도소매, 운수 및 보관, 통신 및 방송, 금융 및 보험, 부동산 및 사업서비스, 공공행정 및 국방, 교육 및 보건, 사회 및 개인서비스.
3) 'p'는 잠정치임.
자료: 한국은행(2003), 「2000년 산업연관표로 본 우리나라의 경제구조」.

시코를 제외하고는 가장 낮다. 반면에 제조업의 생산성은 2003년 미국은 158.8, 일본은 118.8로 서비스산업보다는 생산성이 상대적으로 높은 편이다.

1990년대 이래 한국경제는 서비스재의 비중이 산출, 수입, 중간재에서 높아진 점과 함께, 빠른 속도로 정보화를 겪었다. 그럼에도 불구하고 정보통신기술(Information, Communication and Technology; ICT)의 확산이 경제 전반의 생산성 증가로 연결되지는 못하고 있다(한국은행 2000). 정보통신재 생산부문[14]에서는 생산성이 향상되었으나 정보통신이용부문에서는 생산성이 높아졌다는 증거가 확인되지 않는 것이다.

ICT는 하나의 투입요소로서는 생산성 향상 및 수익성 개선에 기여한 것으로 판단된다. 그러나 ICT가 무형자산과 보완적으로 작용하여 생산성 향상에 기여하는 현상, 예컨대 보다 유연한 기업조직 내부에서 ICT가 숙련노동과 결합하여 공유된 정보를 바탕으로 새로운 지식이나 정보를 창출하고 차별화된 제품을 생산함으로써 기업의 생산성과 수익률을 향상시키고 있다는 점을 확인할 수 없다(서환주·허재준·이영수, 2004; 신일순, 2003, 2004). ICT 도입과정에서 조직변화도 팀제 등 유연성 제고를 위한 형식적 모양새는 도입했으나 그것이 생산성 향상으로 이어지는 실질적 효과를 낳지는 못하고 있다. 즉 우리나라 기업들에서 ICT는 아직 기업의 구조조정이나 조직의 변화에 '생산적'으로 응용되는 단계에 이르지 못하고 있다(허재준·서환주·이영수, 2002; 서환주·허재준·이영수, 2004). 이처럼 우리나라 기업의 정보통신기술 이용 특성 또한 우리나라 서비스

14) 전기·전자·통신·방송산업으로 7차개정분류체계의 중분류 코드 30~32+72+64+87의 일부[=6차분류체계의 92 일부]로 정의할 수 있다.

〈표 2-3-13〉 생산성증가율 (단위: %)

	1981~1990	1991~2000	2001~2006	1981~1997	1998~2006
경제 전체	5.9	4.6	3.1	5.5	3.3
제조업	6.7	9.5	7.5	7.5	8.9
서비스업	2.7	1.4	0.4	2.2	0.6

자료: 한국은행, 「국민계정」; 통계청, 「경제활동인구조사」.

[그림 2-3-20] 여행수지와 사업서비스 수지 추이

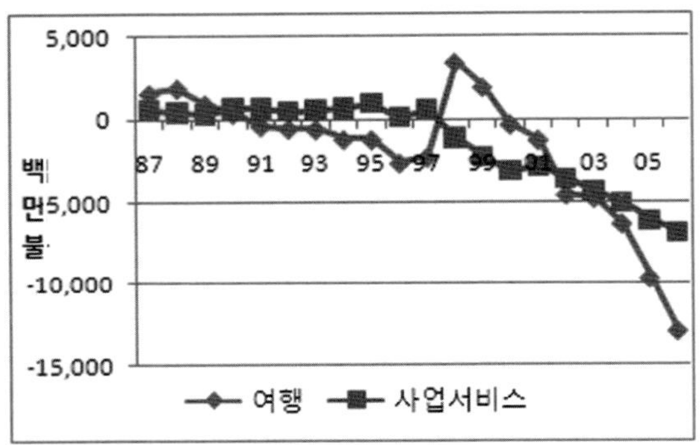

자료: 한국은행, 「국민계정」.

[그림 2-3-21] 제조업의 중간투입에서 국내 생산 서비스재가 차지하는 비중 (단위: %)

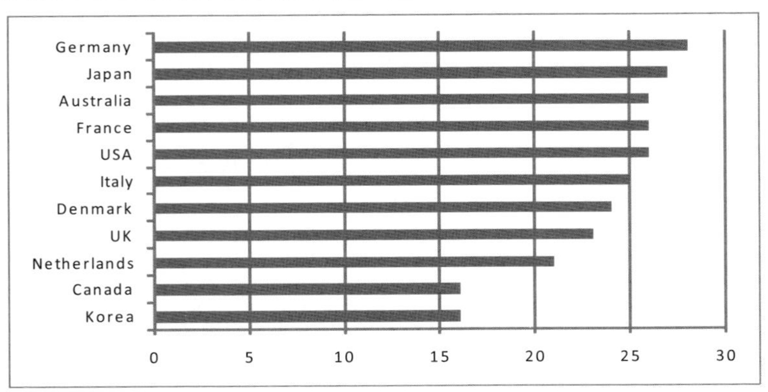

자료: OCED국가 수치는 90년대 중후반의 산업연관통계로서 Wölfl(2005), 우리나라는 2000년 투입-산출표.

업의 전반적 생산성 향상을 이끌지 못하는 한 원인이 되고 있다고 판단된다.

2005년 현재 서비스업 생산성은 제조업의 45.9%에 불과하다. 1998~2005년 기간에 제조업의 연평균 생산성 증가율은 8.7%에 이르렀으나 서비스업은 1.0%에 불과했다(〈표 2-3-13〉). 서비스교역부문에서 우리나라가 유일하게 경쟁력을 지닌 분야는 운송 분야에 불과하다(허재준·서환주·이영수, 2007).

서비스업의 낮은 생산성 수준과 낮은 경쟁력은 중간재로 사용되는 국내 서비스재 수요를 제약한 것으로 판단된다. 그리하여 제조업 부품과 마찬가지로 서비스 중간재 투입도 국내로부터 조달하는 비중이 작다. 2006년에 전체 서비스수지 적자가 187.6억 달러였는데 그 중 여행수지 적자 129.2억 달러 다음으로 사업서비스수지 적자가 68.3억 달러에 달했던 점도 이 때문이다([그림 2-3-20]). [그림 2-3-21]은 제조업 중간투입에서 국내생산서비스재가 차지하는 비중을 나타내는 그림이다. 중간재로 사용되는 서비스재 비율이 증가해 왔음에도 불구하고 다른 OECD국가와 비교하면 아직 그 비중이 낮은 사실을 확인해 주고 있다.

Ⅴ. 맺 음 말

이상에서 우리나라 경제를 규정하고 있는 성장과 고용간의 관계가 외환위기를 계기로, 혹은 2000년대와 그 이전의 경기순환기에서 달라졌는지를 진단하고 그간에 진행되어 온 구조변화의 특성에 대해서 살펴보았다. 고용탄력성은 가장 최근의 경기순환기인 2003~2007년간에만 낮아졌을 뿐 장기적으로 매우 안정적인 움직임을 보여 왔다. 이로 미루어 볼 때 창출되는 일자리의 크기는 장기적으로 성장의 고용탄력성의 증감보다는 성장률 자체에 의존할 것이다. 최근의 경제순환주기에서 확인되는 일자리 창출력 저하 현상은 구조조정기의 과도적 현상으로 보아야 하며 이를 항구적 현상으로 간주해서는 안 된다. 따라서 일자리 부족문제에 대응하기 위해서는 성장률 제고를 위한 노력이 우선되어야 한다. 그리고 그 노력은 경기진작이 아니라 구조조정을 촉진하는 것과 함께 성장잠재력을 확충하는 데에서 모색되어야 한다.

외환위기 이후 성장률 둔화는 투자율 저조, 소비 둔화의 결과이지만 단순히 경기변동이나 불확실성 증가로 투자와 소비가 위축된 측면만이 아니라 그 배후에는 '성장잠재력 저하'로 요약되는 구조적인 문제들이 개입하고 있다. 경제의 혁신능력 저하, 수출부문의 내수연관성 저하, 소비 변동성 증가, 소비지출의 국내외 배분 왜곡 등이 그것이다. 성장률 제고를 위해서 단순한 경기 진작에만 매달려서는 안 되는 이유가 여기에 있다.

최근 경기순환기에 낮아진 일자리 창출력은 특히 청년층의 고용사정을 악화시켰다. 하지만 청년층의 고용사정이 심각하게 악화된 것은 고학력화 현상과 분리해서 진단하기는 어렵다. 1995년에는 15만 명의 초대졸 이상의 학력을 지닌 사람이 노동시장 진입자의 약 26%를 설명했다. 지금은 노동시장에 진입하는 대졸자가 연간 23만 명에 달하며, 노동시장 진입자의 약 50%가 초대졸 이상의 학력을 지니고 있다. 반면 노동시장에서 공급되는 일자리 중 비전 있는 일자리의 수는 현저히 줄어들었다. [그림 2-3-12]에서 알 수 있듯이 2000년대에 순증(純增)한 일자리는 비정규직 일자리 수 증가와 일치한다. 이는 청년층이 노동시장에 제대로 정착하지 못하고 청년층 고용률을 급전직하하게 하고 있는 원인이기도 하다.

외환위기 이전 30년 동안 한국경제에서는 기업이 고생산성부문을 창출하고, 신규 노동시장 진입자들이 고생산성 부문으로 진입하는 방식을 통해 경제발전이 이루어지고 노동시장에서 숙련향상이 일어났다. 그러나 지금은 고생산성 일자리 공급이 제한적이어서 고학력 신규 노동시장 진입자들은 예전의 청년층에 비해 일자리의 선택폭이 좁아졌다. 그러나 노동시장 진입자는 고학력화됨에도 불구하고 생산성 높은 일자리 창출은 오히려 제한적으로만 이루어지는 현상, 그리고 제한적으로만 공급되는 지대(地代) 있는 일자리에 접근하기 위해 청년기에 교육기관에 오래 머무르고 시험준비에 또다시 장기간을 투자하는 경향은 한국경제가 당면하고 있는 과제이자 경제주체의 취약한 적응능력을 보여주는 사실이라는 점을 부인할 수 없다. 이러한 점은 대학교육의 생산성을 높여 우수한 인적자원이 생산성 높은 일자리 창출에 기여할 수 있게 해야 하고 평생교육체계가 경력개발과 함께 해야 함을 시사한다. 교육제도 혁신이 이루어져야 하는 이유이자, 대학입학을 위한 사교육이 인적자원 향상과 대학교육의 생산성 제고로 연결될 수 있도록 대학의 선발제도가 바뀌어야 하는 이유이기도 하다.

비정규직 일자리의 증가가 '일자리의 질 제고' 문제를 커다란 화두로 제기하고 있는 것은 사실이지만 그것이 일자리의 질을 제고하기 위한 우선적 접근법이 보호적 조치(protective measure)여야 한다는 것까지를 의미하는 것은 아니다. 높은 성장률은 취업자수 증가와 생산성 증가의 두 경로를 통해서 달성된다. 양질의 일자리란 기실 생산성 높은 일자리나 다름없다. 따라서 '성장잠재력 확충'을 통해 성장률을 제고하는 일은 일자리 수와 질을 동시에 높이는 방법이며 적어도 한 가지 목표는 반드시 달성하는 길이기도 하다. 요컨대 일자리 질을 제고하는 정책은 일자리의 양을 늘리는 것과 불가분의 관계에 있다.

지난 10여 년간 국제경제규범은 상품무역뿐만 아니라 투자자유화를 촉진하고, 기술발전은 실시간 통신 및 수송비용을 감소시켰다. 이러한 환경변화에 대응하여 각국 기업들은 세계적 수준에서 생산기지를 광역화했다. 인도·중국·동구 등의 세계시장 편입으로 인해 세계적 규모에서 노동공급이 증가하였다. 세계적 수준에서 생산기지가 광역화되고 아웃소싱이 증가하여 이제 세계의 노동시장이 한데 통합되는 경향성이 대두했다. 한국의 근로자가 세계의 근로자와 직접 경쟁하게 된 것이다. 기업의 적응력을 높이고 좋은 일자리와 많은 일자리를 창출할 수 있는 역량을 제고하기 위해서는 이러한 새로운 환경에 맞추어 상거래 규범 및 노동시장 규범을 변화시켜야 한다.

기술진보와 국제경제 규범의 변화 속에는 저임금근로자(저직능근로자)들의 고용사정 및 상대임금을 더 불리하게 하는 요인들이 존재한다. 수송비용 및 통신비용 저렴화를 매개로 하여 투자자유화가 일반화되고 세계적 규모에서 노동공급이 증가하자 특히 저임금근로자들이 그 영향을 직접적으로 받게 되었다. 투자자유화를 위한 규제 정비, 경쟁격화로 인한 이윤회수기간의 단기화 내지 불확실성 증가는 기업운영에서 주주 내지 소유주의 이익 극대화를 조장하는 분위기를 조성하였다. 이러한 압력에 직면하여 단기적으로 생산성을 높이기 어려운 경영자들은 대체가능인력이 많은 저임금근로자(저직능근로자)들의 임금을 압박하고 외주화 형태로 인사관리의 유연화를 극단적으로 추진하기도 하였다. 이러한 환경변화는 근로자들이 취업상태에서 숙련을 향상시키고 더 좋은 일자리로 나아가는 이행과정을 보조하는 프로그램의 중요성을 높이고 있다. 그와 함께 사회안전망 차원의 적극적 노동시장 정책의 필요성을 더욱 부각시키고 있다고 판단된다.

기술혁신능력을 배양하고 성장산업의 경쟁력을 확보하며 부품산업을 육성하고 자유무역협정 추진을 통해 시장을 확대하는 정책과 같이 생산물 시장을 활성화하는 정책적 이니셔티브는 성장률을 높여 고용을 증진시키기 위해 중요하다. 변화하는 새로운 환경에 대응하는 상거래 규범 및 노동시장 규범을 확립하여 기업조직의 적응력을 높이는 것 또한 성장률을 높여 고용을 증진시키는데 기여할 것이다.

사교육 투자가 인적자본 향상에 기여하도록 대학선발시스템을 개선하고 대학교육의 수준을 높여, 학교-직장 이행능력을 증진함으로써 우수한 인적자원이 생산성 높은 일자리 창출에 기여할 수 있도록 교육체계를 혁신하는 것은 인적자본이 성장에 기여하고 다시 성장이 고용증진에 기여하는 메커니즘을 위해 중요한 일이다. 근로자들이 취업상태에서 숙련을 향상시키고 더 좋은 일자리로 통합되어가기 위한 이행과정을 보조하는 것도 마찬가지이다. 사회안전망 차원의 적극적 노동시장 정책을 확충하는 것은 미시적 수준에서 소비의 불안정성을 완화하고 거시적 수준에서 경기안정화에 기여함으로써 일자리 창출에 기여할 것이다.

광의의 고용정책은 이러한 모든 정책을 포괄하는 것이겠지만 협의의 고용정책은 주로 직업훈련, 실업급여, 노동시장 정보제공 및 구직·구인알선, 보조금 등을 수단으로 하는 적극적 노동시장정책을 의미한다. 광의의 고용정책이 협의의 고용정책을 아우르고 조율할 수는 있지만 그 역은 가능하지도 바람직하지도 않은 일이다. 일자리 창출은 고용과 성장간의 이러한 관계를 염두에 두고 종합적 정책조합을 꾀할 때에 성장과 고용의 선순환이라는 소기의 성과를 거둘 수 있는 것이며 적극적 노동시장정책을 위해 나머지 정책들을 조율하고자 한다면 효과를 거두기 힘들 것이다.

• 보 론 •

1. 취업계수의 감소와 고용창출능력

취업계수가 지속적으로 감소하는 현상을 두고 경제의 고용창출능력이 감소한다고 해석하거나, 자본생산성이 감소하는 현상을 두고 경제에 심각한 생산성 감소 현상이 생긴 것처럼 해석하는 것은 오류이다. 생산물 1단위를 생산하는 데에 필요한 노동단위수를 의미하는 취업계수(N/Y)는 역사적·경향적으로 감소해 왔다. 마찬가지로 자본생산성(Y/K)은 역사적·경향적으로 저하해 왔으며 앞으로도 그러할 것이다. 경제발전 과정에서는 일반적으로 노동생산성(Y/N)이 지속적으로 증가하며, 이는 자본 축적으로 1인당 자본장비율(K/N)이 증가하기 때문이다. 그렇다고 해서 자본생산성이 0에 수렴하여 어떤 기업가도 자본을 투자하려 하지 않게 될 것이라든가, 취업계수가 0에 수렴하므로 언젠가는 전혀 사람을 쓰지 않고 상품을 생산하게 될 것이라고 우려할 필요는 없다. 어떤 시대에 사는 사람도 0과 역사적으로 결정된 양(陽)의 자본생산성이나 취업계수 사이를 들여다 보면 그 사이에 '충분한' 거리를 발견할 수 있을 것이다. 그리하여 자원이 필요 없는 시기가 도래하지 않는 한 자본생산성이나 취업계수는 충분히 0과 거리를 유지하고 있을 것이다.

고용탄력성은 경제가 1% 성장할 때 고용이 몇 % 증가하는지를 나타내는 지표로서 노동량이 미세하게 변화할 때 증가하는 생산물의 양을 가리키는 한계노동생산성 $\Delta Y/\Delta N$과 생산물 1단위를 생산하는 데에 필요한 노동량을 가리키는 취업계수 N/Y로 분해할 수 있다.

$$\frac{\Delta Y/Y}{\Delta N/N}=\left(\frac{\Delta Y}{\Delta N}\right)\left(\frac{N}{Y}\right)$$

앞에서 말한 이유로 취업계수 N/Y은 역사적·경향적으로 감소하지만, 한계노동생산성 $\Delta Y/\Delta N$은 역사적 경향적으로 증가한다. 따라서 어느 두 시점 사이에서 취업계수가 감소하더라도 그 감소율이 한계노동생산성 증가율보다 크지 않으면 고용탄력성은 감소하지 않는다. 성장하는 경제에서 일반적으로 취업계수 증가율과 한계노동생산성 증가율은 상반된 움직임을 보이며, 이로 인해 단기적으로는 생산성의 경기순행성, 노동축장, 상이한 고용조정 특성을 갖는 기업구성의 차이 등으로 인해 불안정한 움직임을 보일 수 있으나 장기적으로 보면 고용탄력성은 상당히 안정적 크기를 갖는다. 그 이유는 콥더글라스 생산함수를 갖는 경우의 예로부터 짐작할 수 있다. 콥더글라스 함수에서 평균노동생산성은 한계노동생산성과 일치한다. 그러므로 경제의 생산함수가 콥더글라스 함수로 근사될 수 있을 정도의 장기적 지평에서 고용탄력성은 당연히 안정적일 것이다. 이러한 사실은 지난 20여 년간의 시계열을 통해서도 확인해 볼 수 있는데 〈표 2-3-1〉에서 외환위기 이전과 외환위기 이후의 고용탄력성이 매우 근사한 값을 보이는 것을 확인할 수 있다.

성장하는 경제에서 변수들간의 단기적 관계나 거시경제학 이론이 가리키는 변수들간의 관계는 주로 변화율간의 관계이다. 성장의 고용창출능력을 판단하려 하면 취업계수보다는 그 변화율이나 고용탄력성의 개념에 입각해서 판단해야 오류적인 해석을 하지 않을 수 있다.

2. 고용증가율과 경제성장률간의 관계

N= 취업자수, P= 15세 이상 인구, $\frac{\Delta Y}{Y}$= 경제성장률이라고 정의하고 고용률과 성장률간에 다음과 같은 관계가 존재한다고 하자.

$$\Delta\left(\frac{N}{P}\right)=\beta_0+\beta_1\frac{\Delta Y}{Y} \tag{1}$$

$\Delta\left(\frac{N}{P}\right)=\frac{N}{P}\left(\frac{\Delta N}{N}-\frac{\Delta P}{P}\right)$임을 이용하면 식 (1)은 다음과 같이 쓸 수 있다.

$$\frac{\Delta N}{N}=\alpha_0+\alpha_1\frac{\Delta Y}{Y}+\frac{\Delta P}{P} \tag{2}$$

식 (2)에서 $\alpha_1=\frac{\beta_1}{N/P}$이고, $\alpha_0=\frac{\beta_0}{N/P}$이다. 이로부터 식 (2)처럼 고용증가율을 종속변수로 하여 추정할 때 성장률의 계수인 고용탄력성 α_1과, 식 (1)

에서처럼 고용률의 증분을 종속변수로 하여 추정할 때 성장률의 계수 β_1간에는 1 : 1 대응관계가 존재하며 고용률의 곱(積)만큼 차이가 있음을 알 수 있다.

참고문헌

강두용(2005), “소비부진의 구조적 원인,” 산업연구원.

김태기 · 허재준(2007), “수출과 내수의 순환구조의 문제점과 정책과제,” 무역학회 발표 논문.

서환주 · 허재준 · 이영수(2004), “ICT확산, 기업조직, 제품차별화, 숙련노동의 보완관계,” 「경제학연구」, 제52집 제 2 호, pp. 33~65.

신일순(2003), “정보기술 도입이 기업생산성에 미치는 영향: IT자본의 초과수익 및 무형자산과의 보완성 관점에서,” *Telecommunications Review*, 제13권 3호, 2003, pp. 395~406, SK Telecom.

신일순(2004), “정보기술, 기업수익성 및 시장가치: 기업데이터를 이용한 분석,” 「국제경제연구」, 제10권 1호, 2004, pp. 169~194, 한국국제경제학회.

유경준 · 김대일(2003), 「소득분배 국제비교와 빈곤연구」, 한국개발연구원.

이시욱(2006), “성장동력으로서의 설비투자: 국제비교 및 미시실증분석,” 한국개발연구원.

전병유 · 김혜원 · 신동균(2005), 「노동시장 양극화와 정책과제」, 한국노동연구원.

조성재 외(2005), 「동북아 분업구조 I」 한국노동연구원.

조성재 외(2006), 「동북아 분업구조 II」 한국노동연구원.

최용석 · 차문중 · 김종일(2005), 「중국의 경제성장과 교역증대가 우리 경제에 갖는 의미: 한 · 중간 경쟁관계를 중심으로」, 한국개발연구원.

한국개발연구원(2006), 「양극화 극복과 사회통합을 위한 사회경제정책 제안」.

한국은행(2000), “정보통신산업 발전이 생산성에 미친 영향,” 「조사통계월보」, 10월호, 조사국 산업분석팀.

허재준 · 서환주 · 이영수(2002), “정보통신기술투자와 숙련노동 수요변화,” 「경제학연구」, 제50집 제 4 호, pp. 267~292.

허재준 · 서환주 · 이영수(2007), 「한국경제의 구조변화와 서비스업 고용」, 한국노동연구원.

허재준 · 전병유(1996), 「고령자 노동시장」, 한국노동연구원.

Alexander Hijzen, Holger Görg, Robert C. Hine(2005), “International Outsourcing and the Skill Structure of Labour Demand in the United Kingdom,”

Economic Journal, Vol. 115, No. 506, pp. 860-878.

Eaton, Jonathan and Samuel Kortum(2001), "Trade in Capital Goods," European *Economic Review*, vol. 45 no. 7 pp. 1195~1235.

Feenstra, Robert C. and Gordon H. Hanson(1996), "Globalization, Outsourcing, and Wage Inequality," *American Economic Review*, Vol. 86, No. 2, pp. 240~245.

IMF(2007), World Economic Outlook, Washington D.C.: IMF.

Sakellaris, Plutarchos and Daniel J. Wilson(2004), "Quantifying Embodied Technological Change," *Review of Economic Dynamics*, 7, pp. 1~26.

Strauss-Kahn, Vanessa(2003), "The Role of Globalization in the Within-industry Shift Away from Unskilled Workers in France," NBER Working Paper, No. 9716.

Wölfl, Anita(2005), "The Service Economy in OECD Countries," STI Working Paper 2005~03, OECD, Paris.

•토론• 성장과 일자리 창출*

성장이 일자리 창출에 미치는 효과에 대해 산업별, 총수요의 구성별로 분석을 한 연구로 일자리 문제가 중요한 현안인 현재의 경제상황을 이해하고 정책적 함의를 도출하는 데 많은 도움을 주고 있는 연구이다. 특히, 고용 없는 성장이라는 현상이 실증적으로 나타나지 않음을 확인하고 일자리문제의 심각성이 일부 노동시장(예를 들어, 청년층, 자영업 등)에 심하게 나타남으로써 전체적으로 고용탄력성이 이전의 수준을 유지하고 있어도 일자리문제가 더욱 심각한 현안이 되고 있음을 지적하였다.[15] 본 토론자는 본 고의 대부분의 주장 및 결과에 대하여 동의하면서 다음과 같은 몇 가지 점들에 대하여 보완 및 추가적인 논의가 진행되면 연구를 더욱 발전시킬 것으로 본다.

---

* 최창곤(전북대학교 경제학과 교수).

15) 고용 없는 성장현상이 실증적으로 존재하지 않는다는 점은 안주엽(2005), 최창곤(2007) 도 확인함.

취업(또는 고용)유발계수는 노동생산성의 역수로서 취업유발계수의 증가는 노동생산성의 감소라는 역설적인 해석을 하게 된다. 따라서 취업유발계수통계보다는 고용탄력성의 개념이 보다 정책적으로 해석이 용이하고 유용한 개념이 아닌가 생각한다. 즉, 고용이나 일자리의 창출이 궁극적으로 노동시장에서 결정될 것이기 때문에 노동시장의 특징이 일자리창출에 어떠한 효과를 미치는지를 이해할 수 있는 지표의 사용이 더욱 적절하다고 사료된다. 예를 들어, 간단한 노동시장모형에서 취업탄력성은 노동수요와 노동공급의 특징으로 표현된다(최창곤(2007) 참고). 즉, 노동생산성만이 아니고 노동공급의 구조가 탄력성값에 영향을 미치게 됨을 쉽게 표현할 수 있다(저자가 보론에서 취업계수와 고용탄력성의 관계를 논의함).

$$\eta_{NY} = \frac{\varepsilon^S_{NW}\zeta_{NK}\varepsilon_{KY}}{(1-\varepsilon^S_{NW}\zeta_{NN})}$$

ε^S_{NW}=노동공급의 임금탄력성, ζ_{NN}=노동생산성의 노동탄력성,

ζ_{NK}=노동생산성의 자본탄력성, ε_{KY}=생산함수에서 자본계수의 역수

본고에서는 노동생산성의 증가율이 순경기적이어서 두 변수간에 역의 관계가 관측된다는 논리가 있는데 보다 일반적으로 두 변수의 관계는 아래와 같다.

$$\frac{\dot{A}}{A} = g_n\left(\frac{1}{B} - 1\right)$$

$\frac{\dot{A}}{A}$=노동생산성의 증가율, B=고용탄력성

고용탄력성이 1보다 적은 경우(실증적으로 대부분의 경우) 노동생산성의 증가율은 양의 값을 갖게 됨을 의미하고, 두 변수간에는 역의 관계가 존재하게 된다.

특정산업에서 고용의 증가율이 변화하였는지의 여부는 이론적으로 정책적으로 의미가 있지만 총수요의 관점에서 소비, 투자, 수출 등의 취업유발계수는

고용증가율과 해당변수들의 상관관계를 의미할 수는 있지만 인과관계를 논의하기가 쉽지 않다.

소비의 고용유발계수는 $\frac{N}{C}=\frac{N}{Y}\frac{Y}{C}$로 표현되므로 취업유발계수가 동일하다고 하여도 평균소비성향(산업연관표의 표현대로 생산유발계수)이 변화하면 그 계수값이 변화하여 고용에 미치는 효과가 변하였다고 판단할 수 있기 때문이다(투자의 경우도 동일한 문제).

그리고 Y의 증가율이 동일하다면 소비 또는 투자의 증가율이 낮아졌을 경우, 다른 변수들의 증가율이 변화하였을 것이다. 다른 변수들도 감소하여 GDP의 증가율이 감소하였다면, 그것은 소비증가율의 감소라 하기보다는 성장률 자체의 감소일 것이다. 아니면 다른 관점에서 소비증가율의 감소가 성장률의 감소를 유발했다는 점을 의미한다면 다른 형태의 인과관계검증이 필요할 것이다.

소비의 고용유발계수 또는 투자의 고용유발계수, 수출의 고용유발계수 등을 역으로 표현하면 취업자 1인당 소비, 1인당 투자 등이다. 고용탄력성은 노동시장과 거시경제의 공급측면의 관점에 해당되는 개념이므로, 이러한 통계가 일자리 창출과 관련하여 유용성을 갖는지에 대한 검토가 필요하다.

소득의 변동성이 커지면 미래에 대한 불확실성이 커져서 소비가 감소한다는 주장을 하고 있지만 [그림 2-3-16]에서 나타난 대로 최근에 오히려 소비성향은 증가하고 있다.

본 논문의 1절에서 고용탄력성의 추정치를 근거로 고용창출력은 감소하지 않았다고 전제하고 뒷부분에서는 “일자리 창출력 저하”라는 표현을 쓰고, 그 원인에 대한 논의를 전개하는 듯한 논의가 종종 있다.

일자리문제에 대하여 저자가 제시한 다양한 제안들 이외에 추가로 다음과 같은 관점에서 일자리문제를 접근할 필요성도 있는 것으로 사료된다.

① 임금의 경직성

일자리부족 현상에서 좋은 일자리의 부족이라는 현상에 대하여 임금의 유연성이 커진다면 소위 나쁜 일자리는 감소하는 효과를 기대할 수 있다. 즉, 어떤 이유(예를 들어, 나쁜 근로조건)로 일자리가 나쁘고 구직자들이 기피하고 있는 상황에서 그 나쁜 근로조건에 대한 보상임금이 형성되어 임금이 상승되면 소위 나쁜 일자리는 감소하게 될 것이다. 하지만 임금이 경직적이어서 그러한 보상임금이 임금에 반영되지 않는다면 그 일자리는 계속하여 나쁜 일자리로 남아 있게 된다. 따라서 임금의 유연성을 향상시킬 수 있는 정책은 일자리 창출에 일정부분 효과를 줄 수 있을 것으로 사료된다.

② 복지제도의 확충과 일자리

구직자(특히, 청년층)들이 소위 좋은 일자리가 아니면 가지 않으려 하는 이유는 그런 일자리에 취업을 하는 것이 장기적으로 소득이나 고용의 안정성이라는 관점에서 좋은 선택이 아니라고 판단하기 때문일 가능성이 있다. 이러한 관점에서 장기적으로 복지제도가 확충되어 어떠한 일자리를 갖더라도 최소한의 생계가 보장된다면 구직자들의 취업의지는 상승될 수 있다. 따라서 복지제도의 확충이 일자리 창출에 긍정적인 효과를 줄 수 있을 것이다.

③ 고용의 경직성과 신호의 부족

근로자들의 생산성에 대한 정보가 부족하고 고용이 경직적인 상황에서 기업들은 근로자의 채용을 꺼리거나 높은 임금을 제시하고자 하는 동기를 갖게 된다. 그 결과 일자리의 기회는 감소할 수 있다. 노동시장에서 근로자의 생산성에 대한 정보가 충분히 제공되도록 하는 정책 — 엄격한 학사관리, 공정한 추천서제도 등 — 은 일자리 확충에 도움을 줄 것으로 사료된다.

참고문헌

안주엽(2005), 중장기인력수급전망 2005~2020, 한국노동연구원
최창곤(2007), "경제성장과 일자리창출: 취업탄력성의 결정요인," Working paper.

제 4 절 거시경제정책과 고용: 현황과 과제*

• 요 약 •

본 연구는 외환위기 이후의 거시경제정책을 검토하여 그 동안 문제점으로 지적되어 온 저성장과 일자리 창출의 어려움에는 교역조건 악화라고 하는 대외 충격에 대한 잘못된 거시경제정책에도 일정 부분 책임이 있음을 밝혔다.

교역조건의 악화가 장기적 지속성이 있기 때문에 고환율과 고금리 정책과 같은 정책은 교역조건의 악화에 따른 실질 소득감소와 이에 따른 민간소비 감소, 그리고 투자 감소 및 일자리 창출에 어려움을 발생시키는 현상을 더욱 악화시킬 수 있다.

즉, 교역조건이 악화되었을 때, 수출 증대를 위한 과도한 환율정책은 상대가격의 왜곡을 심화시키고 이로 인해서 고용 창출의 둔화를 초래할 수 있다는 개연성이 존재한다. 더욱이 수출의 취업유발계수는 지속적으로 하락하여 왔다. 1995년 수출의 취업유발계수가 26.2이었던 것이 2000년에는 16.6, 2003년에는 12.7로 하락하였다. 2006년에는 더 하락하여 10.3에 불과한 것으로 알려지고 있다. 또한 2003년 산업연관표를 보면 정부소비지출이 10억원 증가하고 민간의 소비지출이 10억원 감소한다고 할 경우, 취업자는 약 2.3명 감소하게 되어 있다. 즉 정부지출의 증가가 고용을 창출하는 데는 한계가 있음을 알 수 있다.

근본적 대안으로 교역조건 악화 충격에 직접적으로 대응하기 위한 전략이 필요하다. 결국 문제의 해결은 문제의 원인을 제거해야 한다는 원칙으로 돌아갈 수밖에 없는 것이다. 문제의 원인은 교역조건 악화이고 교역조건 악화가 발생한 요인 중에 하나는 우리의 수출시장이 그 만큼 경쟁이 치열한 시장이며 우리의 수출 상품군이 상대적으로 고부가가치 상품군이 아니라는 점이다. 이러한 한계를 인식하고 수출산업의 선진화를 추구하여 성장 동력으로 재출범시켜야 한다.

---

* 양준모(연세대학교 원주캠퍼스 정경대학 경제학과 교수).

단기적 처방으로는 금리인하, 재정지출의 축소, 감세정책 및 민간 시장의 활성화 등의 정책적 조합을 제시할 수 있다. 경제성장의 동력이 주요 수출산업에 있다면 이들의 경쟁력을 올릴 수 있는 방안을 생각해 보아야 할 것이다. 산업연구원(2007)에 의하면 2006년도 기준 설비투자압력지수(=생산지수 증감률−생산능력지수 증감률)가 가장 높은 산업이 반도체 전자부품이며 차례로 가전, 일반기계, 자동차, 조선 등이다. 이들 산업에서 투자가 일어날 수 있도록 금리를 인하하여야 할 것이다.

그리고 금리인하로 인해서 단기적 해외자본의 유입을 진정시키면서 금융시장의 안정을 담보할 수 있을 것이다. 금리인하의 부작용을 최소화하기 위해서는 정부부채의 상환을 통해서 국채금리의 안정화를 먼저 유도하고 정부지출을 재정규모 이내에서 한정시키는 재정정책이 같이 수행되어야 할 것이다. 재정지출의 억제는 자원이 생산적 부문으로 이동되는 데에 도움을 줄 것이다. 이러한 근본대책과 단기처방과 함께 글로벌화된 경제에 있어서 거시경제정책 수단과 합리적 정책조합을 지속적으로 발굴하여야 할 것이다.

Ⅰ. 문제제기

외환위기 이후 기간 동안에 대한 경제정책의 평가는 다양하다. 2007년 11월 21일의 세계일보 인터넷에는 “IMF 혹독한 대가, 민중이 떠안아”라는 제목의 기사가 있었다. 한국진보연대 등 65개 시민사회단체와 민주노동당 등이 발표한 21일 국제통화기금(IMF) 구제금융 10년을 맞아 '민중생존권·노동기본권 해결을 위한 500인 시국선언'에 관한 기사였다. 특히 시국선언 중에서는 고용없는 성장으로 청년실업은 해결될 기미가 보이지 않고 사회 양극화도 심화되고 있다고 진단했다. 이들은 참여정부가 수출 3,000억 달러 돌파, 세계 5대 외환보유국 등의 경제지표를 근거로 ‘외환위기를 극복하고 상황이 좋아지고 있다’고 자체 평가한 것을 평가절하했다.

같은 날에 조선일보의 사설은 환란 희생자들이 돌아본 IMF 이후 10년이라는 제하의 사설을 실었다. 외환위기와 IMF 체제가 한국경제의 글로벌 스탠더드 도입과 구조조정의 계기가 되었으며 경상수지가 10년째 흑자를 기록하고 있고 외환보유고가 2,600억 달러를 넘어 세계 4위를 기록하는 성과를 내었다고 적고 있다.

중앙일보는 갖가지 우여곡절에도 불구하고 한국경제는 외환위기를 성공적으로 극복하고 재도약의 기틀을 마련하였다고 평가하였다. 그러나 그 동안 환란극복의 가시적 성과에 급급해 경제 재도약의 잠재력을 까먹었고, 복지와 분배를 앞세워 성장의 동력을 소진하였다고 평가하고 무엇보다도 성장 동력을 살리는 일이 시급하다고 주장하고 있다.

한겨레는 뼈를 깎는 구조조정을 거치면서 우리 경제의 체질은 크게 강화됐다고 평가하고 정보기술 및 조선 분야에서의 성공은 눈부시다고 극찬하고 있다. 그러나 가계 부채 및 서브프라임 모기지 사태 등 대내외 환경에 취약한 구조적인 문제점은 그대로이고, 고용 없는 성장으로 대표되는 사회 양극화도 시급히 해결하여야 할 과제라고 기술하고 있다.

국민일보에서는 한국경제는 저성장의 악순환에 빠졌다고 선언하고 저성장과 양극화로 인한 제 2 위기를 경고하고 있다. 한국일보도 외환위기 이후 한국경제가 되살아났지만 활력을 잃었다고 주장하고 있고, 동아일보는 한국경제가 여러 가지 그늘을 안고 있다고 지적하고 있다. 이러한 보도들을 종합하면 공통적인 문제를 알 수 있다. 즉 일자리 창출의 문제이다.

그러나 정부가 2007년 11월 9일 "달라진 대한민국의 7가지 참모습"의 제목으로 발표한 국정브리핑은 다른 시각을 제시하고 있다. 국정브리핑은 일자리에 대하여 다음과 같은 인식을 하고 있다. 즉, 규제완화, 서비스산업 육성, 사회서비스 확대 등을 통해 지속적으로 일자리를 늘리고, 직업능력 향상과 고용서비스 확충을 위한 정책적 노력들이 점차 제도화되면서 성과가 나타나고 있으며, 그 결과 2004년부터 2006년까지 연평균 33만 7,000개, 올해 30만 개 이상의 일자리가 늘어나는 등 고용여건이 점차 개선되고 있다는 것이다. 그러나 실업률은 외환위기 직후 급등세를 보이다가 참여정부가 들어선 이후에는 연간 평균 3%대 중반 수준을 유지하고 있다. 실업률과 실업자 수가 모두 아직까지는 외환위기 이전 수준을 회복하지 못하고 있으나, 전반적으로 안정세를 유지하고 있는 가운데 점차 낮아지고 있다. 2004년 8.3%까지 높아졌던 청년실업률은 올해 9월 7.0%로 낮아졌으나 여전히 전체 실업률을 웃돌아 숙제로 남아있다고 현황을 기술하고 있다.

그러면 무엇이 문제인가? 정부는 규제완화, 서비스산업 육성, 사회서비스 확대 등으로 일자리를 늘리고 있다고 주장하고 있다. 이러한 사업을 계속하면 일자리가 지속적으로 늘 것인지 아니면 향후에도 지속적으로 고용 없는 성장이라는 성장잠재력을 악화시키는 경험을 계속해야 하는지에 대해서 명쾌한 해답을 찾아야 할 것이다.

본 연구는 일자리 확대의 문제를 노동문제 및 노동시장에 국한하여 해결의 실마리를 찾기보다는 거시경제정책과 산업구조, 그리고 고용구조를 함께 고찰함으로써 과거 거시경제정책이 구체적으로 고용에 어떠한 영향을 주었는지를 살펴보고자 한다. 이를 바탕으로 향후 일자리를 창출하면서 안정적 경제성장을 하기 위한 정책방안을 제시하고자 한다.

본고의 다음 절에서는 외환위기를 중심으로 우리나라 거시경제 현황을 고찰하고자 한다. 고용 없는 성장이라는 것이 어떠한 요인에 의해서 발생하였는지를 알아보기 위하여 경제 현황을 고찰하는 것으로 시작하고자 하는 것이다. 3절에서는 앞 절에서 고찰한 경제현황을 바탕으로 일자리를 창출하기 위한 정책의 문제점을 검토한다. 그리고 4절에서는 보다 궁극적인 해법을 제시하여 향후 지속적인 경제성장과 일자리 창출의 논의에 기여하고자 한다. 본 연구는 문제의 해법을 제시하기보다는 문제의 원인을 분명히 하고 해결 방안에 대한 논의를 위해서 하나의 화두를 던지는 것을 목적으로 하였다.

Ⅱ. 대외충격과 거시경제 현황 및 고용

양준모(2008)는 외환위기 이후 우리나라 경제는 교역조건 악화라고 하는 대외 충격을 지속적으로 받았으며, 교역조건 악화 충격의 속성상 향후에도 지속적으로 우리 경제에 그 충격을 줄 것으로 예견하고 있다. 교역조건의 악화는 실질 소득을 감소시켜서 교역재 및 비교역재의 소비를 감소시킨다. 이러한 영향으로 민간소비가 많이 둔화되었고 이를 인위적으로 부양시킨 결과는 카드 대란으로 마감하였다. 민간소비가 둔화되면 가속도원리에 의해서 국내투자도 둔화될 수밖에 없고 이로 인하여 성장의 늪에 빠질 수 있다는 가설이 성립할 수 있다. 물론 교역조건의 악화는 수입단가의 상승으로 비교역재부분과 수입대체부분에서 생산과 고용을 증가시킬 수 있다. 그러나 이러한 생산 증가가 가시화되기 위해서는 대체탄력성이 커야만 한다. 교역조건의 악화 충격에 정책 당국이 환율을 인위적으로 인상하거나 하락을 저지함으로써 교역조건의 충격을 단기적으로 완화시킬 수 있다. 하지만 이로 인해 대외불균형이 초래될 수 있다.

교역조건의 악화에 대한 근본적인 해법을 제시하지 않고 나타난 현상을 대증적으로 치유할 경우에 여러 가지 부작용이 발생하는데, 그 중의 하나가 고용 없는 성장이 될 수 있다. 즉, 교역조건의 악화로 인해서 수출산업은 지속적으로 싸게 팔아야 하는 처지에 놓여 있다. 더욱이 기자재 및 원자재를 비싸게 수입하여야 할 경우, 수출산업의 미래에 대한 불확실성이 더욱 커지게 되어, 산출량은 증가하지만 고용은 급격히 증가할 수 없게 된다. 자국 통화가치의 하락을 통해 인위적으로 수출 경쟁력을 확보할 경우에도 이러한 이중적 고통 속에서 물량 위주 경영 및 감량 경영으로 수출을 증가시킬 수는 있을 수 있어도 고용 증대 및 설비 확장 등의 공격적 경영을 선택하기는 힘들다.

더욱이 대외불균형으로 대외부분에서의 유동성 증대가 발생하고 이를 불태화시킬 수 없을 경우에는 자산 가격 상승이 초래될 수 있다. 여기에 자산 가격 상승과 인플레이션에 대응하기 위해서 금리를 상승시켰을 경우에는 소규모개방경제의 한계상 시중 금리의 변화 및 환율의 변화에 상당한 제약을 받게 된다. 만약 환율을 인위적으로 조절하는 정책을 실시한다면 내외금리차와 환율 변동의 괴리 속에서 외환시장 및 국내 자금시장에서 재정 거래가 발생할 수 있으며, 이것이 잘 조절되었다고 하더라도 대외부분에서의 유동성을 어디에선가는 흡수하여야 하는 이중고를 안게 된다.

따라서 이 경우 국내 민간 소비의 둔화가 지속되고 내수산업에서의 고용창출이 더욱 어려워질 수밖에 없다. 즉, 수출산업은 불확실성 때문에 고용이 창출되기가 어렵고, 내수산업은 정부의 정책으로 고용이 창출되기 어려운 측면이 발생할 수 있다는 것이다. [그림 2-4-1]은 이러한 대외충격과 거시경제정책

[그림 2-4-1] 대외 충격과 거시경제

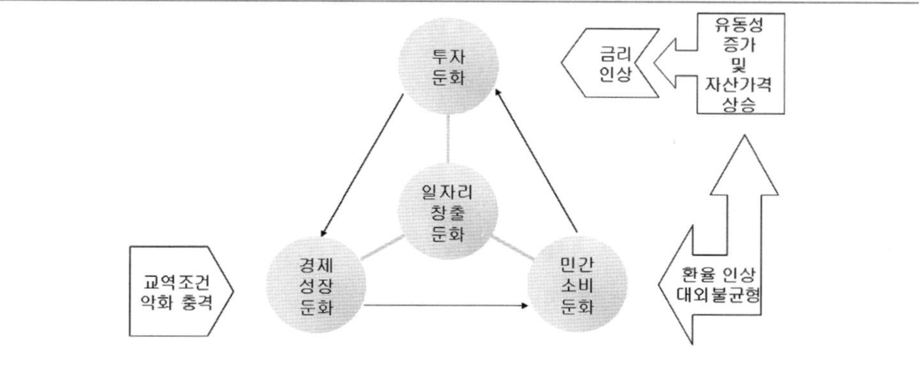

대응의 잘못으로 일자리 창출이 어려워질 수 있음을 개념화한 것이다. 이에 따르면 교역조건 악화 충격에 고환율과 고금리 정책이 기존의 교역조건 충격을 더욱 악화시킬 수 있는 가능성을 예시하고 있다.

더욱이 재정정책에 있어서 재정적자를 감수하는 팽창적 재정 집행을 감행할 경우에 민간의 고용창출 능력과 정부지출의 고용창출 능력에 있어서 차이가 있다면 이것도 직접적으로 고용을 악화시키는 요인으로 작용할 수 있다. 또한 정부부분에서의 고용창출은 간접적으로는 민간의 고용을 밀어내는 효과를 발생시킬 수 있기 때문에 고용창출이 더욱 어려워질 수 있다.

본 절에서는 이러한 가설을 가지고 경제 현황을 다음과 같이 파악하고자 한다. 첫째, 교역조건의 악화현상이 존재하는지를 파악하고 대외불균형의 현황을 파악한다. 둘째, 자산가격의 상승과 대외불균형을 연결시키고, 금리변동과 유동성의 움직임을 파악한다. 셋째, 금융시장의 글로벌화에 따른 금리의 변화와 대외불균형에 관하여 검토한다. 넷째, 경제성장과 고용의 관계를 검토한다.

1. 교역조건 충격 및 대외불균형

교역조건의 움직임은 우리나라와 같이 대외의존도가 높은 나라에서는 경제상황에 커다란 영향을 미친다. 수출주도형 경제성장을 성공적으로 이끌었지만, 과거 경공업 위주의 수출산업구조에서 중화학공업 위주의 수출산업구조로 전환하는 정책을 쓰지 않았다면 지금 경공업에서 중국과 세계시장에서 저가 경쟁을 치루고 여전히 고가의 원자재 및 설비를 수입하여야 할 것이다. 이 경우 우리의 실질 소득이 더 이상 증가하지 못하였을 것이다. 이렇게 자명한 사실이 지난 10여 년간 잊혀진 것은 아닌가 한다.

1995년 이후 순상품교역조건지수는 지속적으로 하락하였다. 동 지수가 1995년 1사분기는 140까지 상승하였고, 그리고 2사분기에는 136.3으로 하락하여 하락의 징후를 보였다. 이후 3사분기에 140.7로 상승하였다가 그 이후 13년간 지속적으로 하락하는 추세를 형성하였다. 양준모(2008)는 순상품교역조건이 단위근을 갖는다는 사실을 밝혔다. 이러한 특성상 교역조건이 한순간에 다른 움직임을 보일 것으로 기대되지는 않는다.

반도체 가격의 하락 등이 지속될 것으로 보이고, 곡물가격 및 에너지 가격이 상승할 것으로 전망되어 교역조건은 앞으로 악화될 것으로 예견된다. 외환위기 이후 이러한 교역조건의 악화는 수출환경을 더욱 악화시키는 요인으로 작용하였다. 급격한 수입단가의 상승은 2003년 이후 급격하게 진행되었고, 수출

[그림 2-4-2] 교역조건의 변화

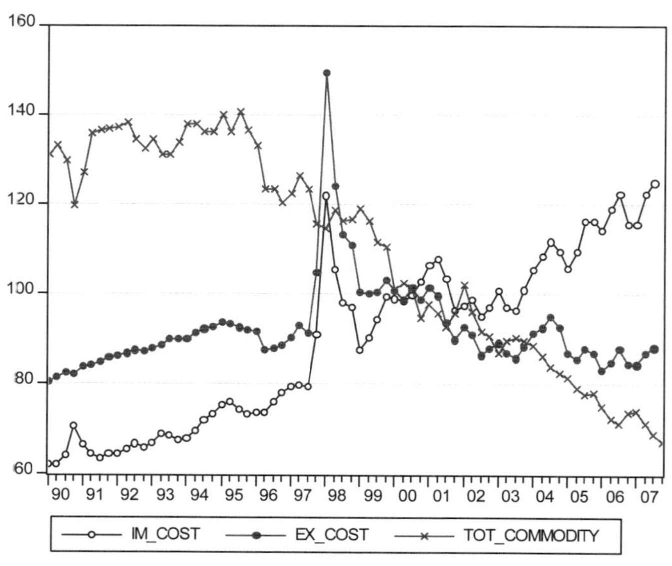

주: IM_COST는 수입단가, EX_COST는 수출단가, 그리고 TOT_COMMODITY는 상품교역조건임.
자료: 한국은행 홈페이지.

[그림 2-4-3] 대외불균형 현상

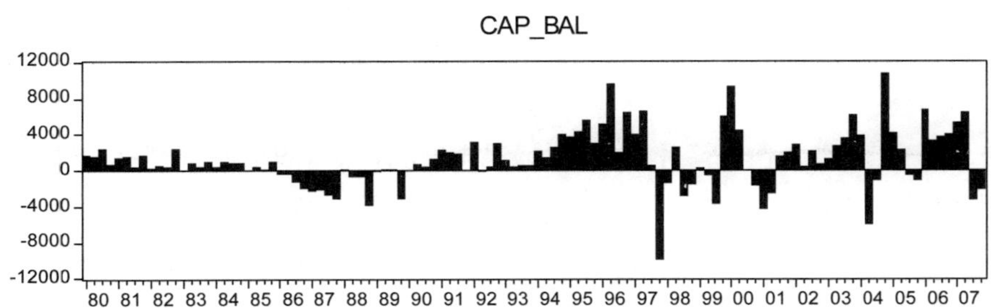

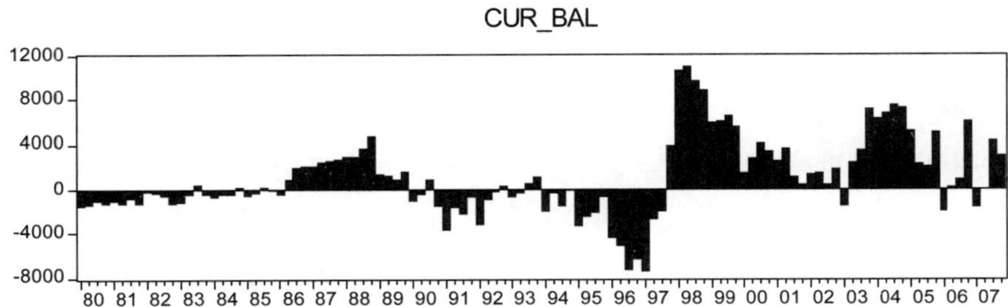

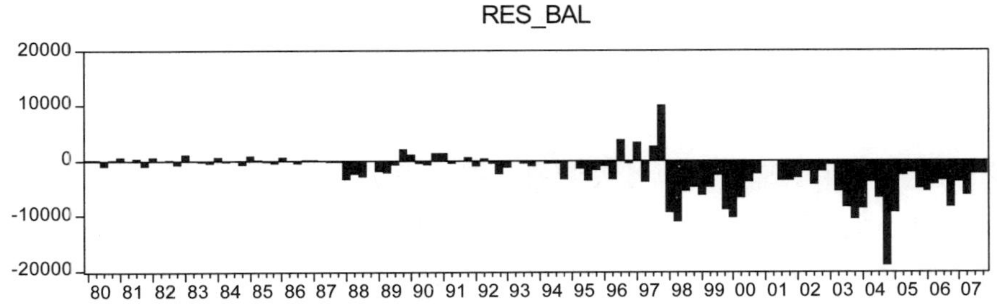

주: CUR_BAL은 경상수지, CAP_BAL은 자본수지, 그리고 RES_BAL은 준비자산증(−)감임.
자료: 한국은행 홈페이지.

단가는 2004년까지 상승하다가 다시 하락하는 모습을 보여서 2004년 이후 교역조건의 악화가 가속화되었다.

이러한 교역조건의 충격과 더불어 대외 불균형은 외환위기 이후 두드러지는 현상으로 자리 잡았다. 1997년 대규모 자본수지의 악화 이후 몇 분기를 제외하고는 자본수지가 지속적으로 흑자를 시현하였다. 더욱이 경상수지는 외환위기 이후 3분기를 제외하고는 지속적으로 흑자를 시현함으로써 준비자산은 지속적으로 증가하여 외환보유고가 사상 최대의 규모로 적립되기에 이르렀다.

물론 경상수지의 흑자는 빠른 수출 증가에 힘을 얻은 것으로 일종의 수입 감소에 따른 것이 아니다. 따라서 경상수지와 경기 역행성이 발견되는 것은 아니다. 하지만, 경상수지 흑자가 얼마나 경제성장을 선도하였는가 하는 것은 의문의 여지가 있다. 외환위기 이후 대외불균형 현상이 지속되고 있는 점으로 판단하건데 환율이 이러한 대외불균형을 시정하는 데에 실패하였다는 것을 잘 알 수 있다.

2. 금융시장의 변화와 자산 가격

외환위기 이후 세계적인 유동성 과잉과 외환보유고의 확보 정책, 경기 진작을 위한 저금리 정책으로 국내 금융시장의 유동성 또한 우려할 정도로 과잉 공급되고 있었다. 세계경제의 안정성장기(Great moderation)의 시기에서 세계 각국은 유동성 과잉에도 불구하고 낮은 인플레이션을 경험하였다. 이것으로 인해 각국의 중앙은행이 상대적으로 낮은 금리를 유지할 수 있는 여건이 조성되었다. 하지만 지속된 유가상승으로 인하여 저금리 저인플레이션의 상황은 기대하기 어려운 상황에 돌입하였다.

우리나라도 이와 같은 현상이 외환위기 이후 발생하였다. 상대적으로 물가상승률은 안정적인 모습을 보인 반면에 주택가격 같은 자산 가격이 급상승하는 모습을 보였다. 참여정부는 10.29, 8.31, 3.30대책 등 굵직한 부동산 대책을 내세웠지만 집값은 지속적으로 상승한 것으로 보인다. 지역적인 개발 호재 및 수급상황에 따라서 지역별로 차별화된 주택가격 상승률을 시현하였지만, 전체적으로 주택가격이 지속적으로 상승하는 현상에는 거시적 요인이 존재할 것으로 판단된다. 거시적 유발요인으로는 무엇보다도 유동성 증가를 생각할 수 있을 것이다.

유동성 증가는 일반적으로 물가상승과 이에 따른 자산 가격 상승을 유발한다. 그러나 유동성 증가로 인해서 소비자물가 증가보다는 주택매매가격지수의 증가가 더 크다는 것은 유동성의 공급과정에서 자금이 주택구매 경로로 흐른다는 것을 말하며 이러한 자금흐름 경로에 대한 면밀한 검토가 필요하다. [그림

[그림 2-4-4] 주택매매가격지수와 소비자물가지수의 비교

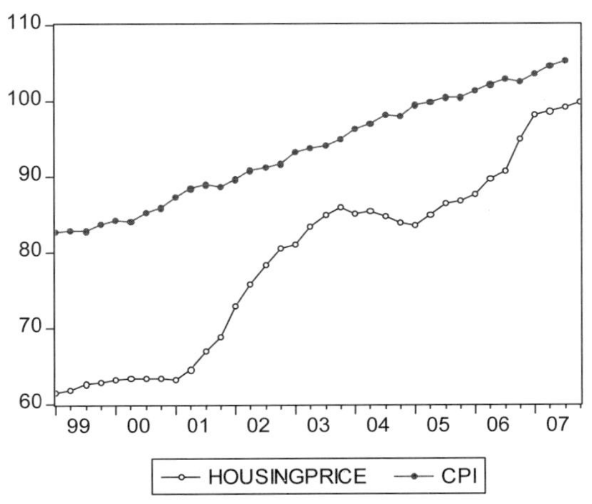

주: HOUSINGPRICE는 주택매매가격지수이며 CPI는 소비자물가지수임.
자료: 한국은행 홈페이지.

〈표 2-4-1〉 주택매매가격 증가율과 금융기관 유동성 증가율간의 관계

귀무가설	F-Stat	P-value
DLOG(LF_A,0,4) does not Granger Cause DLOG(HOUSINGPRICE,0,4)	2.82	0.08
DLOG(HOUSINGPRICE,0,4) does not Granger Cause DLOG(LF_A,0,4)	0.04	0.96

주: 실증분석기간은 1999Q1에서 2007Q4까지이며, 추정시 2기간의 시차를 이용하였음.

2-4-4]는 이러한 물가상승과 주택매매가격지수의 변화를 나타내고 있다. 김경환(2007)은 외환위기 이후의 부동산 시장의 현황을 설명하면서 주택경기의 안정성은 거시경제 관리를 위해 매우 중요하다고 주장하고 있다.

양준모(2008)는 경상수지가 국내주택매매가격을 그랜져 인과하는 것으로 실증분석결과를 제시하고 대외부분에서의 유동성 증가요인이 주택가격을 상승시키는 중요한 요인 중에 하나일 수 있다는 가설을 제기하고 있다. 1999년 1사분기에서 2007년 4사분기 동안을 대상으로 한 간단한 그랜져 인과관계 분석에 있어서도 금융기관유동성의 전년 동기 대비 증가율이 주택매매가격의 전년 동

기 대비 증가율을 그랜져 인과하는 것으로 나타나고 있다. 결국 주택경기의 안정과 거시 안정을 위해서 유동성 관리가 매우 중요하다는 원론적인 시사점을 다시 확인할 수 있다.

3. 금리와 대외불균형

우리나라는 소규모개방경제의 성격을 가지고 있기 때문에 우리나라가 얼마나 금리에 대하여 자율적 권한을 가질 수 있을지에 관해서는 생각해 볼 필요가 있다. 우리나라의 금융시장이 글로벌 충격에 노출된 만큼, 국제 금리와 자본시장의 움직임을 주의 깊게 관찰하여야 할 것이다. 최근의 금리를 비교하여도 주요국의 금리 상관계수가 매우 높게 나타나고 있다. 미국과 영국의 단기금리와 비교하여도 1999년 1사분기 이후의 자료를 사용하여 상관계수를 구해 보면, 미국과 영국의 90일 CD 금리간의 상관계수가 0.78이고 미국과 우리나라의 91일 만기 CD 금리간의 상관계수는 0.67, 그리고 영국과 우리나라의 91일 만기 CD 금리간의 상관계수는 0.79로 나타났다.

최근 우리나라의 기준금리(KORIBOR)와 미국의 국채수익률(10년 만기)의 금리차이는 기간구조의 차이를 감안하더라도 환율의 변동률과 금리차이가 심한 괴리를 보이고 있다. 이러한 상황에서 재정거래의 가능성이 농후해지고 있어 대외불균형 등이 심화될 수 있는 가능성까지 노정하고 있다. 따라서 금리와 환율의 움직임이 일정한 수준 이상으로 괴리될 수는 없는 것이기 때문에 우리나라의 대외불균형에 대하여 예의 주시할 필요가 있을 것이다.

기본적으로 물가안정을 위해서 우리나라의 금리 정책 당국은 충실히 임무를 수행하여 물가안정을 위한 중기적 목표를 달성하였다. 한국은행 기준금리의 변경 추이를 살펴보면 급작스러운 금리변경보다는 조심스럽게 기준금리를 변경하는 모습을 보였다. 1999년 5월의 4.75%에서 약 9개월간 정책금리의 변화가 없었다. 2000년에 두 차례의 기준금리 인상 이후 경기 변동에 따라서 2001년에 4차례 인하를 하였다. 2002년에는 유동성 과잉으로 한 차례 인상하였고 이후 2004년까지 계속 금리를 인하하였다. 그리고 2004년 11월 이후부터는 지속적으로 금리가 인상되었다.

이러한 통화당국의 금리 정책은 환율변동과 분리하여 생각할 수가 없다.

[그림 2-4-5] 금리의 국제 비교

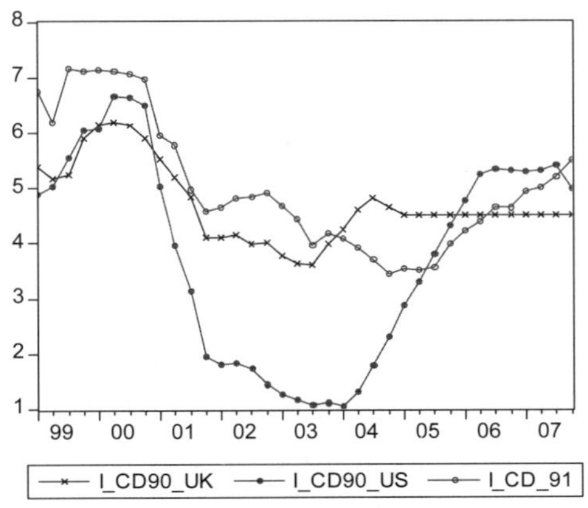

주: I_CD90_UK는 90일 만기 영국의 CD 금리, I_CD90_US는 90일 만기 미국의 CD 금리, I_CD_91은 91일 만기 우리나라의 CD 금리임.
자료: 한국은행 홈페이지.

〈표 2-4-2〉 한국은행 기준금리의 변경 추이

연도	날짜	기준금리(%)
2007	8월 9일	5
2007	7월 12일	4.75
2006	8월 10일	4.5
2006	6월 8일	4.25
2006	2월 9일	4
2005	12월 8일	3.75
2005	10월 11일	3.5
2004	11월 11일	3.25
2004	8월 12일	3.5
2003	7월 10일	3.75
2003	5월 13일	4
2002	5월 7일	4.25
2001	9월 19일	4
2001	8월 9일	4.5
2001	7월 5일	4.75
2001	2월 8일	5
2000	10월 5일	5.25
2000	2월 10일	5
1999	5월 6일	4.75

자료: 한국은행 홈페이지.

[그림 2-4-6]에서 볼 수 있듯이 외환위기 이후에 환율의 상승으로 물가가 불안한 국면에서도 금리를 인하하였다. 이것은 수출증가 및 내수 증진을 위한 정책으로 평가될 수 있으나 이후 카드대란 등으로 금융시장의 문제를 야기시켰기 때문에 성공한 정책이었는지는 의심스럽다. 이후 환율은 세계적인 대미환율에 대한 절상기조를 바탕으로 우리나라의 대미 환율도 지속적인 하락 추세를 형성한 것으로 보인다. 이와 더불어 금리는 2003년에서 2005년까지 하락 기조를 형성하였고 환율의 움직임 덕분으로 물가는 목표대에서 안정화시킬 수 있었다.

이러한 금리의 움직임과 환율의 움직임으로 인해서 경상수지와 자본수지의 변화를 일정 부분 유추할 수 있다. 특히 문제시 될 수 있는 부분은 외환위기 초기의 상황이다. 1999년에서 2002년 사이의 환율과 금리의 움직임은 여러 가지 불균형을 초래한 것으로 보인다. 초기의 환율 절상기는 외환위기로 인해 과도하게 상승한 환율의 조정과정이었으나 절상기조임에도 불구하고 경상수지가 흑자 기조를 유지하는 등 환율수준이 균형수준이었는가에 대한 의문을 제기할 수 있는 상황들이 연출되고 있었다. 또한 내외금리차를 보더라도 국내로의 자

[그림 2-4-6] 금리, 환율의 변화와 물가상승률

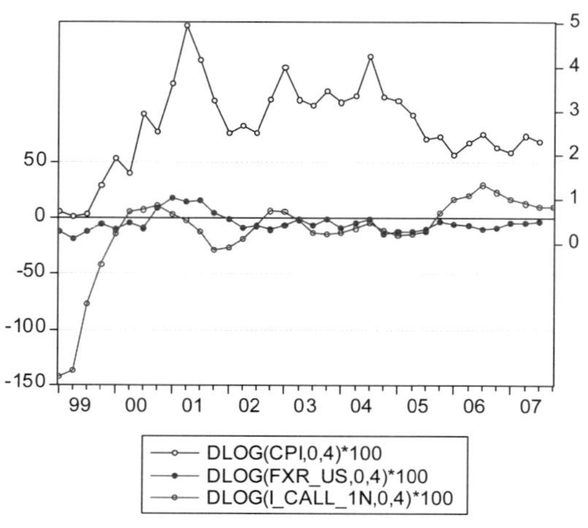

주: DLOG(CPI,0,4)*100은 소비자물가상승률, DLOG(FXR_US,0,4)*100은 대미환율 증가율, DLOG(I_CALL_1N,0,4)*100 콜금리 상승률임.
자료: 한국은행 홈페이지.

[그림 2-4-7] 금리, 환율과 경상수지 및 자본수지 추이

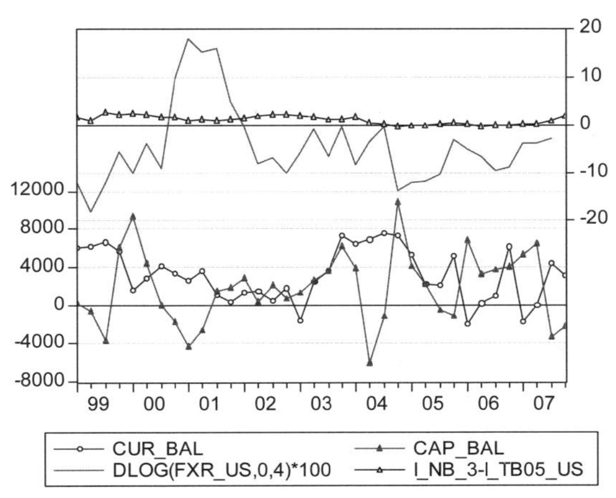

주: CUR_BAL은 경상수지, CAP_BAL은 자본수지, 그리고DLOG(FXR_US,0,4)*100은 대미환율의 전년 동기 대비 증가율이며, I_NB_3-I_TB05_US는 우리나라의 국고채 3년 만기 수익률과 미국의 5년 만기 재무성채권 금리의 차이임.

본유입이 일견 가능할 수 있는 상황으로 보인다. 물론 위험과 기간구조의 상이로 다소의 오차는 있지만 국내금리가 미국금리보다 상회하는 현상이 지속되었으며 환율이 절상기조에 있었기 때문에 경상수지만이 흑자를 시현한 것이 아니라 자본수지도 흑자를 시현하였다. 즉, 우리나라에서 자금을 운영할 경우 통화가치 절상으로 인한 이익과 금리 차이로 인한 이익을 모두 향유할 수 있는 상황을 제공하였던 것이다. 이 기간 동안 외환보유고는 지속적으로 증가하였으나, 대외불균형으로 인하여 유동성 증가요인을 제공하여 물가상승의 기반을 형성하였다고 볼 수 있다.

이후 환율 상승으로 외국자본이 빠져 나갔으나, 2000년 이후 내외금리차와 환율의 절상기조 예상에 따라서 자본유입이 발생하였고 환율의 높은 수준으로 인해 경상수지의 흑자를 시현하여 지속적으로 준비자산이 증가하는 현상을 보였다. 이 기간 동안 교역조건이 악화되고 있었다는 점을 감안하면 절상기조로 인해서 국내물가를 안정시킬 수 있었지만 대외부분에서의 불균형으로 인한 유동성 증가와 자산 가격 증가의 문제점이 노정되는 시기였다.

4. 경제성장과 고용

외환위기 이후 경제성장 측면과 일자리 창출은 가장 큰 이슈로 부각되어 논의되었다. 실질 국내총생산(계절조정)을 기준으로 연간 경제성장률을 보면 2001년에 3.8%, 2002년에 7.0%로 거품 성장을 하였다가, 2003년에 3.1%로 급락하였다. 이후 회복세를 시현하여 2004년에는 4.7%, 2005년 4.2%, 그리고 2006년에는 5.1%, 2007년에는 5.0%로 대략적으로 5% 내외의 경제성장을 기록하였다. 실업률은 동 기간에 2001년에 4.0%, 2002년에 3.3%이었던 것이 경제성장 둔화로 2003년에는 다시 3.6%로 상승하였다. 2004년과 2005년에도 3.7%이었고, 2006년에 다소 하락하여 3.5%, 그리고 2007년에는 3.2%로 최저 수준으로 하락하였다. 하지만 경제성장과 실업률은 과거보다는 높은 수준이고, 국민들의 체감실업률과 경기와도 다소 괴리가 있는 것으로 보인다.

특히 취업자수의 증가추이를 살펴보면 2001년 21.6백만 명에서 2002년에 22.2백만 명으로 증가하였으나, 2003년에는 22.1백만 명으로 오히려 감소하였다. 이후 2004년에 22.6백만 명으로 1.9% 증가하여 증가세를 회복하였으나,

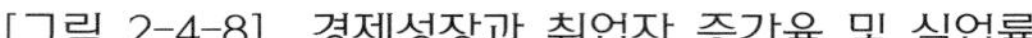
[그림 2-4-8] 경제성장과 취업자 증가율 및 실업률

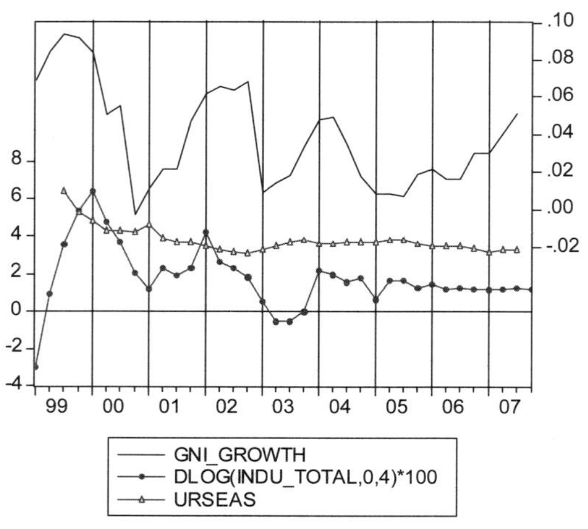

주: GNI_GROWTH는 GNI 증가율(오른쪽 축), DLOG(INDU_TOTAL,0,4)*100은 취업자수 증가율(왼쪽 축), 그리고 URSEAS는 계절 조정된 실업률(왼쪽 축)임.

2005년에도 1.3%만이 증가한 22.9백만 명 수준에 머물렀다. 2006년에 23.2백만 명, 그리고 2007년에 23.4백만 명 수준으로 다소의 경기 상승과 함께 취업자수도 증가하는 추세를 보였다. 전반적으로 외환위기 이후에 경제성장률의 저하 현상과 더불어 취업자수의 증가율도 하락 추세를 형성하고 있다.

Ⅲ. 무엇이 문제인가

1. 잘못된 정책조합(policy mix)

이와 같은 저성장과 일자리 부족 현상이 어떠한 원인에 의해서 발생하는가? 근본적인 문제는 우리의 경쟁력 약화 현상에서 찾을 수 있을 것이다. 하지만 이러한 근본적인 문제에 대하여 논의하는 것은 본 연구의 범위를 벗어난 것이다. 동일한 국가경쟁력을 가지고도 현재보다 나은 상황을 연출할 수 있을 것인가의 질문이 보다 적절한 질문일 것이다. 이 질문에 답을 하기 위해서 본 연구는 교역조건의 악화 충격을 거시 경제정책과 연결하여 중요한 충격으로 인식하고 이에 대한 대응 정책을 중심으로 논의를 전개하고자 한다.

수출주도형 경제에서 가장 중요한 성장 동력은 수출일 것이다. 하지만 비싸게 수입하여 싸게 수출하는 추세가 지속되게 되면 수출산업의 부가가치 및 성장, 그리고 고용에 타격을 받을 것이다. 더욱이 상대가격의 변화로 인해서 민간소비는 그 만큼 감소할 수밖에 없다. 민간소비와 투자 등은 다양한 요인에 의하여 결정되는 것이기 때문에 일반적으로 말할 수는 없지만, 〈표 2-4-3〉에서 성립할 수 있는 하나의 가설은 순상품교역조건이 급격히 하락한 경우에 민간소비가 감소하는 경향이 있다는 것이다. 따라서 2003년과 2004년의 교역조건 악화가 민간소비 감소에 영향을 주었을 것으로 판단된다. 또한 민간소비의 감소가 설비투자의 감소로 연결되어 경제에 악영향을 주었던 것으로 판단된다.

이때 환율의 변화는 다양한 경로로 민간소비에 영향을 미친다. 즉, 교역조건이 악화되어 실질소득이 감소하였는데, 여기에 환율이 인상되게 되면 수입재의 상대가격이 상승하여 수입재화의 소비가 감소하는 반면에 수출단가의 하락을 환율상승으로 상쇄하여 수출기업의 채산성을 보존할 수 있다. 반대로 2005

〈표 2-4-3〉 민간소비와 투자 및 교역조건과 환율 추이

연도	민간소비증가율	설비투자증가율	건설투자증가율	순상품교역조건 변화율	환율증가율
2001	4.9	−9.0	6.0	−4.5	14.2
2002	7.9	7.5	5.3	−0.5	−3.1
2003	−1.2	−1.2	7.9	−6.3	−4.7
2004	−0.3	3.8	1.1	−4.2	−4.0
2005	3.6	5.7	−0.2	−7.4	−10.5
2006	4.5	7.8	−0.1	−7.3	−6.7
2007	4.5	7.6	1.2	−4.1	−2.8

자료: 한국은행 홈페이지.

[그림 2-4-9] 잘못된 만남: 불합리한 정책조합의 예

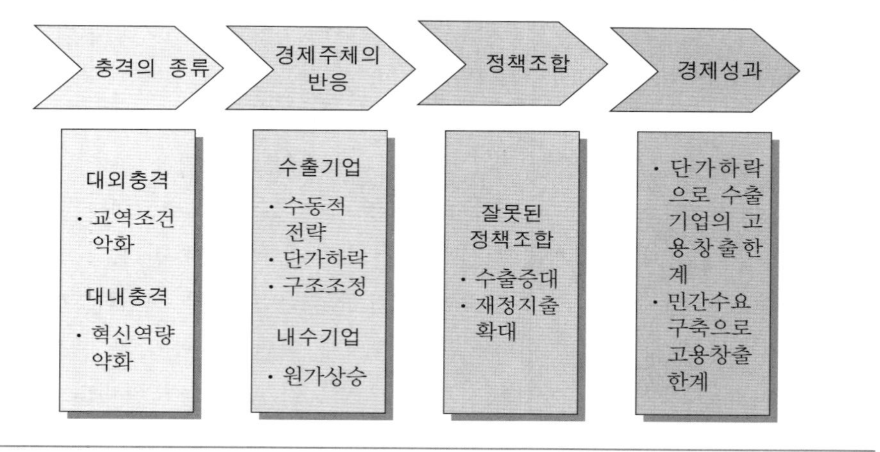

년에는 교역조건 변화율이 −7.3%로 많이 악화되었음에도 불구하고 환율이 10.5% 하락함으로써 민간소비의 감소를 저지하는 역할을 하였다고 평가할 수 있다.

문제의 핵심이 대외 충격에 있어서 교역조건의 악화이고 대내적인 혁신역량의 약화로 인해서 산업의 고부가가치화가 한계에 직면하였다는 것이라면, 이에 대한 보다 직접적인 문제해결을 시도하는 것이 올바른 방식이다. 그러나 외환위기 이후에 이러한 핵심적 문제에 대하여 해결책이 마련되어 추진되었는가는 의문이다.

[그림 2-4-10] 국민연금 수입을 제외한 통합재정수지 추이

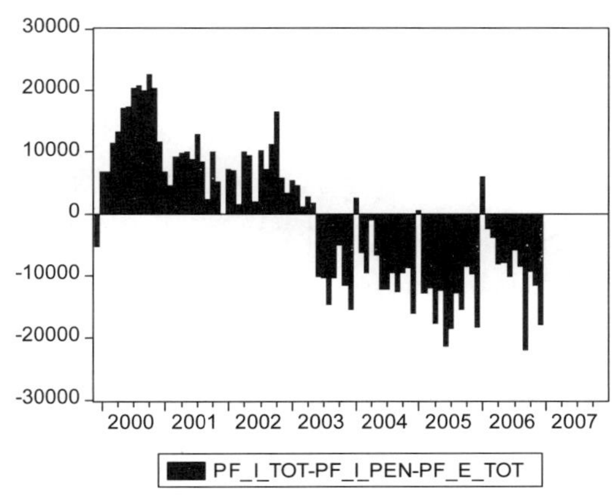

자료: 한국은행 홈페이지.

우선 첫 번째 잘못된 만남은 2000년에서 2001년의 시기에서 고금리정책과 고환율 정책을 동시에 추진한 것이다. 이것은 고금리 정책으로 대외금리 차이가 역전됨과 동시에 시장 불균형적 고환율은 환율이 다시 하락할 것이라는 시장의 기대로 인해서 자본수지의 흑자가 유발되고 고환율의 혜택으로 경상수지가 흑자를 시현한다면 대외 요인에 의한 유동성 증가가 예견된다. 특히 교역조건이 하락하는 과정에서 수출기업은 고환율 정책으로 어느 정도의 수익성을 담보받을 수 있으나 여전히 교역조건의 하락으로 미래가 불확실하고 이에 따라서 개별 기업은 수동적인 전략을 추진할 수밖에 없다. 즉 수출기업의 고용 창출과 설비투자 등의 노력이 제한적일 수밖에 없다는 것이다.

생산의 대체 탄력성이 클 경우 내수 기업은 상대가격의 상승으로 인한 대체수요로 인하여 내수 생산을 더욱 증대할 수 있다. 그러나 만약 수입단가 상승이 원유 및 원자재 등 대체 탄력성이 아주 작은 분야에서 이루어진다고 하면 내수관련 산업 및 일부 수출산업까지도 아주 큰 문제를 야기시킬 수 있다. 내수의 급격한 위축이 발생하여 연쇄반응으로 경기가 악화될 수 있기 때문이다.

두 번째 잘못된 만남은 고환율 정책을 유지하면서 재정지출을 늘리는 것이

다. 일견 보면 수출산업으로 성장 동력을 유지하면서 재정지출의 증대로 내수를 일으킬 수 있다는 생각을 할 수도 있을 것이다.

실제로 우리나라는 상당기간 통합재정수지가 흑자를 시현하였으나, 국민연금 수입을 제외하게 되면 2003년 이후 정부재정의 적자가 이전에 비해 상대적으로 크게 나타나고 있다. 2003년 산업연관표를 보면 정부소비지출이 10억원 증가하고 민간의 소비지출이 10억원 감소한다고 하면 취업자는 약 2.3명 감소하게 되어 있다. 물론 정부소비지출의 승수적 효과를 감안하지 않은 수치이지만 결과적으로 보아도 재정지출의 증가가 2003년 이후의 취업에는 큰 도움이 되지 않을 것으로 추측된다.

2. 수출기업과 내수기업의 현황

수출기업과 내수기업의 현황을 살펴보면, 수출시장의 경쟁 격화와 시장상황의 악화에 따라서 여러 가지 어려움을 겪고 있는 것이 잘 나타나 있다. 물론 시기적으로 교역조건의 악화에도 불구하고 시장상황이 개선되거나 환율효과에 의해서 기업 상황이 호전되는 경우가 있었다. 수출기업의 총자산 증가율은 2000년에서 2002년의 기간 동안에는 내수기업의 총자산 증가율을 하회하였고, 2003년에서 2004년의 기간에는 내수기업보다 상회하다가 다시 하회하는 등 등락을 보였다. 대체로 외환위기 이후 제조업의 총자산 증가율은 외환위기 이전보다 하락하여 제조업 기업들이 기업 규모의 확장에는 이전보다 상대적으로 소극적인 모습을 보이고 있다고 평가할 수 있다.

앞서 언급한 바대로 교역조건의 악화로 인해서 수출기업은 수출기업들대로 경쟁적 시장에서 확장적 전략보다는 시장상황에 따라서 구조조정과 해외진출 전략을 구사하여 국내에서의 고용창출에는 한계가 있었다. 또한 교역조건의 악화로 수입대체가 발생하기보다는 내수기업의 원가상승 압박으로 내수기업의 경우에도 총자산 증가에 한계를 노정하게 되는 현상이 발생할 수 있다는 것이다.

추세적으로 수출기업보다 내수기업의 당기제조원가가 높게 형성되어 있다. 특히 내수기업의 제품제조원가는 1998년 이후 거의 2배 이상의 높은 상승률을 기록하고 있고, 수출기업의 경우에도 2003년 이후 빠르게 증가하고 있는 것을

[그림 2-4-11] 제조업 총자산 증가율

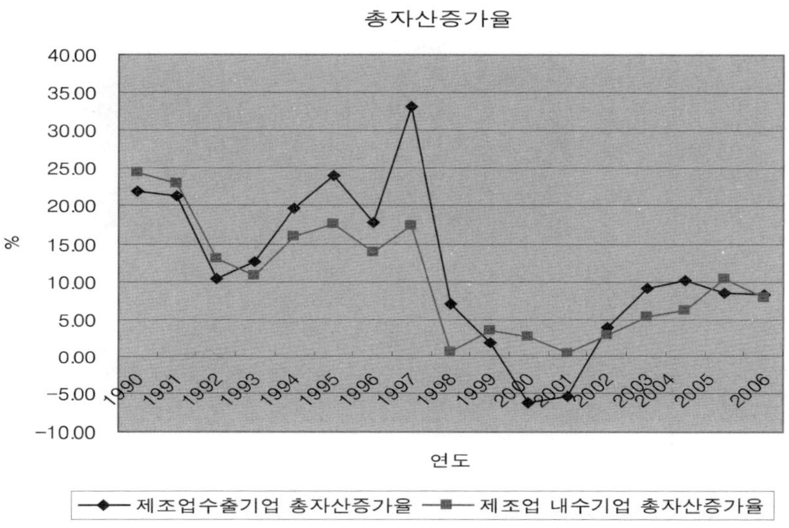

자료: 한국은행 홈페이지(기업경영분석).

알 수 있다. 이러한 현상은 교역조건 악화와 더불어 기업들의 총자산증가율을 하락시키는 요인으로 작용할 수 있다.

교역조건의 악화와 이에 따른 수출기업과 내수기업의 부가가치율의 변화를 살펴보면 1995년의 교역조건 악화 이후 추세적으로 부가가치율도 하락하고 있다는 점에 주목할 필요가 있다. 더욱이 수출기업의 부가가치율은 1995년 이후 내수기업보다도 하락속도가 더 빠르게 진행되었다.

외환위기 이후 내수기업의 부가가치율이 수출기업보다도 높은 현상이 지속되는 것으로 볼 때, 수출기업들의 어려움이 잘 나타나고 있다. 더욱이 노동소득분배율을 보면 수출기업보다 내수기업의 노동소득분배율이 높은 것을 알 수 있다. 이는 고용측면에서 시사하는 바가 크다. 내수기업이 부가가치율도 높고 노동소득분배율도 높은 상황에서 수출기업과 내수기업의 정책적 비대칭성으로 인해서 수출기업과 내수기업의 양극화가 초래된다면 어려운 시장여건에서 수출기업의 숨통을 열어 줄 수는 있어도 내수기업은 더욱 어려워지고 고용창출에

[그림 2-4-12] 제품제조원가의 추이

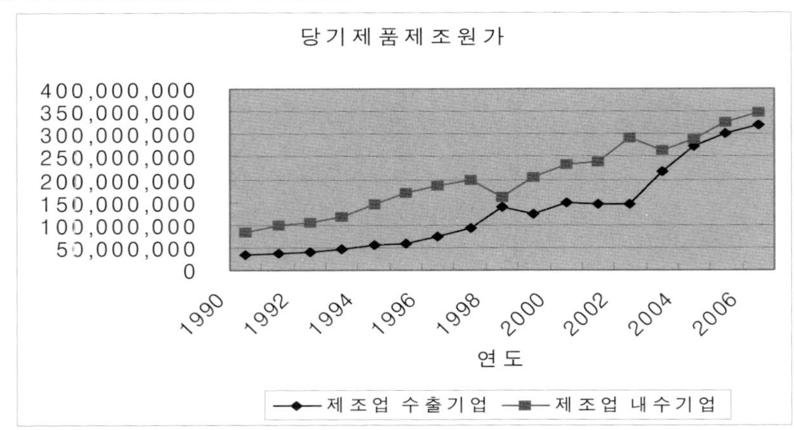

자료: 한국은행 홈페이지(기업경영분석).

[그림 2-4-13] 부가가치율의 추이

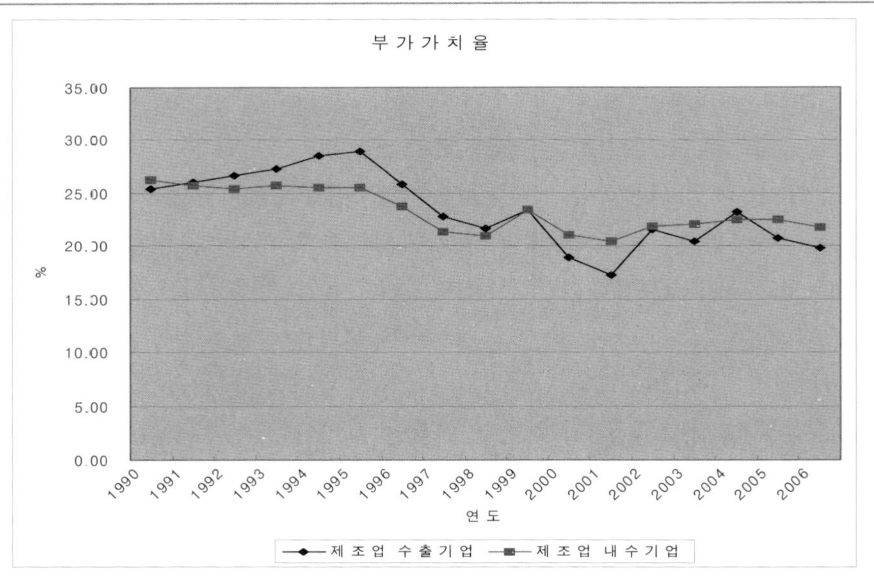

자료: 한국은행 홈페이지(기업경영분석).

[그림 2-4-14] 노동소득분배율의 비교

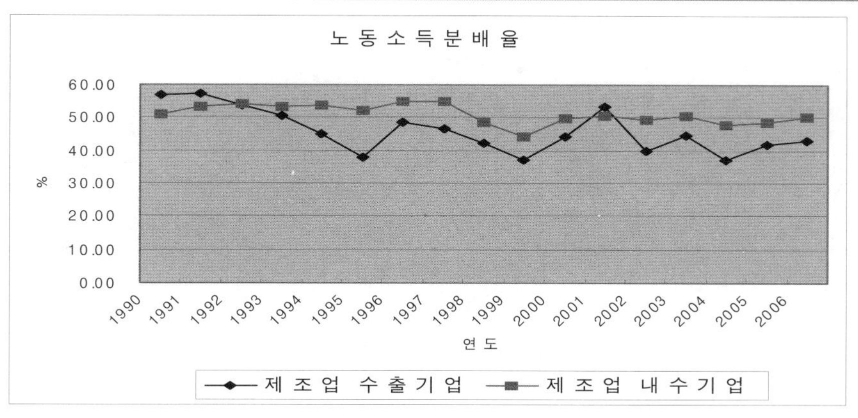

자료: 한국은행 홈페이지(기업경영분석).

있어서 더 가능성이 높은 내수기업의 능력이 억제되어 전체적으로는 고용에 부정적 영향을 줄 수 있을 것이다.

3. 고용창출의 현황

대외적으로는 교역조건의 악화 현상이 지속되고 수출기업과 내수기업에서 수출기업의 고용창출이 한계를 보이면서 전체적으로 취업자수 증가세가 둔화되는 현상이 나타난 것으로 보인다. 〈표 2-4-4〉는 취업자수의 증감요인을 분석한 것이다. 우리나라는 최근 경제성장에 의한 취업자수가 증가하였으나, 취업계수가 낮아짐으로 해서 취업자가 감소되고 있고 외환위기 이전보다 외환위기 이후에 취업계수의 저하가 더 뚜렷하여 취업자수의 증가를 둔화시키는 요인으로 작용하고 있는 것으로 나타나고 있다. 특히 제조업의 취업계수가 서비스업의 취업계수보다 더 낮아지는 현상을 보이고 있다. 이것은 고용창출을 위해서 경제성장이 더 중요해지고 있다는 것을 의미한다.

거시경제정책으로 총수요를 증대시켜서 고용을 창출하는 것으로 판단한다면 곤란할 경우가 발생할 수 있다. 그러므로 산업별 상황 및 수출시장의 여건, 거시경제 충격의 종류에 따라서 다른 정책적 조합을 찾아서 대응하여야 할 것

〈표 2-4-4〉 취업자 변동분에 대한 취업계수 및 경제성장 부분으로의 요인분해

시기	취업자 증가(천 명)	요인	요인별 취업자 증분(%)
1989~1997년	3,652	취업계수 변동 기여분	−154.5
		경제성장 변동 기여분	375.0
		교차 변동 기여분	−120.5
1997~2005년	1,643	취업계수 변동 기여분	−282.9
		경제성장 변동 기여분	490.2
		교차 변동 기여분	−107.3
2005년 상반기~2006년 상반기	307	취업계수 변동 기여분	−302.1
		경제성장 변동 기여분	419.3
		교차 변동 기여분	−17.1

자료: 강승복 · 정성미(2006), p. 54.

이다.

2003년의 산업연관표를 이용하여 고용구조를 살펴보면 최종수요 10억원이 유발하는 취업자의 수가 산업별로 상이하고 또 최종수요별로 상이함을 알 수 있다. 소비지출이 10억원 증가할 경우, 취업자는 20.2명이 증가하는 것으로 나타났고, 투자액이 10억원 증가할 경우, 취업자는 15.1명, 그리고 수출 10억원의 증가는 12.7명의 취업자를 증가시킨다.

최종수요가 10억원 증가할 때, 서비스업에서 10.3명이 평균적으로 취업하게 되며, 제조업에서는 3.2명이 증가한다. 제조업은 수출 수요의 증가에 힘입어 취업자가 증가하는 구조를 가지고 있다. 수출이 10억원 증가할 때, 서비스업의 취업자수 증가가 제조업의 취업자수 증가보다 크지만 평균적으로 볼 때, 서비스업은 수출이 취업을 증가시키는 것보다 다른 최종수요의 증가가 취업을 증가시키는 것으로 보인다.

결국 교역조건이 악화되었을 때, 수출 증대를 위한 과도한 환율정책은 상대가격의 왜곡을 심화시키고 이로 인해서 고용 창출의 둔화를 초래할 수 있다는 개연성이 존재한다. 더욱이 수출의 취업유발계수는 지속적으로 하락하여 왔다. 1995년 수출의 취업유발계수가 26.2이었던 것이 2000년에는 16.6, 2003년에는 12.7로 하락하였다. 2006년에는 더 하락하여 10.3에 불과한 것으로 알려지고 있다.

수출 증가의 원동력으로 작용하고 있는 전기전자산업의 수출의 취업유발계

〈표 2-4-5〉 산업별 취업유발계수

(단위: 명/10억원)

구 분	소비			투자				수출	평균
		민간 소비지출	정부 소비지출		민간고정 자본형성	정부고정 자본형성	재고증감		
1. 농림어업	3.2	3.7	0.4	0.3	0.2	0.3	6.0	0.6	1.9
2. 광 업	0.0	0.0	0.0	0.0	0.0	0.1	−0.2	0.0	0.0
3. 제조업	2.0	2.2	1.0	3.0	3.1	2.8	−0.4	5.7	3.2
(음식료품)	0.5	0.6	0.1	0.0	0.0	0.0	0.9	0.1	0.3
(섬유 및 가죽제품)	0.3	0.4	0.1	0.1	0.1	0.1	3.1	0.9	0.4
(목재 및 종이제품)	0.1	0.1	0.1	0.1	0.1	0.1	−0.4	0.1	0.1
(인쇄, 출판 및 복제)	0.2	0.2	0.1	0.1	0.1	0.1	0.3	0.1	0.1
(석유 및 석탄제품)	0.0	0.0	0.0	0.0	0.0	0.0	−0.1	0.0	0.0
(화학제품)	0.2	0.2	0.2	0.2	0.2	0.2	−0.4	0.7	0.4
(비금속광물제품)	0.0	0.0	0.0	0.3	0.3	0.5	−0.1	0.1	0.1
(제1차 금속제품)	0.0	0.0	0.0	0.1	0.2	0.2	−3.2	0.3	0.1
(금속제품)	0.1	0.1	0.1	0.5	0.5	0.7	−0.3	0.3	0.2
(일반기계)	0.1	0.1	0.2	0.6	0.7	0.3	−1.0	0.5	0.3
(전기 및 전자기기)	0.2	0.2	0.0	0.4	0.4	0.3	−1.6	1.5	0.6
(정밀기기)	0.0	0.0	0.0	0.1	0.1	0.1	−0.5	0.1	0.1
(수송 장비)	0.1	0.1	0.1	0.3	0.4	0.1	2.3	0.7	0.3
(가구및기타제조제품)	0.1	0.1	0.0	0.1	0.1	0.1	0.5	0.2	0.1
4. 전·가·수 및 건설	0.2	0.3	0.2	6.6	5.8	11.0	−0.4	0.1	1.7
(전력, 가스, 수도)	0.1	0.1	0.0	0.0	0.0	0.0	−0.1	0.1	0.1
(건 설)	0.2	0.2	0.1	6.6	5.8	10.9	−0.3	0.1	1.6
5. 서비스	14.7	14.4	16.6	5.1	5.4	4.1	−2.4	6.3	10.3
(도소매업)	3.2	3.6	0.8	2.1	2.3	1.3	−0.3	2.3	2.7
(음식점 및 숙박)	2.2	2.5	1.0	0.4	0.4	0.4	−0.3	0.7	1.4
(운수 및 보관)	0.8	0.9	0.3	0.5	0.5	0.6	−0.6	1.5	0.9
(통신 및 방송)	0.2	0.3	0.1	0.1	0.1	0.1	0.0	0.1	0.2
(금융 및 보험)	0.8	0.9	0.3	0.3	0.3	0.4	−0.3	0.4	0.6
(부동산및사업서비스)	1.3	1.5	0.4	1.3	1.4	0.9	−0.4	0.6	1.1
(공공행정 및 국방)	1.3	0.0	8.0	0.0	0.0	0.0	0.0	0.0	0.6
(교육 및 보건)	3.1	2.7	5.4	0.3	0.3	0.3	−0.6	0.5	1.8
(사회 및 기타서비스)	1.8	2.0	0.4	0.1	0.1	0.1	−0.1	0.2	1.0
전 산 업	20.2	20.5	18.2	15.1	14.6	18.2	2.5	12.7	17.1

자료: 한국은행, 2003년 산업연관표, 2007.

수는 1.5이고 평균적으로 0.6에 불과하다. 따라서 다른 산업에 악영향을 주면서 수출산업에만 긍정적인 영향을 주는 정책은 고용창출에 악영향을 줄 수밖에 없다는 결론에 이르게 된다. 따라서 문제의 원천을 파악하고 대응하는 것이 필요하다.

Ⅳ. 일자리 창출을 위한 거시경제정책: 합리적 정책조합을 찾아서

1. 사면초가의 거시경제 환경

2008년은 서브프라임모기지 사태와 유가 급등의 소식으로 시작되었다고 하여도 과언이 아니다. 세계 금융시장의 악재로 인해서 세계 교역량이 격감하리라고 예상되고 유가 및 농산물 가격의 앙등으로 국내물가수준이 우려할 만한 수준으로 상승하리라고 예상된다. 교과서적인 논의겠지만 이 경우 정부의 대응에서 총수요를 증가시키는 정책은 물가상승 등의 부작용을 낳게 되어 향후 희생비율이 더 증가할 수 있을 것이다.

노동시장에 있어서도 비정규직 법안의 문제와 노동조합법상의 노조원의 자격 문제 등 현실적으로 노동시장의 유연성을 유지하면서 노동의 유인 구조를 합리적으로 만들어나가는 데에 장애요인이 많다. 또한 부동산 시장 등 자산시장에서 세금으로 인한 거래 부진과 시장 왜곡 현상으로 인해서 당분간 불확실성이 더 확대될 것이다. 그리고 가계 대출의 증가로 인하여 발생한 가계의 이자부담이 가시적으로 어떻게 나타날 것인지에 대한 불확실성도 잠재되어 있는 상황이다.

박원암(2007)은 투자가 부진한 가운데서도 경상수지 흑자는 지속적으로 축소되어 2008년부터는 경상수지 적자 전환이 예상되고 있으며, 재정수지도 지속적으로 적자를 유지하여 적자성 국가채무가 2011년까지 2007년보다 34조원이나 증가할 것으로 전망하고 있다. 그야말로 사면초가의 거시경제 환경으로 경제성장과 고용창출은 기대하기 어렵다.

2. 원칙으로

앞의 논의에서 우리의 문제는 교역조건의 악화 충격이며 이 충격을 수습하기 위한 정책이 매우 어려움을 검토하였다. 사실 교역조건의 악화가 일시적인 현상이고 1~2년 안에 해결될 수 있는 문제라고 한다면 단기처방이 가능하다. 수출산업의 경쟁 격화 현상이 만회할 수 있는 현상이라면 교역조건의 악화에 따른 충격을 단기적 환율정책으로 만회할 수 있을 것이다. 또한 교역조건 악화로 인해 수입재 관련 산업 내지 비교역재 산업의 생산 탄력성이 크다고 한다면 산업구조조정이 이루어질 수 있도록 도와주는 정책으로 자원을 비교역재 생산부문으로 이동시키게 하면 새로운 일자리가 창출될 것이다. 그러나 이 두 가지 정책 모두가 어렵다.

현재 수출주도산업, 특히 반도체 산업의 특성상 지속적인 기술개발과 이른바 치킨게임으로 시장이 치열한 경쟁에 노출되어 있다. 주기성을 갖고 있지만 추세적으로 단가가 하락하는 시장인 것이다. 이러한 시장에서 수출기업이 일자리를 창출하기 위해서는 환율정책과 같은 미봉책으로는 위기를 극복할 수가 없다. 비교역재, 특히 서비스산업의 경우에도 생산탄력성이 낮고 대외 경쟁력도 없는 상황이다. 김현정(2007)은 서비스산업의 확대가 경제성장에 악영향을 미친다고 전제하고 고부가가치 서비스산업의 육성과 서비스산업의 고부가가치가 시급하다고 주장하고 있다. 따라서 이 부분도 기대할 수가 없다.

결국 문제의 해결은 문제의 원인을 제거해야 한다는 원칙으로 돌아갈 수밖에 없는 것이다. 문제의 원인은 교역조건 악화이고 교역조건 악화가 발생한 요인 중에 하나는 우리의 수출시장이 그 만큼 경쟁이 치열한 시장이며 우리의 수출 상품군이 상대적으로 고부가가치 상품군이 아니라는 점이다.

우리나라의 주요 수출산업군은 반도체 전자부품, 자동차, 통신기기, 석유화학, 일반기계, 조선 등이다. 이들 산업군의 무역수지를 살펴보면 우리의 문제점이 드러난다. 2005년 기준 반도체 전자부품의 경우, 대 일본 무역이나 대 미국 무역에서 적자를 시현하고 있고 대부분 중국으로 수출하고 있는 실정이다. 자동차는 무역흑자를 시현하고 있으나 우리 상품이 일반 대중적 시장을 공략하고 있다면 미국, 독일 등은 우리나라의 고급 시장을 공략하고 있다는 점에서 문제점이 제기된다. 통신기기는 오히려 저가품에 대한 공격을 어떻게 방어하느냐가 시급한 문제이고 가격 경쟁력을 확보해야 하는 상황이다. 석유화학의 경우에도 미국과 일본과의 무역에서 적자를 보이고 있으며, 일반기계는 일본, 미국, 독일 등과의 무역에서 적자를 보이고 있다. 조선은 흑자산업임에도 불구하고 일본으로의 수출은 미미하고 일본으로부터 수입이 많은 구조를 가지고 있으며 이러한 대 일본무역의 적자 폭은 커지고 있다. 이와 같이 우리의 주요 수출품이 얼마나 고부가가치 상품으로서 세계적인 경쟁력을 가지고 있느냐에 대하여 의문의 여지가 많다. 만약 수출산업들이 높은 경쟁력을 가지고 있어서 경쟁적인 세계시장에서 높은 값에 팔리게 된다면 교역조건은 역전될 것이다. 산업연구원(2007)은 이러한 우리의 산업 동향을 잘 제시하고 있다.

수출산업의 경쟁력이 담보되면 경상수지의 흑자로 환율이 안정되고 이에 따라서 국내 물가가 안정되고 내수기업들이 민간소비의 활성화 혜택을 보게 된다. 이에 다라서 취업자의 수는 여러 요인에 의해서 증가되게 됨은 당연한 이야기이다.

3. 단기적 처방

원칙적으로 수출산업의 경쟁력을 담보하는 것이 교역조건 충격을 정면으로 해결하는 길이 자명하더라도 단기적인 거시정책이 필요한 것도 또한 사실이다. 그러면 물가, 경기, 대외균형 등의 상충관계를 어떻게 풀어갈 것인가. 금융통화위원회는 2008년 5월 8일 다음과 같은 내용의 보도 자료를 내놓았다.

금융통화위원회는 다음 통화정책방향 결정시까지 한국은행 기준금리를 현 수준(5.00%)에서 유지하여 통화정책을 운용하기로 결정하면서 다음과 같이 경제 상황을 기술하고 있다. 즉, 최근 국내 경기는 수출이 호조를 보이고 있으나 내수 증가율이 낮아지면서 상승세가 둔화되고 있는 것으로 판단되며 국제금융시장 불안, 미국 경기 부진 등으로 향후 경기흐름의 불확실성도 높은 상황임을 인정하고, 소비자물가는 고유가의 영향 등으로 높은 상승세를 지속하고 있으며 부동산가격도 일부 지역에서 오름세를 이어가는 것을 우려하고 있다. 금융시장에서는 시중유동성이 풍부한 가운데 금융기관 여신이 증가세를 지속하고 장기시장금리가 크게 하락하였다는 것이다.

금리인하도 금리인상도 아닌 동결은 마치 “어려우면 손대지 말라”는 바둑의 격언을 따르는 것과 같은 인상을 주고 있다. 다시 한 번 자문해 보자. 현재 환율수준이 대외불균형 상태가 시정되고 있는 환율 수준이며 환율이 시장에서 충분히 자유롭게 결정되고 있는가? 금리가 대내외 금융환경과 조화를 이루면서 환율의 변동과 일관된 움직임을 보이는가? 만약 이 질문에 다 부정적인 대답이 나온다면 지금 환율과 금리는 무엇인가 잘못되어 있다는 것이다.

경제성장의 동력이 주요 수출산업에 있다면 이들의 경쟁력을 올릴 수 있는 방안을 생각해 보아야 할 것이다. 산업연구원(2007)에 의하면 2006년도 기준 설비투자압력지수(=생산지수 증감률－생산능력지수 증감률)가 가장 높은 산업이 반도체 전자부품이며 차례로 가전, 일반기계, 자동차, 조선 등이다. 이들 산업에서 투자가 일어날 수 있도록 금리를 인하하여야 할 것이다. 물론 수출산업들의 방어적 전략으로 금리인하시에도 공격적 설비투자를 하지 않을 수 있을 것이다. 하지만, 공격적 전략으로 수출시장에서 주도권을 잡는 것이 기업의 최선의 전략이라는 결단이 생기고 금융환경이 조성되어 있으면 투자를 할 것이다.

그리고 금리인하로 인해서 단기적 해외자본의 유입을 진정시키면서 금융시장의 안정을 담보할 수 있을 것이다. 금리인하의 부작용을 최소화하기 위해서는 정부부채의 상환을 통해서 국채금리의 안정화를 먼저 유도하고 정부지출을 재정규모 이내에서 한정시키는 재정정책과 같이 수행되어야 할 것이다.

재정지출의 억제는 자원이 생산적 부문으로 이동되는 데에 도움을 줄 것이다. 정부소비지출은 공공행정 및 국방 분야에서 일자리를 만들게 된다. 이 경우, 임금을 상승시키고 민간 노동시장에서 일자리를 구축하는 현상도 배재할 수 없을 것이다. 일자리는 시장 활성화와 경제성장 등 기본적인 경제의 기초적 역량에 의해서 창출되는 것이지 정부가 만드는 것은 아닐 것이다.

그리고 환율은 시장의 움직임에 따라서 대외불균형을 해소할 수 있도록 하여야 할 것이다. 환율이 자유롭게 변동되어야 국내 경제성장에 대한 정책을 자율적으로 집행할 수 있는 여지가 생길 것이다. 신관호(2007)는 지난 외환위기 이후 환율 움직임에 인위적인 부분이 있다고 지적하고 양준모(2008)도 환율의 움직임에 있어서 조건부 변동성이 외환위기 이후 지나치게 낮아지고 있고 경상수지와의 관계도 달라져 있음을 지적하고 있다. 환율이 국내외 금융시장과 유리될 수 없는 만큼 대외불균형을 해소할 수 있도록 외환시장 환경을 조성하여야 할 것이다.

수출경쟁력을 확보하여 환율이 절상기조를 유지하게 되면 유가 및 곡물가 인상 등 서민 경제생활에 악영향을 주는 요인과 일자리 창출에 부정적인 영향을 주는 요인들을 제거할 수 있을 것이다. 그러나 환율 정책을 통하여 인위적인 채산성 확보 정책은 단기적으로도 고용창출 및 거시경제 안정에 도움을 주지 못한다.

Ⅴ. 맺 음 말

바둑 격언에 "묘수풀이 세 번 하면 바둑에 진다"는 말이 있다. 정도를 걸으라는 말도 되지만 묘수를 사용해야만 하는 형세를 만들지 말아야 한다는 말도 된다. 외환위기 이후 정부는 재정, 환율, 금리 등의 정책 수단을 사용하여 경제성장을 견인하려고 하였다. 하지만 이들 정책의 조합들이 근본적인 원인을 해결하는 데에는 오히려 독이 되었다고 판단된다. 우리나라는 GNI 대비 수출과 수입의 비중이 이미 100%를 넘어섰고 금융시장이 글로벌화되어 있는 나라이다. 이러한 글로벌 경제에서 어느 정도 독자적인 거시경제정책들이 힘을 발휘할지에 대해서는 많은 검토가 필요하다.

본 연구에서는 외환위기 이후 지금까지 글로벌화된 우리 경제에 지속적으로 악영향을 미치는 충격 중에 하나가 교역조건 악화라고 강조하고 이에 대한 단기적 정책이 경제성장과 고용창출에 별 도움을 주지 못하는 것이 아니냐 하는 의구심을 제기하였다. 문제의 해결은 지난 10여 년간 지속된 교역조건의 악화 현상을 어떻게 개선하느냐에 달려있는 것이다.

다만 단기적으로 정책조합을 찾는다면, 경제성장의 선순환의 고리를 만들기 위해서 고용창출의 관점에서 정책조합들을 검토하여야 할 것이다. 이를 위해서는 재정지출의 축소와 금리인하로 총수요 진작의 구성 요소를 바꾸어야 할 것이다. 일자리 창출과 민간 가처분 소득의 회복으로 민간 수요 중심의 총수요 증가를 유도하고 인플레이션의 관리를 위해서 정부지출의 축소를 함께 추진하여야 할 것이다.

대외부분의 불균형은 국내 유동성 관리 및 자산 가격 안정에 도움이 되지 못한다. 더욱이 수출산업의 부가가치가 상승하고 경쟁력을 바탕으로 경상수지가 증가하고 환율이 하락하는 것은 거시경제 안정에 도움을 주는 매우 긍정적인 현상이지만 인위적인 외환시장 정책으로 경상수지 흑자를 유지하고 여기에 자본수지까지 흑자를 유지하는 대외불균형 현상은 바람직하지 못하다.

국제 금융시장과 국내 금융시장의 균형, 국내 시장의 활성화를 위한 정부재정의 관리, 그리고 인플레이션의 관리를 위한 금리관리 및 유동성 관리 등을 적절히 조합하여 단기적인 경기 악화 및 고용창출 능력 약화를 방어하는 정책을 고려하는 것이 필요하다. 보다 구체적인 단기 전략은 금리인하, 감세정책, 유동성 관리를 위한 채권발행 조정, 적정 수준의 외환보유고 내에서 통화가치 절상 등의 정책조합을 고려하여야 할 것이다. 근본적으로는 수출 및 주력 산업의 경쟁력을 확보할 수 있도록 혁신역량을 강화하는 방안을 마련하고 실천하여 교역조건의 악화를 개선하고 고용을 창출시키는 원동력으로 삼아야 할 것이다.

참고문헌

강만수(2005),「현장에서 본 한국경제 30년」, 삼성경제연구소.

강승복 · 정성미(2006), "최근 고용구조 변화의 요인분석,"「월간노동리뷰」, 한국노동연구원.

김경환(2007), "외환위기 전후 주택시장 구조변화와 주택정책," 한국경제학회 세미나.

김현정(2007), "서비스산업 비중증가의 원인 및 경제성장에 미치는 영향,"「경제 분석」, 2(4).

산업연구원(2007),「주요산업동향지표」, 2007. 11.

신관호(2007), "외환위기 이후 통화 및 환율정책의 평가 및 전망," 한국경제학회 세미나.

양준모, 우리 경제 무엇이 문제인가? – 글로벌 경제 환경과 경제정책과제, 한국국제통상학회 국제학술대회 발표논문 수정논문.

박원암(2007), "대통령 당선자 경제공약의 현실성 검증과 제안: 거시 및 금융," 한국경제학회 세미나.

Rogoff, Kenneth(2006), "Impact of Globalization on Monetary Policy," memeo,

August 28.

Cashin, Paul, and C. John McDermott(1998), "Terms of Trade Shocks and the Current Account," IMF Working Paper WP/98/177, December.

Funke, Norbert, Eleonora Granziera, and Patrick Iman(2008), "Terms of Trade Shocks and Economic Recovery," IMF Working Paper WP/08/36, Feburary.

•토론• 거시경제정책과 고용: 현황과 과제*

외환위기 이후 한국경제의 성장률은 외환위기 이전에 비해 현저하게 낮아졌다. 연 7~8%에 달했던 성장률이 5% 미만으로 하락함에 따라 경제전반에 걸쳐서 큰 변화를 초래하고 있다. 취업자수의 증가세는 지속적으로 둔화되었으며 특히 2008년 3월에는 전년 동월 대비 18만 4천 명 증가에 그쳐 2007년 6월, 30만 명 이상 증가한 이래 최저의 취업자 증가세를 보이고 있다. 이러한 증가세는 2001~2005년 기간 평균인 34만 명을 크게 하회할 뿐 아니라 2006~2007년 기간의 평균 증가세인 20만 명 후반에 비해서도 상당히 낮은 수준이다(신석하 · 김희삼(2008)).

양준모 교수는 취업자수 증가세의 지속적 하락에는 교역조건의 악화라는 대외충격과 이에 대한 잘못된 거시경제정책이 일정 부분 책임이 있다고 주장한다. 특히 교역조건의 악화에 대처하기 위해 환율을 인위적으로 높게 유지하는 정책은 수출기업의 고용창출 유발계수가 낮은 상태에서 취업자수를 늘리는 데 한계가 있다고 주장한다. 뿐만 아니라 정부지출보다 민간 소비지출의 증가가 고용을 보다 많이 창출하기 때문에 정부지출을 늘리는 정책도 취업자수를 늘리는 데 불리하게 작용하였다고 주장한다. 양준모 교수는 교역조건의 악화에 대한 근본적인 대책으로 수출산업의 선진화를 추구할 것을 촉구한다. 즉 교역조건의 악화가 우리 수출품목의 경쟁성이 약한 데에 기인한 만큼 수출산업을 고도화하여 교역조건을 호전시킬 수 있어야 한다는 것이다. 이를 통해 성장 동력

* 신관호(고려대학교 경제학과 교수).

을 수출산업에서 다시 찾아야 한다는 것이다. 하지만 이러한 근본적인 처방은 시간이 많이 걸리기 때문에 단기적인 처방으로는 금리인하, 재정지출의 축소, 감세정책 및 민간 시장의 활성화 등의 정책적 조합을 제시한다.

외환위기 이후 저성장과 취업자 증가세의 둔화는 한국경제가 직면한 가장 중요한 문제라고 해도 과언이 아니다. 양준모 교수의 논문은 이러한 중차대한 문제에 대해 원인을 진단하고 이에 대한 처방을 제시하였다는 데 큰 의의가 있다.

취업자수 증가세의 변화는 노동의 공급과 수요 측면의 변화로 나누어 분석할 수 있다. 신석하 · 김희삼(2008)은 최근의 취업자 증가세의 감소는 인구구조의 변화에 기인한 노동공급의 감소와 경기둔화에 기인한 노동수요의 감소가 복합적으로 작용한 결과라고 주장하였다. 하지만 공급 측면의 변화가 수요 측면의 변화보다 상대적으로 중요한 역할을 하였다고 주장하였다. 생산가능인구의 증가세는 이미 둔화되었을 뿐 아니라 절대적인 수치에 있어서도 25~49세 인구는 2007년을 정점으로 감소하였기 때문에, 노동공급의 감소세만으로도 향후 취업자 증가 수가 20만 명을 크게 상회하기 어렵다는 것이다.

따라서 교역조건의 악화만을 통해 최근까지 지속되고 있는 취업자 증가세의 감소를 모두 설명하기에는 한계가 있다. 하지만 외환위기 이후 지속되어 온 교역조건의 악화가 한국경제에 부정적인 영향을 준 것은 틀림없는 사실이며 이에 대한 적절한 정책적 대응이 필요한 것도 사실이다. 교역조건의 악화는 특히 한국경제의 저성장에 일정부분 영향을 준 것으로 판단되며, 노동수요 증가에 부정적인 역할을 함에 따라 취업자수 증가세 둔화를 일정 부분 초래한 것으로 보인다.

양준모 교수는 정부의 대응정책 중 특히 고환율 정책의 부당성을 지적하고 있다. 고환율 정책이 취업자수의 증가에 부정적인 역할을 했다는 주장은 타당한 지적으로 보인다. 왜냐하면 외환위기 이후 취업자수의 증가세가 지속적으로 하락한 또 하나의 이유로 제조업부문의 노동흡수 능력의 축소를 들 수 있기 때문이다. 제조업부문이 전체 취업에서 차지하는 비중은 1989년 이래 지속적으로 감소하였으며, 특히 중국과의 경쟁이 치열해짐에 따라 노동집약적인 제조업

부문은 급속하게 축소하고 있다. 따라서 제조업부문의 활성화는 더 이상 취업자수 증가에 도움을 주기 어려운 형편이다. 결국 취업자수의 증가는 서비스부문의 활성화를 통해 가능한데, 고환율 유지 정책은 제조업 위주의 수출부문에 유리하게 작용한 반면, 국내부문인 서비스산업의 활성화는 저해한 것으로 보인다.

교역조건의 악화에 대응한 적절한 정책은 무엇인가? 양준모 교수는 교역조건을 개선할 수 있는 근본적인 대책으로 수출산업의 선진화를 촉구한다. 사실 고환율 정책은 수출부문에 유리하게 작용함에 따라 수출부문의 질적인 발전보다 양적인 팽창에 주로 공헌한다. 경제발전 초기에는 이러한 정책이 매우 적절하지만 이러한 정책을 지속한다고 수출부문의 선진화를 유도할 수는 없다. 그렇다면 정부의 어떠한 정책이 수출부문의 선진화를 촉진할 수 있는가? 아쉽게도 이러한 정부정책은 쉽게 떠오르지 않는다. 수출부문의 선진화는 경제성장의 결과이지 결코 정부가 목표로 삼아 추구할 정책이라 할 수 없기 때문이다.

한국의 교역조건이 2003년 이래 지속적으로 악화된 근본적인 원인은 유가를 비롯한 원자재 가격의 상승 때문이다. 중국을 비롯한 신흥산업국가들이 지속적으로 성장함에 따라 유가 및 원자재에 대한 수요가 급속하게 증가하였으며 이는 한국 수입품의 가격단가를 크게 높이고 있다. 또한 신흥산업국들의 생활수준이 높아짐에 따라 최근에는 농산물 가격도 급등하고 있어 한국의 교역조건은 쉽게 개선되기 어려워 보인다. 아쉽게도 이러한 세계 환경의 변화에 기인한 교역조건의 악화에 대처할 정부의 적절한 수단은 찾기 어려워 보인다.

양준모 교수는 이에 대한 단기처방으로 금리인하를 주장한다. 수출산업의 투자촉진을 위해 금리를 낮추어야 한다는 것이다. 지금 현 시점에서 어느 정도의 금리인하는 용인되어야 할 것으로 보인다. 하지만 그 이유는 수출산업을 촉진하기 위해서라기보다는 내수, 특히 서비스산업의 활성화를 촉진하는 차원에서 접근해야 할 것으로 보인다. 취업자수 증가세 둔화뿐만 아니라 외환위기 후 성장률 하락은 서비스산업의 부진에 기인한 바가 크기 때문이다. 금리인하의 효과가 서비스산업의 활성화를 촉진하기 위해서는 서비스산업의 발목을 잡고 있는 규제의 과감한 철폐가 병행되어야 할 것이다.

금리인하 정책을 추진하기 위해서는 중요한 전제가 필요하다. 최근 심상치 않게 변화하는 물가상승률을 자극하지 않는 범위 내에서 금리인하가 진행되어야 한다. 고환율 유지 정책도 물가에 악영향을 줄 수 있으므로 이를 포기하는 것이 금리인하 정책의 환경을 마련하는 데 바람직하다. 다행히 고유가도 최근에 어느 정도 진정되어 감에 따라 물가상승 추세도 완화되고 있다. 또한 경기둔화의 여파로 어느 정도의 수요견인책은 물가를 크게 자극하지 않을 수도 있다. 이러한 점들을 모두 감안한 점진적인 금리인하 정책을 생각해 보아야 할 시점이다.

제 3 장

노동시장정책과 고용

제 3 장

노동시장정책과 고용

제 1 절 대표토론: 노동시장정책과 고용*

제 3 장은 핵심적인 노동시장 정책이라고 할 수 있는 노동시장 유연화 정책, 고용보험정책, 근로빈곤정책으로 구성되어 노동시장의 핵심적인 이슈들에 대해서 포괄적으로 볼 수 있게 잘 구성되었다고 본다.

먼저 배진한 교수의 '노동시장 유연성 평가와 정책방향'은 우리나라에서 노동시장 유연성 문제와 관련된 거의 모든 쟁점들을 포괄적으로 다루고 있는 논문이라고 생각된다. 노동시장 유연성이 필요한 이유, 우리나라 노동시장이 경직적이라는 노동시장 측면의 경험적 증거, 우리나라 노동시장을 경직화한 노사관계적 요인, 노동시장 유연화와 고용창출의 관계, 노동시장 유연화를 위한 정책 대안 및 노사관계 정책 대안 등 모든 영역을 총괄하여 망라한 논문이다.

핵심적인 논문 내용은, 우리나라의 경우 지식정보화, 개방화, 서비스화 등으로 경제의 변동성이 커지는 상황에서 노동시장을 유연화할 필요성이 큼에도 불구하고, 현재 우리나라 노동시장은 상대적으로 경직적인 상태로 유지되고 있기 때문에 노동시장의 경직성을 완화함으로써 고용을 촉진할 수 있고, 이를 통

* 전병유(한국노동연구원 선임연구위원).

해 소득분배도 다시 U자 형태로 개선할 수 있다는 것이다. 노동시장 경직성을 완화하기 위해서는 정규직에 대한 보호수준의 완화, 근로시간 유연성의 강화, 기능적 유연성의 강화, 임금유연성의 강화를 위한 노동시장 제도 및 정책의 개선이 필요하고, 이와 더불어 포괄적이고 효율적인 사회안전망의 구축이 동시에 이루어져야 한다고 지적하고 있다. 또한 노사관계 측면에서는 기업에서 노사의 목표일치성을 추구함으로써 노동분쟁을 줄여 노동시장을 유연화하자는 제안, 개방과 경쟁을 통해 노동쟁의를 줄이고 이것이 여의치 않은 부문에서는 노동쟁의에 대한 엄격한 책임부여가 필요하다는 제안, 합리적인 규칙의 제정과 엄격한 규칙준수가 노사분쟁을 줄이고 유연성을 높인다는 제안 등을 가설적인 형태로 제시하였다.

이에 대한 지정토론의 주요 논평은 다음과 같다. 첫째, 노동시장 유연화와 관련하여, 대단히 논쟁적이고 대단히 많은 쟁점들을 가지고 있는 주제에 대해서 포괄적으로 접근하다보니, 미시적인 측면에서 논리적 비약이 있거나 경험적 논거가 부족한 부분이 나타나고 있다. 먼저 누구나 대부분 인정하고 있는 사실이기는 하지만, 지식정보화, 개방화, 서비스화 등이 노동시장 유연성 강화를 필요로 한다는 사실의 논리적 구조가 약하다는 생각이 든다. 예를 들어, 지식정보화에 따라 양극화가 심화되고 이것이 노동시장의 유연성 강화를 요구한다는 점에 대해 좀더 설명이 필요하다고 본다. 또한 개방과 수출탄력성이 높아지면 노동수요의 임금탄력성이 높아지고 이에 따라서 임금유연성의 필요성은 높아질 것으로 보인다. 그런데 왜 수량적 유연성까지 절실하게 필요하게 되는 것인지에 대해서도 더 설명이 필요할 것으로 보인다. 서비스산업의 생산성이 낮으며 또한 저하되고 있다는 사실이 노동시장 유연성을 더 요구하게 되는 이유에 대해서도 마찬가지이고, 마지막으로 지적하고 있는 저성장 경향이 노동시장 유연성의 필요성을 높이는 이유에 대해서도 더 많은 설명이 필요할 것으로 보인다.

둘째, 서비스업과 제조업, 중소기업과 대기업을 구분해서 고용조정속도를 계량적으로 검증해 본 것은 의미 있는 작업이라고 생각한다. 그리고 기존의 통념과는 다른 새로운 분석 결과도 주목해야 할 부분이라고 생각된다. 다만, 기존의 고용조정속도에 관한 연구들과는 어떤 측면에서 어떠한 방법론적 차이가 있었기에 다른 분석 결과가 나왔는지에 대해서 설명이 보완되었으면 좋겠다.

또한 분석의 대상이 되는 자료의 기본 통계를 한국과 일본 모두에 대해서 제시해 주면 좋겠다. 외환위기 이후만을 대상으로 한다면, 5인 이상 사업체 상용근로자 기준으로 한국과 일본을 비교할 수 있을 것이라고 생각된다.

셋째, 노동시장 유연성 문제는 단순히 노동시장의 경제적 측면만의 문제는 아니다. 따라서 노동시장 유연성과 관련하여 발생하는 노사분쟁의 해결과정의 일환으로 노동시장 유연화 문제를 접근하는 것이 필요하다고 본다. 노동시장 유연화 문제가 경제적 논리로만 해결되기 어려운 이슈이기 때문이다. 이러한 측면에 대해서 많은 지면을 할애해서 분석한 본 논문은 매우 의미 있는 시도라고 생각된다. 다만, 기업별 교섭이 노사간의 목표일치성을 지향하기 때문이 노동시장 유연성에 기여할 것이라는 주장은 우리나라의 현실에 비추어 볼 때 반드시 그러할까라는 의문이 든다. 개인적인 생각으로는 우리나라 노동시장의 경직성은 상당부분 대기업노조의 기업별 노조체계에 기인한다고 생각된다. 우리나라 노동시장의 경직성은 대기업 노동시장의 경직성이 가장 강하다고 판단되고, 이 대기업 노사관계가 기업단위로 고착화되어 있음으로 인해서, 기업 단위의 고용조정과 임금인상이라는 쟁점에 몰두하게 되고 그 결과 고용과 임금의 유연성이 확대되지 못하는 것은 아닌가 하는 생각을 해 본다. 또한 우리나라의 노동시장 유연성을 높이는 방안으로 해고구제신청자격을 일정 근속 기간 이상인 경우로 한정하는 방안, 시간제근로자의 비례보호원칙의 사회보험 적용예외 방안, 기업에서의 노사간 목표일치성의 추구, 개방과 경쟁에 약한 부분에서의 노동쟁의에 대한 엄격한 책임 부여 등의 제안들은 참신한 것으로 보인다. 다만, 현실적인 노사관계의 환경과 조건하에서 얼마나 가능한 대안들인지는 좀더 따져봐야 할 것으로 보인다.

이에 대해서 필자의 답변은 다음과 같았다. 첫째, 지식정보화, 개방화, 서비스화 등은 노동시장 유연화의 필요성을 제기하는 상황적 요인이라기보다는 이러한 변화가 우리 경제에 불확실성과 변동성을 크게 한다는 점을 강조한 것이었다. 둘째, 고용조정속도에 관한 실증 연구 결과에 대해서는 좀더 검토할 필요가 있다. 셋째, 발표자가 제시한 몇 가지 대안들은 가설적인 차원에서 제기한 것이다. 따라서 현실에 적용되기 위해서는 이러한 대안들의 구체적인 실천가능성을 확보해야 할 것이다.

두 번째 논문으로 이인재 교수의 “고용보험제도의 개혁방안에 대한 시론”은 전통적인 실업급여제도의 대안으로서 실업보험저축계좌제(unemployment insurance savings account)를 소개하였다. 이 논문에서는 기존의 실업급여제도와 실업보험저축계좌제의 인센티브 효과를 간단한 경제적 모형을 이용하여 이론적으로 비교·검토해 보고, 제도의 도입방안을 검토하였다. 이 논문은 먼저 우리나라의 기존 실업급여제도가 실업상태 근로자의 보호라는 긍정적 기능을 가지고 있음에도 불구하고 실업을 증가시키는 방향으로, 인센티브를 왜곡하는 효과를 가지는 방향으로 제도가 설계되었다고 평가하고 있다. 즉, 현행의 실업급여제에서는 실업비용을 낮추어 실업기간을 증가시키는 모럴해저드 효과가 나타날 수 있고, 급여세를 통한 실업급여 재정조달 방식에서는 실업자가 고용주에게 비용을 부담시키는 외부성을 발생시키는 외부효과가 나타난다. 또한 실업급여는 평균 이상으로 해고하는 기업의 비용을 줄임으로써 과도한 해고에 대한 보조금을 지급하는 것과 같은 외부효과도 가진다.

이에 대한 대안으로는 실업급여 수준을 조정하고 실업기간과 실업급여액을 연동하는 방안, 자산에 근거한 프로그램으로 바꾸는 방안, 실업보험저축계좌제도 등을 생각해 볼 수 있다. 특히 이 논문은 실업보험저축계좌제가 실업 근로자의 보호수준을 저하시키지 않으면서도 실업급여제도의 부정적 인센티브 효과를 완화할 수 있다고 주장하고 그 논리적 근거를 제시하고 있다. 실업보험저축계좌제는 근로자로 하여금 임금의 일부분을 특정 계좌에 적립하도록 하여 실업에 처했을 때 실업급여 대신 이 계좌에서 실업을 대처하는 데 필요한 일정 금액을 인출하도록 하고, 만약 계좌에 기금이 고갈되면 정부는 계좌에 필요한 자금을 대출해 주고, 은퇴시 마이너스의 계좌가 발생한 구좌는 정부가 계좌인출금에 부과하는 세금으로 충당되도록 제도가 설계됨으로써 고용에 부정적인 영향을 제어할 수 있다고 분석하였다. 또한 이 논문은 실업보험저축계좌제도가 장기적으로 임금보험제도를 포괄하는 제도로 확장될 수 있다고 보고 있다.

이에 대한 논평자의 논평은 다음과 같다. 첫째, 최근 노동시장 및 고용구조의 변화에 대응하여 고용보험과 적극적 노동시장정책의 운용에 있어 새로운 패러다임의 모색과 전략이 요구되고는 있지만, 미시적 제도개선에 국한된 기존의 논의에서 벗어나 급진적인 개혁을 추동하기에는 우리나라에서는 아직 실업급여제도의 인센티브 효과를 정확하게 파악하지 못하고 있는 상태이고, 우리나라의 실업급여제도의 문제점이 정확히 파악된 적이 없다고 지적하고 있다. 즉, 실업급여의 효과를 파악할 수 있는 유용한 통계자료의 축적과 심층적인 평가연구가 부족하기에 구체적인 정책방안을 제시하기 어려운 상황이라는 것이다. 그리고 논문에서도 언급하였듯이 우리나라에서는 아직까지 현행 실업급여가 과연 최적의 제도인지 그리고 실업급여의 인센티브 효과가 무엇인지에 관하여 본격적으로 논의된 적도 없다. 따라서 우리나라의 실업급여가 다른 선진국에 비해 제도설계상에 있어 더 많은 문제점을 가지고 있는지 판단하기는 쉽지 않은 상황이다. 그러나 최근 실업인정이 제대로 작동하지 않고 있다는 비판이 강력하게 제기되고 있다. 구직급여 수급자는 급여 수급을 보험료 납부에 대한 당연한 권리라고 인식하고 있기에, 구직급여라는 명칭이 무색할 정도로 활성화 조치를 시행하기 어려운 현실이고 실업인정은 형식적으로 이루어지는 측면이 있다. 또한 우리나라의 실업급여는 선진국과 비교하여 상대적으로 낮은 대체율과 짧은 수급기간을 가지고 있다. 실업부조제도가 없다는 점까지 고려한다면 실업급여의 관대성이 가장 낮은 국가에 속한다. 활성화 조치는 실업급여의 관대성과 연계되어 있다. 우리나라 실업급여의 관대성이 상대적으로 낮은 편이기 때문에, 선진국과 같이 엄격하게 활성화 조치를 시행하거나 적극적 노동시장정책과의 연계를 모색하는 것이 쉽지 않다. 따라서 우리나라의 고용보험은 안전망 역할의 강화와 활성화 조치의 강화라는 이중의 정책과제를 안고 있다. 단기적으로 구직급여 지급의 정당성을 확보하기 위해 피보험자 관리와 실업인정을 강화하여야 한다. 이와 함께 장기적 시각에서 현행 실업급여 수급자격·임금대체율·수급기간을 종합적으로 검토하여 안전망 역할을 강화하는 방안이 마련되어야 할 것이다. 요약하면, 현 단계에서는 고용보험을 대체하는 제도의 도입이라는 급진적인 개혁보다는 고용보험의 실질적인 역할을 강화시킬 수 있는 정책을 모색하는 것이 현실적이라고 판단된다.

둘째, 논문에서 실업보험저축계좌제 도입의 장점은 장기적으로 이 제도가 임금보험제(wage loss insurance)를 포괄하는 제도로서 확장될 수 있다는 점이라고 주장하고 있다. 그러나 실업보험저축계좌제와 임금보험제를 어떤 방식으로 연계할 것인지, 그리고 재원조달 방식을 어떻게 할 것인지에 관해서는 명확하지 않다. 이 두 제도를 포괄하는 이론적 모형을 개발한다면 이론적인 측면에서 큰 의의가 있다고 생각된다. 아울러 향후 구체적인 도입 방안과 제도설계, 그리고 제도 도입에 따른 효과와 재정추계를 실시한다면 유용한 정책적 시사점을 제시할 수 있을 것으로 기대된다.

아직 국내 학계에서는 임금보험제에 관한 논의가 무역조정지원제의 하나로 도입할 필요성이 있다는 정도의 초보적인 수준에서 다루어지고 있지만, 실업급여의 보완적인 대안으로 검토해 볼 필요가 있다. 임금보험제는 실직자의 재취업을 촉진시키는 유인을 제공하기 때문에 단순히 실업급여의 지급기간을 연장하는 방안에 비해 도덕적 해이를 줄일 수 있다. 또한 현행 실업급여의 조기재취업수당이 일회성의 보너스를 지급하는 것에 비해, 임금보험제는 몇 년에 걸쳐 소득지원을 하기에 실직자의 장기적인 소득 감소에 효과적으로 대응할 수 있다. 또한 현행 실업급여는 수급자가 재취업 이후 이전 직장보다 낮은 임금을 받는 일자리를 갖게 됨으로써 장기적으로 소득 감소를 경험하더라도 어떤 지원도 제공하지 않는다는 점을 보완할 수도 있다. 따라서 임금보험제의 구체적인 도입 방안과 제도설계를 연구하기 전에 현재까지 임금보험제의 시행 경험을 가진 국가들인 캐나다, 미국, 독일, 스위스 등의 경험과 제도 도입의 장단점을 면밀하게 파악할 필요가 있다.

이에 대하여 필자는 현행의 연구나 정책이 기존의 실업급여제도의 인센티브 왜곡 문제에 대하여 관심이 부족한 것이 오히려 더 문제라고 지적하면서 기존 실업급여제도의 일방적인 확장이 아닌 제도 설계의 문제에 대해서 좀더 엄밀하게 검토해 보아야 할 시점이라는 점을 강조하였다.

세 번째 발표문은 우리나라 사회정책의 사각지대라고 할 수 있는 근로빈곤층에 대해 새로운 정책제안을 하고 있다. 우리나라의 경우 외환위기 이후 빈곤층이 구조적으로 늘어났음에도 불구하고 여전히 고용보험제도가 포괄하는 공식고용과 국민기초생활보장제도가 포괄하는 절대빈곤층 사이에 고용정책의 사각지대가 존재하고 있고, 이러한 정책적 공백을 메꾸기 위한 보완적 제도로서 강력한 고용지원서비스가 결합된 취업촉진급여제도를 제안하고 이와 관련된 다양한 쟁점들을 살펴보고 있다.

필자는 우리나라와 같이 실업부조제도가 없고 이에 따른 복지의존이 약한 상황에서, 근로경험의 취약함으로 인해 노동시장 통합에 어려움을 겪는 저소득층을 대상으로 한 취업촉진급여제도를 도입할 것을 제안한다. 취업촉진급여제도는 빈곤층에게 생계 안정을 위한 현금급여를 다양한 고용지원서비스와 체계적으로 결합하여 제공하는 종합적 빈곤탈출 지원제도이다. 최대 1년간 매월 50만원 이상의 현금급여를 제공하되, 적극적으로 노동시장에서 취업을 위해 노력하는 이들에게 한정하며 취업을 위해 노력하는 이에게는 집중 취업알선, 경과적 일자리제공, 직업훈련, 고용보조금 등 다양한 조합의 고용지원서비스 및 정책적 지원을 제공한다. 필자는 취업촉진급여제도 내의 경과적 일자리 프로그램은 기존의 재정에 의한 일자리사업과 차별화된 노동시장 통합 촉진형 프로그램이라는 점을 강조하고 있다.

즉, 필자가 제안한 취업촉진급여제도는 전형적인 적극적 노동시장정책(Active Labor Market Policy: ALMP)의 하나이지만, 근로장려세제나 저임금근로자 사회보험료 감면 제도와 같은 근로장려정책(Make-Work-Pay Policy: MWP)과 상호보완적 관계를 형성하는 제도이다. 취업촉진급여제도가 정규 노동시장으로의 취업을 촉진하는 징검다리 역할을 한다면 근로장려세제나 저임금근로자 사회보험료 감면제도는 정규 노동시장에 취업한 이들의 취업 유지 유인 및 이들에 대한 기업의 노동수요를 제공한다. 이러한 취업촉진급여제도의 성패를 결정짓는 것이 고용지원센터의 역량이라 보고 있다. 현금급여를 수반하는 취업촉진급여제도는 고용지원센터의 고용지원서비스역량, 모니터링 및 제재조치의 집행과 관련된 규제역량이 적절히 조화될 때만 그 효과가 극대화될 수 있다고 보고 있기 때문이다.

이에 대해 토론자는 다음과 같은 문제를 제기하고 있다. 첫째, 우리나라에서 장기실직자와 저임금 근로자에 대한 체계적인 지원 서비스는 존재하지 않고, 국민기초생활보장제도가 포괄하는 근로능력 있는 수급빈곤층과 고용보험제도가 포괄하는 실직자 사이에 광범위한 사각지대가 존재하며, 이들에 대한 지원서비스는 정치적으로나 경제적으로 합리적이며 필요하다. 문제는 어떤 특성을 가진 지원 서비스를 어떤 방식으로 제공할 것인가라는 점이 문제라고 강조하고 있다.

둘째, 우선 어떤 특성을 가진 지원 서비스가 필요한가에 대해서 토론자는 필자에게 전적으로 동의한다. 근로빈곤층에 대한 지원 서비스는 고용 서비스를 위주로 설계되어야 하며 현금 및 현물 급여는 취업에 들어서고, 취업을 유지하는 것을 유인하는 방식으로 배치되어야 한다는 점에서 동의한다.

셋째, 그러나 고용지원 서비스를 어떤 방식으로 제공할 것인가에 대해서는 의견을 달리한다. ALMP와 MPW 중 하나를 배타적으로 사용하는 나라는 없지만, 이념적 지향과 정책 목표상의 우선순위, 예산제약의 구조적 특성뿐 아니라 한 나라의 노동수요적 특성, 그리고 그 노동수요적 특성을 결정하는 산업특성과 노동시장제도의 편차에 따라서 우선순위가 존재한다는 점을 지적하고 있다.

특히 ALMP를 제공하는 서비스 제공자의 역량에 대한 엄밀한 평가가 중요하다고 지적하고 있다. 즉, 잘 만들어진 산업정책적 패러다임이 존재하지 않는 한, 100만 명을 초과하는 표적집단을 취업에 들어서게 하는 ALMP의 작동은 상당히 어렵다고 보고 있다. ALMP는 저임금 일자리가 아니라 그 이상의 일자리(가령 괜찮은 일자리)에 대한 노동수요가 전제될 때 효과적일 것이라는 것이다.

한국에 상당한 정도의 저임금 일자리가 존재한다는 점은 일견 ALMP의 작동을 원활하게 하는 요인일 수 있지만, 그런 일자리에서 취업을 지속적으로 유지하게 하기 위해선 MWP에 대한 상당한 규모의 예산투입이 대응되어야 한다. 한국의 예산제약을 감안한다면, 저임금 일자리로 100만 명 이상의 표적집단을 유인하는 ALMP는 너무 비싼 서비스일 수 있다는 것이다. 이는 기존의 자활사업에 대한 평가에서 명확하게 확인할 수 있다. 고용지원센터와 ALMP 성격의 프로그램이 여기에서 벗어나야 할 이유는 전혀 없다고 본다.

넷째, 논문에서는 근로빈곤층이 의존할 만한 현금급여가 거의 존재하지 않기 때문에 복지의존자의 문제가 거의 존재하지 않을 것이라고 보고 있지만, 현물급여의 자격조건이 현금급여의 자격조건에 묶여 있다는 사실을 고려할 필요가 있다. 이러한 문제를 고려할 때 새로운 프로그램의 전면적 확대를 당장 모색하는 것보다는 자활사업의 취업지원 대상자와 고용지원센터의 자활지원서비스를 면밀하게 평가하면서 취업경험이 부족한 청년이나 여성 등을 좁게 표적화해서 시범운영하는 과정이 요구되는 것은 아닐까 한다.

이에 대해서 필자는 다음과 같이 답변하였다. 첫째, 본 발표문은 학술적 동기에 의해서만 추동된 것이 아니라 정책적 논쟁의 한가운데서 출발한 것이다. 보건복지부는 아래의 공적부조를 책임지고 노동부는 위의 고용보험사업을 책임지고 있고, 아래와 위 사이 공적부조에 포괄되지 않고 고용보험에 의해서도 포괄되지 않는 사각지대에 대한 정책적 개입이 2007년부터 두 부처간 중요한 정책경쟁대상이 되고 있다. 보건복지부는 자활사업을 확대하여 이에 대처해야 한다고 주장하고 노동부는 적극적 노동시장정책을 확대해야 한다고 주장하고 있다. 노동 연구자로서 근로빈곤층의 문제는 적극적 노동시장정책의 관점에서 접근해야 하며 이런 점에서 노동시장정책의 주요 전달체계인 공공고용서비스(Public Employment Service: PES)의 영역이라고 판단하였고, 이는 어떻게 PES가 근로빈곤층에게 서비스를 제공할 것인가를 구체적으로 고민한 결과이다.

둘째, 논평자가 지적한 것처럼 한국의 PES가 과연 그런 역량이 있는지에 대해 그렇다고 바로 답하기 어려우며, 과거의 PES가 자활대상자를 재취업시키는 데 왜 성공적이지 못했는지에 대한 연구가 충분히 쌓여 있지 않은 것도 사실이다. 논평자가 지적한 것처럼 백만 명이 넘는 대상자를 관리할 능력이 현재 없다는 점에서 전면적인 시행은 어렵다고 생각한다. 전면적인 시행보다는 제한적인 시행이 필요한데 대상을 중심으로 제한할지 아니면 지역을 중심으로 제한할지가 쟁점이 될 수 있다. 필자는 시범지역을 선정하고 시행하여 평가한 후에 전국 확대를 검토해야 한다고 생각한다. 어떤 대상에 효과적일지 불확실한 상황에서 다양한 대상층에 대해 시행하여 평가하고 타게팅을 하는 것이 필요하다는 것이다.

세 논문에서 모두 기존의 노동시장 정책에 대한 문제점들을 제기하면서 상당히 급진적인 정책 대안들을 제시하고 있고, 논평자들은 우리나라의 현실과 정책 및 예산 제약을 고려한 신중한 정책 처방이 요구된다는 의견을 피력하였다.

새로운 정책을 실험적으로 제시하는 것은 기존 정책이 가지는 타성과 관성에 경종을 울리고 새로운 상상력에 기초한 정책 설계를 보여준다는 점에서는 매우 가치 있는 연구라고 생각된다. 그러나 우리나라의 경우 정책적 실험이 국민을 대상으로 대단히 많이 대단히 손쉽게 실험되는 나라 중의 하나라고 판단된다. 정책 실험에 따른 사회적 비용과 국민의 불편함을 줄이기 위해서라도 기존 정책에 대한 좀더 엄밀하고 좀더 신중한 평가들이 축적되어야 하지 않을까 생각된다.

제2절 노동시장 유연성 평가와 정책방향*

• 요 약[1] •

지식정보화시대의 도래 및 생산물시장의 글로벌화 진행 등이 생산물시장의 수요탄력성을 크게 증가시키고 노동시장의 유연성을 필연적으로 요구하고 있다. 한국 노동시장은 여러 가지 엇갈리는 평가가 존재하기는 하지만 유연성 저하의 우려가 높고 OECD 국가들 중에서 중간정도의 경직성을 가진 것으로 평가받고 있다. 그러나 일본, 중국, 홍콩, 싱가포르, 인도네시아 등 주요 아시아 국가들에 비하면 훨씬 경직적인 수준에 있다.

부문별 노동시장 유연성 정도 및 그 변화를 추정한 결과 우리나라 노동시장 유연성은 상용근로자의 경우 최근까지도 그 수준이 매우 낮으며, 제조업은 대기업과 중소기업부문 모두 외환위기 이후에 점진적으로 경직성이 강화되는 추세라는 사실을 발견할 수 있다. 이는 우리나라 노동시장이 국제경쟁여건의 변화에 충분히 대응하고 있지 못하다는 증거로 생각되며, 결국 이러한 요인들이 최근까지 각종 비정규직 근로자들에 대한 수요를 계속 증가시키는 방향으로 작용한 것으로 추측된다.

또한 최근 노동시장의 경직성을 높일 수 있는 노동관계법의 변화, 노사분쟁해결에서의 지나친 정부 관여 및 규칙준수관행의 미정착, 초기업적 노동조합주의 강화 분위기 등도 노동시장의 유연성 약화에 기여하여 왔다. 그리고 이러한 경직성이 투자위축, 경제성장률 하락, 일자리 창출 둔화로도 연결되어 왔다.

노동시장 유연성과 관련하여 밝혀져 있는 중요한 사실들로 첫째, 과거 우

---

* 배진한(충남대학교 경제·무역학부 교수).

1) 이 글은 졸고(2007)를 수정·발전시킨 것이다.

리나라의 분배불평등 심화 없는 고도성장은 노동시장 유연성에 기초한 시장의 힘이 높은 일자리 창출과 불평등 완화를 담보할 수 있음을 보여주었다는 점, 둘째, OECD 소속 국가들 사이에서도 노동시장 규제 강화가 일자리 창출을 억제하고 비정규직비율과 실업률을 높인다는 점을 지적하였다.

노동시장 유연성 강화의 장기적 비전을 제시하면서 아울러 유연성을 높이는 정책대안으로 해고 요건 및 정리해고 요건 완화 등 정규직 보호의 완화, 시간제 근로자 활용환경 강화, 파견근로 규제 완화, 계약직 근로자 계약기간 상한 및 차별시정 규제 완화 등 비정규직 규제 완화, 근로자 인적자원개발 및 기능적 유연성 강화, 근로시간 유연성 강화, 성과연동형 임금제도 및 임금피크제 도입과 최저임금제도 보완에 의한 임금유연성 강화 등을 제안할 수 있다. 물론 여기에는 경쟁에서 불리한 주체들을 위한 용의주도하고 효율적인 사회안전망의 구축으로 그들의 빈곤탈출률을 높이는 체제를 갖추는 노력도 절대 필수불가결하다.

노사분쟁을 예방하고 줄이는 정책대안으로는 첫째, 노사의 목표일치성을 확보하는 장치로서 기업별 교섭체제를 보다 효과적으로 활용하며 둘째, 개방과 경쟁의 환경을 적극적으로 받아들이는 것이 노사분쟁을 줄이는 데에도 기여할 것으로 본다. 그리고 경쟁체제나 개방이 어려운 분야에서는 대체근로를 점진적으로 허용하고 공공부문 등 주요 산업분야에서의 불법쟁의에 대해서는 무거운 책임을 물어야 한다는 점을 제안한다. 그리고 마지막으로 도덕적 해이의 비용부담을 그 유발주체에게 정확히 귀착시킬 수 있는 합리적인 제도들을 구축하고 이에 대한 엄격한 규칙준수의 분위기도 정착시켜 나가야 한다는 점도 지적하고 있다.

Ⅰ. 문제의 제기

최근 한국경제는 성장이 둔화되고 고용흡수력이 빠르게 하락하며 경제주체들 간의 성과격차가 심화되어 각 부문에서 경제주체들 사이에 이해관계의 상충과 갈등이 점차 격화될 수 있는 환경이 조성되고 있다. 과거 성장과 수출의 증가가 고용의 증가로 긴밀하게 연결되던 내부 메커니즘은 최근 크게 약화되었으며, 따라서 좋은 일자리가 잘 증가하지 않고 청년층의 실업률도 매우 높은 수준을 유지하고 있다.

지식정보화시대의 도래, 세계시장경쟁의 격화는 한편으로는 급속한 과학·기술개발과 비용절감 및 생산성 향상 경쟁 등을 유발하면서 노동시장을 포함하여 경제의 각 부문에 강화된 유연성을 필요로 하면서 다른 한편에서는 경제주체들 사이에 성과와 후생면에서의 현저한 격차도 야기할 수 있다. 이러한 격차는 결국 나아가서 경제주체들 사이에 심각한 견해 차이와 갈등을 불러올 수 있고 그 과정이 최근 우리 경제에서 중요한 화두 중의 하나로 지적되고 있는 양극화논쟁이고 노사분쟁이다.

이 글은 특히 우리나라 노동시장 유연성의 현실과 문제점들을 살펴보고 노동시장 유연성을 높이기 위해 필요한 정책방향, 나아가서 노사갈등의 예방과 극복을 위한 생산적 시각을 확보하려는 시도이다.

Ⅱ. 지식정보화, 개방화, 그리고 서비스화 경제의 유연성 강화 필요성과 노동시장 갈등유발적 측면

지구촌경제(global economy)의 진전과 인공적 지력산업(man-made brainpower industries)의 발전(Thurow(1996)) 등은 우선 무엇보다도 우수노동력에 대한 수요를 증가시킨다. 컴퓨터사용의 보급이나 정보화기술의 발달로 고학력근로자 또는 숙련근로자에 대한 수요가 더욱 확대되고 또한 그러한 고급인력을 사용하는 산업들의 비중이 빠르게 커지기 때문이다. 이러한 현상으로 인해 당연히 숙련

근로자와 미숙련근로자 사이의 소득격차가 점차 확대될 수 있다(Berndt, Morrison, and Rosenblum(1992); Krueger(1993); Brauer and Hickok(1995)).

우리나라의 경우는 특히 후발 개발도상국들의 급속한 성장과 인근 중국지역 등으로부터의 저렴한 농수산물 및 공산품의 수입 때문에 국내 미숙련노동력에 대한 수요가 크게 위축될 수 있으므로 이러한 국제교역 역시 미숙련노동력의 대체를 촉진하여 노동시장에서의 양극화를 확대시킬 수 있다.

더욱이 정보화매체(예컨대 초고속인터넷망, 휴대폰 등)의 급속한 발달은 앞으로 양극화현상이 더욱 심화되기 쉬운 환경을 조성할 수 있다. 정보화시대에는 어떤 경제주체가 생산해 내는 재화 또는 서비스의 내용이나 품질에 대한 정보가 과거보다 훨씬 쉽고 빠르게 확산될 수 있다. 따라서 시장수요가 우수한 생산물에게로 보다 쉽게 집중될 수 있고 이 때문에 기업 경제활동의 성과격차도 과거보다 훨씬 심화될 수 있다.

이와 같은 양극화 촉진요인들을 살펴보면 어떤 의미에서 양극화의 심화는 격화된 국제경쟁 속에서 불가피한 측면을 가진다고 할 수 있다. 사실 격화된 국제경쟁 속에서 모든 경제주체들의 경제성과가 고르게 또 함께 향상되기를 기대하기는 불가능하다.

둘째, 지구촌경제의 발전은 노동시장에서는 전체적으로 노동수요의 탄력성을 높이는 쪽으로 작용한다. [그림 3-2-1]에 따르면 우리 경제에서 1997년 외환위기 이후 경제의 개방도[2]와 생산물 수출의 가격탄력성[3]이 크게 높아졌음을 알 수 있다. 경제의 개방도가 비약적으로 높아지고 생산물 수출의 가격탄력성이 크게 높아졌다는 사실은 바로 그 파생수요인 노동에 대한 수요의 임금탄력성이 동시에 크게 높아졌다는 의미를 가진다. 기업들은 노동비용을 포함하여 생산비용의 조정가능성면에서 전보다 훨씬 더 높은 유연성을 필요로 하고 있는 것이다. 노동투입에 있어서도 기능적 유연성은 물론이고 수량적 유연성까지 절실하게 필요로 할 것이다.

이는 당연히 작업조직과 노사관계에 있어서도 유연성의 강화를 필요로 할

2) 국민계정에서 국내총생산에 대한 수출과 수입의 합계의 퍼센트를 의미한다.
3) 원화표시 수출가격의 변화율에 대한 원화표시 불변가격수출액 변화율의 비율로 측정하되 3개년 이동평균값으로 구하였다.

[그림 3-2-1] 국민경제의 개방과 수출의 가격탄력성 추이

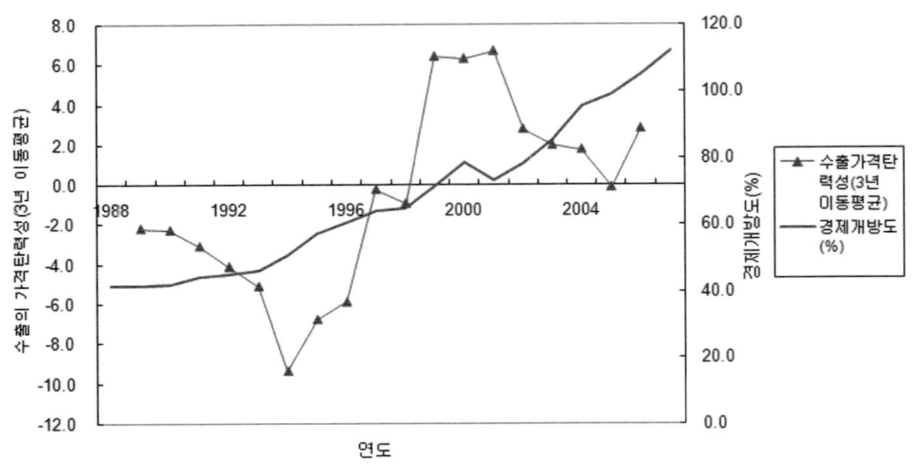

자료: 한국은행, 「조사통계월보」, 각호에서 계산하여 작성.

것이다. 실제 최근까지 노사관계의 세계적 추세도 유연성의 강화이다. Locke, Kochan and Piore(1995)는 노사관계의 분권화추세가 작업이 조직되는 방식과 노동이 배치되는 방식에서의 유연성을 높이려는 노력을 동반하였으며, 구미의 주요 선진국들과 일본 등에서는 거의 모두 채용, 해고, 일시해고, 그리고 노동의 사용을 규율하는 여러 가지 정부규제와 규범이 개별 사용자들에게 보다 큰 재량을 부여하기 위해 완화되거나 수정되었다는 점을 지적하고 있다. 그리하여 파트타임고용, 그리고/또는 임시고용계약이 이탈리아, 스페인, 노르웨이, 영국, 미국, 독일, 일본 등에서 폭발적으로 증가하고 북유럽의 대표국인 스웨덴 사용자들도 그들 국가의 규제장치들에서 유사한 변화들을 추진하고 있다는 것이다. 기업들의 작업현장과 내부노동시장들에서도 이와 유사한 노력들이 진행되어 팀작업이나 여러 기능적 영역들 간의 협조 등을 촉진함으로써 근로자들의 자발적 노력과 창의적 잠재력을 끌어낸다는 것이다.

최근 확산되고 있는 고성과작업체제(high performance work system)의 발전 방향 중의 하나도 기능적 유연성의 강화이다. MacDuffie(1995)는 고성과생산체제에서는 인적자원관리와 작업조직 및 생산과정의 강화된 유연성이 핵심이라고

쓰고 있다. 세계 최고의 기술수준을 자랑하는 일본 근로자숙련의 방향도 바로 다기능근로자의 육성이다.

셋째, 지구촌경제화 및 지식정보화시대로의 진전과 더불어 최근 우리 경제에서 전개되는 또 한 가지 추세는 서비스경제로의 빠른 변화이다. 이는 앞으로 우리 경제의 지속적인 성장과 발전을 위해서는 서비스업 분야의 전반적인 발전과 생산성 향상이 필수적이라는 의미이기도 하다. 사실 서비스업부문의 전반적인 생산성 향상은 서비스업 자체의 발전을 위해서뿐만 아니라 제조업부문을 포함하여 국민경제 전체의 한 단계 도약을 위해서도 반드시 필요하다. 만약 서비스부문의 생산성 향상이 둔화되거나 정체된다면 서비스부문의 생산성 하락→서비스물가의 상승→전체 근로자 및 제조업근로자 임금상승 압력 가중→특히 제조업의 경쟁력 약화 및 제조업 공동화현상의 심화→전체 경제성장률의 하락으로 이어지는 인과관계가 불가피해질 것이다. 왜냐하면 소비자서비스가격의 급격한 상승이 다음으로 소비자물가 및 근로자생계비의 급격한 상승을 야기하고 이것이 공업부문 또는 제조업부문 기업들의 지불능력상승률을 훨씬 상회하는 명목임금상승률을 초래할 것이기 때문이다.

[그림 3-2-2]에 따르면 최근 20여 년간 우리나라에서는 근로자들의 생계비 상승에 가장 크게 기여하는 서비스생산물에 대한 소비자물가가 약 3배로 상승하였지만 광공업부문 기업들의 지불능력을 결정하는 상품의 생산자물가는 1.7배 남짓 정도밖에 상승하지 못한 것으로 나타난다. 우리나라 가계 최종소비지출에서 서비스 소비지출의 비중이 그동안 계속 상승하여 2007년 현재 57.1%에 이른다는 사실을 염두에 둘 때 이는 모두 광공업부문에서의 임금상승을 둘러싼 노사 간 교섭에서 지금까지 큰 갈등요인으로 작용하였을 가능성이 높다. 그러므로 서비스부문의 생산성 향상과 서비스생산물 가격안정은 노사 간 갈등을 줄이는 데 기여할 뿐 아니라 결국 근로자가계의 생계비 상승압력을 줄여 제조업부문의 공동화 억제나 일자리 창출에도 도움을 줄 수 있다.

넷째, [그림 3-2-2]는 또한 최근 우리 경제의 경제성장률이 지속적으로 하락하는 추세를 보여주고 있는데, 이와 같이 점차 낮아지는 경제성장률은 과거부터 많은 학자들이 우려하였던 대로 생산물의 분배를 둘러싼 갈등유발 가능성을 높인다. 과거 한국경제의 고도성장은 특별한 재분배정책 없이도 빈곤층을

[그림 3-2-2] 상품의 생산자물가와 서비스의 소비자물가, 경제성장률 추이 비교

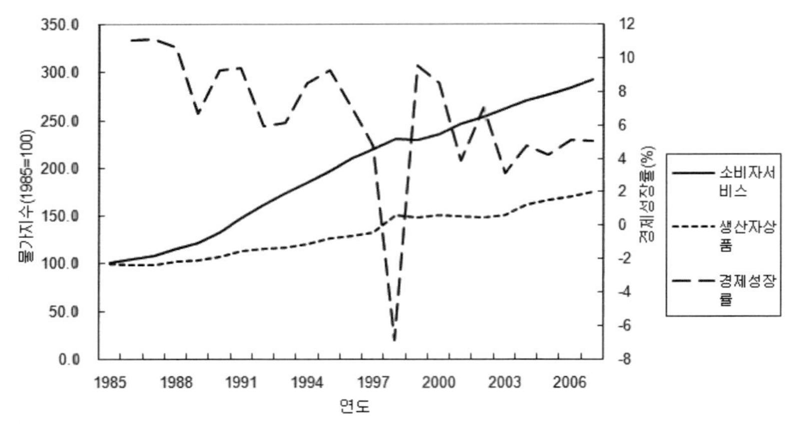

자료: 한국은행, 「조사통계월보」, 각호에서 계산하여 작성.

매우 빠르게 감소시켜 왔다(유경준(1999) 참조). 그런데 과거 많은 학자들의 우려와는 달리 자본주의사회에서 분배문제에 대한 관심이 크게 예민해지지 않았던 것은 불평등이 일부 학자들의 예상처럼 그렇게 심화되지 않았고 또한 자본주의 사회의 성장이나 풍요로움이 장기간 지속되었기 때문이라는 설명(Bronfenbrenner (1971, pp. 14~18))을 수용한다면, 이제 저성장의 시대를 상당기간 경험하고 있는 우리 경제에서는 반대로 앞으로 분배문제에 대한 관심과 논의가 점점 더 중요해질 것이라는 예상도 가능하다. 사실 저성장시대의 지속은 민주주의와 자본주의라는 두 가치가 서로 충돌할 가능성을 높일 수 있다.

민주주의는 완전히 균등한 정치적 지배력의 분배, "1인 1표(one man, one vote)"를 신봉하며 자본주의의 효율성은 "최적자 생존(survival of the fittest)"과 구매력에서의 불평등성에서 나온다는 것이다(Thurow(1996)). 그러므로 저성장시대의 지속은 분명히 분배문제를 둘러싸고 자본주의적 시장의 가치와 민주주의의 가치가 첨예하게 상충할 가능성을 안고 있다.

Ⅲ. 우리나라 노동시장 유연성에 관한 몇 가지 논의

1. 노동시장 유연성에 대한 평가

그동안 여러 논자들은 최근 우리나라 노동시장의 유연성에 대해서 상당히 유연하다는 평가(이인재 · 이연경(2005))도 있고, 상당히 경직적이라는 평가(남성일(1999), 전광명(2004))[4]나 외환위기 이후에 유연성이 어느 정도 높아졌다고 하더라도 그것은 정규직 이외의 부문이나 중소기업부문에서 주로 진행되었으며 노동시장에서의 실질적으로 유효한 규제완화는 거의 없었다는 평가(최경수(2001))도 있어 왔다. 그렇지만 조강래 · 오지윤(2003)은 외환위기 이후 노동시장 유연성 저하의 우려를 강하게 제기하면서 유연성 강화를 위한 여러 가지 정책노력들을 제안하기도 하였다.

해외에서 우리나라 노동시장을 평가하는 시각에도 차이가 있다. IMD(International Institute for Management Development)는 우리나라 노동시장 운행에 많은 영향을 주는 노사관계의 생산적인 정도가 가장 낮다는 평가를 하고 있으며,[5] 세계은행이나 OECD 등은 우리나라 노동시장을 OECD 국가들 중에서 중간정도의 경직성을 가진 것으로 평가하고 있다. 그렇지만 이들 기관들의 자료에 따르면 우리나라의 노동시장은 일본, 중국, 홍콩, 싱가포르, 인도네시아 등 주요 아시아 국가들에 비하여도 훨씬 경직적인 것으로 나타나고 있다(World Bank(2006, 2007)).

우리나라 노동시장의 유연성을 상대적으로 높게 평가하는 세계은행의 평가 등을 정리한 〈표 3-2-1〉을 살펴보면 2006년의 경우 우리나라는 29개 OECD국가들 사이에서 고용유연성 15위, 해고용이성 14위 정도이다. 그렇지만 1997년 자료로 평가된 Botero et al.(2004)의 집단적관계법지수로 보면 집단적 노사관

4) 남성일(1999)은 우리나라 노동시장은 고용의 경직성에도 불구하고 근로시간이나 임금 등에서 비교적 유연성을 유지하여 왔기 때문에 전체적으로 어느 정도의 유연성을 유지할 수 있었다는 평가를 하고 있다.

5) IMD의 2007년 국가경쟁력 평가결과에 따르면 우리나라 노사관계의 생산적인 정도가 2006년은 조사대상 61개국 중 61위, 2007년은 조사대상 55개국 중 55위로 최하위수준이라고 평가하고 있다(정부 내부자료(2007)).

〈표 3-2-1〉 노동시장 유연성 관련지표들의 국제비교(종합)

(OECD 국가들 사이에서의 순위)

	1997		2003	2004	2005		2006	
	고용법 지수	집단적 관계법 지수	고용 보호법 지수	노동시장 유연성 지수	고용 경직성 지수	해고곤란 지수	고용 경직성 지수	해고곤란 지수
	Botero et al. (2004)		OECD (2004)	Cuñat and Melitz (2007)	World Bank(2006, 2007)			
Australia	7	8	6	5	5	6	2	5
Austria	12	7	16	16	18	20	16	17
Belgium	13	11	19	8	9	8	7	9
Canada	4	2	2	2	3	12	3	2
Czech Republic	15	6	11	11	10	10	9	12
Denmark	16	10	9	6	8	9	6	8
Finland	24	5	14	20	20	21	22	22
France	26	28	23	25	27	24	27	25
Germany	22	23	20	22	23	22	21	21
Greece	14	16	24	26	28	25	28	26
Hungary	8	22	8	17	14	11	14	11
Iceland	n.a.	n.a.	n.a.	n.a.	11	2	11	4
Ireland	6	13	4	12	12	13	12	13
Italy	19	25	18	21	25	16	26	24
Japan	2	24	10	10	7	1	10	3
Korea	10	18	12	14	19	15	15	14
Mexico	17	20	26	28	22	28	17	18
Netherlands	23	14	17	18	21	27	19	29
New Zealand	1	3	5	3	2	4	4	6
Norway	21	26	21	13	15	14	25	23
Poland	18	19	15	15	13	17	13	16
Portugal	28	27	27	24	26	29	24	28
Slovak Republic	20	12	13	4	16	18	18	19
Spain	27	21	25	27	29	26	29	27
Sweden	25	17	22	19	17	19	20	20
Switzerland	11	9	7	7	6	7	8	10
Turkey	9	15	28	23	24	23	23	15
United Kingdom	5	1	3	9	4	5	5	7
United States	3	4	1	1	1	3	1	1

주: 1997년 순위는 Botero et al.(2004)에서 사용하고 있는 개별적 노동관계법의 고용보호 정도(고용법지스)가 약한 순위와 집단적 노동관계법의 보호 정도(집단적관계법지수)가 약한 순위이며, 2003년 순위는 OECD의 OECD Employment Outlook, 2004에서 사용하고 있는 고용보호법규(employment protection legislation: EPL)의 고용보호규제 정도가 약한(즉 고용유연성이 높은) 순위임. 2004년의 노동시장유연성지수 순위는 Cuñat and Melitz(2007)가 작성한 것으로 노동시장 유연성이 높은 순위를 나타냄. 한편, 2005년과 2006년의 고용경직성지수와 해고곤란성지수는 Botero et al.(2004)의 방법론을 사용하여 매년 세계은행(The World Bank)이 발표하는 지수이며 표의 순위는 각각 고용유연성이 높은 순위와 해고곤란성이 약한 순위를 나타냄.

계 관련 노동시장 유연성은 18위로 상당히 경직적인 수준이다.

그리고 표에서 알 수 있는 또 한 가지 사실은 외환위기를 경험한 이후에도 우리나라 노동시장의 유연성은 별다른 변화를 보이지 않았다는 점, 그리고 Botero et al.(2004)의 방법을 사용한 World Bank의 평가에 따르면 1997년과 최근을 비교할 때 오히려 과거 10년 사이에 유연성 순위가 다소 하락하기도 하였다는 점이다.

이러한 노동시장 유연성에 대한 해외의 평가는 주로 문서화된 법규 등 과거의 자료와 평가들에 기초한 것들인데 이는 제조업과 서비스업, 대기업과 중소기업 등 상이한 부문들 간의 차이를 충분히 반영하기 어려운 한계를 지닐 수 있으므로 종합적인 평가를 위해서 최근의 노동시장 유연성 변화 여부를 노동시장 관련 실제 자료들로서 부문별로 나누어 분석해 보거나 경직성 관련 제도적 요인들의 변화도 함께 살펴볼 필요가 있다.

그래서 우선 부문별 노동시장 유연성 정도 및 그 변화를 간단하게 추정해 보기로 하자. 일본에서 흔히 사용하는 Tachibanaki and Morikawa(2000)의 모형에 따라 노동시장 유연성 추정모형을 아래와 같이 설정한다. 근로자수 기준으로는

$$\ln L_t = \alpha + \beta \ln X_t + \gamma \ln (W_t/P_t) + \delta \ln L_{t-1} + \varepsilon_t \qquad (1)$$

을 사용한다. 그런데 일반적으로 고용조정은 근로시간조정보다 느릴 것이므로 아울러 근로자-시간수 기준의 고용조정속도도 추정해보기 위해 다음 식을 사용하기로 한다.

$$\ln LH_t = \alpha + \beta \ln X_t + \gamma \ln\left(\left(\frac{W}{H}\right)_t \Big/ P_t\right) + \delta \ln LH_{t-1} + \varepsilon_t \qquad (2)$$

이 식들의 추정에는 물가효과가 제거되고 계절조정된 분기자료가 사용되며 $1-\delta$를 고용조정속도로 해석한다. 여기서 L은 근로자수(「매월노동통계조사」의 상용근로자 10인 이상 사업체의 상용근로자 기준), H는 근로자 1인당 평균근로시간수(「매월노동통계조사」의 상용근로자 10인 이상 사업체 기준), X는 실질GDP(또는

생산지수)(한국은행의 「국민계정」과 통계청 「광공업동태조사」 자료), W는 근로자 1인당 평균명목급여액(「매월노동통계조사」의 상용근로자 10인 이상 사업체 기준), P는 국내 생산자물가(또는 기업은행 기은경제연구소의 중소제조업판매가격지수), 그리고 LH는 근로자수와 1인당 평균근로시간수의 곱이며 W/H는 당연히 근로자 1인의 시간당 평균명목급여액이다.

(1)식과 (2)식의 추정 결과를 일본의 추정결과와 비교해본 것이 <표 3-2-2>이다. 표에 따르면 우리나라 기업들의 최근까지의 고용조정속도는 제조업, 서비스업, 대기업(제조업), 중소기업(제조업) 등 모든 분야에서 일본의 그것보다 상당히 낮은 수준으로 추정되고 있다. 말하자면 우리나라 상용근로자[6] 고용조정속도는 일본보다도 현저하게 낮게 나타나고 있는 것이다. 그리고 우리의 예상과는 달리 우리나라의 경우 근로자수 기준으로는 서비스업이 제조업보다 높은 수준이 아니며 제조업 중소기업도 제조업 대기업에 비하여 높은 수준이 아니라는 점이다. 그러나 근로자-시간수 기준의 고용조정속도는 서비스업과 중소기업 부문에서 예상대로 더 높게 나타나고 있다.

<표 3-2-2> 노동시장 고용조정속도의 한·일 비교

구분	추정기간	전산업	제조업	서비스업	대기업 (제조업)	중소기업 (제조업)
근로자수 기준 고용조정속도계수($1-\delta$)						
한국	93 Ⅰ~07 Ⅳ	0.193	0.137	0.134	0.259	0.216
일본	93 Ⅳ~98 Ⅳ	0.386	0.308	0.208	0.676	0.738
근로자-시간수 기준 고용조정속도계수($1-\delta$)						
한국	93 Ⅰ~07 Ⅳ	0.453	0.266	0.506	0.299	0.412
일본	93 Ⅳ~98 Ⅳ	1.072	0.504	0.478	–	–

주: 한국은 상용근로자 10인 이상 사업체 대상자료 기준으로 추정하였으며 일본은 5인 이상 사업체 기준이며 일본의 대기업은 상용근로자 500인 이상 대기업 대상의 추정결과임.
자료: 일본의 경우 日本 勞働省編, 「平成11年版 勞働白書 — 急速に變化する勞働市場と新たな雇用の創出 —」, 日本勞働硏究機構, 1999, pp. 284~286.

6) 「매월노동통계조사」에서 상용근로자는 '임금을 목적으로 근로를 제공하는 자로서 1년 이상의 기간을 정하여 사업체에 고용된 자'로 정의된다. 따라서 최근 논란이 되고 있는 많은 비정규직 근로자들이 분석대상에서 배제될 수 있다. 그렇지만 비정규직 중에서도 정해진 고용계약기간이 없는 파견근로자, 용역근로자, 파트타임근로자 등이나 1년을 초과하는 계약기간을 가지는 계약직 근로자 등은 포함될 수 있을 것이다.

그렇다면 노동시간 유연성의 핵심이 되는 정규직근로자 또는 상용근로자의 이러한 고용조정속도는 최근까지 어떤 변화를 보여 왔을까? 이를 짐작해 보자면 모수의 시간적 변화를 추정할 수 있는 시변모수(time-varying parameter)모형을 이용해 볼 수 있다. 그리하여 여기서는 1990년대 이후 우리나라 노동시장 유연성의 변화를 가늠해 보기 위하여 근로자-시간수기준의 고용조정속도에 관한 시변모수모형을 추정해 보기로 한다. 추정에 사용된 모형은 다음과 같다.

$$\ln LH_t = \alpha_t + \beta_t \ln X_t + \gamma_t \ln\left(\left(\frac{W}{H}\right)_t \Big/ P_t\right) + \delta_t \ln LH_{t-1} + \varepsilon_t$$

$$\delta_t = \delta_{t-1} + e_t$$

$$e_t \sim N(0,\ \sigma_e^2) \tag{3}$$

시변모수모형의 세세한 추정결과는 지면관계상 생략하기로 하고 추정결과로서 각 부문별 고용조정속도인 $1-\delta_t$의 시간추세는 [그림 3-2-3]으로 정리할 수 있다.

[그림 3-2-3]에 따르면 최근 우리나라 각 부문별 상용근로자 기준의 근로

[그림 3-2-3] 부문별 추정 고용조정 시변계수(time-varying parameter) 추이

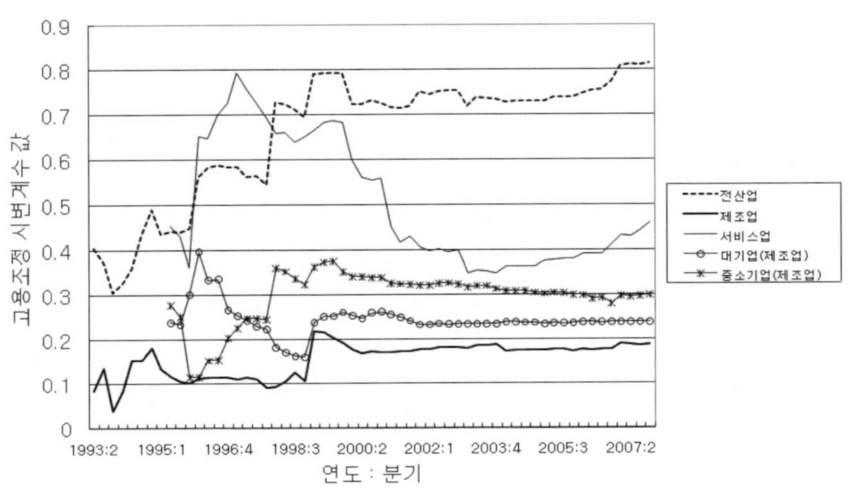

자-시간수 고용조정속도의 변화가 첫째, 경제전체적으로 외환위기 직전부터 크게 상승하였지만 2000년경부터는 큰 변화를 보이지 않는다는 점, 둘째, 그렇지만 부문별로 나누어볼 때, 서비스업은 외환위기 이후 매우 빠른 속도로 고용조정속도가 하락하였으며 최근 다시 약간 상승하고는 있지만 외환위기 이전수준에 머물고 있다는 점, 셋째, 제조업부문은 고용조정속도가 매우 낮은 수준을 유지하면서 외환위기 이후 약간 상승한 상태에서 거의 그대로 유지되고 있다는 점, 넷째, 제조업 대기업부문은 고용조정속도가 0.2 정도를 약간 상회한 수준에 머물러 있으며 외환위기 이후 점진적으로 하락하다가 그대로 유지되고 있다는 점, 다섯째, 중소기업부문에서는 외환위기 때 빠르게 상승하였다가 그 이후 최근까지 점진적으로 하락하고 있으며 그러면서 동시에 대기업부문보다는 약간 높은 수준을 견지하고 있다는 점 등으로 나타난다는 것을 발견할 수 있다.

요컨대 추정작업 결과에 따르면 우리나라 노동시장 유연성은 상용근로자의 경우 그 수준이 매우 낮으며 제조업의 경우는 대기업과 중소기업부문 모두 외환위기 이후에는 점진적으로 하락하는 추세를 보이고 있다는 결론을 내릴 수 있다. 이는 이미 앞의 [그림 3-2-3]에서 살펴본 바와 같이 국제경쟁여건이 특히 제조업부문 노동시장 유연성 강화압력을 훨씬 높이고 있음에도 불구하고 이에 충분히 대응하고 있지 못하다는 증거로 생각된다. 결국 이러한 요인들이 최근까지 각종 비정규직 근로자들에 대한 수요를 계속 증가시키는 방향으로 작용한 것이 아닌가 추측된다.

2. 최근의 노동시장 유연성 변화요인들과 효과

1) 법적·제도적 변화

우선 2006년과 2007년에 앞으로 우리나라 노동시장에서 그 유연성을 약화시킬 수 있는 몇 가지 법적·제도적 변화들이 있었다는 점을 지적하지 않을 수 없다. 최근 노동시장의 경직성을 높일 수 있는 잠재력을 가진 변화요인들로는 첫째, 분쟁가능성 등과 노동시장 경직성을 높일 수 있는 노동관계법의 변화 ① 필수공익사업에 대하여 적용범위 축소 및 직권중재제도 폐지(파업참가자 50%까지 대체근로 허용), ② 단체교섭 및 노동쟁의에서의 제3자 지원 신고제도의 폐지, ③ 개별 기업 내 복수노조 설립 허용 및 전임자 급여지급 제한 규정의 시행을 2010년 1. 1부터로 3년 연기, ④ 정리해고의 경우 3년까지 우선재고용 노력 의무화(동시에 사전통보기간 60일에서 50일로 단축), ⑤ 정당한 이유 없는 해고 등에 대한 구제명령 불이행자 대상의 이행강제금제도 도입, ⑥ 기간제 및 단시간근로자, 그리고 파견근로자 등 비정규직근로자 보호 강화 및 차별시정제도의 도입, ⑦ 건설하도급의 경우 임금체불 억제를 위해 직상 수급인의 연대책임 규정 등), 둘째, 노사분쟁 사례에서 자주 발견되는 노사관계 관련 법규의 무시와 법률위반 책임부여 관행의 미정착, 셋째, 개별기업 내 노사간 목표일치성 추구를 어렵게 하는 초기업적 노동조합주의의 강화 분위기 등을 들 수 있다.

특히 최근 상대적으로 강력한 정규직 보호규정 등은 그대로 둔 채 유연성의 핵심요소 중 하나인 비정규직근로자 고용을 이들 정규직 보호수준으로 보호하려는 좀더 강한 보호제도가 입법화되어 시행되기에 이르고 이를 둘러싼 분쟁이 자주 발생하고 있어 앞으로는 노동시장의 경직성이 좀더 강화되는 추세에 있을 것으로 평가된다.

2) 노사분쟁 해결과정을 둘러싼 경직성 강화요인들

(가) 노사분쟁 발생 분야들

노동시장의 유연성에 영향을 주는 중요한 측면들 중의 한 가지는 노동시장의 유연성과 관련하여 발생하는 노사분쟁의 해결과정이다. 경제의 지식정보화, 개방화, 그리고 서비스화로 인하여 일어날 수 있는 양극화의 진행, 노동시장 유연성의 확보 필요성, 그리고 공공서비스부문에서의 도덕적 해이 우려 등이 현재 다양한 모습으로 각 경제부문에서 노사분쟁 또는 노사갈등을 야기하고 있다. 물론 여기에는 임금이나 근로조건 결정에 관한 단체교섭 관련 노동쟁의들처럼 전통적인 형태의 노사갈등도 포함된다. 대체로 다음과 같은 분야들에서 노사분쟁이 빈발하고 있다.

첫째, 국제경쟁의 절박함 속에서 노동비용의 절감 요구, 그리고 고용의 유연성을 확보하려는 많은 기존기업들이 비정규직의 고용을 확대하고 있다. 그리하여 비정규직 고용의 불안정성과 낮은 임금, 불리한 근로조건, 그리고 4대 보험 혜택의 제약 등과 같은 노동비용 절감 노력을 둘러싼 논란과 분쟁이 계속되는 추세이다. 기업들은 인력활용에서의 수량적 유연성 확보와 노동비용 절감을 이유로 비정규직고용을 늘리고, 근로자들은 반대로 그 때문에 높아진 고용의 불안정성과 낮고 열악해진 임금·근로조건의 개선을 요구함으로써 갈등이 표출된다.

둘째, 고용 및 임금유연성을 추구하는 과정에서 다양한 아웃소싱이나 여러 가지 형태의 특수고용이 출현하고 이 때문에 많은 분쟁들이 발생하고 있다. 최근까지 근로자성 여부에 관한 다툼으로 법정의 힘을 빌어야 했던 골프장 캐디, 학습지 교사, 화물차 차주 등의 고용형태, 또한 불법파견 여부의 다툼 대상이 되었던 각종의 파견근로형태 등이 여기에 포함될 수 있다.

셋째, 최저임금 결정, 비정규직 근로자 보호, 해고규제, 여성근로자 보호, 차별금지와 차별판정 등 정부의 노동시장정책과 노사관계정책의 집행을 둘러싼 분쟁도 많이 발생하고 있다. 특히 2007년 7월부터 시행될 노동위원회의 비정규직 차별판정업무는 지금까지 관련 경험이 전혀 없었기 때문에 합리적인 기준이 설정될 때까지 경우에 따라서는 많은 시행착오를 낳을 가능성도 있다.

넷째, 소득수준의 향상 탓으로 사회서비스분야의 성장 등 공공부문의 확대에 따른 다양한 갈등가능성도 존재한다. 국내적으로나 국제적으로 시장과 경쟁의 압력을 받을 가능성이 희박한 공공·사회서비스부문에서는, 항상 한편에서는 효율화와 생산성 향상을 추구하도록 만드는 압력이 존재하고 다른 한편에서는 도덕적 해이의 상태로 후퇴하고자 하는 유혹도 존재하며 결국 이들 상충적인 선택들이 갈등을 유발할 수 있는 것이다. 실제 최근 우리나라 노동조합들은 전기·가스·수도업, 운수·통신업, 금융·보험업 등 주로 서비스산업 중심으로 재편되고 있다(〈표 3-2-3〉 참조).

(나) 노사분쟁 해결과정에서의 문제점

앞에서 살펴본 여러 분야에서 최근까지도 다양한 노사분쟁들이 발생하여 왔다. 그런데 이러한 분쟁들이 어떤 방식으로 해결되느냐 하는 점도 노동시장의 유연성에 중요한 영향을 미칠 수 있다. [그림 3-2-10]에서는 그 월별 횟수와 연도별 추세를 살펴볼 수 있지만 그동안 이러한 갈등들이 해결되는 과정에서 여러 가지 문제점들도 발생하였으며 그로부터 우리는 앞으로 노사갈등의 효과적인 해결과 노동시장 유연성 제고라는 시각에서 몇 가지 시사점들도 정리해 볼 수 있다.

첫째, 한 회사에서의 노사 교섭력 행사가 당해 업계 노사 전체의 대리전 또는 힘겨루기 양상으로 발전하는 경우, 당해 기업의 구체적인 사정에 적합한 협조적이며 문제해결지향적인 의사결정이 특히 어려웠다는 점을 지적할 수 있다. 이는 개별 기업에서의 노사협상이나 교섭이 초기업적 성격을 띠는 경우에 특히 그러하므로 노사 양 주체의 목표일치성을 확보하고 구체적인 개별 기업사정에 적합하며 신속·유연한 의사결정을 위해서는 초기업적 교섭보다는 가능한 한 기업별교섭을 추진하는 것이 필요하다는 시사를 얻을 수 있다.

〈표 3-2-3〉 산업과 기업의 특성별 노조가입 현황(2006년 기준) (천 명, %)

		노조원수	노조조직 사업체 근로자비율	노조가입률
산업별	농림어업	2	4.6	1.4
	광업	1	17.2	12.5
	제조업	544	28.3	15.8
	전기·가스 및 수도사업	30	76.9	47.2
	건설업	58	9.8	4.3
	도소매업 및 숙박·음식점업	101	8.6	3.4
	운수업	244	56.2	38.6
	통신업	73	49.8	28.5
	금융 및 보험업	170	46.4	23.1
	부동산 및 임대업·사업서비스업	102	12.3	5.6
	공공행정, 국방 및 사회보장 행정	84	25.2	10.3
	교육서비스업	148	38.6	11.2
	보건 및 사회복지사업	88	28.2	13.9
	기타산업	58	11.0	5.3
기업 규모별	1~4인	29	2.7	0.9
	5~9인	66	5.5	2.6
	10~29인	241	15.8	7.4
	30~99인	411	31.8	13.6
	100~299인	334	42.5	21.4
	300인 이상	654	62.9	35.5
전 체		1,734	23.0	11.3

주: 여기서 노조조직사업체 근로자비율은 노조원이든 아니든 일단 노조가 조직된 사업체(기업이 아님)에 근무하는 근로자의 비율을 의미하며 노조가입률은 전체 근로자들 대비 노조원의 비율을 나타냄.
자료: 김정우(2006).

둘째, 법과 규칙이 분명하게 준수되지 않는 분위기가 만연하여 분쟁 중에 발생한 엄연한 불법행위들도 분쟁 타결 후에는 쉽게 용인되어 잘못이 확실하게 가려지지 않는 관행이 은연중에 형성되었으며 이것이 이후 다른 기업들의 노사분쟁에도 바람직하지 못한 방향으로 영향을 미칠 수 있었다는 점이 지적된다. 이러한 분위기는 노사 양측 모두에게 규칙준수의 자세를 확립시키는 데 도움이 되지 않을 것이다. 사실 분규를 해결하려는 노동위원회나 법원에서의 판정과 재판도 법규와 판례의 매우 엄격한 적용에 기초를 두고 있다. 예컨대 근로자의 명백한 잘못이 인정되는 경우에도 규칙적용의 절차가 법규에 정확히 합당하지 않으면 징계하는 것조차 불가능한 경우가 현실에서는 자주 일어나기 때문이다. 규칙을 엄격하게 준수하지 않는 분위기와 관행은 분쟁의 예방 및 신속한 해결과 유연성 강화에 장애요인으로 작용할 뿐이다.

셋째, 노사분쟁에 대한 정부의 성급한 개입과 간섭이 유연한 노사자치주의의 정착에 도움이 되지 못한다는 시사도 얻을 수 있다. 노사분쟁이 해결되는 사례들에서도 대중적 인기를 중시하는 정치권과 정부의 무원칙한 개입이 사용자들의 양보를 강제하는 분위기를 조성하는 경우가 실제 발생하기도 하였다. 이 경우에는 당연히 정부의 간섭이 오히려 문제해결보다는 문제를 악화시키는 효과를 가질 것이다. 노사자치주의는 원래 영국의 노사관계의 중요한 특징으로 논의되어 온 임의주의(voluntarism)에 가까운 것으로 무엇보다도 단체교섭의 산물인 단체협약을 노사관계를 규율하는 중요한 규칙으로 간주하는 개념이다. 그런데 단체교섭에 의한 노사자치주의가 유효한 기구로 존재하기 위한 몇 가지 전제조건들이 존재한다. 그것들은 ① 상당한 정도의 조직화 달성, ② 당사자들 사이에 서로 합의에 들어갈 용의 또는 상호승인 자세의 존재, ③ 합의사항들의 철저한 준수 등으로 정리될 수 있다(Flanders(1965), pp. 23~24). 그렇다면 우리나라의 경우에도 조직화가 상당히 달성된 대기업들에서는 이를 실천해갈 수 있는 형식적 환경이 일단 조성되어 있다고 볼 수 있으므로, 여기에 앞에서 언급한 철저한 규칙준수의 분위기와 상호승인의 자세까지를 정착시킬 수 있다면 노사관계에 대한 정부의 직접적인 개입과 간섭은 조만간 불필요해질 수 있다. 정부로서는 오히려 합리적인 노사관계 공통규칙들을 정비하고 이의 엄격한 적용과 감독에 전념하는 것이 필요하다.

3) 일자리 창출 성과와의 관련성

이러한 노동시장 경직성 강화요인들은 결국 투자 위축, 경제성장률 하락과 일자리창출 둔화로 연결될 수 있다. 실제 우리나라 연평균 경제성장률(투자증가율)은 1994~1997년 사이 7.3%(7.7%), 1999~2002년 사이 7.2%(6.6%), 2003~2007년 사이 4.4%(3.2%)로 최근 크게 낮아졌으며 따라서 연평균 일자리증가도 같은 기간에 각각 495천 개, 558천 개, 그리고 253천 개로 급격하게 감소하였다(〈표 3-2-4〉 참조).

〈표 3-2-4〉에 따르면 최근으로 오면서 우리나라의 일자리 창출은 주로 사업·개인·공공서비스업 및 기타, 전기·운수·통신·금융산업 등에서 이루어지고 있다.

특히 비정규직 보호제도의 시행과 관련하여서는 노동정책목표들 사이에 상충관계도 심화될 가능성이 발생하고 있다. 예컨대 비정규직 보호법규가 기업들의 노동비용을 증가시켜서 장기적으로 비정규직 일자리 창출을 현저하게 위축시킨다면 이것은 다시 현재 노동부가 역점사업으로 추진하고 있는 사회적일자리 창출사업의 정책대상을 계속 증가시키는 결과를 초래할 수 있다. 한쪽에서

〈표 3-2-4〉 1990년 중반 이후 연평균 경제성장률 및 산업별 일자리 증감 상황

(연(기하)평균 %, 연평균 천 명)

	94~97	99~02	03~07	03	04	05	06	07
연평균 경제성장률(%)	7.3	7.2	4.4	3.1	4.7	4.2	5.1	5.0
연평균 투자증가율(%)	7.7	6.6	3.2	4.0	2.1	2.4	3.6	4.0
전산업 연평균 일자리 증감 합계	495	558	253	−30	418	299	295	282
농림어업	−77	−82	−69	−120	−125	−9	−30	−59
광공업	−52	81	−24	−37	84	−55	−66	−48
(제조업)	−46	81	−24	−36	85	−56	−67	−48
사회간접자본 및 기타서비스업	624	559	346	126	459	363	392	388
(건설업)	80	42	21	70	4	−5	21	15
(도소매·음식숙박업)	247	161	−54	−146	10	−56	−44	−36
(사업·개인·공공서비스 및 기타)	222	317	332	199	419	366	328	349
(전기·운수·통신·금융)	75	39	47	3	26	59	88	60

자료: 통계청, 「경제활동인구조사」 각년도 자료에서 계산.

는 일자리를 줄이는 정책이 시행되고 다른 쪽에서는 일자리를 증가시키려는 정책이 시행되는 모순이 발생하는 것이다. 그런데 이 경우 우려되는 심각한 문제는 사회적일자리 창출사업들이 만들어내는 일자리들이 기업연계성과 자립성 면에서 현재의 비정규직 일자리보다 훨씬 저급하고 불안정한 일자리일 가능성이 높다는 점이다.

Ⅳ. 노동시장 유연성에 관하여 밝혀진 몇 가지 사실들

1. 과거의 노동시장의 발전과 소득분배의 추세: 시장의 힘

한국경제 전체의 노동소득분배율의 변동추세를 일관된 방식으로 추정한 결과 1953~1997년 외환위기까지의 노동소득분배율 변동의 주요 특징들을 다음과 같이 요약할 수 있다. 첫째, 전체적인 흐름이 뚜렷이 U자형곡선을 그린다고 할 수 있다. 그 곡선의 바닥점은 대체로 1966년경에 시작되어 1972년경에 그치고 있다. 노동소득분배율의 상승추세가 다소 급격하게 되는 시기는 1977년경부터이다. 노동소득분배율의 하락시기 및 바닥시기는 전환점 이전시기, 즉 무제한적인 노동력공급시기에 대응하며 그 상승시기는 전환점 이후시기에 대응하는 것으로 해석할 수 있다. 둘째의 특징은 노동소득분배율과 경기변동과의 관련성인데, 노동소득분배율이 선진국에서의 움직임과는 달리 한국경제에서는 그것이 대체로 경기순환의 정점근처에서 상승할 뿐 아니라 GDP에서 수출이 차지하는 비중이 높을수록 상승한다. 이러한 현상은 특히 1960년대 후반 이후에 두드러지게 나타난다. 경제성장률이 높아질수륵 노동소득분배율이 상승한다는 사실도 분명히 확인할 수 있었다(졸고(1992) 참조). 이는 수출주도형 고도성장정책을 채택한 개발도상국에서 독특하게 나타나는 현상으로 해석되며, 특히 전환점 이후시기에 있어서는 성장과 분배형평이 서로 상충적이라는 전통적인 관념을 크게 벗어나는 하나의 의미 있는 사례가 된다고 할 수 있었다([그림 3-2-4] 참조).

수출주도형 고도성장전략을 채택한 개발도상국의 경우 노동시장의 전환점(turning point) 이전에는 무제한적인 노동력공급에 주로 기인하여 노동소득분배율이 점진적으로 하락하고(이는 경제개발 초기에 소득분배의 불평등을 심화시키는 경향을 가진다), 그 이후에는 제한적인 노동력공급과 그에 따른 상대적으로 빨라진 임금상승, 그리고 낮은 투입요소 간 대체탄력성(노동요소의 질이 빠르게 향상되는 경우에는 투입요소의 대체탄력성이 낮아질 수 있다) 때문에 노동소득분배율이 계속 상승하는 추세를 보이는 경향을 가진다(이는 일정기간 경과 후부터는 자연스럽게 소득분배의 불평등을 완화하는 효과를 발휘하였다). 그런데 그 전환점을 앞당기고 소득분배의 불평등을 완화시켜서 근로자들의 후생을 비약적으로 향상키는데 결정적인 기여를 하는 요인은 근로자 또는 노동조합의 강력한 교섭력이나

[그림 3-2-4] 노동소득분배율 추이(1953~2007)

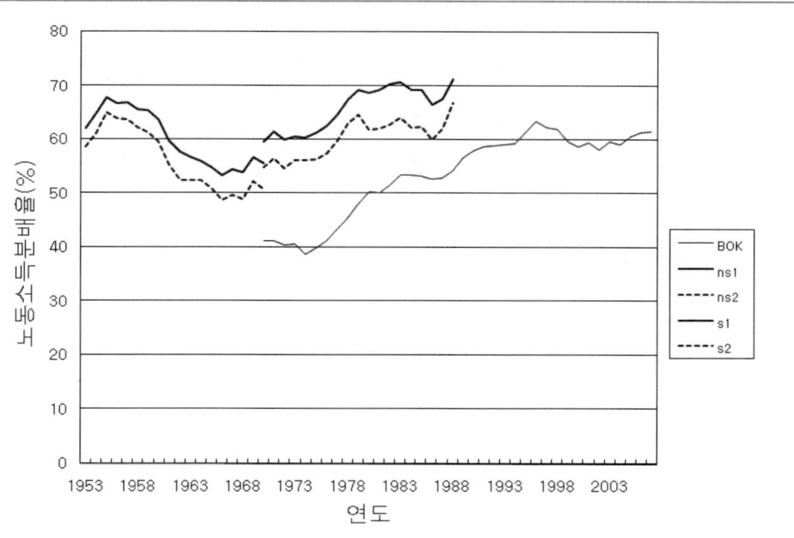

주: s_1: 구국민계정 기준의 요소비용에 의한 국민순생산의 노동소득(자영업주의 추정 노동소득 포함)분배율(1953~1970).

s_2: 구국민계정 기준의 요소비용에 의한 국내순생산의 노동소득(자영업주의 추정 노동소득 포함)분배율(1953~1970).

ns_1: 신국민계정 기준의 요소비용에 의한 국민순생산의 노동소득(자영업주의 추정 노동소득 포함)분배율(1970~1988).

ns_2: 신국민계정 기준의 요소비용에 의한 국내순생산의 노동소득(자영업주의 추정 노동소득 포함)분 배율(1970~1988).

BOK: 한국은행이 국민계정에서 편제·발표하는 노동분배율(자영업주의 추정노동소득 포함하지 않으며 국내순생산 기준)(1970~2007).

자료: s_1, s_2, ns_1, 그리고 ns_2는 졸고(1992). *BOK*는 한국은행「국민계정」통계.

노동시장의 경직성이 아니라 바로 미숙련노동력에 대하여 가장 강력한 흡수력을 발휘하면서 당시 저임금·장시간노동으로 악명이 높았던 수출산업을 중심으로 한 제조업의 급속한 성장이었다. 그것은 바로 시장의 힘이었다. 이 과정은 [그림 3-2-4]에서 외환위기 이전까지의 U자형 노동소득분배율 곡선으로 요약할 수 있다.

우리 경제에서 1997년경의 외환위기는 매우 중요한 의미를 가지고 있다. 외환위기 이후에는 경제의 개방도가 매우 급격하게 높아졌기 때문에 사실 경제의 구조나 운행원리가 질적으로 크게 달라졌을 가능성이 높다. 그래서 [그림 3-2-4]에서 짐작할 수 있는 바와 같이 외환위기 이후에는 일정수준 이상의 성장속도가 유지된다면 장기적으로 다시 새로운 U자형 노동소득분배율 추세가 나타날 가능성도 예상할 수 있다. 노동소득분배율이 추세적으로 상승하는 국면에서는 경제전체의 소득분배 불평등도 함께 감소할 것이며 이것이 결국 우리에게는 앞으로 노동시장 유연성 강화가 왜 반드시 필요한지에 대한 과학적 비전을 제공해줄 것이다. 더욱이 유럽의 선진 8개국 집계 노동소득분배율을 보여주는 [그림 3-2-5]와 함께 비교하여 보면 현재 우리나라의 노동소득분배율 수준이 이제는 이들 국가들에 비하여 상대적으로 높은 수준을 유지하고 있음도 짐작할

[그림 3-2-5] 최근 유럽 8개국(독일, 오스트리아, 벨기에, 스페인, 핀란드, 프랑스, 네덜란드, 이태리)의 노동소득분배율 추이

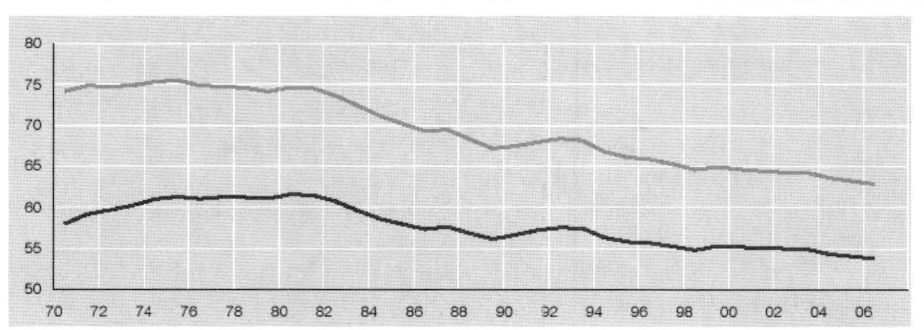

주: 그림에서 윗선은 자영업부문의 귀속추정 노동소득을 포함하는 노동소득분배율이며 아랫선은 포함하지 않은 노동소득분배율임. 모두 1980년 불변가격으로 계산한 노동소득분배율이며 8개국의 GDP는 유럽지역 전체 GDP의 90%를 상회함.
자료: Moral, E. and V. Genre(2007), p. 5, [Chart 1].

수 있다.

2. 정부규제와 일자리 창출 사이의 상관관계: OECD와 EU의 사례

정부규제들 중에 고용규제들도 여러 가지 포함되어 있는데, 이 고용규제들과 일자리창출 사이의 상관관계를 OECD자료를 이용하여 분석하여 본 결과 몇 가지 흥미로운 결과를 발견할 수 있다. 현재 OECD 통계자료에 의하면 채용 및 해고 관련 규제수준면에서 우리나라는 OECD회원국 28개 국 중 13위 수준(법적 고용보호(employment protection legislation)의 강도를 나타내는 규제지수 2.0)에 있다.

우선 고용규제의 정도와 고용률 사이의 관계는 음의 상관관계에 있으며 상관계수도 −0.459로 추정된다([그림 3-2-6] 참조). 해고규제가 강력할수록 기업들은 일자리창출에 신중해지기 쉬울 것이므로 이러한 추정결과는 합리적인 예상과 부합한다. 이때 고용률은 생산가능인구중 취업자의 비율을 의미한다.

다음으로 유사한 맥락이지만 [그림 3-2-7]에서 보는 대로 고용규제의 정도와 청년(15세~24세)실업률 사이의 관계는 양의 상관관계에 있음도 나타난다. 규제의 정도가 높을수록 채용에 신중해질 것이므로 당연히 실업률은 높을 것이다. 그 정도는 전체실업률에 비하여 양의 상관관계가 약간 더 강하다. 고용규제는 평균적으로 청년고용에 좀더 불리한 영향을 미치는 것이다.

또한 고용규제의 정도와 최근 3년(2001년에서 2004년 사이)간 실업률의 변화(%포인트) 사이의 관계도 양의 상관관계로 그 값은 0.439에 이른다. 고용규제가 심할수록 실업률이 더 크게 높아지고 있는 것이다. [그림 3-2-8]은 청년실업률 변화와의 관계를 보여주는데 양의 상관관계가 다소 약화되지만 여전히 그 값은 0.328이다.

이렇게 볼 때 정부의 기업활동 규제는 강하면 강할수록 일자리 창출에 매우 불리하다는 사실을 분명히 확인할 수 있다.

한편, 최근 EU의 European Commission(2006)은 [그림 3-2-9]에서 보는 바와 같이 고용보호입법의 수준이 높을수록 임시계약직 근로자들의 비중도 따라서 높아진다는 분석결과도 제시하고 있다. 이는 EU 소속 국가의 기업들도 고용보호입법의 직접적인 충격효과를 피하기 위하여 임시계약직과 같은 비정규

[그림 3-2-6] 고용규제와 고용률 사이의 관계(OECD 회원국 국제비교)

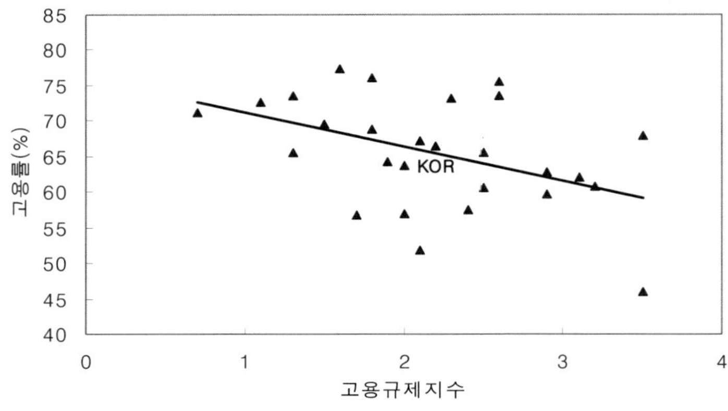

주: KOR는 우리나라를 나타냄.
자료: OECD, OECD Employment Outlook, 2004와 2005의 통계부록(Statistical Annex) 자료를 연결하여 도표화함.

[그림 3-2-7] 고용규제와 청년실업률 사이의 관계(OECD 회원국 국제비교)

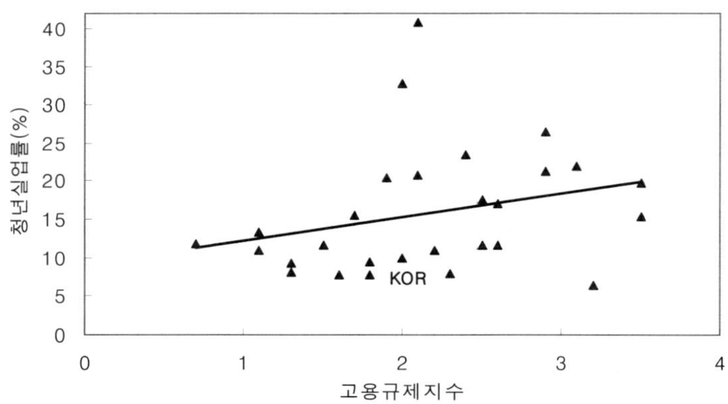

주와 자료: [그림 3-2-6]과 같음.

[그림 3-2-8] 고용규제와 청년실업률 변화 사이의 관계(OECD 회원국 국제비교)

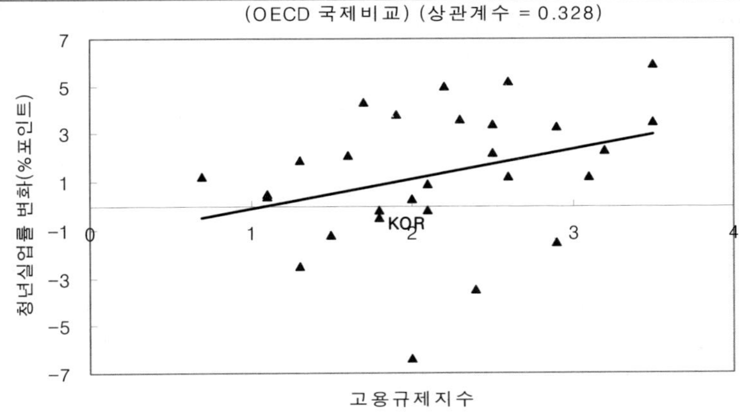

주와 자료: [그림 3-2-9]와 같음.

[그림 3-2-9] 유럽연합(EU) 국가들의 전체적인 고용보호입법(EPL) 수준과 임시계약직 (temporary contracts) 근로자비율의 상관관계

임시계약직비율(%)

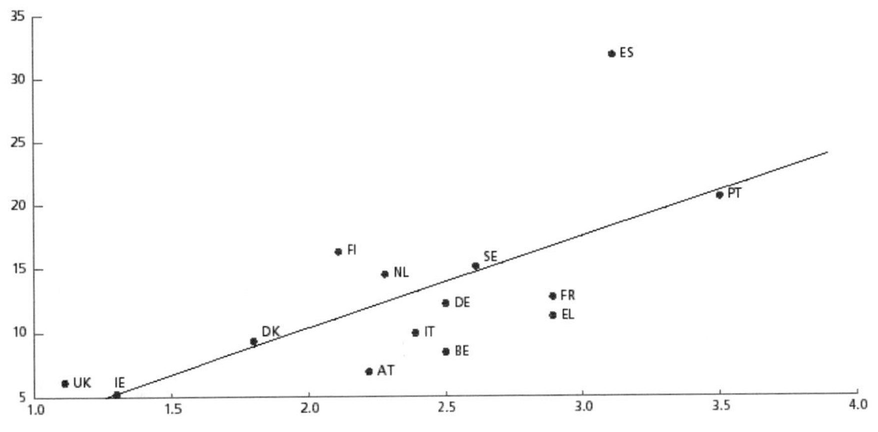

자료: European Commission, Employment in Europe 2006, European Union, Oct. 2006의 p. 158 [Chart 10].

직 근로자의 채용비율을 높인다는 증거로 이해된다. 실제 Grubb, Lee, and Tergeist(2007)는 우리나라의 최근 노동시장 변화를 분석하면서 놀랍게도 기업들의 외부화전략(externalization strategy)이 고용보호입법 메커니즘, (경직적인) 임금결정관행들, 그리고 노사관계 등에 의해 더욱 강화되어왔다는 점을 지적하고 있다. 이 모든 것들이 1997/1998 금융위기 이후에 더욱 중요해졌으며 최근까지 노동시장 이중구조(labour market duality)를 계속 심화시켜 왔다는 것이다.

이러한 분석결과를 좀더 확대해석하면 최근 우리나라의 비정규직근로자들의 비중이 빠르게 증가하여 온 이유도 결국은 바로 지금까지 정규직근로자들에 대한 과도한 보호규제, 임금제도의 경직성, 그리고 불안정한 노사관계 등에 기인한 노동시장 경직성에 있었다는 설명이 가능할 것이다.

Ⅴ. 노동시장 유연성과 일자리 창출을 위한 정책방향

1. 노동시장 유연성 강화의 장기적 비전

높은 수준의 원천기술, 고기술 및 생산성 확보가 기업들의 부가가치 창출능력을 향상시키며 이러한 능력은 제조업 등 주요 산업들의 공동화를 지연시키고 샌드위치국면을 벗어날 수 있게 해 줄 것이다. 물론 여기에는 치열한 기술개발 및 인적자원개발 노력 역시 필요하며 노동시장 유연성의 강화와 함께 고성과생산체제의 정착노력도 절실히 필요하다. 이러한 요소들은 최근 일본의 사례에서 보는 바와 같이 살아남기 위해 해외로 나갔던 기업들까지 다시 국내로 돌아올 수 있게 해 줄 것이고 수많은 고학력 구직자들에게 좋은 일자리(decent job) 획득기회를 제공할 것이다.

[그림 3-2-4]에서 우리나라 노동소득분배율 추세가 외환위기(1인당 국민소득 1만 달러시대) 이전까지 커다란 U자형 곡선을 그리고 있었고, 외환위기 이후부터 다시 새로운 U자형 곡선이 형성되고 있음을 살펴보았다. 외환위기 이전 우리 경제가 경험한 U자형 국면이 우수하고 저렴한 노동력으로, 그리고 주로 양적인 요소투입 증가에 의해 이루어진 성과였다고 하면, 외환위기 이후부터의 U자형 국면은 환골탈태한 경제체질에 기초한 우수한 질적 요소투입으로 승부

할 수밖에 없는 국면이라 할 수 있다. 외환위기 이후 우리 경제가 새로운 개방경제 환경에 적응하기 위한 체질조정기간을 경험하고 있다고 보면 앞으로 20~30년간 새로운 경제체질 형성에 의한 제2의 U자형 Kuznets가설 국면들을 경험하게 될 가능성이 높다. 그렇지만 그렇게 되기 위해서는 전제조건으로 반드시 노동시장의 높은 효율성과 유연성에 기초한 순조로운 고도성장의 지속이 필요하다. 노동시장 유연성의 강화는 흔히 우려되는 양극화를 초래하는 것이 아니라 오히려 비정규직의 증가속도를 늦추고 정규직과 비정규직 사이의 여러 가지 격차도 줄이고 순조로운 고도성장의 지속을 용이하게 만들며 이것이 결국 노동력 수요를 계속 확대함으로써 결과적으로 새로운 U자형 국면을 조성하는데 기여하게 될 것이기 때문이다. 말하자면 이것이 노동시장 유연성 강화의 궁극적 비전이다.

2. 노동시장 유연성을 높이기 위해서 필요한 조치들

현재 우리나라의 노동시장 유연성을 현재보다 좀더 강화하기 위해서는 첫째, 정규직에 대한 보호수준을 지금보다 좀더 완화해야 한다. Grubb, Lee, and Tergeist(2007)가 지적한 대로 이 방법만이 비정규직 근로자 규모의 증가속도를 늦추고 정규직과 비정규직 사이의 격차도 유의하게 줄일 수 있기 때문이다. 예컨대 해고구제 신청자격을 근속연수가 일정기간 경과한 경우에 한하여 가능하도록 하는 방안이나 노동시장이 훨씬 유연한 선진국들이 많이 활용하고 있는 시간제 근로자 활용비율을 높이도록 유도하는 정책, 그리고 파견근로자 일자리를 규제하는 경우에도 포지티브시스템에서 네거티브시스템으로 전환하는 조치가 적극 추진되어야 할 것이다.

특히 시간제 근로자의 경우 현재 우리나라에서 그 활용비율이 지나치게 낮게 나타나고 있는데, 그 중요한 원인으로는 기업들이 시간제 근로자들을 고용하는데 따르는 비용이 전일제 근로자의 경우에 비하여 상대적으로 높다고 생각하기 때문일 것이다. 현재 근로기준법에 의하면 시간제 근로자들에게는 비례보호의 원칙을 적용하도록 되어있으나 예컨대 사용자부담의 경우 4대 보험의 적용에 있어서도 급여액비례부담원칙이 그대로 적용되는지 여부를 면밀히 검토해볼 필요가 있다. 그리하여 시간제 근로자의 활용이 특별히 추가비용을 초래하지 않는다면 가사노동과 직장노동의 병행을 희망하는 여성유휴인력의 활용도 촉진될 수 있고 노동시장의 유연성도 그만큼 높일 수 있을 것이다.

정리해고의 경우도 사업의 양도·인수·합병만 긴박한 경영상의 이유로 인정할 것이 아니라 현재 판례에서 인정되고 있는 수준을 명시화하여 '가시적인 기업 경영위기' 등도 정리해고 사유로 인정할 수 있도록 수정될 필요가 있다.

규제완화가 OECD국가들에서조차 실업을 줄이고 고용률을 높인다는 점은 앞에서 살펴보았다. 노동시장 규제로서 최근 최저임금의 빠른 인상 때문에 아파트 경비원이 대량 해고되고 경비자동화시스템이 도입되는 사례, 그리고 골프장 캐디 정규직화 규제를 둘러싼 이해당사자들 사이의 논란 등은 규제가 경우에 따라서는 많은 일자리를 줄일 수 있다는 점을 보여주는 사례이다. 그리고 2007년 7월부터 발효된 "기간제및단시간근로자보호등에관한법률"도 비슷한 효과의 잠재력을 가진 규제로 볼 수 있다. 이러한 규제가 비정규직을 정규직으로 전환시키는 효과도 물론 가지고 있겠지만, 많은 경우에 비정규직 근로자들을 해고하는 효과도 분명히 가질 것이다. 경제이론은 비정규직을 해고하거나 채용을 줄이는 이러한 조정과정이 장기에는 훨씬 더 강하게 진행될 수 있다는 것을 우리에게 보여준다. 따라서 예컨대 기간제 근로자 계약기간 상한을 현행 2년에서 3년 정도로 연장하고 노사가 모두 원하는 경우 추가로 더 연장할 수 있도록 허용하는 방안도 적극 검토할 필요가 있다(박덕제(2008)).

더욱이 비정규직 근로자들에 대한 차별여부 판정제도도 기업들에게 많은 부담을 줄 수 있다. 차별판정을 쉽게 드러나는 현재의 지표들에만 의존하는 경우 근로자들의 장래 발휘될 잠재능력과 그 개발·육성에 대한 사용자들의 장기적 판단은 조금도 도입될 여지가 없다. 사실 기업의 인재는 장래를 보고 육성되는 경우가 대부분이라고 보면 이는 앞으로 많은 문제를 안고 있는 제도인 셈이다. 차별판정의 개념에 근로자의 장기적인 미래생산성 평가 개념이 반드시 도입되어야 할 것으로 보인다.

둘째, 이미 앞에서 살펴보았듯이 우리나라의 근로자-시간수 기준의 고용조정속도가 그 속도가 상대적으로 느리다는 일본에 비하여서도 현저하게 낮다는 추정결과는 현재 우리나라에서 근로시간유연성의 강화가 매우 절실하다는 점을 잘 나타내는 것이다. 기업수준에서 이미 도입되어 있는 변형근로시간제도의 활용을 좀더 적극적으로 유도하는 것이 필요하다.

셋째, 근로자들의 기능적 유연성도 강화해 나가야 한다. 근로자들의 참여와 몰입, 그리고 생산활동의 유연성을 기본으로 하는 고성과생산체제 역시 그 성공적인 실현은 종업원들의 효과적인 인적자원개발을 전제로 하는 것이므로 기업들의 종업원에 대한 다능공화 노력, 인적자원 개발 노력들을 적극적으로 지원할 수 있어야 한다.

넷째, 임금유연성을 강화해야 한다. 연공임금 성격보다는 성과와 생산성을 좀더 많이 반영하고 노령근로자들의 노동비용을 줄여주는 임금피크제를 도입하는 등 임금유연성을 높이는 노력이 매우 필요하다는 것이다. 퇴직금제도를 직장을 이동하는 경우에도 휴대가능한 퇴직연금제도로 전환하도록 세제혜택 등을 부여하는 유인정책을 추진해야 한다. 그리고 최저임금제도의 운용에 있어서도 최저임금 산입범위를 국제기준에 맞게 조정하거나 노령근로자 등에 대한 적용기준도 크게 완화하며(남성일(2007)) 인상률도 적용근로자의 비중 변화와 생산성 수준을 충분히 감안하여 결정하는 노력이 필요하다.

최근 일본 「2007年版 中小企業白書」가 2000년 이후 중소기업 근로자들의 명목임금이 정규고용자와 비정규고용자 모두에서 일반적으로 하강경향을 지속적으로 보이고 있으며 이는 일본의 「매월근로통계조사」와 「임금구조기본통계조사」에 의해 분명하게 확인된다고 보고하고 있는 점도 임금유연성의 강화 면에서 우리에게는 충격적인 시사를 준다. 그러면서 「백서」는 '1990년대 이후 많은 기업들에서 이루어진 인건비의 억제, 고용의 과잉 해소 등이(장기불황 이후) 경기회복에 기여하였다고 생각된다'고 결론내리고 있다(日本 中小企業廳(2007), p. 218).[7)]

끝으로 무엇보다 중요한 것으로 노동시장의 유연성을 높이려는 이러한 정책들은 포괄적이고 효율적인 사회안전망(social safety net)의 구축을 동시에 절실히 필요로 한다는 점을 지적해 두지 않을 수 없다. 이는 정부가 반드시 신속하게 담당해 주어야 할 일이다. 그리하여 경쟁에서 불리한 주체들에 대해서는

7) 그렇지만 2000년 이후 2006년까지 6년간 제조업부문의 실질임금 상승률과 경제성장률을 비교할 때 한국은 각각 34.5%와 31.2%인 데 비하여, 미국은 −0.1%, 15.4%, 일본 4.2%, 9.2%, 대만 3.9%, 22.9%, 그리고 싱가포르 14.3%, 33.2%로 나타나 우리나라가 경제성장 속도에 비하여 상대적으로 빠른 임금상승 추세를 보여주고 있음.

교육·훈련이나 능력개발 기회의 부여 등과 용의주도한 사회안전망의 구축으로 신속하게 빈곤으로부터 탈출할 수 있도록 빈곤탈출률을 높이는 체제를 갖추어야 할 것이다(Sapir(2005)). 물론 그 범위와 수준에 대해서는 사회적 선택이 필요하다.

3. 노사분쟁을 예방하고 해결할 수 있는 유연한 노사관계 체제의 구축

산업현장에서 생산된 생산물의 분배는 기본적으로 갈등적 요인을 내포하고 있고 이것이 지식정보화·개방화·서비스화의 추세에서 훨씬 심화될 수 있다는 점은 이미 살펴보았다. 그런데 최근까지 우리나라 공업부문에서의 임금교섭에서 근로자요구기준(전도시소비자물가로 측정된 생계비 상승률과 물적노동생산성 증가율의 합계)과 기업의 지불능력상승률(생산자물가 상승률과 부가가치생산성 상승률의 합계)의 추세를 비교해 본 결과 1980년대 중반 이후 전기간에 걸쳐서 전자가 후자를 앞지르고 있다. 이는 우리나라 근로자들의 생계비 상승압력이 기업들의 임금지불능력을 지속적으로 상회하여 왔음을 의미하고 이것이 실제로 우리나라 공업부문 기업들의 공동화를 촉진하여 왔을 것으로 유추된다. 이는 많은 부분 서비스의 소비자물가 상승률이 높았던 탓이기도 하였으므로 노사 간 어느 쪽도 탓하기 어려운 갈등요인이 되었을 것이고 나아가서 우리나라 노동시장의 유연성을 약화시키는 가장 중요한 요인들 중의 하나가 되고 있다.

그렇다면 이러한 노사분쟁과 갈등을 예방하고 줄이자면 어떻게 해야 할 것인가? 물론 파업과 같은 대표적인 노동쟁의 수단을 완전히 사라지게 하는 것이 바람직하다거나 필요하다는 것은 아니다. 노사분쟁의 최후수단인 파업이 지닌 여러 가지 긍정적 기능도 중요하기 때문이다. 그러나 지식정보화·개방화시대에는 이러한 노사분쟁의 비용은 과거보다 훨씬 높아졌으며 따라서 가능한 한 불필요한 분쟁과 갈등은 예방하고 줄이거나 쉽게 해결하는 것이 무엇보다 중요할 것이다. 그래서 우리는 이러한 노사분쟁을 예방하고 해결할 수 있는 방안으로서 다음 몇 가지 가설들을 제시하고자 한다. 이들을 가설이라고 부르는 것은 아직 이들의 설명력이 풍부한 현실의 자료들로써 충분히 뒷받침되지 못하였다고 보기 때문이다.

가설 1: 기업에서 노사의 목표일치성 추구가 노사분쟁을 줄이고 노동시장 유연성을 높이는 데 기여한다.

지식정보화 및 지구촌경제 시대에 무엇보다 중요한 것이 유연성이며 이를 합심하여 확보해 가기 위해서는 노사의 목표일치성 추구가 무엇보다 긴요하다고 할 때, 기업 내에서 노사의 목표일치성을 확보하는 데에는 기업별노동조합 또는 기업별단체교섭체제가 보다 적합하다. Kato and Morishima(2002)는 기업별노동조합주의와 노사협의회체제(최고 의사결정수준에서의 노사협의회와 풀뿌리수준에서의 현장협의회 및 소집단활동)를 중심으로 하는 일본의 근로자경영참가방식이 기업과 종업원의 목표일치과정에 매우 효과적이며 이는 직접적인 근로자경영참가방식(재무적 참가)과 간접적인 참가방식(노사협의회 등에 의한 의사결정 참가)이 함께 작용할 때 더욱 강력한 효과를 발휘한다는 주장을 펴고 있다. 그렇다면 노동조합체제가 산업별노동조합체제로 되어 있는 경우에라도 교섭구조는 기업별교섭체제로 정착시킴으로써 개별기업의 목표와 사정에 적합한 유연하고 협력적인 노사관계를 형성하여 가는 것이 기업수준에서 고용 및 인력활용의 유연성을 높이고 노사분쟁을 예방하고 해결하는 데 훨씬 효과적일 것이다. 고성과 생산체제 역시 그 성공적인 실현은 비록 다양한 요인들에 의해 여러 가지 영향을 받는다고 하더라도 기업별노동조합주의와 좀더 높은 정합성을 가지고 있다.

이동응(2006)에 따르면 산업별 중앙교섭의 문제는 이중·삼중교섭의 문제이다. 그는 대산별의 경우 지역, 지회단위로 이중·삼중교섭이 고착화될 수 있고 소산별의 경우 이중·삼중의 내부구조가 고착화되는 상황에서 사용자단체의 구성이 단체교섭의 요구조건으로 대두할 수 있다고 주장한다. 그리고 2004년까지 노사분규의 60%가 산별노조에 의한 것이고 2005년 노사분규의 40%가 산별노조에 의한 파업이었다는 자료를 제시해 두고 있다. 물론 이들은 모두 노동시장의 경직성을 높이는 데 기여할 수 있다.

가설 2: 개방과 경쟁이 노동쟁의를 줄이고 노동시장의 유연성을 높인다. 따라서 개방과 경쟁의 도입이 어려운 부문에는 노동쟁의에 대한 엄격한 책임부여가 필요하다.

지식정보화·개방화 추세는 협조적 노사관계 구축의 환경을 제공할 수 있다. 그것은 개방과 경쟁의 격화가 결국은 노동쟁의의 비용을 비약적으로 증가시킬 가능성이 높기 때문이다. 〈표 3-2-2〉에서 보는 바와 같이 이미 상당한 정도 개방이 이루어진 산업부문들의 경우에는 노동조합의 조직률도 그렇게 높지 않은데 이는 노동조합활동으로부터 기대할 수 있는 잠재적 이득이 그렇게 높지 않다는 판단에 기인하였을 가능성이 크다.

그러므로 개방과 경쟁의 도입이 어려운 부문에는 노동쟁의에 대한 엄격한 책임부여와 합리적인 규칙강제도 필요하다. 불법쟁의로 인한 손실에 대해서는 반드시 그 유발주체가 무거운 책임을 지도록 하는 체제가 필요할 것이다. 나아가서 장기적으로는 국민경제적으로 매우 중요한 공익사업이나, 실제 경쟁체제의 도입이나 개방이 어려워서 도덕적 해이가 우려되는 부문들에 있어서는 노동쟁의에 효과적으로 대처할 수 있는 대체근로 허용이 발전방향이라고 생각한다. 이는 개방과 경쟁의 시대에 장기간의 노사분쟁으로 예상되는 당해 기업과 전후방 연관기업들, 그리고 소비자들의 손실에 신속하게 대처하기 위해서 필요한 일이다.

가설 3: 합리적인 규칙의 제정과 엄격한 규칙준수가 노사분쟁을 줄이고 유연성을 높인다.

이 경우 합리적인 제도란 도덕적 해이(moral hazard)의 비용부담을 그 유발주체에게 정확히 귀착시키는 제도이며 따라서 이러한 제도는 도덕적 해이를 억제하는 데 유효하다. 그리고 정부(노동정책)는 노사갈등 예방 및 해결을 위한 원칙 설정과 이를 위한 필요최소한의 합리적 제도를 마련하고 계속 수정 보완해 나가는 노력을 경주해야 한다. 특히 노사자치를 강화하는 제도 마련에 계속 노력해야 할 것이다.

노사관계를 규율하는 규칙들은 지금도 많이 존재하고 있지만 현실의 노사분쟁 중 많은 부분은 이를 지키지 않거나 지키지 않아도 별다른 책임을 지지 않는다는 예상 때문에 일어나는 경우가 허다하다. 그러므로 갈등의 예방을 위해서는 노사간의 신뢰회복과 아울러 엄정한 규칙준수가 반드시 필요하다.

불신 때문에 일어나는 노사갈등의 내쉬균형(Nash equilibrium)은 갈등의 학습효과로 벗어날 수 있고 신뢰를 회복할 수도 있다. 노사분규의 연도별·월별 변화를 보여주는 [그림 3-2-10]에 따르면 참여정부 초기에는 노사분규의 발생 빈도가 과거보다 훨씬 높아졌으나 최근으로 오면서 상당히 안정되고 있음을 발견할 수 있는데 이는 노사관계정책을 담당하여 오던 역대 노동부장관들의 서로 매우 다른 “법과 원칙 준수”에 대한 철학 및 정책방향의 성과가 일정한 시차를 두고 차별적으로 나타난 결과와 무관하지 않다는 생각이다. 참여정부 초기에는 최소한 노사분쟁의 분야에서는 “법과 원칙의 준수”가 중요한 관심의 대상이 되지 못하여 법과 규칙이 함부로 무시되는 노사분규사례가 다수 발생하였던 반면, 그 이후 취임한 노동정책 수장의 “법과 원칙”의 고수자세는 어느 정도의 시차를 두면서 노사분쟁의 진정에 상당한 기여를 하여온 것으로 해석된다는 것이다.

뿐만 아니라 오늘날 드물게 장기호황을 누리고 있는 조선업계의 협력적 노사관계의 초석도 바로 무노동무임금원칙의 엄정한 준수였다는 보도도 나타나고 있어 주목을 끈다(윤근일(2007)). 이는 Ury, Brett and Goldberg(1993)가 말하는 분쟁해결의 바람직한 방법이 충족해야 하는 4가지 기준 중에서 분쟁당사자들의 관계를 발전시킬 수 있거나 비슷한 분쟁의 발생을 억제해야 한다는 기준을 충족시키는 데 기여할 수 있다는 점에서 매우 중요한 방향이기도 하다.

공공부문 불법파업에 대한 보다 신속하고 강력한 제재사례로는 공공부문 근로자들의 파업을 제한하며 이를 무시하는 불법적인 파업이 발생하는 경우 무

[그림 3-2-10] 2000년대 월별 노사분규 발생건수 비교

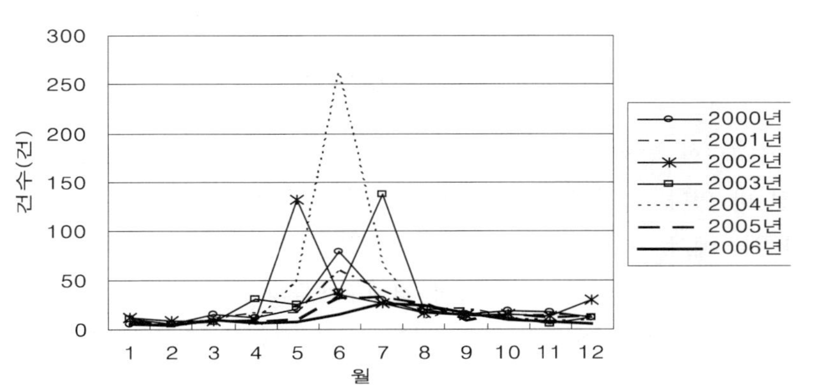

거운 벌금을 매길 수 있도록 하고 있는 미국 뉴욕주의 테일러법(장효욱(2006))이 참고될 수 있다.

Ⅵ. 결 론

개방경제에서는 인간의 이타심과 기업의 사회적 책임을 너무 강조할 수 없다. 오히려 기업이 이윤추구조직이라는 점을 솔직하게 이해하는 자세가 노동시장의 유연성을 높이고 노사관계 갈등해결의 단초를 제공할 수 있을 것이다. 따라서 정부와 노동단체들이 기업들에게 무리하게 사회를 위한 공헌과 희생을 강제하는 분위기를 조성하는 것도 장기적으로는 기업활동과 일자리 창출을 억제하는 효과를 가질 가능성이 높다. 왜냐하면 좋은 일자리는 어디까지나 빠르게 성장하면서 활발하고 건강한 기업들이 많이 있어야 존재할 수 있는 파생수요의 산물이기 때문이다.

노사분쟁을 해소하고 예방하며 노동시장의 유연성을 높이기 위해서는 노사간 문제해결을 위한 대화와 협력, 그리고 엄정한 규칙준수 분위기를 정착시켜 나가야 하며, 정부는 이를 지원하기 위한 공정한 법규의 제정과 노사자치를 중시하는 정책 집행을 실천해나가야 할 것이다. 특히 정부의 무원칙한 노사관계 개입은 노사갈등을 부추겨서 나아가 노동시장의 유연성을 해치는 효과를 초래할 수 있었다는 점도 간과해서는 안 될 것이다.

1885년 Marshall은 43세로 영국 캠브리지 대학의 정치경제학 교수로 취임하면서 취임강의의 마지막에 "차가운 머리와 따뜻한 마음(cool head but warm heart)을 가지고 주위의 사회적 고난과 싸워나가기 위해 모든 힘을 기울이고자 하며 … 그러한 인재의 수가 늘어날 수 있도록 최선을 다하겠다"는 유명한 말을 남긴 바 있다. 그런데 이 '차가운 머리와 따뜻한 마음'이라는 말은 현대 경제학의 시각에서 보면 경제적으로 불리한 상황에 처한 주체들에 대한 따뜻한 이해를 바탕에 깔고 있으면서도 결국 경제주체들의 도덕적 해이에 대한 냉철한 경각심을 환기하려는 것으로 이해할 수 있다. 오늘날 우리나라의 노동시장과 노사관계에 대해서는 이러한 명제가 그대로 타당하다는 생각이다.

참고문헌

김정우(2006), "노동조합의 조직현황과 조직률 추세,"「월간노동리뷰」, 제24호, 한국노동연구원.

남성일(1999), "노동시장 유연성의 국제비교: 고용유연성 분석," 노동부 용역보고서.

______(2007), "최저임금제도의 개선방향," 미발표논문.

배진한(1992), "한국의 노동소득분배율 변동,"「경제학연구」, 제40집 2호, 한국경제학회.

______(2007), "노동시장 유연성 평가와 개선방향," 남성일 외 9인,「한국의 노동: 어떻게 할 것인가?」, 서강대학교출판부.

유경준(1999), "임금소득불평등도의 분해 및 원인분석," 배무기 · 조우현 편저,「한국의 노동경제 — 쟁점과 전망 — 」, 경문사.

윤근일, "[특별기획] 현대차 노조, 어디로 가고 있나(2),"「한국재경신문」, 2007. 2. 8일자.

이동응(2006), "이중교섭 · 이중쟁의 없어져야,"「월간노동리뷰」, 제21호, 한국노동연구원.

이인재 · 이연정(2005), "한국의 노동시장은 경직적인가?,"「월간노동리뷰」, 제 3 호, 한국노동연구원.

장효욱(2006), "공공부문 연금을 둘러싼 변화와 갈등: 뉴욕시 대중교통노조의 파업,"「국제노동브리프」, 한국노동연구원.

전광명(2004), "우리나라 노동시장의 경직성과 향후과제,"「조사통계월보」, 한국은행.

조강래 · 오지윤(2003), "최근 노동시장 구조 변화가 유연성에 미친 영향,"「조사통계월보」, 한국은행.

청와대(2007), "'07년도 IMD 국가경쟁력 평가결과 보고," 정부내부자료.

최경수(2001),「노동시장 유연화의 고용효과 분석 — 고용보호 규제완화를 중심으로 — 」, 한국개발연구원.

통계청,「경제활동인구조사」, 각 연도자료.

한국은행,「통계조사월보」, 각 월호.

日本 勞働省編(1999),「平成11年版 勞働白書 — 急速に變化する勞働市場と新たな雇用の創出 — 」, 日本勞働硏究機構.

日本 中小企業廳(2007),「2007年版 中小企業白書」.

Berndt, E.R., C.J. Morrison, and L.S. Rosenblum(1992), "High-Tech Capital Formation and Labor Composition in U.S. Manufacturing Industries: An Exploratory Analysis," *NBER Working Paper*, no. 4010.

Botero, J.C., S. Djankov, R.L. Porta., F. Lopez-de-Silanes, and A. Shleifer(2004), "The Regulation of Labor," *The Quarterly Journal Economics*.

Brauer, D.A. and S. Hickok(1995), "Explaining the Growing Inequality in Wages across Skill Levels," *Federal Reserve Bank of New York Economic Policy Review*, no. 1.

Bronfenbrenner, M.(1971), *Income Distribution Theory*, Macmillan.

Cuñat, A. and M.J. Melitz(2007), "Volatility, Labor Market Flexibility, and the Pattern of Comparative Advantage," *NBER Working Papers 13062*, NBER.

European Commission(2006), *Employment in Europe 2006*, European Union.

Flanders, A.(1995), *Industrial Relations*, Faber & Faber.

Grubb, D., Jae-Kap Lee and Peter Tergeist(2007), "Addressing Labour MarketDuality in Korea," *OECD Social, Employment and Migration Working Papers*, no. 61.

Kato, T. and M. Morishima(2002), "The Productivity Effects of Participatory Employment Practices : Evidence from New Japanese Panel Data," *Industrial Relations 41(October)* : 487~520.

Krueger, A.B.(1993), "How Computer Have Changed the Wage Structure : Evidence from Microdata, 1984~89," *Quarterly Journal of Economics*, vol. 108.

Locke, R., Kochan, T.A. and Piore, M. (eds.)(2005), *Employment Relations in a Changing World Economy*. The MIT Press.

MacDuffie, J.P.(1995), "Human Resource Bundles and Manufacturing Performance : Organizational Logic and Flexible Production Systems in the World Auto Industry," *Industrial and Labor Relations Review,* vol. 48, no. 2.

Moral, E. and V. Genre(2007), "Labour Share Developments in the Euro Area," *Economic Bulletin*, Banco de España.

OECD(2004와 2005), *OECD Employment Outlook*.

Sapir, A.(2005), "Globalisation and the Reform of European Social Models," *ECOFIN Informal Meeting in Manchester*.

Tachibanaki, T. and M. Morikawa(2000), "Employment Adjustment, Wage Cut and Shutdown : An Empirical Analysis Based on the Micro-data of Manufacturing Industry," *Discussion Paper no. 00-DF-34*, MITI Research Institute, Tokyo.

Thurow(1996), *L.C., The Future of Capitalism*, Penguin Books.

Ury, W.L., J.M. Brett, and S.B. Goldberg(1993), *Getting Disputes Resolved*, Cambridge.

The World Bank Group(2006 · 2007), *Doing Business in 2006*, *Doing Business in 2007*, http://www.doingbusiness.org.

•토론• 노동시장 유연성 평가와 정책방향*

본 논문은 노동시장 유연성의 문제에 관해서 모든 논의들을 종합하여 검토한 논문으로 생각된다. 노동시장 유연성이 필요한 이유, 우리나라 노동시장이 경직적이라는 노동시장 측면의 경험적 증거, 우리나라 노동시장을 경직화한 노사관계적 요인, 노동시장 유연화와 고용창출의 관계, 노동시장 유연화를 위한 노동시장 정책 대안 및 노사관계 정책 대안 등 모든 영역을 총괄하여 망라한 논문이라고 생각된다.

다만, 대단히 논쟁적이고 대단히 많은 쟁점들을 가지고 있는 주제에 대해서 포괄적으로 접근하다보니, 미시적인 측면에서 논리적 비약이 있거나 경험적 논거가 부족한 부분이 나타나고 있는 것이 흠으로 보인다.

먼저 누구나 대부분 인정하고 있는 사실이기는 하지만, 지식정보화, 개방화, 서비스화 등이 노동시장 유연성 강화를 필요로 한다는 사실의 논리적 구조가 약하다는 생각이 든다. 예를 들어, 지식정보화에 따라 양극화가 심화되고 이것이 노동시장의 유연성 강화를 요구한다는 점에 대해 좀더 설명이 필요하다고 본다.

두 번째로 개방과 수출탄력성이 높아지면 노동수요의 임금탄력성이 높아지고 이에 따라서 임금유연성의 필요성은 높아질 것으로 보인다. 그런데 왜 수량적 유연성까지 절실하게 필요하게 되는 것인지에 대해서도 더 설명이 필요할 것으로 보인다. 서비스산업의 생산성이 낮으며 또한 저하되고 있다는 사실이 노동시장 유연성을 더 요구하게 되는 이유에 대해서도 마찬가지이고, 마지막으로 지적하고 있는 저성장 경향이 노동시장 유연성의 필요성을 높이는 이유에 대해서도 더 많은 설명이 필요할 것으로 보인다.

노동시장 유연성에 대한 평가의 경우, 대부분 IMD, OECD, World Bank 등 국제기구에서 이루어지고 있다. 그러나 국제적인 공신력을 가지고 있는 국제기구들이기는 하지만, 이들의 노동시장 유연성에 대한 국가별 비교 평가 분석 작업은 매우 논쟁적인 영역이다. IMD의 평가 방법에 대한 신뢰성의 문제가

* 전병유(한국노동연구원 선임연구위원).

많이 제기되고 있는 상태이며, World Bank(2006, 2007)의 경우도 World Bank 내 특정 섹션의 의견이 반영된 보고서라고 간주하기도 한다. 기존의 많은 논의들이 이러한 국제기구의 분석을 자기 기준에 맞게 선택적으로 인용하는 경우가 많았다고 본다. 노동시장 유연성 논쟁이 매우 이념적인 측면이 있기 때문에 논문이 더 객관적이기 위해서는 이러한 국제기구의 국가 간 비교 연구에 대해서는 좀더 엄밀하고 세심하게 접근할 필요가 있다고 본다.

예를 들어 OECD의 경우 2006년의 Employment Outlook에서는 노동시장 유연성을 강조한 1994년의 고용전략의 지난 10여 년간의 성과를 재평가하면서, 노동시장유연화 전략에 대해서 좀더 유연한 접근이 필요하다는 평가를 제시한 적도 있었다.

서비스업과 제조업, 중소기업과 대기업을 구분해서 고용조정속도를 계량적으로 검증해 본 것은 의미 있는 작업이라고 생각한다. 그리고 기존의 통념과는 다른 새로운 분석 결과도 주목해야 할 부분이라고 생각된다. 다만, 기존의 고용조정속도에 관한 연구들과는 어떤 측면에서 어떠한 방법론적 차이가 있었기에 차별적인 분석 결과가 나왔는지에 대해서 설명이 보완되었으면 좋겠다.

또한 분석의 대상이 되는 자료의 기본 통계를 한국과 일본 모두에 대해서 제시해주면 좋겠다. 외환위기 이후만을 대상으로 한다면, 5인 이상 사업체 상용근로자 기준으로 한국과 일본을 비교할 수 있을 것이라고 생각된다.

노동시장 유연성 문제는 단순히 노동시장의 경제적 측면만의 문제는 아니다. 따라서 노동시장 유연성과 관련하여 발생하는 노사분쟁의 해결과정의 일환으로 노동시장 유연화 문제를 접근하는 것은 반드시 필요하다고 본다. 노동시장 유연화 문제가 경제적 논리로만 해결되기 어려운 이슈이기 때문이다. 이러한 측면에 대해서 많은 지면을 할애해서 분석한 본 논문은 매우 의미 있는 시도라고 생각된다.

다만, 기업별 교섭이 노사간의 목표일치성을 지향하기 때문이 노동시장 유연성에 기여할 것이라는 주장은 우리나라의 현실에 비추어볼 때 반드시 그러할까라는 의문이다. 개인적인 생각으로는 우리나라 노동시장의 경직성은 상당부분 대기업노조의 기업별노조체계에 기인한다고 생각된다. 우리나라 노동시장의 경직성은 대기업 노동시장의 경직성이 가장 강하다고 판단되고, 이 대기업 노사관계가 기업단위로 고착화되어 있음으로 인해서, 기업 단위의 고용조정과 임금인상이라는 쟁점에 몰두하게 되고 그 결과 고용과 임금의 유연성이 확대되지 못하는 것은 아닌가 하는 생각을 해 본다.

노동소득분배율의 경우, 제시한 통계에서 외환위기 이후 U자형을 보이는지가 명확하게 파악되는 것 같지는 않아 보인다. 참여정부 후반기에 법과 원칙에 입각한 노사관계를 추진한 결과 노사관계가 안정화되고 그에 따라 노동시장 유연성이 높아지고 그 결과 노동소득분배율이 높아졌다고 해석해도 되는 것인가?

비정규직 비중이 증가한 것은 정규직 노동시장의 경직성에 기인하고, 비정규직 일자리가 감소한 것은 비정규직 보호법안에 기인한다고 보는 것으로 판단된다. 정규직 노동시장을 유연화하고 불필요한 비정규직 보호법안을 폐지하면 고용창출이 활성화될 것이라고 판단하고 있는 것으로 보인다. 또한 정규직 노동시장의 유연성을 높이기 위한 노사관계적 접근법을 제시하고 있는 것으로 보인다.

해고구제신청자격을 일정 근속 기간 이상인 경우로 한정하는 방안, 시간제 근로자의 비례보호원칙의 사회보험 적용예외 방안, 기업에서의 노사간 목표일치성의 추구, 개방과 경쟁에 약한 부분에서의 노동쟁의에 대한 엄격한 책임 부여 등의 제안들은 참신한 것으로 보인다. 다만, 현실적인 노사관계의 환경과 조건하에서 얼마나 가능한 대안들인지는 좀더 따져봐야 할 것으로 보인다.

제3절 고용보험제도의 개혁방향에 대한 시론: 실업보험 저축계좌제의 도입을 중심으로*

• 요 약 •

본고는 현행 실업급여제도의 대안으로서 실업보험저축계좌제(unemployment insurance savings account)를 제시한다. 실업급여제도는 실업자 보호라는 긍정적 기능을 수행하지만 실업을 증가시키는 방향으로 인센티브를 왜곡한다. 실업보험저축계좌제는 실업자의 보호수준을 저하시키지 않으면서도 현행 실업급여 제도에 내재되어 있는 모럴 해저드 효과(moral hazard effect)와 외부효과(externalities) 등의 부정적 인센티브를 완화한다. 근로자는 임금의 일부분을 자신의 저축계좌에 강제적으로 적립하고, 실업을 당했을 때 저축계좌에서 일정 금액을 실업급여에 갈음하여 인출한다. 만약 저축계좌에 적립된 기금이 부족하면 정부는 저축계좌에 필요한 자금을 대출해 주고 후에 대출금을 상환받는다. 근로자가 은퇴할 때 잔고가 마이너스인 저축계좌의 비용은 정부가 저축계좌에 적립된 기금에 부과하는 일정 비율의 조세로 충당된다. 본고는 이러한 특징을 지닌 실업보험저축계좌제의 인센티브 효과를 경제적 모형을 이용하여 분석하고, 제도의 도입 가능성을 검토한다.

Ⅰ. 서 론

실업급여제도는 실업 상태의 근로자에 대해 일정기간 동안 급여를 지급하여 생활안정을 도모하는 제도이다. 실업급여제도는 실업자의 소득 불안정성을 완화한다는 긍정적 기능을 가지고 있음에도 불구하고(Gruber, 1997), 실업을 증가시키는 방향으로 인센티브를 왜곡하는 효과를 가지고 있다. 이 논문은 실업

* 이인재(인천대학교 경제학과 교수).

자의 보호수준을 저하시키지 않으면서도 실업급여제도가 가지고 있는 부정적 인센티브 효과를 완화할 수 있는 대안적 제도로서 실업보험저축계좌제(unemployment insurance savings account)를 제시한다.

이 논문이 고려하는 실업보험저축계좌제는 기본적으로 근로자들로 하여금 실업에 처했을 때 실업급여를 인출할 수 있는 개인 명의의 저축계좌를 갖도록 하는 방안이다. 각각의 근로자는 자신의 실업보험저축계좌에 매달 일정액을 적립한다. 근로자는 실업기간 동안 자기 명의의 계좌에 적립된 금액으로부터 일정액의 실업급여를 인출할 수 있다. 만일 저축계좌에 기금이 남아있지 않거나 불충분한 실직상태의 근로자는 정부로부터 자금을 대출받아 저축계좌에 기금을 적립한다. 따라서 이들도 저축계좌에 충분한 기금이 적립되어 있는 근로자와 동일한 실업급여를 받는다. 다만 정부로부터 대출을 받은 실직상태의 근로자는 후에 취업되었을 때 대출금을 이자와 함께 우선 상환하고 다시 저축계좌에 기금을 적립해야 한다. 이러한 내용을 기본적인 특징으로 하는 실업보험저축계좌제는 현행 실업급여 제도에 내재되어 있는 모럴 해저드 효과(moral hazard effect)와 외부효과(externalities) 등의 부정적 효과를 완화하는 기능을 가진다.

이 논문은 다음과 같이 구성되어 있다. 2절에서는 현행 실업급여제도가 가지고 있는 인센티브의 문제를 다룬다. 우선 우리나라의 현행 실업급여제도를 개괄적으로 설명한 뒤 실업급여제도에 내재되어 있는 인센티브 왜곡의 문제가 무엇인지를 제시한다. 3절에는 간단한 경제적 모형을 통해 실업급여제도와 실업보험저축계좌제의 인센티브 효과를 비교한다. 기존의 실업급여제도와는 달리 실업보험저축계좌제에서는 근로자들이 실업의 비용을 내부화(internalize)하기 때문에 실업에서 고용으로의 이행확률이 높고 고용에서 실업으로의 이행확률이 낮아진다는 것을 논증한다. 4절에서는 실업보험저축계좌제의 도입가능성을 검토한다. 이론모형의 캘리브레이션(calibration)을 통해 제도의 유지비용이 추정된다. 또한 외국에서 제시되고 있는 실업보험저축계좌제 도입방안 및 임금보험제도와의 연계방안에 대해 언급한다. 5절은 요약과 결론이다.

Ⅱ. 실업급여제도의 유인문제

1. 현행 실업급여제도

실업급여제도는 고용보험에 가입되어 있는 근로자가 실직한 경우 일정기간 동안 급여를 지급하여 실직자 및 그 가족의 생활안정을 도모하고 자신의 적성에 맞는 새로운 직업에 재취업할 수 있도록 지원하는 제도이다. 현행 실업급여제도는 1995년 고용보험제도의 도입으로 처음 실시되었으며, 이후 수 차례에 걸친 피보험자 확대와 제도보완이 이루어져 현재에 이르고 있다.[8)]

현재 실업급여제도는 1인 이상 사업장에 적용되고 있다. 다만 월 근로시간이 60시간(주간 소정 근로시간이 15시간) 미만인 근로자는 적용이 제외된다. 실업급여를 받기 위해서는 일정한 수급자격요건을 충족하여야 한다. 대부분의 국가에서 실업급여의 수급요건으로 고용기간, 일자리 상실 이유, 새로운 직장을 찾아 일할 의사와 능력 등을 요구하는 것이 보통이다. 우리나라의 경우도 이와 유사한 수급자격에 관한 요건을 요구하고 있다. 즉, 실업급여를 받기 위해서는 고용보험 적용사업장에서 퇴직 전 18개월 중 180일 이상 근무하다가 경영상의 해고, 권고사직, 계약만료, 정년퇴직 등 불가피한 사유로 직장을 그만 둔 상태에서 근로의 의사와 능력을 가지고 적극적으로 재취업 활동을 할 것을 요구하고 있다.

취직이 어렵고 생활이 곤란한 경우 등 일정한 경우에는 실업급여를 연장하여 받을 수 있다. 연장급여에는 훈련연장급여, 개발연장급여, 특별연장급여가

---

8) 우리나라의 고용보험은 크게 고용안정사업, 직업능력개발사업 그리고 실업급여의 세 가지 사업으로 구성되어 있다. 고용안정사업은 근로시간 단축, 교대제 전환 등을 통해 일자리를 창출하는 고용창출사업, 경기의 변동, 산업구조의 변화과정에서 기업의 고용조정이 실업을 최소화하면서 원활하게 이루어질 수 있도록 지원함으로써 근로자의 실업을 예방하고 고용안정을 도모하는 고용조정지원사업, 그리고 고령자·여성 등 노동시장 취약계층에 대한 고용촉진지원사업 등으로 구성되어 있다. 둘째, 직업능력개발사업은 사업주가 소속 근로자를 대상으로 실시하는 직업능력개발훈련 등을 지원함으로써 기업 내에서의 근로자에 대한 직업능력개발이 지속적으로 이루어질 수 있도록 여러 가지 인센티브를 제공하는 것을 주요내용으로 한다. 셋째, 실업급여는 실직근로자에게 일정기간 실업급여를 지급하는 사업이다. 이것이 본고의 주요 분석대상이다. 실업급여를 포함한 고용보험 사업에 대한 자세한 설명은 노동부, 「2008년도판 고용보험백서」를 참조하기 바란다.

있으며 실업급여일액의 70%가 지급된다. 훈련연장급여는 실업급여수급자로서 지방노동관서의 훈련지시에 따라 훈련을 수강하는 자에게 지급되며 2년의 범위 내에서 지급된다. 개발연장급여는 취직이 특히 곤란하고 생활이 어려운 수급자로서 임금수준, 재산상황, 부양가족, 훈련수강 여부 등을 고려하여 생계지원이 필요한 자에게 60일의 범위 내에서 지급된다. 특별연장급여는 실업급증 등으로 재취업이 특히 어렵다고 인정되는 경우 노동부장관이 일정한 기간을 정하고 동 기간 내에 실업급여의 수급이 종료된 자에게 60일의 범위 내에서 지급한다.

또한 우리나라의 실업급여는 취업촉진수당을 포함한다. 취업촉진수당은 다시 조기재취업수당, 실직근로자의 재취업에 필요한 직업훈련수강을 용이하게 하기 위한 직업능력개발수당, 광역에서 구직활동을 하는 자에 대하여 인센티브를 주기 위한 광역구직활동비, 재취업 또는 직업훈련을 위해 주거를 이전하는 자에 대하여 지급하는 이주비로 구분된다. 이 중 조기재취업수당은 실업급여를 받다가 6개월 이상 고용될 것이 확실한 직장에 재취업한 경우나 6개월 이상 계속 자영업을 할 것이 확실한 경우 남아 있는 실업급여의 일부 또는 전부를

〈표 3-3-1〉 실업급여 지급일수

연령 및 가입기간	1년 미만	1년 이상 3년 미만	3년 이상 5년 미만	5년 이상 10년 미만	10년 이상
30세 미만	90일	90일	120일	150일	180일
30세 이상~50세 미만	90일	120일	150일	180일	210일
50세 이상 및 장애인	90일	150일	180일	210일	240일

주: 연령은 퇴직시의 나이임.

〈표 3-3-2〉 고용보험료의 부담

구분		근로자	사업주
실업급여		0.45%	0.45%
고용안정사업 및 직업능력개발사업	150인 미만 기업	–	0.25%
	150인 이상 기업 중 우선 지원대상 기업	–	0.45%
	150인 이상 ~ 1000인 미만 기업	–	0.65%
	1000인 이상 기업 및 국가, 지방자치단체가 직접 행하는 사업	–	0.85%

일시에 지급하는 제도로서 조기취업의 유인을 제공하는 제도이다.

우리나라 실업급여액의 대체율(replacement ratio)은 퇴직 전 평균임금의 50%이다. 최고액은 1일 4만원이며 최저액은 최저임금법상 시간급 최저임금액의 90%에 1일 근로시간(8시간)을 곱한 금액이다. 실업급여의 지급일수는 〈표 3-3-1〉에서 보는 것처럼 연령과 고용보험 가입기간에 따라 최소 90일에서 최대 240일까지 받을 수 있다.

우리나라의 실업급여의 재원은 근로자와 사용자가 공동으로 부담하고 있다. 근로자는 임금의 0.45%를 부담하고 사업주 역시 임금총액의 0.45%를 부담한다. 따라서 실업급여의 재원은 일종의 급여세(payroll tax)를 통해 조달되고 있다고 할 수 있다.[9] 사업주는 실업급여 이외에도 고용안정·직업능력개발 사업으로 기업규모에 따라 임금총액의 0.25%에서 0.85%까지 부담한다. 따라서 사업주의 고용보험부담액은 기업규모에 따라 임금총액의 0.7%~1.3%가 된다.

2. 현행 실업급여제도의 인센티브효과

실업급여가 정부의 전체 이전소득 지출에서 차지하는 비중은 작지만, 노동시장에 미치는 영향은 적지 않다. 실업급여제도는 실업에서의 유출 및 고용으로의 유입에 영향을 미쳐 고용률과 실업률에 큰 영향을 준다. 따라서 고용과 실업문제에 대한 체계적인 접근을 위해서는 실업급여제도가 실업자의 실업탈출 인센티브에 미치는 효과를 분석하는 것이 필요하다. 그러나 이러한 실업급여제도가 가지는 중요성은 잘 인식되고 있지 못한 실정이다. 실업급여제도가 실업자의 직장탐색(job search)에 미치는 영향에 관한 본격적인 국내 연구는 아직 존재하지 않는다.[10]

우리와 유사한 제도를 가지고 있는 미국의 축적된 연구결과에 의하면 실업급여의 효과는 다음과 같이 요약된다. 첫째, 실업급여는 실업기간에 영향을 미친다. 실업의 비용을 낮춤으로써 실업급여는 실업자로 하여금 좀더 좋은 일자리를 찾아보게 하거나, 단순히 여가를 즐기거나 또는 가정에서 일하도록 하는

9) 주지하는 바와 같이 실업보험료의 실질적 부담비율은 법정 부담비율과는 다르다. 고용보험료의 실질적 부담비율은 노동수요와 노동공급의 탄력성의 정도에 의해 좌우될 것이다.

10) 직장탐색이론에 관한 기존의 연구 성과를 잘 정리한 논문에는 Rogerson et al.(2005)이 있다. 최근의 연구방향과 성과는 Shimer(2005, 2007)와 Shimer & Werning(2007)를 참조하기 바란다.

방향으로 선택을 유도함으로써 실업기간을 연장한다. 실업급여의 수급기간 및 실업급여의 수준은 실업자의 유보임금(reservation wage) 수준과 실업기간에 정(+)의 영향을 미친다(Fishe, 1982; Feldstein & Porteba, 1984; Meyer, 1990). 이를 실업급여의 모럴해저드 효과(moral hazard effect) 또는 대체효과(substitution effect)라고 부를 수 있다.[11)]

둘째, 실업급여제도에는 외부성(externalities)이 존재한다. 우리나라와 같은 급여세를 통한 실업급여 재정조달방식에서, 근로자는 실업상태에 처한 경우 실업급여를 통해 보상을 받고 반대로 고용상태에 있는 경우에는 실업급여의 재원을 마련하기 위한 급여세를 납부함으로써 비용을 부담하게 된다. 즉, 실업급여제도는 실업자가 취업자에게 비용을 부담시키는 구조로 되어 있다. 따라서 일종의 외부성이 야기된다. 실업상태에 처한 근로자들은 오로지 사적인 편익과 비용만을 계산하며, 직장을 탐색할 때 자신들의 실업이 야기하는 사회적 비용을 고려하지 않는다. 이러한 방식으로 실업급여제도는 실업자의 직장탐색 노력을 감소시키고 실업을 조장한다. 더구나 취업자들은 자신들의 고용으로 인한 사회적 편익의 전부를 보상받지 못한다. 만일 대체효과가 소득효과보다 크다면 취업자들의 근로유인이 감소되거나 노동공급이 감소될 것이다. 따라서 실업급여제도는 생산성을 저하시키거나 고용을 감소시킬 수 있다.

셋째, 실업급여는 사용자의 해고 인센티브를 왜곡한다. 사용자는 근로자를 얼마나 많이 해고했는가와는 관계없이 일정 세율의 급여세를 부담한다. 따라서 실업급여제도는 평균 이상으로 근로자를 해고시키는 기업의 생산비용을 낮추는 반면 평균 이하로 근로자를 해고시키는 기업의 생산비용을 높인다. 이러한 생산비용의 감소는 평균 이상으로 근로자를 해고시키는 기업이 생산하는 재화와 서비스의 시장가격을 낮추어 시장점유율을 증가시키는 효과가 있다. 평균 이상으로 근로자를 해고하는 기업의 시장점유율이 증가하면 경제 전체의 실업률이 증가한다. 따라서 실업급여제도는 실제로 과도한 해고에 대한 보조금으로 기능

11) 이러한 실업급여의 효과에 대한 기존연구는 Meyer(1995)에 잘 소개되어 있다. 그러나 실업급여에 대한 실업기간 연장효과가 모두 모럴해저드 효과에 의한 것이 아니라는 최근의 연구결과도 존재한다. Chetty(2008)는 실업급여의 실업기간 연장효과를 모럴해저드 효과와 유동성제한효과(liquidity effect)로 분리하고 있다. 그의 추정에 의하면 실업기간 연장효과는 60%의 유동성 제한효과와 40%의 모럴해저드 효과로 분리할 수 있다.

한다고 할 수 있다. 이러한 기업의 해고 인센티브 왜곡의 문제는 사용자가 부담하는 보험료를 과거의 실적에 따라 차등화하는 경험요율제도(experienced rating)의 도입을 통해 완화될 수 있다.

실업급여로 인한 자원배분의 왜곡은 실업 근로자의 보호와 자원배분의 효율성을 적절히 조화시킬 수 있는 최적 실업보험 시스템(optimal unemployment insurance system)의 가능성을 타진하게 한다(Baily, 1978; Hopenpayn & Nicolini, 1997; Feldstein, 2005). 불완전한 실업보험제도에 대한 개선방안은 무엇일까? 세 가지 방향에서의 접근이 가능할 것이다.

첫째는 현행의 실업급여제도를 유지하면서 실업급여의 수준을 조정하고 실업기간과 실업급여액을 적절하게 연동시키는 방향으로 실업급여제도를 보완하는 방안이다. 이러한 조정을 통해 실업상태 근로자의 소득안정으로부터 얻는 이익과 자원배분의 왜곡에서 발생하는 손실을 보다 적절히 조화시킬 수 있다.

둘째는 실업자에 대한 소득보조 프로그램을 현행 실업급여제도에서 자산에 근거한 프로그램(mean-tested program)으로 바꾸는 것이다. 개인은 실업상태에 대비해서 저축을 할 유인이 존재한다. 만일 자본시장이 완전하다면 개인은 실업의 위험에 대비하기 위하여 취업상태에서 적정 수준의 저축을 할 것이다. 자본시장의 불완전성 등으로 인하여 충분한 저축을 하지 못한 근로자들에 대해서는 정부가 실업상태 근로자의 자산의 많고 적음을 기준으로 수급자를 정하고 소득을 이전하는 프로그램을 마련할 수 있다. 그러나 이러한 프로그램은 정부의 소득이전을 예상하고 적정수준 이하의 저축을 하는 근로자가 많을 경우 실행이 불가능하다는 단점이 있다.

셋째는 실업보험저축계좌제(unemployment insurance savings account)이다. 이는 근로자들로 하여금 실업이 발생할 경우 일정 금액을 인출할 수 있는 개인 명의의 저축계좌를 갖도록 하는 방안이다. 각각의 근로자는 자신의 실업보험저축계좌에 일정액을 적립한다.[12] 적립이 요구되는 일정액은 실업기간 동안의 소득을 보전하기에 충분한 정도의 액수이다. 구체적으로 현행 실업급여 수준과 동일한 수준을 인출하기에 필요한 금액 또는 이를 상회하는 일정 금액이

12) 실업보험제도에서와 같이 사용자도 일정액을 근로자의 실업보험저축계좌에 적립함은 물론이다.

적립되도록 할 수 있다. 개인 계좌의 기금은 엄격하고 보수적인 원칙하에 투자되어 시장수익률만큼의 이윤을 얻는다.

실업보험저축계좌제의 장점은 실업급여제도에 내재하는 부정적 유인을 감소시킨다는 점이다. 공동의 보험기금이 아닌 개인 계좌에서 실업시 필요한 자금이 인출되므로 실업자 개인은 실업의 비용을 적절하게 고려하여 직장탐색과 취업 결정을 하게 된다. 또한 취업기간 동안 자신이 적립한 기금을 실업기간 동안 자신이 사용하므로 실업급여제도에서와 같은 취업자로부터 실업자로의 비용이전 문제도 발생하지 않는다. 따라서 실업보험저축계좌제에서는 모럴해저드 효과(moral hazard effect)와 외부효과(externalities)가 현저하게 완화된 형태로 나타나게 된다. 효율성의 측면에서 실업보험저축계좌제는 실업보험제도보다 우월한 제도이다.

그렇다면 실업보험저축계좌제가 도입될 경우 근로자의 보호수준에는 어떤 변화가 발생할 것인가? 세 가지 집단의 근로자로 나누어 생각해 볼 수 있다. 첫째, 현행 실업급여제도하에서 실업급여를 받을 수 있는 대다수의 사람은 실업이 발생할 경우 자신의 저축계좌에서 실업급여와 동일한 액수를 인출할 수 있다. 근로자가 은퇴할 때 개인 계좌에 남아 있는 기금은 근로자가 인출하여 사용한다. 만일 근로자가 사망하는 경우에는 개인 계좌에 남아 있는 기금이 유족에게 상속된다. 따라서 개인 계좌에 기금이 충분히 적립되어 있는 근로자들은 현행의 실업급여제도에서와 동일한 또는 그 이상의 보호를 받을 것이다. 둘째, 만일 노동시장에의 신규 진입 또는 잦은 실업 등의 이유로 실직시 개인 계좌에 기금이 충분히 적립되지 못한 근로자는 어떻게 되는가? 이러한 실직 근로자 역시 정부로부터의 자금 대출을 통해 개인 저축계좌에 충분한 기금이 적립되어 있는 사람과 동일한 급여를 받을 수 있다. 다만 후에 실업에서 탈출하여 새로운 직장에 취업하였을 때 정부로부터의 대출을 이자와 함께 우선적으로 상환하고, 다시 저축계좌에 기금을 적립하게 된다. 만일 이러한 근로자들의 개인 계좌의 미래 잔고가 플러스(+)가 된다면, 정부로부터 빌린 자금은 모두 상환될 것이고 대출에 따른 자원배분의 왜곡은 존재하지 않을 것이다. 따라서 두 번째 종류의 근로자들 역시 현재의 실업급여제도에서와 동일한 수준의 보호를 받는다. 셋째, 문제가 되는 것은 은퇴시 저축계좌의 잔고가 마이너스(−)인 근로자이다. 즉, 개인 계좌에 적립한 금액보다 인출한 금액이 많은 근로자들이다. 이들에 대해서는 현행 제도와 비교하여 실업보험저축계좌제로부터 얻는 효율성 이익이 존재하지 않는다. 현행 제도에서와 동일한 보호와 동일한 수준의 자원배분의 왜곡이 발생할 것이다.

따라서 전체적으로 보면 실업보험저축계좌제는 실업급여제도와 동일한 또는 우월한 보호를 제공하는 동시에 자원배분의 왜곡을 감소시킨다는 점에서 형평성과 효율성의 측면 모두에서 현행 실업급여제도보다는 우월한 제도라고 할 수 있다. 이하에서는 실업보험저축계좌제의 효과에 대한 엄밀한 이론적 분석을 통해 이 주장을 입증해 보기로 한다.

Ⅲ. 실업급여제도와 실업보험저축계좌제의 비교

현행 실업급여제도를 실업보험저축계좌제로 대체하자는 정책제안의 논거를 제시하기 위해서는 후자가 전자보다 효율적임을 입증하여야 한다. 이를 위해서는 실업급여제도와 실업보험저축계좌제의 효율성을 비교할 수 있는 이론적 모형이 필요하다. 여기에서는 Orszag & Snower(2002)의 모형을 이용하여 문제를 설명하기로 한다.[13)]

실업보험저축계좌제의 실제 내용은 구체적으로 제도를 어떻게 설계하는가에 따라 달라질 수 있다. 그러나 제도의 핵심을 이루는 요소는 취업상태의 근로자들이 자신의 저축계좌에 일정액을 강제적으로 적립한다는 것과 실업상태에 처했을 때 자신의 계좌로부터 법이 정한 일정액을 인출할 수 있다는 것이다. 물론 근로자가 원한다면 법정액 이상을 개인 계좌에 적립할 수 있고, 또한 필요시 법정액 이상으로 인출할 수 있는 유연성을 부여할 수도 있지만 여기에서는 단순한 형태의 제도를 상정하고 논의를 진행하기로 하겠다.

우선 근로자가 2기 동안 노동시장에서 활동한다고 가정한다. 제 1 기에 근로자는 고용상태에 있거나 아니면 실업상태에 있다. 취업과 실업의 확률은 각각 g와 $1-g$이다. 논의를 단순화하기 위해 g는 외생적으로 결정된다고 가정한

13) 이하에서 제시되는 모델은 Orszag & Snower(2002)의 모형을 수정한 것이다.

다. 제 1 기에 고용되어 있던 근로자는 제 2 기의 초에 f의 확률로 해고되어 실업상태로 이행한다. 따라서 제 1 기에 고용되어 있던 근로자가 제 2 기에도 계속 고용될 확률은 $1-f$이다. 한편 제 1 기에 실업상태에 있던 근로자는 h의 확률로 채용되어 취업상태로 이행하고, $1-h$의 확률로 취업을 하지 못하고 계속 실업상태에 머물게 된다. 그러므로 제 1 기에서 본 근로자의 기대효용을 다음과 같이 표현할 수 있다.

$$V_1 = gV(e) + (1-g)V(u) \tag{1}$$

위의 식 (1)에서 e는 취업상태를, u는 실업상태를 나타낸다.

실업상태에 있는 제 1 기의 근로자는 자신의 시간을 여가(leisure)와 직장탐색(job search)에 할애한다. 한편 취업상태에 있는 제 1 기의 근로자는 자신의 시간을 여가(leisure)와 근로(work)에 할애한다. 실업자의 취업률 h는 실업상태 근로자의 직장탐색 노력(직장탐색에 투입한 시간)에 의해 결정된다. 취업상태 근로자의 해고율 f는 근로자의 생산성(근로에 투입한 시간)에 달려 있다.

따라서 제 1 기에 실업상태에 있는 근로자의 취업률은 실업상태 근로자의 제 1 기의 여가(l_{1u})의 함수로 표시할 수 있다. 즉, 근로자의 취업률은 $h(l_{1u})$이며 여가와 마이너스의 관계가 있다. 더 많은 여가를 선택할수록 직장탐색에 보다 적은 시간을 투입하게 되므로 취업할 확률이 감소한다. 제 1 기에 취업상태에 있는 근로자의 해고율도 취업상태 근로자의 제 1 기의 여가(l_{1e})의 함수로 표시된다. 즉, 근로자의 해고율은 $f(l_{1e})$이며, 여가와 플러스(+)의 관계에 있다. 여가에 더 많은 시간을 투입할수록 근로에 더 적은 시간을 투입하게 되고 근로자가 기업에 의해 해고될 확률이 높아진다. 논의의 편의를 위하여 제 2 기의 여가는 고정되어 있다고 가정한다. 따라서 이 모델에서는 실업급여제도와 실업보험저축계좌제가 제공하는 직장탐색 유인과 근로유인을 제 1 기 근로자의 여가 선택을 검토함으로써 평가할 수 있다.

1. 실업급여제도(Unemployment Benefits)

실업급여제도하에서 근로자의 유인체계를 분석하여 보자. 분석의 편의를 위해 근로자를 노동시장 지위에 따라 제 1 기에 실업상태에 있는 근로자와 취업상태에 있는 근로자로 나누어 분석하기로 한다.

우선 제 1 기에 실업상태에 있는 근로자의 선택을 생각해 보자. 실업자는 실업급여로 b를 받는다. 이 실업급여의 재원은 세율 τ의 급여세(payroll tax)에 의해서 조달된다. 자본시장은 불완전하다고 가정하며, 따라서 근로자는 제 2 기의 소득을 담보로 제 1 기에 소득을 빌릴 수 없다.

제 1 기에 실업상태인 근로자는 실업급여 b를 받고 $U(b, l_{1u})$의 효용을 얻는다. l_{1u}는 실직 근로자의 여가이다. 제 2 기에 근로자는 $h(l_{1u})$의 확률로 취업되어 $V_2^b(e)$의 효용을 얻고, $1-h(l_{1u})$의 확률로 계속 실업상태에 머물게 되어 $V_2^b(u)$의 효용을 얻는다. 여기에서 위첨자 b는 실업급여 제도를 나타내는 기호로 이해하면 된다. 따라서 제 1 기에 실업상태에 있는 근로자의 의사결정은 다음과 같이 표시된 효용함수를 극대화하는 여가의 수준을 결정하는 문제로 표현할 수 있다.

$$Max V_1^b(u) = U(b,\ l_{1u}) + \beta\,[h(l_{1u})V_2^b(e) + (1-h(l_{1u}))V_2^b(u)] \tag{2}$$

여기에서 β는 할인율(discount rate)이다. 효용극대화의 제 1 차 조건은

$$U_{l_{1u}} = -\beta h'(l_{1u})[V_2^b(e) - V_2^b(u)] \tag{3}$$

이다. 즉, 여가의 한계효용 $U_{l_{1u}}$은 여가의 한계취업확률 $h'(l_{1u})$과 취업할 경우의 이익 $V_2^b(e)-V_2^b(u)$을 곱한 것을 할인한 값과 일치하여야 한다. 여가의 한계효용이 체감하므로 여가의 최적 수준은 취업할 경우의 이익 $V_2^b(e)-V_2^b(u)$과 마이너스(−)의 관계가 있다. 실업상태의 근로자는 취업으로부터의 이익이 클수록 여가를 줄이고 직장탐색에 더 많은 시간을 투여한다.

이번에는 제 1 기 취업자의 의사결정 문제를 살펴보자. 제 1 기에 고용된 근로자의 세후 임금은 $w(1-\tau)$이다. 제 2 기에 근로자는 $f(l_{1e})$의 확률로 계속 취업되어 $V_2^b(e)$의 효용을 얻고, $1-f(l_{1e})$의 확률로 직장에서 해고되어 $V_2^b(u)$의 효용을 얻는다. 따라서 제 1 기에 고용되어 있는 근로자의 의사결정은 다음과 같은 효용함수를 극대화하는 여가의 수준을 결정하는 문제로 표현할 수 있다.

$$MaxV_1^b(e) = U(w(1-\tau),\ l_{1e}) + \beta[f(l_{1e})V_2^b(e) + (1-f(l_{1e}))V_2^b(e)] \tag{4}$$

효용극대화의 제 1 차 조건은

$$U_{l_{1e}} = -\beta f'(l_{1e})[V_2^b(e) - V_2^b(u)] \tag{5}$$

이다. 식 (5)에서 여가의 한계효용은 여가의 한계해고확률 $f'(l_{1e})$과 직장을 상실할 경우의 손해 $V_2^b(e)-V_2^b(u)$을 곱한 것을 할인한 값과 일치하여야 한다. 여가의 한계효용이 체감하므로 여가의 최적 수준은 해고되었을 경우의 손해 $V_2^b(e)-V_2^b(u)$과 마이너스(−)의 관계가 있다. 취업상태의 근로자는 해고되었을 경우의 손해가 클수록 여가를 줄이고 근로에 더 많은 시간을 투여한다.

실업급여제도를 운영하기 위한 정부의 예산제약은 실업급여의 기대가치가 이 급여를 조달하는 조세수입의 현재가치와 동일해야 한다는 것이다. 즉,

$$b[(1-g)+\beta u_2] = w\tau[g+\beta(1-u_2)] \tag{6}$$

이다. 여기에서 u_2는 제 2 기의 실업률이다. 식 (6)은 제 1 기의 실업급여 지급액 $b(1-g)$와 제 2 기의 실업급여지급액의 현재가치 βbu_2의 합(좌변)이 제 1 기의 보험료 수입 $w\tau g$와 제 2 기의 보험료 수입의 현재가치 $\beta w\tau(1-u_2)$의 합(우변)과 동일해야 함을 의미한다. 위의 식을 정리하면 실업급여 제도에서의 급여세의 세율은

$$\tau = \frac{b}{w} \cdot \frac{(1-g)+\beta u_2}{g+\beta(1-u_2)} \tag{7}$$

가 된다.

2. 실업보험저축계좌제(Unemployment Insurance Savings Accounts)

이제 실업보험저축계좌제에서의 근로자의 선택을 살펴보자. 실업급여제와의 비교를 위해 실업보험저축계좌제에서도 실업자는 실업급여제도에서의 실업급여액인 b만큼을 개인 계좌에서 인출하거나 정부로부터 지급받는다고 가정하자.

제 1 기에 실업상태인 근로자는 실업급여 b를 받고 $U(b, l_{1u})$의 효용을 얻는다. 앞에서와 같이 l_{1u}는 실업상태에 있는 근로자의 여가이다. 제 1 기에 취업되어 있지 않기 때문에 이 근로자는 실업보험저축계좌에 자산을 축적할 수 없다. 이 근로자는 제 2 기에 $h(l_{1u})$의 확률로 취업되어 $V_2^a(e, 0)$의 효용을 얻고, $1-h(l_{1u})$의 확률로 계속 실업상태에 머물러 있게 되어 $V_2^a(u, 0)$의 효용을 얻는다. 여기에서 위첨자 a는 실업보험저축계좌제를, 0은 저축계좌의 자산이 0임을 나타낸다.

따라서 제 1 기에 실업상태에 있는 근로자의 의사결정은 다음과 같은 효용함수를 극대화하는 여가의 수준을 결정하는 문제로 표현할 수 있다.

$$MaxV_1^a(u) = U(b, l_{1u}) + \beta[h(l_{1u})V_2^a(e, 0) + (1-h(l_{1u}))V_2^a(u, 0)] \tag{8}$$

효용극대화의 제 1 차 조건은

$$U_{l_{1u}} = -\beta h'(l_{1u})[V_2^a(e, 0) - V_2^a(u, 0)] \tag{9}$$

이다. 식 (9)의 효용극대화 조건의 해석은 실업급여제도의 경우와 동일하다. 즉, 여가의 한계효용 $U_{l_{1u}}$은 여가의 한계취업확률 $h'(l_{1u})$과 취업할 경우의 이익 $V_2^a(e, 0) - V_2^a(u, 0)$을 곱한 것을 할인한 값과 일치하여야 한다. 여가의 한계효용이 체감하므로 여가의 최적 수준은 취업할 경우의 이익 $V_2^a(e, 0) - V_2^a(u, 0)$과 마이너스(−)의 관계가 있다. 실업상태의 근로자는 취업으로부터의 이익이 클수록 여가를 줄이고 직장탐색에 더 많은 시간을 투여한다.

이번에는 제 1 기에 취업상태에 있는 근로자의 문제를 생각해 보자. 근로자는 w의 임금을 받는다. 근로자의 소비를 c라고 하면, 근로자는 소비하고 남은 소득 모두를 실업보험저축계좌에 적립한다. 즉, 근로자가 적립하는 금액은 $w-c$가 된다. r을 이자율이라 하고 μ를 저축계좌에 적립된 자산에 대한 세율이라고 하면 제 2 기의 근로자의 저축계좌의 기금자산은 $A=(w-c)(1+r)(1-\mu)$가 된다. 따라서 제 1 기 취업자의 의사결정은 다음과 같은 효용함수를 극대화하는 여가의 수준을 결정하는 문제로 표현할 수 있다.

$$MaxV_1^a(e) = U(w-c,\ l_{1e}) + \beta[f(l_{1e})V_2^a(e,\ A) + (1-f(l_{1e}))V_2^a(e,\ A)] \quad (10)$$

효용극대화의 제 1 차 조건은

$$U_{l_{1e}} = -\beta f'(l_{1e})[V_2^a(e,\ A) - V_2^a(u,\ A)] \quad (11)$$

이다. 식 (11)에서 여가의 한계효용은 여가의 한계해고확률 $f'(l_{1e})$과 직장을 상실할 경우의 손해 $V_2^a(e,\ A) - V_2^a(u,\ A)$을 곱한 것을 할인한 값과 일치하여야 한다. 여가의 한계효용이 체감하므로 여가의 최적 수준은 해고되었을 경우의 손해 $V_2^b(e) - V_2^b(u)$과 마이너스$(-)$의 관계가 있다. 취업상태의 근로자는 해고되었을 경우의 손해가 클수록 여가를 줄이고 근로에 더 많은 시간을 투여한다. 이는 실업급여제도에서와 동일하다.

실업급여의 임금대체율(replacement ratio)을 $v = b/w$로 정의하고, 실업보험저축계좌제에의 적립률을 $k = (w-c)/w$라고 정의하자. 제 1 기 취업자가 제 2 기에 실업자가 되었을 경우 저축계좌로부터 인출할 수 있는 금액이 적어도 실업급여제도에서 인출하는 금액보다 크려면 $A = (w-c)(1+r)(1-\mu) > b$가 성립되어야 한다. 즉,

$$k \geq \frac{v}{(1+r)(1-\mu)} \quad (12)$$

이다. 이하에서는 이 조건이 충족된다고 가정한다.

한편 실업보험저축계좌제에서는 제 1 기와 제 2 기 모두에서 실업상태에 있는 사람만이 국가로부터 실업급여를 받는다. 이러한 실업급여의 재원은 실업보험저축계좌에 적립된 자산에 대한 조세로 충당된다. 따라서 실업보험저축계좌의 기금자산에 대한 세율 μ는 적립된 자산이 부족한 근로자(제 1 기에 실업상태에 있던 근로자+제 1 기와 제 2 기에 모두 실업상태에 있는 근로자)에게 실업급여 b를 제공할 수 있도록 설정되어야 한다. 제 1 기와 제 2 기의 실업급여는 제 1 기에 고용된 근로자의 자산에 대한 조세로부터 재원이 조달된다. 제 1 기의 실업자에 대한 급여지출은 $b(1-g)$이며 제 2 기의 실업자에 대한 급여지출은

$b(1-g)(1-b(l_{1u}))/(1+r)$이다. 한편 수입은 $\mu(w-c)g=\mu kwg$이다. 따라서 수입과 지출이 동일해야 한다는 조건을 부과하면 저축계좌에 적립된 자산에 대한 세율은

$$\mu=\left[\frac{1-b(l_{1u})}{1+r}+1\right]\left[\frac{1-g}{g}\right]\left[\frac{v}{k}\right] \tag{13}$$

임을 알 수 있다.

3. 두 제도의 비교

실업급여제도와 실업보험저축계좌제에서의 근로자의 효용극대화 조건은 거의 동일한 형태를 취한다. 양 제도 모두에서 직장탐색 유인(job search incentive)과 근로유인(work incnetive)은 본질적으로 취업되었을 때의 가치와 실업상태에서의 가치의 차이에 의해 결정된다. 그러나 취업되었을 때의 가치와 실업상태에서의 가치의 차이의 크기가 양 제도에서 다르게 나타나기 때문에 두 제도는 서로 다른 직장탐색 유인과 근로유인을 제공한다.

〈표 3-3-3〉은 두 제도하에서의 근로자의 소득이 취업상태에 따라 어떻게 변화하는지를 보여준다. 우선 실업급여제도를 보자. 제 1 기에 고용된 근로자가 제 2 기에도 계속 고용되면 $w(1-\tau)$의 임금을 받고, 실업을 당하게 되면 b의 실업급여를 받는다. 제 1 기에 실업상태에 있던 근로자가 제 2 기에 고용되면 $w(1-\tau)$의 임금을 받고, 계속 실업상태에 머물게 되면 b의 실업급여를 받는다. 따라서 실업보험제도에서 취업의 가치와 실업의 가치의 차이는 $w(1-\tau)-b$이다.

실업급여저축계좌제도에서는 다른 유인이 제공된다. 제 1 기에 취업상태에 있

〈표 3-3-3〉 실업급여제도와 실업보험저축계좌제의 비교

	실업급여제도		실업보험저축계좌제	
	Employed at 2	Unemployed at 2	Employed at 2	Unemployed at 2
Employed at 1	$w(1-\tau)$	b	$w+kw(1+r)(1-\mu)$	$kw(1+r)(1-\mu)$
Unemployed at 1	$w(1-\tau)$	b	w	b

던 근로자가 제 2 기에도 계속 취업상태에 있다면 이 근로자는 $w+kw(1+r)(1-\mu)$를 얻게 된다. 반면 제 2 기에 실업상태가 된다면 수입은 $kw(1+r)(1-\mu)$이다. 따라서 실업보험저축계좌제에서 취업의 가치와 실업의 가치의 차이는 w이며, 이는 실업보험제도에서의 차이인 $w(1-\tau)-b$보다 크다. 한편 제 1 기에 실업상태에 있던 근로자는 제 2 기에 취업될 경우 w의 임금을 받고, 계속 실업상태에 머무르게 되면 b의 실업급여를 받는다. 따라서 실업보험저축계좌제도에서 취업의 가치와 실업의 가치의 차이는 $w-b$이다. 이는 실업보험제도에서의 차이인 $w(1-\tau)-b$보다 크다.

요약하면, 실업급여제도보다 실업보험저축계좌제에서 근로자들이 실업의 비용을 보다 더 효과적으로 내부화(internalize)한다. 때문에 근로자들이 실업상태에 계속 머물러 있거나 취업에서 실업상태로 이전함으로써 받는 손실이 실업급여제도보다 실업보험저축계좌제에서 더 크게 된다. 효용극대화의 제 1 차 조건인 (3), (5), (9), (11)을 보면, 근로자의 여가 결정은 직장을 상실할 경우의 손해와 마이너스(−)의 관계에 있다는 것을 알 수 있다. 따라서 실업급여제도보다는 실업보험저축계좌제에서 실업상태에 있는 근로자들의 직장탐색 유인과 취업상태에 있는 근로자의 근로유인이 증가하게 되는 것이다.

이러한 두 제도가 제공하는 직장탐색 유인과 근로유인의 차이로 인해 실업률은 실업급여제도보다 실업보험저축계좌제에서 낮게 나타난다.[14] 노동시장 참여자의 수를 1로 정규화하면 제 2 기의 실업률은

$$u_2 = gf(l_{1e}) + (1-g)(1-h(l_{1u})) \tag{14}$$

이다. 제 1 기 취업자의 여가 수준 l_{1e}와 제 1 기 실업자의 여가 수준 l_{1u}가 모두 실업보험저축계좌제에서 낮으므로, 실업급여제도와 비교해 볼 때 해고율 $f(l_{1e})$은 낮고 취업률 $h(l_{1u})$은 높게 된다. 즉, 취업자의 근로유인이 높을 뿐만 아니라 실업자의 직장탐색 유인도 상대적으로 더 크다. 따라서 실업보험저축계좌제가 실업급여제도보다 낮은 실업률을 갖게 됨을 쉽게 알 수 있다.

---

14) 이 모델에서 제 1 기의 실업률은 외생적으로 $1-g$로 주어져 있다.

Ⅳ. 실업보험저축계좌제의 도입방안

1. 제도의 실행가능성

이상과 같은 특징을 가진 실업보험저축계좌제는 과연 실현가능한(feasible) 제도인가? 실업급여저축계좌제는 현행 실업급여제도와는 근본적으로 다른 성격의 새로운 제도이기 때문에 과연 이 제도가 도입되어 운영될 수 있는지의 여부가 관심사로 떠오른다.

실업보험저축계좌제에서는 앞에서 지적한 바와 같이 저축계좌의 기금적립 상태와 관련하여 세 가지 타입의 근로자가 발생한다. 즉, 플러스(+)의 적립된 기금을 가지고 있는 근로자, 일시적으로 마이너스(−)의 상태이지만 은퇴 전까지는 플러스(+)의 기금을 적립하는 것이 가능한 근로자, 마지막으로. 은퇴시 적립된 기금이 마이너스(−) 상태인 근로자이다. 실험보험저축계좌제의 실현가능성(feasibility of the plan)은 특히 이 세 번째 근로자가 부과하는 비용과 밀접하게 관련이 있다. 이들 근로자들은 실업시 개인 계좌에서 금액을 인출할 수 없기 때문에 정부가 일정액의 실업급여를 지급해야 한다. 정부는 여기에 소요되는 비용을 저축계좌 적립기금에 부과하는 일정 비율의 조세로 충당하게 된다. 따라서 실업급여저축계좌제의 실행가능성은 적립된 기금에 부과되는 세율로 판단할 수 있다. 만일 제도 유지를 위해 너무 높은 세율이 필요하다면 제도의 실행가능성은 매우 낮아질 것이다.

실업급여저축계좌제를 유지하기 위해 필요한 적립기금에 대한 세율은 앞에서 제시된 모형의 캘리브레이션(calibration)을 통하여 추정해 볼 수 있다. 모델의 캘리브레이션을 위해서는 몇 가지 가정이 필요하다. 우선 실업보험저축계좌제에서 근로자가 실업시 인출하는 금액은 현재의 실업보험제도의 임금대체율 $v = b/w$과 동일하다고 가정한다. 그렇다면 저축계좌에의 적립률은 식 (12)로부터 $k = v/(1+r)(1-\mu)$로 설정된다. 둘째, 이자율은 5%로 일정하다($r = 0.05$)고 가정한다. 셋째로 제 1 기 취업자의 해고율은 5%라고 가정한다. 즉, $f(l_{1e}) = 0.05$이다. 이상과 같은 가정하에서 제 1 기 취업자의 비중 g와 제 1 기 실업자의 취업률 $b(l_{1u})$이 변화함에 따라 실업급여저축계좌제를 유지하기 위해 필요한 인출금에 대한 세율 μ이 얼마인지를 추정한 결과가 〈표 3-3-4〉에 제시되어 있다.

〈표 3-3-4〉에 의하면 실업급여저축계좌제는 생각보다 낮은 세율로 쉽게 유지될 수 있다. 예를 들어, 제 1 기의 취업률이 95%라고 하고, 제 1 기 실업자의 제 2 기 취업률이 95%, 제 1 기 취업자의 제 2 기 해고율이 5%라고 하자. 즉, $g=0.95$, $b(l_{1u})=0.95$, 그리고 $f(l_{1e})=0.05$이다. 제 1 기의 실업률은 5%이다. 이들 제 1 기의 실업자에 대해서는 정부가 실업급여를 지급해야 한다. 제 2 기에는 제 1 기의 실업자 중 95%가 고용되기 때문에 제 2 기의 실업급여가 필요한 사람은 제 1 기 실업자의 5%, 따라서 전체 근로자의 약 0.25%이다. 이자율이 5%라고 하면 제 2 기에 필요한 실업급여액은 $0.05(1.05)+0.0025=0.055b$이다. 이 재원을 저축계좌에 적립된 기금에 대한 조세를 통해 마련한다고 할 경우 저축계좌 적립기금에 대한 세율 μ는 약 5.5%에 불과하다. 한편 제 1 기 실업자의 취업률이 낮아질수록 세율 μ는 증가하지만 그다지 큰 차이는 발견되지 않는다. 제 1 기의 실업률이 15%이고 실업자의 20%가 다음 기에도 계속 실업상

〈표 3-3-4〉 실업보험저축계좌제의 실행가능성: calibration 결과

g	$1-g$	μ				
		$b(l_{1u})=1$	$b(l_{1u})=0.95$	$b(l_{1u})=0.90$	$b(l_{1u})=0.85$	$b(l_{1u})=0.80$
0.85	0.15	0.156	0.163	0.169	0.175	0.181
0.86	0.14	0.146	0.152	0.158	0.163	0.169
0.87	0.13	0.136	0.141	0.147	0.152	0.157
0.88	0.12	0.125	0.130	0.136	0.141	0.146
0.89	0.11	0.115	0.120	0.124	0.129	0.134
0.90	0.10	0.104	0.109	0.113	0.118	0.122
0.91	0.09	0.094	0.098	0.102	0.106	0.110
0.92	0.08	0.084	0.087	0.091	0.094	0.098
0.93	0.07	0.073	0.076	0.080	0.083	0.086
0.94	0.06	0.063	0.066	0.068	0.071	0.074
0.95	0.05	0.052	0.055	0.057	0.059	0.062

주: $k=v/(1+r)(1-\mu)$, $r=0.05$ 그리고 $f(l_{1e})=0.05$를 가정.

태에 머무는 비관적인 경우를 상정하더라도 세율 μ를 18% 수준으로 책정하면 된다. 현행 실업급여제도에서와 같이 근로자와 사용자가 동일한 액수를 저축계좌에 적립한다면, 실제로 사용자와 근로자가 부담하는 세율은 위의 표에 제시된 세율의 1/2이다. 또한 조세는 임금총액에 대해서가 아니라 임금 중 계좌에 적립된 기금에 대해 부과된다. 따라서 이러한 점들을 감안하면 실업급여저축계좌제는 상대적으로 낮은 비용으로 유지가 가능한 제도라고 할 수 있다.

사실 본고가 제시하는 형태의 실업급여저축계좌제는 Altman & Feldstein (1998)과 Feldstein(2005) 등에서 주장되고 있다. Feldstein(2005)은 사회보험에 대한 유럽식의 사회연대적 접근방식(social solidarity view)이나 프리드만(1962)의 시장적 견해 모두를 비판하면서 사회보험제도에 대한 투자적 접근방식(investment-based social insurance program)을 주장하고 있다. 그는 이러한 접근방식이 현행 현금지불(pay-as-you-go)방식이나 자산에 기초한 프로그램(mean-tested program) 또는 아무 것도 하지 않는 자유방임제도보다 우월하다고 한다.

특히 그는 Altman & Feldstein(1998)에서 실업보험저축계좌제의 구체적인 도입방안을 논의하고 있다. 그는 근로자의 적립액 등을 기초로 5가지의 구체적인 프로그램을 제시한다. (1) 임금소득의 4%를 기여하여 주간 평균임금의 3배가 될 때까지 적립하는 방안 (2) 임금소득의 4%를 기여하여 연간 수입 수준까지 적립하는 방안 (3) 임금소득의 4%를 기여하여 전년도 수입의 1/2까지 적립하는 방안 (4) 3안에 개인별 차이를 두어 실업경험이 많은 사람이 계좌에 더 많은 기여를 하게 하는 방안. 구체적으로 연간소득의 30%+지난 2년간 실업으로 인한 계좌인출액의 2배까지 적립하도록 하는 방안 (5) 2안에 경험요율제도의 요소를 가입하여 처음 첫 5주간은 사용자가 급여를 지급하도록 하는 방안 등이 그것이다.[15] Altman & Feldstein(1998)은 미국의 PSID 자료를 사용하여 자신들 제안의 실행가능성을 실증적으로 입증하고 있다.[16]

---

15) 실업보험저축계좌제에서는 근로자에 대한 외부효과는 발생하지 않으나, 사용자가 근로자의 저축계좌에 일정액을 기여하게 되는 경우 외부효과가 여전히 존재하게 된다. 따라서 사용자의 외부효과 문제를 해결하기 위해서는 추가적으로 과거의 해고실적에 따라 차등적으로 적립금을 부담하는 경험요율제도를 도입하는 것이 필요하다.

16) 자세한 내용은 Altman & Feldstein(1998)을 참조하기 바란다.

2. 임금보험제도와의 연계

실험보험저축계좌제 도입의 장점은 장기적으로 이 제도가 임금보험제도(wage-loss insurance)를 포괄하는 제도로서 확장될 수 있다는 점이다. 임금보험제도는 실업상태에서 새로운 직장을 찾았으나 임금수준이 이전 직장에 비해 하락한 근로자들에게 그 임금상실분의 일부를 보전해 주는 제도이다. 임금보험제도는 시장개방이나 산업구조조정 등에 의해 피해를 받은 근로자들에 대한 구제책의 일환으로 논의가 시작되었으나, 이제는 실업상태에서 구직활동을 하는 근로자를 대상으로 하는 일반적 제도로서 이해되고 있다.

이 제도는 직장을 상실한 근로자가 임금수준이 낮은 직장에 취업함으로써 감수해야 하는 임금 손실을 완화해 주는 것을 주요 내용으로 한다. 이러한 임금손실 보전은 근로자의 소득 안정성을 제고하는 기능을 한다. 또한 근로자의 유보임금(reservation wage)을 낮추어 주는 효과가 있기 때문에 근로자로 하여금 실업상태에서 새로운 직장으로 빠른 시간 내에 이행하도록 하는 추가적 유인도 제공하게 된다. 따라서 임금보험제도는 근로자의 보호수준을 제고함과 동시에 실업과 실업기간을 감소시키는 효과가 있다.

현행 실업급여제도 중 조기재취업수당제도가 실업자에게 임금보험제도와 유사한 경제적 유인을 제공하고 있으나, 상당한 사중손실(deadweight loss)을 수반한다는 지적이 많다. 즉, 조기재취업수당이 제공하는 유인이 없어도 실업급여 수급기간 중 어차피 취업했을 많은 사람들에게 조기재취업수당이 지급되고 있다는 것이다. 임금보험제도를 비판하는 논자들은 비판의 근거로 조기재취업수당에서의 사중손실 발생과 비슷한 논리를 제시한다. 그러나 임금보험제도는 실험보험저축계좌제와 연계하여 도입될 수 있다. 실험보험저축계좌에 임금보험을 위한 일정 금액을 추가적으로 적립하도록 하면 된다. 이렇게 실업급여저축계좌에 연계된 임금보험제도는 현행 조기재취업수당제도에서와는 달리 사중손실을 발생시키지 않을 것이며 실업에서 고용으로의 원활한 이행을 촉진할 것이다.[17)]

---

17) 임금보험제도에 대한 최근의 연구동향은 Kling(2006)에 잘 정리되어 있다. Kling(2006)은 이전 직장과 새로운 직장의 임금 차이의 25%를 2년 동안 보전해 주는 방안을 비롯한 여러 가지 방안을 제시하고 있으며, 실현가능성 및 효과를 실증자료를 이용하여 분석하고 있다.

Ⅴ. 결　　론

본 연구는 기존의 실업급여제도의 대안으로서 실업보험저축계좌제를 제시하고 제도의 유인효과를 검토하였다. 이 제도는 근로자로 하여금 임금의 일부분을 개인 저축계좌에 적립하도록 하고 실업을 당했을 때 실업급여 대신 개인 저축계좌로부터 필요한 일정 금액을 인출하도록 하는 제도이다. 만약 저축계좌에 적립된 기금이 충분하지 않으면 정부는 저축계좌에 필요한 자금을 대출해 주고 후에 상환을 받는다. 근로자의 은퇴시 잔고가 마이너스(−)인 계좌로 인해 발생하는 비용은 정부가 저축계좌에 적립된 기금에 부과하는 조세로 충당한다. 저축계좌에 적립된 기금은 퇴직시 근로자에게 지급되며, 근로자가 사망하는 경우에는 유산으로 상속된다.

실업보험저축계좌제에서 근로자 개인이 실업시 저축계좌에서 인출하는 금액은 정확히 그 금액만큼 근로자의 자산을 감소시킨다. 따라서 근로자는 실업의 비용을 직접적으로 고려하여 행동하게 된다. 이로 인해 실업급여제도에서와는 달리 실업상태에 처한 근로자들의 직장탐색 유인이 강화되며 실업의 빈도와 기간이 감소한다. 또한 취업근로자에 대해서는 근로유인을 제고함으로써 실업으로의 이행을 억제한다. 따라서 실험보험저축계좌제는 실업근로자에게 실업급여와 동일한 보호수준을 제공하면서도, 기존 실업급여제도의 내재된 모럴 해저드 효과(moral hazard effect)와 외부효과(externalities) 등의 부정적 효과를 크게 완화시킬 수 있다.

한국에서는 아직까지 현행 실업보험제도가 과연 최적의 제도인지 그리고 실업급여제도에 내재된 인센티브 효과가 무엇인지에 관하여 본격적으로 논의가 진행된 적이 없다. 현재 활발히 진행되고 있는 고용보험제도의 개혁방안 논의에서도 이 문제들은 제기되지 않고 있다. 고용과 실업에 대한 실효성 있는 논의를 진행하기 위해서는 실업급여제도의 순기능과 역기능에 대한 보다 본질적이고 세련된 질문이 제기되어야 한다. 실업보험저축계좌제는 실업자의 보호수준을 높임과 동시에 현행 실업급여제도의 부정적 효과로 지적되고 있는 문제들을 해결할 수 있는 대안이다. 앞으로 이 제도의 유인효과나 실행가능성에 관하여 실증자료를 이용한 보다 진전된 연구가 지속적으로 이루어져야 할 것이다.

참고문헌

Baily, Martin(1978), "Some Aspects of Optimal Unemployment Insurance," *Journal of Public Economics*, 10(3), pp. 379~402.

Chetty, Raj(2008), "Moral Hazard vs. Liquidity and Optimal Unemployment Insurance," *Journal of Political Economy*, 116(2), pp. 173~234.

Feldstein, Martin, and Poterba, James(1984), "Unemployment Insurance and Reservation Wages," *Journal of Public Economics*, 23(1~2), pp. 141~167.

Feldstein, Martin, and Altman, Daniel(1998), "Unemployment Insurance Savings Accounts," National Bureau of Economic Research, NBER Working Papers: No. 6860.

Feldstein, Martin(2005), "Rethinking Social Insurance," *American Economic Review*, 95(1), pp. 1~24.

Fishe, Raymond(1982), "Unemployment Insurance and the Reservation Wages of the Unemployed," *Review of Economics and Statistics*, 64(1), pp. 12~17.

Friedman, Milton(1962), *Capitalism and Freedom*, University Of Chicago Press.

Gruber, Jonathan(1997), "The Consumption Smoothing Benefits of Unemployment Insurance," *American Economic Review*, 87(1), pp. 192~205

Hopenpayn, Hugo, and Nicolini, Juan(1997), "Optimal Social Insurance," *Journal of Political Economy*, 105(2), pp. 412~438.

Kling, Jeffrey(2006), "Fundamental Restructuring of Unemployment Insurance: Wage-loss Insurance and Temporary Earnings Replacement Accounts," The Brookings Institution, Discussion Paper, 2006~05.

Meyer, Bruce(1990), "Unemployment Insurance and Unemployment Spells," *Econometrica*, 58(4), pp. 757~782.

Meyer, Bruce(1995), "Lessons from the U.S. Unemployment Insurance Experiments," *Journal of Economic Literature*, 33(1), pp. 91~131.

Orszag, Michael, and Snower, Dennis(2002), "From Unemployment Benefits to Unemployment Accounts," IZA Discussion Paper No. 532,

Rogerson, Richard; Shimer, Robert; and Wright, Randall(2005), "Search-Theoretic Models of the Labor Market: A Survey," *Journal of Economic Literature*,

43(4), pp. 959~988.

Shimer, Robert(2005), "The Cyclical Behavior of Equilibrium Unemployment and Vacancies," *American Economic Review*, 95(1), pp. 25~49.

Shimer, Robert(2007), "Mismatch," *American Economic Review*, 97(4), pp. 1074~1101.

Shimer, Robert, and Werning, Ivan(2007), "Reservation Wages and Unemployment Insurance," *Quarterly Journal of Economics*, 122(3), pp. 1145~1185.

•토론• 고용보험제도의 개혁방향에 대한 시론*

본 논문은 실업급여의 모럴해저드 효과와 외부효과가 자원배분의 왜곡을 발생시킨다는 관점에서 전통적인 실업급여의 대안으로 실업보험저축계좌제(unemployment insurance savings account)를 검토하고 있다. 최근 노동시장 및 고용구조의 변화에 대응하여 고용보험과 적극적 노동시장정책의 운용에 있어 새로운 패러다임의 모색과 전략이 요구된다. 고용보험의 사회안전망 역할을 확충하고, 이와 함께 보다 나은 일자리로의 이행을 지원하는 방향으로 적극적 노동시장정책의 역할을 강화시킬 필요가 있다. 이런 배경하에서 본 논문은 현행 실업급여의 문제점을 지적하고 실업보험저축계좌제라는 새로운 제도의 도입을 주장하고 있다. 이는 미시적 제도개선에 국한된 기존의 논의에서 벗어나 급진적인 개혁을 주장하고 있다는 점에서 고용보험제도에 관한 이론적·정책적 연구에서 새로운 논의의 장을 제공하고 있다고 평가된다.

최근 몇 년 동안 실업급여의 효과를 파악할 수 있는 유용한 통계자료의 축적과 심층적인 평가연구가 부족하기에 구체적인 정책방안을 제시하기 어려운 상황이다. 그리고 본 논문에서도 언급하였듯이 우리나라에서는 아직까지 현행 실업급여가 과연 최적의 제도인지 그리고 실업급여의 인센티브 효과가 무엇인지에 관하여 본격적으로 논의된 적이 없다. 따라서 우리나라의 실업급여가 다

---

* 김동헌(동국대학교 경제학과 교수).

른 선진국에 비해 제도설계상에 있어 더 많은 문제점을 가지고 있는지 판단하기는 쉽지 않은 상황이다. 그러나 최근 실업인정이 제대로 작동하지 않고 있다는 비판이 강력하게 제기되고 있다. 구직급여 수급자는 급여 수급을 보험료 납부에 대한 당연한 권리라고 인식하고 있기에, 구직급여라는 명칭이 무색할 정도로 활성화 조치를 시행하기 어려운 현실이고 실업인정은 형식적으로 이루어지는 측면이 있다.

우리나라의 실업급여는 선진국과 비교하여 상대적으로 낮은 대체율과 짧은 수급기간을 가지고 있다. 실업부조제도가 없다는 점까지 고려한다면 실업급여의 관대성이 가장 낮은 국가에 속한다. 활성화 조치는 실업급여의 관대성과 연계되어 있다. 우리나라 실업급여의 관대성이 상대적으로 낮은 편이기 때문에, 선진국과 같이 엄격하게 활성화 조치를 시행하거나 적극적 노동시장정책과의 연계를 모색하는 것이 쉽지 않다. 따라서 우리나라의 고용보험은 안전망 역할의 강화와 활성화 조치의 강화라는 이중의 정책과제를 안고 있다. 단기적으로 구직급여 지급의 정당성을 확보하기 위해 피보험자 관리와 실업인정을 강화하여야 한다. 이와 함께 장기적 시각에서 현행 실업급여 수급자격·임금대체율·수급기간을 종합적으로 검토하여 안전망 역할을 강화하는 방안이 마련되어야 할 것이다. 요약하면, 현 단계에서는 고용보험을 대체하는 제도의 도입이라는 급진적인 개혁보다는 고용보험의 실질적인 역할을 강화시킬 수 있는 정책을 모색하는 것이 현실적이라고 판단된다.

본 논문에서 실업보험저축계좌제 도입의 장점은 장기적으로 이 제도가 임금보험제(wage loss insurance)를 포괄하는 제도로서 확장될 수 있다는 점이라고 주장하고 있다. 그러나 실업보험저축계좌제와 임금보험제를 어떤 방식으로 연계할 것인지, 그리고 재원조달 방식을 어떻게 할 것인지에 관해서는 명확하지 않다. 이 두 제도를 포괄하는 이론적 모형을 개발한다면 이론적인 측면에서 큰 의의가 있다고 생각된다. 아울러 향후 구체적인 도입 방안과 제도설계, 그리고 제도 도입에 따른 효과와 재정추계를 실시한다면 유용한 정책적 시사점을 제시할 수 있을 것으로 기대된다.

국내 학계에서 임금보험제에 관한 논의는 무역조정지원제의 하나로 도입할 필요성이 있다는 정도의 초보적인 수준에서 다루어지고 있다. 임금보험제는 실직자가 일정 기간 내에 이전 직장보다 낮은 임금을 지급하는 직장에 재취업할 때 새로운 임금과 이전 임금간 차액의 일정 부분을 정부에서 보전해 주는 소득 보전제도이다. 따라서 임금보험제는 실업급여 수급자 혹은 복지 수혜자의 재취업을 촉진하기 위한 재정적 유인제도의 일종이다. 예를 들어, 미국에서는 2002년 무역법에 의해 실직자의 신속한 재취업을 유도할 목적으로 ATAA(Alternative Trade Adjustment Assistance)라는 임금보험제가 도입되었다. 이 제도는 50세 이상이며 연간 5만 달러 미만의 소득을 가진 근로자가 실직 후 26주 이내에 이전 직장보다 낮은 임금을 지급하는 일자리에 재취업할 경우 임금 격차의 50%를 최장 2년간 1만 달러 한도 내에서 보조해 준다.

임금보험제는 실직자의 재취업을 촉진시키는 유인을 제공하기 때문에 단순히 실업급여의 지급기간을 연장하는 방안에 비해 도덕적 해이를 줄일 수 있다. 또한 현행 실업급여의 조기재취업수당이 일회성의 보너스를 지급하는 것에 비해 임금보험제는 몇 년에 걸쳐 소득지원을 하기에 실직자의 장기적인 소득 감소에 효과적으로 대응할 수 있다.

현행 실업급여는 수급자가 재취업 이후 이전 직장보다 낮은 임금을 받는 일자리를 갖게 됨으로써 장기적으로 소득 감소를 경험하더라도 어떤 지원도 제공하지 않는다. 실제로 우리나라 실업급여 수급자의 이직 전후 월평균 임금수준의 변화를 살펴보면 남성 수급자와 여성 수급자 모두 이직 후 임금수준이 하락하였고, 특히 50세 이상 남성 수급자의 이직 후 임금수준은 이직 전 임금수준의 거의 절반으로까지 하락하는 것으로 나타났다. 이런 측면에서 임금보험제는 주로 무역조정지원제도의 하나로 논의되고 있지만, 실업급여의 보완적인 대안으로 검토해 볼 필요가 있다.

현재까지 임금보험제의 시행 경험을 가진 국가는 캐나다, 미국, 독일, 스위스 등인 것으로 파악된다. 캐나다에서는 소득보전시범사업(ESP)과 자활시범사업(SSP)이 실시되었지만, 현재 시행되고 있지는 않다. 미국에서는 앞에서도 언급하였듯이 무역조정지원제도의 일종으로 ATAA가 시행되고 있다. 독일에서도 미국의 ATAA제도를 참조하여 50세 이상의 실직자를 대상으로 임금보험제가 시행되고 있다. 스위스에서는 고용보험제도 내에 보상급여(Zwischenverdienst)라는 임금보험제를 실시하고 있다.

그러나 임금보험제는 조기에 재취업하는 실직자에게만 소득보전지원금을 지급하기 때문에 일부에서는 임금보험제를 취업우선정책(work first)의 일종으로 간주하고 있고, 좋은 일자리로의 이동을 촉진하는 정책과는 상충되는 측면이 존재한다. 최근 미국에서도 임금보험제의 도입을 둘러싼 논쟁이 가열되고 있다. 특히 미국의 노동조합과 노동조합의 정책을 지지하는 정책 옹호 싱크탱크에서는 임금보험제에 대해 부정적인 시각을 보이고 있다. 따라서 임금보험제의 구체적인 도입 방안과 제도설계를 연구하기 전에 도입 국가의 경험과 제도 도입의 장단점을 면밀하게 파악할 필요가 있다.

제4절 근로빈곤층에 대한 고용지원방안*

• 요 약[18] •

외환위기 이후 빈곤층이 구조적으로 늘어났음에도 불구하고 여전히 고용보험제도가 포괄하는 공식고용과 국민기초생활보장제도가 포괄하는 절대빈곤층 사이에 고용정책의 사각지대가 존재하고 있다. 고용보험제도가 실질적인 안전망의 역할을 수행하기까지 정책적 공백을 메꾸어야 할 보완적 제도가 필요하며 본 논문에서는 이러한 역할을 할 수 있는 제도로서 취업촉진급여제도를 제안하고 이와 관련된 다양한 쟁점들을 살펴보았다.

선진국의 경험에 따르면 실업부조제도와 같은 안전망을 갖추고 사각지대를 최소화할 경우 복지의존의 문제가 발생한다. OECD는 복지의존자를 줄이기 위해 실업부조제도를 없애는 것이 아니라 활성화 조치를 강화할 것을 권고하였다. 본 논문에서는 근로경험의 취약함으로 노동시장 통합에 어려움을 겪는 저소득층을 대상으로 한 취업촉진급여제도를 도입할 것을 제안한다. 취업촉진급여제도는 빈곤층에게 생계 안정을 위한 현금급여를 다양한 고용지원서비스와

---

* 김혜원(한국노동연구원 연구위원).

18) 본 연구는 2007년 노동부 학술연구용역사업(「근로빈곤층 고용지원 강화방안」)의 재정적 지원을 받아 이루어졌음을 밝혀둔다.

체계적으로 결합하여 제공하는 종합적 빈곤탈출 지원제도이다. 최대 1년간 매월 50만원 이상의 현금급여를 제공하되, 적극적으로 노동시장에서 취업을 위해 노력하는 이들에게 한정하며 취업을 위해 노력하는 이에게는 집중 취업알선, 경과적 일자리제공, 직업훈련, 고용보조금 등 다양한 조합의 고용지원서비스 및 정책적 지원을 제공한다. 취업촉진급여제도 내의 경과적 일자리 프로그램은 기존의 재정에 의한 일자리사업과 차별화된 노동시장 통합 촉진형 프로그램이라는 점에 유의할 필요가 있다.

취업촉진급여제도는 전형적인 적극적 노동시장정책(Active Labor Market Policy: ALMP)의 하나로서, 이미 시행된 근로장려세제나 최근 논의가 이루어지는 저임금근로자 사회보험료 감면 제도와 같은 근로장려정책(Make-Work-Pay Policy: MWP)과 상호보완적 관계를 형성할 것으로 기대된다. 취업촉진급여제도가 정규 노동시장으로의 취업을 촉진하는 징검다리 역할을 한다면 근로장려세제나 저임금근로자 사회보험료 감면제도는 정규 노동시장에 취업한 이들의 취업 유지 유인 및 이들에 대한 기업의 노동수요를 제공할 것이다.

취업촉진급여제도의 성패를 결정짓는 것은 고용지원센터의 역량이다. 최근 수 년간 고용지원센터에 대한 투자가 확대되었고 부분적으로 가시적 성과가 나타나고 있다. 현금급여를 수반하는 취업촉진급여제도와 같은 노동시장정책은 고용지원센터의 고용지원서비스역량, 모니터링 및 제재조치의 집행과 관련된 규제역량이 적절히 조화될 때만 그 효과가 극대화될 수 있다.

Ⅰ. 서 론

빈곤문제는 전통적으로 복지의 영역으로 여겨져 왔다. 빈곤으로 인해 야기되는 각종 문제들에 대해 복지서비스를 통한 대응이 주종을 이루었기 때문이다. 빈곤이 야기하는 여러 문제에 대해서는 복지서비스가 비교우위가 있지만 빈곤을 탈출하는 데 있어서 복지서비스는 충분한 해결책이 되지 못한다.

빈곤을 탈출하는 가장 유용한 수단은 고용이라는 인식이 폭넓은 공감대를 얻고 있다. 이미 20여 년 전부터 미국을 비롯한 유럽 선진국에서 이러한 인식은 정책으로 구체화되어 왔다. 한국에서도 외환위기 이후 김대중 정부에서 주창한 '생산적 복지'론은 빈곤을 탈출하는 유력한 경로로서 고용이라는 생각을 기초로 하고 있으며 이에 근거하여 자활사업이 빈곤층의 빈곤탈출정책으로 시행되었다.

외환위기 이후 늘어난 빈곤의 문제가 경기적인 것이 아니라 구조적이고 장기적인 양상을 띠고 있으며 따라서 이에 대한 체계적인 대응이 필요하다는 인식이 확산되고 있다. 체계적인 빈곤대책은 복지정책에 기반하기보다는 고용정책에 기반해야 하며 이런 점에서 고용-훈련-복지를 연계하는 적극적 노동시장 정책을 핵심 내용으로 해야 한다. 이러한 문제인식하에 이 글에서는 "취업촉진급여제도"라는 이름하에 빈곤층의 고용과 훈련 그리고 복지를 연계하는 새로운 제도를 제시하고자 한다. 그리고 취업촉진급여제도의 신설과 더불어 관련된 재정 지원 일자리사업, 근로장려세제 등 정부의 다양한 빈곤 관련 정책들이 어떻게 재구조화되어야 하는지 그 방향을 제시하고자 한다.

이 글은 다음과 같이 구성된다. 본 논문의 2절에서는 선진국의 빈곤층 고용지원 정책의 사례를 살펴보고 한국에의 시사점을 살펴본다. 3절에서는 빈곤층 고용지원의 논리를 정리하고 취업촉진급여의 필요성을 제시한다. 4절에서는 구체적으로 저소득 취약계층을 위한 취업촉진급여제도를 제시한다. 5절에서는 요약과 결론을 담고 있다.

Ⅱ. 선진국의 경험과 시사점

선진국의 근로빈곤층 정책은 빈곤층에 대한 복지제도와 밀접한 관련을 갖고 있다. 빈곤층에 대한 복지제도가 존재하면 이러한 복지제도에 의존하여 살아가는 수급자가 형성된다. 선진국의 근로빈곤층 정책의 개혁은 복지수급자의 증대 또는 수급자의 복지제도 의존도 심화라는 현실에 대한 대응 과정의 산물이다. 그리고 각 나라의 대응 방식은 각 나라의 노동시장 구조와 밀접한 관련을 가지고 있다.

복지제도가 잔여적으로 발달한 미국에서는 상대적으로 미혼모에 대한 급여제도가 발달했고 이 제도를 중심으로 복지수급자가 증가했다. 미국의 경우 AFDC제도하에서 수급자의 특히 미혼모의 복지의존이 심각해지자 이들을 근로에 나서게 하는 방향의 제도개혁을 추진하였다. TANF는 AFDC를 대신하여 시작되었는데 TANF는 한 사람이 생애 전체에서 소득지원을 받을 수 있는 기간에 상한을 둠으로써 무한정 복지에 의존하는 경향을 억제하였다. 복지의존자의 감소라는 측면에서 대성공을 거두었지만 이들 중 상당수가 근로를 하면서 빈곤상태에 머무른다는 문제를 남기고 있다.

영국의 경우 뉴딜정책을 통해서 청년실업의 문제와 장기실업자 문제에 집중하였다. 영국의 뉴딜정책은 현금급여와 고용지원서비스를 패키지로 구직자에게 제공하는 방식이다. 정책적 개입이 없었다면 무기력한 비취업상태에 머물렀을 가능성이 높은 청년실업자와 장기실업자를 고용서비스로 끌어들여 취업으로 나아가도록 이끌었다. 뉴딜정책의 부정적 효과를 상쇄하기 위해 영국은 최저임금제를 재도입하는 보완 조치를 취하였다. 노동공급자의 노동시장 참여를 강화하는 조치를 추진하면 구직자의 증가로 인해 시장임금이 하락하여 결과적으로 빈곤의 악순환을 벗어나지 못한다. 이를 막기 위해서 최저임금의 안전판을 강화할 필요가 있다. 흥미로운 점은 영국의 경우 미국과 달리 보수당 정부 당시 복지수급자의 증대는 심각한 정책적 논쟁의 대상이 되지 않았다. 오히려 노동당 정부가 집권한 후 중요한 논쟁의 핵으로 등장하였다(김종일: 2006, 209).

독일의 경우 복지수급자의 복지의존도를 낮추고 일자리를 갖도록 하는 데 있어서 과연 일자리가 있느냐가 중요한 문제로 부각되었다. 영국이나 미국과 달리 저임금 영역에서 임금압축현상이 강한 독일 노동시장에서는 근로능력과 의욕이 떨어지는 복지수급자가 일할 수 있는 단순 저임금 일자리가 충분히 존재하지 않는다. 독일은 One-Euro Job을 만들어서 저임금 일자리의 공급을 풍부하게 만들어내는 방향의 개혁을 추진했다.

한국에서의 빈곤층 정책도 한국의 복지제도와 한국의 노동시장 구조와 정합성을 갖도록 설계될 필요가 있다. 우선 빈곤층에 대한 복지제도를 살펴보면 한국의 빈곤층 대상 복지제도는 미국과 유사하게 강력한 잔여적 성격을 가지고 있다. 국민기초생활보장제도는 대표적인 한국의 사회부조제도인데, 이 제도의 다수의 수혜자는 노인과 장애인이다. 한국의 경우 연금제도가 미성숙하여 노인

빈곤이 심각한 상황이다. 총인구 중 수급자 비중은 3%인데 65세 이상 노인의 경우 노인 중 수급자의 비중은 8.1%로서 압도적으로 노인의 빈곤비중이 높다는 것을 알 수 있다. 사회보장제도의 일부로서의 장애급여가 미비하여 수급가구 중 장애인세대의 비중도 높다. 노인과 장애인 가구의 비중은 46.6%로 가구기준으로 거의 절반에 육박한다.

미국에서는 한부모가구의 빈곤이 심각한 문제이지만 한국에서는 한부모가구의 비중이 낮고 수급자 중에서 차지하는 비중도 12.2%로서 상대적으로 낮은 편이다. 하지만 최근 한부모가구의 비중이 늘어나고 있고 여성가구주 가구의 빈곤율이 매우 높은 수준이라는 지적이 잇따르고 있어 우리나라에서도 여성가구주 가구의 빈곤화를 막기 위한 정책적 배려가 시급한 실정이다.

많은 선진국에는 실업급여제도 내에 장기실업자를 위한 급여제도가 존재한다. 장기실업자를 위한 급여제도는 가구 단위의 자산, 소득조사를 기초로 일정 소득, 자산 이하의 가구에 지급되며 실직 전 임금과 무관한 정액급여의 형태를 띠는 경우가 대부분이다. 어떤 경우에는 사회부조제도와 통합되어 있기도 하고 또다른 경우에는 실업급여, 사회부조와 별개의 제도로 존재하기도 한다. 한국

〈표 3-4-1〉 수급자의 가구유형별 백분율 (단위: %)

계	일반세대	취 약 계 층 세 대						기타
		소계	노인세대	장애인 세대	모자세대	부자세대	소년소녀 가장세대	
100.0	34.6	60.6	29.2	17.4	9.8	2.4	1.8	4.8

자료: 보건복지부 홈페이지.

〈표 3-4-2〉 생애주기별[1] 수급자 백분율 및 수급률(총괄) (단위: %)

	계	영유아기	학령기	청소년기	청년기	중년기	노년기
수급자 백분율	100.0	2.1	5.9	21.1	13.1	32.0	25.8
총인구수[2] 대비 비율	3.0	1.3	2.7	4.6	1.2	3.0	8.1

주: 1) 생애주기는 영유아기(0~4세), 학령기(5~9세), 청소년기(10~19세), 청년기(20~39세), 중년기(40~64세), 노년기(65세 이상)로 분류함.
2) 통계청, 연령별(시도) 추계인구.
자료: 보건복지부 홈페이지.

〈표 3-4-3〉 한국의 장기실업자 수 및 비중

(단위: 천 명, %)

	실업자 (천 명)	구직기간별 실업자수			실업자 중 비율			OECD
		1~6개월	6개월 이상	12개월 이상	1~6개월	6개월 이상	12개월 이상	12개월 이상
1999	1,491	778	273	56	52.2	18.3	3.8	31.8
2000	979	497	138	23	50.8	14.1	2.3	31.6
2001	899	459	116	21	51.1	12.9	2.3	29.7
2002	752	398	104	18	53.0	13.8	2.5	29.6
2003	818	419	82	5	51.3	10.0	0.6	31.0
2004	860	442	98	9	51.3	11.4	1.1	32.0
2005	887	468	103	7	52.8	11.6	0.8	32.9

주: 한국의 경우 「경제활동인구조사」 원자료를 이용한 저자의 직접 계산, OECD 평균의 경우 OECD에서 발간하는 *Employment Outlook* 각년호 참조.

의 경우 장기실업자를 위한 급여제도는 없다. 실업급여를 소진한 후에는 자신이 가진 자산이 일정 수준 이하가 될 때까지 어떠한 소득지원도 받지 못하며 자산 수준이 일정 수준 이하이면서 부양의무자로부터 지원을 받을 수 없음을 증명한 후에는 국민기초생활보장제도의 수급자가 될 수 있다.

장기실업자의 비중은 우리나라의 경우 낮은 수준이다. 실업자 중 장기실업자의 비중이 OECD 평균 30%인 데 비해서 우리나라는 1% 내외에 불과한 실정이다. 미국과 영국은 상대적으로 장기실업자의 비중이 낮은 편으로서 각각 21%, 13% 내외의 값을 갖는다. 독일과 프랑스는 40%가 넘는 높은 수준이며 흥미롭게도 스웨덴, 핀란드는 20% 내외로 미국, 영국과 비견되는 상대적으로 낮은 수준을 유지하고 있다.

앞서 언급한 것처럼 대륙유럽에서는 노동시장 내 임금압축에 따라 저임금 노동수요의 부족 현상에 시달리고 있다. 이와 비교할 때 한국의 임금분포는 매우 넓게 퍼져 있어서 이로 인한 저임금 노동수요 부족의 문제는 상대적으로 심각하지 않다. 저임금 노동수요는 풍부한 편이며 이를 바탕으로 노동시장에서 낮은 실업률이 가능하다. 그런데 저임금의 만연과 낮은 실업률의 배후에는 낮은 고용률이라는 현상이 공존한다. 임금수준이 낮음에 따라 일하지 않는 것에 비해 일하는 것의 매력이 크지 않으며 여기에 낮은 사회보험 적용률은 일하는 것의 매력을 더욱더 떨어뜨린다. 일하는 것이 수지 맞는 일이 될 수 있도록 각종 조세급여체계를 정비하는 일이 보완적으로 추진될 필요가 있다.

Ⅲ. 빈곤층 고용지원의 논리

우리나라 빈곤층에게 필요한 것은 현금소득인가, 아니면 일자리인가? 선진국의 정책 흐름은 현금으로 지원하던 관행에서 고용과 일자리를 제공하는 방향으로 바뀌고 있다. 의존할 현금급여가 존재하는 경우에는 현금급여를 끊고 일자리 중심으로 옮겨가는 것이 가능하다. 영국의 보충급여(SB)제도나 미국의 AFDC제도 등이 모두 그러한 의존할 현금급여의 사례이다. 그런데 한국의 경우 의존할 현금급여 자체가 거의 존재하지 않는다. 따라서 복지의존자의 문제도 거의 존재하지 않는다.

유일하게 존재하는 현금급여는 국민기초생활보장제도이다. 국민기초생활보장제도는 소득 기준에 추가하여 부양의무자 기준과 자산기준을 동시에 고려하는 복잡한 제도이며 이에 따라 수급자 판정에 있어서 예산총액의 제약이 영향을 준다. 따라서 통상적인 실업자가 이 제도에 진입하는 것이 쉽지 않다. 한국에서 복지의존과 이와 관련된 근로연계복지의 문제는 국민기초생활보장제도 내 자활사업에 집약된다.[19)]

자활사업에 참여하는 수급자 이외의 빈곤층에게 있어서 현금소득이냐, 일자리냐의 선택가능한 대안은 현실적으로 존재하지 않을 가능성이 크다. 왜냐하면 아무런 현금소득 지원시스템이 없기 때문에 생존을 위해 노동가능한 이들은 일자리를 이미 선택하고 있을 것이기 때문이다. 만약 그러하다면 현금소득이냐, 일자리냐의 선택이 아니라 노동가능한 이들이 선택하는 고용의 질 문제가 중요한 정책적 대상이 될 것이다.

고용의 질과 이에 대한 정책적 대응과제는 여러 가지 측면을 갖고 있다. 첫째, 이들이 계속적으로 일을 지속할 수 있도록 지원하는 문제와 연관되어 있

19) 일자리사업은 근로를 조건으로 급여를 제공한다는 점에서 근로연계복지의 대표적 사업이다. 논의의 단순화를 위해 일자리사업에 대해서는 여기서 논의하지 않고 본 절의 후반부에서 언급한다.

다. 병든 가족을 돌보거나 아동을 돌보아야 하는 문제 때문에 간헐적으로 다니던 직장을 그만둬야 하는 상황이 있다면 이러한 근로의 공백은 노동시장 성과에 있어서 부정적 영향을 낳을 수 있다. 둘째, 만약 파트타임으로 일하는 것보다 풀타임으로 일하는 것이 더 나은 일자리라고 할 때 전일제 근로를 선택할 수 있도록 지원해야 한다. 가족책임 때문에 긴 시간을 일할 수 없다면 이러한 가족책임을 완화할 수 있는 지원이 필요하다. 셋째, 좀더 나은 일로 옮겨가거나 지금보다 더 높은 생산성을 발휘할 수 있도록 직업능력을 제고할 필요가 있다. 이것은 잠시 새로운 훈련을 받는 기회에서부터 재직자 훈련 등 다양하다. 넷째, 현재의 일자리에서 좀더 나은 임금과 근로조건을 향유할 수 있도록 지원하는 문제 역시 중요한 정책과제이다. 사회보험료는 현재의 일자리에서의 임금에 큰 영향을 주고 있으며 최저임금기준이나 고용보장의 수준은 일자리의 품질에 중요한 영향을 미친다.[20]

생존을 위해 노동가능한 이들은 모두 일자리를 선택하고 있다고 한다면 일자리를 가지지 않은 이들은 자신의 선택에 의해 비취업을 유지하고 있다고 볼 수 있을까? 그래서 이들에게는 아무런 정책적 대응이 필요 없는 것일까? 정책적 대응이 필요 없다고 판단하기 위한 전제조건은 이들이 비취업을 선택하는 데 있어서 선택의 자유를 발휘했고 선택의 제약조건들은 불변이라는 가정이다. 그런데 비취업을 선택케 한 제약조건 중 일부는 정책에 의해 변화될 수 있으며 정책의 개입은 후생을 증진시킬 수 있다.

비취업을 선택하게 하는 대표적 제약조건은 취업 경험의 부족이다. 취업 경험의 부족은 다른 여러 가지 문제와 맞물려 있다. 즉, 취업 경험이 부족함에 따라 현장에서의 숙련 수준이 떨어지며 동료와 일하는 것에 익숙하지 않아서 새로운 일을 시작하는 것에 두려움이 있고 결과적으로 근로의욕도 낮다. 미숙련, 무경험, 저의욕 등등의 문제를 혼자서 극복하기 어려울 때 정책이 개입할 수 있다. 영국의 청년 뉴딜 정책은 저숙련 청년들이 쉽게 이러한 복합적 문제에 빠지기 쉬우며 조기에 정책이 개입하여 취업경험을 쌓게 할 경우 장기적으

20) 일자리의 지속성을 제고하고 임금수준 및 근로조건을 개선한다는 목표는 최근 영국의 고용정책의 주요 과제로 부각되고 있다. 블레어 정부의 초기 고용정책 목표는 취업우선(work first)였으며 이 부분에서의 성과가 어느 정도 달성되자 최근에는 취업의 질을 제고하는 방향의 목표들이 부각되기 시작했다.

로 큰 복지비용을 절약할 수 있다는 전제하에서 추진된 것이다.

요약하면 빈곤층의 고용지원정책은 크게 세 가지로 구분할 수 있다. 첫째는 국민기초생활보장제도 수급자 중 근로능력자를 위한 자활사업이다. 둘째는 자발적으로 근로를 선택한 빈곤층에게 근로를 지속하고 일자리 수준을 높일 수 있도록 하는 방향의 고용지원정책이다. 세 번째는 근로를 선택하지 않은 빈곤층에게 근로의 경험을 쌓을 수 있는 기회와 자극을 제공하는 고용지원정책이다. 만약 근로의 경험과 지도를 통해 이들의 노동시장 정착도가 높아진다면 두 번째 언급한 고용지원서비스가 제공되어야 한다.

이상의 설명 과정에서 현행 정부의 일자리사업에 대해서 전혀 언급하지 않았다. 일자리사업의 목적이 여러 가지이고 목적 중 하나는 빈곤층의 고용지원과 관련을 가지고 있다. 그런데 일자리사업을 논의의 흐름 속에 넣어서 빈곤층 고용지원을 설명하고자 하면 지나치게 논의가 복잡해지기 때문에 생략하였다. 이제 빈곤층의 고용지원정책을 세 가지로 명확히 구분하여 논의의 토대를 구축했으므로 복합적 성격을 갖는 일자리사업이 빈곤층 고용지원과 어떤 관계를 갖고 있는지 고찰하고자 한다.

현행 정부의 일자리사업 중 일부는 장기실업자를 위한 급여제도의 기능을 수행하고 있다. 현행 일자리사업은 아무런 조건 없이 현금급여를 제공하는 것이 아니라 일자리사업에 참여하여 근로를 해야만 급여를 받을 수 있다는 점에서 전형적인 근로연계복지(workfare) 제도로 볼 수 있다. 예를 들어 자활사업 내에 비수급자 대상의 일자리사업(업그레이드형 자활사업 등)은 대표적인 비수급자인 장기실업자의 근로연계복지제도이다. 사회서비스 일자리사업도 지역 내 빈곤층이 부분적으로 참여하고 있다는 점에서 장기실업자 급여제도의 속성을 일부 가지고 있다.

현재 논의되는 맥락에서 일자리사업의 문제는 크게 두 가지로 요약된다. 첫째는 다양한 사업 목적이 섞여 있기 때문에 참여자 선정에 있어서 목표집단이 명확하지 않다. 빈곤한 장기실업자에 한정되거나 집중된 프로그램이 아니라 중산층·미취업·기혼여성 등 다양한 집단이 참여하고 있다. 결과적으로 빈곤한 장기실업자의 급여 수급의 기회가 다른 집단의 참여로 인해 제약되고 있다. 둘째는 일자리사업 자체에 의존하여 살아가는 집단이 형성되어 복지의존의 문제가 우회적으로 나타나고 있다는 것이다. 참여하고 있는 빈곤한 장기실업자가 일자리사업 참여를 발판으로 자립할 수 있도록 지원하는 어떠한 서비스나 지원체계도 존재하지 않는다. 일자리사업은 급여를 받기 위해서 강제로 근로를 하는 근로연계복지의 속성이 강력하게 구현되어 있을 뿐 빈곤한 장기실업자의 소득지지 기능과 자립의 지원기능이 비체계적이며 분절적으로 제공되고 있다.

현행 빈곤층 고용지원정책은 현금급여의 제공을 최소화해 왔다. 국민기초생활보장제도 수급자를 150만 명 수준에서 묶어 두고 있으며 장기실업자를 위한 급여제도는 전혀 없다. 일자리사업에 참여하여 근로를 해야만 급여를 받을 수 있도록 하고 있지만 일자리사업은 다양한 목적이 혼재되어 빈곤층의 고용지원기능을 제대로 수행하고 있지 못한 실정이다.

필자는 현금급여 제공의 최소화라는 기존의 원칙을 재고할 것을 제안하고자 한다. 현금급여를 한 번 제공하기 시작하면 되돌리기 어렵고 재정규모가 지나치게 증가할 위험이 있다는 우려에는 충분히 공감하지만 우선 빈곤층에 대한 소득보조는 그 자체로 필요하고 중요한 일이다. 현금급여 최소화를 재고해야 할 보다 중요한 이유는, 기존의 현금급여가 고착화되는 원인이 그것이 현금급여이기 때문이 아니라 상호의무의 원칙에 입각하여 급여가 지급되지 않았기 때문이다. 이하에서 설명하는 바와 같이 활성화의 원칙하에서 상호의무에 기반하여 현금급여가 제공된다면 빈곤층의 소득지원과 고용증대라는 두 가지 목표를 동시에 달성할 수 있을 것이다. 기존의 선진국의 사례들, 예를 들어 영국의 뉴딜정책은 이를 증명해 준다.

근로빈곤층의 고용지원을 위해 제안된 취업촉진급여제도는 기본적으로 영국의 청년뉴딜사업의 구조와 유사하다. 청년뉴딜사업의 구조는 적극적 구직활동 및 구직자에게 제시되는 각종 프로그램 참여를 조건으로 현금급여를 제공한다는 것이다. 만약 적극적 구직활동을 하지 않거나 프로그램에 참여하지 않는다면 현금급여를 중단한다. 취업촉진급여제도 역시 이와 비슷한 방식으로 운영된다.

빈곤층의 소득보조는 논외로 하고 빈곤층의 고용지원을 위해 현금급여의 지급은 필수적인가? 앞서 설명한 것처럼 취업촉진급여제도의 목표집단은 취업의욕이 낮고 근로능력이 상대적으로 떨어지는 비취업 빈곤층이다. 고용지원서비스 자체의 매력만으로 이들을 끌어들이는 데는 한계가 있다. 현금급여는 이들을 고용지원서비스에 접근하게 만드는 인센티브가 된다. 또한 제도 안으로 들어온 이후에는 적극적 구직활동을 하지 않을 경우 현금급여의 지급이 중단되므로 현금급여는 패널티의 기능도 갖는다.

물론 현금급여의 지급은 위험 요인을 안고 있다. 비취업 빈곤층 중에서 실제로 취업할 의사가 전혀 없는 사람이 현금급여를 수령할 목적으로 거짓으로 취업할 의사가 있다고 말하며 프로그램에 진입할 위험이 그것이다. 이러한 위험을 최소화하기 위해서는 이들을 관리하는 인력의 스킬과 인원수가 충분히 확보되어야 한다. 만약 사례관리자 또는 직업상담사의 능력과 인원수를 감안하지 않고 사업량을 늘린다면 앞서 제기된 재정 팽창의 우려가 현실화될 가능성이 크다.

Ⅳ. 취약계층 빈곤탈출 지원을 위한 취업촉진급여제도

1. 제도 구축의 기본 방향

새로운 고용정책 구상의 기본방향은 크게 두 가지로 요약된다. 하나는 활성화의 원리(Principle of Activation)로서 복지급여에 의존하여 노동시장에 참여하지 않는 이들을 적극적으로 노동시장에 통합하도록 해야 한다는 것이다. 근로능력이 있는 이들의 경우 생존과 최소한의 인간다운 삶을 영위하기 위한 각종 사회보장급여를 받을 권리가 있는 한편 사회보장급여에 의존하지 않고 근로를 통해 자립하기 위해 노력할 의무가 있다. 이러한 의무를 성실히 이행하지 않을 경우 이에 상응하는 엄격한 제재가 뒤따르도록 제도가 설계될 때 활성화의 원리는 실효성을 갖게 된다. 다른 하나는 수지맞는 근로의 원리(Principle of Make-work-pay)로서 조세, 급여, 사회보험료 등의 설계를 재조정하여 일하는 것이 일하지 않는 것보다 유리하도록 만드는 것이다. 활성화의 원리만으로는 고용의 지속성을 보장하기 어렵다. 근로로부터 충분한 금전적 수입을 얻을 수 있어야 하며 이에 추가하여 사회서비스의 지원이 근로와 연계하여 이루어질 필요가 있다.

빈곤층과 관련된 고용정책의 추진목표는 사각지대 없는 고용 안정망의 구축이라고 할 수 있다. 현재의 고용 안정망은 매우 협소하게 짜여져 있어 이에 포괄되지 못하는 이들이 정책의 사각지대에 놓여 있다. 고용보험제도는 원리상 실직상태에 있는 모든 이들의 안정망 역할을 하고, 실직의 문제에 그치지 않고 빈곤의 문제가 중첩된 이들은 국민기초생활보장제도가 떠받치는 역할을 하도록 설계되어 있다. 하지만 고용보험에 가입하지 않거나 가입했더라도 충분한 지원서비스를 받지 못한 이들이 존재하며, 다른 한편 국민기초생활보장제도가 최저생계비 100% 이하의 가구에 한정되므로 실제 빈곤하지만 제도에 포괄되지 못하는 이들이 존재한다. 일을 통한 빈곤탈출 정책의 핵심 정책 대상은 첫째, 고용보험사업으로부터 충분한 서비스를 받기 어려운 저소득 취약계층과 둘째, 국민기초생활보장제도 수급자 중 근로능력자이다.

구체적으로 정책수단은 크게 고용정책과 사회정책으로 나누어볼 수 있다. 우선 고용정책은 취업촉진급여제도, 자활급여 수급자에 대한 활성화 조치 강화, 적극적 노동시장정책 수단의 구조화, 고용지원서비스의 혁신 등으로 요약할 수 있으며 사회정책은 저소득근로자의 사회보험료 부담 경감, 국민기초생활보장제도의 개혁, 취약계층 사회서비스 확충 등으로 요약할 수 있다. 이러한 큰 틀의 정책 비전 안에서 취업촉진급여제도는 주로 빈곤층의 고용지원정책으로서 위상을 갖는다.

2. 취업촉진급여제도 개요

취업촉진급여제도는 빈곤가구의 취업을 희망하거나 전직을 희망하는 이들을 위한 종합적 고용지원서비스 제공 정책이다. 현행 고용지원서비스는 분절화되어 있어서 직업훈련은 직업훈련 따로, 고용보조금은 고용보조금 따로, 직접적 일자리 창출 사업은 그 사업 따로 운영된다. 그동안 노동부는 가장 절박하고 가장 시급하게 고용지원서비스가 필요한 취약계층에게 종합적이고 체계적인 고용지원서비스를 제공하는 프로그램을 운영한 적이 없다. 이런 점에서 취업촉진급여제도의 시행은 고용지원서비스의 혁신을 수반할 것이다.

취업촉진급여제도는 현금급여와 고용지원서비스가 결합되어 제공되는 제도이다. 현금급여와 고용지원서비스 둘다 매우 중요한 역할을 한다. 영국의 뉴딜

프로그램은 현금급여를 중요한 매개고리로 하여 노동시장으로부터 느슨하게 결합되어 있는 이들이 고용지원서비스로 접근할 수 있도록 촉진하였다. 캐나다의 SSP(Self-Sufficiency Project)와 SSP plus 경험의 비교를 통해 알 수 있듯이[21] 현금급여만 제공되는 급여제도(SSP)에 비해 고용지원서비스가 동시에 제공되는 급여제도(SSP plus)가 더 좋은 성과를 거둔다. 고용지원서비스를 중심으로 놓고 현금급여를 포함시키기로 한 취업촉진급여제도는 제대로 된 방향을 잡은 것이다.

취업촉진급여제도는 대상자에 초점을 맞추어 맞춤형 서비스가 제공되는 제도이다. 이를 위해서는 대상자에 대한 사례관리(case management)가 강화될 필요가 있다. 취업대상자 각각에게 적합한 프로그램을 제공하고 이들의 빈곤 탈출을 촉진하기 위해서 사례관리의 개념을 도입하여 전문 직업상담원을 배치하고 전과정을 관리해야 한다(황덕순, 2000). 미국의 위스콘신 주의 자활프로그램인 W-2에서 사례관리자는 매우 중요한 역할을 수행했다.

취업촉진급여제도는 기존 노동부의 고용지원 프로그램과 달리 입체적이고 구조화된 해결책을 지향한다. 기존 고용지원 프로그램은 프로그램 고유의 자격요건을 제시하고 이를 충족하는 사람에게는 거의 자동적으로 프로그램이 제공되었다. 이에 비해 취업촉진급여제도는 복합적인 어려움을 겪고 있는 이에게 다양한 프로그램을 입체적으로 결합하여 제공하는 것을 지향한다. 취업알선, 훈련, 단기일자리 경험, 임금보조, 일자리알선 프로그램 등의 여러 가지 프로그램을 적절한 시간순으로 배치하여 순차적으로 제공하거나 일련의 프로그램을 패키지로 제공한다.

취업촉진급여제도로 대상자가 진입하면 우선 1개월의 진단과 경로설정 과정을 거친다. 이 시기는 직업상담원과의 집중상담이 이루어지는 시기이고 이와 병행하여 직업심리검사 등이 행해진다. 그 결과 대상자는 어떻게 구직노력을 하고 취업을 계획하는지에 대해 상의하고 취업계획을 수립하며 고용지원센터 역시 어떠한 서비스를 제공할 것인지에 대해 계약한다.

이후 5~11개월의 기간은 본격적인 프로그램이 제공되는 기간이다. 프로그

---

21) Greenwood and Boyer(2000) 참조.

램이 제공되는 전기간에 걸쳐서 대상자는 적극적인 구직활동을 지속할 의무가 있고 고용지원센터는 적절한 일자리를 알선할 의무가 있다. 프로그램 초기에는 현재 고용지원센터에서 제공되고 있는 집단상담프로그램을 이수하고 단기취업특강을 필요시 받는 것으로부터 시작한다. 대상자가 초기 단계를 거치고 나면 고용지원센터의 사례관리자는 대상자가 취업촉진수당을 수령하면서 적극적 구직활동을 계속하는 것이 나은지 아니면 직업훈련, 직장체험, 직접적 일자리 사업 참여 등을 수행하는 것이 나은지 판단한다. 이상의 설명을 표로 요약한 것이 〈표 3-4-4〉이다.

〈표 3-4-4〉 단계별 서비스 흐름도

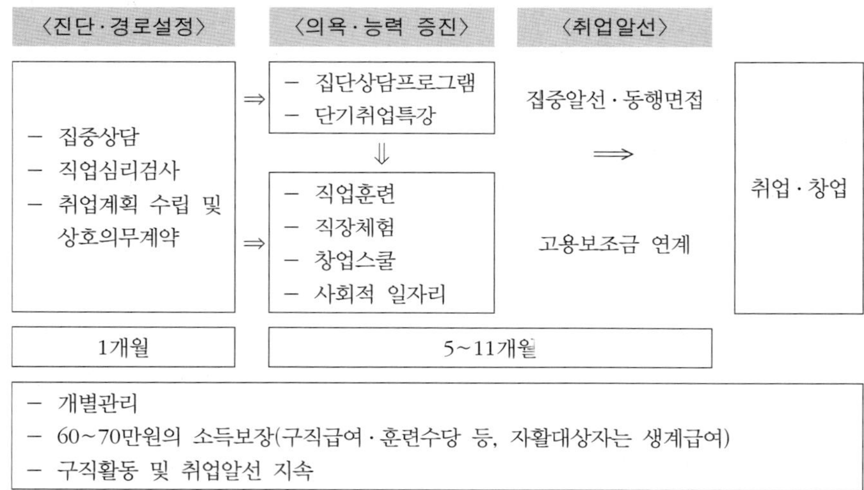

〈표 3-4-5〉 패키지 고용지원의 유형 예

Case 1(청년장기실업자)

▷ 진단 → 직업지도(1월) → 직업훈련(3월) → 직장체험(3월) → 취업알선

Case 2(중고령 장기실업자)

▷ 진단 → 직업훈련과 결합된 일자리 사업(6월) → 취업알선

Case 3(장기 구직 전업주부)

▷ 진단 → 직업지도(1월) → 직업훈련(6월) → 취업알선

※ 보육 바우처 활용

Case 4(자활사업 참여자)

▷ 진단 → 기초적응과정(1월) → 직업지도(1월) → 직업훈련(6월) → 취업알선

참여 대상자 특성에 따라 맞춤형 복합적 서비스를 제공하는 방식을 단순화시켜 표현하면 고용지원서비스 패키지를 제공한다고 말할 수 있다. 〈표 3-4-5〉에서 보는 것처럼 청년장기실업자의 경우 직업훈련과 직장체험을 결합하여 3개월씩 제공하고 이후 취업을 알선하는 패키지를 제시할 수 있다. 중고령자 장기실업자의 경우 직업훈련과 결합된 일자리사업을 6개월간 제공하고 필요시 3개월 더 연장하는 옵션을 주며 이후 취업을 알선하는 패키지를 제시할 수 있다.

대상자가 프로그램에 참여하는 전 기간에 걸쳐서 적극적인 취업알선이 이루어지지만, 본격적인 취업알선은 프로그램 이수 후, 즉 근로의욕을 되찾고 필요한 숙련과 근로경험을 획득한 이후에 집중적으로 이루어질 것이다. 대상자의 근로의욕과 근로능력 등을 감안하여 상대적으로 노동시장에 잘 적응할 수 있는 이들에게는 임금도 높고 숙련수준도 높게 요구되는 일자리를 알선하고, 이에 비해 적응력이 떨어지는 이들에게는 고용보조금과 결합된 일자리를 제공함으로써 기업측의 채용 유인을 제공하여 대상자에게 일자리에 적응할 수 있는 시간과 여유를 제공하는 것이 바람직하다.

3. 지원대상 기준과 선정방법

적극적 노동시장 프로그램이 애초에 프로그램이 의도한 바만을 항상 가져다 주는 것은 아니다. 재정 프로그램 일반이 그러하듯이 프로그램이 목적한 바 이외에 부수적인 효과를 야기한다. 이를 크게 세 가지로 구분할 수 있다(Greenwood and Boyer, 2000). 첫 번째 효과는 근로효과(work effect)이다. 내버려두었다면 비경활 상태에 머물러 있었을 사람들이 직업훈련, 직업상담, 근로경험을 갖게 되고 이를 통해 자신에게 맞는 일을 찾아갈 수 있다. 이것은 프로그램이 애초에 목적한 바에 다름 아니다. 두 번째 효과는 횡재 효과(windfall effect)로서 어차피 노동시장으로 갔을 사람들이 프로그램을 경유함으로써 금전적 이득을 누리는 것이다. 정책당국 입장에서는 비용만 지출하고 기대한 노동시장 효과는 얻지 못한다. 세 번째는 프로그램 진입효과(program entry effect)로서 프로그램에 들어가기 위해 자격요건을 채우는 과정에서 행동을 바꾸는 사람들이 생기는 것이다.

정책설계자는 근로효과를 최대화하고 횡재효과나 진입효과를 최소화해야 한다. 이를 위해 세 가지 핵심 요소가 확정되어야 한다. 첫째는 누가 이 급여의 수급자격을 갖는가이다. 둘째는 언제 급여가 지급되느냐이다. 셋째는 급여의 기간과 수준은 어떠해야 하느냐이다. 이 소절에서는 첫 번째와 두 번째의 문제에 대해 거론하고 다음 소절에서 기간과 수준을 검토한다.

취업촉진급여제도의 핵심 대상자는 (1) 저소득 빈곤가구의 (2) 근로능력자로서 (3) 국민기초생활보장제도 수급권자가 아니면서 (4) 근로경험 부족, 근로능력 부족, 가족책임 등의 이유로 노동시장에 참여하고 있지 못하지만 일을 할 의지와 가능성을 가지고 있거나 (5) 직업훈련 및 원하는 분야의 근로경험을 통해 새로운 일로 바꾸고 싶어하는 이들이다.

취업촉진급여의 대상이 되는 저소득가구의 기준을 어떻게 산정할 것인가? 일반적으로 빈곤가구는 최저생계비 이하의 가구로 정의되거나 중위소득의 50% 이하의 가구로 정의된다. 노대명 외(2006)의 추정에 따르면 2006년 기준 중위소득 50% 이하의 가구는 전체 인구의 15.2%를 차지하며 최저생계비 이하 가구의 인구수는 전체 인구의 11.5%를 차지한다. 취업촉진급여의 대상 가구 역시 이러한 빈곤선의 기준을 준용하는 것이 바람직할 것이다.

본 연구에서는 재산을 소득으로 환산한 소득인정액 기준 가구 최저생계비 150% 이하로 빈곤선을 제시하고 이러한 빈곤선 이하 가구를 취업촉진급여의 대상으로 제안한다. 소득인정액 기준으로 이에 포괄되는 전체 인구는 550만 명으로 추정되며 이 중에서 276만 명이 근로능력자이다. 이 중에서 취업자를 제외하면 100만 명 정도의 비취업 정책대상자가 존재한다. 영세자영업 등에 종사하는 이들까지 감안하면 최대 160만 명 정도의 정책대상이 존재하는 것으로 추정된다.[22)]

그렇다면 구체적으로 어떤 사람이 실제로 취업촉진급여제도 대상자의 소득기준을 충족하는지를 판정하는 방법은 무엇이 적절한가? 본 연구에서는 소득 및 자산조사 방법으로서 건강보험료 부과징수를 위한 소득파악자료를 이용할 것을 제안한다. 건강보험료 부과징수를 위해 건강보험공단에서는 각 가구의 소

22) 계산방식에 대해서는 [보론 A] 참조. 지면 관계상 보론은 생략하였으며 요청시 제공될 수 있다.

득을 조사하고 있고 이것은 건강보험데이타베이스에서 실시간으로 확인가능하다. 이미 존재하는 소득파악자료를 활용하는 것이 재정효율적이다.

직장보험 가입가구의 경우 취업촉진급여 신청자의 주민등록등본상의 가구원 정보를 이용하여 가구 내 전체 직장가입자의 소득을 파악한 뒤 이를 합하여 가구소득을 추정한다. 그런데 직장보험에서는 소득 정보만을 가지고 있으므로 자산에 대한 조사가 추가적으로 필요하다. 왜냐하면 근로소득은 미미한데 금융 및 부동산 자산이 많은 사람이 있을 수 있기 때문이다. 이들을 배제하기 위해서 자산 상한 기준을 제시하여 상한선 이하의 사람들에 한정하여 취업촉진급여를 제공하는 것이 적절하다.[23)]

지역가입자의 경우 건강보험공단의 등급 산정을 위해 이미 자산에 대한 조사가 포함되어 있다. 건강보험공단의 자료에 따르면 지역가입가구 중 최저생계비 150% 이하인 가구의 인구수는 최대 500여 만 명으로 추정된다. 앞서 최저생계비 150% 이하의 인구수 전체가 550만 명으로 추정된 것을 고려하면 건강보험공단 자료는 추가 설명이 필요하다. 최대 500여 만 명은 4인가구 기준의 최저생계비 150%를 적용한데서 기인하는 것으로서 저소득가구가 상대적으로 가구원수가 적다는 점을 감안하면 500여 만 명이라는 숫자는 크게 줄어들 것으로 보인다. 건강보험자료에서 가구원수에 대한 자세한 정보를 확보할 수 있다면 보다 정확한 숫자를 확보할 수 있을 것이다.

가구 소득 요건을 통과한 것은 기본적인 신청요건을 충족한 것에 불과하다. 우선 중요한 것은 취업능력이 정말 부족한가이다. 다시 말하면 프로그램을 경유하지 않더라도 충분히 취업할 수 있는 사람이 금전적인 이득을 목적으로 프로그램에 들어오는 경우를 어떻게 줄일 것인가이다. 기본적인 취업능력테스트는 필수적이다. 취업능력테스트를 통해 직업이력 및 취업능력을 평가해볼 때 지원이 필요없는 사람을 걸러낼 필요가 있다.

추가적으로 일정기간의 구직등록기간을 요구할 필요가 있다. 프로그램에 들어오고자 하는 사람은 지금 당장 취업을 하는 것과 일정기간 실업상태를 유지한 후에 취업촉진급여제도에 들어오는 것을 비교할 것이다. 구직활동기간 요

23) [보론 B] 참조.

건이 없다면 취업촉진급여제도에 바로 들어와서 현금수당 등을 받으면서 스스로 구직활동을 하는 것이 낫기 때문에 프로그램의 도움이 없이도 취업할 수 있는 사람들이 프로그램에 진입할 위험이 크다.

다른 측면에서 최소 구직등록기간 요건의 필요성을 생각해 볼 수 있다. 구직능력이 충분한 사람들이 취업촉진급여제도 대상자가 아니라는 점을 고려하면 최소 구직활동기간 중에 취업에 성공할 가능성이 낮은 사람이 이 제도가 목표하는 집단이다. 최소 구직활동기간 동안 취업에 성공하지 못했다는 증명이 제도의 목표집단의 특성상 요구되기도 한다.

다만 본 제도가 영세자영업이나 매우 낮은 급여 수준의 열악한 일자리에서 일하던 사람이 다른 직종으로 옮기고 싶어하는 경우 다리가 되는 목적도 가지고 있기 때문에, 최근까지 저소득 취업활동을 하고 있었으며 충분한 재취업 의사를 가지고 있는 이들에 한정하여 구직활동기간 요건을 최소화하여 가능한 한 빨리 취업촉진급여제도로 포함될 수 있도록 해야 할 것이다.

이상의 점들을 고려할 때 가구소득기준을 충족하면서 (가) 신용회복 지원자 (나) 영세자영업자 중 전직 희망자 (다) 장애인에 한정해서는 최소 구직활동기간을 2개월로 설정할 것을 제안한다. 이외 가구소득기준을 충족하는 이들은 최소 구직활동기간을 4개월로 설정할 것을 제안한다. 구직등록기간 중에 고용지원센터의 기본적인 고용서비스가 제공될 것이며 구직등록자는 적극적인 구직활동을 증명해야 한다.

다음으로 중요한 것은 취업능력이 부족한 것이 증명되었다고 하더라도 실제로 취업할 의지를 가지고 있느냐이다. 이 문제는 프로그램 진입만을 목적으로 하고 실제로는 취업할 의지를 갖지 않는 사람을 어떻게 배제할 것인가, 즉 프로그램 진입효과를 얼마나 최소화할 것인가와 관련되어 있다. 진입효과를 최소화하기 위해서는 무엇보다도 프로그램 참여자의 적극적 구직활동 의무를 효과적으로 강제하는 것이 필수적이다. 실업급여도 마찬가지이지만 취업촉진급여는 적극적인 구직활동과 프로그램 참여를 전제로 한 조건부 급여이다. 이러한 참여자의 의무 측면이 충분히 숙지되지 않거나 관철되지 않는다면 취업촉진급여제도는 또 하나의 수동적 급여제도로 전락할 것이다.

참여자가 프로그램에 충실히 참여할 수 있도록 하기 위해서는 제도 설계에 있어서도 성과 연계적인 측면을 강화하고 불이행에 따른 제재를 실효성있게 집행할 수 있도록 해야 한다. 성과 연계성 강화와 불이행에 따른 제재에 대해서는 이후에 다시 언급하기로 한다.

4. 현금급여

앞서 언급한 것처럼 취업촉진급여제도는 현금급여와 고용지원서비스가 결합된 제도이다. 이때 현금급여는 일차적으로 강도 높은 구직활동 및 프로그램 참여 중 생계안정을 위해 지급되며 동시에 프로그램에 적극적으로 참여하도록 유인하는 인센티브를 제공하기 위해 지급된다.

초기 1개월간의 진단 및 경로설정기간부터 현금급여는 지급된다. 근로빈곤층이 취업촉진급여 대상자로 승인된 후 구직활동만을 하는 기간 중에 현금급여를 제공하는 것에 대해 반대의견이 있을 수 있다. 프로그램 없이 단순히 구직활동을 한다는 것만으로 현금급여를 제공하는 것에 대한 비판이 가능하지만, 적극적 구직활동의 유인을 제공하고 소극적 구직활동에 대한 제재를 가하기 위해서 현금급여는 필요하다고 판단된다.

본격적인 프로그램 참여 기간에도 현금급여는 지급되지만 프로그램 참여를 통해 보수를 얻는 경우 보충급여 방식으로 급여가 지급된다. 만약 직업훈련에 참여한다면 직업훈련 기간 중 생계안정을 위해 현금급여가 지급되어야 한다. 직장체험 프로그램에 참여할 경우 직장체험 프로그램 자체에 부수되는 급여가 생계안정에 충분하지 않을 경우 추가적인 현금급여가 지급될 수 있다. 직접적 일자리 사업에 참여할 경우 일반적으로 현금급여에 상응하는 보수를 받기 때문에 이 경우에는 현금급여가 지급되지 않는 것이 자연스럽다.

직장체험, 직업훈련, 일자리사업 참여 등을 마치고 나면 본격적인 취업알선단계에 돌입한다. 만약 진로탐색기간이 1개월, 프로그램 참여가 6개월이었다면 본격적인 취업알선 기간은 4개월 정도 남아있을 것이다. 이때 4개월의 현금급여는 단계적으로 하락하도록 설계될 필요가 있다. 예를 들어 초기 2개월에 50만원이 지급된다면 다음 2개월은 30만원으로 감소하는 방식이다.

현금급여액의 수준은 생계안정이라는 목적을 달성하면서 동시에 다른 제도의 급여액과의 고려 속에서 산정되어야 한다. 〈표 3-4-6〉에서 제시된 것처럼

〈표 3-4-6〉 현금급여 수준의 사례

▶ 국민기초생활보장제도상 생계급여 – 1인가구 339,978원, 2인 595,370원, 3인 790,394원, 4인 989,467원 ▶ 실업급여 최저한도: 최저임금의 90%(70.7만원) ▶ 새터민 직업훈련 수당: 최대 66.5만원 – 교통비 5만원, 식비 5~10만원, 기숙사비 월 17.5만원 한도, 가계보조수당 3~4만원, 우선선정직종수당 10~30만원 ▶ 노동부 사회적일자리 참여자 급여: 77만원('08년 78.8만원)

최저생계비 수준이 2인 가구의 경우 60만원, 3인 가구의 경우 79만원이다. 가구주가 이 제도에 참여할 경우 생계가 유지될 수 있기 위해서는 이러한 최저생계비에 대한 고려가 있어야 한다. 대체로 70만원 내외의 금액이 여타 제도에서 지급되고 있으며 특히 일자리사업에 참여하여 근로를 제공할 때 77만원을 지급받는다는 점을 감안할 때 현금급여액은 50만원선이 적정한 것으로 보인다.

현금급여액을 어떤 액수로 책정할 것인지를 결정할 때 반드시 고려해야 할 것은 가구의 욕구 특히 가족구성에 대한 배려이다. 일반적으로 근로조건부 급여는 근로소득에 비례하여 지급되는 경향이 있으므로 복지 불평등을 심화시키는 결과를 가져올 수 있다. 가족조건과 건강조건의 불평등이 야기하는 실질적인 불평등의 문제가 심각하므로 이에 대한 배려가 중요하다(Bertola, 2000). 애초부터 욕구가 다른 가구에게 근로를 기준으로만 급여를 제공하는 것은 적절하지 않으며 이런 점에서 최소한 현금급여를 가족 상황을 고려하여 책정하는 것이 필요하다. 이에 현금급여액 기준액에 피부양자 수당을 부가적으로 지급하는 것이 필요하다. 아동이나 노인이 있는 가구의 경우 추가적인 현금급여를 받을 수 있도록 해야 한다. 예를 들어 현금급여 기준액을 50만원으로 책정하고 15세 미만, 65세 이상의 피부양자가 1인당 10만원, 최대 20만원을 넘지 않는 방안을 생각해 볼 수 있다.

5. 취업 인센티브와 제재

취업촉진급여제도가 실질적인 취업으로 이어질 수 있도록 하기 위해서는 고용보조금제도를 적절히 활용할 필요가 있다. 현재의 고용보조금제도는 일정한 요건을 충족하면 수급할 수 있는 식으로 설계되어 있는데 그 요건이 노동시장에서의 취약성과 긴밀히 연계되어 있지 않음으로 인해 제도의 애초 목적을 달성하는 데 제약이 있다. 취업촉진급여제도와 같이 명시적으로 빈곤가구의 취업취약대상자를 집중적으로 관리하는 제도와 고용보조금 제도를 연계할 경우 고용보조금 제도의 취지를 충분히 살리면서 동시에 취업촉진급여제도 자체의 성과 달성에도 기여하므로 두 제도의 연계가 적극적으로 이루어질 필요가 있다.

현행의 고용보조금제도에 따르면 고용보조금은 사업주에게 지급된다. 이때 사업장은 고용보험 적용사업장에 한정되므로 취업취약계층이 고용보험 적용사업장에 취업하지 못하고 미적용사업장에 취업할 경우 고용보조금을 활용하지 못한다. 만약 고용보조금을 사업주가 아닌 취업자 개인에게 지급한다면 어떻게 될까? 이럴 경우 미적용사업장에서 일하든 적용사업장에서 일하든 취업자는 보조금을 받을 수 있으므로 노동공급을 늘리게 된다. 고용보조금이 근로자에게 주어지든 사업주에게 주어지든 상관없이 동일한 효과를 낳는다는 이론적 가정 하에서는 이러한 변화도 고려해 볼 만하다.

개인에게 고용보조금을 지급할 경우 문제는 과연 이 사람이 취업을 했는지 안했는지를 식별해야 한다는 추가적인 부담이 발생한다는 것이다. 사업주에게 지급할 경우에는 당연히 취업한 사람에게만 보조금이 지급되겠지만 개인에게 지급할 경우에는 개인이 거짓으로 취업했다고 하고 보조금을 받는다면 그것은 취업과 무관한 현금급여로 변질되고 고용보조금의 애초의 취지가 퇴색된다. 거짓 보고의 가능성을 줄이기 위해서는 사후 모니터링 체제를 갖추어야 하며 이 또한 재정비용이 소요된다.

개인에 대한 고용보조금은 최저임금제 하에서 사업주의 노동비용을 줄여주지 못하여 노동수요를 진작시키지 못한다는 난점을 가지고 있다. 2008년에는 80만원에 가까운 금액이 월 최저임금액이 될 전망이다. 근로자에게 6개월 동안 30만원의 고용보조금을 지급한다면 근로자 입장에서는 최저임금수준의 일자리를 받아들이더라도 110만원의 수입을 확보할 수 있겠지만, 사업주 입장에서는 고용보조금을 받는 근로자이든 아니든 80만원을 지불해야 하므로 고용보조금 때문에 특별히 보조금 수령 근로자를 선호할 이유는 없다. 또한 노동비용이 불변이므로 근로자 전체에 대한 수요가 진작되는 측면도 없다. 이것은 보조금 수령 근로자로 기존 인력을 대체하는 결과를 가져올 것이다.

최저임금보다 더 많이 받을 수 있는 근로자가 고용보조금을 받는다면 그는 조금더 낮은 임금을 주는 일자리라도 받아들일 유인을 갖게 된다. 즉, 그의 유보임금이 100만원인 경우 고용보조금 30만원 수령을 조건으로 80만원이나 90만원 일자리도 받아들일 수 있다. 왜냐하면 그 경우 100만원 이상의 수입을 확보할 수 있기 때문이다. 개인에 대한 고용보조금 지급은 최저임금 이상의 유보임금을 갖는 개인의 노동시장 참여를 확대하는 효과를 낳는다.

최저임금 수준의 생산성을 갖지 못한 근로자의 경우 최저임금제하에서는 개인에게 주어지는 고용보조금 제도를 통해서는 고용기회를 얻지 못한다. 왜냐하면 기업에게는 보조금이 주어지지 않으므로 최저임금을 지불해야 하고 근로자가 최저임금 이상의 생산성을 발휘하지 않는다면 채용하거나 고용을 유지할 이유가 없기 때문이다.

개인에 대한 고용보조금 지급은 보조금을 받지 못하는 이를 보조금 수령자로 대체하고, 일반균형적 측면에서 저임금 시장의 시장임금을 낮추는 효과가 있으므로 고용보조금을 받지 못하는 이들이 손해를 보게 된다. 일견 부당해 보이지만 고용보조금 수혜자들이 취업능력이 취약한 이들에 한정된다면 충분히 정당화될 수 있다.

요약하면 근로역량이 현저히 취약하여 최저임금 이하의 생산성밖에 발휘할 수 없는 이를 위해서는 고용주에게 직접 지불하는 고용보조금이 효과적이며, 생산성 수준은 최저임금 이상이나 근로의욕이나 근로의지에 문제가 있는 이를 위해서는 개인에게 직접 지불하는 취업지원수당이 효과적이다.

한정된 취업촉진급여의 재원을 어디에 쓰느냐에 따라 프로그램의 성격이 달라진다. 재원을 구직활동에 투입할 수도 있고 직업훈련이나 일자리사업에 쓸 수 있다. 또한 취업 이후의 근로조건부 수당으로 쓸 수도 있다. 취업촉진급여의 재원을 구직활동기에 투입하면 소득보조적 성격이 강해질 것이고 직업훈련 등에 쓰면 ALMP의 성격이 강해지며 취업 이후 근로조건부 수당으로 쓰면 MWP(make work pay)의 성격이 강해진다. 미국이나 캐나다에서는 취업 이후 근로조건부 수당으로 많이 쓰고 있다. 독일 등에서는 구직활동 기간의 소득보조 기능에 주안점이 주어져 있다. 스웨덴이나 덴마크의 경우 ALMP에 많은 투자가 이루어진다.

근로조건부 수당으로 쓸 경우의 장점은 프로그램 진입효과를 상대적으로 줄일 수 있다는 것이다. 왜냐하면 취업조건부 수당은 시장 일자리에서 근로를 해서 임금을 받는 조건으로 지급되므로 단순히 급여만을 목적으로 진입하는 이들은 진입할 유인이 크지 않기 때문이다. 밀워키의 New Hope(NH)에서는 3년 동안 수당이 지급된다. 취업촉진급여 제도 참여자에게 취업조건부 인센티브를 제공하는 것이 필요하다.

이에 취업조건부수당 신설을 제안한다. 캐나다에서 사용한 SSP처럼 취업을 할 경우에 일정 액의 금액을 지급하는 프로그램을 취업촉진급여제도에 추가하는 것을 제안해 볼 수 있다. 이것은 빈곤가구를 위해 개인에 지급되는 고용보조금이라고 할 수 있다. 몇 가지 조건이 필요한데, 예를 들어 주당 30시간 이상이어야 한다라는 전일제근로의 조건을 부여할 필요가 있고 고용보험사업장이어야 하며 한시적으로 지급해야 한다는 것이다.

취업조건부 인센티브가 현행 실업급여사업 중 조기재취업수당과 같이 받아들여지지 않도록 주의해야 한다. 현재 조기재취업수당은 마치 실업급여 자체가 저축된 금액이고 조기에 재취업을 하면 저축된 금액을 일시에 받을 수 있는 것처럼 인식되고 있다. 취업촉진급여는 의무에 상응하는 급여이지 계좌에 저축된 금액이 아니다.

인센티브와 함께 의무 불이행에 따른 제재가 필요하다. 앞서 언급한 것처럼 취업촉진급여제도는 상호의무에 입각하여 운영된다. 참여자는 적극적 구직활동 및 근로능력을 양성할 의무가 있으며 고용지원센터는 취업에 성공할 수 있도록 적극적으로 직업을 알선하고 필요한 고용서비스 및 사회서비스를 제공할 의무가 있다. 참여자가 의무를 소홀히 할 경우 제재가 가해져야 한다. 취업촉진급여제도는 현금급여를 포함하고 있으므로 이 급여의 삭감이나 지급 중단을 통해 제재를 가할 수 있다.

진단 및 진로모색의 1단계에서 집중상담 및 취업계획 수립에 미온적인 태도를 보일 경우에도 현금급여의 삭감 등의 제재를 가해야 한다. 본격적인 프로그램에 들어가서도 엄격한 규칙에 따른 제재 조치가 필요하다. 예를 들어 직업훈련 출석률이 저조하거나 훈련 실적이 기준을 충족하지 못할 경우 급여를 일정기간 삭감하거나 중단하는 제재를 가할 수 있다.

일자리 사업에서 노동규율을 해치는 행동을 하거나 출근률이 낮거나 직무를 제대로 수행하지 못할 경우에도 제재를 가할 필요가 있다. 이때 취업촉진급여 수급자의 노동규율에 대해 고용지원센터가 일차적인 책임을 지는 체계를 갖추는 것이 필요하다. 해당 사업에 인력을 파견한 측이 고용지원센터이므로 파견된 인력이 사업장에서 야기하는 문제에 대해서는 일차적인 책임을 져야 한다. 처음에는 주의 조치를 내리고 만약 이러한 주의 조치에도 행동을 바꾸지 않을 경우에는 재교육 프로그램으로 이관하고 필요 시에는 급여의 삭감이나 지급 정지를 명할 수 있다. 직장체험의 경우에도 유사한 절차에 따라 진행할 수 있다.

마지막으로 지적할 점은 인센티브를 제대로 홍보하는 것이 매우 중요하다는 것이다. 캐나다의 SSP 경험에서 중요한 것은 마케팅이다. 행정공무원들이 참여자들에게 지속적으로 근로를 하는 것이 더 이득이 된다는 메시지를 홍보하였다. 물론 금전적 인센티브가 이러한 메시지를 믿을 만하게 커야 하는 것이 필수적이다. 참여자들에게 이 제도가 갖는 기회요인과 위협요인이 무엇인지 정확히 설명하고 홍보하는 것이 제도의 성공과 밀접한 관련을 갖는다(Greenwood and Boyer, 2000; Martinson, 2000). 또한 사람들이 단순히 금전적 인센티브에만 반응하는 것은 아니다. SSP의 경우 1/3만이 프로그램에 참여했다. MFIP에서는 1/2만이 참여했다. 프로그램에 대한 수용성에 대해 면밀히 검토하고 조사하여 수용성을 제고할 수 있는 다양한 방법을 개발해야 한다.

6. 개별 프로그램 운용의 유의사항

1) 일자리 알선

고용지원센터에서 비공식부문의 일자리를 알선해야 하는지와 관련해서는 여러 가지 논란이 있다. 비공식부문에서 일자리를 구하는 근로빈곤층의 현실 및 유료직업소개소의 과도한 소개료 부담을 줄여준다는 점 등을 고려하면 비공식부문 일자리 알선을 고용지원센터가 맡을 이유도 존재한다.

하지만 몇 가지 이유로 고용지원센터가 비공식부문 일자리 알선을 담당하는데 난점이 존재한다. 첫째, 비공식부문의 사업자가 자신의 정보를 고용지원센터에 제공하길 꺼릴 것이다. 이에 따라 비공식부문 일자리 정보가 충분하지 않을 수 있다. 둘째, 고용지원센터가 갖는 공신력을 믿고 구직자들이 알선된 일자리를 응모한 후 크게 실망할 수 있고 이것은 고용지원센터의 공신력을 실추시킬 수 있다.

2) 일자리 사업

일자리 제공 또는 일자리사업은 적극적 노동시장정책에서 매우 중요한 정책 수단의 하나이다. 일자리 제공은 두가지 의미를 갖는다. 첫 번째 의미는 강제근로적 성격이 있다는 것이다. 아무 일도 하지 않고 급여를 받는 것이 아니라 근로를 해야만 급여를 받을 수 있으므로 프로그램에서 벗어나서 자신에게 맞는 일자리를 찾아갈 유인이 발생한다. 두 번째 의미는 디딤돌로서의 성격이다. 일을 하고 보수를 받는 근로경험을 통해 노동규율도 회복하고 자신감을 쌓으며, 나아가 해당 분야의 숙련을 쌓아서 정규 일자리를 찾을 수 있는 능력과 의지를 키울 수 있다는 것이다.

일자리사업의 두 가지 의미가 공통으로 전제하고 있는 것은 일자리사업을 통해 제공되는 일자리는 한시적이라는 점이다. 일자리사업은 참여자의 정규 노동시장으로의 통합을 목적으로 하며 따라서 한시적으로만 일자리가 제공된다. 그리고 일자리사업 종료 후에도 정규 노동시장에서 일을 구하지 않았을 경우 훨씬 취약한 이들을 위한 프로그램으로 이송되거나 급여의 삭감·중단 등의 제재 조치가 뒤따르게 된다.

현재 노동부 사회적 일자리사업은 적극적 노동시장정책의 수단으로서의 일자리 사업의 취지와 무관하게 운영되고 있다. 참여자 측면에서 취업취약계층으로 판정된 이들로 채워져 있지 않으며 실질적으로 각각의 비영리조직에서 자체적인 기준으로 모집하고 있다. 일자리사업 운영 측면에서 참여자들에게 정규 노동시장으로의 통합을 강조하고 있지도 않다. 오히려 참여자들이 사업의 발전에 기여하여 향후 지속적으로 그 사업에서 일하는 것을 바람직한 것으로 권장하고 있는 경우도 있다.

일자리사업이라는 이름 하에서 적극적 노동시장정책으로서의 일자리사업은 이루어지고 있지 않다. 실질적으로 한국에서는 본래적 의미에서의 일자리사업이 존재하지 않는다. 이 때문에 고용지원센터에 실업자가 방문하여 일자리를 요청하더라도 고용지원센터에서 구직자에게 제공할 적극적 노동시장정책에 의한 일자리는 존재하지 않는다.

취업촉진급여제도 내에서 참여자에게 다양한 고용지원서비스가 제공될 예정인데 이러한 서비스 중에는 직접적 일자리 창출 및 제공도 포함될 필요가 있다. 취업촉진급여제도는 빈곤가구 내의 취업취약자를 대상으로 하는 정책이므로 이러한 정책수단은 반드시 필요하다. 구체적으로 일자리 제공은 정부에서 주도하여 이루어지는 사회서비스사업에 취업촉진급여 대상자를 파견하는 방식으로 수행되는 것이 적절할 것으로 보인다.

현재 사회서비스 일자리사업은 각 부처가 비영리조직을 사업주체로 하여 이들이 사회서비스를 제공하는 데 인건비를 지원하거나 서비스비용을 지원하는 형태로 추진되고 있다. 이때 필요한 인력은 비영리조직이 스스로 충원하고 있다. 만약 고용지원센터에서 인건비를 부담하고 인력을 파견한다면 비영리조직 입장에서는 인건비 부담 없이 인력을 더 쓸 수 있으므로 수락할 것이다.[24] 다만 규모가 너무 적은 조직에서는 인력관리비용이 클 수 있으므로 상대적으로 규모가 있는 조직에 배당하는 것이 적절할 것으로 보인다.

현재 진행 중인 노동부 사회적일자리사업은 그 취지가 사회서비스 확충 및 예비 사회적기업의 육성사업에 다름 아니다. 그 자체로 충분히 존재의의가 있는 사업임에 틀림없다. 하지만 이름과 수행 부처에 걸맞지 않게 적극적 노동시장정책과 무관하게 운영되고 있다. 앞서 설명한 사회서비스 일자리사업과 마찬가지로 이 사업도 취업촉진급여제도 내의 일자리사업과 결합하여 운영하는 것이 가능할 것이다.

경과적 일자리 제공 측면에서 일자리 사업에서의 총근무기간은 6개월 정도로 하는 것이 적절할 것으로 보인다. 그리고 직무를 단순히 일만 하는 것이 아니라 훈련과 구직활동을 포함시키도록 설계될 필요가 있다. 이렇게 훈련과 구직활동을 포함하여 설계한다는 것은 참여자가 일자리사업에 참여하더라도 고용

24) 현재 사회서비스 일자리사업의 예산의 일부를 취업촉진급여제도의 예산으로 전환하는 것도 고려해 볼 수 있다. 노동부 사회적 일자리사업의 예산도 마찬가지다. 이에 대해서는 소요 재원 추계 및 조달방법을 다루는 절에서 언급한다.

지원센터에서 지속적으로 관리를 한다는 것을 의미한다.

예를 들어 주당 근무시간을 정규 40시간이 아니라 30시간으로 줄이고 대신에 10시간의 훈련 및 구직활동 시간을 배정하는 것이 필요하다. 훈련의 제공 주체를 일자리사업주체로 할 것인지 아니면 외부 전문훈련기관과 연계하여 추진할 것인지 등이 결정될 필요가 있다. 훈련비용을 누가 부담할 것인지 역시 결정되어야 한다. 구직활동시간에 구직활동이 실질적으로 이루어질 수 있기 위해서는 정기적인 고용지원센터와의 면담 시간을 설정하는 등의 지원 및 모니터링이 필요하다.

직장체험은 기업 등에 근로자를 위탁·파견하여 근로경험을 쌓도록 하는 것이다. 근본적으로 직장체험 프로그램은 일자리 제공과 다르지 않다. 다만 일자리 제공에 비해 노동강도가 낮고 보수가 상대적으로 적다는 차이만 있을 뿐이다.

3) 직업훈련

프로그램당 비용을 고려해서 적절한 인원을 배정해야 한다. 직업훈련 기간 동안의 생계 문제가 해결되지 않고서는 근로빈곤층이 직업훈련을 받고 있을 수는 없다. 그런데 직업훈련은 질 낮은 일자리를 벗어날 수 있는 중요한 기회라는 점에서 근로빈곤층 참여를 촉진해야 할 중요한 이유가 있다. 이를 해결하는 것이 직업훈련 기간 중의 생계유지를 위한 현금급여 지급이다. 그런데 직업훈련 비용에 생계급여까지 더하면 직업훈련은 1인당 비용 측면에서 가장 비싼 방식이 될 것이다. 기존의 연구를 보면 직업훈련의 효과가 다른 조치에 비해 월등하다는 실증연구결과는 많지 않다. 이런 점에서 직업훈련의 대상자는 제한적으로 설계하는 것이 필요하다.

4) 사회서비스와의 연계

취업촉진급여 대상자 중 일부는 가정 내에서 수행해야 하는 역할과 일 때문에 적극적인 구직활동 및 취업으로 나아가지 못하는 경우가 있다. 대표적인 것이 가족 내 노인과 병자에 대한 간병 및 아동의 보육이다. 취업에 걸림돌이 되는 것을 제거하기 위하여 고용지원센터는 사회서비스를 연계해 줄 필요가 있다.

사회서비스의 연계는 바우처 방식이 될 수도 있고 정보제공 및 사회서비스 제공기관과의 연계 방식이 될 수도 있다. 바우처 방식은 취업촉진급여제도 내 참여자에 대해 특별히 바우처를 지급하는 형태이다. 이것은 확실히 서비스 전달을 보장할 수 있다는 점에서 제도 내에 장착될 필요가 있지만 모든 참여자에게 제공해 주는 방식으로 반드시 설계할 필요는 없는 것으로 보인다. 정보제공 및 사회서비스 제공기관과의 연계방식은 서비스 전달을 보장할 수는 없지만 저렴한 비용으로 서비스를 제공할 수 있는 방법이다. 사회서비스를 제공할 수 있기 위해서는 고용지원센터 내에 이와 관련된 전문지식이 축적되거나 사회복지네트워크와의 긴밀한 협력이 필요하다.

5) 프로그램 종료 후 조치

취업촉진급여제도는 12개월 정도의 기간으로 제한된 프로그램이다. 현재 우리나라에는 실업부조제도가 없기 때문에 12개월 이후에 후속 프로그램은 존재하지 않는다. 이런 점에서 취업촉진급여제도는 프로그램 종료 후에 어떠한 인센티브도 제공할 수 없기 때문에 어떠한 제재도 가하지 못하는 상황이다. 이러한 점 때문에 고용보조금과 취업조건부수당의 연계가 중요하다.

취업촉진급여제도를 통해 각종 고용지원서비스와 현금급여를 받은 후에도 취업에 성공하지 못한 이들은 이후 무엇을 어떻게 해야 하는가? 첫째, 고용지원센터가 근로의욕 측면에서 의지는 있으나 근로능력이 부족하다고 판단하는 이들의 경우에는 자활지원센터로 이관하는 것을 고려해 볼 수 있다. 둘째, 근로능력의 문제라기보다는 근로의욕의 문제가 있고 현금급여를 목적으로 한 프로그램 진입으로 판단되는 이들에 대해서는 향후 3년 동안 취업촉진급여제도에 참여할 수 없도록 제한할 필요가 있다.

7. 추진체계 및 고용지원서비스 강화

현재와 같이 일정한 자격 요건을 갖추면 해당 고용지원서비스를 받을 수 있는 현 체계를 유지하면서, 근로빈곤층에게 통합적이고 체계적인 서비스를 추가로 제공하는 것은 재정적으로 과도한 부담을 야기할 것이다. 형식적 자격요건을 갖추면 고용서비스가 자동 제공되는 방식을 폐지하고, 형식적 자격요건으로 받을 수 있는 대상자는 매우 제한적으로 설계하면서 나머지 광범위한 대상에 대해 서비스 수혜자를 고용지원센터가 능동적으로 선정하는 방식으로 전환되어야 한다. 이것은 고용지원센터의 재량권을 강화하는 것이다.

재량권의 강화가 성과를 내기 쉬운 대상에게만 서비스가 부여되는 현상을 낳지 않도록 하는 보완장치가 필요하다. 즉, 다루기 어려운 대상자가 취업에 성공했을 때 다루기 쉬운 대상자에 비해 더 높은 점수를 상담원이 가져갈 수 있도록 설계되어야 한다.

고용지원센터의 재량권 강화는 수혜자의 선택권을 반드시 약화하는 방식으로 가는 것은 아니다. 고용보조금, 일자리사업, 직업훈련, 취업알선 중에서 본인이 희망하는 것을 우선 고려하도록 해야 한다. 초기 상담 과정에서 자신에게 필요한 것을 찾아나가도록 지원해야 한다.

근로빈곤층에 대한 고용서비스가 제공되기 위해서는 현재와 같은 분절화된 고용서비스로는 불가능하다. 고용지원센터를 중심으로 서비스가 조직되어야 한다. 취업촉진급여제도는 고용지원센터에서 일괄 관리하는 방식을 취해야 한다. 개별행동계획(IAP)을 작성하고 프로그램 참여를 의무화하며 프로그램 제공의 상호의무를 담은 협약서를 고용지원센터와 참여자 사이에 체결하는 절차를 갖는다.

관리에 대해서는 고용지원센터가 일관성 있게 책임을 지지만 실제 프로그램의 운용에 있어서는 민간의 참여가 필요하다. 취업촉진급여 대상자 여부를 판정하는 기능은 고용지원센터가 가지지만 1단계의 초기 상담과정에서는 민간 전문가들이 참여하는 구조를 갖추는 것도 필요하다. 또한 필요에 따라 2단계의 프로그램에서는 민간의 취업지원기관이나 기업, NGO와 약정을 체결하여 프로그램 운영비를 지원하고 취업성공시 성공보수를 가져가는 시스템을 도입할 수 있도록 해야 한다.

〈표 3-4-7〉 상호의무

※ 수급자는 급여보장기관이 제시하는 취업촉진조치(Activation)의 수용 및 자발적 취업활동을 해야 할 의무 / 급여보장기관에 필요한 취업촉진조치 요구 및 정당한 사유가 있을시 취업촉진조치를 거부할 권리
※ 급여보장기관은 수급자가 요구하는 적절한 취업촉진조치를 수용해야 할 의무 / 수급자에 대한 적절한 취업촉진조치 요구 및 정당한 사유 없는 거부시 급여를 중지할 권리

〈표 3-4-8〉 기존 일자리 지원사업과 취업촉진급여 비교

	재정에 의한 일자리지원사업	취업촉진급여
정책타겟	타겟 불명확, 대상선별 미흡	지원이 시급한 취업애로 빈곤층, 엄격한 선별
프로그램체계화	취업지원－직업훈련－알선 등 연계 미흡	진단－의욕·역량 강화－취업알선 연계 체계화
생계지원	급여·수당 수준이 다양하나 생계보장에 한계	현금급여 신설로 생계부담을 최소화하면서 취업준비 전념
모니터링	취업성과 모니터링 미흡	성과관리 및 사후관리 강화
법적 근거	사업별로 개별 규정	신규 제정법으로 통합관리

Ⅴ. 결　　론

외환위기 이후 우리나라 노동시장에서 저소득 취업자의 빈곤과 실업 문제가 점차 부각되고 있다. 외환위기 전후를 비교할 때 빈곤가구가 증가했으며 실업문제 역시 과거와 달리 저학력 집단에서 심각한 문제로 등장하고 있다(이병희, 2007; 김혜원, 2007). 저임금 빈곤의 문제는 세계적인 현상이다. 미국에서도 세계화와 기술발전으로 인해 저임금 근로자의 실질임금이 하락하며 유럽에서는 저임금근로자의 실업 문제가 심각한 사회문제가 되었다.

저소득 노동시장에 대한 정책은 크게 두 가지로 대별된다. 하나는 근로매력증진 정책(Make-Work-Pay Policy: MWP)으로서 일하는 것이 일하지 않는 것에 비해 금전적으로 매력있도록 조세, 사회보험료, 현금급여, 현물급여 등의 각종

제도를 정비하는 정책이다. 다른 하나는 직업훈련, 취업알선, 일자리창출 프로그램 등을 제재조치와 결합한 활성화 정책(Activation Policy 또는 "Active" labor market policy: ALMP)이다. 고용가능성이 떨어지는 저소득 취업자에게 현금급여와 함께 적극적으로 적절한 고용지원서비스를 제공하여 고용가능성을 높이되 만약 적극적으로 구직활동을 하지 않거나 프로그램에 불성실하게 참여할 경우 현금급여를 삭감하는 등의 강력한 제재조치를 취함으로써 재정 효율성 및 정당성을 추구하는 정책이다.

두 정책은 기본적인 철학에서 차이가 있다. MWP는 공식적 훈련이나 취업알선서비스보다 취업중 훈련(on-the-job training)이나 본인 주도의 직장탐색이 더 중요하다는 전제 위에서 개인적 책임성의 발전이 가장 중요하다고 생각할 때 채택되는 정책이다. 이에 비해 ALMP는 체계적인 공식 훈련을 통한 고용가능성의 제고가 새로운 경력경로의 기회를 제공하며 고용사무소에 집중되는 고용정보를 활용한 취업알선 및 취업명령이 노동의 효율적 자원배분에 기여하므로 정부의 개입이 노동시장의 원활한 작동에 필수적이라고 생각할 때 채택되는 정책이다. MWP의 지지자들은 민간 시장에서의 취업 자체가 개인의 진정한 그리고 장기적인 고용기회 및 임금 증가의 강력한 원천이라고 믿는 데 비해서 ALMP의 지지자들은 교육, 훈련, 제대로 된 알선이 매우 중요하다고 생각한다. 두 정책 사이에는 일종의 철학적 비젼의 차이가 있다(Bertola, 2000).

하지만 두 정책의 차이와 대립을 과장할 필요는 없다. 실제 두 정책이 모순되는 것은 아니며 두 제도를 동시에 시행하는 것이 충돌을 낳는 것은 아니다. MWP는 일반적으로 자격 요건을 갖추면 자동적으로 제공되는 보편적 제도로 존재하기 때문에 제도만 주어지면 실제로 의욕을 가지고 있으며 경험을 통한 학습, 취업중 훈련을 통해 성취를 이룰 수 있는 이들이 자기선택을 할 것이다. 이에 비해 ALMP는 의욕이 부족하거나 성취를 이루기에 외적인 계기가 필요한 사람에 큰 효과를 발휘할 수 있으며 공공고용사무소가 이러한 이들을 잘 선정해내고 적절한 강제와 적절한 품질의 서비스를 제공하면 소기의 성과를 이룰 수 있다.

MWP는 비효율적인 고용을 유지시켜준다는 점에서 고용보호법제(Employment Protection Law: EPL)와도 비슷한 면이 있고 사양산업에 대한 산업정책과도 유사하다. 임금압축은 저임금의 상대가격을 높이고 따라서 고임금 근로자에 대한 수요를 증가시키고 임금을 높이는 효과가 있다 MWP는 이러한 임금압축이 주는 부작용을 해결하는 기능을 할 수 있다.

선진국에서 논의되는 정책을 도입하는 데 있어서 주의할 점은 한국의 상황이 선진국과 다르다는 것이다. 선진국 노동시장과의 큰 차이 중 하나는 고용보험제도가 적절한 안전망의 역할을 수행하기에는 사각지대가 많다는 것이다. 고용보험제도가 실질적인 안전망의 역할을 수행하기까지 정책적 공백을 메꾸어야 할 보완적 제도가 필요하며 본 논문에서는 이러한 역할을 할 수 있는 제도로서 취업촉진급여제도를 제안하고 이와 관련된 다양한 쟁점들을 살펴보았다.

취업촉진급여제도는 빈곤층에게 생계 안정을 위한 현금급여를 다양한 고용지원서비스와 체계적으로 결합하여 제공하는 종합적 빈곤탈출 지원제도이다. 최대 1년간 매월 50만원 이상의 현금급여를 제공하되, 적극적으로 노동시장에서 취업을 위해 노력하는 이들에게 한정하여 제공하며 취업을 위해 노력하는 이에게는 취업성공을 약속한다.

취업촉진급여제도 내에서 시도하는 단기 일자리제공 프로그램은 적극적 노동시장 정책 수단으로서의 일자리 프로그램으로서 기존의 재정에 의한 일자리 사업과 차별화된다. 일자리 사업 참여 후 얼마나 취업에 성공하며 임금 수준은 어떻게 되는지가 일자리 프로그램의 성과평가지표이며 그 이외의 성과평가지표는 존재하지 않는다는 점에서 매우 명확한 사업목표와 평가수단을 갖고 있다. 단기 일자리제공 프로그램이 본격적으로 가동된다면 기존의 재정에 의한 일자리사업 역시 본연의 목적에 충실한 형태로 재편될 것이다.

취업촉진급여제도는 전형적인 ALMP정책인데 이것은 근로장려세제나 저임금사회보험료 감면 제도와 같은 MWP정책과 상호보완적 관계를 형성할 것이다. 취업촉진급여제도가 정규 노동시장으로의 취업을 촉진하는 징검다리 역할을 한다면 근로장려세제나 저임금 사회보험료 감면제도는 정규 노동시장에 취업한 이들의 취업 유지 유인 및 이들에 대한 기업의 노동수요를 제공할 것이다. 근로장려세제와 저임금 사회보험료 감면제도를 비교해 보면 후자가 전자보다 더 강력한 효과를 낼 수 있을 것으로 예상된다.

취업촉진급여제도의 성패를 결정짓는 것은 고용지원센터의 역량이다. 지난 참여정부 기간 동안 고용지원센터에 대한 투자를 대폭 늘려 왔다. 인력의 확충과 공간의 확보와 같은 하드웨어적 요소에서는 투자 효과가 가시화되었고 부분적으로 고용지원서비스의 개선 효과도 확인된 바 있다(김주섭 외, 2004). 적극적 노동시장정책은 고용지원센터의 고용지원서비스역량과 제재조치와 관련된 규제역량이 적절히 조화될 때만 그 효과가 극대화될 수 있다. 만약 취업촉진급여제도를 시행하게 될 경우 고용지원센터는 그동안의 축적된 역량이 어느 정도 수준인지 분명히 드러내게 될 것이다. 다른 측면에서는 무엇이 부족하고 무엇이 혁신되어야 할지가 고용지원센터 내외부에 분명히 인식될 것이다. 이것은 고용지원센터의 위기를 가져다 줄 수 있지만 위기를 기회로 바꿀 수 있다면 한국의 고용정책이 선진국 수준으로 도약하는 계기가 될 것이다.

참고문헌

김종일(2006),「서구의 근로연계복지」, 청목출판사.

김주섭 외(2004),「시범고용안정센터 성과분석」, 한국노동연구원.

김혜원(2008), "노동시장 이행확률 분석: 1985~2006,"「노동시장의 구조변화와 고용변동(87년 이후 노동 20년 연구시리즈)」, 한국노동연구원.

노대명 외(2006),「빈곤의 동태적 특성 연구」, 한국보건사회연구원.

이병희(2008), "노동시장 불안정이 소득 불평등에 미치는 영향,"「노동시장의 구조변화와 고용변동(87년 이후 노동 20년 연구시리즈)」, 한국노동연구원.

황덕순(2000), "실업급여에 대한 평가와 발전방향,"「고용보험제도의 평가와 발전방향」, 한국노동연구원.

Bertola, G.(2000), "Making Work Pay: Policy choices and interactions with existing instruments," OECD Economic Studies, No. 31, 2000/Ⅱ.

Greenwood, J. and J-P Voyer(2000), "Experimental Evidence on the Use of Earnings. Supplements as a Strategy to 'Make Work Pay'," OECD Economic Studies, No. 31, 2000/Ⅱ.

Martinson, K.(2000), "The national evaluation of welfare-to-work strategies: The experiences of welfare recipients who find jobs," New York: Manpower Demonstration Research Corporation.

•토론• 근로빈곤층에 대한 고용지원방안*

‘근로빈곤층에 대한 고용지원방안’은 근로빈곤층에 대한 적극적 노동시장정책의 필요성을 보여줄 뿐 아니라, ‘취업촉진급여제도’라는 구체적인 프로그램의 세부운영방안까지를 포괄하고 있다. 하나의 논문에서 이처럼 광범위한 주제를 모두 포괄하는 것은 대단히 어려운 일임에도 불구하고, 이 논문은 논리적인 설득력을 갖추고 있으면서도 동시에 새로운 프로그램의 시행에 필요한 구체적인 방안들(가령, 제도의 구체적인 모습, 지원대상의 기준과 선정의 방법, 현금급여의 구조, 인센티브와 제재, 개별 프로그램의 운용지침)까지도 훌륭하게 포괄하고 있다. 우선, 이러한 작업을 수월하게 이루어낸 연구자의 노고를 치하한다.

논문에서 설득력 있게 제시하고 있는 것처럼, 우리나라에서 장기실직자와 저임금 근로자에 대한 체계적인 지원 서비스는 존재하지 않는다. 국민기초생활보장제도가 포괄하는 근로능력 있는 수급빈곤층과 고용보험제도가 포괄하는 실직자 사이에 광범위한 사각지대가 존재하며, 이들은 장기실직자와 저임금 근로자, 그리고 근로능력을 가진 비경활인구로 구성된다. 지난 10년간 한국 노동시장의 변화 추이를 살펴보거나 여러 연구자들의 신뢰할 만한 연구결과에 기대어 볼 때, 정부의 개입 없이 이들의 규모가 자연스럽게 줄어들 것이라는 예측을 하기란 쉽지 않은 일이다. 이들에 대한 지원 서비스는 정치적 합리성뿐 아니라 경제적 합리성의 논리로도 정당화될 수 있다. 문제는 어떤 특성을 가진 지원 서비스를 어떤 방식으로 제공할 것인가라는 점이며, 그 과정에서는 한국 노동시장의 특성과 재정적인 제약조건뿐 아니라 서비스 대상 집단의 행태와 서비스 제공자의 역량에 대한 면밀한 검토가 요구된다.

우선 어떤 특성을 가진 지원 서비스가 필요한가? 토론자는 이 점에서 이 논문에 전적으로 동의한다. 근로(현재 근로하거나, 경제활동을 하거나, 근로능력을 가진) 빈곤층에 대한 지원 서비스가 고용 서비스를 위주로 설계되어야 하며 현금 및 현물 급여는 취업에 들어서고, 취업을 유지하는 것을 유인하는 방식으로

---

* 홍경준(성균관대학교 사회복지학과 교수).

배치되어야 한다는 점이 바로 그것이다.

두 번째로, 이러한 고용지원 서비스를 어떤 방식으로 제공할 것인가? 논문에서 잘 정리되어 있듯이 최근에 유행하는 고용지원 서비스의 방식은 크게 보아 두 가지이다. 하나는 근로장려정책(make-work-pay policy: MWP)이며 다른 하나는 적극적 노동시장정책(active labour market policy: ALMP)이다. 이 두 가지 방식 중에 어느 하나만을 배타적으로 사용하는 나라는 없다. 논문이 제시하는 바와 같이 취업에 들어서게 하는 단계까지는 ALMP가, 취업을 유지하는 데에는 MWP가 유인을 제공할 수 있기 때문이다. 하지만 현실에선 이 두 가지 방식 사이에 우선순위가 분명하게 존재한다. ALMP 지향적인 국가와 MWP 지향적인 국가가 엄연하게 구별되며 국가들의 이러한 차이는 집권세력의 이념적 지향과 정책 목표상의 우선순위, 예산제약의 구조적 특성뿐 아니라 한 나라의 노동수요적 특성, 그리고 그 노동수요적 특성을 결정하는 산업특성과 노동시장제도의 편차와 밀접하게 관련된다. 덧붙여 흔히 간과되고 있지만 중요하게 고려해야 할것은 ALMP를 제공하는 서비스 제공자의 역량에 대한 엄밀한 평가이다. 개인적으로 토론자는 ALMP가 효과적으로 작동할 수 있는 환경을 선호한다. 하지만, 한국의 현실은 전혀 그렇지 않다고 생각한다. 잘 만들어진 산업정책적 패러다임이 존재하지 않는 한, 100만 명을 초과하는 표적집단을 취업에 들어서게 하는 ALMP의 작동은 상당히 어렵다. ALMP는 저임금 일자리가 아니라 그 이상의 일자리(가령 괜찮은 일자리)에 대한 노동수요가 전제될 때 효과적일 것이라는 게 토론자의 생각이다. 한국에 상당한 정도의 저임금 일자리가 존재한다는 점은 일견 ALMP의 작동을 원활하게 하는 요인일 수 있지만, 그런 일자리에서 취업을 지속적으로 유지하게 하기 위해선 MWP에 대한 상당한 규모의 예산투입이 대응되어야 한다. 한국의 예산제약을 감안한다면, 저임금 일자리로 100만 명 이상의 표적집단을 유인하는 ALMP는 너무 비싼 서비스일 수 있다. 이러한 인식은 표적집단의 행태와 서비스 제공기관의 역량을 고려할 때 한층 강화된다.

한국에서 장기실직자와 저임금 근로자에 대한 체계적인 지원 서비스가 존재하지 않기 때문에 표적집단의 행태와 서비스 제공기관의 역량을 판단하기란 쉽지 않다. 하지만 상당한 규모의 근로빈곤층이 현행 국민기초생활보장제도의 수급자로 포괄되어 있고(2004년과 2005년의 경우 전체 수급자의 약 22~23%), 자활지원사업에 참여하는 차상위 계층 또한 증가하고 있다(2003년 12,300명에서 2007년 23,600명). 현행 기초생활보장제도에서 시행하는 자활지원사업은 명백하게 상호의무의 원칙과 근로연계복지를 표명하며 시행된 제도이며, 비록 그 규모는 대단히 작지만 고용지원센터를 통해 관리되는 근로빈곤층이 있다. 이들은 고용지원센터를 통해 직업적응훈련, 직업훈련, 직업알선, 취업촉진사업 등 ALMP 성격의 프로그램을 제공받는다. 결국 표적집단의 행태와 서비스 제공기관의 역량에 대한 일정부분의 평가는 가능하다. 자활사업에 대한 혹독한 평가가 일반적인 것이라면, 고용지원센터와 ALMP 성격의 프로그램이 여기에서 벗어나야 할 이유는 전혀 없다.

토론자는 상당한 규모의 표적집단을 대상으로 한 새로운 서비스의 도입방안을 모색하기 위해선 외국의 사례들을 연구하는 것 못지 않게 우리나라에서 지금 시행되고 있는 관련 프로그램에 대한 철저한 평가가 필요하다고 생각한다. 정책의 목표가 달라지고, 새로운 프로그램이 도입된다고 해서 일선 서비스 전달기관의 행태가 변화할 것이라고 기대하기는 쉽지 않기 때문이다. 왜 고용지원센터를 통해 관리되는 자활지원대상자의 규모는 감소하는가? 왜 상당수의 취업대상자는 중도탈락하는가? 왜 이들의 자활성공률은 저조한가? 왜 고용지원센터는 더 많은 수급자를 관리하기를 꺼려하는가? 고용지원센터는 지역 내에서 다른 서비스 제공기관과 잘 연계하고 있는가? 등에 대한 평가는 바로 발표문이 제시하는 ALMP의 시행을 위해서라면 반드시 짚어져야 한다. 이 점이 논문에서 제외되어 있는 것은 아쉽다.

논문은 근로빈곤층이 의존할 만한 현금급여가 거의 존재하지 않기 때문에 복지의존자의 문제가 거의 존재하지 않을 것이라고 본다. 이런 점 또한 좀더 치밀한 평가가 필요한 부분이다. 근로능력을 가지거나 근로하고 있는 수급자들에게 제공되는 현금급여액이 상당히 적다는 점은 사실이지만, 이들이 가치 있게 여기는 것은 현금급여가 아니라 의료급여와 영구임대아파트 임대권리와 같은 현물급여이다. 현물급여의 자격조건이 현금급여의 자격조건에 묶여 있는 한 “노동 가능한 이들은 이미 (공식적인) 일자리를 선택하고 있고, 따라서 고용의 질이 중요한 문제다”라는 주장은 지나친 일반화다. 표적 집단의 상당수는 고용의 질을 따지기 이전에 일하는 것이 수지맞는 일이 될 수 있도록 유인될 필요가 있으며, 이러한 필요성을 달성하기 위한 정책 수단은 개별급여일 수도 있고, 현금 급여 지급의 폐지를 전제한 현물 급여의 확대일 수도 있고, MWP일 수도 있다. Martin과 Grubb(2001)은 ALMP의 성과에 대한 다양한 경험적 연구들을 문헌 검토하였다. 이들의 검토에 따라 경험적 연구들을 살펴보면, ALMP는 정책의 대상을 어떻게 설정하느냐, 어떤 프로그램들을 강조하느냐에 따라 매우 다양한 효과를 가진다는 것을 확인할 수 있다. 전면적 확대를 당장 모색하는 것보다는 자활사업의 취업지원 대상자와 고용지원센터의 자활지원서비스를 면밀하게 평가하면서 취업경험이 부족한 청년이나 여성 등을 좁게 표적화해서 시범운영하는 과정이 요구되는 것은 아닐까 한다.

경미한 문제일 수도 있으나, 용어의 번역과 관련된 문제 한 가지만 짚고 토론을 마치고자 한다. 논문에서 사용하는 '복지'라는 용어는 아마도 미국 문헌의 welfare를 번역한 것이라 여겨진다. 가령 '빈곤문제는 전통적으로 복지의 영역으로 여겨졌다' 라든지, 수급자의 '복지의존' 등이 그런 예이다. 많은 연구자들이 저지르는 실수의 하나는 특정한 나라에서 고유명사로 사용하는 제도의 명칭을 일반명사처럼 사용하는 것인데, 대표적인 것이 바로 미국의 welfare와 social security이다. 우리말로 직역하면 이것들은 각각 '복지'와 '사회보장'이다. 하지만 미국의 welfare는 정확하게 번역하면 '공공부조'로 복지전체에서 매우 적은 부분만을 차지한다. 미국의 social security 또한 정확하게 번역하면 공적연금(+노인에 대한 의료보험)으로 사회보장제도의 한 구성요소를 지칭한다. 사회복지학에서는 빈곤문제에 대한 사회정책을 기회평등정책, 조세지출정책, 소득보장정책 및 노동시장정책으로 구분하고 있다. 그런 맥락에서 빈곤문제는 전통적으로 복지의 영역으로 여겨져 온 것이 아니라, 공공부조의 영역, 혹은 소득보장의 영역으로 여겨져 왔다는 표현이 옳다. 이제는 그런 정책수단보다는 조세지출정책이나 노동시장정책을 활용하는 방향으로 변화해 온 것이다.

제 4 장

산업정책과 고용

제 4 장

산업정책과 고용

제 1 절 대표토론: 산업정책과 고용*

조준모·황성수 교수의 논문은 중소기업의 범주를 적절하게 재조정할 것을 주장하였다는 점에서 특기할 만하다. 분명 이론적인 측면에서는 중소기업을 졸업하고 대기업으로 나아갈 경우 각종 혜택이 사라지도록 설계된 제도하에서는 졸업을 미루려는 유인이 작동한다. 다만 저자들은 이런 유인을 명쾌하게 실증적으로 제시하는 데에는 약간 부족했던 것으로 평가된다. 또한 저자들이 이 문제에 대한 해결책으로 제시한 '범위조정' 방안이나 '졸업제의 개선' 방안이 과연 왜곡된 유인체계를 잘 해결하는 방안인지도 분명하지 않다. 예를 들어 범위조정 방안의 경우 그 내용은 중소기업 규모를 초과하는 기업에 대해서 직접지원은 금지하지만 간접지원 및 규제혜택은 존속시킨다는 것인데 이것이 혜택인 한 이것은 중소기업의 범주를 조금 더 확장한 것에 불과하며 이 범주를 벗어나지 않으려는 유인은 상존하게 된다.

김종일 교수의 논문은 소위 '성장신화'의 허구성 여부를 본격적으로 다루었다는 점에서 주목받을 만하다. 새정부의 고용정책은 성장이 잘되면 성장의 고용유발효과만큼 고용도 자동적으로 증가한다는 간접적 고용확대 정책이라고

* 전성인(홍익대학교 경제학과 교수).

볼 수 있다. 여기서 문제는 어떤 방식으로 성장하는가, 그런 성장촉진책이 고용을 충분히 유발할 것인가, 그런 성장촉진책이 고용을 억제하는 다른 요소는 없는가, 그런 성장촉진책이 과연 유효한가, 그런 성장촉진책이 경제불안정 등 다른 부작용을 야기시켜서 고용을 다른 차원에서 위축시킬 가능성은 없는가 등이다. 저자는 이런 문제를 비교적 다각도에서 접근하였고 그 결론은 상당히 부정적인 것처럼 보인다. 즉, 저자는 성장이 고용을 자동적으로 유발한다는 믿음을 새로운 경제상황에서 상당히 설득력이 떨어질 수밖에 없으며 단기적 성장확대 정책은 그것 자체로 장기적 성장을 위해서는 크게 바람직하지 않을 뿐만 아니라 경제불안정을 야기하는 등 다른 부작용도 크다고 보았다. 성장일변도의 경제정책을 추구하는 것처럼 보이는 현 정부의 경제정책 방향 설립에 저자의 논문이 커다란 경종이 되기를 바란다.

이주선 박사의 논문은 또 다른 신화에 근거하고 있는 것처럼 보인다. 중소기업의 고용은 중소기업이 잘 되어야 하고, 중소기업이 잘 되려면 대기업이 잘 되어야 하고, 대기업이 잘 되려면 각종 규제가 완화되어야 한다. 그래서 규제완화가 필요하다는 것이다. 이주선 박사는 이런 기본 논리하에 대기업들이 불편해하는 각종 규제를 분야와 무관하게 망라하면서 이런 다양한 분야의 규제완화가 궁극적으로 중소기업의 고용을 증가시킬 것처럼 주장하였다. 그 결과 은행을 살만한 여력이 있는 중소기업은 거의 존재하지 않음에도 불구하고 대기업들이 은행을 살 수 있다면 중소기업의 고용이 증가한다는 매우 취약한 논리적 연쇄를 만들어 내게 되었다. 또 과연 대기업이 잘 될 경우 중소기업이 언제나 고용을 늘릴 것이라는 논리에도 의문이 제기될 수 있다. 예를 들어 대기업이 중소기업의 이익을 쥐어짜서 자신의 이익을 증가시키는 경우 대기업은 살찌지만 중소기업이나 그 근로자는 매우 큰 고통을 겪을 수도 있기 때문이다. 보다 더 논의의 주제를 한정하고 분석의 깊이를 더한다면 훨씬 더 훌륭한 논문이 될 것으로 기대한다.

제2절 중소기업의 일자리 창출 방안*

• 요 약 •

한국의 기업정책은 중소기업이 대기업으로 성장하도록 유인하지 못하고 오히려 성장을 억제하는 역할을 수행하여 '좋은 일자리'(decent job) 창출에 기여하지 못할 수 있음을 밝히고 이를 통해 정책대안을 제시하고자 하는 것이 본 연구의 시발점이다.

한국의 기업정책은 첫째, 보호위주의 중소기업 정책 둘째, 규제 위주의 대기업 정책으로 양분되어 있다. 중소기업의 범주에 속한 기업들이 해당 범주를 벗어날 경우, 자금과 투자, 기술, 판매, 입지 등 여러 규제에 직면하게 되기 때문에 해당 범주에 안주하고 더 이상의 성장을 제어할 확률이 높아진다. 실제로 이러한 현상이 일어나고 있는지를 과거 데이터를 활용하여 살펴보았다.

최근 12년간의 제조업 사업체수 및 종사자수 변화를 활용하여 살펴본 바 200인 미만의 중소기업의 사업체수는 큰 폭으로 증가하였다. 특히 5인 미만의 소규모 기업의 증가율은 47.3%에 달하였다. 이에 반하여 300인 이상의 규모에 속한 사업체의 증가율은 오히려 음(−)의 값을 갖고 있었다. 이를 통해 300인 이상의 대기업에 속한 사업체가 지속적인 아웃소싱을 통해 중소기업의 범주에 속하려는 유인이 있으며 또한 중소기업의 범주에 속한 기업들이 300인 이상의 대기업 규모로의 성장을 주저할 수 있음을 추론해 낼 수 있다.

이러한 성장억제로 인하여 상용직 근로자수는 어떠한 변화를 보였는지 살펴보았다. 최근 12년간 사업체수 변화와 마찬가지로 300인 이상 대기업 규모의 상용직 근로자의 증가율은 음(−)의 값을 갖고 50~200인 사이 규모의 사업체에서의 상용직 근로자 증가율이 높게 나타나고 있다.

업체당 평균 근로자수(상용직) 데이터를 비교하여 본 결과, 최근 12년간 17.54명에서 14.14명으로 변화하였다. 특히 2000년 12월 중소기업 기본법 시행

* 조준모(성균관대학교 경제학과 교수), 황성수(중소기업연구원 책임연구원).

령에 따라 중소기업 범주가 1,000인에서 300인 기준으로 낮아짐에 따라 2001년(14.08명)과 2002년(13.84명)의 평균근로자수는 크게 떨어졌다.

주요 국가의 기업규모별 기업체 수 비중과 해당 기업 규모에 종사하는 근로자 비중을 동시에 고려한 결과에서도 기업들이 일정 규모 이상으로의 성장을 억제하여 50인 이상의 기업체 비중은 매우 낮은 데 비하여 해당 규모의 근로자 비중은 비교국가 보다 매우 높음을 알 수 있다.

'지식·기술집약적, 노동절약적' 산업구조로의 변화는 세계적인 조류이며 이와 맞물려 기업 경영은 극도의 효율성 추구를 통한 아웃소싱 전략 등으로 '고용 없는 성장'(Jobless Growth) 추세가 강화되고 있다. 이에 한국은 물론이고 선진국들도 경제성장과 고용창출의 선순환 구조 확보를 최우선 정책과제로 인식하고 있다. 이러한 인식을 기초로 하여 세계 각국은 중소기업을 국가 경제성장 동인으로 인식하고 정책을 추진하고 있다. 특히 창업기업 및 혁신형 기업을 중심으로 지속적인 고용성장을 이룰 수 있는 방향으로 정책예산을 편성하고 있다. 한국도 대·중소기업간의 분류를 바탕으로 한정된 예산을 중소기업에 지원하며 한편으로는 각종 규제 대상의 예외로 규정지으면서 중소기업의 지속적인 성장을 독려하고 있다.

그러나 앞서의 대·중소기업간 정책적 분류와 지원체계로 인해 우수 중견기업으로 더 나아가 대기업으로 성장할 수 있는 기업들이 비정규직 비중을 높이고 또는 사내하청 등의 비정상적인 아웃소싱에 힘을 쏟아 지속적으로 중소기업 범주 내에 머무르거나 계열 및 공정분리를 통하여 여러 개의 중소기업으로 분할되어 중견기업으로의 성장을 기대하기 어려운 실정이다.

이러한 정책실패를 치유하기 위하여 중소기업의 범위 설정 및 운용방안에 대한 개선안을 제시하고 이와 맞물려 지속적 성장을 견인할 수 있도록 성장단계별로 유기적인 중소기업 정책 개선안을 피력하였다.

OECD 및 주요 선진국뿐만 아니라 한국에서도 중소기업은 일자리 창출의 보고로 인지되고 있으며, 한편으로는 고용성장의 커다란 축으로 인식되고 있다. 최근 12년간 고용성장이 제조업 평균보다 높은 10개의 업종의 제조업을 대상으로 분석하여 본 결과, 300인 이상의 상용직 근로자수는 1994년 638,750명에서 2005년 546,105명으로 −14.5%의 증가율인 반면에 300인 미만의 상용직 근로자수는 1994년 1,007,367명에서 2005년 1,290,460명으로 28.1% 증가율을 보였다. 서비스업을 포함한 전 산업을 고려하면 위의 폭보다 더욱 크게 중소기업이 일자리 창출에 기여하고 있는 것으로 나타날 것이다. 하지만 이러한 중소기업의 일자리 창출이 건강하다고 판정하여서는 곤란하다. 생산성 증가가 동반되지 않는 '성장없는 고용'은 고용의 질 측면에서 저부가가치를 나타내고 노동시장의 양극화를 가속시킬 것이며 또한 추가 고용성장의 여력도 둔화될 것이다. 이러한 문제의식을 기초로 본 연구의 부록에는 고용구조의 변화와 성장구조의 변화의 상관관계를 규명함으로써 '바람직한 일자리' 창출을 위한 중소기업 지원 정책의 방향을 찾고자 시도하였다.

이질적인 두 개의 데이터를 연계하여 분석하는 모델을 활용하여 한국노동연구원의 사업체패널 데이터와 통계청의 서비스업총조사, 산업총조사의 자료를 활용하였다. 통계청의 데이터를 업종별(16개)·규모별(4개)로 총 64개의 cell로 구성하여 사업체패널 데이터의 종속변수로 사용하였다. 이를 통해 생산성 증대를 이끌어 내는 주요한 변인이 무엇이고 고용증가를 이끌어내는 주요 변인, 생산성과 고용을 동시에 끌어올리는 데 요소가 무엇인지 식별하고자 하였다. 이러한 탐색을 통하여 확보된 내용을 소재로 '바람직한 일자리'창출을 위한 중소기업 지원정책의 방향을 제언하였다. 분석결과, 기업의 노사관계가 협력적일수록, 기술혁신성향이 높을수록, 보상을 통한 인사관리와 교육훈련을 통한 인적자원개발이 보다 잘 이루어질수록, 아웃소싱을 남용하지 않고 적절한 수준으로 활용할수록, 생산성 제고가 가능함을 파악할 수 있었다. 또한 제품경쟁력이 높을수록 기업의 추가고용이 이루어지고 있음을 파악하였다.

파악된 결과를 바탕으로 기업은 노사간의 화합을 기초로 하여 보다 혁신지향적인 전략을 구축하고 합당한 보상이 포함된 인사관리시스템, 체계적인 인적자원개발과 적절한 수준의 아웃소싱은 1인당 부가가치로 계측된 근로자 생산성을 높임을 확인할 수 있었다. 그러나 적절한 수준의 아웃소싱은 기업에 필요한 전략이지만 남용할 경우 기업생산성을 반감시킬 가능성도 나타난다. 또한 기업의 HRM, HRD 전략도 생산성 제고에는 기여하지만 고용창출에 기여도가 미비한 것으로 나타나서 기업의 미래 성장동력을 확보하기 위해 고용친화적 재설계가 필요하리라 판단된다. 이를 위해서는 기업의 긴호흡 경영이 필요하며, 정부도 기업의 고용창출에 영향을 미치는 각종 투자에는 조세 및 지원제도 운영에 기업유인을 제공하는 방향으로 조정할 수 있다. 결국 이러한 변화를 추구하는 중소·중견기업의 팽창은 그 자체가 국가 성장동력이며 동시에 '좋은 일자리' 창출의 중심축으로 기능할 것이다.

Ⅰ. 연구 배경, 개요, 목적 및 방법론

1. 모래시계형 국내 산업구조

노동시장 양극화의 한 단면으로 중소기업체수는 증가하고 있으나 대기업들의 숫자는 지속적으로 감소하고 있다. 또한 일자리 측면에서도 300인 미만 사업체의 일자리가 증가한 반면 300인 이상 사업체의 일자리는 크게 감소하였다. 이러한 산업구조적인 취약점이 제기되어 최근 중소기업의 활성화를 위한 논의가 활발하게 이루어지고 있다.

외환위기 이전에 좋은 일자리는 대기업에서 주로 이루어져 왔다. 이는 80년대 이전부터 진행되어온 수출제조 중심의 불균형성장의 결과 대기업이 좋은 일자리 창출의 보고였던 것이 틀림없다. 그러나 외환위기 이후로 접어들면서 기업들의 생산방식이 세계화되고 인건비 경쟁력이 있는 부문으로 생산기지를 옮기는 대기업들이 많아지면서 제조 대기업이 좋은 일자리 창출 기능이 약화되는 측면이 강하다. 그렇다고 소기업들이 좋은 일자리 창출을 할 수 있는가? 외환위기 이후 채산성이 낮은 하도급이 만연되고 내수부진으로 소기업들은 영세성을 면하기 어려운 실정에서 좋은 일자리 창출을 위한 최소한의 채산성마저 결여된 경우가 많다. 이러한 소기업에서는 정규직과 비정규직의 실질적 구분이 의미가 없으며 단기적 기업생존에 급급하다보니 근로자의 장기 숙련형성에 고민할 여유가 없게 된다. 이렇게 노동시장의 일자리 창출 패러다임이 변화되어 가는데도 우리의 중소기업 정책은 구태의연한 측면이 강해 좋은 일자리 창출의 인프라로서 적절히 기능하지 못하고 있다.

본 연구의 문제의식은 기업들을 대기업-중소기업으로 분류해서는 좋은 일자리 창출을 위한 중소기업정책이 될 수 없고 대기업-중견기업-중소기업으로 나누어 성장단계별 유연지원제도를 구축하되 중견기업 육성으로 정책초점이 변화되어야 산업정책이 좋은 일자리 창출에 기여할 수 있다는 점을 강조하고자 한다. 중견기업의 정의는 학자에 따라 다를 수가 있음에도 본고에서 어느 정도의 채산성을 확보하고 숙련이라는 측면을 고려하여 경영의 시평선이 충분히 길어 대기업으로 성장할 잠재력이 있는 기업을 의미한다. 이러한 기업들의 층이 매우 연약한 산업구조를 본고에서는 모래시계형 산업구조라 칭하고자 한다. 이에 반대되는 산업구조는 비이커형 내지는 항아리형 산업구조이다. 이러한 산업구조하에서는 경제 미드필더인 중견기업이 두터워서 외환 혹은 유가 등 거시경제충격에도 내구성이 강하여 자본시장 혹은 재화시장의 충격이 노동시장에 직격탄을 날릴 가능성은 그만큼 줄어들게 된다. 중견기업이 왜소한 상태에서는 이직과 전직을 거듭하는 근로자층이 늘어나서 직업훈련 등 사회안전망 운영이 비용--비효율적이 될 수밖에 없다. 이러한 산업구조를 가지고는 노동복지로 수많은 재원을 쏟아 부어도 재원의 낭비가 이루어질 수밖에 없으며 거시충격이 가해지면 체질이 허약한 경제구조로 전락할 수밖에 없다.

외환위기 이후 우리나라의 비정규직 문제가 화두가 되고 있다. 비정규직에도 대기업 비정규직은 성골, 소기업 비정규직은 진골이라 하듯이, 비정규직은 사실 소기업에 집중분포하고 있다. 그럼에도 불구하고 힘이 강한 노조의 후원을 받고 있는 대기업 비정규직만이 언론에 보도되고 있는 것에 비추어볼 때 비정규직 문제를 주목하는 데도 대표성 편의문제가 야기되고 있는 실정임을 알 수 있다. 그렇다면 소기업 비정규직 문제의 핵심은 무엇인가? 바로 소기업의 영세성과 그로 말미암아 발생한 초단기경영이 문제의 핵심이다. 정부정책은 이들에 대해서 천수답식으로 간간한 일회성 지원의 단비만을 뿌려주었지 문제의 근원을 해결하고 중견기업으로 성장하기 위한 process지원, knowhow지원, M&A활성화, 고용영향평가를 통한 규제예외기업선정 등 핵심고용창출 정책에는 등한시한 측면이 있다. 비정규직 문제가 중요하다면서 법으로 문제해결을 한 측면이 있고 일자리 창출이 중요하다면서 좋은 일자라 창출의 핵심정책이 산업정책의 골간을 정립하지 못한 측면이 강하다.

우리나라 중견기업의 좋은 일자리 창출 능력을 실증적으로 살펴본다면 외국에 비해서도 일정규모 이상의 기업군이 크게 부족한 것으로 나타났는데 종업원 300~999명 기업의 비중은 미국이 0.9%, 한국이 0.4%이며, 1,000명 이상은 미국이 0.4%, 한국이 0.1%에 불과하다.

외환위기 이후로 생계형 창업 등 소규모 기업의 창업은 활발하지만 이들이 중규모 이상의 기업으로 성장하기에는 너무나 많은 제약요인에 가로막혀 있다. 중소기업들의 경쟁력과 생존율이 낮기 때문에 규모가 큰 기업으로 성장하는 것이 극히 어려운 상태이며, 또한 글로벌 경쟁 격화, 성장분야 고갈, 척박한 기업여건 등으로 인해 기업성장이 더욱 어려워지고 있는 것이 현실이다.

따라서 소기업과 대기업을 연결하는 중견기업군의 양적/질적 성장이 좋은 일자리 창출의 중요한 축이 될 것이다.

2. 중소기업의 일자리 창출 실태

'지식 · 기술집약적, 노동절약적' 산업구조로의 변화는 세계적인 조류이며 이와 맞물려 기업 경영은 극도의 효율성 추구를 통한 아웃소싱 전략 등으로 '고용없는 성장' 추세가 강화되고 있다. 이에 선진국들은 경제성장과 고용 창출의 선순환구조의 확보를 최우선 정책과제로 인식하고 있다.

한편 우리 경제는 '고용 없는 성장'(Jobless Growth)이 현실화되면서 이와 더불어 성장동력이 약화되어 '성장 없는 고용' 구조를 갖게 되는 이중고를 겪고 있다. 외환위기 이후 대기업은 경영합리화, 구조조정 등으로 고용을 축소하는 추세에 있는 반면에 중소기업은 신규 창업 등을 통해 상대적으로 고용을 확대하면서 일자리 창출에 크게 기여하고 있는 것으로 나타났다.

실제로 고용성장이 제조업 평균보다 높게 시현된 10개 업종의 제조업을 대상으로 분석하여 본 결과, 300인 미만의 상용직 근로자수는 1994년 1,007,367명에서 2005년 1,290,460명으로 28.1%의 증가율로 일자리 창출에 기여하는 것으로 나타났다. 반면에 300인 이상의 상용직 근로자수는 1994년 638,759명에서 2005년 546,105명으로 −14.5%의 증가율로 대기업이 일자리 창출에 기여하지 못하고 있음을 보였다.

〈표 4-2-1〉은 상용직 근로자뿐만 아니라 임시직 일용직 등을 모두 포함한 월평균근로자수 개념을 활용하여 종사자 비중변화와 부가가치 변화를 살펴본 것이다. 물론 데이터의 한계로 건설업, 광업 및 1~4인 규모의 제조업이 배제

〈표 4-2-1〉 규모별 주요 고용 및 생산성 지표 (단위: 구간증가율, %)

	종사자 비중		부가가치비중		1인당 부가가치 (백만원)		종사자 증가율	1인당 부가가치 증가율
	2001	2005	2001	2005	2001	2005	2001~2005	2001~2005
전 체	100.0	100.0	100.0	100.0	46.4	54.5	11.9	17.6
100인 미만	79.6	79.2	55.9	55.5	32.6	38.2	11.3	17.4
200인 미만	5.8	6.2	8.5	9.2	67.8	80.9	19.7	19.2
300인 미만	2.9	3.2	4.9	5.4	79.4	93.7	22.7	18.0
300인 이상	11.7	11.4	30.5	29.7	121.3	142.0	9.2	17.1
제 조 업	24.7	23.9	44.3	47.7	83.0	108.7	8.2	31.0
서비스업	75.3	76.1	55.7	52.3	34.3	37.5	13.0	9.1

주: 서비스업의 부가가치는 매출액에서 중간투입액(사업경비－인건비－임차료－감가상각－세금공과금)을 차감한 것임.
자료: 통계청, 산업총조사 및 서비스업 총조사 2001, 2005(KOSIS 제공자료 가공).

된 상태에서 계산한 것이기에 대표성에 일정한 제약이 있음에 주의하여야 한다. 여기서도 300인 미만의 종사자 증가율이 300인 이상의 경우 보다 높고 제조업의 고용증가율보다는 서비스업의 고용증가율이 매우 높게 나타나고 있음을 알 수 있었다. 또한 1인당 부가가치의 증가율이 제조업과 달리 서비스업은 크게 신장하지 못하고 있어 재정건전성이 뒷받침된 고용증대가 이루어졌다고 평가하기 어렵다.

따라서 적정한 중견기업으로의 성장을 위한 정책, 대기업으로의 성장을 유인할 수 있는 중견기업화 정책이 ‘좋은 일자리(decent job)’ 창출 및 산업구조의 변화를 통한 국가 성장동력의 주된 동인으로 작용할 수 있을 것이다.

3. 연구 개요

세계 각국은 중소기업을 국가 경제의 성장 동인으로 인식하고 정책을 추진하고 있다. 특히 창업기업 및 혁신형 기업을 중심으로 지속적인 고용성장을 이룰 수 있는 방향으로 정책예산을 편성하고 있다. 우리나라도 대·중소기업간의 분류를 바탕으로 한정된 예산을 중소기업에 지원하며 한편으로는 각종 규제 대상의 예외로 규정지으면서 중소기업의 지속적인 성장을 독려하고 있다.

그러나 이러한 정책적 분류로 인해 또 다른 정책실패, 즉 우수 중견기업으로 더 나아가 대기업으로 성장할 수 있는 기업들이 비정규직 비중을 높이고 또는 사내하청 등의 비정상적인 아웃소싱(사내하청기업의 양산)에 힘을 쏟아 지속적으로 중소기업의 범주 내에 머무르거나 계열 및 공정분리를 통하여 여러 개의 중소기업으로 나누어지고 있다.

그러나 대·중소기업 분류를 통해 중소기업의 성장을 지속적으로 지원하려는 중소기업 정책 목표가 오히려 잠재적으로 기업의 성장을 가로막고 좋은 일자리(decent job) 창출을 저해하고 비정규직화, 아웃소싱을 통한 중소기업 슬림화의 원인으로 작용할 수 있다. 본고는 현재상황에 대한 실증적 평가를 하고자 한다.

또한 업종별 고용증가율 및 생산성(인당부가가치)증가율을 비교하여 향후 고용과 성장가능성(생산성 증가: 고부가가치화, 수익성개선) 확대의 동시 달성방안을 모색하고자 하였다.[1)]

4. 연구의 목적 및 방법론

1) 연구 목적

중소기업 범위 기준으로 인해 대기업 사업체수와 중소기업 사업체수, 상용직 종사자수 분포와의 상관성 검토를 통해 중소기업 범위 기준의 개선 방안과 실제 운용에 대한 방법론을 제기하여 중견기업 육성정책을 이끌어내고자 한다.

중소기업의 성장이 고용창출에 미치는 영향을 분석하고 이와 관련하여 성장과 고용의 비교를 통해 좋은 일자리 창출을 위한 정책방안을 제언하고자 한다.

2) 연구 방법론

OECD 및 주요 국가의 중소기업 범위 기준 변화 등에 대한 검토, 중소기업의 지속적인 성장으로 중견기업화 함으로써 좋은 일자리(decent job) 창출에 기여하는가에 대한 국내외 사례연구를 수행하였다.

과거 12년(1994년 말 기준으로부터 2005년 말 기준까지 통계청의 사업체기초통계조사를 활용) 사이의 업종별·규모별·종사상 지위별 분포가 어떠한 변화 양태를

1) 부록 참조.

띄고 있는지 그림을 통하여 비교·분석하였다.

중소기업 범위의 제도적 기준이 실제 중소기업 수와 고용분포간에 내생적으로 영향을 미치는가에 대한 분석을 시도하였으나 중소기업의 범위 기준이 세부 업종별로 이질적인 서비스업의 경우 규모와 고용분포간에 관계를 선명하게 분석해 내기가 어렵다. 이런 자료상 제약으로 말미암아 중소기업 범위 기준이 일관되고 보편적으로 적용 가능한 제조업만을 대상으로 분석하였다. 또한 본 연구에서 고용창출을 위한 산업정책을 식별한다는 본래 취지에 걸맞도록 고용성장이 제조업 평균보다 높게 시현된 10개의 업종(2digit로 23개 업종 중에서)에 대하여 분석을 시도하였다.

위의 분석과는 별개로 2001년과 2005년의 업종별 주요 고용 및 생산성 지표와 노동연구원의 사업체 패널 데이터를 연결·분석하여 향후 우리 경제의 고용과 성장의 주된 동력을 식별해 내고자 하였다.[2)]

Ⅱ. 중소기업 성장과정 및 각국 중소기업 범위기준 및 현황 비교

1. 중소기업 성장과정

중소기업의 성장 과정을 간단히 살펴보면, 한국의 경제발전이 본격적으로 시작된 1960년대 중반부터 1970년 중반까지 개발 연대 초기의 산업화 과정에서는 대기업 부문의 성장은 급속히 진전된 반면에 중소기업의 활동은 상대적으로 정체되었다.

중소기업이 성장세를 나타내기 시작한 것은 1970년대 중반부터 중화학공업화가 추진되면서 대기업들은 완성품을 조립생산하고 중소기업들은 부품을 생산, 공급하는 형태로 분업체계가 형성되면서부터이다. 부품의 수입대체가 정책적으로 추진되면서 중화학공업화의 초기단계에서는 대기업이 소요 부품을 자체생산하는 형태가 지배적이었지만 수출이 확대되는 80년대 들어와서는 소요부품

2) 부록 참조.

의 도급생산이 늘어나기 시작하였다. 이에 힘입어 하도급 중소기업들을 중심으로 중소기업 부문의 성장이 전반적으로 상승하기 시작하여, 수급기업이 전체 중소기업에서 차지하는 비중은 1980년대 급증하여 1991년에 최고치인 73.6%에 이르렀다가 그 이후 점차 감소하였으나 여전히 50%를 넘고 있다.

중소기업의 성장과 발전이 있었으나 경제의 자유화가 본격적으로 진행된 1980년대 후반 3저 호황 이후 대기업과 중소기업의 생산성과 수익성 격차가 벌어지고 있었으며, 이와 같은 현상은 경제의 자유화·개방화와 더불어 80년대 후반에 있었던 임금의 급속한 상승으로 경공업 부문을 중심으로 중소기업의 경쟁력이 크게 약화된 데서 기인하였다.

그 결과 저임금활용을 목적으로 한 중소기업의 해외직접투자가 크게 확대되기 시작하였고 구조전환을 시도한 중소기업 중에서 실패한 기업의 부도 또한 크게 늘어났다.

전통적인 제조업에서 대기업과 중소기업의 격차가 벌어지고 있지만, 정보통신기술의 발달, 소비자 욕구의 다양화, 다품종 소량생산을 가능케 한 기술의 발전, 부품의 전문화와 세계화 등은 중소기업이 비교우위를 점할 수 있는 부문의 확대로 이어지기도 하였다.

정보화의 진전은 기업의 거래비용을 획기적으로 감소시키는 요인으로 작용하여 기업의 거래비용 절감을 목적으로 시행해 왔던 수직적 통합과 이에 따른 기업규모의 확대라는 발전패턴에서 벗어나 외부조달(outsourcing)이나 전략적 제휴 등을 선호하는 방향으로 전환하는 계기르 작용하였다.

우리나라 중소기업의 발전과정에서 중시해야 할 다른 측면은 기술·지식집약적인 중소기업의 출현이다. 컴퓨터 및 정보통신기술의 발전과 더불어 80년대 중반을 전후하여 출현하기 시작한 이들 중소기업은 90년대 들어와 빠르게 확산되었다. 그러나 우리나라 중소기업이 진출한 부문은 새로운 기업의 진입으로

〈표 4-2-2〉 제조업의 수급 중소기업 비율

(단위: %)

	1980	1987	1991	1998	2001	2004
비율	30.0	48.5	73.6	66.0	66.2	61.2

자료: 중소기업청, 각년도 「중소기업실태조사」.

〈표 4-2-3〉 광업과 제조업의 중소기업 성장(1963~2004) (단위: 개, 천 명, 10억원, %)

		1963	1975	1985	1995	2004
사업체수	중소기업	18,033 (98.7)	21,914 (96.2)	42,950 (97.5)	95,285 (99.0)	113,215 (99.4)
	대기업	237 (1.3)	873 (3.8)	1,087 (2.5)	917 (1.7)	705 (0.6)
	계	18,270 (100.0)	22,787 (100.0)	44,037 (100.0)	96,202 (100.0)	113,920 (100.0)
종업원수	중소기업	267 (66.4)	649 (45.7)	1,368 (56.1)	2,034 (68.9)	2,132 (75.8)
	대기업	135 (33.6)	771 (54.3)	1,070 (43.9)	918 (31.1)	681 (24.2)
	계	402 (100.0)	1,420 (100.0)	2,438 (100.0)	2,952 (100.0)	2,813 (100.0)
생산액	중소기업	–	2,509 (30.7)	27,304 (35.4)	169,786 (46.5)	387,150 (48.9)
	대기업	–	5,661 (69.3)	49,729 (64.6)	195,035 (53.5)	403,731 (51.1)
	계	–	8,170 (100.0)	77,033 (100.0)	364,821 (100.0)	790,881 (100.0)
부가가치액	중소기업	32,490 (52.8)	896 (31.7)	10,059 (37.6)	73,807 (46.3)	150,995 (49.8)
	대기업	29,044 (47.2)	1,932 (68.3)	16,677 (62.4)	85,640 (53.7)	152,317 (50.2)
	계	61,534 (100.0)	2,828 (100.0)	26,736 (100.0)	159,447 (100.0)	303,312 (100.0)

자료: 통계청, 광업·제조업통계조사보고서, 각년도.

경쟁이 치열한 것이 일반적이어서 결국 중소기업 부문은 대체로 저생산성, 저임금, 열악한 근로조건, 경영 불안정성을 보이고 있다. 따라서 여전히 경제의 취약한 부문으로 존재하고 있다.

이상에서 살펴보았듯이 우리나라 중소기업은 국내의 하도급거래 확대를 기반으로 80년대에 빠른 성장을 시현하였으며, 90년대 들어와서부터는 국제화, 특히 해외투자를 활발히 전개하였고, 외환위기 이후 IT산업을 중심으로 벤처기업이 빠른 성장세를 보이고 있었으며 최근에는 지식에 기반을 둔 서비스중소기업의 발전도 빠르게 늘고 있는데, 특히 사업서비스업의 경우가 더욱 두드러졌다.

중소기업의 성장을 보다 명확히 알기 위하여 실증자료를 통해 좀더 살펴볼 필요가 있다. 중소기업에 대하여 먼 과거부터 정리된 통계 자료가 존재하지 않으며 현재 가용한 통계는 제조업 사업체에 대한 통계자료(〈표 4-2-3〉)이다.

이를 이용하여 중소기업 수, 종사자, 부가가치 등이 어떻게 변화하여 왔는가를 살펴보면 제조업에서 사업체 기준으로 중소기업이 전체 부가가치 중에서 차지하는 비중이 1975년 31.7%에 불과하였으나, 1985년 37.6%, 1995년에 46.3%, 2004년에는 49.8%로 확대되었다.[3)]

종업원 고용면에 있어서도 중소기업의 비중이 증가하여 1975년의 45.7%에서 2004년에는 75.8%로 중소기업 비중이 늘었다.

여기서 주목하여야 할 것은 상대적인 비중의 증가뿐만 아니라 절대적인 중소기업 수와 종사자의 증가로, 5인 이상 광업과 제조업의 중소기업 수는 1963년의 18,000여 개에서 1975년 대략적으로 22,000 개로 별로 증가하지 않았으나 그 이후 1995년까지 10년에 두 배씩 증가하였다. 1995년부터 2004년까지는 20% 정도 증가하여 2004년에 제조업 5인 이상 중소기업 규모 사업체 수가 11만3천여 개로 증가하였다.

중소기업 종사자도 중소기업 규모 사업체 수와는 달리 1963년부터 1975년 사이에도 많이 증가하여, 1963년 26만 9천 명에서 2004년에는 213만 2천 명으로 증가하였다.

2. 각국 중소기업 범위 기준 비교를 통한 함의

미국 중소기업 범위 기준에서 나타난 특징에서 찾아낸 함의는, 첫째로 범위 기준으로 일반적으로 사용될 수 있는 것은 종사자수임에 틀림없으며, 둘째는 이러한 종사자수 기준이 업종별로 달리 나타나기에 필요충분조건은 될 수 없다는 점이다.

일본과 대만의 경우는 우리와 유사한 구조의 택일주의를 원칙으로 하고 있다. 따라서 종사자수가 10,000명이 넘더라도 중소기업에 포함될 자본금 조건에 만족한다면 중소기업에 포함되는 경우가 발생할 수 있게 되어 본질적으로 이를

---

3) 구할 수 있는 장기적인 시계열 자료는 사업체 기준의 통계밖에 없어서 사업체 자료를 사용한다.

〈표 4-2-4〉 주요국의 중소기업 범위 기준

<table>
<tr><th rowspan="2">국가
범위
기준
산업구분</th><th>미국(단일)</th><th>한국(택일)</th><th>일본(택일)</th><th>대만(택일)</th><th>EU</th></tr>
<tr><th>매출액,
종사자수</th><th>매출액, 자본금, 종사자수</th><th>자본금, 종사자수</th><th>매출액,
자본금,
종사자수</th><th>종자사수
매출액,
자본금</th></tr>
<tr><td>농림어업</td><td>75만~600만 달러</td><td rowspan="2">200억원(賣) 이하, 200인 미만</td><td rowspan="5">제조업/건설업/기타: 3억엔(資) 이하 또는 300인 이하</td><td rowspan="2">1억NT$ (賣) 미만 또는 50인 미만</td><td rowspan="18">(종사자 수 기준충족후, 매출액 및 자본금 중 택일)

250인 미만이면서 5천만 유로(賣) 또는 4,300만 유로(資)</td></tr>
<tr><td>전기수도 가스</td><td>4백만MWh, 500인,
600만~1050만 달러</td></tr>
<tr><td>광 업</td><td>600만 달러, 500인</td><td rowspan="2">30억원(資) 이하, 300인 미만</td><td rowspan="3">8천만 NT$(資) 미만 또는 200인 미만</td></tr>
<tr><td>건 설 업</td><td>600만~2850만 달러</td></tr>
<tr><td>제 조 업</td><td>500~1500인</td><td>80억원(資) 이하 또는 300인 미만</td></tr>
<tr><td>도 매 업</td><td>100인</td><td>100억원(賣) 이하, 100인 미만</td><td>1억엔(資) 이하 또는 100인 이하</td><td rowspan="13">1억NT$ (賣) 미만 또는 50인 미만</td></tr>
<tr><td>소 매 업</td><td>600만~2450만 달러</td><td>대형종합소매업:
300억원(賣) 이하, 300인 미만
나머지: 50인 미만,
50억원(賣) 이하</td><td>5천만엔(資) 이하 또는 50인 이하</td></tr>
<tr><td>교 통</td><td>600만~2900만 달러,
500~1500인</td><td>30억원(資) 이하, 300인 미만</td><td>3억엔(資) 이하 또는 300인 이하</td></tr>
<tr><td>정 보</td><td>600만~2500만 달러,
500~1500인</td><td>정보처리: 300억원(賣) 이하, 300인 미만</td><td rowspan="2">3억엔(資) 이하 또는 300인 이하</td></tr>
<tr><td>금융보험</td><td>1.5억달러(資),
600만 달러(賣)</td><td>–</td></tr>
<tr><td>의료 및 사회복지</td><td>600만~2900만 달러</td><td>200억원(賣) 이하, 200인 미만</td><td rowspan="8">서비스업:
5천만엔 (資) 이하 또는 50인 이하</td></tr>
<tr><td>전문과학 기술서비스</td><td>600만~2300만 달러</td><td rowspan="3">100억원(賣) 이하, 100인 미만</td></tr>
<tr><td>기업관리, 사무지원 및 폐기물처리</td><td>600만~3000만 달러</td></tr>
<tr><td>예술, 연예 및 오락</td><td>600만 달러</td></tr>
<tr><td>숙박 음식업</td><td>600만~1750만 달러</td><td>호텔업: 300인 미만
300억원(賣) 이하,
나머지: 50인 미만,
50억원(賣) 이하</td></tr>
<tr><td>부동산 및 임대서비스</td><td>600만~2150만 달러</td><td rowspan="3">50억원(賣) 이하, 50인 미만</td></tr>
<tr><td>교육서비스</td><td>600만~3000만 달러</td></tr>
<tr><td>기타서비스업</td><td>400만~2100만 달러</td></tr>
</table>

주: (賣): 매출액, (資): 자본금.

악용 가능성을 억제할 수 있는 방안이 없다.[4]

범위 기준의 검토대상으로 삼아야 할 가장 좋은 경우는 최근 개정된 유럽연합의 중소기업 기준으로 볼 수 있다. 앞서 미국의 경우에서 얻은 함의에서도 알 수 있듯이 중소기업 범위 기준의 중요한 요소는 '종사자수'임에 틀림없다. 그러나 업종별로 종사자수가 의미하는 바가 다르며 또한 지식기반 경제에 있어 더 이상 규모(종사자)가 대기업과 중소기업을 나누는 필요충분조건일 수 없음은 주지한 바와 같다.

EU의 중소기업 기준안을 예를 들어 설명하면, 종사자수가 40인에 불과한 기업의 매출액이 5,000만 유로를 넘어설 경우, 이는 더 이상 중소기업의 범주에 포함되지 않아야 한다는 기준을 제시하고 있다. 업종별로 종사자수가 의미하는 바가 다르기 때문에 제조업과 서비스업의 종사자수 기준을 일괄적으로 적용할 지, 달리 적용할 지 검토해 보아야 하나 이러한 EU의 중소기업 기준이 주는 함의는 대기업과 중소기업을 나누는 데 있어서 '종사자수 기준' 이외에 함께 고려할 대표적인 기준 요소를 찾아야 한다는 것이며 이를 보조기준으로 사용하여 한국과 일본, 대만이 갖고 있는 택일주의 단점을 보완하고 미국이 갖고 있는 단일주의의 복잡성을 보완하여야 한다는 것이다.

EU의 중소기업 기준에서의 또 다른 특성은 상시근로자뿐만 아니라 기업을 위하여 일하는 자원봉사자, 직업훈련자를 제외한 모든 사람을 포함한다는 것이다.

또한 EU기준의 특징은 연계기업 또는 관련기업(자회사 또는 일정부분 이상의 주식교류)의 종사자수 또는 매출액을 합산하여 해당 중소기업 범주에 속하는지를 판정한다. 이로 인해 분사나 관계사 아웃소싱 등의 도덕적 해이(Moral Hazard)를 막고 있다.

3. 각국 중소기업 현황 비교

국가별 중소기업의 현황을 비교하는데 사용되어지는 통계에 있어서 국가별로 중소기업의 범위 기준이 다르고 또한 해당 통계가 기업체 단위로 일치되지

4) 우리나라의 경우 이러한 경우를 대비하여 종사자수 1,000인을 천정으로 하는 조건(Ceiling Condition)을 활용하고 있다.

않고 있어 분석이 용이하지 않으나, 국가별 비교를 통해 중소기업의 현황을 살펴보면 아래와 같이 기술할 수 있다. 중소기업이 전체 기업 수에서 차지하는 비중은 한국, 미국, 일본, 유럽연합은 99.7~99.8%로 매우 비슷하나 대만은

〈표 4-2-5〉 각국 중소기업 현황 비교

(단위: 천 개, 천 명, %)

		대기업	중소기업	전 체
미국(2000년)	기업체수	59	21,164	21,223
	비 중	0.3	99.7	100.0
	종사자수	66,042	63,593	129,635
	비 중	50.9	49.1	100.0
	기업당종사자	1,119	3	6
일본(2001년)	기업체수	13	4,690	4,703
	비 중	0.3	99.7	100.0
	종사자수	12,676	25,601	38,277
	비 중	33.1	66.9	100.0
	기업당종사자	975	5	8
유럽연합-19 (2003년)	기업체수	40	19,270	19,310
	비 중	0.2	99.8	100.0
	종사자수	42,300	97,420	139,710
	비 중	30.3	69.7	100.0
	기업당종사자	1,058	5	7
대만(2004년)	기업체수	26	1,164	1,190
	비 중	2.2	97.8	100.0
	종사자수	1,238	7,553	9,786
	비 중	12.7	77.2	100.0
	기업당종사자	48	6	8
한국(2005년)	기업체수	2	2,804	2,805
	비 중	0.1	99.9	100.0
	종사자수	1,841	9,287	11,128
	비 중	16.5	83.5	100.0
	기업당종사자	921	3	4

자료: 미국, 일본, 유럽19개국; Observatory of European SMEs 2004.
대만, White Paper on SMEs in Taiwan, 2007.
한국, 중소기업연구원(기업체 기준).

97.8%로 조금 작다. 그러나 미국, 일본, 유럽연합은 비영리법인이나 비법인단체를 포함한 숫자이고 한국과 대만은 비영리법인, 비법인단체와 국가 및 지방자치단체를 포함하지 않았다.

중소기업에 종사하는 종사자가 전체 기업 종사자 중에 차지하는 비중은 한국과 대만이 각각 77.3%, 77.2%로 가장 크고, 일본과 유럽연합이 각각 66.9%, 69.7%로 그 다음으로 크며, 미국은 가장 낮아서 49.1%에 불과하다.

Ⅲ. 좋은 일자리(decent job)의 축소

1. 제조업 변화 추이

OECD 및 주요 선진국뿐만 아니라 우리나라에서도 중소기업은 일자리 창출의 보고로 인지되고 있으며, 한편으로는 고용성장의 커다란 축으로도 인식되고 있다.

이러한 인식이 올바른지 알아보고자, 실제로 고용성장이 일어나고 있는 10

[그림 4-2-1] 최근 12년간 규모별 사업체수 변화율

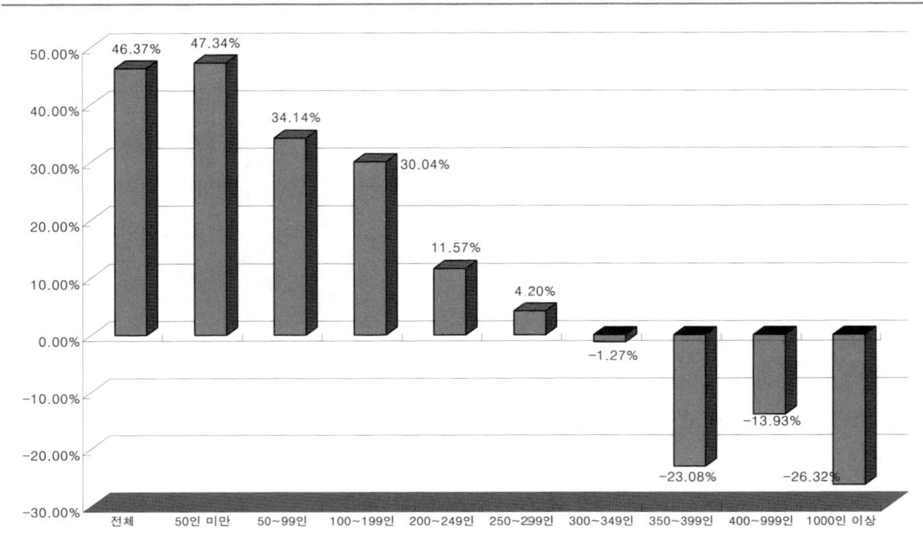

개 제조업 업종에 있어 고용성장의 한 축이 중소기업 여부를 확인하여 보았다.

먼저 [그림 4-2-1]을 통해 1994년 말부터 2005년 말까지의 사업체의 규모별 변화추세를 살펴보았다. 300인 이상의 규모를 가진 사업체는 음(−)의 증가율을 나타내었고 300인 미만의 사업체는 모두 정(+)의 증가율을 나타내었다. 이를 통해 300인 이상의 대기업에 속한 사업체가 지속적인 아웃소싱을 통해 중소기업의 범주에 속하려 하였으며 또한 중소기업의 범주에 속한 기업들이 300인 이상의 대기업 규모로의 성장을 주저할 수 있음을 미루어 짐작할 수 있다.

2. 중소기업 범위설정으로 인한, 제조업 변화 추이(규모별 상용직 근로자수)

사업체 규모별 변화([그림 4-2-1])에서 전체 사업체수 증가율은 46.37%로 나타났으나 전체 상용직근로자수 증가율은 11.57%에 불과하였다. 또한 상용직근로자수의 증가도 300인 이상의 사업체에서는 이루어지지 않았으며 대부분이 200인 미만의 중소기업에서 늘어났음을 확인할 수 있었다.

[그림 4-2-2] 최근 12년간 규모별 상용직근로자수 변화율

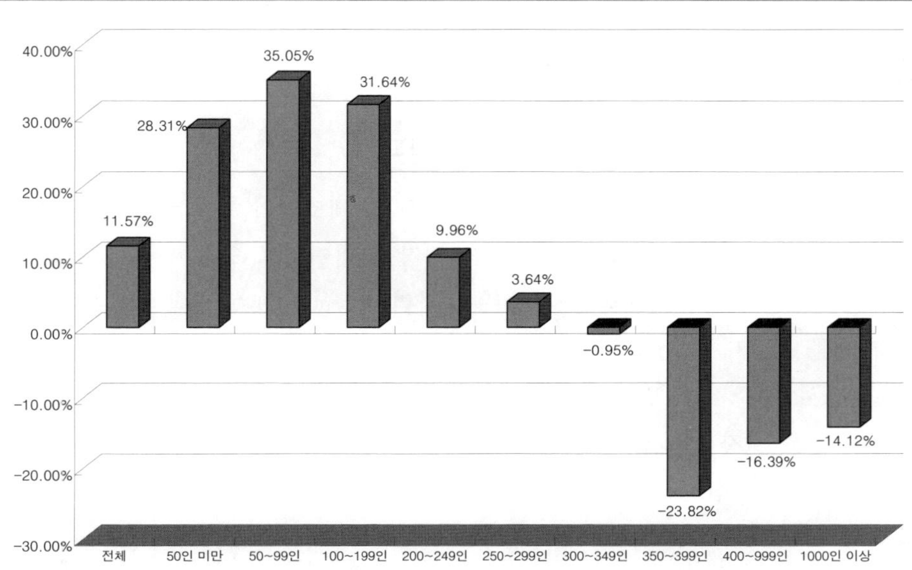

[그림 4-2-3] 최근 12년간 업체당 평균 근로자수(상용직)

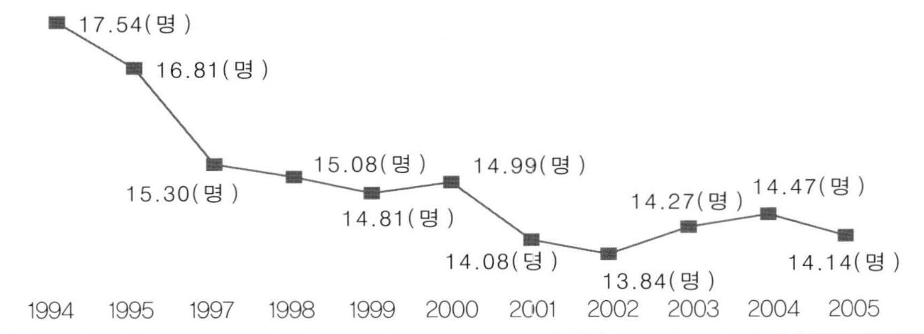

업체당 상용직 근로자수 평균값은 1994년 말 17.54명에서 2005년 말 14.14명으로 낮아졌으며 특히 2000년 12월 중소기업기본법 시행령이 1000인에서 300인 기준으로 낮아짐에 따라 2001년과 2002년 평균근로자수는 크게 떨어졌다. 물론 이러한 원인 이외에도 아웃소싱으로 인한 중소기업의 양적 팽창도 한몫을 하였을 것으로 판단된다.

Ⅳ. 중소기업 범위설정의 대안

1. 중소기업 범위설정에 있어 정책실패

서비스업의 경우는 생계형 창업의 과다[5]가, 제조업의 경우는 사내하청기업의 양산이 전체적으로 중소기업의 양적 성장에 기여하고 있으며 이에 따라 대기업 및 중견기업의 정규직인 괜찮은 일자리(decent job)는 지속적으로 감소하는 추세를 보였다.

따라서 중소기업 범위기준이라는 인위적 설정이 기업의 성장을 가로막고 더불어 좋은 일자리는 감소하는 현상을 야기하고 있음을 파악하였다 .

우리나라의 산업구조는 중간규모의 기업군의 비중이 매우 낮은 전형적인

5) 서비스업의 1인당 부가가치 증가율은 제조업보다 낮음에도 불구하고 고용 증가율은 제조업을 상회하고 있는바 이는 생계형 창업의 과다에 기인할 수 있다는 표현임 〈표 4-2-1〉 참조.

[그림 4-2-4] 국가별 기업규모별 기업체수 비교

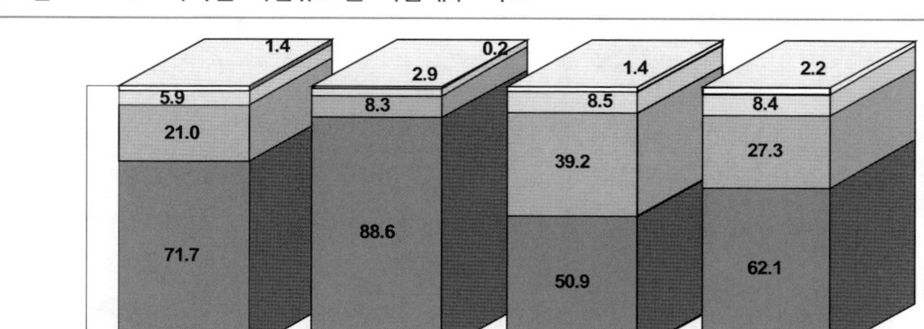

모래시계형 구조로 되어있다. 주요 선진국가[6]는 중간 규모 이상의 기업군 비중이 작지 않은 비이커형의 산업구조를 가지고 있어 경제 양극화 해소와 괜찮은 일자리 창출이 이뤄지고 있다. 또한 이러한 구조는 중소기업에서 성장하여 중견기업 나아가 대기업으로 이어지는 이상적인 산업구조 구축을 가능케 하는 것이다.

위 [그림 4-2-4]를 통해 국가별로 기업규모별 기업체 수를 비교하면 우리나라의 중간규모 기업군의 비중이 턱없이 낮음을 확인할 수 있다(50~249인 규모의 중소기업 비중은 영국 5.9%, 한국 2.9%. 일본 8.5%, 독일 8.4%). 또한 250인 이상의 규모에 속하는 기업의 비중이 외국과의 비교시 상대적으로 매우 낮음을 알 수 있다.

중간 규모 기업군(50~249인)의 기업체 비중(2.9%)을 고려하면서 다음 [그림 4-2-5]를 활용하면, 중간규모 기업군의 종사자 비중(23.2%)이 외국보다 매우 높게 나타나고 있음을 발견할 수 있다(기업체 비중: 종사자 비중, 일본 8.5%: 29.9%, 독일 8.4%: 23.7%).

또한 중간 규모(250인) 이상(편의상 대규모 기업)인 기업체 비중(0.2%)을 고려하면서 [그림 4-2-5]를 활용하면, 대규모 기업군의 종사자 비중(13.3%)이 외국보다 매우 높은 사실을 발견하게 된다. 따라서 국내 중간규모 이상의 기업군

6) 중간규모 250인 이상 기업비중: 독일 2.2%, 영국 1.4%, 일본 1.4%, 한국 0.2%.

[그림 4-2-5] 국가별 기업규모별 종사자수 비교

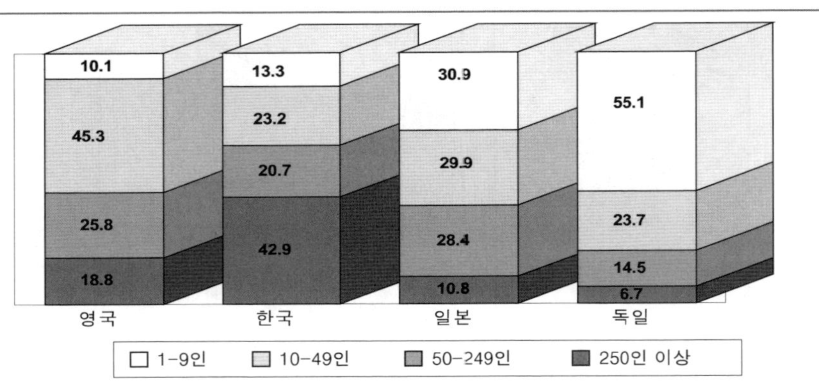

에 속한 개별 업체들의 규모가 외국보다 상대적으로 크지만 그 수가 많지 않음을 알 수 있다.

결국 이러한 통계 결과로부터 유추할 수 있는 사실은 두 가지로 귀결된다. 첫째, 대기업 중심의 개발 경제로부터 소수 대기업이 거대 기업화되었고, 둘째, 일정 규모(예를 들어, 중소기업 기준인 300인 미만) 이상으로의 성장을 억제하고 있는 중간 규모 기업의 비중이 높아진다(중간 규모인 50~249인 범주에서 상위에 속하는 기업의 비중이 외국과 비교할 때 매우 높음).

유추된 사실로부터 현재 국내에서 활용하고 있는 중소기업의 지원기준인 중소기업 범위 산정 기준의 그 필요성이 개진되었으며 이를 통해 성장단계별 지원 정책 역시 개선 필요성이 높아지고 있다.

따라서 범위산정시 관련 기업의 근로자수 및 매출 등을 합산하는 방안, 상시근로자로 한정된 범위산정 기준의 개선, 지속적으로 중소기업에 안주할 수 있도록 계획되어진 중소기업 졸업유예제의 개선이 필요하며 또한 성장단계별로 지속적 성장을 이끌어낼 수 있는 정책 또한 강구되어야 한다. 이와 같은 문제점에 대한 인식을 기초로 정책 개선을 모색하지 않는 한, 현 중소기업 정책은 기업의 정상적인 성장을 저해하는 요인으로 작용할 수 있다.

한편 외국과의 비교 통계는 각국의 경제구조와 여러 특수성으로 현실감이 떨어질 수 있어 보다 직접적인 국내 통계를 활용하여 중소기업 범위 설정에

[그림 4-2-6] 규모별/업종별 사업체수: 모래시계형 구조(제조업 고용성장률 상위 10개 업종)

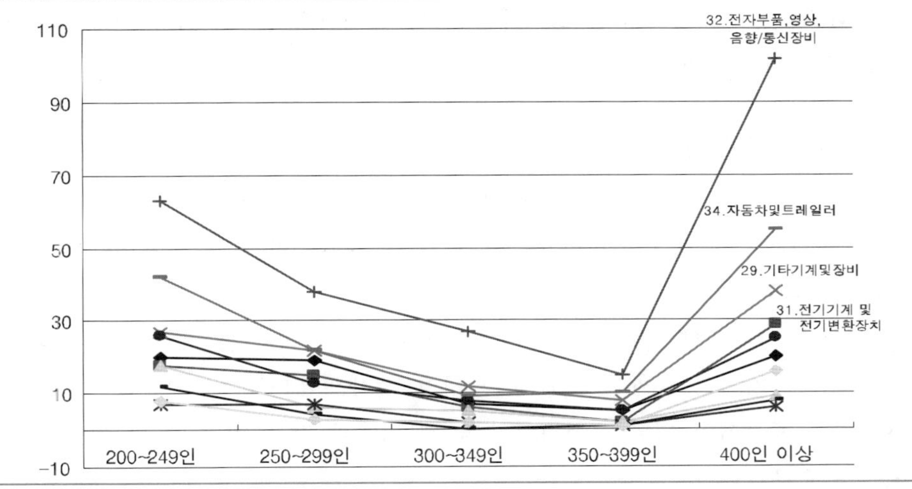

[그림 4-2-7] 규모별 전체 사업체수: 모래시계형 구조(제조업 고용성장률 상위 10개 업종)

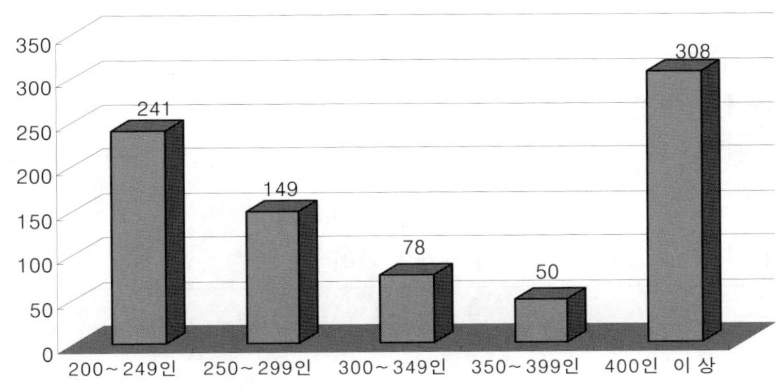

있어서의 정책실패를 찾아보고자 하였다.

2005년 말 시점으로 고용성장을 이루고 있는 상위 10개 업종에 대해 200인 이상 기업구조를 살펴보면 다음과 같이 모래시계형 구조를 띄고 있다. 특히 주목할 만한 사항은 중소기업에서 대기업으로 전환되는 300인에서 399인 사이에 기업수가 매우 작다는 점에 유념할 필요가 있다. 이는 중소기업이 지금과 같은 규제와 지원에서 머무르는 것이 기업의 생존에 직결될 정도로 커다란 역할을 하고 있다는 의미이다. 동시에 이러한 규제완화와 지원이 성장으로의 제약조건으로써 작용하고 있음을 보여주는 것이다.

2. 중소기업 범위 운용방안

현재 정부의 기업정책은 첫째, 보호 위주의 중소기업 정책과 둘째, 규제 위주의 대기업 정책으로 양분되어 있는 실정이다. 이러한 예를 보여주는 것이 아래 〈표 4-2-6〉이다.

이러한 상황에서 중소기업의 범주에서 더 이상 대기업으로의 성장을 유인할 수 있는 정책이 존재하지 않고 오히려 성장을 억제하는 역할을 수행하는 것이 바로 중소기업 범위 규정이다. 따라서 다음과 같은 범위 운용방안을 통해 중견기업으로의 지속적 성장을 추진하여 산업구조를 개선하는 정책이 필요하다.

탈 중소기업을 위한 범위 운용방안이 필요한 이유를 부가적으로 설명하면 인위적으로 나눈 특정기준 — 세부 업종별 개별기업의 자립도, 시장에서의 경쟁정도, 진입장벽 등 — 이 갖는 한계는 엄연히 존재할 수밖에 없으며 이와 동시에 해당 기준에 근접한 기업들 중 배제된 기업과 포함된 기업 간의 정책실패를 최소화하는 방안을 강구하지 않으면 오히려 시장을 왜곡시킬 수 있다는 것이다. 그 결과는 앞서의 그림에서 보듯이 우리나라 산업구조가 갖는 기행성의

〈표 4-2-6〉 중소기업지원과 대기업 규제의 사례

구 분	중소기업 지원	대기업 규제
자 금	-자금지원, 금리우대, 보증특례	-부채비율 200% 제한 -계열사 간 채무보증 제한
투 자	-벤처캐피털, 소상공인 창업지원	-출자총액 제한 -계열사 간 상호출자 제한
기 술	-R&D지출 혹은 증가분에 대한 세 감면 -혁신기업 육성	(증가분에 대해서만 세 감면)
판 매	-공공구매 우선, 홍보·해외진출지원	-독과점 규제, 기업결합 심사
입 지	(200㎡ 이하 시설 제외)	-수도권 공장총량제 적용
기 타	-조세감면, 경영컨설팅 등	-지배구조 등

주: ( )는 인센티브 축소(대기업)나 규제예외(중소기업)를 의미, SERI, 일류중견기업성공요인.

근원이 되기도 하는 것이다.

구체적인 중소기업 범위 운용방안으로 다음의 네 가지 방안을 제시하고자 한다. 첫째, 간접 지원 및 규제 측면에서의 예외 조항의 수정을 들 수 있다. 중소기업의 기준점을 탈피한 기업들은 정부의 정책자금 지원대상에서 제외하되 규제는 중소기업 수준으로 유지하는 방안을 들 수 있다. 이를 통해 과세공제(특히 R&D 투자에 대한 세액공제)나 기술인력의 확보, 수도권 입지 등에서 중소기업의 혜택을 유지시켜 주되 정책자금을 포함한 직접적인 지원 대상에서만 제외하는 방안, 초기창업기업에는 생산요소(inputs)조달 지원을 하되 안정적인 중소기업에는 과정(process) 지원을 하고 규제대상에는 진입하는 등 제도가 성장을 촉진시켜 주도록 연속적 지원-규제 과정으로 재설계되어야 한다.

둘째, 중소기업 졸업유예제의 폐지와 후속조치 운용방안의 수정을 들 수 있다. 현행 중소기업 졸업 유예제(3년)는 유예기간 3년 이내에 특정연도만 중소기업의 범주에 속하면 또 다시 3년의 유예기간을 갖게 되는 비정상적인 유예제도로서 이러한 정책이 바로 우리나라 산업구조의 기형적인 형태를 유발하고 있는 것이다. 따라서 현행 졸업유예제를 폐지하고 EU의 기준을 벤치마킹하여 2년 연속 중소기업 범주에 속하면 차기에 중소기업으로 간주하고 2년 연속 중소기업 범주를 벗어나면 대기업으로 판정하는 방안, 더불어 중견기업 규제 유예제도를 일정기간(5년) 두는 방안을 활용한다.

셋째, 자율적 규제를 바탕으로 중소기업 범위를 운용하는 방안이 있다. 이는 중소기업 지원을 받기 위하여 기업은 스스로 중소기업의 해당 요건에 맞는다는 것을 선언하게 하고 나중에 중소기업이 아닌 것으로 판명되면 벌칙을 과하도록 하는 것이다(미국의 제도를 벤치마킹).

넷째, 개별 정책목표에 따라 탄력적으로 운용하여, 해당 정책의 특정한 목적에 따라 중소기업의 규모를 한정하는 방안으로, 예를 들면 중소기업진흥공단 정책자금을 집행할 때 또는 정통부가 R&D자금을 운용할 때 집행기관인 각 기관이 해당 정책의 목적에 맞게 범위를 탄력적으로 제한하는 방안을 활용하여 시행한다.

Ⅴ. 중견기업 육성을 통한 산업구조 고도화 방안

1. '좋은 일자리' 창출과 중견기업 육성

앞 절에서 언급하였듯이 현재 정부의 기업정책은 보호 및 지원 위주의 중소기업 정책과 규제 위주의 대기업 정책으로 양분되어 있다. 이러한 상황에서 기업정책의 근본 정책을 창업시점에서의 정책, 성장기에서의 정책, 안정기 및 성숙기에서의 정책 등으로 나누어야 할 필요성이 제기된다. 그렇지 않으면 언제든지 중소기업에 머무르려는 도덕적 해이(Moral Hazard) 유인이 발생할 것이 자명하기 때문이다. 따라서 다음과 같은 기업의 생성과 성장의 발전단계에 맞는 맞춤형 정책을 강구하여야 할 필요가 제기된다.

첫째, 중소기업 창업시점에서 '좋은 일자리'창출을 위해 필요한 정책은 '선택과 집중'의 원리를 기본으로 '혁신형 중소기업' 창업을 우선 지원하는 것이다. 둘째, 성장기에 들어선 중소기업을 대상으로 '좋은 일자리' 창출을 위해 고려하여야 할 정책은 인력지원을 위한 정책, 글로벌 제품경쟁력 강화를 위한 R&D지원정책 등이 필요하다. 셋째, 성숙기에 접어든 중소기업을 대상으로 '좋은 일자리' 창출을 위해 고려하여야 할 정책은 원가절감 및 운영효율의 극대화, 신규 사업 아이템의 모색, 신시장의 개척을 위한 지원정책이 필요하다.

2. 맞춤형 지원정책과 중견기업 성장

현행 중소기업 법체계는 중소기업 관련 법조항들이 여러 법에 산재되어 있어서 이용자 불편, 통합지원체제 미비 등의 문제점을 노출하고 있다. 또한 중소기업의 성장단계별 지원체계가 미흡하여 경영환경 변화에 대한 적응능력을 저하시키고 있다(정부의 과도한 지원 및 보호). 이러한 환경이 중견기업 성장을 억제하고 대기업과 소기업의 모래시계형 구조 고착화에 일조하고 있다.

창업지원에 관한 지원규정이 벤특법과 창업지원법으로 이원화되어 있어 창업지원에 대한 지원체계가 미흡(질좋은 창업 부진)하고 동일한 중소기업에 대하여 정부와 민간기관의 중복인증에 따른 정책적 혼선(2005년을 기준으로 벤처와 Inno-biz의 중복 인증은 71.1%. 즉 이노비즈 기업 71%가 벤처인증을 획득)이 야기되고 있다. 이러한 상황에서 다음과 같은 목적을 위하여 중소기업 지원 법체계 통합하여 중견기업을 육성하는 정책 추진을 제안한다.

첫째, 성장단계별 중소기업 지원체제 구축하여, 창업 이후 성장경로 및 기업유형에 적합한 지원체제를 구축함으로써 중견기업으로의 발전을 유도한다.

둘째, 기술창업에 대한 지원을 강화하는 '질 좋은 창업' 활성화 방안으로, 기술창업에 대한 입지, 기술지원 등 지원체제 정비를 통해 '질 좋은 창업'을 활성화한다,

셋째, 시장친화적인 인증체제, 벤처캐피탈의 역할 강화, M&A활성화 등을 통해 시장 친화적인 벤처생태계를 조성해야 한다.

넷째, 경영혁신 등 중소기업 고도화 추진의 일환으로, 성장단계별 기업지원체제 정비로 중소기업의 중견기업화를 촉진할 수 있는 경영지원체제 등을 정비한다.

과거 중소기업 지원정책 가운데 예비창업 및 창업 3년 이내의 창업 초기기업에 대한 지원을 명시적으로 표시한 정책(〈표 4-2-7〉 참조)은 전체 1,516건 중 23건에 불과한 실정이었고 대부분의 정책이 업력이나 성장단계에 대한 제한을 두지 않고 무차별적으로 운용되고 있어 정책 타겟이 분명치 않았다. 따라서 벤처생태계의 배아 단계인 예비창업 및 창업기업에 대한 지원을 확대하여 양질의 창업(예를 들면 대기업 분사, 연구소 및 대학발 창업)을 유도할 필요가 제기되고 있다.

또한 미국, 독일, 프랑스, 이스라엘 등도 신생기업에 대한 시장친화적인 지원정책을 통해 창업초기 기업에 대한 지원을 강화하고 있는 추세임을 참고할

〈표 4-2-7〉 성장단계별 중소기업 정책 현황

성장단계	지원 분야					합 계
	기술	인력	자금/보증	인프라	판로/수출	
예비창업	2		1	10	1	14
3년 이내			4	5		9
5년 이내		1	2	1	2	6
7년 이내	5	4	6	7	2	24
제한 없음	294	141	377	106	545	1,463
합 계	301	146	390	129	550	1,516

자료: 중소기업특별위원회.

필요가 있다.

건전한 벤처생태계 조성을 위해 벤처기업에 대한 직접지원보다는 창투조합, 창투사, 금융기관 등에 의한 사업성 평가를 통해 자금조달 및 M&A 활성화 등으로 회수시장이 형성될 수 있도록 제도개선 및 인프라 구축에 주력할 필요가 있으며, 시장친화적 벤처생태계를 조성하기 위해 벤처기업에 대한 정보 제공, 지적재산권 보호, 공정 경쟁, 재무투명성 등과 같은 시장인프라 구축에 주력하여 시장참여자의 신뢰를 제고해야 할 것이다.

3. '좋은 일자리' 창출을 위한 구체적 방안 제기

1) 중소기업 범위 조정 및 운용 방안 개선

간접 지원 및 규제 측면에서의 예외조항을 중소기업의 범주에서 탈피한 기업에게 적용하여 직접지원 대상에서는 배제하되 간접 지원 및 규제는 중소기업 수준으로 일정기간 유지시켜주는 방안을 제기한다(가칭, 중견기업 규제유예제).

또한 중소기업 범위 산정을 위한 종업원 수도 상시근로자 중심에서 근로도급 및 사내하청 근로자 그리고 비정규직 근로자를 포함하여, 중소기업에서 나쁜 일자리를 창출하며 중소기업 범주에 안주하여 지원을 받는 부정적인 경우를 최소화하여야 한다.

2) 중소기업 졸업제의 개선

현행 중소기업 졸업 유예제(3년)는 유예기간 3년 이내에 특정년도만 중소기업의 범주에 속하면 또 다시 3년의 유예기간을 갖게 되는 비정상적인 제도로써 우리나라 산업구조의 기형적인 구조인 모래시계형 모양의 구조를 갖게 한다. 따라서 현행 졸업유예제도를 폐지하고 EU기준을 벤치마킹하여 2년 연속 중소기업에 속하면 차기에 중소기업으로 간주하고 2년 연속 중소기업에서 벗어나면 차기에 중견기업으로 판정하는 방안, 이때 앞서의 중견기업 규제유예제(5년, 가칭)를 활용하는 방안을 제기한다.

3) M&A 활성화

혁신형 중소기업의 창업 활성화가 필요하며 또한 중소·중견기업간 원활한 합병을 통해 선진 기술·경영자원의 신속한 흡수 및 글로벌화가 필요하여 앞서의 '혁신형 중소기업 지원제도'로 총칭된 정책을 활용하여 중견 및 중소기업간 M&A를 활성하여야 하며, 혁신형 창업 역시 활성화하여야 한다는 점을 제기한다. M&A 활성화를 위해서는 기업정보 인프라를 구축하는 것 외에도 대기업이 중소기업 M&A에 보다 적극적이도록 출자총액규제, 수도권입지규제, 해고제한규제 등에 일정기간동안 예외를 두는 방식으로 유인해 갈 수 있을 것이다.

4) 글로벌 경영능력 확보 강화

성장이 정체된 일부 중견기업의 경우, 기술혁신 및 우수인력 확보 노력이 미흡하여 신사업으로의 진출 및 글로벌 기업화에 장애를 겪고 있다. 이러한 기업군에 속하는 기업들은 대체로 근대적 경영체제를 고수하고 있는 경우가 일반적이며 이러한 기업에 경영 투명성, 윤리성을 제고할 필요가 제기된다.

5) 글로벌 지식 네트워크 구축지원

중소기업 대부분이 OEM생산방식(주문자 생산방식)에 매달려 자체 브랜드를 육성하지 못한 채 생산하여 부가가치를 창출하는 데 애로가 발생하고 있다. 후진국과 선진국가의 국제분업 생산체제에서는 R&D-제도-마케팅의 과정에서 R&D-마케팅의 과정에서 창출되는 부가가치가 제도과정에서 창출되는 부가가치에 비해 훨씬 높은 부가가치의 스마일곡선(smile curve)을 그리고 있다. 따라서 수출에 의존하는 중소기업으로서 OEM단계에서 자체 브랜드 구축을 위한 글로벌 네트워크 구축단체로 도약하기 위해 디자인 개발, 신제품 개발체제를 구축하고 해외 유통망을 확보하기 위한 지식네트워크 구축이 시급하다. 글로벌 지식 네트워크 구축에는 산학정간의 연구협력체계를 먼저 구축하여 기업의 지식네트워크를 형성해 갈 수 있을 것이다.

6) 창업 및 생산활동 규제 완화

현재 창업에 소요되는 절차, 기간, 비용은 155개 국가 중 97위로서(World Bank, 2006) 입지와 사업계획 규제는 창업과 기업성장을 억제하여 결과적으로 일자리 창출을 억제하고 있다. 현정부 들어 규제가 많이 줄어들었다고 주장되지만 핵심규제는 여전히 기업활동에 부정적인 영향을 미치고 있다. 혹자는 대부분의 규제를 관료의, 관료에 의한, 관료를 위한 것이라 비판하며 한국경제와 고용을 파킨슨 법칙의 저주에 걸려들게 만들었다고 주장하기도 한다. 특히 규제의 파괴력이 높은 기업서비스, 교육서비스, 의료서비스 등의 서비스산업에서의 규제는 국민경제의 고용창출능력을 현저히 반감시키는 '고용 없는 성장'을 야기하는 독소요인일 수 있음이 인지되어야 한다. 동시에 고용영향평가를 실시하여 좋은 일자리 창출에 큰 기여를 하는 것이 입증된 섹터의 경우 규제예외부분을 설정하는 식으로 규제운영을 탄력적으로 실시할 수도 있을 것이다.

〈부록〉 생산성 변화를 중심으로 살펴본 일자리 창출 전략

1. 연구 배경

전 업종에 걸쳐 기업규모별 성장구조와 고용구조 변화를 연계하여 고용창출에 대한 심층적인 분석을 수행한 시도는 없었다.[7)]

본 부록에서는 고용구조변화와 성장구조변화 사이에서 성장을 통한 고용창출과 관련된 문제를 정형화하고자 하였다.

성장의 대리변수로써 생산성이 증가하는가의 여부를 기준치로 1인당 부가가치의 증가율로 해당 업종의 성장구조 변화를 파악하였고, 해당 업종의 종사자증가율을 가지고 고용구조 변화를 파악하였다.

다음 [그림 1]과 [그림 2]를 살펴보면, 붉은 점선(전산업 평균 고용증가율 [11.9%], 1인당부가가치 평균 증가율[17.6%]의 기준선)을 기준으로 4사분면의 구조를 갖는다.

생산성 증가가 평균을 상회하는 1사분면과 2사분면의 업종을 설명하면, 생산성이 향상되면서 더불어 고용증가가 이루어지는 바람직한 방향이 1사분면이고 2사분면은 고용이 덜 증가하거나 또는 역으로 고용이 감소되면서 생산성이 개선되는 방향으로 보다 자본집약적 구조로 변화하는 추세에 놓여 있는 업종이다.

---

7) 제조업에 한정하여 분석된 산업연구원의 '중소기업 고용창출 구조 고도화 방안' 연구가 있었으며, 노동연구원을 중심으로 제조업 또는 서비스업의 고용변동, 고용안정성 등에 관한 연구가 지속적으로 이루어져 왔다.

[그림 1] 제조업 업종별 종사자증가율과 인당부가가치증가율(2001~2005)

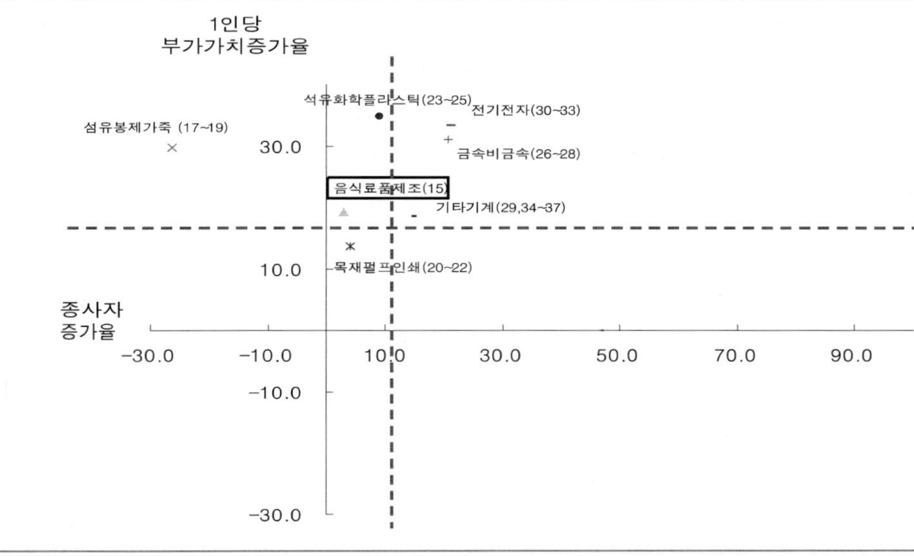

[그림 2] 서비스업 업종별 종사자증가율과 인당부가가치증가율(2001~2005)

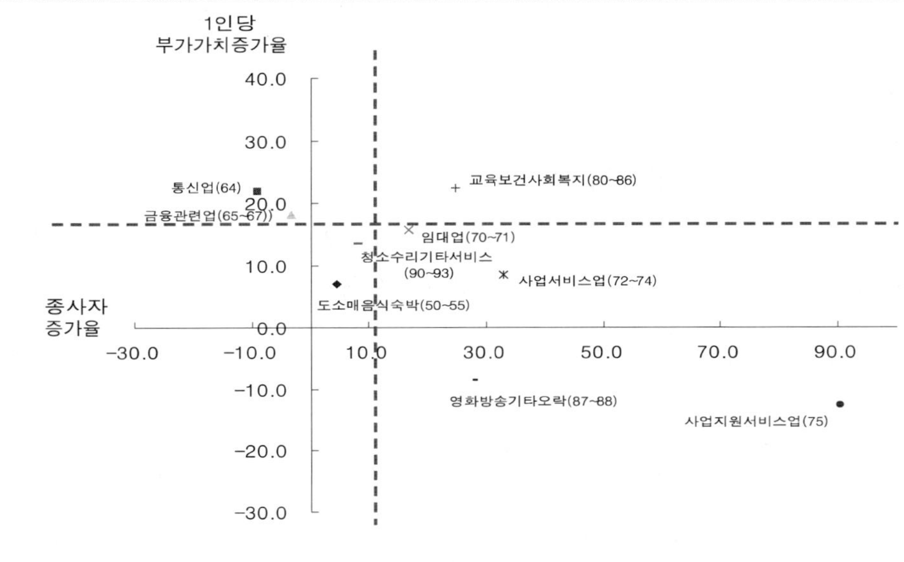

고용 증가가 평균을 상회하나 생산성 증가는 평균보다 하회하는 4사분면의 업종은 상대적으로 노동집약적이면서 저부가가치를 반영하는 일자리 창출을 의미한다. 특히, 서비스업에 속한 대부분의 업종이 이에 속하고 있어 서비스업의 경쟁력 강화가 양질의 일자리 창출을 위한 시급한 정책으로 제기된다.

이 중에서 사업지원서비스업(75)의 고용성장은 괄목할 만하나 생산성 증가율을 함께 고려하면 해당 업종의 일자리 창출이 그리 바람직하지만은 않다는 것을 확인할 수 있다.

고용 증가율과 생산성 증가율 모두가 평균을 하회하는 3사분면의 업종은 도소매음식숙박업(55~55), 목재펄프인쇄업(20~22), 청소수리및기타서비스업(90~93)으로써 해당 업종의 경기적 상황과 더불어 생계형 창업의 과다로 인한 것이라는 분석이 가능하다.

업종 전체를 통틀어 분석한 위의 그래프만 가지고서는 개별 업종의 어떤 규모(중소기업에서 인지, 대기업에서 인지)에서 '좋은 일자리'[8] 창출에 기여하고 있는지 파악할 수 없으나 업종별(16개 업종)·규모별(4개 규모)로 구분한 데이터에서는 이를 파악하고자 하였다.[9]

이러한 결과를 토대로 고용이 증가하고 동시에 생산성이 증가하는 주된 원인이 무엇인지를 밝혀내어 현 시점에서 '좋은 일자리' 창출을 위한 중소기업 지원 정책의 방향을 찾고자 시도한 것이 본 부록의 연구 시발점이다.

2. 사용 자료 및 변수 설명

이러한 분석을 위하여 노동경제학계에서 사용된 이질적인 두 개의 데이터를 과학적으로 연결하여 분석하는 계량기법을 동원하고자 하였다.[10]

---

8) 해당 업종의 생산성 증가가 담보되어야 하며 이러한 생산성 증가에 따라 새로운 일자리가 더욱 요구되는 성장과 고용의 선순환 구조속의 '좋은 일자리'를 의미하고자 함.

9) 〈부표 1〉 참조.

10) Kenneth R. Troske, "Evidence on The Employer Size-Wage Premium from Worker-Establishment Matched Data," *The Review of Economics and Statistics*, Vol. 81, No. 1, (Feb., 1999), pp. 15~26.

Kenneth R. Troske, "The Worker-Establishment Characteristics Database," In Labor Statics measurement Issues, edited by John Haltiwanger, Marilyn Manser, and Robert Topel, pp. 371~404. Chicago: University of Chicago Press, 1998.

기업규모와 임금프리미엄간의 관계는 오랫동안 경제학자들의 관심이였고, 많은 연구들이 있

〈표 1〉 변수 설명

<table>
<tr><th colspan="3">변수</th><th>설명</th></tr>
<tr><td rowspan="19">사업체 패널 변수</td><td rowspan="4">제품 경쟁력</td><td>제품의 경쟁정도</td><td>경쟁정도가 치열할수록 낮은 값(1~5점)</td></tr>
<tr><td>제품의 국내시장수요</td><td>수요가 증가할수록 높은 값(1~5점)</td></tr>
<tr><td>제품의 가격</td><td>경쟁업체 비해 저렴할수록 높은 값(1~5점)</td></tr>
<tr><td>제품의 품질</td><td>경쟁업체에 비해 좋을수록 높은 값(1~5점)</td></tr>
<tr><td colspan="2">기술혁신 성향</td><td>항상 혁신(연구개발)을 수행하면 가장 높은 값(1~4점)</td></tr>
<tr><td rowspan="2">아웃소싱 활용도</td><td>Outsourcing 활용도 1</td><td>현재 아웃소싱 활용여부(1, 0)</td></tr>
<tr><td>Outsourcing 활용도 2</td><td>귀사 자체 업무를 아웃소싱하였는지 여부(1, 0)</td></tr>
<tr><td rowspan="2">보상을 포함한 인사관리</td><td>임금수준</td><td>동종업계 평균보다 높을수록 높은 값(1~5)</td></tr>
<tr><td>인사관리 특성</td><td>최우선 목표는 고정적 인건비 절감(1)
(2)
중간 (3)
(4)
근로자의 충성심과 애착을 높이는데 목적(5)</td></tr>
<tr><td rowspan="3">교육 훈련을 포함한 인적자원 개발</td><td>인사관리 특성</td><td>근로자의 단기적 성과를 높이는 방향(1)
(2)
중간 (3)
(4)
근로자의 장기적 육성과 개발 위한 방향(5)</td></tr>
<tr><td>교육훈련 실시여부</td><td>직무능력 향상위한 교육훈련 실시여부(1, 0)</td></tr>
<tr><td>교육훈련 전담부서</td><td>전담부서 있음(3)
전담부서 없으나 전담자가 있음(1)
둘다 없음(1)</td></tr>
<tr><td rowspan="7">노사관계 대립도</td><td>전반적인 노사관계</td><td>나쁠수록 높은 값(1~5)</td></tr>
<tr><td>노사는 서로 약속을 잘 지킨다</td><td rowspan="4">전혀 그렇지 않다(5)
(4)
중간 (3)
(2)
매우 그렇다 (1)</td></tr>
<tr><td>협상은 노사가 상호신뢰하는 분위기에서</td></tr>
<tr><td>노사간 정보교환 잘 이루어진다</td></tr>
<tr><td>근로조건 등 중요변화는 노사합의하에</td></tr>
<tr><td>노사는 사소한일로 자주 다툰다</td><td rowspan="2">적대적이거나 다툴수록 높은 값 (1~5)</td></tr>
<tr><td>노사는 서로 적대적이다</td></tr>
<tr><td rowspan="2">통계청 변수</td><td colspan="3">2005년 1인당부가가치</td></tr>
<tr><td colspan="3">2001~2005년 고용증가율</td></tr>
</table>

물론 Troske의 연구와는 달리 개개인에 대한 조사가 필요치 않고 오직 개별기업의 심층적인 설문으로 구성된 패널조사를 통하여 위 업종별·규모별 분석은 가능할 것이다. 그러나 국내에 이러한 데이터의 구축이 이루어지지 않은 시점에서 동 분석틀을 응용하여 사용코자 하였다.

실증분석에는 통계청의 광공업제조업총조사(2002년과 2006년), 서비스업총조사(2002년, 2006년) 자료와 한국노동연구원의 사업체패널조사(이하 WPS) 4차년도(2006년)의 자료를 사용하였다.

통계청의 사업체 실태에 대한 조사는 모집단 성격인 전국사업체기초통계조사를 배경으로하여 광업과 제조업은 5년에 한번 전수조사를 실시하고, 서비스업 또한 5년에 한번 전수조사를 실시하여 제공된다. 그러나 그 조사 주기가 각기 달라 동일 시점간 비교 통계로 전수조사 결과를 활용하지 못하였다. 이에 전수조사 성격인 서비스업 총조사(2006년 수행, 2005년의 실적)를 기준으로 이에 비교 시점과 기준시점이 동일한 5인 이상의 광업제조업통계조사를 활용하였다.

WPS는 2002~2004년간의 선행조사를 마치고, 2006년부터 새롭게 조사표본을 구성하여 동일한 표본을 대상으로 격년마다 조사가 이루어지는 패널조사이다. WPS는 전국 30인 이상 사업체를 모집단으로 전국의 대표성 있는 1,500개 표본 사업체를 층화추출 하여 사업체조사를 실시한다. 또한 WPS 2005는 기획예산처에서 지정한 한국의 대표적인 공공부문 사업장 200여개를 특별부가조사하여, 총 300여개의 공공부문 사업체를 포함하고 있으나 이는 공공부문적 성격을 가져 본 분석대상에서는 제외하였다.

실증분석에는 다음과 같은 변수들을 사용하였다.

3. 데이터 결합

데이터를 결합하는 첫 번째 단계로 광업제조업총조사, 서비스업총조사의 자료를 업종별(16개)·규모별(4개)로 총 64개의 cell로 구성하였다. 해당 cell에 포함될 변수로 개별 업종별·규모별 인당부가가치 증가율, 고용증가율(2001년과

다. 그러나 그러한 연구들은 제한된 성공만을 이루었는데, 그 이유는 이론적으로는 근로자와 사업체의 특성을 모두 나타낼 수 있는 데이터를 이용해서 실증분석을 해야함에도 불구하고 현실적으로 그러한 데이터가 없기 때문이다. 이러한 문제점을 해결하기 위해서 데이터의 결합은 불가피하다(Troske, 1998).

[그림 3] 사업체패널과 통계청 데이터의 결합방법

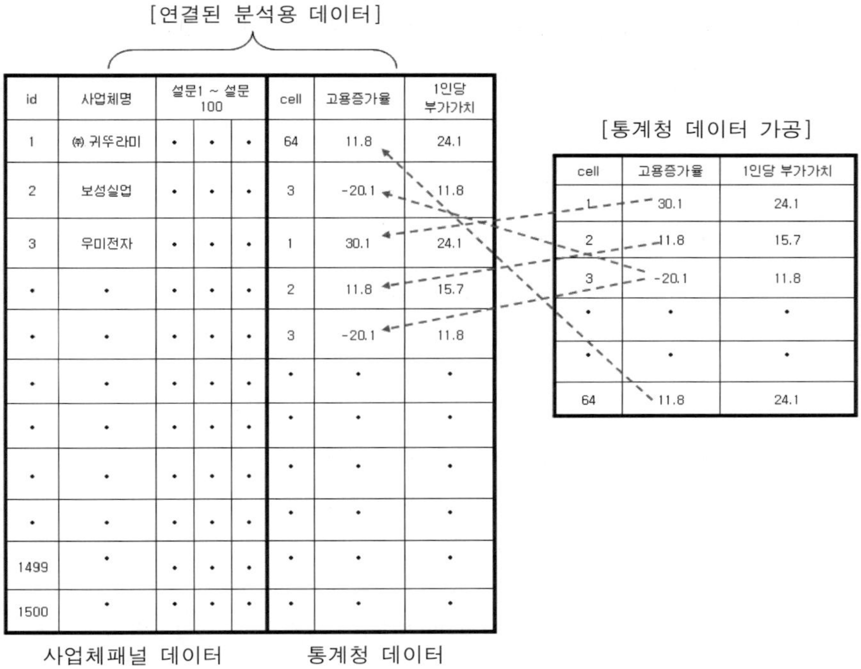

[연결된 분석용 데이터]

id	사업체명	설문1 ~ 설문 100			cell	고용증가율	1인당 부가가치
1	㈜ 귀뚜라미	•	•	•	64	11.8	24.1
2	보성실업	•	•	•	3	-20.1	11.8
3	우미전자	•	•	•	1	30.1	24.1
•	•	•	•	•	2	11.8	15.7
•	•	•	•	•	3	-20.1	11.8
•	•	•	•	•	•	•	•
•	•	•	•	•	•	•	•
•	•	•	•	•	•	•	•
•	•	•	•	•	•	•	•
1499	•	•	•	•	•	•	•
1500	•	•	•	•	•	•	•

사업체패널 데이터 통계청 데이터

[통계청 데이터 가공]

cell	고용증가율	1인당 부가가치
1	30.1	24.1
2	11.8	15.7
3	-20.1	11.8
•	•	•
•	•	•
64	11.8	24.1

2005년 사이의 구간증가율을 활용) 데이터를 확보하였다. 여기에 WPS의 1500개 사업체를 64개의 cell 속성별로 나누어 각각의 사업체에 통계청 데이터를 결합하였다. 사업체기초통계조사를 모집단으로 하여 조사된 WPS의 속성상 동일한 시기에 동일한 기업규모와 동일한 산업분류를 가지는 기업군은 그 생산성 증가율과 고용증가율이 유사할 것이라는 가정을 하였다. [그림 3]과 같이 통계청의 총합(aggregation) 데이터를 64개의 cell로 나누어 각각의 값을 가지게 한 후, WPS의 개별 사업체에 동일한 cell 속성을 갖는 값을 연결하였다. 기업의 흥망성쇠에 대한 패널 데이터가 구축되어 있지 않은 상태에서 특정 업종 및 규모 기업군의 생산성과 고용이 높아진 이유를 밝히고자 하는 실증분석은 이루어질 수 없다. 이에 성격과 구성요인도 다른 두 데이터의 장점을 살려 데이터를 구축하여 보다 현실에 적합한 중소기업 정책 방안을 모색한다면 나름 유용한 연구가 될 수 있을 것이다.

4. 실증분석

기업의 생산성과 고용증가에 어떤 변수가 유의적인 영향력을 미치고 있는지 파악하고자 하였다.

모형과 분석결과는 다음과 같다.

모형: $Y_t = f(X_1 \sim X_7)$

Y: 1인당 부가가치, 고용증가율
X_1: 제품경쟁력
X_2: 기술혁신성향
: Outsourcing 활용도 dummy 1(활용도 하)[11]
X_3: Outsourcing 활용도 dummy 2(활용도 중)
X_4: Outsourcing 활용도 dummy 3(활용도 상)
X_5: 보상을 포함한 인사관리
X_6: 교육훈련을 포함한 인적자원개발
X_7: 노사관계 대립도 dummy(대립적이면 1, 우호적이면 0)

기업의 노사관계가 대립적일수록 1인당부가가치가 매우 낮은 것은 노사관계가 협력적일 때 생산성이 향상됨을 보여주는 것이다. 이는 노사관계의 진전이 기업의 생산성을 제고시킨다는 의미로 해석될 수 있다. 그러나 고용증가율에 있어서는 노사관계가 대립적일수록 고용이 증가하는 것으로 나타나고 있는데 이는 본 연구에서 정규직의 고용증가와 비정규직의 고용증가를 나누어보지 못한데서 기인할 수 있다. 미루어 짐작컨대 노사관계가 대립적이라면 기업은 일자리의 충원이나 새로운 일자리의 수요가 발생할 때 n명의 정규직 일자리보다는 n보다 큰 수의 비정규직 일자리를 충원함으로써 대립적 노사관계에 대응할 수 있다.[12] 따라서 노사관계가 대립적일수록 고용이 증가하는 결과는 '좋은

11) 기준변수로 모형에 삽입하지 않았다.
12) 과거 현대자동차에 노사간의 대립이 치열해졌을 때, 단체협약에 비정규직 고용 16.9%와 같이 명문화한 것은 노사관계 대립도가 정규직과 비정규직의 고용비율에 영향을 줄 수 있는 가능성을 시사한다.

〈표 2〉 실증분석 결과

	1인당부가가치	고용증가율
Intercept	49.910 (2.23)	−4.841 (−0.57)
제품경쟁력	−0.21 (−0.13)	1.773*** (2.89)
기술혁신성향	8.972** (4.99)	−2.085*** (−3.03)
Outsourcing 활용도 dummy 2	12.267* (2.01)	−0.20 (−0.09)
Outsourcing 활용도 dummy 3	10.887** (1.79)	−0.428 (−0.18)
보상을 포함한 인사관리	4.007** (2.00)	0.182 (0.24)
교육훈련을 통한 인적자원개발	4.754** (2.19)	0.149 (0.18)
노사관계 대립도 dummy	−59.303** (−12.00)	14.93*** (7.91)
R2	0.1723	0.0755
Adj −R2	0.1671	0.0696
Pr>F	< 0.0001	< 0.0001

주: 1. ***는 99% 신뢰수준하에서 유의한 값.
2. **는 95% 신뢰수준하에서 유의한 값.
3. *는 90% 신뢰수준하에서 유의한 값.

일자리' 창출의 결과가 아닐 수 있다.

아웃소싱 활용이 1인당부가가치에 미치는 영향을 분석한 결과, 아웃소싱을 하지 않은 그룹보다는 아웃소싱을 활용한 기업의 생산성이 높아지는 것으로 나타났다. 다만 실증결과에서 보듯이 아웃소싱의 남용은 해당 기업의 생산성에 부정적인 것으로 나타났다. 따라서 적절한 아웃소싱은 기업의 생산성 개선에 도움이 되는 것으로 파악할 수 있으나, 과도한 아웃소싱은 기업의 핵심적인 노하우가 축적되지 않고 단기적인 이윤극대화에 그쳐 적절한 아웃소싱의 정점을 지나 해당 기업의 생산성 개선에 오히려 마이너스의 효과를 가져올 가능성을 시사한다.

기업의 제품경쟁력이 높을수록 고용이 증가하는 것으로 나타났다. 이에 반해 기술혁신성향이 높을수록 기업은 보다 자본집약적 및 노동절약적으로 변화하고 이에 따라 해당 기업의 생산성은 높아지고 고용은 감소하는 양태를 보였다. 제품경쟁력은 해당 기업의 기술력에 의존하는 바가 크다. 따라서 기술혁신성향이 높은 기업은 단기적으로는 고용이 감소하고 보다 자본집약적인 구조로 바뀔 것이지만 해당 제품의 경쟁력이 높아지면 추가고용의 여력이 발생할 수 있음을 짐작할 수 있다.

보상을 포함한 인사관리가 우월할수록(HRM), 교육훈련을 통한 인적자원개발(HRD)이 우수할수록 기업의 1인당 부가가치는 높게 나타났다. 앞서 변수 설명을 참조하면 해당 인사관리나 인적자원개발은 재직자를 대상으로 이루어지고 있어 기업의 생산성에 기여하는 바는 크지만 고용증가에는 직접적인 영향을 미치지 않는 것으로 나타났다. 인사관리와 교육훈련을 통한 인적자원개발은 해당 기업의 생산성을 높여 추가적인 고용여력이 발생할 수 있으나 대부분의 인적자원개발과 인사관리가 비용절감, 다기능교육 등 기업의 생산성 제고를 주된 목적으로 하고 있어 고용창출의 기여도는 유의적으로 나타나지 않았다.

5. 분석결과의 함의 및 정책 제언

'고용 없는 성장'과 '성장 없는 고용'이 화두가 되고 있는 현 시점에서 '좋은 일자리'(decent job)는 늘어나지 않거나 점차 줄어들고 있어 노동시장의 양극화는 더욱 심화되고 있다.

'좋은 일자리' 창출을 위한 중소기업으로서 다음과 같이 제안하였다.

첫째는 중소기업 범위 선정 및 운용 방안 개선

둘째는 지속적으로 성장을 유인할 수 있는 성장단계별 중소기업 지원체계의 구축

본 부록을 통하여서는 분석결과와 함께 다음과 같은 대안을 제시한다.

분석결과, 기업의 노사관계가 협력적일수록, 기술혁신성향이 높을수록, 보상을 통한 인사관리와 교육훈련을 통한 인적자원개발이 보다 잘 이루어질수록, 아웃소싱을 적절히 활용할수록, 생산성 제고가 가능함을 파악할 수 있었다. 또한 제품경쟁력이 높을수록 기업의 추가고용이 이루어지고 있음을 파악하였다.

따라서 본 부록에서는 정부의 역할보다는 개별 기업의 역할을 보다 강조하

〈부표 1〉 64개 cell이 갖는 종속변수

(단위: 구간증가율, %)

Cell	업종별	규모별	1인당부가가치 (백만)(2005)	매출액 증가율	부가가치 증가율	고용 증가율
1	음식료품제조 (15)	100인 미만	70.1	0.306	0.377	0.105
2		200인 미만	154.7	0.284	0.297	0.082
3		300인 미만	185.1	0.185	0.137	−0.016
4		300인 이상	164.7	−0.033	−0.017	−0.267
5	섬유봉제가죽 (17~19)	100인 미만	43.6	−0.088	−0.068	−0.236
6		200인 미만	79.5	−0.292	−0.177	−0.379
7		300인 미만	107.8	0.184	0.076	−0.227
8		300인 이상	128.7	0.143	0.180	−0.391
9	목재펄프인쇄 (20~22)	100인 미만	57.3	0.341	0.391	0.107
10		200인 미만	92.4	0.032	−0.048	−0.060
11		300인 미만	119.0	−0.075	−0.063	−0.186
12		300인 이상	157.1	−0.021	0.031	−0.191
13	석유화학플라스틱 (23~25)	100인 미만	77.5	0.517	0.440	0.193
14		200인 미만	160.9	0.647	0.334	0.109
15		300인 미만	224.9	0.745	0.499	0.243
16		300인 이상	401.0	0.329	0.536	−0.222
17	금속비금속 (26~28)	100인 미만	74.3	0.718	0.665	0.267
18		200인 미만	118.8	0.890	0.837	0.297
19		300인 미만	148.6	0.868	0.978	0.202
20		300인 이상	300.0	0.675	0.394	−0.062
21	기타기계 (29, 34~37)	100인 미만	59.6	0.696	0.583	0.154
22		200인 미만	80.3	0.461	0.460	0.160
23		300인 미만	99.3	0.962	0.559	0.315
24		300인 이상	169.8	0.469	0.214	0.093
25	전기전자 (30~33)	100인 미만	57.5	0.459	0.452	0.116
26		200인 미만	79.1	0.466	0.490	0.148
27		300인 미만	84.0	0.544	0.569	0.338
28		300인 이상	229.9	0.484	0.676	0.323
29	도소매음식숙박 (50~55)	100인 미만	27.5	0.250	0.095	0.050
30		200인 미만	67.7	0.190	0.213	0.106
31		300인 미만	84.1	0.799	1.344	0.211
32		300인 이상	105.1	−0.217	0.065	−0.304

〈부표 1〉 64개 cell이 갖는 종속변수(계속)

(단위: 구간증가율, %)

Cell	업종별	규모별	1인당부가가치 (백만)(2005)	매출액 증가율	부가가치 증가율	고용 증가율
33	통신업 (64)	100인 미만	98.1	0.947	0.442	0.084
34		200인 미만	191.4	0.747	0.618	0.051
35		300인 미만	230.2	1.059	0.620	−0.169
36		300인 이상	148.4	−0.457	−0.612	−0.492
37	금융관련업 (65~67)	100인 미만	95.0	0.475	0.378	−0.020
38		200인 미만	159.1	1.285	2.337	0.160
39		300인 미만	55.7	1.189	−0.335	1.058
40		300인 이상	132.6	−0.334	−0.435	−0.283
41	임대업 (70~71)	100인 미만	27.6	1.047	0.403	0.221
42		200인 미만	66.1	0.413	1.096	0.091
43		300인 미만	56.7	−0.428	−0.668	−0.431
44		300인 이상	96.1	−0.333	0.068	−0.567
45	사업서비스업 (72~74)	100인 미만	38.1	0.499	0.310	0.286
46		200인 미만	50.3	0.739	0.546	0.503
47		300인 미만	56.0	0.492	0.429	0.141
48		300인 이상	78.1	0.588	0.823	0.534
49	사업지원서비스업 (75)	100인 미만	29.8	1.002	0.625	0.716
50		200인 미만	22.9	0.477	0.270	1.179
51		300인 미만	21.5	0.163	0.580	0.836
52		300인 이상	17.8	2.038	1.318	1.112
53	교육보건사회복지 (80~86)	100인 미만	31.9	0.507	0.549	0.246
54		200인 미만	41.8	0.318	0.450	0.278
55		300인 미만	48.9	0.369	0.506	0.064
56		300인 이상	46.6	0.445	0.488	0.273
57	영화방송기타오락 (87~88)	100인 미만	25.9	0.455	0.216	0.264
58		200인 미만	64.6	0.388	0.093	0.389
59		300인 미만	44.8	3.004	1.425	0.988
60		300인 이상	79.6	0.204	−0.046	0.170
61	청소수리기타서비스(90~93)	100인 미만	19.8	0.358	0.243	0.086
62		200인 미만	29.9	0.376	0.032	0.103
63		300인 미만	33.8	−0.045	−0.166	−0.243
64		300인 이상	40.4	−0.249	−0.350	−0.489

고자 한다. 기업은 노사간의 화합을 기초로 하여 보다 혁신지향적인 전략을 구축하고 합당한 보상이 포함된 인사관리시스템, 체계적인 인적자원개발과 적절한 수준의 아웃소싱을 통해 생산성을 높여 해당 기업의 제품경쟁력을 제고시켜 나가야 할 것이다. 적절한 수준의 아웃소싱은 기업에 필요한 전략이지만 남용할 경우 기업생산성을 반감시킬 가능성도 있다. 또한 기업의 HRM, HRD 전략도 고용창출에 기여도가 미비한 것으로 나타나서 기존 인력의 생산성 제고에만 초점을 맞출 것이 아니라 기업의 미래 성장동력을 확보하기 위해 고용친화적 설계가 필요하리라 판단된다. 이를 위해서는 기업의 긴호흡의 경영이 필요하며, 정부도 기업의 고용창출에 영향을 미치는 투자에는 각종 지원 및 조세제도 운영에 유인을 제공하는 방향으로 조정할 수 있다. 결국 이러한 변화를 추구하는 중소·중견기업의 팽창은 그 자체가 국가 성장동력이며 동시에 '좋은 일자리' 창출의 중심축으로 기능할 것이다.

•토론• 중소기업의 일자리 창출 방안*

저자들은 논문 281쪽에서 중소기업 해당 여부를 결정하는 기준과 관련하여 연계기업 또는 관련기업의 종사자수나 매출액을 합산하여 중소기업의 범주를 결정하는 EU 방식의 타당성을 강조하고 있다. 토론자도 이 점에 공감한다. 왜냐하면 정부의 규제 혹은 지원이 이런 포괄적·현실적 인식에 바탕을 두지 않을 경우 너무도 쉽게 규제에 대한 재정거래(regulation arbitrage)가 발생할 수 있기 때문이다. 그러나 토론자는 우리나라의 제도가 왜 아직도 이런 부분을 제대로 반영하고 있지 못한가에 대해서도 주의를 기울여야 한다고 주장했다. 토론자에 의하면 그 이유는 우리나라의 회사법이 철저하게 개별 기업 위주로 작성되고, 기업간 연계나 관련기업의 존재를 어떻게 개별 기업의 범주에 반영할 것인가에 대해 거의 전적으로 무능하기 때문이다. 따라서 이 부분은 필요하다고

* 전성인(홍익대학교 경제학과 교수).

인정될 경우 회사법을 적절하게 개정하는 작업부터 시작해야 한다.

저자들은 논문 283쪽의 [그림 5-2-1]의 그래프를 기초로 300인을 분수령으로 중소기업과 대기업의 경계가 갈리는 제조업의 경우 300인 미만의 사업체수 증가율은 양수(+)이지만, 300인 이상의 사업체수 증가율은 음수(−)임에 주목하고, 이런 현상이 나타나는 이유는 중소기업으로 인정받을 경우 누리는 혜택 때문이라고 주장하였다. 저자들에 의하면 중소기업이 누리는 혜택이 크기 때문에 대기업들이 이런 혜택을 노리고 분사(spin off) 등의 방법으로 중소기업으로 변신하려는 유인이 있고 그 증거가 [그림 5-2-1]이라는 것이다. 그러나 제시된 그림에는 훨씬 더 많은 정보가 있고 이를 고려할 경우 저자의 주장의 설득력은 크게 감소한다. 제시된 그림을 자세히 보면 거의 모든 규모 수준에서 당해 규모보다 기업규모가 증가할수록 사업체수 변화율은 추세적으로 감소함을 알 수 있다. 구체적으로 모두 중소기업으로 인정받는 구간인 300인 미만의 구간을 보더라도 기업규모가 커질수록 사업체수 변화율은 감소하는 것을 확인할 수 있다. 이 구간에서는 모두 중소기업으로 인정받기 때문에 적어도 저자가 주장하는 유인은 작동할 수 없다. 저자들이 자신의 주장의 타당성을 입증하기 위해서는 왜 모든 구간에서 변화율이 규모 증가에 따라 감소하는지를 추가로 설명해야 한다.

저자는 논문 294쪽에서 '좋은 일자리' 창출을 위한 방안중 하나로 M&A 활성화를 주장하면서 그 구체적 방안의 하나로 "대기업이 중소기업 M&A에 보다 적극적이도록 출자총액규제, 수도권입직규제, 해고제한규제 등에 일정기간동안 예외를 두는 방식"을 제안하고 있다. 그러나 토론자는 이런 주장을 전혀 이해할 수 없다. 예를 들어 출자총액제한 규제를 완화하여 대기업이 중소기업을 쉽게 인수할 수 있도록 하고 또 해고제한규제를 완화하여 인수 후 해고를 쉽게 할 수 있도록 제도를 변경했다고 해 보자. 이 경우 상식적으로 예상할 수 있는 결과는 대기업이 유망한 중소기업을 인수한 후 구조조정을 단행하여 일부 근로자를 해고하는 것이다. 따라서 직접적으로 고용이 감소할 수밖에 없다. 또한 유망한 중소기업은 경영을 잘하면 잘할수록 대기업으로부터의 인수를 더욱 강하게 유발한다는 점을 인식하여 건전경영에 매진할 유인을 상실하게 될 수도 있다. 이런 상황에서 중소기업으로 존속하거나 혹은 대기업에 인수되거나 과연

'좋은 일자리'가 충분하게 창출될 수 있는지 의문이다.

저자는 논문 301~304쪽에서 간단한 회귀분석의 결과를 논의하면서 "정부의 역할보다는 개별 기업의 역할을 강조"하고자 하였다. 그러나 이것은 회귀분석의 함의를 초월하는 근거 없는 주장이다. 왜냐하면 분석에 사용된 회귀분석식에는 정부정책의 유효성을 측정할 만한 변수가 전혀 포함되어 있지 않기 때문이다. 저자와 같은 주장을 펼치려면 회귀분석식에 개별 기업의 역할을 대표하는 변수와 정부정책을 대표하는 변수가 공통적으로 포함되어 있는 상황에서 기업역할 변수는 유의하고 그 계수값이 큰 데 비해 정부정책 변수는 유의하지 않거나 유의하더라도 그 계수값이 상대적으로 작게 나온 경우이어야 한다. 그러나 정부정책 변수가 당초에 포함조차 되지 않는 경우에는 저자와 같은 주장은 펼칠 수 없다.

제 3 절 구조변화 측면에서 본 한국의 고용문제와 정책대응 방향*

• 요 약 •

본 연구는 성장률과 고용창출력 둔화라는 거시경제 현안을 구조변화라는 관점에서 검토하고 바람직한 정책대응이 어떠해야 하는지 알아보았다. 정부는 현재 한국경제가 당면한 문제의 핵심이 성장률 둔화에 있다고 보고, 7% 성장과 300만 일자리 창출이라는 정책목표하에서, 기본적으로 투자확대를 통한 성장률 제고와 이를 통한 일자리 창출을 도모하고 있다.

이러한 정책의 기본방향이 타당한 것인가를 판단하기 위하여 먼저 외환위기 이후 현재까지 한국경제가 달성한 4% 중반의 성장률을 어떻게 봐야 할지 알아보았다. 70년대 이후 한국경제의 성장률을 결정짓는 자본, 노동, 총요소생산성의 추이를 살펴보면, 90년대에 들어서며 경제의 양적인 확장세가 빠르게

* 김종일(동국대학교 경제학과 교수).

둔화하고 있음을 알 수 있다. 특히 인구성장률, 생산가능인구와 근로시간의 확장세가 빠르게 둔화하고 있으며, 투자율이 증가에서 감소추세로 바뀌고 있다. 반면 총요소생산성 증가율은 외환위기 이후 2%대 중반으로 이전보다 상승하였음을 알 수 있다. 이러한 현상은 한국경제발전이 성숙단계에 진입함에 따라 관찰될 수 있는 자연스러운 현상이라고 판단된다. 오히려 외환위기 이전에 비하여 현재 성장률의 둔화세가 두드러지는 것은 외환위기 이전 90년대의 성장률이 외환위기를 불러 올 만큼 비정상적으로 높았기 때문으로 판단된다. 따라서 성장률 둔화를 문제라고 삼는 것은 타당하지 않으며, 나아가 투자확대를 높여서 성장률을 제고하는 정책은 단기적인 경기팽창을 불러올지 모르나 장기적으로 의도하는 효과를 가지고 오지 못할 것으로 판단된다.

나아가 90년대 이후 한국경제의 구조변화는 총량적인 성장률 증가가 그대로 일자리 창출로 이어지지 않을 것임을 예고하고 있다. 90년대 이후 한국경제는 탈공업화를 급속하게 겪고 있다. 제조업에서 노동집약적 산업이 위축되면서 제조업 자체의 고용창출력이 빠르게 저하되고 있다. 산업구조 변화를 다른 선진국과 비교할 때 한국이 겪고 있는 구조변화의 속도와 강도는 매우 높다. 최근에 문제가 된 서비스업의 낮은 생산성도 제조업에서의 고용이 방출됨에 따라 음식숙박 등 영세 전통서비스업으로 고용이 흡수되었기 때문이다. 따라서 현재 한국경제의 현안은 성장률 저하보다는 구조변화에 적응하는 노동수급 조정문제이다. 현재의 구조변화의 추세에서 계속 조정압박을 받을 중소기업이나 전통서비스업에 고용된 노동의 교육수준과 숙련도 등을 고려하면 하루아침에 이들이 첨단 산업으로 이동하기는 어렵다는 것을 알 수 있다. 따라서 첨단 제조업이나 지식집약적 서비스업의 육성도 중요하지만 노동집약적 전통 산업의 고부가가치화를 통하여 제조업의 고용 수준을 더 이상 낮추지 않고 제조업과 연계한 서비스업, 사회적 수요에 부응하는 서비스업의 수요를 창출하는 것이 필요하다.

이상의 논의를 종합할 때 가장 경계해야 할 것이 단기 성과주의에 집착하여 경기확장정책을 펴는 것이다. 재정 확대와 환율상승을 통한 수출촉진 등은 일시적인 경기팽창을 가지고 올지 모르나 결국은 경제의 불안정으로 이어져서 구조조정의 유인을 줄인다. 나아가 새로운 성장동력에 집착한 과도한 육성정책은 자원배분의 왜곡만 가지고 올 가능성이 높다. 산업의 성장과 구조조정은 궁극적으로 기업과 시장의 선택을 통하여 이루어지는 것이다. 최근 GDP 5% 수준으로 연구개발투자의 확대 등 과도한 정책목표는 특히 문제이다. 또한 중소기업이나 서비스업 등은 그 대상이 복잡하고 다양하므로 획기적인 정책방안의 개발보다는 정책전달체계와 시장환경 개선을 통한 점진적 성장을 도모해야 한다.

Ⅰ. 서 론

현 정부는 '경제살리기'를 국정의 최우선 과제로 내세우고 있다. 7% 성장률, 300만개 일자리 창출이라는 목표 아래 이를 위하여 친시장 친기업 정책으로의 정책패러다임의 전환을 표방하고 있다.[13] 지금까지 나온 정책 공약을 종합하면 기본적으로 현 정부는 현재의 경제문제가 성장률의 둔화에 있는 것으로 보고 성장률 제고를 통하여 소득 증대와 일자리 창출을 도모하는 것처럼 보인다. 성장률을 높이기 위하여 정부가 중점적으로 추구하는 것은 투자활성화이며 이를 위하여 규제완화와 외국인 투자 유치 등을 획기적으로 도모할 것이라고 한다.

이러한 현 정부의 거시성장정책의 기조가 과연 의도하는 목적을 달성할 수 있을 것인가? 본 연구에서는 정부가 취하고 있는 정책기조가 현재 한국경제가 당면하고 있는 문제점에 대한 적절한 평가에 기초하고 있는지, 그리고 현재의 정책기조가 소기의 목적을 달성할 수 있는지에 대하여 검토해 볼 것이다. 이를 기초로 정부가 해야 할 것과 해서는 안 될 것을 알아보고 정책대응 방향에 대하여 판단을 내려 보고자 한다.

이번 대선에서 유권자들이 가장 많이 관심을 보인 것이 경제문제이다. 대부분의 국민이 한국경제의 현재에 대하여 불만을 가지고 있고 미래에 대하여 불안감을 느끼고 있는 것처럼 보인다. 지난 대선에서의 현 정권의 승리에도 경제의 활력 제고에 중심을 맞추는 경제제일주의를 표방한 것이 기여했던 점을

13) 대통력직 인수위원회 국정과제보고서(2008. 2)에 따르면 정책의 근간은 감세와 규제완화 등 투자환경을 개선하고 신성장동력 확충을 통하여 7% 경제성장을 통하여 300만 개 일자리를 창출하는 데 있다.

부인하기 힘들다. 또한 이것은 지난 정권이 지역균형이나 복지확충과 같이 형평성을 과도하게 중시하고 공공연히 큰 정부론을 주장하는 등 이념적인 명분에 집착하면서, 이에 따라 경제의 활력이 떨어졌다는 점을 유권자들이 인정한 결과라고 볼 수 있다. 그렇다면 현재 한국경제가 당면한 문제는 무엇인가?

거시경제적으로 볼 때 한국경제가 당면한 문제는 일반적으로 두 가지로 요약될 것 같다. 하나는 외환위기 이후 한국경제가 보여준 투자활력의 저하와 성장률 둔화의 문제이며, 또 다른 하나는 질 좋은 일자리 창출이 둔화됨에 따라 고용의 질과 안정성이 낮아지는 고용문제이다. 이에 대한 현 정부의 정책처방의 기본 기제는 다음과 같다. 첫째, 문제해결의 실마리를 투자확대에서 찾고 있으며 이를 위하여 적극적인 거시경제정책을 추구하고 있는 것으로 보인다. 둘째, 이러한 거시경제정책적 접근기조는 성장률이 증가하면 고용문제가 자연적으로 해결될 수 있다는 시각에 기반하고 있다. 이에 대하여 우리는 과연 투자확대를 도모하는 거시경제정책이 성장둔화를 해결할 수 있는 것인가에 대하여 검토해야 하고, 다음으로 성장률제고가 국민이 원하는 일자리 창출로 이어질 수 있는가에 대하여 알아보아야 할 것이다.

현재 정부는 경제살리기를 위하여 우선적으로 경기확장을 도모하고 있는 것으로 보인다. 2008년 3월에 발표한 기획재정부의 세부방안을 살펴보면 감세 및 경기보완적 재정운용, 환율의 안정적 운용을 통한 경상수지 흑자기반 조성, 수출 증대 및 규제완화를 통한 투자 확대, R&D 투자의 획기적인 증대 등이 대표적인 정책과제이다.[14] 경기회복, 지속성장, 장기성장이라는 순으로 구성된 기획재정부의 정책방향에는 다양한 정책방안을 담고 있지만, 액션플랜의 핵심은 정부가 성장을 위하여 적극적인 거시경제정책적 개입을 할 것이라는 것이다. 최근 미국발 금융위기와 원자재 및 석유가격의 불안으로 인한 전세계적 경제 위기에 대한 단기 정책적 대응임을 감안하더라도 물가상승에 대응한 특정 품목에 대한 가격 감시, 정책당국자의 수출활성화를 위한 환율 상승 용인 의사 표명, 추가경정예산을 통한 경기부양 의지 등을 고려한다면 현 정부는 경제성장을 위한 적극적 거시경제 정책적 개입을 의도하고 있다고 볼 수 있다.

---

14) 기획재정부, 「7% 성장능력을 갖춘 경제: 세부 실천계획」, 2008. 3. 10.

이러한 일련의 총량 수준의 거시경제정책이 의도하는 효과를 발휘할 것이라는 기본 전제에는 다음과 같은 경기회복 과정이 전제되고 있다. '규제완화, 감세, 재정지출, 이자율 완화 등을 통하여 투자분위기가 조성되고 이와 함께 원화가치 하락을 통한 수출이 촉진되면 대기업을 중심으로 투자가 증가한다. 이것이 일자리 증가와 소비의 증가로 이어지면 수출에서 내수, 투자에서 일자리로 이어지는 일련의 선순환이 일어난다.' 이러한 경기확대과정은 지난 90년대 중반까지 한국경제에서 관찰되던 전형적인 성장패턴이다. 당시 한국경제의 고성장은 엔고 등 환율 변화와 세계경기 상승 등 외부적인 요인의 호조에 따라 수출호황이 도래하면 이것이 투자와 고용증가, 임금상승과 소비증가, 높은 성장률로 이어지는 과정에 힘입은 바 크다.[15)]

하지만 수출의 급속한 성장에 이어지는 투자와 고용의 증가, 이에 따른 임금과 소비의 증가, 내수의 활황으로 이어지는 경기순환 과정이, 2000년대의 급속한 수출증가에도 불구하고 내수와 고용이 침체되어 있는 현재의 상황에 비추어, 그대로 현재의 한국경제에 적용될 수 있는지 의문이다. 과거의 한국경제 성장과정을 특징짓던 패턴이 90년대 이후 한국경제가 경험하고 있는 구조변화의 과정에서 달라지고 있다. 이를 고려할 때 경기확장적 거시경제정책에 의존하는 성장정책은 그 효과보다는 부작용이 클 가능성이 높으며, 따라서 성장과 고용을 위한 정책의 접근방식도 달라야 할 것 같다. 본 연구는 90년대의 한국경제의 구조변화의 양상을 살펴보고 현재 한국경제가 당면한 문제는 성장률 둔화가 아니라 구조조정의 문제이며, 이를 해결하기 위해서는 단기적 거시경제정책적 총량정책보다는 중장기적 구조정책이 필요함을 역설하고자 한다. 구조적 접근이 없는 거시경제정책적 처방은 일시적인 경기호황을 불러올 지 모르나 이것은 국민이 원하는 일자리 창출로 이어지기보다는 구조조정을 지연함으로써 장기적으로 구조적 문제를 더욱 심화할 것 같다.

---

15) 우리나라의 경제성장에 있어서 수출이 차지하는 역할은 아무도 부인할 수 없다. 남상우·김준일(1995)은 1980년대 중반 이후 90년대 초반까지의 성장을 3저 현상에 따른 수출증대(1986~88), 내수팽창(1990~91)으로 특징짓고 있다. 이후 성장의 둔화도 2차 엔고에 따라 수출증가로 상쇄되며 1994~95년의 높은 성장률로 이어졌다. 이렇게 경제성장이 양적인 확장에 의존하는 시기에 있어서는 수출의 증가가 투자와 고용의 증가, 내수의 증가로 이어지는 패턴을 보였다. 하지만 남상호(2006)에 따르면 이러한 수출에서 내수로의 선순환이 외환위기 이후에는 잘 보이지 않고 있으며, 이에 따라 경기순환 주기가 짧아지는 경향을 보이고 있다.

본 논문의 2절에서는 당면 현안에 대한 평가를 위하여 과연 최근의 성장률과 투자율의 둔화가 정책의 제일 과제로 부각될 만큼 심각한 문제인가를 평가하고자 한다. 다음으로 3절에서는 최근의 고용문제와 산업간 계층간 성과격차 확대 문제는 다름 아닌 경제구조의 급속한 변화에 따른 구조적 문제의 양상임을 보이고자 한다. 4절에서는 선진국과 비교하여 한국 산업구조의 취약성을 짚어보고, 이에 대응한 구조정책의 방향을 알아본다. 마지막으로 5절에서는 이상의 분석이 시사하는 거시성장정책의 방향에 대하여 알아본다.

Ⅱ. 성장패턴의 변화와 성장률 둔화

기획재정부의 실천방안에 따르면 현 정부는 한국경제의 당면현안을 성장역량의 급속 둔화(성장률 둔화), 서민경제의 어려움(양극화), 대외불안 요인의 확대(경상수지 흑자 기반 상실)로 나누고 있다. 이 중에서도 성장률 둔화를 고용과 양극화 문제의 근본원인으로 보고 성장률을 높이는 것이 최우선 과제가 되어야 한다고 한다. 그렇다면 현재의 성장률이 국정의 제일 과제가 되어야 할 만큼 심각한 문제인가?

한국경제는 2000년대에 들어와 연평균 약 4.6% 정도 성장했다. 80년대 8%대, 외환위기 이전 90년대 6%대 이상의 성장률에 비하면 2000년대에 경제성장률이 둔화된 것은 틀림없다. 지난 수 년간 중국이 보인 10%대의 성장률에 비하면 4%대의 경제성장률은 초라한 수준이다. 그렇다면 현재 한국의 성장률이 어느 정도가 되는 것이 바람직한가?[16] 이는 잠재성장률이 얼마인가의 문제인데, 잠재성장률은 단기적으로는 자연실업률(완전고용)을 달성하는 적정 인플레이션하에서 한 국가가 달성할 수 있는 경제성장률이며, 장기적으로는 주어진 경제여건하에서 생산요소를 지속가능한 수준으로 활용할 때 얻어지는 경제성장률로 정의된다. 잠재성장률은 말 그대로 사전적으로 관찰할 수 없지만 생산요소의 가용도, 경제이론, 국제비교에 의거하여 잠재성장률 수준을 평가해 볼 수 있다.

16) 물론 경제성장률이 높으면 소득증가가 빨라서 바람직할 것 같으나, 너무 높으면 오히려 경제가 불안해지고 지속적인 성장이 불가능하다.

이론적으로 경험적으로 모두 보아도, 어느 국가도 경제성장률을 계속해서 높은 수준에서 유지하기는 힘들다. Solow모형으로 대변되는 신고전파 성장이론에 따르면 정상상태(steady state)에서 경제성장률을 결정하는 것은 총요소생산성의 증가율과 노동투입의 증가율이다. 급속한 자본스톡의 증가를 수반한 빠른 성장률은 경제가 정상상태에 도달하기 전 이행기(transition period)에서 일시적으로 관찰할 수 있는 현상이다.[17] 경험적으로 볼 때, 2차 대전 이후 선진국끼리는 국민소득의 수렴현상이 발생하고 있다. 즉, 소득수준이 낮은 국가가 높은 국가보다 경제성장률이 높지만, 이들 국가도 점차 소득 수준이 올라감에 따라 성장률이 낮아진다.[18] 이러한 점을 고려한다면 한국경제가 과거 개발연대와 같은 경제성장률을 다시 달성하기는 힘들어 보인다. 나아가 전반적인 노동투입을 결정하는 인구동태를 고려할 때 잠재성장률은 감소하는 추세에 있다고 보는 것이 합리적일 것이다.

그렇다면 최근의 경제성장률은 이러한 추세에서 크게 벗어나 있는가? 외환위기 이전과 비교하여 이후의 경제성장률은 연평균 약 2% 정도 둔화되었다. 경제성장률이 둔화한 원인을 알아보기 위하여 국민소득을 다음과 같이 분해하여 보자.

$$Y = \frac{Y}{H} \cdot \frac{H}{E} \cdot \frac{E}{L} \cdot \frac{L}{WAP} \cdot \frac{WAP}{P} \cdot P \qquad (1)$$

여기서 Y, H, E, L, WAP, P는 각각 GDP, 총근로시간, 취업자, 경제활동인구, 생산가능인구, 총인구이다. 이 식 (1)을 기초로 보면 국민소득(Y)의 성장률은 노동생산성(Y/H), 취업자 일인당 평균근로시간(H/E), 취업률(E/L), 경제활동참가율(L/WAP), 총인구에서 생산가능인구의 비중(WAP/P), 총인구(P)의 증가율의 합으로 나타난다. 이렇게 국민소득의 성장률을 분해한 〈표 4-3-1〉을 보면

17) Solow 모형의 외생적 기술진보를 인적자본이나 연구개발 투자 등의 변수를 도입하여 내생화한 Lucas(1988), Romer(1990), Aghion and Howitt(1992)의 내생적 성장모형에서도 인적자본이나 연구개발 등 물적자본의 한계생산성 체감을 보정하는 투자가 없이 단순한 투자율의 증가는 장기적인 성장률을 높이지 못한다.

18) 물론 전세계의 모든 국가에서 소득이 수렴하지는 않는다. 하지만 적어도 선진국과 2차 대전 이후 한국을 위시한 지속적인 성장을 경험한 후발공업국간에는 소득의 절대적인 수렴현상이 관찰된다. 이것은 많은 연구에 의해 지지되는 현상이다. Fagerberg and Verspagen(2002) 참조.

〈표 4-3-1〉 경제성장률과 노동투입

(기간 연평균, %)

기간	경제 성장률	노동 생산성 증가율	노동 투입 증가율	노동투입 증가율의 결정요인				
				평균근로 시간의 증가율	취업률의 증가율	경제활동 참가율의 증가율	생산가능인구 비중의 증가율	인구 성장률
1971~1980	6.89	3.12	3.76	0.22	−0.09	0.61	1.38	1.64
1981~1990	8.63	6.63	2.00	−0.82	0.24	0.36	1.10	1.13
1991~1997	6.66	4.93	1.72	−0.42	−0.03	0.79	0.40	0.99
2000~2007	4.59	4.45	0.14	−1.32	0.16	0.79	0.07	0.43

주: 국내총생산은 한국은행의 2000년 기준 시장가격 국내총생산, 취업자와 경제활동참가인구는 경제활동인구연보, 평균근로시간은 노동연구원의 KLI 노동통계의 전산업 평균근로시간(10인 이상 사업체 기준), 그 외 인구 관련 자료는 통계청 인구추계를 참조.

2000년대 성장률이 둔화된 것은 노동생산성보다는 노동투입의 증가율이 둔화된 것에 대부분 기인한다. 노동투입은 외환위기 이전 연평균 1.72% 증가하였으나, 2000년대에 들어와서는 0.14% 증가하여 그 증가율이 크게 둔화되었다.

그렇다면 노동투입은 왜 감소하였는가? 〈표 4-3-1〉에 따르면 무엇보다도 주 40시간 근무제 등의 도입으로 평균근로시간이 눈에 띄게 감소하였으며, 이와 함께 인구성장률과 생산가능 인구비중의 증가율이 크게 감소하였다. 반면 경제활동 참가율이나 취업률은 외환위기 이전과 별 차이가 없이 노동투입을 증가시키고 있다. 한국의 근로시간이 다른 선진국에 비하여 여전히 높은 점을 고려한다면 근로시간의 감소가 문제라고 보기는 힘들 것 같다.[19] 또한 인구동태의 변화에 따른 노동투입의 변화도 고령화라는 경제적 부담으로 나타날 것이지만 이것 자체가 경제적인 문제라고 말하기는 힘들다. 경기에 민감하여 경제적 문제로 여겨질 수 있는 취업률(=1−실업률), 경제활동 참가율이 성장률 둔화에 영향을 주지 않고 있으므로 〈표 4-3-1〉을 기초로 판단한다면 최근의 경제성장률의 둔화는 주로 근로시간의 감소와 인구동태의 변화에 기인한 현상으로 성장률 둔화 자체를 경제적 문제로 보기는 힘들 것 같다. 사실 근로시간 감소는 정책적으로 추진하고 있으며 인구동태는 변화속도가 빠르지만 우리나라가 선진국

19) '2008년 OECD 통계연보'에 따르면 우리나라의 연평균 근로시간은 2006년 2,357시간으로 OECD 국가 중 1위를 차지하고 있으며, 이것은 OECD 평균 근로시간인 1,777시간에 비하여 매우 높다.

으로 이행하는 과정에서 발생하는 현상이라고 이해된다.

따라서 과거와 같은 경제성장률이 유지되기 위해서는 노동생산성의 증가율이 현재의 4% 중반이 아닌 80년대에 시현한 6%대로 높아져야 한다. 현재 4% 중반대의 노동생산성 증가율은 너무 낮은가? 다음과 같은 Cobb-Douglas 생산함수를 가정하여 보자.

$$Y = AK^{\alpha}L^{1-\alpha} \tag{2}$$

여기서 Y, A, K, L은 각각 GDP, 총요소생산성, 자본, 노동이며, α는 자본의 생산 탄력성으로 일반적으로 0.35정도로 추정된다. 따라서 노동생산성은 다음과 같이 총요소생산성과 일인당 자본량에 의해 결정된다. 즉,

$$\frac{Y}{L} = A\left(\frac{K}{L}\right)^{1-\alpha} \tag{3}$$

식 (3)에 따르면 노동생산성의 증가율은 총요소생산성과 일인당 자본량의 증가율에 의해 결정된다. 국민소득, 노동과 자본의 투입을 관찰할 수 있으므로 식 (2)를 기초로 성장회계방법에 따라 총요소생산성 증가율을 구할 수 있다. 〈표 4-3-2〉에 따르면 총요소생산성은 2000년대에 들어서 연 평균 2.65% 증가하여 외환위기 이전 90년대 보다 빠르게 증가하고 있음을 알 수 있다. 다른 조건이

〈표 4-3-2〉 경제성장률의 결정요인

(기간 연평균, %)

기간	GDP	취업자수	총근로시간	자본스톡	총요소생산성
1971~80	6.89	3.54	3.76	13.54	−0.30
1981~90	8.63	2.83	2.00	10.48	3.66
1991~97	6.66	2.15	1.72	11.02	1.68
2000~07	4.59	1.46	0.14	5.29	2.65

주: GDP는 한국은행의 2000년 기준 시장가격 국내총생산, 총근로시간은 경제활동인구연보의 취업자수와 노동연구원의 KLI 노동통계의 전산업 평균근로시간(10인 이상 사업체 기준)에서 추출한 연간 근로시간을 곱하여 계산한 총노동시간, 자본스톡은 World Bank의 Nehru and Dareshwar (1993)가 추계한 자본스톡을 감가상각 연 4%로 상정하여 1991년 이후는 실질 총고정자본형성 자료를 이용하여 외삽하여 계산한 자본스톡임. 총요소생산성 증가율은 GDP 증가율에서 노동과 자본투입의 기여도를 뺀 나머지이며, 이때 노동소득분배율은 관례에 따라 0.65로 상정하였음.

같다면, 식 (3)에 따라 본다면, 노동생산성은 외환위기 이전보다 연평균 1% 빠르게 증가해야 했을 것이지만 오히려 0.5% 정도 느리게 증가하였는데, 이것은 바로 자본스톡의 증가율이 하락한데 그 원인이 있다고 볼 수 있다. 〈표 4-3-2〉에서 보다시피 자본스톡의 증가율은 외환위기 이전 10%대 이상의 수준에서 최근에는 5%대로, 절반 이상 감소하였다. 이렇게 볼 때 외환위기 이후 기업의 투자가 크게 위축한 것은 사실이며 투자가 경제활력의 지표이므로 투자의 위축은 경제문제로서 관심을 가질 만한 현상이다. 따라서 현재 정책의 관심이 주로 투자제고를 통한 성장률 높이기로 가는 것은 당연한 것처럼 보인다.

그렇다면 자본스톡 증가율의 급격한 하락을 어떻게 보아야 할 것인가? 우선 총량적인 투자의 추세에 대하여 알아보자. 시계열적으로 볼 때 과거에 비하여 투자가 저조하고 자본스톡의 증가율이 하락된 것은 틀림없는 사실이다. 그런데 여기서 최근 투자가 저조하다는 것은 외환위기 이전의 투자 추이를 기준으로 한 상대적인 판단이다. 따라서 현재의 투자가 저조한 것이 비정상적인가를 판단하기 위해서는 외환위기 이전의 높은 투자율이 정상적이었는가를 먼저 판단해야 한다. 정상적이라는 용어의 의미가 모호하지만 여기서 정상적이란 기업이나 경제가 그 수준의 투자율을 장기적으로 유지할 수 있는가라고 정의하여 보자. 이렇게 정상적 투자수준을 정의한다면 외환위기 이전의 투자율을 정상적이라고 판단내리기는 힘들다. 왜냐하면 외환위기 이전까지 두 자리수의 높은 자본스톡 증가율을 가지고 온 투자는 상당부분 외환위기 이후 구조조정의 대상이 되었기 때문이다. 외환위기는 여러 원인이 복합적으로 작용한 결과이지만, 이전의 과도한 투자로 인한 기업과 금융의 부실화가 직간접적으로 영향을 미친 것은 부인하기 힘들다.

외환위기 이전의 기간이 비정상적으로 경기가 확장된 국면이었다면, 이후의 투자 둔화와 성장률 저하는 상대적으로 더 과도하게 보일 것이다. [그림 4-3-1]의 실업률과 [그림 4-3-2]의 국내고정투자율의 장기적인 추세와 실제치를 비교해 본다면 이 사실이 확인된다. 3저 호황이 시작된 80년대 하반기 이후 외환위기 이전까지 한국경제는 10여년에 걸친 장기 과열 성장 국면에 있었음을 알 수 있다. 이 기간 동안 실현한 2% 대의 실업률과 30% 중반 이상의 국내고정투자율은 장기추세에 비추어 보아 이 기간의 성장이 잠재성장률을 추월했을

[그림 4-3-1] 실업률의 추이 (단위: %)

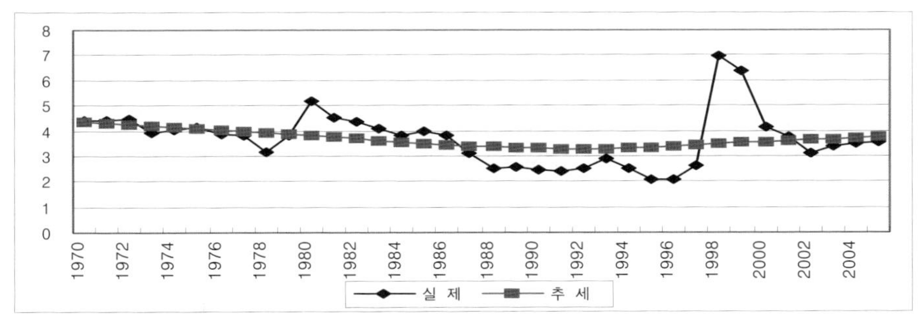

주: 추세는 Hodrik-Prescott Filter(평탄화계수=1600)를 이용하여 계산.

[그림 4-3-2] 국내고정투자율의 추이 (단위: %)

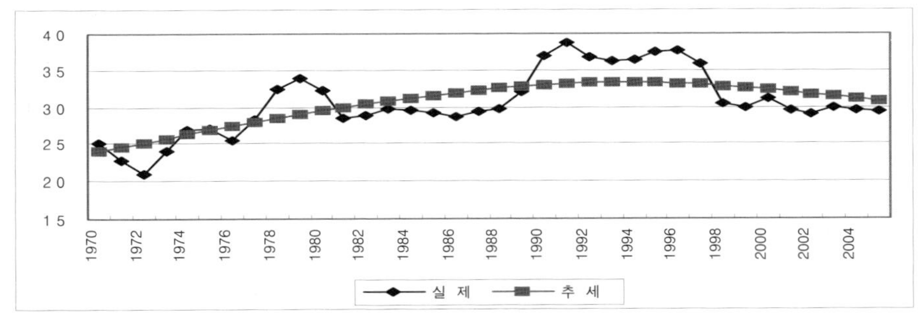

주: 추세는 Hodrik-Prescott Filter(평탄화계수=1600)를 이용하여 계산.

것이라 판단된다.

나아가 현재 보이는 생산요소 투입의 증가율 정체는 과거의 과도한 팽창에 대한 반작용일 수도 있다. 외환위기 이후 이전의 과잉투자가 소화되는데 시간이 걸릴 것이며 큰 경제적 충격 이후 기업들도 경제가 저점을 지나 회복 국면에 진입하더라도 경기회복에 대한 확신이 설 때까지 투자를 미룰 가능성이 높다. 이것이 장기 과열투자 국면 이후 장기추세보다 낮은 추이로 나타나게 된다.[20] 이것은 제조업 평균 가동률 추이를 보아도 알 수 있는데, 평균가동률은

20) 경기에 따라 추세를 중심으로 한 투자와 고용의 부침과 이에 따른 노동생산성의 변동은 Gordon(1993)이 확장말기효과(end of expansion effect)라고 명명한 바대로 대부분의 경제에

1998년 67.7%로 80년대 초반 이후 최저치로 하락했다가 이후 지금까지 지속적으로 증가하고 있으며 2007년에는 80.4%로 거의 1990년대 중반의 사상 최고치에 근접하고 있다.

또한 최근의 투자율 저하는 국제비교를 통해 볼 때에도 비정상적으로 낮아진 것으로 볼 수 없다. 다른 선진국에서 관찰되듯이 경제가 투입주도에서 효율성이 중시되는 성장으로 전환하면 일반적으로 투자율이 감소하고 대신 총요소생산성의 증가가 경제성장에 기여하는 바가 높아진다. 이와 함께 초기의 높은 성장률이 점차 낮아지게 되는데, 이러한 투자율과 성장률의 둔화현상은 경제발전에 따르는 자연스러운 현상이지 이 자체를 문제 삼기는 힘들다고 판단된다. 이것은 현재의 성장률과 투자율을 다른 선진국에 비교하여 보면 다시 한번 확인된다. 현재 한국의 구매력 평가 일인당 GDP 수준하에서 다른 선진국의 성장률 및 고정투자율을 비교하여 보아도 현재 한국의 투자율이 낮은 편이 아니다. 〈표 4-3-3〉에 따르면 한국의 투자율이 과거에 비하여 전반적으로 낮아진 것은 사실이나 현재 수준도 여전히 다른 선진국에 비하여 높으며, 이는 다른 선진국이 한국의 소득 수준에 있을 때와 비교하여도 높은 편이다.

〈표 4-3-3〉 고정투자율 국제비교

	일인당 국민소득 (2000년)	고정투자율 (2000년)	비교연도	당시 일인당 국민소득	당시 고정투자율 (%)
한국	15,702	28.4			
미국	34,365	15.3	1965	15,493	13.0
일본	23,971	25.2	1980	15,520	–
영국	24,666	13.5	1978	15,330	13.8
독일	25,061	23.9	1976	15,682	22.5
프랑스	25,045	22.0	1975	15,218	27.4
이탈리아	22,487	21.3	1979	15,828	25.1
캐나다	26,821	15.9	1972	15,203	17.2

주: 일인당 국민소득은 Penn World Table v6.2의 구매력으로 평가한 달러화 국민소득(Constant price: Chain series)이며 투자율은 STAN DB의 GDP 대비 총고정자본투자의 비율(%)임. 미국은 투자율은 STAN DB 제약으로 1970년 자료이며, 일본은 STAN DB에 총고정자본형성 자료가 없어서 일본통계연감에서 직접계산.

서 규칙적으로 나타나고 있다.

따라서 최근에 경험하고 있는 투자율 저하는 어떻게 보면 경제발전 단계가 선진국 수준에 진입하며 발생하는 피치 못할 현상으로 생각된다. 한국경제는 90년대 이후 성장패턴과 산업구조의 변화를 급격하게 겪고 있다. 미국이나 일본 등 선진국이 경제발전과정에서 경험한 성장패턴의 변화를 보면 산업화가 빠르게 진전될 때는 투자율이 높고 대신 총요소생산성 증가율이 낮으나, 산업화가 일정 수준을 넘어가면 투자율이 낮아지고 총요소생산성 증가율은 올라간다.[21] 즉, 투입주도형에서 혁신주도형으로의 성장패턴의 변화이다. 특히 Bloom and Williamson(1998)이 밝힌 대로 한국 등 동아시아 경제성장은 인구동태의 변화와 맞물려 노동투입과 자본투입의 급격한 성장으로 인한 투입주도형 성장패턴이 현저하게 나타났다. 하지만 〈표 4-3-1〉에서 보다시피 한국도 90년대에 들어서며 인구동태에 의한 노동투입의 증가율이 현저하게 저하되며, [그림 4-3-2]에서 보다시피 투자율도 90년대에 들어서면 증가에서 감소추세로 전환된다. 이와 함께 다음 장에서 주로 언급할 것이지만 이 시기를 즈음하여 탈공업화 현상이 시작되고, 연구개발 투자가 급격하게 증가한다. 이와 함께 80년대 이후 대학교육을 위시한 고등교육이 급격하게 확대되며 인적자본도 급속하게 증가한다. 이상을 종합하면 한국경제는 90년대에 들어서며 과거의 양적인 확장에서 질적인 심화로 성장패턴이 빠르게 변화하였다고 볼 수 있다.[22]

따라서 현재의 한국경제의 발전단계에서 의도적으로 투자율을 올리는 것도 쉽지 않지만, 투자율이 제고된다고 하더라도 이것은 단기적인 경기상승을 불러올지는 모르지만 장기적인 성장률을 높이기는 힘들 것으로 생각된다. 간단하게 앞의 식 (2)의 생산함수를 이용하여 투자율의 증가를 통하여 얼마만큼 성장률이 올라갈 수 있는지 알아보자.[23] 관례에 따라 자본의 생산탄력성을 0.35라고 한다면 자본스톡의 증가율이 1%포인트 증가하면 경제성장률은 0.35%포인트 증가한다. 그렇다면 자본스톡의 증가율 1%포인트를 높이기 위해서는 투자율을

21) 미국에 대해서는 Abramovitz(1993), 일본에 대해서는 Hayami and Ogasawara(1999) 참조.

22) 연구개발투자, 투자율, 인구동태, 산업구조, 인적자본의 추이, 총요소생산성의 증가율 추이 등 많은 거시경제 지표가 1990년대에 들어오며 추세적 변화를 보인다. 한국경제의 성장패턴 전환에 대한 자세한 논의는 김종일(2004) 참조.

23) 물론 투자활성화가 단순하게 자본스톡만을 증가시키지는 않고 생산성과 수요 증가로 이어지며 복잡한 경로를 통하여 성장에 영향을 미친다. 하지만 여기서는 물리적 투자의 영향만을 계산한다.

얼마나 높여야 할 것인가? 자본 스톡을 어떻게 추계하는가에 따라 차이가 있겠으나 본 연구에서 추계한 자본스톡의 추계치를 이용하면 자본스톡을 국내총생산으로 나눈 자본계수는 3.21 정도이다. 따라서 투자율이 3.21%포인트 증가해야 자본스톡 증가율이 1%포인트 증가하며 이것은 0.35%포인트 경제성장률을 높인다. 따라서 경제성장률을 1%포인트 증가시키기 위해서는 투자율이 9.17%포인트 증가해야 한다.[24] 2007년 현재 고정투자율이 28.8%이니 이것이 38% 정도까지 올라가야 하는데 이 수준은 1990년 초반 투자율이 사상 최고조에 달했을 수준에 육박한다. 그런데 장기적으로 투자율은 저축률에 의하여 규정되므로 사회보장제도, 주택금융 등 가계금융의 활성화, 고령화 등을 고려할 때 투자율이 현재의 수준에서 더 이상 올라가는 것은 힘들 것으로 보인다.

그러므로 경제성장률을 높이기 위해서는 양적인 투자보다는 경제의 효율성을 높이는 것이 합리적이다. 그런데 〈표 4-3-1〉에서 보다시피 최근에 시현한 총요소생산성 증가율 2% 중반 수준은 장기 성장률로서는 낮지 않은 수준이다.[25] 따라서 외환위기 이후 한국경제가 달성한 경제성장률 4%대 중반 수준은 잠재성장률 수준을 하회하지 않은 정상적인 수준의 성장률이라고 평가할 수 있다.

이상을 종합하면 현재의 낮은 투자율이 문제인 것처럼 보이는 것은 외환위기 이전의 비정상적으로 높은 투자율에 의해 과소평가되기 때문이다. 최근의 기업의 설비투자 증가율은 과도하게 낮은 것처럼 보인다.[26] 따라서 투자가 활성화되고 이를 통하여 고용이 창출되면 경제에 도움이 되는 것은 사실이지만 외환위기 이전의 비정상적으로 높은 투자율이 정책의 목표가 된다면 문제가 있다. 투자의 저조에 대하여 시장주도론자들은 과도한 규제가 기업으로 하여금

24) 자본스톡 증가율＝투자/자본스톡＝(투자율×국내총생산)/자본스톡＝투자율×(국내총생산/자본스톡)＝투자율/3.21, 따라서 자본스톡 증가율을 1%포인트 증가시키기 위해서는 투자율이 3.21%포인트 증가해야 한다.

25) 선진국의 장기추세를 살펴보면 총요소생산성은 장기적으로 2% 대에서 증가하는 것으로 보인다. 2차 대전 이후 1970년 중반까지 선진국의 미국 따라잡기가 활발한 고성장 시기에는 총요소생산성이 3%대 이상으로 증가하였으나 이후 낮아졌으며 장기적으로 2%대 증가율이 일반적이라고 판단된다.

26) 기업의 설비투자는 외환위기 이전 1987~96년 사이 연평균 13.1% 증가했으나 1998~2007년까지는 2.6% 증가하여 증가율이 크게 감소하였다.

보수적인 경영에 안주하게 만든다고 판단하고 과감한 규제완화와 감세가 필요하다고 한다.[27] 반대로 장하준·정성일(2007) 등 국가개입론자들은 투자저하가 외환위기 이후 영미식 주주중심 자본주의로 금융구조가 개편되고 투자위험에 대한 민간과 정부의 분담기제가 사라지게 됨에 따라 경제의 투자성향이 과도하게 낮아지게 되었다고 한다. 이들은 반대로 정부의 금융개입을 처방으로 내놓고 있다. 이 양자들은 동일한 현상에 대하여 상반된 처방을 주장하고 있지만 모두 투자저하를 제일의 경제 현안으로 보는데서 동일하며, 모두 거시경제적 총량적 처방이 문제를 해결할 것이라고 보는데서 큰 차이가 없다.

하지만 이렇게 투자율 저하를 최대 현안으로 보고 이를 거시적 총량적 정책접근을 통하여 제고하려는 것은 한국경제가 경험하고 있는 달라진 성장패턴에 비추어 보아 바람직하지 않다. 사실 기업의 설비투자의 증가율은 저하되었지만 투자주체로 보았을 때 중소기업의 투자가 위축되었지 현재 정책의 주된 관심이 되는 대기업의 투자는 꾸준히 증가하여 왔다.[28] 또한 대기업들은 연구개발 투자를 확충하며 무형자산에 대한 투자를 외환위기 이전보다 더욱 강화하고 있다. 이렇게 기업의 전략과 성장패턴이 바뀌어 가고 있는 상황에서 현재 정부가 추구하고 있는 투자확대, 수출기반 확충, 성장률 제고라는 양적인 확대를 통한 일자리 창출 목표는 달성하기도 힘들고 효과가 있다고 하더라도 단기적인 경기상승으로 끝날 가능성이 높다. 이러한 점을 고려하면 현재 한국경제가 당면한 현안은 총량적인 투자나 외형적인 성장의 둔화보다는 성장률에 담긴 구조적인 내용에서 찾아야 할 것이다.

---

27) 현 정부의 기조와 다수의 경제학자들이 이러한 관점에 서 있다.

28) 임경묵(2005)은 기업의 재무자료를 통해 우리나라 기업들의 설비투자가 어떻게 되고 있는가를 알아보았는데, 2003년과 2004년의 설비투자 위축은 대기업보다는 중소기업에 그 원인이 있으며 제조업보다는 서비스업의 침체에 기인한 것으로 나타났다. 특히 영세기업들의 투자 침체가 극심하였다. 또한 산업은행의 주요기업 설비투자계획보고서에 따르면 2003년~2005년 대기업의 설비투자는 각년도 27.4%, 45.8%, 7.4% 늘어났고 반면 중소기업은 −3.4%, −6.8%, −2.3%를 기록한 것을 보인다. 이렇게 제조 대기업의 경우 외환위기 발생 이후 과거의 과잉투자 조정과 재무구조 개선을 위해 2002년까지 매우 낮은 투자 증가율을 보였으나 구조조정이 일단락되고 수익성이 확보되면서 2003년 이후 매우 높은 투자 증가율을 기록했으며 투자성향도 회복되었다고 한다.

Ⅲ. 구조변화의 시각에서 바라본 현재의 고용문제

현재 한국경제에 대한 국민이 느끼는 불안감은 성장률 둔화 자체보다는 수출의 빠른 증가에도 불구하고 내수가 침체되어 있고 고용의 질과 안정성이 낮아진 데 주로 기인하는 것으로 보인다.[29] 이에 대하여 여러 각도에 설명이 가능할 것이나 한국경제의 빠른 구조변화가 이에 대한 근본적인 원인인 것처럼 보인다. 나아가 현재의 상황이 심각하게 부각되는 것은 구조변화의 압력이 이미 90년대에 들어서며 증가하고 있었으나, 외환위기 이전의 과열성장으로 인하여 지연되다가 외환위기 이후 급속한 조정을 받았기 때문으로 생각된다. 한국경제의 구조변화의 추이 자체는 선진국이 70년대 이후 경험하고 있는 구조변화의 양태와 크게 다르지 않지만, 한국경제의 성장 자체가 압축성장이라고 표현되듯이, 최근에 겪고 있는 구조변화도 매우 급격하게 진행되는 데 문제가 있다.

90년대 이후 한국경제의 구조변화를 불러오는 요인은 다양하고 상호관련이 되어 있다. 우선 내재적 요인으로 본다면 앞에서 언급한 바와 같이 90년대에 들어서며 투입주도형 양적인 성장이 한계에 다다르며 성장패턴의 변화가 나타나기 시작했다. 무엇보다도 80년대에 들어서며 출산율이 급속하게 낮아지며 인구동태의 변화로 인하여 노동투입의 증가가 빠르게 둔화되고, 실물투자보다는 연구개발과 인적자본에 대한 투자가 상대적으로 확대되었다. 이와 함께 80년대 말 이후 민주화와 함께 자본시장도 자유화되며 노동과 자본의 수급에 시장기능이 강화되었다. 즉, 임금과 자본비용이 시장의 상황에 민감하게 되었다. 이와 함께 외부적 요인으로는 세계화에 따라 생산요소의 국가간 이동 및 국제 분업 구조의 확대가 본격적으로 시작되었다. 90년대 초 소련의 붕괴 후 시장경제 시스템의 확산과 정보통신 기술의 급속한 발전으로 전 세계적으로 무역·투자·정보의 교류가 급속히 확대되며 과거에 볼 수 없었던 생산의 국제분업 구조가 빠르게 확산되었다. 국내 기업의 해외직접투자도 90년대에 들어서며 급속하게

29) 실업률은 2000년대 들어와 평균 3.5% 수준을 유지하고 있는데, 이 수준은 외환위기 이전보다는 높은 수준이나 외환위기 이전이 장기추세보다 낮은 수준이었음을 감안한다면 양적인 측면에서 일자리 문제보다는 질적인 측면에서의 일자리문제가 더 큰 문제이다.

증가하였다. 이러한 세계화 경향은 중국 등 BRICs의 부상으로 더욱 가속화되었다. 특히 중국은 대규모 해외직접투자를 흡수하며 국제 분업구조 하에서 비용우위를 바탕으로 세계의 생산공장으로 부상하며 한국경제의 구조변화에 큰 영향을 미친 것으로 보인다.[30)]

이러한 내재적 요인과 외부적 환경 변화는 제조업의 구조를 기술집약적 지식집약적으로 변화시키는 압력으로 작용했으며, 전세계적 경쟁이 강화됨에 따라 국내 기업들도 국경을 넘는 하청, 외주화, 생산분업에 적극적으로 참가하며 국내 본사에서는 연구개발, 마케팅, 교육훈련의 비중이 증가하며 제조업의 서비스화가 빠르게 진행되었다. 이와 함께 국내의 임금상승과 함께 경쟁력이 사라지는 노동집약적 경공업의 사양화가 급격하게 진행되고 중화학공업에서도 노동집약적 공정이 해외로 이전됨에 따라 대기업의 고용창출 능력은 급격하게 둔화되었다.[31)]

이러한 구조변화가 얼마나 급격하게 진행되고 있는가는 수출과 산업구조의 변화에서 잘 나타난다. 〈표 4-3-4〉에서 보다시피 대중국 수출은 지난 10년간 급격하게 증가하였고, 이와 함께 경공업제품이 차지하는 비중이 1990년 35.9%에서 2007년에는 6.9%로 급속하게 감소하였다. 〈표 4-3-5〉와 〈표 4-3-6〉에서 보다시피 이러한 수출대상국, 수출제품, 국민소득의 지출구조의 변화는 모두다 제조업의 고용창출력을 둔화시키는 방향으로 진행된 것으로 보인다. 노동생산성이 증가함에 따라 고용계수가 감소하는 것은 당연하나 대중국 수출의 고용유발계수가 다른 국가로의 수출에 비하여 더욱 빠르게 감소하고 있다. 또한 소비나 투자에 비하여 수출의 고용유발계수가 더욱 가파르게 떨어지고 있어, 내수의 위축에도 불구하고 수출의 증가율이 빨랐던 최근의 성장패턴도 경제의 고용창출력을 둔화시키는 방향으로 작용하고 있다.

산업연관분석을 이용하여 이러한 구조변화가 부가가치와 고용의 증가에 어떠한 영향을 미쳤는가를 살펴본 것이 〈표 4-3-7〉이다. 〈표 4-3-7〉은 80년대와

---

30) 김종일(2006)의 회귀분석 결과에 따르면 수출입 시장에서의 중국과의 경쟁과 이로 인한 산업재편이 90년대 이후 산업구조변화에 가장 큰 영향을 미친 것으로 나타난다.

31) 해외직접투자가 반드시 국내투자를 대체하는 것은 아니지만(김현정(2008)), 시장접근형이 아닌 비용절감형 해외투자는 국내의 고용을 감소시킨다(신현열 · 오진석(2005)).

〈표 4-3-4〉 한국의 지역별 품목별 수출비중 추이

(단위: %)

지역별 수출 비중	1980	1985	1990	1995	2000	2007
미 국	26.3	35.5	29.8	19.3	21.8	12.3
일 본	17.4	15.0	19.4	13.6	11.9	7.1
E U	16.8	12.1	15.9	13.9	14.3	14.8
동남아	12.4	11.0	15.8	26.1	22.6	19.0
중 국	0.1	0.1	0.9	7.3	10.7	22.1
중 동	13.4	8.6	4.4	4.0	4.8	5.8
중남미	2.8	3.5	3.0	5.8	5.1	6.1
기타	10.8	14.1	10.8	10.0	8.8	12.8
품목별 수출 비중	1980	1985	1990	1995	2000	2007
1차 산품	8.2	7.6	4.9	4.9	2.8	1.5
경공업제품	43.1	35.2	38.5	22.5	16.2	6.9
중화학공업제품	37.7	52.4	56.6	72.7	81.0	91.5

주: 통계청, KOSIS의 무역통계에서 계산.

〈표 4-3-5〉 주요 교역상대국의 수출입 부가가치 및 고용유발계수

		부가가치 유발계수			고용유발계수		
		1990	1995	2000	1990	1995	2000
미국	수입	0.638	0.712	0.641	0.059	0.034	0.020
	수출	0.642	0.682	0.615	0.076	0.027	0.015
일본	수입	0.611	0.687	0.604	0.051	0.027	0.012
	수출	0.653	0.676	0.561	0.061	0.032	0.012
중국	수입	0.640	0.678	0.633	0.075	0.030	0.018
	수출	0.671	0.617	0.568	0.046	0.020	0.009

주: 2000년 불변가격 기준. 고용유발계수는 백만원 증가시 고용인원.

90년대의 부가가치와 고용의 증가에 최종수요의 제품구성과 지출구성의 변화와 중간재 투입구조의 변화가 어떠한 영향을 미쳤는가를 산업연관분석을 이용하여 계산한 것이다.[32] 우선 부가가치의 증가, 즉 경제성장에 구조변화가 미친 영향

32) $A^d(=A-A^m)$와 $Y^d(=Y-Y^m)$를 국산투입계수행렬과 국산제품에 대한 최종수요로 정의하면, $A^dX+Y^d=X$이다. 따라서 최종수요와 총산출의 관계는 $X=(I-A^d)^{-1}Y^d$로 나타나고, 부가가치와 고용은 각각 $V=A^v(I-A^d)^{-1}Y^d$, $L=A^l(I-A^d)^{-1}Y^d$로 중간투입과 최종수요구조에 의해 영향

〈표 4-3-6〉 지출별 고용유발계수

	1980	1985	1990	1995	2000
최종수요	8.2	6.0	4.2	2.8	2.0
(무급)	3.6	2.4	1.5	0.9	0.7
(피용)	4.6	3.6	2.7	1.8	1.3
소비	9.6	6.7	4.8	3.3	2.4
투자	4.7	3.9	2.7	2.1	1.7
수출	9.5	6.5	4.7	2.6	1.5

주: 한국은행, 산업연관표에서 계산. 1980-85-90년은 1990년 불변가격 기준, 1990-95-2000년은 2000년 불변가격 기준으로 각각 계산하여 1980년과 1985년은 중복되는 1990년을 기준으로 재조정. 2000년 기준 10억원 지출 증가시 고용유발 인원수. 무급은 자영업자와 무급고용을 포함.

〈표 4-3-7〉 구조변화가 부가가치 및 고용 증가에 미친 영향

기간	부가가치 증가분 및 증가율	무역 및 산업 구조변화의 기여도 =(1)+(2)	(1) 최종수요(Y^d)의 구성 변화	(2) 투입구조($I-A^d$)의 변화
1980~1990	107.59 (9.25)	1.14 (0.06)	−3.46	4.60
1990~000	304.55 (7.09)	−27.94 (−0.48)	−22.37	−5.57
기간	**고용 증가분 및 증가율**	**무역 및 산업 구조변화의 기여도 =(1)+(2)**	**(1) 최종수요(Y^d)의 구성 변화**	**(2) 투입구조($I-A^d$)의 변화**
1980~1990	3.70 (2.65)	−0.98 (−0.63)	−1.13	0.15
1990~2000	0.79 (0.48)	−2.46 (−1.59)	−1.75	−0.71

주: 단위는 각각 조원 및 백만명. 1980-85-90년은 1990년 불변가격기준, 1990-95-2000년은 2000년 불변가격 기준. 첫 번째 행의 괄호안은 연평균 성장률(%), 두 번째 행의 괄호안은 구조변화가 연평균 성장률에 미친 영향(%포인트). 김종일(2006) 참조.

을 살펴보면, 80년대에 구조변화는 GDP 성장에 1990년 가격기준으로 10년 동안 1.14조원 기여하였지만 90년대로 들어서게 되면 최종수요의 구성과 투입구조가 모두 부가가치 창출에 마이너스로 작용하여 90년대 10년 동안 연평균

을 받는다. 자세한 계산 방법과 자료처리에 대해서는 김종일(2006) 참조.

0.48%포인트 정도 GDP 성장률을 낮춘 것으로 보인다.

그런데 이러한 현상은 고용에서 더욱 확연하게 들어난다. 80년대와 90년대 GDP 성장률은 각각 9.25%와 7.09%로 큰 차이가 없지만, 고용 증가율은 90년대에 들어와 80년대의 2.65%에서 0.48%로 급격히 떨어진다. 즉 경제성장의 고용창출력이 저하된 것인데 이러한 고용증가율의 급격한 저하는 상당부분 무역과 산업구조의 변화에 기인하는 것으로 보인다. 만약 구조변화가 없었다면 90년대의 고용증가율은 3%를 넘어서 80년대보다 낮지만 그렇게 급격하게 감소하지는 않았을 것이다. 여기서 유의해야 하는 것은 〈표 4-3-7〉의 고용자수는 산업연관표의 고용표에서 정의하는 연인원(man-year)이다. 연인원이란 노동자 1인이 완전고용되어 1년 동안 투입한 노동량이다. 따라서 이는 불완전고용까지 포함하는 경제활동인구조사의 취업자와는 다르다. 경제활동인구조사에 따르면 취업자의 증가율은 1980년과 1990년대 각각 연평균 2.79%와 1.51% 증가했다. 80년대는 취업자수의 증가와 유사하게 연인원의 수가 증가하였지만 90년대에는 취업자수가 1.51% 증가하였음에도 불구하고 연인원은 0.48% 밖에 증가하지 않았다. 따라서 90년대는 고용의 증가가 저하되었을 뿐만 아니라 취업자 중 불완전 고용상태에 있는 자가 늘어났음을 알 수 있다. 양적으로 볼 때 90년대에 들어와 구조변화로 인하여 10년 동안 연인원 246만명의 일자리가 사라졌다. 이러한 급격한 구조변화로 인한 일자리의 감소는 현재 당면한 고용문제에 큰 영향을 미쳤음에 틀림없다. 외환위기 이전 자본자유화와 함께 투자가 활발하던 시기에는 구조변화의 영향이 고용조정 대신 기업의 수익률 악화로 나타났지만 외환위기 이후 기업의 구조조정이 본격화되면서 구조변화의 영향이 노동시장에 현저하게 나타나게 된 것이다.

이러한 구조변화가 미친 영향을 산업별로 볼 때 제조업의 고용에 미치는 영향이 직접적이고 컸다. 〈표 4-3-8〉에서 보다시피 제조업은 1990년 이전에는 도소매숙박음식업과 함께 고용창출이 가장 왕성하게 된 산업이다. 하지만 90년대에 들어서며 외환위기 이전부터 고용이 감소되기 시작했고, 이것은 외환위기 이후에 크게 감소했다. 이러한 제조업 고용감소는 2000년대에 들어서도 지속되고 있어 여전히 제조업의 구조가 빠르게 변화하고 있음을 알 수 있다. 이러한 제조업에서의 고용감소는 90년대 초반에는 경기호황과 함께 도소매음식숙박업

〈표 4-3-8〉 취업자수의 변화 추이

(단위: 천 명)

	1980~1985	1985~1990	1990~1995	1995~2000	2000~2007
농림어업	−890	−572	−887	−169	−534
제조업	549	1,407	−93	−524	−175
건설	68	435	567	−331	268
전기운수	−3	29	0	−6	22
도소매음식숙박	752	558	1,480	551	−240
창고통신운수	82	222	152	184	239
금융보험부동산	231	382	708	463	1,043
기타서비스	495	654	404	572	1,637
전 체	1,284	3,115	2,331	740	2,278

자료: 「경제활동인구조사」.

에서의 급속한 고용증가로 나타났고 외환위기 이후에는 금융보험·부동산사업서비스와 사회개인서비스의 증가로 나타났다.

이렇게 제조업의 고용이 감소하고 서비스업의 고용이 증가하는 것은 대부분의 선진국이 이미 70년대부터 경험하고 있는 탈공업화로의 구조변화에 한국도 동참했음을 의미한다. 일반적으로 경제발전 초기 단계에는 공업화가 진전되지만 일정 수준에 도달하면 더 이상 증가하지 않는다. 그런데 국가마다 차이가 나지만 60년대 말을 전후하여 대부분의 선진국에서 제조업의 고용비중이 감소하고 대신 서비스업의 비중이 증가하는 탈공업화, 즉 경제의 서비스화가 진행되고 있다. 이러한 현상은 소득수준이 일정수준 이상에 도달하면 제조업보다는 서비스업에 대한 수요의 소득탄력성이 높아지고(Fisher(1935)와 Clark(1940)), 서비스업보다는 제조업의 생산성 증가가 높으므로 서비스업의 상대가격이 상승함에 따라 자원이 서비스업으로 이동함에 따라(Baumol(1967)) 발생한다. 또한 최근에 제조기업이 사내에 두던 서비스 활동을 정보통신기술의 발전과 함께 외주화하고(Raa and Wolff(1966)), 후발공업국의 부상과 함께 선진국이 노동집약적 제조업을 후발국으로 이전함에 따라(Freeman(1995)) 선진국에서 서비스화가 더욱 촉진되고 있다.[33] 김종일(2006)에 따르면 대부분의 선진국이 일인당 국민소

33) 이러한 가설에 대한 실증분석과 관련된 논의는 김현정(2006) 참조.

[그림 4-3-3] 제조업 고용비중 추이의 국제비교

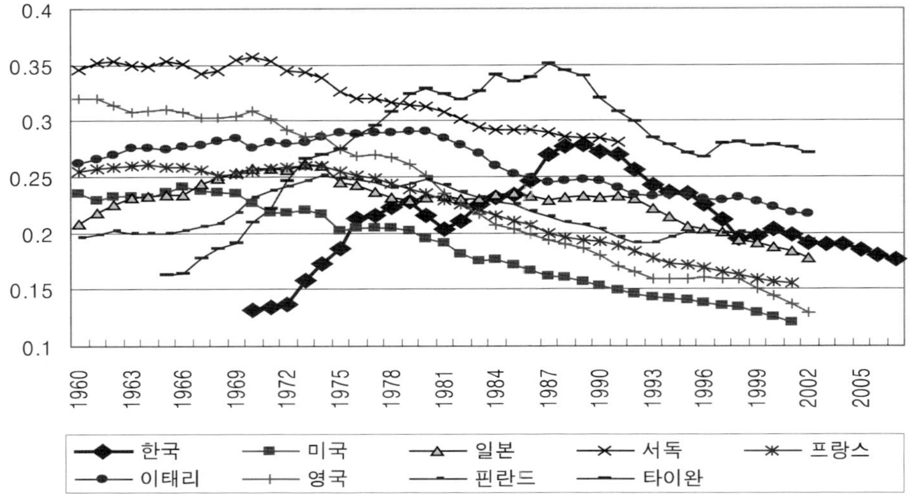

자료: OECD, ISDB와 STANDB, 대만은 대만통계연보, 한국은 경제활동조사.

득 15,000달러(1995년 가격기준 구매력 평가)를 전후하여 탈공업화 현상이 나타나는데, 한국의 경우는 소득수준에 비해서는 탈공업화 현상이 이른 감이 있으나(1989년 일인당 소득 10,000달러) 경제발전에 따른 피하기 힘든 구조변화의 과정이라고 생각된다.

그런데 문제는 이러한 구조변화의 속도가 너무 빠르고, 수출비중이 높은 제조업 주도 국가로서 현재의 발전단계에 비추어 제조업 비중이 과도하게 낮아지고 있다는 것이다. [그림 4-3-3]은 선진국과 한국의 제조업 고용비중 추이를 비교한 것이다. 다른 선진국에서는 탈공업화가 30여 년에 걸친 장기적인 추세로서 나타나고 있지만 한국은 90년대 이전까지 급속한 공업화가 이루어졌으나 이것이 급반전하여 제조업의 고용비중이 1989년에서 2007년까지 18년 사이에 27.8%에서 17.6%로 급감하였다. 선진국 중에서 공업화에서 탈공업화로 뚜렷하게 반전된 일본도 1973년 26.1%에서 2002년 17.7%로 제조업 고용비중이 하락했지만 이것이 약 30년 걸린 점을 고려한다면 90년대 이후 한국의 탈공업화는 매우 빠르게 진행되었다고 판단된다. 그리고 현재의 17%대의 제조업 고용비중은 일본과 같은 수준으로 대만, 독일, 이태리 등에 비하여 낮은 수준이다. 특

〈표 4-3-9〉 기술수준별 기업규모별 제조업 종사자수의 변화

규 모	기술수준	종사자수 (1993년)	종사자수 (2004년)	증가(천 명)	변화율(%)
대기업	고기술	170	230	50	32.4
	중고기술	500	300	−210	−42.4
	중저기술	210	110	−100	−9.5
	저기술	430	90	−330	−77.0
	합계	1,330	730	−590	−44.8
중기업	고기술	80	120	40	55.7
	중고기술	220	300	80	36.0
	중저기술	170	180	10	6.9
	저기술	380	240	−140	−36.4
	합계	870	860	−2	−0.2
소기업	고기술	100	130	30	32.6
	중고기술	350	450	90	26.3
	중저기술	350	470	110	32.3
	저기술	850	74	−100	−12.8
	합계	1,670	1,810	130	8.0

주: Ha(2007)에서 인용, 원자료는 광공업조사통계. 산업별 기술수준 구분은 OECD(2005)에 따랐으며, 고기술은 항공, 제약, 전자, 정밀기기가, 중고기술은 전기, 기계 운수장비, 화학 등이, 중저기술은 조선, 고무, 일차금속, 저기술은 목재, 섬유, 음식료 등이 속한다. 소기업은 종사자수 50인 이하, 대기업은 300인 이상의 기업이다.

히 현재 상품수지가 흑자를 기록하고 제조업이 주도적인 국가로서 현재 한국의 제조업 고용비중은 과도하게 낮은 수준이라고 판단된다. 이것은 한국의 제조업 구조가 ① 다른 선진국에 비하여, ② 소득수준에 비하여 상대적으로 고도화되었기 때문이다. 대만, 독일, 이태리 등 중소기업이 강한 제조업국가와는 달리 한국의 제조업은 글로벌화된 대기업에 의해 주도되고 있지만 이에 부응하는 중소기업이 취약한 것도 제조업의 고도화에 기여했다.[34] 〈표 4-3-9〉에서 보다시피 종사수의 감소는 기술집약도가 낮은 산업에서 주로 이루어졌으나 대기업이 사업을 재편하며 고용을 방출하는 데 대응하여 중소기업에서의 고용흡수가 빠르

34) 한국의 주력제조업이 전기전자와 운수장비로서 제조업의 고도화 정도를 경공업 대비 중화학공업의 부가가치 비중으로 계산하면 한국의 제조업은 다른 선진국보다 더욱 고도화된 것으로 나타난다.

게 이루어지지 못한 것이 제조업 전체의 종사자 수의 급감으로 나타난 것이다.

그런데 외환위기 전후의 상황은 이러한 구조변화에 따른 고용감소의 문제를 더욱 악화시켰다. 구조변화에 따른 실업문제에 대처하기 위해서는 무엇보다도 일부 산업에서 퇴출되는 노동자들이 다른 산업으로 이동할 수 있는 시간이 필요하며, 이를 위한 기업과 정부의 지원이 보완적으로 작용해야 한다. 그런데 외환위기 이전 90년대 초부터 한국경제는 구조변화의 영향으로 제조업의 일자리 창출력이 빠르게 감퇴하고 있었으나 자본유입에 따른 대대적인 투자로 구조변화에 따른 고용조정 문제가 가려져 있었다고 볼 수 있다. 이미 90년에 중화학공업과 경공업간의 경기 양극화 문제가 대두되었지만 주택 200만 호 건설에 따른 건설경기 호조와 내수 과열에 따른 서비스업의 급속한 성장으로 정책적 관심에서 멀어졌다.[35] 하지만 내수과열에 따라 임금이 상승하고 경공업 비중이 높은 중소기업의 경영난이 문제가 되었고 이때부터 대기업과 중소기업의 경쟁력 격차가 빠르게 확대되었다. 하지만 1993년 하반기 이후 2차 엔고 현상과 정부의 적극적 경기부양정책으로 구조변화에 따른 고용문제는 외환위기가 발발할 때까지 현안이 되지 않았다. 하지만 외환위기 이후 환율상승과 함께 수출이 호조를 보이고 있음에도 불구하고 제조업의 기술집약화와 외주화로 인하여 수출호조가 내수와 고용으로 이어지지 않고, 수출과 내수, 중화학공업과 경공업, 제조업과 서비스업, 대기업과 중소기업간의 경기의 차별화가 눈에 띄게 나타났다.

이상의 논거를 종합하면 현재 한국경제의 주요 현안은 한국경제의 급속한 구조변화에 따른 고용조정 문제에 있다고 이해해야 할 것 같다. 제조업의 고도화에 따라 특히 대기업을 중심으로 고용이 감소하고 대신 영세 서비스업과 중소기업의 고용이 증가했다. 나아가 다수의 중소 제조 및 서비스업은 고용증가가 기업수의 증가로 나타나며 더욱 영세해지고 있다. 이것은 바로 부문간 생산성과 임금의 격차를 확대시키고 고용의 질과 안정성을 저하시키고 있다. 이러한 점을 고려할 때 경제정책의 방향은 양적인 확장보다는 구조변화의 충격을 완화하고 산업구조의 취약성을 보완하는 것이 더욱 중요할 것으로 보인다.

---

35) 남상우 · 김준일(1996)에 따르면 3저현상이 퇴조하는 1989년 경기둔화와 함께 제조업부문간 경기 양극화 문제가 정책 이슈로 등장하였으나 이어지는 건설산업 경기호황에 따른 내수의 증대로 인한 서비스업의 급속한 성장과 함께 관심에서 멀어졌다고 한다.

Ⅳ. 산업구조의 취약성과 구조정책의 방향

현재 한국경제가 당면한 고용문제는 성장패턴의 변화와 구조변화의 복합적인 결과이지만 성장과 고용의 장기 전망을 어둡게 하는 것은 산업구조의 취약성이다. 〈표 4-3-10〉을 보면 한국은 선진국에 비하여 섬유산업의 비중은 높지만 경공업 부문 전체로는 비중이 오히려 선진국보다 낮아, 국내의 경공업이 전반적으로 위축되어 있음을 알 수 있다. 중화학공업은 전기전자와 운송장비 등 특정 부문에 집중되어 있는데, 이 부문들은 생산의 국제화가 빠르게 나타나는 글로벌기업이 주도하는 부문이다. 하지만 대부분의 선진국에서 부가가치 창출과 고용에서 주요 비중을 차지하는 기계산업은 상대적으로 비중이 낮다. 화학산업의 경우에도 외형적으로 비중은 높게 나타나고 있으나 내용면에서는 다른

〈표 4-3-10〉 제조업의 구조 국제비교

		경공업	중화학공업	음식료	섬유	화학	기계	전기전자	정밀기기	운송기기
					고 용					
한국	1980	56.3	43.7	9.0	35.4	8.7	5.0	9.8	1.5	6.0
	1990	45.4	54.6	7.1	27.2	9.2	8.6	14.3	1.7	7.5
	2002	32.6	67.4	6.8	15.5	11.9	10.7	17.6	1.8	11.6
일본	2001	40.5	59.5	13.3	7.9	5.5	11.2	15.5	2.1	9.0
미국	2002	39.7	60.3	11.4	5.7	11.8	7.8	8.5	5.2	11.6
EU15	2002	39.6	60.4	13.1	8.9	10.8	10.4	7.9	3.1	9.3
					부가가치					
한국	1980	43.1	56.9	11.2	23.1	19.8	3.8	10.6	1.2	5.0
	1990	31.1	68.9	8.3	13.4	16.7	5.7	15.7	0.9	8.4
	2002	21.1	78.9	9.3	4.5	21.1	5.9	15.7	0.9	17.9
일본	2002	28.9	71.1	10.8	2.9	19.4	10.0	17.5	2.0	6.0
미국	2002	33.5	66.5	12.1	3.4	18.6	7.4	9.3	5.2	12.3
EU15	2002	32.4	67.6	10.5	6.0	17.2	11.0	7.8	2.9	10.0

주: Groningen Growth DB에서 추출한 자료에 의거. 제조업 전체에서 차지하는 각 업종의 고용과 명목부가가치의 비중. 제조업의 일부 산업은 지면상 제외. 일본의 경우 고용비중은 위의 출처에서 계산한 수치를 검토한 결과 분류가 일치하지 않아 STAN DB를 사용. 김종일(2006) 참조.

〈표 4-3-11〉 서비스업의 구조 국제비교

		도소매음식 숙박	운송창고 통신	금융보험	부동산임대	사업서비스	공공행정 교육보건	기타사회 개인서비스
고용								
한국	1980	51.8	12.2	3.0	1.3	2.2	19.8	9.5
	1990	46.6	10.9	5.2	2.2	3.8	20.9	10.3
	2002	42.9	9.9	5.1	3.8	8.1	18.1	12.1
일본	1998	28.6	10.8	4.9	2.4	9.4	27.9	16.0
미국	2002	29.9	6.0	5.3	2.1	14.2	34.5	8.0
EU	2002	28.2	8.1	4.4	1.9	15.4	32.4	9.7
부가가치								
한국	1980	31.7	17.2	12.5	7.8	3.0	22.7	5.2
	1990	28.2	14.0	11.7	12.2	5.0	23.0	5.9
	2002	21.2	11.9	14.5	14.6	6.8	23.6	7.5
일본	2002	27.5	8.3	9.9	22.0	7.8	15.1	9.4
미국	2002	19.7	7.5	11.3	14.7	14.0	27.8	5.0
EU	2002	17.2	10.3	8.2	16.7	14.3	27.7	5.6

주: Groningen Growth DB에서 추출한 자료에 의거. 서비스업 전체에서 차지하는 각 업종의 고용과 명목부가가치의 비중. 김종일(2006) 참조.

선진국이 제약과 정밀화학의 비중이 높은 반면 한국은 석유정제를 중심으로 한 장치형 화학공업의 비중이 높다. 한국 제조업의 취약성은 기계나 정밀화학 등 누적적인 혁신이 가능한 산업이나, 소비자에게 밀착하여 선호의 다양성을 충족할 수 있는 생활관련 경공업이 취약한 데 있다. 왜냐하면 이런 종류의 제조업이 다른 후발공업국의 가격경쟁에 대응하여 산업의 우위와 고용흡수력을 보전하기가 쉽기 때문이다.

이러한 산업의 취약성이 중국의 부상과 함께 이 산업의 급격한 고용감소와 일부 업종으로의 제조업 집중현상으로 나타난 것이다. 부가가치와 고용의 상대적 비중으로 볼 때 중화학 대비 경공업의 노동생산성이 다른 선진국에 비하여 과도하게 낮다.[36] 섬유, 종이인쇄 등 경공업의 경우에는 선진국과의 격차가 줄

36) 예를 들어 섬유산업의 고용비중은 2002년 16%정도이나 부가가치 비중은 5%에도 미치지 못한다. 반면 EU국가들을 보면 고용비중과 부가가치 비중이 크게 차이가 나지 않는데, 이것은 한국의 섬유산업의 노동생산성이 EU에 비하여 매우 낮다는 것을 시사한다.

어들지 않고 있다.[37] 이러한 산업에서 생산성이 선진국을 따라잡지 못한 것은 이 산업이 결국 다른 후발공업국에 의하여 잠식당할 수밖에 없는 상황에 있었음을 시사한다. 일반적으로 선진국의 경험을 살펴보면 경제성장과 함께 산업에 관계없이 대부분의 업종에서 노동생산성은 증가한다. 비록 섬유산업과 같이 비중이 줄어드는 산업도 노동생산성이 지속적으로 증가해야 선진국 내에서 살아남을 수 있다. 높은 임금수준에서 섬유업은 가격경쟁이 아니라 제품경쟁으로 고급화되어야 선진국 내에서 살아남을 수 있기 때문이다. 물론 선진국이 된다고 산업 간의 노동생산성의 차이가 사라지는 것은 아니며 국가에 관계없이 산업의 특징에 따라 산업별 생산성 격차는 지속된다. 이는 교육, 숙련, 연령 별로 상이한 노동자들이 모두 생산성이 높은 산업에 취업하는 것이 선진국이 되는 길이 아니라 노동자들의 능력에 적합한 다양한 일자리가 제공되고 이들의 생산성이 증가하는 것이 선진국이 되는 길이라는 점을 시사한다.

만약 현재의 추세가 계속되면 제조업의 고용이 계속 감소할 것이다. 이것은 현재까지 제조 대기업의 고용축소에 대응하여 고용을 흡수해온 중소기업의 고용 증가세가 감소세로 바뀔 것임을 의미한다. 그런데 현재 이 분야에 종사하는 근로자들의 연령, 교육수준, 학습능력을 고려할 때 이들이 첨단 제조업이나 지식집약적 서비스업으로 이전하기는 힘들 것이므로 생산성이 매우 낮은 전통 서비스업으로 흡수되거나 불완전 고용상태에 노출될 가능성이 높다. 따라서 사회복지나 형평성 측면에서 고용문제의 해소를 위해서는 내수 생활관련형 노동집약적 제조업의 경쟁력 강화가 필수적이다. 선진국의 경우 경공업의 비중이 한국보다 높은 수준을 계속 유지하고 있는 것은 산업고도화에도 불구하고 경공업 내에서 국내에 유지될 수 있는 업종이 있음을 시사하며, 한국의 경우에도 해외경쟁에 의하여 모든 경공업이 사양화되는 것이 필연이 아니라 이러한 산업에서도 제품 고급화와 기술혁신에 의하여 국내에서 생산활동이 유지되어야 함을 의미한다.

다음으로 서비스업의 구조를 살펴보자. 선진국에서 60년대 이후 서비스업의 고용은 지속적으로 증가하였는데, 선진국에서도 일반적으로 저숙련 전통 서

---

37) G7 국가대비 섬유 산업의 노동생산성은 지난 30여 년 동안 이들 나라의 30% 수준에 계속 머물고 있다. 김종일(2006) 참조.

비스업에의 취업이 증가하였고, 80년대 이후 정보통신 기술의 발전과 함께 사업서비스업이 빠르게 증가하고 있다. 선진국과 비교하여 우리나라는 부가가치 비중에 있어서 지식기반 서비스의 핵심인 사업서비스와 수요의 소득탄력성이 높은 보건 및 사회복지사업의 비중이 낮은 편이다. 고용 비중에서 보면 전통적으로 영세사업자가 많은 도소매음식숙박업이 다른 선진국에 비하여 높은 반면 지식기반 서비스업의 고용비중은 낮다. 최근의 추세를 보면 유통업은 꾸준히 고용비중이 감소하고 있으나, 부가가치 비중이 정체되어 있는 음식숙박업은 90년대에 들어와 고용비중이 오히려 증가하였다. 서비스업의 노동생산성 향상을 위해서는 이러한 전통 서비스업 부문의 저생산성 고용이 고부가가치 서비스업으로 전환되어야 하지만 종사자의 속성상 힘들다. 하지만 앞으로 인구의 고령화와 복지에 대한 욕구 증가로 보건복지서비스 등에 대한 수요도 증가할 것이다. 따라서 서비스업 구조 측면에서 볼 때 정책방향은 과고용된 도소매·음식숙박업에서 보건, 사회복지, 개인 및 사회서비스업으로의 고용이전에 관심을 두어야 할 것이다. 특히 교육, 보건, 사회복지 등은 규제산업이므로 규제개혁을 통한 진입장벽 완화, 서비스의 다양성과 차별화, 시장경쟁을 유도해야 할 것이다.[38)]

최근 서비스업에 대한 정책적 관심이 높아짐에 따라 서비스업 주도 성장론이 주목받고 있다. 현재 서비스업의 고용비중이 이미 60%를 넘어 선진국 수준에 접근하기 때문에 서비스 주도의 성장이 되기 위해서는 서비스의 생산성이 증가해야 할 것이다. 이상적으로는 영세 전통서비스업에 종사하는 근로자들이 지식기반 서비스업으로 이동하는 것이겠지만 이를 위해서는 재교육과 나아가 세대변화라는 시간이 필요하다. 따라서 단기적으로는 서비스업의 고용창출력과 생산성 간에 기존의 전통적인 업태에서는 역의 관계가 나타난다. 대형할인점의 등장은 소매업의 생산성을 높이고 있으나 전통시장 등 노동집약적 소매업의 위축을 가지고 온다. 즉, 서비스업에서 생산성이 높은 일자리를 창출하는 것이 경우에 따라서는 서비스업의 고용흡수력을 위축시킬 수도 있다. 사업지원서비스를 중심으로 한 지식기반서비스, 물류와 금융 관련 서비스, 수요가 증가하는

38) 제조업 업종 중 20%가 진입규제에 묶여 있으나, 서비스산업은 전체의 47%가 규제대상에 있다. 김재홍(2002) 참조.

사회복지서비스, 문화콘텐츠 등 소프트웨어 생산 서비스 등에서의 새로운 업태의 창출을 목표로 하는 것은 바람직하다. 하지만 이러한 산업에서 고용이 증가하는 데는 산업의 특성상 한계가 있다. 한국의 사업서비스 등의 비중은 현재 서비스 전체 고용의 8% 정도인데 다른 선진국과 비교했을 때 15%까지는 고용창출이 가능할지도 모르나 그 이상 증가하지는 못할 것이다.

서비스업이 경제성장을 이끈다고 할 수 있는 국가는 인구규모가 일정 수준 이상 되는 국가 중에서는 미국과 영국 외에는 찾기 힘들다. 이 외에 서비스업이 성장을 이끄는 경우는 싱가포르나 홍콩 등 도시국가, 인구가 400백만도 안 되는 아일랜드와 같은 소규모 국가 외에 다른 국가에서는 찾기 힘들다. 일반적으로 서비스업의 생산성 증가는 서비스업 종사자의 임금 상승이 주된 원인이며, 이것은 소득증가에 따라 서비스업의 수요가 상대적으로 올라가지만 서비스 생산이 노동집약적이기 때문이다. 통신, 금융보험, 사업서비스업 등을 지식기반 서비스업으로 본다면 선진국의 경우 부가가치에서는 서비스업 전체의 30% 미만이며, 고용에 있어서는 20% 전후이다. 정보통신기술의 발달과 함께 금융보험, 통신 등에서는 오히려 고용 창출이 정체되고 있다. 그 외 서비스업 고용의 70% 이상을 차지하는 유통업, 음식숙박업, 사회개인서비스업은 경제의 발전으로 인한 소득수준의 상승에 따른 임금의 증가로 생산성 증가가 이루어지는, 성장의 동력이라기보다는 성장의 수혜 업종인 것이다.

이러한 측면을 고려할 때 서비스업에서 새로운 업태 창출이나 지식기반서비스업의 확장을 통하여 생산성 있는 일자리를 도모하는 것은 필요하나 서비스업을 성장의 엔진으로 부각시킨 과도한 육성정책은 바람직하지 못하다.[39] 한국 경제성장에서 여전히 수출과 생산성 향상을 주도하는 제조업의 역할을 무시할 수는 없으며, 이것 없이 서비스업만으로 성장과 질 좋은 고용을 유지하는 것은 쉽지 않을 것으로 보인다. 전 절에서 살펴 본 바와 같이 대기업이 주도하는 일부 업종을 제외한, 부품, 소재, 설비, 생활용품 등 고부가가가치화 될 수 있는 제조업이 취약하며 이를 극복하기 위해서 중소제조업의 발전이 매우 중요함을

39) 동북아 금융허브론 등이 하나의 예가 될 수 있다. 하지만 서비스의 전문성 확보 및 상호 정보공유, 서비스시장 개방을 통한 경쟁유도, 소프트웨어나 기업자문 서비스 등에의 인식변화를 위한 제도적 정비, 대규모 기업화, 수요기반 확충 등은 꾸준히 추진되어야 한다.

시사한다. 중소 제조업이 지금 상태로 계속 쇠퇴하게 되면 현재 제조업의 고용에서 70% 이상, 경제전체적으로 보면 14%의 고용을 차지하는 중소제조업에서 고용이 이탈할 것이며, 이것은 현재 당면한 구조적인 문제점을 더욱 악화시킬 것이다. 이들 제조업에서 고용되는 노동자의 속성 상 다른 산업으로 전환되기가 힘들기 때문이다.

나아가 한국의 제조업을 이끌고 있는 대기업은 이미 다국적기업이 되어 중소제조업의 부진이 심화되면 더욱 빠르게 세계적인 분업을 추구할 것다. 하지만 부품소재 등 핵심적 역량이 없는 세계화는 궁극적으로 대기업의 경쟁력 약화로 이어질 가능성도 있다. 또한 중소제조업이 없는 상태에서 해외 다국적기업의 직접투자를 유인하기는 힘들다. 제조업이 점차 단순조립이 아닌 연구개발, 설계, 핵심부품과 설비, 마케팅 등 고부가가치 부문으로 이전해 감에 따라 장기적으로 제조업 내에서도 서비스업 관련 일자리의 비중은 계속 높아지고 있으며 이러한 추세는 계속될 것이다. 즉, 지식기반 서비스업의 발전은 제조업의 고도화와 함께 동반적으로 이루어지는 것이다. 다수의 고부가가치 지식서비스업은 제조업을 지원하는 서비스업으로 제조업의 발전이 우선되어야 하며 미국의 연구개발 서비스업의 발전은 과거 미국이 축적한 과학기술관련 방대한 인프라와 자원이 있기 때문이다. 이렇게 서비스업의 발전은 그 사회의 문화, 역사, 제도, 법 등 비경제적인 요인에 의하여 구속받기 때문에 정부의 정책으로 단기간에 육성시키기 힘들다. 예를 들자면 문화, 관광 서비스 등은 오래 동안 축적된 역사적·환경적 배경 없이 단기적인 육성책만으로 발전하기는 힘들며 교육, 의료, 사회복지 서비스도 상당 부분 사회적 환경에 의해 구속된다. 즉, 서비스업의 발전은 정책에 의하여 단기간에 이루기가 힘들다.

이상을 종합하면 산업구조의 발전을 위하여 첨단기술에 기반한 신성장동력의 확충, 연구개발 지출의 획기적인 증대, 지식기반 서비스의 육성도 중요하지만, 구조정책의 중점은 이것보다는 기존의 전통 제조업과 기존의 서비스업에서의 생산성 있는 일자리가 국내에서 더 많이 창출되는 경제환경을 점진적으로 조성하는 데 두어져야 한다. 현재의 고용문제를 해소하기 위해서는 다수의 일반 노동자들이 활동할 수 있는 영역을 넓히는 것이 관건이다. 이를 위해서는 중소기업, 내수기업, 경공업 등 취약부문에 산재한 국내 노동의 비교우위가 발휘될 수 있는 적소시장의 발굴과 경제사회 구조변화에 따라 고용잠재력이 있고 수요잠재력이 있는 서비스업종의 빠른 성장을 위한 시장환경을 조성하는 데 있다.

V. 결 론

한국경제가 당면한 문제는 총량적인 성장률의 저하가 문제가 아니라 성장패턴의 변화와 이에 따른 급속한 구조변화에 적응하는 문제이다. 생산의 분업화, 후발공업국의 등장 등 세계경제환경의 변화가 국내 산업의 고도화를 급진전시키고 이에 적응한 대기업과 지식근로자의 영역은 넓혀지고 있지만 그렇지 못한 중소기업과 비숙련노동자의 입지는 좁아지고 있다. 이들을 흡수할 수 있는 안정적이고 학습이 가능한 생산적인 일자리가 부족하다. 이 문제를 해소하는 것은 기존 기업의 경쟁력 제고와 새로운 산업의 확장을 통하여 입직의 기회가 넓어지고 이러한 입직기회에 부응할 수 있는 노동자의 자질이 확충될 때 가능하다. 이를 위해서 무엇보다도 중요한 것은 기업의 끊임없는 혁신과 노동자들의 재훈련과 재교육이라는 자발적인 노력이며, 이를 지원하는 기업의 혁신 및 창업 인프라의 확충과 새로운 성장산업 배태환경 조성, 구인과 구직의 연결, 직업훈련 방식의 확대 강화 등이 정부가 할 수 있는 역할이다. 이러한 정책의 역할은 새로운 것이 아니고 고용문제에 대한 근본적이고 오래된 정책방안이다. 그리고 이러한 구조변화에 대한 대응은 그 성격상 단기간에 기발한 정책개발을 통하여 해결될 수 없고 점진적인 개선을 통하여 장기적 효과로 나타난다.

이러한 관점에서 볼 때 정부가 하지 않아야 할 일과 할 수 있는 일을 구분하는 것이 무엇보다도 중요하다.[40] 우선적으로 경계해야 할 일은 단기적 성과주의에 집착하여 경기확장정책을 펴는 것이다. 현 정부의 거시정책방향을 보면 정책의 기본 틀을 투자확대를 통한 성장률제고에 두고 있다. 이것은 양적 확대의 여지가 많은 과거 개발연대의 성장방식이며 이미 그 단계를 지난 한국

40) 일자리 창출을 위해 정부가 해야 할 일에 대한 자세한 정리는 전병유 외(2005) 참조. 이 연구에서는 일자리 창출을 위한 근본 틀로서 총량적 고용률 제고, 혁신성장 전략으로의 전환, 고용친화적 제도 환경 구축으로 나누고 있다.

경제에는 맞지 않는 정책이다. 외환위기 이전 과도한 투자가 지탱될 수 없었던 것처럼 거시 정책변수를 동원한 인위적인 경기부양에 의한 일시적인 성장은 경제불안을 가지고 오고 오히려 구조조정을 위한 기업의 혁신노력을 양적 확대에 편승한 단기적 수익추구로 변질시킬 수 있다. 환율상승을 통한 수출촉진도 단기적인 경기팽창은 가지고 올지 모르나, 취약한 내수를 더욱 취약하게 하며 이것은 더 열악한 경제구조로 나타날 것이다.[41] 정부의 인위적인 환율 개입은 환율의 급격한 변화로 이어지기 쉬우며, 이것은 중소기업과 같은 취약부문에게는 치명적이다. 나아가 현재의 과도한 경제성장률을 정책의 명시적인 목표로 둠으로서 경제정책이 공표된 목표성장률에 의하여 발목 잡힐 수 있는 점은 더욱 경계해야 할 일이다. 개발연대에서도 의도하는 대로 되지 않는 것이 경제성장률이다. 경제성장률은 국정운영의 목표로 정할 수 있는 지표가 아니며 모든 경제주체의 복잡한 상호작용의 결과로 나타나는 성과지표일 뿐이다. 과도한 성장률 목표는 정치적 부담으로 작용하고 따라서 무리한 경기부양으로 나타날 수밖에 없다.

다음으로 경계해야 하는 것이 시대착오적 과도한 육성정책이다. 현 정부는 연구개발 지출을 GDP 5% 수준까지 올리겠다는 정책목표를 잡고 있다. 전세계적으로 볼 때 5% 수준의 연구개발 지출을 하는 국가를 찾기 힘들다. 이미 한국의 연구개발의 양적 수준은 높다. 현재 문제가 되는 것은 연구개발의 양이 아니라 효율문제이다. 또한 새로운 산업을 육성하는 것이 정부의 몫이 될 수 없다는 것은 분명하다. 물론 신성장동력의 발굴, 혁신중소기업의 증가와 성장, 경공업의 고부가가치화, 지식기반 서비스업의 확대, 외국인 투자유치를 통한 투자활성화 등은 지속적인 성장과 고용문제의 해소를 위하여 필요하다. 하지만 이러한 모든 것은 궁극적으로 기업과 시장의 선택을 통하여 이루지는 것이다. 무리한 육성정책은 정부의 실패로 인한 자원배분의 왜곡만 낳을 뿐이다. 앞에

41) 수출을 주도하는 대기업은 생산의 국제적 분업에 적극 동참하고 있으며, 성장대비 고용창출력도 내수기업에 비하여 낮다. 또한 내수의 비중이 높은 중소기업은 환율상승과 물가불안정으로 더욱 취약하게 될 가능성이 높다. 또한 외환위기 이후 지출에서 수출이 차지하는 비중은 더욱 높아진 것도 경제의 불안정을 높이고 있다. 이와 함께 앞에서 본 바와 같이 수출과 수출주도 산업의 고용계수는 상대적으로 빠르게 낮아지고 있어 수출증가가 고용증가로 이어지는 고리는 더욱 약화되고 있다.

서 언급한 바와 같이 현재의 대기업은 지속적인 혁신을 위한 충만한 동기와 자체적 역량을 갖추고 있다.[42] 문제는 노동집약적 전통제조업과 서비스업의 비혁신성에 있으며, 이들 산업의 혁신을 고양시키는 것은 단순한 정책자금의 투하로 해결될 수 있는 문제가 아니다. 정책대상인 중소기업과 서비스업은 이질적인 업태와 상이한 역량을 가진 다수의 기업집단으로 이루어져 있기 때문에 정부가 정책적으로 육성할 수 있는 대상이 아니다.

하지만 여전히 취약산업에 대한 정부의 접근은 육성정책 기조이며, 포괄적인 자금 지원확대와 과거부터 누적된 다수의 시책으로 이루어져 있다.[43] 따라서 현재 정부가 해야 할 일은 새로운 시책 개발과 정책자금의 확대보다는 지금까지 개발된 시책의 유효성과 자금지원의 효과성에 대한 검토와 이를 통한 정책방향과 정책전달체계의 개편에서 찾아야 할 것이다.[44] 효과가 없는 다수의 단기대증적 정책과 보호위주의 경쟁제한적 시책을 정리하고 시장발전의 유인자로서의 정책의 역할을 제고하는 것이 진정한 시장친화적 정책이라고 할 수 있다. 이는 점진적인 제도의 개량과 정책의 정치화(精緻化)를 통하여 달성된다. 기업경쟁력 제고라는 미시적 문제를 해결하고자 하는 정책이 정책자금의 총량을 통제하는 거시적 접근에 의존하면, 이것은 기업의 정책의존도만 높이고 자체적인 개량과 개선을 통한 진정한 발전을 저해할 수 있다. 현 정부가 들어선지 얼마 되지 않았지만 지금까지 정책횡보를 살펴보면 경제선진화와 친시장·친기업이라는 정책기조에도 불구하고, 각론에서는 적극적인 정책개입 의사를 보이고 있다. 물가상승에 대응하여 특정 품목에 대한 가격 감시, 수출활성화를 위한 환율 상승을 용인하겠다는 정책당국자의 발언, 추가경정예산을 통한 경기부양 의지 등을 고려한다면 현 정부는 경기팽창을 위한 적극적 정부 개입을 의도하고 있으며, 이는 친시장·친기업이라는 정책 전반의 기조와 상반되는 것임에 틀림없다.

고용문제를 해소하는데 투자확대보다 더 중요한 것은 제도개선을 통한 경

---

42) 이러한 점에서 볼 때 투자활성화를 위한 정책적 관심이 출자총액제한제, 대기업 지배구조, 법인세 문제 등에 너무 경도되어 있지 않은지 검토할 필요가 있다.

43) 최근의 3차례 공표된 서비스업 경쟁력 강화대책, 혁신중소기업 육성정책 등을 보아도 대부분이 자금지원 확대와 다양한 시책의 열거가 특징적이다.

44) 예를 들면 제조업에 편향된 정책지원과 제도의 차별성 시정하는 것 등을 들 수 있다.

제의 고용흡수능력의 향상에 있다.[45] 무엇보다도 기업의 고용능력을 향상시키기 위해서는 노동시장의 기능제고를 위한 제도 개선이 매우 중요하다. 이를 위해서는 고용친화적인 방향으로의 규제나 조세시스템의 개혁, 노동시장 유연화를 위한 직무단위의 노동시장 구축, 고용친화적 노사관계의 형성을 위한 정부의 노력 등이 중요하다. 기업이 전세계적으로 생산자원을 분산할 수 있는 현 경제환경에 비추어 노동시장의 유연화는 피할 수 없는 대세이다. 하지만 노동시장의 유연화는 이로 인한 고용의 불안정화에 대한 사회복지적 대응이 수반되어야 가능하다. 이를 위한 사회적 합의가 중요하다. 선진국의 경험을 보면 각국의 산업구조, 제도, 정책에 따라 동일한 성장률이 다른 고용증가율로 나타나고 고용이 증가하는 부문도 상이하다. 제조업이 강한 독일이나 스웨덴에서는 서비스업의 고용창출이 고숙련직종에서 나타나지만 그렇지 못한 영국과 같은 경우에는 자영업자의 고용이 늘어났다. 미국과 네덜란드 등 노동시장이 유연한 국가에서는 실업률이 낮지만 그렇지 못한 이태리, 프랑스, 독일 등은 실업률이 높다. 이러한 노동시장의 구조와 사회복지 제도는 국가경제시스템의 오랜 진화의 결과이지만 이러한 결과에 장기적인 제도개선 노력은 영향을 미칠 수 있다.

이러한 정부의 노력과 함께 민간의 자발적인 고용흡수력의 제고 노력도 중요하다. 특히 대기업의 경우 90년대 이후 투자의 급속한 증가에도 불구하고 고용증가율은 크게 둔화되었다. 이것에는 대기업의 경영방향이 인력투입을 배제하는 자본투입에 치중한 것에도 원인이 있다. 대기업은 여전히 대량생산과 대규모 투자를 통한 규모의 경제에 의존하는 성장전략을 취하고 있다. 이것은 이들이 고기능 고숙련 인력을 활용하여 유연다각화를 통한 생산성과 제품의 질 향상을 추구하는 역량을 키우지 못한 데 기인한다. 이는 나아가 대기업-중소기업간의 관계가 단순하청을 넘어선 기능과 숙련을 분담하는 협력관계의 형성에 미달하고 있음 의미한다. 이러한 점에서 볼 때 대기업의 투자확대를 위한 정책적 노력보다는 대기업 혁신의 새로운 방향을 유도할 수 있는 경제환경의 조성

45) 전병유 외(2005)는 고용친화적 경제환경을 위하여 고용친화적 인센티브 시스템구축, 인력수급 불균형 해소, 사회서비스 영역에서의 일자리 잠재력 확대, 노사관계 개선을 위한 사회적 타협 등을 권고하고 있다.

도 중요하다. 오히려 무리한 투자확대유인은 대기업의 투자 대비 고용 비율을 낮출 지도 모른다.

결론적으로 경제살리기를 위해서는 정부가 시장의 기능에 대한 신뢰를 가지고 시장의 기능을 저해하는 제도적 요인을 점진적으로 개선하는 데 목표를 두어야 한다. 이를 위해서는 획기적인 방안을 찾아 집행하는 것이 아니라 기존의 정책을 검토하고 개량하는 것이 중요하다. 한국경제는 2007년 일인당 소득 2만불을 넘어섰다. 이것이 상당부분 원화 가치의 상승에 기인한 것이지만 수년 전까지 한국경제가 소득 1만불의 함정에 빠지지 않았는가에 대한 논란이 있었던 것을 기억하면 여러 가지 우려에도 불구하고 한국경제는 점진적인 성장을 계속하고 있음을 알 수 있다. 현재 한국경제가 달성한 경제적 성과는 경제적 주체들의 노력과 경험의 산물이며 이것은 하루아침에 사라지지 않고 앞으로 성장의 자원이 된다. 경제에 대한 과도한 비관론과 잘못된 처방에서 비롯된 과도한 정부의 의욕은 경제를 불안하게 하고 이러한 경제불안은 구조변화에 적응하기 위해 필수적인 기업과 개인의 자기개발과 혁신의욕을 위축시킬 것이다.

참고문헌

기획재정부, "7% 성장능력을 갖춘 경제: 세부 실천계획," 2008. 3. 10.

김재홍(2002), 「우리나라의 진입규제의 변화분석」, 한국경제연구원.

김종일(2006), "1990년대 이후 한국경제의 구조변화와 고용문제," 「한국경제의 분석」 12(2), 금융연구원, pp. 1~48.

______(2006), "1990년대 이후 한국경제의 구조변화의 특징," 「경제위기 이후 한국경제 구조변화의 분석과 정책방향」, 한국개발연구원.

______(2004), "한국경제의 성장잠재력 변화: 성장회계분석결과를 중심으로," 「경제분석」 10(3), 한국은행, pp. 1~48.

김현정(2006), "서비스산업의 신성장동력 가능성 분석," 「금융경제연구」 제254호.

______(2008), "해외직접투자와 국내투자의 관계 분석," 「경제분석」 14(1), pp. 1~41.

남상우 · 김준일(1996), "거시정책 및 거시경제의 변화," 차동세 · 김광석 편, 「한국경제의 반세기 – 역사적 평가와 21세기 비전」, 한국개발연구원.

______(2007), "최근 우리나라 경기변동의 특징에 대한 연구,"「경제분석」13(2), pp. 79~109.

대통령직 인수위원회, "이명박 정부 국정과제보고서," 2008. 2. 5

신현열 · 오진석(2005), "제조업의 국외직접투자가 국내고용에 미친 영향,"「조사통계월보」, 2005년 11월호.

임경묵(2005),「기업의 설비투자행태 변화분석」, 한국개발연구원.

장하준 · 정승일(2005),「쾌도난마 한국경제」, 부키.

전병유 · 어수봉 · 이재갑 · 김동헌 · 김우영 · 성지미(2005),「고용 없는 성장에 대한 대응전략 연구」, 노동연구원.

Aghion, P. and Howitt, P.(1992), "A Model of Growth through Creative Destruction," *Econometrica* 60, pp. 323~51.

Baumol, W.(1967), "Macroeconomics of unbalanced growth: the anatomy of urban crisis," *American Economic Review* 57(3), pp. 415~426.

Bloom, D., and J. Williamson(1998), "Demographic Transition and Economic Miracles in Emerging Asia," *World Bank Economic Review* 12, pp. 419~455.

Clark, C.(1940), The Conditions of Economic Progress, Macmillan, London.

Fagerberg J. and B. Verspagen(2002), "Technology-gaps, innovation-diffusion and transformation: an evolutionary interpretation," *Research Policy* 31, pp. 1291~1304.

Fisher, A.(1935), The Clash of Progress and Security, London.

Freeman, B.(1995), "Are your wages set in Beijing?" *Journal of Economic Perspectives* 9(3), pp. 15~32.

Gordon, R.(2003. 1993), "Exploding Productivity Growth: Context, Causes, and Implications," Brookings Papers on Economic Activity 2, pp. 207~298.

Ha, T.-J.(2007), "Structural Change of Employment and Job Creationin the Korean Manufacturing," *Asian Journal of Technology Innovation* 15, pp. 149~165.

Hayami, Y. and J. Ogasawara(1999), "Changes in the Source of Modern Economic Growth: Japan Compared with the United States," *Journal of the Japanese and International Economics* 13, pp. 1~21.

Lucas, Robert(1988), "On the Mechanics of Economic Development," *Journal of Monetary Economics*. 22(1), pp. 3~42.

Nehru, V., and A. Dhareshwar(1993), "A New Database on Physical Capital Stock: Sources, Methodology and Results," *Revista de Analisis Economico* 8, pp.

37~59.

Raa, T. and E. Wolff(2000), "Outsourcing of services and the productivity recovery in US manufacturing in the 1980s and 1990s," discussion paper, Center for Economic Research, Tilburg University.

Romer, P.(1990), "Endogenous Technological Change," *Journal of Political Economy*, vol. 98, issue 5, pages S71~102.

Solow, R.(1957), "Technical Change and the Aggregate Production Function," *Review of Economics and Statistics*, Vol. 39, No. 3, pp. 312~320.

•토론• 구조변화 측면에서 본 한국의 고용문제와 정책대응 방향*

우선 본 논문은 우리나라의 고용문제를 구조적 관점에서 살펴보고 그에 따른 정책대응방향을 논의하고 있다는 점에서 나름대로의 의의가 있다고 생각한다. 본 논문과 관련하여 필자의 주장에 동의할 수 있는 부분을 먼저 말씀드리고 그 다음 동의하기 어려운 부분에 대해 말씀을 드리고자 한다. 마지막으로는 기타 사항들에 언급하고자 한다.

필자의 주장에 동의할 수 있는 부분으로는 첫째, 정부가 7%성장, 300만개 일자리 창출, 5%의 연구개발투자비율 등 수치에 집착하여 단기성과위주의 무리한 거시경제정책을 수행하는 것을 지양해야 한다는 것이다. 수치 등에 지나치게 집착하여 무리한 정책을 운용하는 것은 재정운용상의 어려움뿐만 아니라 추후 경제의 불안정성 확대 등 큰 후유증을 초래할 수도 있기 때문이다.

둘째, 획기적인 새로운 정책을 강구하기 보다는 기존정책의 검토와 효율성을 제고하는 것이 중요하다는 데에도 동의한다. 새로운 경제 환경 변화에 부응하는 새로운 정책을 발굴하고 추진하는 것은 바람직할 수 있으나 그동안 정부는 새로운 정책의 발굴에는 많은 노력을 경주한 반면 정책의 효율성 제고에는 다소 등한시한 감이 없지 않기 때문이다.

---

* 김원규(산업연구원 선임연구위원, 산업경쟁력실장).

셋째, 서비스업의 발전이 제조업의 고도화와 함께 이루어져야 한다는 주장에도 동의한다. 이는 제조업과 서비스업간의 연관관계속에서 제조업 관련 서비스업이 발전을 해야 양자가 시너지효과를 통하여 동반발전을 할 수 있고 서비스무역수지 적자의 해소를 위한 서비스업의 수출산업화가 이루어지지 않는 한 전적으로 서비스업의 발전에 의존하는 경제성장은 무역수지 적자라는 경제적 부담을 초래할 수 있다.

필자의 주장에 동의하기 어려운 부분으로는 첫째, 성장률 둔화가 문제가 아니라는 시각이다. 외환위기 이전에 비해 성장률이 급속히 하락하고 저성장에서 벗어나지 못하고 있는 것은 우리 경제의 문제일 수 있다. 물론 과거와 같은 7%대의 고도성장을 기대하기는 어려울지 몰라도 현재의 4%대 수준보다는 성장률이 높아야 할 것으로 생각된다.

그리고 다소 우려되는 것은 현재의 잠재성장률 수준을 감안하여 4%대의 성장도 무난하다고 하는 것은 잘못일 수 있다. 이는 잠재성장률은 사전적인 개념보다는 경제의 역량에 따라 좌우될 수 있는 사후적인 개념이 될 수 있기 때문이다. 또한 경제가 발전할수록 신고전학파의 주장에 따라 성장률의 둔화가 자연스러운 것으로 그대로 받아들여지는 것도 문제일 수 있다. 이론적 측면에서나 실천적 측면에서 성장확대의 필요성과 정부의 역할이 인정되고 있다.

이론적 측면에서 신고전학파의 한계를 벗어나 Paul Romer 등은 내생적성장이론(endogenous growth theory)을 주장하였다. 여기서는 경제성장을 위한 혁신(총요소생산성)의 중요성을 강조하고 이것이 신고전학파의 주장대로 주어진 것이 아니라 연구개발투자 등의 혁신적 노력에 의해 내생적으로 결정될 수 있다고 주장한다. 더욱이 연구개발투자의 외부적 효과로 인한 투자유인의 감소로 인하여 사회적 최적투자에 못 미치는 저투자가 발생할 수 있으므로 이의 해소를 위한 정부의 지원을 인정하고 있다.

또한 실천적 측면에서는 개발도상국뿐만 아니라 OECD 선진국들도 "Going for Growth(2005, 2006, 2007, 2008)" 등의 보고서를 통하여 경제성장 확대를 위한 혁신과 제도개혁의 필요성을 주장하고 있다. 물론 주요선진국들도 세계리더십의 확보 또는 미국에 대한 추격 가속화 등을 위하여 연구개발투자 확대와 제도개혁을 추진중에 있다.

둘째, 구조적 문제로 인하여 "고용 없는 성장(jobless growth)"을 당연시하는 문제이다. 세계화, 중국의 부상, 숙련 편향적 기술진보 가속화 등으로 치열한 세계경쟁에 직면하고 있는 제조업의 경우 "고용 없는 성장"이 타당할 수도 있다. 그러나 이를 경제전체의 고용문제로 너무 지나치게 확대해석하는 것은 잘못일 수 있다.

1990년대 이후 지금까지는 제조업에서 서비스업부문으로 노동이동이 원활히 이루어져 왔고 서비스업에서의 신규고용이 확대됨에 따라 경제전체로는 "고용 있는 성장"이었다고 할 수 있다. 물론 고용의 질 저하와 일시적인 "고용 없는 성장"현상이 발생할 수는 있다.

최근 노동연구원의 한 보고서(노동시장의 구조변화와 고용변동, 2008)에서 실증분석결과 성장에 대한 고용탄력성이 과거에 비해 크게 저하되었다는 증거를 발견하기 어려웠고 현재의 일자리창출 저하문제는 성장률 저하에 있다고 주장하기도 하였다.

통상 일자리창출력을 평가하는 데 고용계수 또는 취업계수를 사용하거나 이에 기초한 산업연관분석을 수행하고 있는데, 이러한 계수들은 노동생산성의 역수이고 경제의 발전과 더불어 노동생산성은 향상될 수밖에 없다는 점을 감안할 때 올바른 지표가 될 수 없으며 따라서 이보다는 성장의 고용탄력성을 살펴보아야 할 것이다.

셋째, 첨단제조업이나 지식집약서비스보다 노동집약적 전통제조업의 고부가가치화를 통해 제조업의 고용흡수력을 제고해야 한다는 주장이다. 이러한 주장은 경제성장의 확대 또는 유지를 위해 신기술산업 또는 고부가가치산업으로의 산업구조 고도화(industrial upgrading)라는 당위성과 정면 배치되며 고용문제에 너무 집착함에 따른 무리한 결론인 것으로 판단된다.

중요한 것은 중장기적인 시각에서 산업구조 고도화를 추진해가는 과정에서 경제의 성장여력을 확대하고 치열한 세계경쟁에서 생존하는 것이다. 그리고 이러한 산업구조 고도화 및 신기술산업의 창출과 더불어 그에 걸맞는 교육훈련의 강화와 고용창출에 정책초점을 맞추는 것이 성장과 고용문제를 해소하는 유일한 방법일 수 있다.

특히, 최근 OECD보고서(Staying Competitiveness in the Global Economy:

Moving up the Value Chain, 2007)에서는 OECD국가들이 세계경제에서 경쟁력을 유지하기 위해서는 가치사슬상의 상위단계로 진입하는, 즉 산업구조 고도화의 노력이 필요하고 이를 위해서는 다양한 혁신전략의 필요성을 주장하고 있다.

넷째, 단기성과주의를 위한 정책추진은 지양될 필요가 있으나 모든 경제정책을 부정하는 데에는 신중할 필요가 있다. 특히, 규제개혁과 R&D정책은 투자 및 혁신의 활성화를 통하여 경제성장의 확대에 기여할 수 있다. 규제개혁은 기업가정신의 함양과 밀접한 연관이 있고 앞에서 언급한 바와 같이 정부의 R&D 정책은 효율성을 제고해야 하는 당위성은 존재하나 민간의 R&D활동 촉진과 경제전체의 혁신제고에 기여할 수 있다.

Dani Rodrik 교수는 “21세기의 산업정책(Industrial Policies for the Twenty-First Century, 2004)”에서 경제발전을 위한 전략으로 혁신적 분야에 대한 자기발견의 과정(self-discovery process)이 중요하다고 주장하고 있다. 그런데 혁신분야에 대한 자기발견의 과정은 정보의 외부성(information externalities)과 조정외부성(coordination externalities)으로 인한 시장실패로 인해 어려움에 봉착하므로 여기에서 이의 해소를 위한 정부의 역할이 요구된다고 하였다. 여기서는 자기발견 과정의 실현을 위해 정부와 민간부문간의 긴밀한 협력의 중요성을 강조하고 있다.

마지막으로 기타 사항들에 대해 말씀드리면, 첫째 〈표 4-3-1〉에서 2000년 이후 경제성장률의 하락요인으로 노동생산성 증가율 하락도 언급할 필요가 있다. 너무 지나치게 노동부문만 언급을 하고 있는 것 같다. 2000년 이후 1991~1997년에 비해 성장률이 2.1%p 하락하였고 노동생산성 증가율은 0.5%p 하락하였다. 노동생산성 증가율 하락의 기여율은 24%에 이르고 있다. 총요소생산성 증가율이 확대되었음에도 노동생산성 증가율이 하락한 것은 그만큼 투자부진도 성장률 하락의 주요요인임을 의미한다.

둘째, 〈표 4-3-2〉에서 자본스톡 및 노동소득분배율 자료의 수정이 필요할 것으로 생각된다. 자본스톡으로 1997~2006년의 기간에는 통계청이 최근 발표한 연도별 국부통계추계결과를 사용하고 1997년 이전의 기간에는 10년 주기의 국부통계조사결과를 기준년접속법에 의해 산출할 필요가 있다. 노동소득분배율도 피용자보수 외에 self-employment 비율을 고려할 필요가 있고 톤퀴비스트 방식을 사용할 필요가 있다.

셋째, 〈표 4-3-3〉에서 고정투자율에 대한 국제비교의 경우 2000년 시점이 아닌 가능한 최근의 자료를 사용할 필요가 있다. 그리고 〈표 4-3-5〉, 〈표 4-3-6〉, 〈표 4-3-7〉에서 2000년까지의 산업연관표만을 고려하고 있는데 2003년의 산업연관표도 고려할 필요가 있다.

넷째, 본 논문의 2절의 투자율과 성장률간의 관계분석에서 너무 단순한 항등식에 기초하여 분석을 수행하고 있는데 관련 변수들 간의 인과성을 고려한 추정식에 기초하여 분석할 필요가 있다. 예를 들어, 자본스톡증가율이 1%p 증가하면 노동 증가율의 확대를 유발하여 본문에서 언급하고 있는 자본스톡의 생산탄력성 이상으로 경제성장률이 확대될 수 있다.

제4절 일자리 창출을 위한 규제개혁 방안 연구*

• 요 약 •

우리나라는 이제 겨우 국민소득 2만 달러 시대에 돌입하였는데 노령화와 출산감소로 인구수는 2020년경 감소세로 돌아설 것이고, 내수, 투자, 총요소생산성, GDP 성장률과 잠재성장률이 지속적으로 하락하고 있다. 성장엔진인 우량기업들은 이미 성숙기에 접어들었고 세계 일등상품의 품목 수는 감소하는 등 경쟁력의 전반적인 약화가 두드러지고 있다.

대외적으로는 세계화가 진행되어 국가의 정책주권이 약화되고 국제적인 법과 제도의 조화와 공조가 보편적이 되고 있다. 세계화는 대경쟁(mega-competition)을 보편화하고 있고 기업들은 다국적화하거나 무국적화하고 있다. 글로벌 소싱, 글로벌 로케이팅, 글로벌 마케팅이 보편화되고, 글로벌 M&A, 전략적 제휴 등도 빈번하다. 정부는 경제활동의 통제자에서 다른 나라 정부들과 경쟁하는 공공 서비스 제공자로 역할이 변경되었다. 또한 유비쿼터스 시대의 도래와 개인기술의 발달로 생산양식은 소규모 다품종 생산 위주로의 변화되고

* 이주선(한국경제연구원 기업연구본부장).

있고 지금까지와는 전혀 다른 양태를 가진 이베이나 옥션같은 기업들이 나타나고 있다. 이러한 생산양식의 변화는 더 이상 거대 기업이 창출하는 일자리가 아니라 자영업이나 기술자본가화하여 독자적으로 사업을 행하는 사업가형 일자리가 더 많아질 것임을 예고하고 있다.

우리나라의 일자리 현황은 그리 좋지 않다. 경제활동 참가율은 낮고 실업률은 2000년 0.75% 포인트 상승한 이래 그 수준에 고착되어 있다. 특히 20대 남성과 20대~40대 여성에게 실업이 집중되는 청년실업의 문제가 심각하다. 또한 전체고용의 87.5%를 차지하는 중소기업의 채산성은 지속적으로 악화되어 왔고, 일자리의 66%를 제공하여 온 서비스업도 적절한 일자리 창출을 못하고 있다. 제조 대기업의 고용유발효과와 성장과 수출의 고용유발효과도 지속적으로 축소되고 있다.

이러한 대내외 환경과 일자리 현황으로 볼 때 일자리 창출에 중요한 것은 역시 투자촉진, 수출확대, 그리고 내수진작을 통한 경제성장임을 알 수 있다. 부작용이 거의 없이 한 나라가 기업과 개인의 창의적인 경제활동을 보장하여 경제성장과 일자리를 창출하는 정책수단으로 규제개혁은 최선이다. 규제개혁은 지금까지 성장동력이었던 물건을 만들어 파는 것에 추가해서 땅, 돈, 사람을 파는 것을 새로운 성장동력으로 삼기 위해서 필요한 전제조건이다.

그런데 이러한 규제개혁은 동시다발적으로 추진할 경우 이해관계가 첨예하게 대립하는 부분들이 대부분이기 때문에 우선순위를 정하여 가장 유효성이 크고 가시적인 성과가 용이하게 나타날 수 있는 부문부터 시작하는 것이 전략적으로 바람직하다. 그러므로 일자리 창출에 목표를 둔다면 수도권규제, 경제력집중억제규제, 토지이용 및 주택관련 규제, 금융규제, 노동시장 및 노사관계 관련 규제, 교육 및 인적자원 관련 규제, 환경·안전·보건·식품위생·소방방재 등 사회적 규제, 서비스산업 관련 규제의 순으로 규제개혁을 진행하는 것이 좋을 것으로 판단된다.

전경련과 경기도의 조사에 따르면 이 규제들 가운데 일부만 기업들이 원하는 대로 개혁되어도 기업들의 실질적 신규투자 총액은 무려 44.8조원 이상에 달할 것이고 이로 인해서 창출되는 일자리의 수도 최저 268,000개에서 372,000개에 달할 것으로 예상된다.

Ⅰ. 서 론

기업투자의 감소와 이에 따른 일자리의 부족은 '이태백,' '삼팔선,' '사오정,' '오륙도' 등 실업으로 인한 문제점들을 풍자하는 자조적인 용어들을 유행시키고 있는 실정이다. 특히 대학 졸업자를 포함한 청년실업자의 문제는 단순히 개인의 일자리 차원만의 문제가 아니라 경제의 성장동력 약화와 직결되는 심각한 국가적 문제라 할 수 있다. 또한 일자리를 충분히 만드는 데 실패하게 되면 일자리가 없는 빈곤층이 증가하고 이는 이들을 지지하기 위한 사회의 부담을 가중시키게 된다. 사회복지지출의 증가는 결국 재정과 조세부담자들의 사업하거나 일하고자 하는 인센티브를 저해하거나 왜곡시키는 문제점을 초래하게 되어 사회 전반적으로 악순환이 반복되는 어려움을 겪게 할 수 있다. 과거 '영국병', '독일병' 등 유럽 선진국들의 심각한 경제적 정체는 이와 같은 악순환의 대표적인 예라고 할 수 있다.

그러므로 일자리를 창출하기 위한 방안을 찾는 것은 우리나라에서도 가장 시급한 당면 과제라고 할 수 있다. 일자리를 창출하기 위해서 가장 중요한 것은 일자리를 공급하는 기업이다. 기업이 사업으로 돈을 버는데 성공적이면 투자를 늘리고 일자리를 늘리는 것이 보편적이다. 물론 사회적 일자리라 하여 재정을 투여하여 정부가 일자리를 만들기도 하지만 실제로 그런 일자리들은 지속가능성 측면에서도 부작용의 관점에서도 바람직하지 못한 것이 사실이다. 그러므로 기업의 투자를 활성화하기 위한 대책과 신규 창업자에 대한 지원 시책을 신속하고도 적절하게 시행하는 것이 일자리 창출을 위해서는 중요하다.

투자 활성화를 위해서 가장 효과적이고도 효율적인 방법 가운데 하나는 기업활동에 제약을 가하고 비용을 부담시키는 규제를 개혁하는 것이다. 재정정책이나 금융정책 등 거시경제정책이나 산업정책이 투자를 진작하는데 제한적인 효과를 가지는 반면, 규제개혁은 이러한 비용부담을 수반하지 않은 채 기업투자를 직접적으로 활성화하고 시장의 역할을 제고함으로써 투자를 활성화하여 일자리를 창출하는데 기여하게 된다. 1993년 김영삼정부에서 규제개혁이 본격적으로 시작된 이래 규제개혁은 그 이후 집권한 모든 정부들이 슬로건으로 내

세운 주요정책이었다. 그리고 금년에 출범한 이명박정부에서는 규제개혁이 현재의 경제적 난국을 타개하여 일자리 창출과 경제의 고도성장을 회복하는 전략으로 정책의 최우선 순위를 점하고 있다.

이 글은 이러한 배경하에서 규제개혁을 통해서 기업의 투자를 활성화함으로써 일자리를 창출할 수 있는 방안을 모색하는 목적으로 쓰여질 것이다. 이를 위해서 본고의 2절에서는 우리나라가 당면하고 있는 대내외 환경변화와 일자리 현황 그리고 그 시사점을 살펴보게 될 것이다. 이 절에서는 우리나라가 당면한 저성장과 잠재성장률 저하, 투자와 소비의 감소, 저출산과 노령화로 인한 인구증가의 정체, 세계화와 지식·기술기반사회의 도래와 경쟁상황의 변화 그리고 이에 따른 파급효과 들을 살펴보고, 기업 및 산업 부문 가운데 어느 부문이 가장 많은 일자리를 담당하고 있고 어느 부문이 가장 많은 새로운 일자리를 현재 창출하고 있는지 알아보게 될 것이다. 또한 부문별 일자리의 구성, 성장, 수출, 부가가치의 일자리 창출과의 관계 등도 살펴볼 것이다. 또한 본 논문의 3절에서는 일자리 창출을 위한 규제개혁 방향에 대해서 논의할 것이다. 이 절에서는 일자리 창출에 중요한 기업의 투자와 경제성장을 활성화하기 위해서 규제개혁이 중요한 이유와 현재 새로운 성장동력으로 경제를 견인할 무엇이 있는가를 살펴보는 것은 물론, 이러한 성장엔진이 가동되어 일자리를 창출하기 위해서 어떠한 규제들을 어떠한 방향으로 개혁하는 것이 필요한가를 논의할 것이다. 마지막으로 4절에서는 연구의 요약과 결론을 제시하게 될 것이다.

Ⅱ. 대내외 환경변화, 우리나라 일자리 현황과 그 시사점

1. 대내외 환경변화

우리나라는 지난 해 1인당 국민소득(Per Capita GNI) 20,045달러를 실현함으로써 경제적으로 선진국 문턱에 들어섰다는 평가를 받고 있다.[46] 그러나 이

46) 우리나라의 1인당 국민소득(Per Capita GNI)은 2007년 말 20,045달러를 기록하여 1인당 국민소득 2만 달러 시대에 진입하게 되었다. 이는 경제개발을 시작하였던 1961년 81달러이던 것에 비하면 무려 244배가 증가한 것을 의미하며, 세계 51위 수준이다.

러한 성과에도 불구하고 대내 경제환경은 많은 문제점을 내포하고 있다. 향후 경제성장을 좌우할 잠재성장능력이 1990년대 이래 지속적인 감소추세를 보이고 있고,[47] 지난 40여 년 동안 '한강의 기적'을 창조하였던 고도성장은 더 이상 가능하지 않은 국면에 봉착하여 있다.[48]

이렇게 경제의 성장추세가 둔화되고 있는 가운데 장기적인 경제발전의 지속을 위해서 필수적인 인구수는 출산의 감소[49]와 고령화의 급격한 진전으로[50] 생산활동인구는 2017년, 총인구는 2020년을 정점으로 감소할 것으로 추정되고 있다.[51] 또한 경제성장을 견인해야 하는 소비와 투자도 1989년부터 지속적으로 감소추세를 보이고 있는 것은 물론,[52] 1986년부터 하락하기 시작한 총요소생산

---

47) 우리나라의 1990년대 이후의 잠재성장률은 1991~1995년까지는 6.8%이던 것이 1996년~2000년까지는 5.7%로, 2003년~2007년까지는 5.2%로 떨어졌고, 특단의 조치가 없을 경우 현 정부 임기 중인 2008년~2012년에는 4.8%로 떨어질 것으로 예상되고 있다.

48) 중장기적 우리나라의 성장률은 1971~1980년까지는 연평균 7.30%, 1981~1990년까지는 8.74%, 1991~2000년까지는 6.19%(1997년과 1998년을 제외할 경우는 7.41%), 2001~2007년까지는 4.68%로 2000년대 들어서 급격하게 떨어졌다. 이 수치에 관한 자료는 한국은행 경제통계시스템에 입각하고 있다.

49) 2008년 WHO가 발표한 우리나라의 합계출산율(여성 1명이 평생 낳을 것으로 예상되는 아이 수)은 1.2명으로 세계 193개국 가운데 최저를 기록하였으며 이는 2000년 1.47명이었던 것에서 더욱 낮아진 것을 의미한다. 미국은 2.1명, 프랑스는 1.9명, 영국·스웨덴·노르웨이·핀란드·덴마크는 1.8명, 러시아 1.7명, 중국·일본·싱가포르 등은 1.3명이다. 자료: WHO(2008), 「세계 보건통계 2008」매일경제신문(2008. 5. 22)

50) 우리나라는 이미 2000년에 65세 이상 인구의 비중이 7% 이상인 고령화사회에 진입하였는데, 2019년에는 이 비중이 14% 이상인 고령사회로 진입하고, 2026년에는 이 비중이 20% 이상인 초고령사회가 될 것으로 전망되고 있다.

51) 인구 및 생산가능인구(15~64세 인구) 증가율 추이는 아래의 〈표〉와 같다.

〈표〉 인구 및 생산가능인구 증가율 추이

구분	1971~1980	1981~1990	1991~2000	2001~2006
인구 증가율	1.69	1.18	0.92	0.45
생산가능인구 증가율	3.08	2.27	1.26	0.48
경제활동인구 증가율	3.67	2.56	1.77	1.38

자료: 통계청 통계정보시스템.

또한 생산활동인구와 총인구의 감소가 각각 2017년과 2020에 나타날 것으로 예측한 자료는 정부민간합동작업단(2006)이 발표한 "함께 가는 희망 한국 Vision 2030"에 근거하고 있다. 이 보고서 p. 2를 참조할 것.

52) 국내소비를 나타내는 내수(GDP－수출) 증가율은 1989년 이래 급격한 하락 추세를 지속하고 있고, 투자를 나타내는 고정투자증가율도 1989년 이래 하락 추세를 지속하고 있다. 이에 대한 구체적인 자료는 좌승희(2004), "한국경제 발전과정의 기업과 규제개선에 관한 시사점,"(강의자료) p. 6 참조.

성(TFP)도 1990년대 이후 지속적으로 하락하고 있다.[53)]

더구나 성장엔진인 기업들은 이미 성숙기에 접어들어 세계적인 경쟁력을 가진 수출상품들의 평균연령은 18.9세에 이르고 있고,[54)] 1995년 이후 주요 업종별 일류기업들은 평균 45년의 연륜을 가져 성숙기에 접어든 상태로 성장성이 고착화되고 새로운 일류기업이 나타나지 못하고 있다.[55)] 또한 우리나라의 세계 일등 상품의 품목 수는 1994년 82개이던 것이 2003년에는 53개 품목으로 감소하였다.[56)]

앞에서 언급한 대내 경제환경의 어려움뿐만 아니라 이제는 거역할 수 없는 대세가 되어버린 세계화가 다양한 형태로 우리나라 경제의 성장과 발전에 심대한 영향을 미치고 있다. 세계적인 규모로 무역의 자유화(liberalization)와 원활화(facilitation)를 촉진하기 위한 다자간 협상인 DDA협상의 타결이 이뤄지지는 못하였으나 조만간 재협상이 시도될 것으로 예상되고 있고, 이 가운데 세계 각국은 쌍무적인 자유무역협정(FTA)의 체결이나 EU, NAFTA, ASEAN, ASEM, APEC 등 지역통합이나 지역 경제공동체의 자유무역협정을 진전시키기 위한 노력을 경주하고 있다.[57)] 또한 1990년대 후반 이후에는 중국, 인도, 러시아, 브라

53) 1980년 이후 총요소생산성(TFP)의 추이는 1981~1990년까지는 2.76%, 1991년~2000년까지는 1.44%, 2001년~2003년까지는 1.01%로 지속적인 감소추세를 나타내고 있다. 자료는 재정경제부(2006.5) "현 경제상황 평가와 주요과제"에서 인용한 것임.

54) 수출 주력상품이라 할 수 있는 10대 주요품목의 연령은 2005년을 기준으로 할 때, 철강 38세, 선박 31세, 반도체 25세, 영상기기 24세, 자동차 20세, 컴퓨터 20세, 석유제품 12세, 이동전화 7세이며 이의 평균연령은 18.9세이다. 자료: 이주선(2008), "왜 규제개혁인가?(강의자료)," p. 18.

55) 1995년에 주요업종 1위였던 기업들은 11년이 지난 2006년에도 여전히 1위를 차지하고 있는 것으로 나타났다. 이는 당해 업종에서 기업들 가운데 새로운 일류기업이 더 이상 나타나지 못하고 있음을 입증하는 증거라고 할 수 있다. 예컨대, 반도체의 삼성전자, 전자부품의 삼성전기, 조선의 대우중공업, 유통의 신세계백화점, 자동차의 현대자동차, 가전제품의 LG전자, 철강의 포항제철, 정유의 유공, 음식료의 제일제당 등이 이러한 사례에 속한다.

56) 우리나라의 세계 일등상품 품목 수는 1994년에 82개이던 것이 1998년에는 64개로 축소되었고, 다시 2003년에는 53개로 줄어들었다. 이에 비해서 미국은 1994년에 776개이던 것이 1998년에는 860개, 2003년에는 954개로 계속 증가하였으며, 중국의 경우도 1994년 383개이던 것이 1998년에는 482개, 2003년에는 753개로 비약적인 증가를 보였다. 이는 결국 우리나라의 상품 경쟁력이 지속적으로 저하되고 있음을 의미한다.

57) EU는 구 동구권 국가들의 가입으로 그 영역을 확장하고 있고, NAFTA는 전 아메리카 대륙을 포괄하는 미주자유무역지대(FTAA: Free Trade Agreement in America)의 창설을 위한 논의를 지속하는 중에 있으며, ASEAN은 ASEAN+3(China, Japan, korea)로 확장하고 있는 중이다. 환태평양 경제공동체인 APEC은 FTAAP(Free Trade Agreement in Asia Pacific)와 TPBA

질 등 소위 BRICs라 불리는 국가들이 냉전체제의 붕괴 이후 진행되어 온 세계화 과정에 적극적으로 참여하여 경이적인 경제성장을 이룩하면서 세계경제에 영향을 미치는 새로운 축으로 등장하고 있기도 하다. 이러한 세계화의 진전은 1990년대 후반 이래 진행되어 온 경쟁정책, 반부패, 환경, 표준, 특허 등과 관련된 각국의 법과 제도를 조화(harmonization)시키기 위한 국제적 가이드라인의 마련과 이행 확대를 불가피하게 하고 있기도 하다. 이렇게 각국의 법과 제도를 조화시키는 추세의 강화는 한 나라가 과거와 같이 금융 및 재정정책 등 거시정책이나 보호와 육성을 명분으로 한 산업정책의 추구를 어렵게 만들고 있는 것은 물론, 설사 그러한 정책을 사용한다 하더라도 그 효과가 유효하지도 효율적이지도 못한 상황을 초래하고 있다.[58)]

또한 이렇게 세계적인 규모로 형성된 시장에서는 대경쟁(mega-competition)이 보편화되고 있고, 이에 대응하여 기업들은 가장 저렴한 곳에서 원료를 조달하여 최소비용으로 물건을 만들 수 있는 곳에서 생산하고, 이를 전 세계시장에 판매하는 글로벌 소싱(global sourcing), 글로벌 로케이팅(global locating), 글로벌 마케팅(global marketing)에 종사하는 다국적 또는 무국적 기업화하고 있다. 그리고 기업들은 승리를 위해서 글로벌 M&A, 전략적 제휴 그리고 공동 R&D 등 과거에는 상상도 할 수 없던 다양한 비즈니스 전략을 사용하고 있기도 하다. 이러한 기업들의 다국적 또는 무국적화는 과거 한 국가가 그 영토 내에서 기업에 대한 규제와 세제를 통해서 그 활동과 영업에 개입하던 통제자적 역할을 약화시키고 있는 반면 기업활동에 필요한 공공 서비스 제공자로서의 역할을 담당하도록 하고 서비스 공급자로서 여타 국가들과 경쟁하도록 하는 역할의 전환을 불가피하게 만들고 있다. 이러한 환경에서 한 나라가 규제와 세제에서의 경쟁력을 확보하지 못하게 되면 그 나라 기업들의 국외로의 탈출과 다른 나라 기업들의 투자회피는 불가피하게 된다. 특히 세계적 규모로 형성된 시장에서는

(Trans-Pacific Business Agenda) 같은 역내 국가 간 자유무역협정이나 무역 원활화를 위한 공동조치를 위한 논의를 시작하고 있다.

58) 최근 미국과 체결한 쇠고기 수입과 관련한 한미협약과 관련된 논란과 갈등의 증폭은 세계화의 진전으로 과거와는 달리 한 국가의 고유한 주권이라고 생각하였던 검역권이 국제적인 기준을 토대로 한 통상협상으로 약화되자 이로 인해 이해관계에서 불이익이 발생한 계층의 불만이 다양한 형태의 정치적 계산과 맞물려 나타난 현상으로 보인다. 그런데 이러한 갈등의 증폭은 세계의 모든 지역에서 보편적으로 나타나는 세계화의 부산물이라 할 수 있다.

경쟁에서 살아남은 기업이나 개인은 과거에는 상상할 수도 없었던 이익을 향유하는 반면 경쟁에서 실패하거나 현상에 안주한 기업이나 개인은 상대적으로 더 큰 빈곤감을 느끼게 하는 소득격차의 확대를 초래하고 있다. 또한 이러한 소득격차의 확대는 세계화과정에서 소외되어 왔던 국가, 민족, 또는 지역의 반발을 초래하여 국제무역에 수반된 거래비용을 대폭 증가시킴은 물론 세계화의 진전에 심각한 장애물이 되고 있다.

이러한 대내외 환경변화와 더불어 경제성장과 일자리 창출에 중요한 영향을 미치는 변수로는 기술혁신의 진전을 들 수 있다. 1990년대 시작된 IT를 필두로 한 획기적 기술혁신의 진전은 사이버스페이스에 현실을 끌어들이는 것을 넘어 이제는 모든 사물에 인공지능이 장착된 유비쿼터스(ubiquitous) 환경을 시현하여 때와 장소를 가리지 않고 누구와도 연결할 수 있는 글로벌 정보 사회(global information society)를 발전시키는 데까지 나아갔다. IT 부문에서의 기술진보는 이제는 BT(Biotechnology), NT(Nanotechnology) 등 광범위한 분야에서 동시에 시너지 효과를 내면서 그 진행방향을 예측하기 어려울 정도의 빠른 속도로 진척되고 있다. 이러한 기술혁신은 기술·지식기반경제 시대의 도래를 앞당기고 있으며 이에 따라서 대규모 공장, 거대 기업, 거대 정부로 상징되던 대량생산과 집적의 경제가 가지는 이점이 감소하고, PDA, 무선인터넷, 노트북 컴퓨터 등 개인기술(personal technologies)의 혁신적 발전으로 최소효율규모(minimum efficient scale)를 축소시킴으로써 소규모 다품종 생산 위주로 생산 양식을 재편시키고 있다. 이와 같은 생산양식의 변화는 과거 자본, 노동 등 전통적인 생산요소 투입확대를 통해서 경쟁에서의 우위를 확보하던 기존의 경쟁방식을 탈피하여 지식, 기술, 아이디어 등 인간자본의 축적과 창의성에 기초한 우위의 확보로 승패가 결정되는 새로운 방식으로 경쟁환경을 변화시키고 있다. 이러한 경쟁양식의 변화는 승자독식(winner-takes-all)이라는 과거와는 다른 경쟁의 과실분배 방식을 초래하고 있기도 하다. 특히 이러한 생산양식과 경쟁방식의 변화는 그 성격상 고용없는 성장(jobless growth)을 추세화하고 있고 따라서 한 번 일자리에서 퇴출된 노동자들이 다른 기업의 다른 일자리로 복직하는 것을 어렵게 하는 문제점을 초래하는 반면, 임금을 받고 노동력을 제공하던 노동자들이 기술자본가화(technological capitalist)하거나 창업을 통해서 소규모 자영업자화하

는 구조적 변혁을 가져오고 있다.[59)]

2. 우리나라의 일자리 현황

우리나라의 경제활동인구는 2007년 말 2,399.7만 명으로 경제활동 참가율은 61.0%였으며 고용률은 15세 이상 전체 인구를 대상으로 할 경우에는 59.1%, 15세 이상 64세 이하 인구를 대상으로 할 경우에는 63.6%였다. 실업률은 3.1%를 유지하고 있다. 그런데 이는 외환위기 이전인 1997년 고용률 60.9%를 10년이 지난 시점에도 회복하지 못하고 있는 것을 의미하는 것일 뿐만 아니라 2003년 이후의 고용률의 정체상태 지속을 보여주는 것이다.[60)] 이러한 고용률은 미국, 영국, 캐나다 등 앵글로 색슨형 국가들이나 스웨덴, 덴마크 등 북구국가 등 보다는 크게 낮고, 독일, 프랑스 등 대륙형 국가들과 유사한 형태를 가지고 있는 것으로 보인다.[61)] 이러한 고용률의 정체는 성장잠재력 저하와 소비위축의 원인이 되어 실질 성장률 저하로 연결되고 있는 것으로 판단된다.

실업률도 2000년 이후 0.75% 포인트 상승하여 약 17.5만 명 정도의 실업이 항구적으로 증가하였다.[62)] 이렇게 증가된 실업은 주로 20대 남성과 20~40대 여성에 집중되고 있다. 남성 청년층의 실업률은 1995년 5.4%에서 2005년에는 9.0%로 상승하였고 같은 연령층에서 여성의 실업률도 같은 기간에 4.2%에서 6.5%로 증가하였다. 이와 함께 무직자의 수도 전반적으로 증가하여 15세 이상 29세 이하 남성 비재학자 중 무직자 비중이 1995년 19.7%이던 것이 2005년에는 28.5%로 증가하였고, 30세 이상의 경우에도 같은 기간 8.4%에서 13.0%로 증가하였다.

이러한 가운데 2006년 기준 1,088만 명에게 일자리를 제공하여 전체 고용

59) 정보기술의 혁명과 이에 따른 광범위한 경제구조, 생산양식 및 사회변동에 대한 미래 예측 및 논의의 구체적인 내용은 Reynolds, G.(2007), Army of Davids, Thomas Nelson Inc.를 참조할 것.

60) 2003년 이후 고용률은 15세 이상 전체인구를 기준으로 할 경우 2003년에는 59.3%, 2004년에는 59.8%, 2005년에는 59.7%, 2006년에는 59.5%였다. 자세한 내용은 전병유(2008), "우리나라 고용문제의 현황과 정책과제," p. 3을 참조할 것.

61) 2004년 15세 이상 64세 이하 주요 국가들의 고용률은 미국 71.2%, 영국 72.7%, 캐나다 72.6%, 스웨덴 73.5%, 덴마크 76.0%, 일본 68.7%, 독일 65.6%, 프랑스 62.8%인 반면 우리나라는 63.6%였다. 자료: 전병유(2008), p. 4.

62) 이하의 논의는 김대일(2008), "노동시장 현황과 고용창출(강의자료)"에서 인용한 것임.

의 87.5%를 차지한 중소기업의 영업이익률은 1990년대 이래 지속적으로 하락추세를 지속하고 있다.[63] 또한 중소기업의 대기업 대비 노동자 1인당 부가가치 비율도 하락 추세를 지속하여 1994년 대기업 대비 43%에서 2003년에는 35%까지 떨어졌다.[64] 이러한 중소기업의 채산성 악화는 중소기업의 투자를 크게 위축시키는 원인으로 작용하였다. 당연히 중소기업 투자의 위축은 일자리 창출의 감소로 이어지게 되었다고 볼 수 있다.

또한 서비스산업은 2006년을 기준으로 할 때 GDP의 57%, 일자리의 66%를 제공하고 있다. 그런데 서비스산업의 생산성은 미국, 프랑스, 일본의 절반 수준에 불과하고 제조업과의 생산성 격차도 크다.[65] 또한 영업이익률의 증가율도 2000년부터 2006년 사이에 연평균 2.5%에 불과하여 실질성장률은 사실상 마이너스 성장을 하는 것과 같은 상황이다. 또한 서비스업이 창출하는 일자리들도 대개 음식숙박업, 소매업 등 자영업의 비중이 상대적으로 높은 반면 사업서비스업 등 지식서비스업의 비중이 상대적으로 낮은 상태이므로 사실상 양질의 일자리가 서비스업에서 창출되는 것은 다른 선진국들에 비해서 적은 것으로 판단된다.[66]

제조업에 종사하는 대기업들의 고용유발 효과는 노동절약적 기술진보와 자본집약적 투자로 인해서 급격하게 감소하여 왔다. 중소기업 대비 대기업의 고용유발계수 비율은 1996년 46.6%에서 2005년에는 33.4%로 하락하여 양질의

---

63) 1990년부터 1995년까지 8~9%대를 유지하던 300인 미만 상장 중소기업의 영업이익률은 1996년부터 2000년까지는 3~6%대로 떨어졌고 이는 다시 2000년대 들어서는 0~3%대로 떨어지는 하락추세를 지속하였다. 구체적인 영업이익률 추이는 임경묵(2004), "상장사 기업재무자료를 중심으로 살펴 본 설비투자 분석," 〈그림 9〉, p. 132를 참조할 것.

64) 중소기업의 노동자 1인당 부가가치율 추이에 대한 구체적인 통계는 김대일(2008), "노동시장 현황과 고용창출(강의자료), p. 9를 참조할 것.

65) 서비스업의 1인당 부가가치 창출액은 2006년 기준 2,821만원으로 제조업(5,036만원)의 56% 수준에 불과하다. 자료: 전국경제인연합회(2008), '기업 투자 촉진을 위한 기업활동 관련 규제개혁 과제" p. 10.

66) 〈표〉 서비스산업 취업구조의 국제비교(2003년) (단위: %)

서비스부문	유통	생산자	사회	개인	전체
선진국 평균(A)	20.3	16.8	24.1	13.2	73.3
한국(B)	23.5	11.2	12.6	16.2	63.5
B－A	＋3.2	－5.6	－11.5	＋3.0	－9.8

자료: "서비스 사이언스 전국포럼 2007,"(2007. 8).

일자리를 창출하는 주체인 대기업의 일자리 창출능력이 점차 낮아지고 있음을 보여주고 있다.[67] 그런데 이러한 추세는 앞으로도 계속될 것으로 예상된다.

3. 제성장, 수출과 일자리 창출과의 관계

경제성장률이 1% 상승할 때마다 일자리가 얼마나 증가하는가를 나타내는 경제성장의 고용유발효과는 2000년에는 경제성장률 1%p 상승시 9.6만 개의 일자리가 창출되는 것이었으나,[68] 2006년에는 이것이 6만 개로 줄었고, 다시 2008년에는 더욱 작아져서 5만 개 이하로 감소하였다. 그런데 이러한 경제성장의 고용유발효과 축소는 우리나라 경제의 장기적인 추세로 자리 잡을 가능성이 매우 크다.

부가가치 산출액 10억원당 취업자수를 나타내는 취업유발계수는 전 산업을 평균할 경우 1995년에 34명이던 것이 2000년에는 20명으로 축소되었고, 2003년에는 다시 절반인 17명으로 감소된 것으로 나타났다. 수출 10억원당 취업유발계수도 1995년에는 31명이던 것이 2000년에는 15명, 2003년에는 13명으로 감소되었고, 수출 10억원당 고용유발계수도 1995년 22명에서 2000년에는 11명, 2003년에는 9명으로 감소하여 수출의 일자리 창출효과도 지속적으로 감소하고 있는 것으로 나타나고 있다.[69]

4. 시 사 점

앞에서 살펴 본 대내외 환경변화와 우리나라의 일자리 현황에 따르면 향후 우리가 원하는 일자리 창출은 갈수록 어려워질 것임을 보여주고 있다.

우선 지난 10년여에 걸친 투자의 부진으로 발생한 잠재성장능력의 저하와 경제성장을 견인할 만한 새로운 성장동력의 부재 그리고 세계시장에서의 경쟁

---

67) 〈표〉 국내 중소기업과 대기업의 고용유발계수 추이 (단위: 명/10억원. %)

	'93	'94	'95	'96	'97	'98	'99	'00	'01	'02	'03	'04	'05
중소기업(A)	26.7	25.2	23.4	21.8	20.8	19.1	18.7	17.8	18.0	17.5	17.0	15.9	15.1
대기업(B)	12.5	11.0	9.2	8.8	8.1	7.5	6.5	6.4	6.2	5.7	5.7	5.0	5.1
B/A(%)	46.6	43.8	39.4	40.3	38.9	39.2	35.0	35.8	34.6	32.5	33.9	31.7	33.4

자료: 산업총조사, 통계청.

68) 삼성경제연구소(2006), “최근 일자리 창출의 특징과 향후전망,”에서 인용함.

69) 자료: 한국은행(2008), 「2008 산업연관분석 해설」.

력 약화와 실질 경제성장률의 지속적 하락 등이 복합적으로 작용할 경우 향후 전반적으로 일자리 창출은 대단히 어려울 것이라고 판단된다.

둘째, 세계화에 기인한 기업과 개인의 국가간 이동의 원활화와 국가간 정책 공조의 강화로 인해서 국가의 정책 주권 약화는 불가피해지고 있고 이에 따라 정부가 정책을 통해서 일자리를 창출하는 것이 어렵게 되었다. 즉, 정부가 재정정책이나 금융정책 등 거시경제정책이나 보조금이나 규제를 통한 산업정책을 통해서 투자 확대와 일자리 창출을 도모하는 것이 어렵게 되었다.

셋째, 기술진보로 인해서 도래한 지식·기술기반사회는 노동절약적 성격의 산업과 기업이 주가 되는 산업구조를 발생시키고 있다. 또한 이와 같은 기술발전은 생산양식의 변화를 초래하여 다품종, 소량생산을 특징으로 하는 소기업(micro business)들을 기술자본가들이 설립하는 것을 가능하게 하고 옥션이나 이베이 같은 새로운 형태의 기업들이 출현하게 하고 있다. 이에 따라 고용없는 성장이 보편화되고 있고 과거 기업에 고용되었던 노동자들은 이제 자발적이든 비자발적이든 일단 이직을 하고 나면, 재취업을 하기보다는 창업을 통해서 사업자로 변신하는 비율이 급격히 증가하고 있다. 이러한 생산양식의 변화는 장기적으로 현존하는 제조업 종사 대기업들에 의한 일자리 창출이 갈수록 어려워질 것인 반면 많은 일자리가 소규모 자영업자나 마이크로 기업(micro businesses)에 의해서 창출될 것임을 시사하는 것이다. 또한 이와 같은 생산양식의 변화는 과거와 같이 정부가 노동자 보호를 위한 고용보호정책을 강력하게 시행하는 것이 약자에 대한 효과적인 보호정책이 될 수 없음을 암시하는 것은 물론, 향후 사업을 하려는 개인이나 기업에 대하여 활동을 제약하는 규제나 그 이익에 대하여 과세를 하는 것을 의미하는 세제에 대한 합리화가 더 중요한 정책수단이 될 것임을 시사하는 것이다.

넷째, 경제성장이나 수출의 고용유발계수 및 취업유발계수 하락은 향후 일자리 창출을 확대하기 위해서는 현재와 같은 저성장, 저투자, 저소비 상태를 지속하지 말아야 한다는 것을 시사한다. 만일 정부가 세금을 거두어 재정 투자를 통해서 소위 '사회적 일자리'를 만드는 것이 지속가능하지도 못하고 심각한 부작용을 초래한다는 사실을 인정한다면, 향후 필요한 일자리를 확보하기 위해서는 투자를 증가시키고 수출을 확대하고 소비를 진작하는데 최선을 다하는 것이 중요하다는 것을 알 수 있다.

Ⅲ. 일자리 창출을 위한 규제개혁 방향

1. 왜 규제개혁이 중요한가

일자리 창출을 위해서는 앞에서 언급한 것처럼 투자의 촉진, 수출의 확대, 그리고 내수의 진작 등을 통한 경제성장이 관건임을 알 수 있다. 또한 대다수의 일자리를 제공하고 있는 중소기업과 서비스업에서의 투자 활성화도 대단히 중요하다. 그런데 최근의 경제상황은 경제성장이나 투자, 수출의 고용유발계수나 취업유발계수가 낮은 상황이므로 과거 수준으로 일자리를 창출하려고 해도 더 높은 성장과 수출이 필요하고 지속적으로 중소기업과 서비스업에서의 투자를 활성화하기 위해서는 채산성 악화를 막고 경쟁력을 강화할 수 있도록 하는 대책이 필요하다.

그런데 현실적으로 성장을 위한 기업의 투자는 수익성 있는 투자처의 부족, 강성노조에 기인한 대립적 노사관계와 노동시장의 경직성, 다양한 형태의 승자필벌적 경제활동 제약 규제들로 인해서 활성화가 이뤄지지 못하고 있다. 또한 정부의 재정정책이나 금융정책을 포함한 거시경제정책이나 산업정책을 통한 일자리 창출도 WTO나 여타 국가들과의 정책조화의 틀 내에서 시행해야 하기 때문에 한계가 있는 것은 물론이고 설사 가능하다 할지라도 현재의 세계화 진전 상황으로 볼 때 그 유효성과 효율성을 장담하기 어렵고 부작용도 크다. 앞에서도 언급한 것처럼 내수의 침체국면도 여전히 타개되지 않고 있고, 단시간 내에 소비의 진작이 이뤄지고 음식료업 및 숙박업을 포함한 영세 서비스 기업들의 채산성이 나아질 것으로 보이지 않는다. 특히 우리가 지향하는 양질의 일자리를 제공할 수 있는 사업서비스업, 지식기반서비스업 등 고부가치 서비스업의 활성화는 단시간에 가능할 것으로 보이지 않는 실정이다.

그러나 이러한 경제환경은 비단 우리나라만이 직면하고 있는 것은 아니다. 이미 OECD에 속한 선진국들은 1980년대부터 이러한 상황에 봉착하였고 이를 타개하기 위해서 노력해 왔다. 선진국들이 이러한 상황을 타개하기 위해서 채

택했던 것이 규제개혁과 민영화, 재정 및 세제개혁과 공무원 구조조정 등 광의의 공공부문 개혁이었다. 이러한 개혁조치는 정부의 경제에 대한 개입과 간섭을 대폭 축소함으로써 개인과 기업의 경제활동에 대한 자유와 자기책임을 강화하여 시장의 자원배분과 선별(screening) 기능을 강화하는 것이 그 목표이다.

시장의 자원배분과 선별기능 강화는 결국 효율적인 기업과 비효율적인 기업, 잘하는 개인과 못하는 개인에 대한 선별을 가능하게 하여 효율적인 기업과 잘하는 개인에게는 그 성과를 보다 크게 배분하고 비효율적이거나 못하는 개인에게는 그 사업이나 활동에서 퇴출하여 보다 효율적이고 보다 성과가 날 수 있는 사업이나 활동에 재배치할 수 있게 하여 사회 전체의 자원배분을 신속하게 효율화하는 데 기여하게 된다. 시장의 이러한 긍정적 역할을 강화하기 위해서는 정부가 개인이나 기업의 활동이나 사업을 제약하던 규제를 통한 개입과 간섭을 축소하고 자원배분의 왜곡을 최소화하기 위해서 다양한 명분으로 수행하는 재정을 통한 산업정책도 축소해야 한다. 그리고 정부의 누진적 세금을 통한 효율적인 기업과 잘하는 개인의 성과 및 보상에 대한 박탈도 세제개혁과 세율인하를 통해서 개선함으로써 성과를 창출하고자 하는 인센티브가 저하되거나 왜곡되는 것을 막아야 한다.

지금 같은 시기에 역설적으로 들리기는 하겠지만, 오히려 우열성패에 따른 시장의 선별기능을 공고히 하여 시장기구에 입각한 경제시스템을 확고하게 구축하는 것이 우리나라가 다른 나라들보다 우월한 경쟁력을 갖추는 중요한 전략이 될 것이며 이렇게 우월한 경쟁력을 갖추게 될 경우 이에 따른 일자리 창출은 활발하게 이뤄질 것으로 보인다. 아일랜드가 1990년대 이후 해외직접투자 유치와 고도 경제성장에 성공할 수 있었던 것은 이러한 시장기구에 입각한 경제시스템의 유지를 위한 세제와 규제의 개혁에 성공적이었기 때문이다. 주변국가들보다 경쟁력 있는 규제와 세제를 가지는 것은 효율적인 기업, 잘하는 개인을 유치하여 이들이 최선을 다하게 하는 최선의 방책이다.

이러한 상황에서 기업이나 개인들에게는 “감춰진 세금(hidden tax)”인 규제를 축소하는 것은 추가적인 비용 없이 기업환경을 개선하여 투자를 활성화하는 최선의 수단이므로 중요하다. 대다수 일자리를 창출하고 있는 중소기업들에 대한 최근 기은경제연구소의 조사결과에 따르면[70] 기업규제개혁을 시행하면 투자를 현재보다 더 확대하겠다는 기업의 비중은 응답기업(1,127개)의 77.6%에 달하고 있고,[71] 특히 정부가 규제개혁을 해줄 경우 지금 당장 투자를 확대할 의사가 있다는 기업이 6.1%, 1년 이내에 투자할 의사가 있다는 기업이 13.8%, 2내지 3년 이내에 투자할 의사가 있다는 기업이 31.9%에 달하여 전체 조사대상 기업의 65.8%가 규제개혁이 이뤄질 경우 투자를 확대할 의사가 있는 것으로 파악되었다. 이 조사에서는 또한 기업규제가 중소기업에 추가로 부담시키는 비용은 매출액 대비 평균 7.2%에 달하는 것으로 나타났고, 이를 세분할 경우 그 비용부담이 수도권 기업은 15.9%, 지방 기업은 2.8%로 나타나 수도권 중소기업들의 규제부담이 특히 심각한 것으로 나타났다. 게다가 이 조사에서는 기업규모가 작은 기업일수록 규제로 인한 비용부담이 큰 것으로 나타나[72] 일자리 창출을 위해서는 이 기업들이 요구하는 규제의 개선과 폐지에 각별한 노력을 경주해야 할 것으로 나타났다. 또한 현재의 규제가 지속될 경우 사업을 축소하거나(18.8%), 사업 및 업종을 전환하거나(5.9%), 해외이전을 하겠다고(3.5%) 하는 기업들의 비중은 28.2%에 달하는 것으로 나타나 규제개혁은 기존의 일자리를 유지하는데도 중요할 것으로 보인다.

이에 더해서 규제개혁이 중요한 또 다른 이유는 우리가 5년 내 3만 달러, 10년 내 4만 달러 이상의 1인당 국민소득을 가진 명실상부한 선진국이 되는 것은 지금까지와 같이 물건을 만들어 파는 것만으로는 어렵다는 점 때문이다. 경제개발을 시작한 1961년 이후 지난 50여 년 동안 우리나라는 수입한 원료를 가공하여 상품으로 만들어 세계시장에 내다팔아 지난 해 1인당 국민소득 2만 달러를 달성하였다. 그러나 현 시점에서 앞으로의 성장과 일자리창출을 견인할 신성장엔진은 아직 나타나지 않고 있다. 이미 제조업에 기반한 상품시장에서의 경쟁은 우리나라가 비교우위를 가질만한 상황이 아니다. 중국의 세계공장화 현상이 여전히 진행되고 있고 이 추세는 이제는 저급한 기술에 기반한 경공업뿐

---

70) 구체적인 조사내용은 조병선(2008), “기업 규제완화, 발상의 전환이 필요하다: 중소기업 규제 실태와 개선방안,” 희망중소기업포럼 발제자료, 기은경제연구소를 참조할 것.

71) 규제완화시 투자를 확대하겠다는 기업들의 규모별 비중은, 100인 이상 150인 미만 기업 41.4%, 150인 이상 200인 미만 기업 27.2%, 200인 이상 기업 9.0%로 나타났다.

72) 20인 미만 기업의 규제준수에 따른 비용부담은 매출액의 10.9%에 달하여 가장 많고, 20인 이상 50인 미만 기업은 4.6%, 50인 이상 100인 미만 기업은 2.8%, 100인 이상 기업은 3.3%의 비용부담을 규제 때문에 하고 있는 것으로 조사되었다.

만 아니라 기술기반, 지식기반의 높은 부가가치를 가진 상품에서도 급격히 진행되고 있다. 이러한 상품시장에서의 경쟁 상황은 BRICs를 포함한 각국의 경제개발 노력으로 더욱 치열해질 것으로 판단된다. 이러한 시점에 우리가 경쟁력을 잃지 않고 고도성장과 양질의 일자리 창출에 성공하기 위해서는 새로운 신성장엔진을 확보해야 한다.

우리가 지금 세계에 팔 수 있는 중요한 품목은 땅, 돈, 사람이라 할 수 있다.

땅을 파는 일은 결국 우리나라에 세계 각국의 경쟁력 있는 기업과 개인이 사업을 하거나 살도록 하는 것을 의미한다. 해외직접투자(FDI)의 유치나 외국의 고급인력의 유치에 유리한 다양한 법적, 제도적 장치를 강구하는 것은 땅을 팔기 위한 선결조건이다. 특히 내외국의 기업이나 외국의 고급인력이 수요 하는 땅을 내놓는 것이 땅을 파는데 있어서 가장 중요하다. 그러므로 각종 토지이용 및 부동산 관련 규제, 수도권 규제, 경제자유구역을 포함한 경제특구 관련 규제 등을 투자 활성화를 목표로 획기적으로 개선하는 것이 필요하다. 이와 아울러 땅의 수요자들이 매력 있게 느낄 수 있도록 땅을 개발해 나가는 것도 중요하다. 주거, 교육, 의료, 레저 등의 기반시설 인프라는 물론, 환경, 식품위생, 안전 등 사회적 인프라를 최상으로 업그레이드하기 위해서 전제가 되는 각종 규제를 정리하여 사업과 투자를 계획하는 모든 경제주체들이 매력을 느낄 수 있는 땅을 만들어 나가야 한다. 또한 기업이나 개인들이 다양한 형태로 사업이나 일을 할 수 있도록 하기 위해서는 다양한 형태의 노동력 제공과 수요가 가능하도록 노동시장의 유연성을 획기적으로 개선하는 것은 물론 노사관계도 기존의 대립적 노사관계에서 협력적 노사관계로 전환하는 것이 필수적이다.

돈을 파는 일도 상품을 파는 것과 다름없다. 과거 우리나라는 경제개발기에 개발에 필요한 자금이 부족하여 외국으로부터 차관을 도입하여 이 차입자금을 이용하여 경제발전을 이룩하였다. 당시에는 세계적으로 유수한 기업이 우리나라에는 없었고 또 국제금융질서도 지금과는 달랐기 때문에 기업들이 자체적인 신용으로 외국의 금융기관들로부터 돈을 빌려오는 것이 불가능하였고 투자를 받는 것도 어려웠다. 그래서 정부가 보증을 서서 차관을 빌려오고 이를 은행(금융기관)을 통해서 배분하는 방식으로 자금을 공급하여 경제개발을 수행하였다. 그러므로 과거에는 '돈 장사'를 할 여유가 없었다. 그러나 우리나라 제조업 기업이 보유한 여유자금의 규모는 86.3조로 추정되고 있고,[73] 시중의 부동자금은 500조원에서 600조원에 달하는 것으로 알려져 있다. 이 자금을 다른 선진국들처럼 다양한 금융기업들이 다양한 금융기법을 통해서 팔 수 있다면 거기서 창출되는 이익은 상품을 수출하는 것보다 훨씬 클 것으로 예상된다.[74] 따라서 이제는 우리가 돈 장사를 해야 하는데 그러려면 돈 장사를 잘하는 기업과 돈 장사에 전문적인 능력을 가진 금융전문가들이 많이 있어야 한다. 이를 해결하기 위해서 기존의 관치금융적 성격을 가진 금융시스템의 획기적인 재편과 규제를 포함한 법과 제도상의 결함들을 정리하는 것이 반드시 필요하다. 특히 가장 돈 장사를 잘할 수 있는 기업이나 금융 전문가가 시장에서 성공할 수 있도록 하기 위한 획기적인 규제개혁이 필요하다.

마지막으로 사람을 파는 것도 우리나라의 주요한 신성장전략이 되어야 한다. 우리나라는 과거부터 풍부한 노동력을 해외에 제공해 왔다. 경제개발을 시작한 1960년대에는 서독에 간호사와 광부를 1970년대부터는 중동에 건설노동자를 보내 인력수출을 한 경험이 있다. 이 시기의 인력수출은 저급 노동력을 공급하는 것에 국한된 것이었다. 그러나 오늘날은 우리나라가 이러한 노동력을 수입해야 하는 입장이므로 이러한 방식으로 사람을 팔수는 없다. 지금은 고부가가치를 창출하는 사람을 팔 수 있어야 한다. 지금까지와 같은 보통교육이 아니라 우수한 잠재능력을 가진 탁월한 인재들이 선별되고 능력이 함양될 수 있도록 하여 세계가 매력을 느낄 수 있는 인재를 육성하여 세계시장에서 팔 수 있어야 한다. 이를 위해서는 이러한 인재를 육성하는 교육관련 제도와 인프라의 획기적인 개선이 급선무이다. 또한 직업훈련 제도의 개선도 필수적이다. 특히 이들 관련 규제의 개혁이 급선무이다. 이에 더해서 이들 인재들이 최선을 다할 인센티브를 가질 수 있도록 세제를 포함한 보상체계에 대한 정비도 시급하다. 이러한 고급 인재들이 시장에서 적재적소에 최소의 비용으로 배치되고 다양한 방법으로 일하는 것이 가능하도록 하기 위한 노동시장의 유연성을 제고

73) 2006년 말 현재, 자료: 한국은행(2006), 「기업경영분석」.

74) "1억 달러짜리 대형선박을 수주해 3년간 수천 명의 기술자들이 땀 흘려 배를 만들어 수출하면 척당 500만 달러나 600만 달러 정도 남습니다. 하지만 영국의 금융기관은 선박 건조자금을 1억 달러 빌려주고 단번에 엇비슷한 금액을 벌어갑니다." 어느 조선회사 임원의 말로 블로그에 있는 내용을 인용한 것임.

하기 위한 법과 제도의 개선도 필요하다. 특히 고급인재들은 현재의 기술과 지식에 기반한 서비스업들에 많이 종사할 것이므로 이러한 기술지식기반 산업에서의 제도 인프라에 대한 획기적인 개선이 필요할 것이다.

기존의 비교우위를 가진 제조업에서의 상품과 서비스 경쟁력 제고와 함께 이와 같이 땅과 돈과 사람을 팔 수 있게 된다면 우리가 염원하는 1인당 국민소득 3만 달러 이상의 선진국이 되는 비전을 실현할 수 있는 것은 물론, 현재 일자리 창출의 부족으로 나타나는 청년실업을 비롯한 많은 문제들을 해결할 수 있게 될 것이다. 그런데 이렇게 땅과 돈과 사람을 파는 것을 포함해서 전반적인 국가경쟁력을 부작용을 최소화하면서 강화할 수 있는 가장 합리적이고 경험적으로 입증된 수단이 현 시점에서는 규제개혁이다. 그렇기에 규제개혁이 우리가 최선을 다해야 할 국정과제가 되어야 한다.

2. 어떤 규제를 먼저 개혁해야 하나

앞에서 언급한 것처럼 규제개혁은 경제발전과 일자리 창출을 위해서 현재 가능한 가장 부작용이 적은 최상의 정책수단이다. 그러나 현재 존재하는 규제들은 이해관계의 대립이 첨예하여 명분상 개혁이 어려운 성역화된 규제들이 많기 때문에 이러한 규제들에 대한 개혁을 성공적으로 완수하기 위해서는 개혁의 성과를 가시적으로 보여줄 수 있는 부문에서 규제개혁을 먼저 시행해야 한다. 이런 관점에서 볼 때 어떤 규제를 먼저 개혁할까에 대한 규제개혁의 우선순위를 정하는 것은 대단히 중요하다.

1) 수도권규제의 개혁

기업의 경쟁력 확보와 일자리 창출을 위해서 현재 가장 중요한 규제개혁 과제는 수도권규제이다. 세계화가 심화되고 있는 환경에서 국가간 경쟁은 권역간 경쟁 또는 도시권간 경쟁 등의 양태로 변화하고 있다. 우리나라의 수도권은 우리나라 경제의 허브(hub)로서 지역의 발전을 견인하는 중추일 뿐만 아니라 일본, 중국, 동남아 등 주변국가들의 주요 도시권들과 경쟁할만한 충분한 물적, 인적, 제도적 인프라를 갖추고 있다. 현재의 대내외 경제환경을 고려할 때 우리나라에서 국내외 기업들의 투자유치에 경쟁력을 가진 곳은 수도권이 사실상 유일하다. 그러므로 수도권규제의 획기적인 개혁을 통해서 국내기업들의 투자를 활성화하고 해외직접투자를 유치하는 것은 현재 우리가 필요로 하는 고소득을 보장하는 양질의 일자리를 빠른 시일 내에 만들 수 있는 거의 유일한 수단이라고 해도 과언이 아니다.[75]

경기도의 조사에 따르면 기업들은 수도권규제가 완화될 경우 향후 5년간 54조원의 신규투자를 하겠다고 응답하였고 이 가운데 토지 투자분 15%(약 8.0조원)를 제외하고 투자의향이 있다고 응답한 기업 투자수요의 70%만 실제 투자가 이뤄진다 하여도 실질적인 신규투자가 32.2조원에 이를 것으로 추정된다. 이는 지난 해 GDP(901.2조원)를 기준으로 할 경우 3% 이상에 이르는 GDP의 추가 성장이 가능하고, 일자리는 현재 GDP의 고용유발계수(GDP 1%의 추가성장이 가능할 경우 5만 개에서 7만 개의 일자리가 추가로 생긴다는 것을 의미)를 전제로 한다 하여도 15만 개에서 20만여 개의 일자리를 더 만들 수 있다는 것을 의미한다.[76]

수도권규제의 개혁은 또한 지역경제의 발전과 활성화를 위해서 필요한 재원과 시장의 확보를 위해서도 중요하다. 수도권에서 투자가 활성화되고 일자리가 창출되면 이에 따라 수도권은 현재 각 지방에서 활동하고 있는 기업이나 개인들이 만든 상품이나 서비스의 소비처가 되는 것은 물론 필요한 재원을 공급하는 원천이 될 것이다. 지역균형발전론자들이 주장하듯 수도권이 지방의 돈과 인력과 기회를 모두 빨아들이는 블랙홀이 될 것이라는 주장[77]은 실현가능성이 희박하다. 오히려 수도권규제는 지금까지 경험했던 것처럼 외국인직접투자

75) 김군수(2005)는 수도권 내 공장 신증설 규제업종을 8개에서 25개로 늘릴 경우의 경제적 효과 추정 결과 2006년도 25개 대기업 첨단업종의 설비투자 증가와 매출증가의 총 파급효과가 생산유발효과는 13.0조원(2004년 GDP의 2%에 상당함), 부가가치 유발효과는 4.3조원, 수출증대효과는 2.5조원, 그리고 고용유발효과는 96,625명으로 추정하였다. 2007년 추정치는 생산유발효과 13.2조원, 부가가치 유발효과 4.5조원, 고용유발효과는 97,764명인 것으로 추정되었다. 수도권 내 공장신증설 규제 업종 가운데 지극히 일부만 완화하였는 데도 불구하고 이러한 성과가 추정되는 것으로 볼 때 수도권규제의 획기적인 개혁은 경제성장과 일자리 창출에 획기적인 돌파구를 마련하게 될 것으로 판단된다. 구체적인 내용은 김군수(2005), "수도권 첨단 대기업 공장 신증설 허용에 따른 파급효과 분석," 「정책연구」 2005-35, 경기개발연구원을 참조할 것.

76) 이주선(2007), "수도권 규제," 「한국의 대기업정책(하)」, 한국경제연구원에서 인용함.

77) 이러한 논리는 중국이 발전하게 되면 아시아 주변 국가들의 투자나 경제가 중국에 다 먹힐 것이라는 주장과 유사하다. 그러나 현실적으로 중국의 경제성장은 우리나라를 포함한 모든 교역국이나 투자 상대국들에 상호호혜적인 경제적 번영을 누리게 하는 시장으로 역할을 하고 있다.

를 방해하고,[78] 기업들의 해외이전으로 인한 산업공동화로 일자리 창출과 경제성장을 가로막는 주요인이 되는 것은 물론 수도권과 지방의 동반 부실화를 초래하는 문제점을 발생시킬 것이다. 따라서 현재 가장 용이하게 투자를 활성화하여 일자리를 창출하기 위해서는 수도권규제의 개혁이 선결되어야 한다.

2) 경제력집중억제규제의 개혁

잘하는 기업, 성공하는 기업이 시장에서 그 성과에 상응하는 보상을 받도록 하고 못하는 기업, 실패하는 기업이 도태되도록 하기 위해서는 시장경쟁이 활성화되도록 경쟁정책을 강화하는 한편, 잘하는 기업, 성공하는 기업에 대해서 심각한 불이익을 주는 경제력집중억제규제가 제거되어야 한다. 더구나 일자리 창출의 관점에서 본다면 투자와 성장의 견인차 역할을 하는 대기업들의 투자에 장애가 되는 것은 비단 대기업 자체가 만들어내는 일자리의 수를 감소시킬 뿐만 아니라 협력관계(하청관계)에 있는 중소기업들의 투자와 일자리 창출에도 직접적인 영향을 미치기 때문에 더욱 심각한 문제가 있다. 우리나라 중소기업들의 하청비중은 1994년 48.9%이던 것이 지속적으로 증가하여 2003년에는 63.1%에 달하게 되었다. 특히 하청업체는 총매출의 82%를 대기업에 납품하는 것으로 달성하고 있고, 하청 납품을 하는 것이 전체 매출의 90%를 상회하는 기업들의 비중도 71.4%에 달하고 있다.[79] 이러한 중소기업과 대기업의 하청관계를 본다면 결국 중소기업의 일자리 창출은 대기업의 투자 활성화에 의하지 않고서는 좀처럼 가능하지 못할 것임을 알 수 있다. 그러므로 대기업들의 규모를 규제의 대상으로 삼은 경제력집중억제규제는 과거 관치금융과 정부주도형 경제체제하에서는 의미 있는 역할을 하였을지 몰라도 현재는 부작용만 큰 불량

---

78) 세계 유명완구업체인 덴마크 레고그룹이 1996년 이천시 호법면 일대(자연보전권역)에 2억 달러를 투자하여 60만㎡ 규모의 테마파크를 조성할 계획이었으나, 수도권규제의 자연보전권역내 관광지 개발제한 규제(6만㎡ 이상 관광지 개발제한) 때문에 투자처를 독일의 뮌헨으로 변경하였다. 이 투자유치 실패로 인한 관광수입 손실만 연 2억 5천만 달러에 이를 것으로 추정된다. 더구나 현재 레고랜드의 유치가 무산된 해당 지역은 규제로 인해서 난개발이 초래되는 등 부작용이 나타나고 있는 실정이다. 이외에도 신세계첼시의 명품 아울렛 투자유치에 있어서도 자연보전권역내 대규모 판매시설 허용제한 규제로 인해서 신세계가 편법을 동원하여 겨우 투자를 유치하는 등 해외투자유치에 수도권규제가 심각한 애로를 만들고 있다. 자료: 경기도 경제단체연합회(2008), "경제투자 활성화를 저해하는 5대 규제 피해사례집," pp. 18, 30.

79) 김대일(2008), "노동시장 현황과 고용창출,"(강의자료), p. 13.

규제이므로 이를 폐지하여야 한다.

경제력집중억제규제는 대부분 기업들의 의사결정에 의해서 경쟁의 수단이 되어야 할 기업조직의 외부 형태(지주회사의 설립 여부 등), 기업조직의 내부형태(이사회, 감사제도 등) 기업의 재무구조 관련 내용(채무보증, 부채비율 등), 기업의 규모(출자총액 등)를 정부가 제한하는 것을 내용으로 하고 있다. 이러한 규제들은 정부가 기업을 보호, 지원, 육성하는 정책을 시행하는 대신 기업에 대해서 규제와 간섭을 일상적으로 시행하던 30 내지 50년 전 경제환경을 전제로 해서 만들어진 것들이다. 그러나 오늘날 경제력집중억제규제의 대상이 되고 있는 우리나라의 대규모기업집단들은 정부가 행하던 보호, 지원, 육성 정책의 대상에서 벗어나 있고, 현재의 기업환경은 이 규제들이 국가경쟁력의 원천인 우수 기업들의 경쟁력을 심각하게 발목 잡는 문제를 야기하고 있다.

더구나 적절한 수준의 경영권 방어 장치를 여타 주요국가들 수준으로 갖추지 못하고 있는 상태에서 기업들이 경영권 방어를 위해 활용할 수 있는 수단들을 무력화하는 기능을 경제력집중억제규제가 하고 있는 것을 생각하면 이 규제가 무엇을 위해서 왜 존재하는가에 대한 강력한 의문이 제기되는 것이 사실이다. 그러므로 이 규제를 완전히 폐지하고 공정거래위원회가 공동행위 및 불공정거래행위 그리고 기업결합심사에 초점을 맞춘 경쟁정책에 집중함으로써 독점화의 폐해를 막고 진정한 시장경쟁이 활성화되도록 하는 것이 중요하다.

전경련의 조사에 의하면, 기업들은 경제력집중억제규제 가운데 출자총액제한 규제만 폐지하여도 14조원에 달하는 투자를 하겠다고 응답하였다. 만일 이 투자액수 가운데 토지의 매입비용 등을 제외한 그린필드형 투자비중이 50%만 된다하여도 7조원의 투자가 증가하는 것을 의미하며 이를 통해서 일자리가 최소 40,000개에서 최대 57,000개 늘어날 수 있을 것으로 보인다.[80)]

3) 토지이용 및 주택 관련 규제의 개혁

세계화된 경제환경에서 나타나는 보편적인 현상은 기업들이 국내에만 투자하는 것이 아니라 전 세계에서 가장 유리한 기업환경을 가진 지역에 입지한다는 것이다. 이러한 기업환경 하에서는 과거와 같이 정부의 보호와 육성 및 규

80) 자료: 전경련 내부조사자료에서 인용함.

제에 따라서 독점적 지대를 기업들이 향유하는 것은 거의 불가능하다. 그러므로 기업들이 입지하는 지역의 토지이용에 관련된 비용을 최대한 낮추어 주어야만 투자가 활성화될 수 있다. 이런 관점에서 볼 때, 그린벨트(개발제한구역)규제의 완화, 농지, 산지의 전용 및 소유와 관련된 규제의 대대적인 개혁이 필요하다. 그리고 시장원리에 입각한 토지이용을 제약하는 토지거래 허가제를 포함한 토지거래와 관련된 규제를 대폭 완화하는 것도 필요하다. 다만 이러한 규제들의 폐지나 완화 시 도시공간의 배치나 지역의 구획화(zoning) 등 쾌적한 도시를 만들기 위한 규제들을 보다 합리적으로 보완하는 것이 필요할 것이다.

그린벨트 규제의 목적은 도시의 무분별한 팽창을 억제하고 환경 공해를 예방하여 쾌적한 도시환경을 조성하는 것이다. 그러나 실제로 그린벨트가 이러한 확장을 억제하고 공해를 예방하는 기능을 하기보다는 오히려 그린 아닌 지역에 설정된 그린벨트 지역에서는 무허가 난개발로 인한 자연환경 파괴가 이뤄지고 있고, 그린벨트로 도시의 외연확장이 제약되어지자 도시 내부의 개발압력으로 인해서 다양한 도시 내 토지이용 규제를 과도하게 풀어서 오히려 도시 내부의 녹지 등을 점차 사라지게 하였고, 도시의 팽창 압력은 그린벨트 바로 밖에 다수의 인구가 밀집한 위성도시, 신도시들이 발생하게 되었다. 그런데 이렇게 그린벨트 외곽에 설치된 위성도시들은 자족도시가 아니라 베드타운 역할이 주이다. 그러므로 여기에 거주하면서 도심에 직장을 가진 주민들이 출퇴근을 하기 때문에 통근거리의 확대로 교통혼잡이 가중되고 있다. 또한 광역교통망이 미비하기 때문에 교통불편을 덜기 위해서 대부분 자가용을 이용함으로써 대기오염 문제가 더욱 악화되고 있는 형편이다. 이렇게 부작용이 큰 규제가 아직도 전 국토의 4%에 해당하는 면적(4,028㎢)을 점유하면서 가장 경쟁력이 있는 땅이라 할 수 있는 수도권, 부산 등 7대 대도시권에 묶고 있다. 이 토지들 가운데 그린이 아닌 채 그린벨트로 묶여 있는 지역들을 도시용지로 사용하기 위한 규제의 재조정이 필요하다.

농지와 산지에 대한 소유 및 전용에 대한 규제도 그 명분은 식량안보와 환경보존으로 그럴 듯하지만 실제로는 부작용만 크고 누구에게도 도움이 되지 않는 규제라고 할 수 있다. 우리나라의 도시용지(대지, 도로, 공장용지, 학교용지, 주차장 등 11개 용도의 지목을 합한 토지)는 전 국토의 6.7%에 불과하다. 2006년 통계에 의하면 농지 면적이 전 국토의 21%에 달하고 산지 면적이 65%로서 농지와 산지를 합친 면적의 비중은 86%에 달하는 것으로 나타나고 있다. 그런데 현재의 농지에 대한 소유 및 전용 규제로 인해서 투자의 활성화와 쾌적한 주거환경을 시현할 수 있는 도시용지의 확대가 심각한 제약을 받고 있다. 더구나 경자유전원칙에 입각한 농지소유에 대한 규제와 식량안보 논리에 입각한 농지 전용 규제는 결국 보호하고자 하는 농민도 보호하지 못하고 산업으로서의 농업도 경쟁력을 강화하지 못하게 하는 불량규제가 되고 있다. 왜냐하면 농민들의 대부분은 영세농이고 농지의 소유 및 전용 규제는 이들이 노령화되어 더 이상 농사를 지을 수 없는 형편이 되었는 데도 불구하고 이농을 어렵게 만들고 있다.

농업 용도로 제한된 토지의 가격은 다른 용도의 토지에 비해서 대단히 저렴하고 따라서 농민들은 농사를 지을 수 없어서 이농을 하려 해도 소유한 농지를 팔아서 노후생활 자금을 마련하는 것이 어렵기 때문에 이농이 어렵다. 이는 또한 이러한 농민들을 보호하기 위해서 국제가격보다 5배나 높은 쌀 가격을 정부가 지지하는 것은 물론 재정을 동원해서 각종 지원을 농민들에게 하는 것을 불가피하게 하고 있다. 또한 농지에 대한 엄격한 전용규제와 소유의 제한은 기업들이 공장용 토지를 산지나 준농림지 등에서 마련하는 것을 불가피하게 하고 이는 결국 공장을 짓는 비용을 높여서 해당 기업의 가격경쟁력에도 영향을 주고 있다.

더구나 농지는 강의 하류에 입지하는 것이 보통이기 때문에 농지를 공장용지로 사용할 경우 환경오염의 가능성이 상당히 줄어드는 데 비해 산지는 대개 하천의 상류에 위치하고 있으므로 농지의 전용을 어렵게 하는 규제는 강과 하천의 오염 가능성을 상류부터 높여서 수질오염의 가능성을 높인다. 수질오염 가능성이 높은 경우 이를 해소하기 위한 비용은 그렇지 않은 경우에 비해서 대단히 높고 이 비용은 국민 대다수가 세금을 통해서 조달해야 한다. 따라서 농지에 대한 소유규제를 폐지하고 전용규제를 개선하여 양질의 땅을 공장, 주택, 상가 등과 도시기반시설을 할 수 있는 도시용지로 전용, 공급할 수 있도록 해야 한다. 이렇게 할 수 있어야만 매력 있는 땅이 많이 생성되고 이를 팔아서 경제적 이익을 누릴 수 있을 것이다.

전국경제인연합회의 조사에 따르면 토지이용규제의 완화가 기업들이 원하는 대로 이뤄질 경우 수년 내에 14.6조원의 투자가 가능하고 이 가운데 토지투자분이 1/3(33.3%)이라고 가정할 경우 순수 신규투자는 9.8조원에 이를 것으로 추정되고 있다. 이 투자로만 GDP 1% 내외의 추가성장이 가능하며 이에 따라서 일자리는 5만 개에서 7만 5천 개 정도가 늘어날 것으로 보인다.[81)]

이에 더해서 주택관련 규제에 대한 시장원리에 입각한 대대적인 개혁도 필요하다. 주택에 대한 수요는 1인 세대의 증가 등과 맞물려 지속적으로 증가하고 있고, 소비자가 선호하는 주택의 유형이 소득수준의 변화를 포함한 다양한 변수들에 의해서 달라지고 있는데 아직도 정부가 모든 주택에 대해서 공급규제를 통한 개입을 지속하는 것은 합리적인 주택정책이라고 볼 수 없다. 주택의 수요자들이 선호하는 지역에 가능한 최대한의 공급확대를 할 수 있는 방안을 마련하는 것이 주택의 가격 안정을 위해서 긴요하다.

현재 시행되고 있는 각종 부동산투기억제를 명분으로 한 용적률 규제, 층고제한, 소형평형 의무비율 및 임대주택 의무비율 규제 등 재개발과 재건축을 제한하는 각종 규제들은 투기를 억제하기 보다는 수요자가 선호하는 지역에 수요자가 원하는 규모의 주택을 공급하는 것을 억제하여 주택가격의 인상을 장기적으로 부추기는 역할을 하고 있다. 토지와 주택을 포함한 부동산 가격과 수급의 안정은 해외직접투자를 포함한 국내외 기업의 투자 활성화와 개인소비의 진작을 통한 경제성장에 심각한 영향을 미치기 때문에 수요에 부응하는 공급의 안정성을 확보하는 것이 대단히 중요하다. 또한 이러한 주택공급의 확대과정에서 일자리와 부가가치가 창출되는 효과를 얻게 될 것이다.

4) 금융규제의 개혁

돈을 팔아서 이익을 실현하기 위해서는 지난 50여 년에 걸쳐서 정부가 보증하여 해외에서 차입한 자금의 배분경로로 역할을 해 온 은행을 비롯한 금융기관들이 돈 장사를 할 수 있는 금융기업들이 되어야 하며, 세계화, 겸업화/대형화, 자율화, 금융혁신의 가속화, 금융의 펀드화 등 금융산업의 변화에 부응하는 적절한 대응을 할 수 있도록 관련 규제를 혁신하여야만 한다. 최근 가장 쟁점이 되었던 금산분리 원칙에 입각한 은산분리나 금산분리 규제의 폐지 내지

---

81) 전경련 내부조사자료에서 인용함.

완화는 이러한 산업환경 변화에 대응하기 위한 가장 기본적인 규제의 현실화·유연화라 할 수 있다.

과거 엄격한 은산분리나 금산분리 규제를 시행한 까닭은 은행에 의한 자금 배분에 불공정성이 발생하고 또한 은행을 통한 기업에 대한 감독과 견제 기능이 약화되어 발생할 수 있는 경제전반에의 폐해 등을 방지하기 위한 것이었다. 그러나 외환위기 이후 살아남은 기업들은 현재는 독자적인 신용으로 해외에서 자금을 차입하는 것이 가능한 것은 물론이고 앞에서도 언급한 것처럼 86.3조에 달하는 현금을 보유하고 있기도 하여 과거와 같은 폐해를 발생시킬 가능성이 거의 없다고 판단된다. 그러므로 과거와 같은 논리에 입각해서 산업과 금융에 벽을 쌓을 이유가 없다. 금융과 산업을 분리한 채 과거에는 금융전업기업군을 육성하는 등의 방법으로 금융산업을 활성화하려는 정책을 시행해 왔다. 그러나 현재까지 금융전업으로 삼성전자, LG전자, 포스코 같은 세계적 우수기업들이 금융산업에서 나타나지 못하고 있다. 더구나 다른 나라의 기업들은 우리나라에서 적대적 M&A, 증시에서의 주식매매 등을 통해서 막대한 수익을 거두고 있는데 우리는 아직도 우리나라 증시 등 금융시장에서는 물론이고 해외 금융시장에서도 돈 장사로 이익을 보지 못하고 있다. 앞으로 돈 장사로 이익을 보기 위해서는 그 기업이 금융이 주가 되는 금융전업기업이든 산업이 주가되는 기업이든 상관없이 돈 장사를 가장 잘하는 기업이 세계시장에서 돈 장사를 하는 것을 장려하고 촉진할 수 있도록 해야 한다. 그러므로 이를 위해서 금산분리, 금융보험사의 의결권 제한 금지를 포함한 금융규제들을 획기적으로 개혁해야 한다. 이러한 금융규제의 대대적인 폐지와 개선 및 금융감독의 선진화는 결국 우리가 돈을 파는 것을 새로운 성장엔진으로 추가하게 하는데 의미있는 기여를 하게 될 것이다.

5) 노동시장과 노사관계 관련 규제의 개혁

기업의 투자 활성화가 일자리를 창출하는 핵심적인 방안이라면 투자 활성화를 제약하거나 같은 금액의 투자로 일자리를 창출하는 수준을 제약하는 요인은 지나치게 경직적인 노동시장 관련 규제와 대립적 노사관계이다. 지나치게 경직적인 노동시장 관련 규제가 유지되어 온 배경은 1960년대 우리나라의 경제개발 초기단계부터 노사관계에서 노동자들의 단체행동권을 제약해서 발생한 노동자들의 상대적으로 열등한 지위로 인한 불이익을 보완하기 위해서 노동시장에서 해고, 대체근로 등을 제한하는 제도적 장치를 선진국 수준보다 높게 유지해 온데 있다. 그러나 이러한 노사 간 비대칭적 지위는 1980년대 후반 이래 진행되어 온 민주화의 과정을 통해서 제도적으로 단체행동권을 포함한 노동자들의 권리가 다른 선진국들과 동일한 수준으로 보장되는 데까지 도달하게 되었고 과거의 노동자들의 노사관계상의 비대칭적 지위는 더 이상 존재하지 않게 되었다. 그러나 이러한 변화에도 불구하고 노동자들의 비대칭적 지위로 인해서 존재하던 노동시장에서의 과도한 노동자 권익보호 장치들은 상응하는 제도적 변화를 사실상 유보한 채 지속되고 있다. 현 시점에도 이러한 노동시장 및 노사관계 관련 규제의 현실성 있는 개혁은 지속적으로 지체되고 있는 실정이다.

이에 따라 기업들은 더 이상 한국에서 사업을 지속할 수 없어서 해외이전을 가속화하거나, 사업을 지속하지만 노동자들을 고용하는 것을 최소화하는 방안을 강구하거나, 아예 사업을 포기하는 경우들이 나타나고 있다. 이러한 상황을 타개하는 방안은 정부가 다시 노동시장에 보다 강도 높은 노동자의 권익보호를 명분으로 한 규제를 강화하는 것이 아니라 노동시장 유연성 관련 규제들을 우리나라와 경쟁적 위치에 있거나 우리나라보다 경쟁에서 우위를 차지하는 국가들보다 더 유연한 수준으로 대폭 개선하는 것이다. 이러한 노동시장 유연성 관련 규제의 획기적인 개혁은 안정적인 일자리를 원하는 시장에 새로 진입하는 노동자들이나 실업한 후 새로 직장을 찾는 노동자들에게 보다 많은 일자리를 제공하는데 기여하게 될 것이다. 그리고 이러한 유연성의 강화는 결국 모든 노동자들이 훨씬 더 용이하게 자신에게 적절한 일자리를 찾아 능력을 발휘할 수 있는 기회를 확대할 것이다. 유연한 노동시장은 다양한 형태의 노동의 공급과 수요를 가능하게 하여 고부가가치를 창출하는 국내외 고급인력이 우리나라에서 경제활동을 활성화하는 역할을 하게 될 것이며 이러한 고급인력들이 창출하는 부가가치는 결국 다시 소비와 투자 및 납세로 연결되어 경제성장과 일자리 창출에 기여하는 경제의 선순환 구조를 정착시키는 데 중요한 역할을 하게 될 것이다.

또한 노동조합 본연의 기능인 노동자의 권익보호보다 이데올로기적 정치적 노동운동에 치우친 강성 대기업 노조가 주축이 되어 매년 발생하는 대규모 노사분규와 대립적 노사관계를 지양하는 제도의 개선과 법치의 확립이 필요하다. 우리나라의 경우 노동조합 조직률은 9.9%에 불과하나 노동자 100명당 쟁의행위로 인한 노동손실 일수는 56일이나 되어, 우리보다 노조의 조직률이 높은 일본(18.7%)의 노동손실 일수 0.3일, 영국(26.2%)의 노동손실 일수 34일에 비해서도 월등히 많은 것으로 나타나고 있다.[82] 이렇게 대립적인 노사관계로 노동손실 일수가 여타 국가들에 비해서 상대적으로 많을 경우 기업의 경쟁력 저하가 발생하는 것이 불가피하고 이러한 노사의 대립으로 인한 유무형의 비용지불은 외국인직접투자 유치와 국내기업의 투자를 활성화하는 데 걸림돌로 작용하고 있는 것이 분명하다. 주한미국상공회의소와 주한EU상공회의소도 한국 노동시장의 경직성과 노사관계의 어려움이 사업의 걸림돌이라고 공개적으로 밝히고 있을 정도다.

6) 교육 및 인적자원 관련 규제개혁

현재의 기업환경에서 기업의 경쟁력을 결정하는 혁신능력은 인재가 가진 창의성에서 나온다는 것이 보편적인 진단이다. 그런데 창조적인 인재는 획일적인 학교, 획일적인 교과과정, 평준화와 획일적인 학생선발, 획일적인 등록금제도를 포함한 현재의 교육, 보육 그리고 인적자원 훈련 제도하에서는 나오기 어렵다. 창조적인 인재들이 각 분야에서 길러질 수 있도록 하기 위해서는 다양한 학교의 설립이 가능하고 교과과정과 학사행정의 자율화가 보장되는 획기적인 교육개혁이 필요하다.

세계시장에서 팔 수 있는 유능한 고부가가치를 창출할 수 있는 인재의 양성을 위해서는 앞에서 언급한 획일적인 교육시스템을 우선적으로 혁파해야 한다. 그리고 최근 사회복지적 관점과 양성평등적 관점에서 대대적으로 도입되고 있는 보육관련 각종 제도적 장치들에 대한 대폭적인 개혁도 필요하다. 현재의 교육과 보육은 평등성에 초점을 맞추고 교육부문에서의 다양한 형태의 경쟁을 통한 창조적 인재의 양성에는 관심을 크게 두지 않고 있다. 이러한 상태의 지속은 결국 평균적인 품질을 가진 인적자원의 양산에는 성공적일지 모르지만 창

---

82) 김동원(2008. 5. 28), “한국 2050년 미국 다음 잘사는 나라?” 칼럼, 「매일경제신문」.

조적인 인재를 발굴하고 양성하는 데는 실패하게 될 것이다.

그러나 대량생산, 대규모 공장, 고용 노동자 위주의 생산양식이 개인기술(personal technologies)의 변화에 따라 다품종 소량생산, 소규모 자영업자, 기술자본가 위주의 생산양식으로 급격한 변화가 이뤄지고 있는 현 시점에 경쟁에서 승리하여 높은 부가가치를 창조할 수 있도록 하기 위해서는 대규모 공장에서 집단적으로 일하는 평균적인 품질의 인적자원 다수가 아니라 다양한 부문에서 발생하는 문제를 종합적으로 해결하는 능력을 가진 창조적인 인재가 핵심이므로 이러한 인재를 길러내는 시스템이라 할 수 있는 교육부문에서의 발상전환적 규제개혁을 통해서 창조적 인재를 길러낼 수 있어야 한다. 심지어 교육을 담당하는 학교도 이제는 더 이상 교육기관이 아니라 교육기업으로 창조적인 고품질의 인재를 배출해 내는 경쟁을 할 수 있어야 하며 더 이상 교육이 공적 영역이 아니라 시장으로 재편되어야 한다. 그래야만 삼성전자, 현대중공업 같은 경쟁에서의 비교우위를 가진 대학교와 다양한 부문에 다양한 유수한 명성을 지닌 학교들이 나타나게 될 것이다.

7) 환경·안전·보건·식품위생·소방방재 등 사회적 규제개혁

원칙적으로 사회적 규제는 강화하는 것이 좋다는 인식이 보편적이다. 그러나 사회적 규제가 아무리 명분이 좋다하더라도 규제의 준수 가능성과 규제의 집행 가능성을 제대로 파악하지 않은 채 기준을 지나치게 높게 설정하여 사실상 무규제 상태를 초래하거나 규제를 획일적으로 시행함으로 인해서 불필요한 비용을 지출하게 하는 것을 막는 것이 필요하다. 더구나 규제수단을 사용하지 않고 비규제적 대안, 시장의 활용 등을 통해서 해결할 수 있는 사안들의 경우에는 사회적 규제라 할지라도 이를 폐지하고 보다 합리적인 정책 수단을 강구하는 것이 필요하다.

주한미국상공회의소(AmCham)와 주한유럽연합상공회의소(EUCCK)를 비롯한 외국 기업인들의 의견은 우리나라의 규제가 선진국 기업들조차 지킬 수 없을 정도로 높은 기준을 환경 및 안전 분야에 많이 가지고 있고 이것이 기업활동의 심각한 애로로 작용하고 있다는 것이다. 이러한 외국기업인들의 의견은 우리나라 기업들의 견해와 상당한 부분 일치하고 있다. 따라서 환경·안전·보건·식품위생·소방방재 등 사회적규제의 합리화를 통해서 목표한 수준의 규제 목적은 달성하면서도 기업과 국민 부담을 최소화하는 것이 시급하다. 여기서 열거한 사회적 규제의 합리화를 어느 수준에서 할 수 있을 것인가는 해외직접 투자의 유치는 물론 국내 기업들의 투자 활성화에도 큰 기여를 할 것이며 궁극적으로 양질의 일자리를 창출하는 데도 기여하게 될 것이다.

8) 서비스산업 관련 규제개혁

우리나라에서 제조업에 의한 성장과 일자리의 창출은 제한적이고, 새로운 성장엔진이자 일자리 창출의 원동력이 될 산업은 서비스업이라는데 모든 사람들이 공감한다. 서비스업에는 금융, 보건, 의료, 교육, 사회보장, 사업서비스업, 부동산임대업, 관광, 문화, 예술산업 등이 광범위하게 포함되어 있다. 그런데 현 시점에도 이들 업종의 규제는 여전히 제조업에 비해서 강도 높게 시행되고 있다. 인허가 및 가격규제, 공공서비스에 대한 공기업 독점으로 인해서 서비스 산업내 기업간 경쟁이 저해되고 있는 것이다.

예컨대, 법률, 회계 등 사업서비스, 보건, 사회복지 등의 서비스산업에는 진입규제를 포함하여 광범위한 규제가 많아 효율성 증진과 산업으로서의 성장이 저해되고 있는 실정이고, 전문인력의 공급을 수량적으로 통제하는 정부의 자격사 제도와 그 인원 규제로 우리나라는 인구대비 변호사, 회계사, 의사 등의 수가 OECD 국가 중 최하위를 기록하고 있는 실정이다. 이는 다시 해당 서비스산업에서의 경쟁을 억제하고 지대추구행위를 만연시키는 부작용을 초래하고 있다.

또한 교육, 의료, 보건, 사회보장 등 사회서비스와 상하수도, 쓰레기 처리 등 공공서비스에 대한 각종 규제와 공기업에 의한 운영으로 관련 비즈니스의 활성화와 발전이 저해되고 있으며 이에 따라 사회서비스 부문의 고용비중은 2003년을 기준으로 할 때 미국, 영국, 프랑스 등 선진국의 절반 수준(12.6%)에 불과한 것으로 나타나고 있다.

오늘날 교통·통신·인터넷 등의 놀라운 발전과 경제성장을 통한 소득수준의 향상은 서비스 소비를 폭발적으로 증가시키는 전기를 마련하였다. 더구나 서비스산업은 고품질의 일자리 창출이 가능한 것은 물론 어떻게 하느냐에 따라

고부가가치를 창출할 수 있는 여지가 많이 있다. 그러므로 앞에서 열거한 서비스산업들에서의 부가가치와 일자리 창출을 위해서 제조업과 같은 수준으로나 그보다 높은 수준의 획기적인 규제개혁이 필요하다. 만일 서비스산업에 대한 규제완화를 통해서 현재 서비스산업 총생산액(499조원)의 1%가 신규투자로 이어진다고 하면 이는 약 5조원의 추가적인 투자가 이뤄지는 것을 의미하며, 이는 28,000개에서 40,000개에 이르는 새로운 일자리를 마련하는 것이다.

Ⅳ. 요약 및 결론

이 글은 일자리 창출을 위한 규제개혁 방안이 어떤 것인지를 모색하는 것을 목적으로 쓰여졌다. 이러한 목적에 부합하는 정책대안들을 제시하기 위해서 이 글은 먼저 우리나라가 처한 대내외 경제환경 변화와 일자리 현황을 살펴보았다.

우리나라가 처한 대내외 경제환경을 살펴보면 이제 겨우 선진국 문턱인 1인당 국민소득 2만 달러 시대에 돌입하였는데 노령화와 출산감소로 인해서 인구수는 정체되다가 2020년에는 감소세로 돌아설 것으로 전망되고 있고, 내수, 투자, 총요소생산성과 GDP 성장률도 1980년대 후반을 정점으로 지속적인 하락세를 유지하고 있다. 또한 지난 10년간의 투자부진으로 잠재성장률도 지속적인 하락세를 면치 못하고 있다. 아울러 성장엔진이 되는 우량기업들이 이미 성숙기에 접어든 상태이고, 주요 업종별 일류기업들도 평균 45년의 연륜을 가진 채 더 이상 새로운 일류기업이 나타나지 않고 있으며, 세계 일등상품의 품목수는 1994년 82개에서 2003년에는 53개로 감소하는 등 경쟁력의 전반적인 약화 현상이 대두되고 있다.

이러한 대내적인 경제환경의 어려움뿐만 아니라 대외적으로는 세계화가 진행되어 세계적인 시장통합이 빠른 속도로 진전되고 있고, 이에 따라서 국가의 정책주권이 과거에 비해서 약화되는 대신 국제적인 법과 제도의 조화 및 공조가 보편적인 현상이 되고 있다. 세계화는 기업과 개인들의 국경간 이동을 보다 원활하게 하고 있고 세계적인 규모로 형성된 시장에서의 대경쟁(mega-competition)

을 보편화하고 있다. 대경쟁에서의 승리를 위해서 기업들이 다국적화하거나 무국적화하는 경향이 있고 글로벌 소싱, 글로벌 로케이팅, 글로벌 마케팅을 그 전략으로 택하는 것은 물론, 글로벌 M&A, 전략적 제휴, 공동 R&D 등 과거에는 상상도 할 수 없던 다양한 형태의 경영전략을 사용하고 있다. 이에 따라 정부는 과거 기업과 개인의 경제활동에 대한 통제자에서 이제는 유수한 기업과 개인을 유치하기 위해 세계시장에서 다른 나라 정부들과 경쟁하는 공공서비스 제공자로 변화해야하는 시점에 도달해 있다.

또한 기술혁신의 진전에 따른 유비쿼터스 시대의 도래와 개인기술의 발달로 생산양식은 소규모 다품종 생산 위주로의 변화가 급격히 추진되고 있고 지금까지와는 전혀 다른 양태를 가진 이베이나 옥션같은 기업들을 창조하고 있기도 하다. 이러한 생산양식의 변화는 또한 더 이상 거대기업이 창출하는 일자리가 아니라 자영업이나 기술자본가화하여 독자적으로 사업을 행하는 사업가형 일자리가 향후 더 많아질 것임을 예고하고 있기도 하다.

이러한 대내외 환경변화와 맞물려서 우리나라의 일자리 현황은 그리 좋지 않다. 경제활동 참가율은 세계의 유수한 국가들보다 크게 낮고 실업률은 외환위기를 겪고 난 2000년 이후 0.75% 포인트 상승한 이래 그 수준에 고착되고 있는 현상을 보여주고 있다. 이런 가운데 특히 20대 남성과 20대부터 40대 사이의 여성에게 실업이 집중되는 청년실업의 문제가 심각하게 대두되어 있기도 하다. 또한 전체고용의 87.5%를 차지하는 중소기업의 채산성은 1990년대 중반 이후 지속적으로 악화되어 왔고, 일자리의 66%를 제공하여 온 서비스업도 2000년대 들어서서 실질성장률이 거의 사실상 마이너스를 기록하는 것은 물론 그 구성도 대부분이 음식숙박업과 소매업 등에 집중되어 있어 적절한 일자리 창출을 위한 역할을 다하지 못하고 있는 형편이다. 제조 대기업의 고용유발 효과도 지속적으로 낮아지고 있어서 향후 일자리를 만드는데 어두운 그림자를 드리우고 있다. 경제성장 1%로 창출하는 일자리의 수도 2000년에는 96,000개이던 것이 2006년에는 60,000여개로 줄었고 금년 들어서는 다시 50,000개 이하가 된 것으로 보고되고 있다. 경제성장뿐만 아니라 수출의 고용유발효과도 축소되어 성장과 수출의 호조에도 불구하고 일자리는 늘지 않는 소위 "고용 없는 성장"이 보편화될 조짐을 보이고 있다.

앞에서 언급한 대내외 환경과 우리나라의 일자리 현황으로 볼 때 일자리 창출을 위해서 여전히 중요한 것은 투자촉진, 수출확대, 그리고 내수진작을 통한 경제성장임을 알 수 있다. 그런데 세계화의 진전과 국가간 정책 및 법과 제도의 공조 확대로 금융·재정정책을 포함한 거시경제정책이나 보조금의 지급 및 세제지원을 통해서 행하는 산업정책 등은 때로는 가능하지도 않고 설사 가능하다 하여도 그 유효성과 효율성이 지극히 의심스런 실정이다. 따라서 부작용이 거의 없이 한 나라가 기업과 개인의 창의적인 경제활동을 보장하여 경제성장과 일자리 창출을 하는 정책수단으로 규제개혁은 최선이라고 할 수 있다. 시장의 선별기능과 자원배분 기능을 최적화함으로써 기업과 개인의 경제활동의 우열성패가 가장 효율적으로 심판받게 하는 시장경제시스템의 구축을 규제개혁을 통해서 가능하게 할 수 있다.

또한 규제개혁은 지금까지 성장동력이었던 물건을 만들어 파는 것에 추가해서 땅, 돈, 사람을 파는 것을 새로운 성장동력으로 삼기 위해서 필요한 전제조건이다. 국내외 기업들과 능력있는 개인들에게 사업과 일을 통해서 이익을 창출할 수 있는 기회를 제공하는 것은 물론 쾌적한 삶을 영위할 수 있는 매력적인 땅을 제공함으로써 경제성장과 일자리를 창출하는 것을 가능하게 하려면 수도권규제, 농지·산지·그린벨트를 포함한 토지이용 및 부동산 관련 규제, 경제자유구역을 포함한 경제특구 관련 규제의 획기적인 개혁을 시행해야 한다. 돈을 파는 것을 성장동력으로 삼기 위해서는 돈 장사를 가장 잘하는 사람이나 기업이 돈 장사를 할 수 있도록 진입규제를 제거하는 것은 물론, 과거 금융이 산업이 아니라 공공기관이었을 때 만들어진 모든 사전적 규제를 개혁하고 열거주의에 입각한 금융 관련 규제들을 네가티브 리스트 시스템에 입각한 포괄주의 규제로 개혁해야 한다. 이를 위해서 금산분리 규제, 금융보험사 의결권 금지를 포함한 금융산업의 다양한 칸막이들을 제거하고 금융의 세계화, 겸업화와 대형화, 자율화, 펀드화 등 금융의 신조류에 부합하도록 규제들을 개혁해야 한다. 사람을 팔기 위해서는 세계적인 경쟁력을 가진 창의적인 인재를 길러내는 교육시스템의 구축이 필요하다. 그런데 이러한 교육시스템이 구축되기 위해서는 평등주의에 입각한 교육체계의 근본적인 환골탈태가 중요하다. 각급 학교설립의 자유화, 교과과정, 등록금, 학생선발, 학제 등에 대한 자율화는 물론 기존의 고교 평준화 정책을 재고하여 다양한 형태의 교육기업들이 설립되고 그 가운데 경쟁을 통해서 세계적으로 경쟁이 가능한 유수한 인재들을 길러낼 수 있어야 한다. 또한 사람을 팔기 위해서는 유능하고 경쟁력 있는 인재에게 적정한 보상을 할 수 있는 보상체계를 만들어야 하며 이들 인재들이 사업이나 일을 하는 데 있어서도 다양한 고용계약을 통해서 일할 수 있도록 노동시장 관련 법과 제도들을 정비하고 그 관련 규제들을 개선해야 한다.

그리고 이러한 규제개혁은 동시에 다발적으로 추진할 경우 이해관계가 첨예한 부문들이 대부분이기 때문에 우선순위를 정하여 가장 유효성이 크고 가시적인 성과가 용이하게 나타날 수 있는 부문부터 시작하는 것이 전략적으로 바람직할 것으로 판단된다. 이러한 전략적 고려를 토대로 할 때 일자리 창출에 목표를 둔다면 수도권규제, 경제력집중억제규제, 토지이용 및 주택관련 규제, 금융규제, 노동시장 및 노사관계 관련 규제, 교육 및 인적자원 관련 규제, 환경·안전·보건·식품위생·소방방재 등 사회적 규제, 서비스산업 관련 규제의 순으로 규제개혁을 진행하는 것이 좋을 것으로 판단된다.

전경련과 경기도가 조사한 바에 따르면 이러한 규제들 가운데 일부만 기업들이 원하는 대로 개혁되어도 기업들이 늘릴 실질적 신규투자 총액은 무려 44.8조원 이상에 달할 것이고, 이로 인해서 창출되는 일자리의 수도 최저 268,000개에서 372,000개에 달할 것으로 예상되고 있다.

참고문헌

경기도경제단체연합회(2008), "경제투자 활성화를 저해하는 5대 규제 피해사례집."

김군수(2005), "수도권 첨단 대기업 공장 신증설 허용에 따른 파급효과 분석," 「정책연구」 2005~35, 경기개발연구원.

김대일(2008), "노동시장 현황과 고용창출(강의자료).

김동원, "한국 2050년 미국 다음 잘사는 나라?" 「매일경제신문」(2008. 5. 28).

삼성경제연구소(2006), "최근 일자리 창출의 특징과 향후전망."

이주선(2007), "수도권 규제," 「한국의 대기업정책(하)」, 한국경제연구원.

이주선(2008), "왜 규제개혁인가?(강의자료)."

임경묵(2004), “상장사 기업재무자료를 중심으로 살펴 본 설비투자 분석.”
재정경제부(2006. 5) “현 경제상황 평가와 주요과제.”
전병유(2008), “우리나라 고용문제의 현황과 정책과제.”
정부민간합동작업단(2006), “함께 가는 희망 한국 Vision 2030.”
조병선(2008), “기업 규제완화, 발상의 전환이 필요하다: 중소기업 규제실태와 개선방안,” 희망중소기업포럼 발제자료, 기은경제연구소.
좌승희(2004), “한국경제 발전과정의 기업과 규제개선에 관한 시사점”(강의자료).
한국은행(2006), 「기업경영분석」.
한국은행(2008), 「2008 산업연관분석 해설」.

Reynolds, G.(2007), Army of Davids, Thomas Nelson Inc.
WHO(2008), “세계 보건통계 2008,” 「매일경제신문」(2008. 5. 22).

•토론• 일자리 창출을 위한 규제개혁 방안 연구*

최근 우리 경제가 심각한 어려움에 직면해 있음을 직시할 때 일자리 창출을 위한 다각적인 노력을 경주해야 한다는 필자의 주장에 전적으로 동의한다. 대외여건의 악화로 인해 재정·금융정책을 통한 경기부양이 여의치 않다는 것을 감안하면 규제완화를 통한 일자리 창출에 대한 접근방법은 매우 유의한 접근방안이 될 수 있다. 필자의 논문에서 강조하고 있는 것처럼 경제성장의 고용유발효과가 감소하고 있기 때문에 향후 성장이 되더라도 과거와 같은 일자리 창출은 쉽지 않다는 점을 상기할 필요가 있다.

그러나 필자가 주장하고 있는 분야의 규제완화를 통해 과연 일자리 창출이 가능한지는 좀더 전략적인 논의가 필요하다고 판단된다. 필자가 주장하는 것처럼 대기업의 고용유발효과가 매우 제한적이라는 사실을 상기한다면 정책 목표를 어디에 두어야 할지는 자명해진다. 특히 규제개혁의 당위성을 인정한다 해도 수도권규제, 경제력집중규제, 금산분리, 토지이용규제, 환경, 보건, 위생 관

* 김세종(중소기업연구원 연구조정실장).

련 규제 완화에 대해서는 부작용을 고려한 전략적 접근이 요구된다. 이러한 전략적 접근의 일환으로 수도권 규제완화 가운데 공장설립 등 총량 규제를 중소기업에 대하여 탄력적으로 적용하는 방안 등을 고려해 볼 수 있다. 필자의 생각으로는 오히려 비대칭적인 규제로 중소기업을 지원하는 방법은 없는지 검토해야 할 것이다.

이와 같은 상대적으로 대기업에 유리한 친기업적 규제완화가 오히려 경제력 집중 등 부작용을 야기할 가능성이 없는지 그에 대한 논의가 필요하다고 판단된다. 실제로 최근일부 대기업의 경우, 무리한 M&A로 몸집을 키워 부채비율 상승, 사업의 효율성 저하 등에 직면한 것은 이에 시사하는 바가 크다고 할 수 있다. 그런 점에서 사업전환 및 사업조정 등 구조조정을 촉진하고 공장설립 절차 간소화, 창업규제완화 등을 통해 약화된 기업가정신을 고양시키기 위한 노력을 우선적으로 추진할 필요가 있다.

먼저 노동시장에 관련된 규제, 교육 및 인적자원 관련 규제완화를 통해 노동시장의 미스매치를 줄이는 것이 급선무이다. 우리 노동시장은 잠재 실업자가 넘치지만 기업은 필요한 인력을 구하지 못하여 구인난과 구직난이 병존하고 있다. 2007년 연간 평균 실업자는 78만 3천 명이고, 2007년 4월 1일 시점에서 조사된 300인 미만 중소기업의 인력부족 인원은 23만 5천 명에 달한다. 이러한 인력수급의 미스매치는 일자리를 제공하는 기업 측과 일자리를 구하는 구직자 사이에 '보상의 미스매치', '숙련의 미스매치', '정보의 미스매치'가 존재하는 것에 기인한 바 크기 때문에 이를 해소하기 위한 방안이 먼저 마련되어야 할 것이다.

이를 위해 중소기업에 대한 정보부족 및 정보미스매치를 해소하기 위해 중소기업 정책, 구인구직, 기업DB, 직업훈련정보망을 하나로 연결하는 중소기업 포털사이트를 구축할 필요가 있다. 중소기업 관련 사이트가 제대로 인지되고 활용되기 위해서는 중소기업과 관련된 모든 정보가 하나의 사이트에서 유기적으로 연결되면서 유통되고 조직되는 포털사이트가 되어야 한다. 이와 더불어, 우량 중소기업에 대한 정보뿐만 아니라 중소기업 구인구직정보, 중소기업 정책정보, 중소기업 CEO사이트, 중소기업이 거래하는 대기업에 대한 평판 커뮤니티 등이 하나로 통합된 사이트가 필요하다.

또한 우리의 대기업과 중소기업의 하도급관계를 정비하여 중소기업의 경영여건을 개선하는 것이 시급한 과제이다. 필자가 강조하는 것처럼 대기업의 투자를 늘리면 중소기업의 경영여건이 개선될 것이라는 주장에 대해서는 적어도 일본과 같은 거래관계의 구축을 전제해야 가능할 것이다. 현재와 같은 복잡한 하도급 거래관계는 오히려 중소기업의 지속적인 발전을 저해하고 경영악화를 초래할 가능성이 있다. 중소기업들이 처한 경영애로요인은 주로 대기업 혹은 거래기업과의 납품단가, 거래조건, 지급조건에 관한 것이 주류를 이루기 때문에 이 부분에 대한 합의가 필요하다.

다음으로 서비스업의 경쟁력 강화를 통한 양질의 일자리 창출은 필자의 주장에 전적으로 공감한다. 의료, 복지, 교육 등의 사회서비스와 법률, 회계, 금융, 컨설팅 등 기업서비스의 질적 수준을 높이기 위한 규제완화는 관련 산업의 경쟁력 강화는 물론 일자리 창출과 연계하여 추진할 필요가 있다. 또한, 관광, 문화 등 고용창출효과가 큰 전통적인 서비스산업에 대한 규제완화와 함께 관련 산업의 장기발전전략을 수립, 지원할 필요가 있다.

결론적으로 일자리 창출을 위해 규제완화가 필요하다는 필자의 주장에 동의하지만 각론적으로 중소기업들이 절실하게 느끼고 있는 분야를 중심으로 우선순위를 조정할 필요가 있다고 판단된다.

제 5 장

교육·인적자원개발과 고용

제 5 장

교육·인적자원개발과 고용

제 1 절 대표토론: 교육·인적자원개발과 고용*

본 장에서는 교육시장과 노동시장의 상호관계에 관한 논문 3편이 발표되었다. 특히 고등교육 졸업자들에 초점을 맞추어 이들이 노동시장에서 어떠한 행태를 보이고 있으며, 그 성과는 어떠한가에 대한 분석이 주로 수행되었는데, 분석결과는 고등교육정책과 청년층 고용정책에 풍부한 시사점을 제공하고 있다. 이하 각 논문의 발표요지와 토론요지 그리고 총평의 순으로 소개하고자 한다.

1. 직무 및 교육불일치의 노동시장 성과와 정책방향

1) 발표 요지

이 연구는 청년 고학력자의 눈높이 조절 '실패'가 노동시장 실패의 주요 원인인가라는 문제의식에서 출발한다. 고학력자 눈높이가 너무 높아서 청년 실업과 인력부족 현상이 발생한다는 주장이 대두되고 있는 반면에, 다른 한편에서는 노동시장의 학력별-성별-기업별 격차 구조로 인한 노동시장 진입 장벽과 분절화가 해소되지 않고, 노동시장 진입을 촉진하는 유인장치가 발달하지 않은 상황에서 눈높이만 낮추면 되는 것인가라는 반론도 제기되고 있는 상황

* 김주섭(한국노동연구원 연구위원, 연구관리본부장).

이다.

이러한 문제의식하에서 이 연구에서는 직무 및 교육불일치가 노동시장 성과에 미치는 효과를 주로 분석한다. 우선 교육 및 직무불일치가 노동이동을 통해 해소되는 동태적 이행확률을 추정한다. 그리고 교육 및 직무불일치 해소 여부가 노동시장 성과에 미치는 효과 등이 분석된다. 마지막으로 개인의 인적자본 특성 가운데 숙련 이질성 등이 노동시장 성과에 영향을 주기 때문에 통제변수로 관리되어야 한다. 이와 같은 실증분석을 통해 첫 일자리의 일시적 과잉학력과 직무불일치가 장기적으로 노동시장에 긍정적 효과를 발휘하는 가교 기능을 하는지 살펴보고자 한다. 이를 통해 청년노동시장의 합리적 고용정책을 제시하고자 한다.

분석 결과 전문대졸과 대졸의 하향취업과 숙련불일치 비율이 거의 비슷하나, 전공불일치 비율은 뚜렷한 차이를 보이고 있다. 전문대졸의 전공불일치 비율은 32.9%로 아주 높은 데 반해, 대졸자는 23.2%로 크게 낮았다. 또한 직무-교육불일치의 장기적 추세와 동학이 발견되었는데, 과잉교육에 따른 하향취업 추세가 점진적으로 하락하고, 대학원졸의 하향취업 현상은 2004년부터 크게 떨어지는 현상이 나타나고 있다. 장기적 추세에 따르면, 과잉교육과 숙련불일치는 해소되고 있으나, 전공불일치 현상은 더욱 심화되고 있다. 이는 우리나라 대학이 노동시장의 산업수요에 탄력적으로 반응하지 못하고 있다는 점을 여실히 보여주고 있다.

노동이동은 직무-교육불일치에 유리하게 작용하는 것으로 분석되었다. 장기적 측면에서 볼 때, 과잉교육은 노동이동이나 기업내부의 이동, 직무순환이나 배치전환 등을 통해 해소되는 것으로 나타났다. 또한 과잉교육의 임금손실은 7.8%, 전공불일치와 숙련불일치의 임금손실은 각각 6.4%와 8.3%인 것으로 추정되었다.

과거(첫) 일자리 또는 이전 일자리의 직무-교육불일치가 현재 일자리 임금에 부정적으로 작용한다. 교육기간 장기화가 직무-교육일치 수준을 제고하는 데 기여하고, 직무-교육일치 일자리의 임금효과가 높을 경우 당분간 과잉교육 및 고학력화 현상은 지속될 수밖에 없다. 교육투자가 선별기능을 하고, 노동행렬에서 유리하게 작용할 경우 과잉교육은 지속될 수밖에 없다.

노동이동횟수가 많을수록 임금에 부정적인 효과가 발생하고 있다. 노동이동이 노동시장 성과를 제고시키는데 크게 기여하지 못해, 노동이동이 낙인효과를 낳고 있다. 이것은 우리나라 노동시장의 기업별 분단구조가 심각하고, 빈번한 노동이동이 부정적 인식을 낳는다는 현실인식과 연결되어 있다.

「청년패널」 원시자료 5개년도 패널을 이용한 직무-교육불일치의 장기적 임금효과 결과에 따르면, 하향취업이나 직무불일치는 장기적으로도 임금손실을 발생시키고 있다. 하향취업에 따른 일시적 임금손실이 아니라 장기적으로 그 효과가 발생하고 있다. 과잉교육은 11.6%, 전공불일치는 3.0%, 숙련불일치는 10.8% 정도의 임금손실이 장기적으로 발생한다.

이 연구의 정책적 함의는 다음과 같이 요약할 수 있다. 첫째, 노동시장 조기 진입이 개인의 생애소득 증대에 유리하게 작용한다고 판단하기 어렵다. 둘째, 노동시장의 분절화 구조 및 기업별 분단구조를 해소하는 정책 및 임금보전 정책 등이 개발되어야 한다. 셋째, 인력수급의 질적 불일치 해소를 위한 교육시장의 체질개선이 시급하다. 넷째, 기업의 참여적 작업조직 구축이 필요하다. 기업내부조정 또는 직무순환(배치전환)이 교육불일치에 기여하고 있다. 다섯째, 노동시장의 급격한 인식전환이 필요하다. 노동이동의 낙인효과는 노동시장의 구조적 요인에 의해 발생되기도 하지만, 사회문화적 요인에 의해 유발되는 측면 또한 부정할 수 없다는 점이 지적되어야 한다. 여섯째, 당분간 고학력화 현상은 쉽게 해소되지 않을 것이다. 고학력화에 따라 높아진 기대임금을 실현하기 위해 적정교육 또는 전공일치 일자리로 취업하고자 하는 경향이 증대하고, 그 일자리에 취업하기 위해 다시 교육투자를 늘리는 악순환이 반복될 것으로 전망된다. 일곱째, 청년 고학력자의 눈높이 조절론에 대한 주의 깊은 접근이 필요하다. 첫 일자리의 직무-교육불일치가 노동이동을 통해 해소되고 있으나, 첫 일자리 직무-교육불일치가 노동시장 성과에 긍정적으로 작용하지 않았다

2) 토론 요지

이 논문은 청년 고학력자의 노동시장 이행기에서의 행태가 노동시장 성과에 어떠한 영향을 미치고 있는가에 대한 심층적인 분석을 통하여 합리적 고용정책 수립을 위한 많은 시사점을 주고 있다. 특히 노동이동이 과잉학력의 해소

에 긍정적인 역할을 하고 있는지, 또한 노동이동을 통한 과잉학력의 해소가 노동시장 성과에 긍정적인 영향을 주는지에 대한 분석이 본 논문의 핵심적 연구문제이며, 노동이동의 횟수와 과잉학력의 연관성을 밝힌 연구결과는 중요한 발견이라고 할 수 있다.

전반적으로 분석방법 및 분석결과에 대한 해석에 있어서 다음과 같은 몇 가지 의문이 있다. 첫째, 일반적으로 대학 계열선택에 있어서 남녀간 선호도의 차이가 있고, 실제로도 계열별 남녀 재학생 수에 있어서 구조적 차이를 보이고 있다. 이러한 점을 전제로 한다면 성별 더미와 대학 계열별 더미 간에는 일정 정도 상관관계가 존재하며, 이 경우 다중공선성의 문제로 인한 bias의 가능성이 존재한다고 판단된다. 둘째, 직무-교육 불일치가 일종의 낙인효과를 낳고 있다는 필자의 견해에는 다소 논란의 여지가 있는 것으로 판단된다. 본문에서 과잉교육의 임금손실은 7.8%로 추정되었으며, 또한 과잉교육 경험이 현재 일자리 임금에 미치는 영향이 3.8%인 것으로 추정되었는바, 이는 교육불일치의 낙인효과로 해석하기보다는 과잉교육으로 인한 임금손실이 직장이동을 경험하면서 회복되고 있음을 보여주는 것으로 해석하는 것이 타당할 것으로 판단된다. 셋째, 청년 고학력자 눈높이 조절론의 유효성에 관한 평가는 좀더 심도 있는 분석이 뒤따라야 할 것이다. 개인의 특성(관측가능한 혹은 관측불가능한 특성 모두를 포함한) 및 여타 조건이 일정한 경우에 눈높이 조절을 통해 하향취업을 감행한 경우와 취업 대신에 대학원 진학 등 교육에 보다 많은 투자를 한 경우 그 성과가 어떠한 차이를 유발하였는가에 대한 분석을 통해 필자의 문제제기에 대한 해답이 찾아질 것으로 보인다.

3) 필자 응답

낙인효과에 대한 문제는 보다 심도 있는 후속 연구를 통하여 규명될 것이라고 판단되나, 과잉학력자의 장기적 임금손실이 11.6%에 달하고 있는 사실에 비추어 볼 때 무조건적인 눈높이 조절을 통한 하향취업 유도가 올바른 정책방향인지에 대해서는 회의적이다.

2. 한국의 고등교육 시장과 대졸자의 노동시장 성과: 실증적 검토

1) 발표 요지

대졸자 고용의 양과 질을 높이기 위해서는 우선 우리나라 고등교육과 대졸자들의 노동시장 성과에 대한 정확한 현황 파악이 선행되어야 할 것이다. 본고에서는 최근의 실증분석을 통해 이해하게 된 고등교육시장과 노동시장 사이의 관계를 살펴보고 이를 바탕으로 정부의 고등교육시장에 대한 역할과 적절한 고등교육 정책에 대해 생각해 본다.

대졸자 노동시장에 대한 검토에서는 대졸 초기 학교 서열에 따른 어느 정도의 차별이 이루어지며 노동시장에서 기업에 의한 엄격한 선발이 이루어진다는 사실이 발견되었다. 학과별 수능점수를 통제하고도 상위 학교 졸업생들의 임금이 5~7% 가량 높은 것으로 나타나고 있다. 서열이 높은 학교 출신 졸업생들의 임금이 높은 이유는 (1) 노동시장의 차별 때문일 수도 있고 (2) 서열이 높은 학과일수록 능력이 뛰어난 동료와의 상호작용과 네트워크 형성 등 긍정적인 동료집단 효과일 수도 있으며 (3) 서열이 높은 학교가 높은 질의 교육을 제공하기 때문일 수도 있다. 현재로서는 어떠한 가설도 실증분석의 대상이 되지 못하고 있다.

한편 대학별 평균임금 자료를 통해 살펴보면, 기본적으로 학교별 1인당 교육비의 증가가 임금 상승이나 취업률 제고에 영향을 미치지 못하는 것으로 나타났다. 교육비 지출액이 높다고 해서 졸업생들의 노동시장 성과가 좋은 것은 아니라는 결과를 교육비 지출액 증가의 유효성이 전혀 없다고 해석하기는 어렵겠지만 최소한 교육비 지출이 효과를 거두는 학교와 그렇지 못한 학교가 공존한다고 해석할 수는 있다. 해석에는 유의해야겠지만 재정지출 증가만으로 학생들의 노동시장 성과가 좋아진다는 보장이 없다는 사실만은 분명하다고 하겠다. 반면 교수의 연구업적 증가는 학교 서열의 변동과 졸업생 임금에 모두 긍정적인 영향을 미치는 것으로 나타나 대학의 경쟁이 어떤 차원에서 이루어져야 할지를 잘 보여주고 있다.

실증분석을 토대로 규범적 측면을 논해 보면, 노동시장에서 출신 학교에 따른 차별을 극복하기 위해서 개인의 능력을 좀더 파악하기 위한 메커니즘들을 고민할 필요가 있을 것이다. 본고에서는 “서류 → 면접”이라는 순서 대신 “추천서와 면접 → 서류”라는 순서를 통해 개인 능력과는 관계없는 학벌의 영향을 감소시키는 선발 기제를 제안하고 있다. 또한 대학 서열 문제의 해결은 노동시장을 통해서만 이루어질 수 있으며 특히 우리나라의 경우는 공공부문의 노동시장에서 서열 문제에 대한 해결의, 단초가 제공될 가능성이 높을 것으로 생각된다.

그리고 취업의 양과 질을 높이자면 직업훈련 교육에 대한 뿌리 깊은 편견이 극복되어야 함과 동시에 연구-교육 중심대학을 통해 고부가가치 첨단산업 및 서비스업에서 활동할 전문 인력이 양성되어야 한다. 특히 인문·사회계열의 교육의 질 제고를 통해 상대적 위상이 제조업에 비하여 크게 떨어지는 고급 서비스산업 관련 인력이 양성되어야 한다. 그러한 면에서는 “연구-현장 적응 교육” 못지않게 “일반 교양교육”이 중요시되어야 할 것이다. 서비스산업의 전문성과 생산성은 일반교양이라는 개인적 인프라에서 출발하는 경우가 많기 때문이다.

정부의 지원 방식으로는 다음과 같은 원칙을 제안하고 있다. 첫째로, 지원 대상을 명확히 선별하여 직접적인 혜택이 갈 수 있는 지원 방식을 많이 활용해야 한다. 둘째로, 정부의 지원은 양의 외부성을 시현하는 곳에 집중되어야 한다. 셋째로, 가능하다면 자율과 책무성을 높이는 시장 친화적인 방식의 지원이 필요하다. 마지막으로, 강조되어야 할 사항은 이익집단의 주장에 흔들리지 않는 원칙의 고수이다.

이 글 전체를 관통하는 기본적인 입장은 우리나라 대학의 낮은 경쟁력은 분명 문제이지만 낮은 경쟁력은 보다 경쟁적인 환경을 통해 개선되어야 한다는 것이다. 그러나 지금과 같이 모든 경쟁이 대입이라는 부적절한 시점에 모여서는 대졸자 고용의 질 문제의 해결은 요원하며 대학 교육의 질이 경쟁 변수가 되어야 한다. 그리고 이제는 보다 구체적으로 어떤 요인들이 졸업생의 취업의 질 향상과 관련되는지에 대한 본격적인 연구들이 필요하다.

2) 토론 요지-이영

본 연구에서는 교육비 증가는 아니나 교수업적 증가가 학교 서열과 졸업생 임금에 긍정적인 영향을 주고 있음이 관찰된 것으로 해석하고 있다. 하지만, 수능점수를 통제한 후에는 NCR지수[1)]가 통계적으로 유의하지 않은 것으로 보고되었기 때문에 교수업적 증가가 취업률과 임금에 긍정적인 영향을 주고 있는 것으로 해석하기에는 무리가 있다고 본다. 또한 NCR 변수 사용시 교수들의 전공 구성이 매우 큰 영향을 줄 것으로 예상되므로 공대, 의대 등 각 전공 교수의 비중을 통제할 필요성이 있다고 본다.

노동시장에서 학과별 수능점수를 통제하고도 상위 학교 졸업생의 임금이 5~7% 높게 나타난 것과 관련하여, 이러한 임금 격차의 원인을 차별, 동료집단 효과, 인적자본으로 구분하는 것이 학술적으로도 정책적으로도 매우 흥미로운 연구가 될 것이며, 향후 후속 연구를 통하여 규명될 필요가 있다. 이와 관련하여 상위대학과 그 외 대학 대졸자의 1인당 부가가치를 계산하여 이를 임금과 크기를 비교하는 작업은 가능할 것으로 생각된다.

또 하나 관련된 연구주제는 이러한 임금격차가 근무년수가 증가함에 따라 어떻게 변화하는가이다. 줄어든다면 외모에 주어진 임금차별과 같은 단순 차별일 것이고, 오히려 증가한다면 경력 경로의 분절 등으로 설명해야 할 것이다.

필자는 "추천서와 면접 → 서류"로의 선발기제 전환을 주장하고 있는데, 이러한 주장이 설득력을 가지려면 노동시장에서 초기에 상위권 대학 졸업자에게 주어진 높은 임금은 임금차별이라는 점이 입증되어야 할 것이다. 그리고 선발기제의 순서가 문제가 아니라 면접을 볼 때 출신대학을 고려하지 못하도록 만드는 것이 더 중요한 것이 아닌가 하는 생각이다.

3) 필자 응답

실증분석에서 지적된 문제점들은 향후 보완토록 할 예정이다. 그러나 대학의 낮은 경쟁력을 극복하기 위한 대안으로 보다 경쟁적인 환경을 조성하여 대학의 질적 수준을 높이는 방향으로 나가야 한다는 점은 경험적으로도 입증될 수 있는 사실이다. 후속 연구를 통하여 구체적으로 어떠한 요인들이 대학졸업생들의 취업의 질을 향상시키는가에 대한 연구가 지속되어야 한다.

---

1) NCR 지수는 이공계열 저널의 논문색인인 SCI, 사회과학 저널의 논문색인인 SSCI, 그리고 인문과학계열 저널의 논문색인인 AHCI를 종합한 것이다.

3. 대학서열화와 노동시장 이행

1) 발표 요지

본 논문의 목적은 고등교육의 대중화 시대를 맞이하여 노동시장에서 진행되고 있는 대학서열화에 따른 고용, 임금격차의 현황을 심층적으로 분석하고 이를 토대로 능력중심 사회로 나아가기 위한 노동시장 정책을 모색하는 데 있다. 1990년대 이후 대학설립이 활발하게 이루어졌음에도 불구하고 신생대학들이 대학서열의 하위권으로 편입됨에 따라 대학서열화는 여전히 공고하게 유지되고 있으며, 지방대학 내부에서 하위권 대학과 상위권 대학으로의 재편이 진행되고 있다.

이 같은 결과는 1994~2003년간의 학교, 학과별 입학생 수능평균점수를 상관관계를 중심으로 분석한 결과 대학별, 전공 내 학교별 수능점수 서열구조가 크게 변화되지 않은 것에서 도출되었다.

대학서열화와 노동시장 성과간의 관계를 살펴보기 위해 첫째로, 대학서열과 대학별 취업률을 분석한 결과 취업률은 중위권 대학에서 가장 낮고 상위권 대학과 하위권 대학에서 높은 V자형태의 취업경향을 나타냈는데, 이는 실질적인 대학서열화가 중위권 대학부터 시작되기 때문으로 해석된다. 즉, 이는 중위권 대학 졸업자의 낮은 취업률이 이들의 구직 눈높이가 중상위권 대학과 유사한 반면 제의 일자리의 질은 하위권 대학과 차별화되지 못하고 있기 때문으로 보인다.

둘째, 대학서열과 임금분석으로서 수도권대학과 지방대학 졸업생 임금차별을 분석한 결과 지방대학 졸업생의 월평균임금은 수도권 대학 졸업생에 비해 11.5% 낮으나, 이것은 대부분의 지방대학이 대학서열의 하위권에 편입된 결과로써, 개인 능력의 대리변수라 할 수 있는 개인별 수능성적을 통제할 경우 지방대에 대한 차별에 기인하는 임금격차는 2.6% 수준으로 감소한다. 수능성적은 학문적성(academic aptitude)에 대한 지표일 뿐 직무수행 역량과 동일하지 않으므로 수능성적에 의해 임금격차의 대부분 설명된다고 하더라도 그것이 합리적인가는 별개의 문제이며, 더구나 수능성적은 고교단계까지의 학업성취도를 나타내는 지표로서 대학에서의 인적자원개발 성과를 반영하지 못하는 결점을 안고 있다.

셋째, 수능서열 100위 이하 최하위권 대학 졸업생을 기준으로 하였을 때, 대학서열에 따른 임금효과는 중위권 대학부터 나타나기 시작하며 대학서열 상승에 따라 임금이 선형으로 증가하는 양상을 보인다. 대학서열과 노동시장 성과 간에 밀접한 상관관계가 존재한다는 사실은 대학이 교육을 통한 인적자원개발(human resource development) 기능을 수행하기보다 우수학생의 선별도구(screening device)에 그치고 있을 가능성을 시사한다. 즉, 입학생의 수능성적으로 측정된 대학서열과 졸업생의 취업률, 임금 등 대학별 노동시장성과에 의한 서열이 동일한 패턴으로 나타나는 것은 대학들이 교육을 통해 학생들의 인적자본에 부가가치(value-added)를 창출하는 데 실패하고 있기 때문으로 볼 수 있다. 이러한 현상은 특히 상대적으로 우수한 학생을 선발한 상위권 대학에서 학생의 능력개발을 위한 학교간 경쟁을 실질적으로 전개하기보다는 상위권 대학으로서 누리는 독과점적 지위에 안주하려는 상위권 대학간 암묵적 담합구조가 존재하기 때문으로 해석된다.

이러한 분석결과를 토대로 학벌문제 완화를 위한 노동시장개혁 과제로서 ① '(가칭) 직업기초능력시험' 도입을 통한 구직자의 직업능력 정보의 생성, ② 자격의 신호기능 강화를 위한 국가직무능력표준(KSS) 정착, ③ 숙련수요 조기경보 시스템 구축을 통한 수급불일치 해소 등을 제시하고 있다.

2) 토론 요지-장수명

이 논문은 대학과 대학생의 확대로 대졸자 신규채용시장에서 공급과잉이 이루어지는 상태에서 구직자가 기업보다 많은 정보를 갖는 정보 비대칭으로 인하여 구인자가 대학들의 평균입학성적을 기준으로 입사사원을 선발함으로써 통계적 차별의 가능성이 있음을 지적하고 이를 논증하고자 하였다는 의미에서 그 의의가 크다.

또한 이 논문은 임금회귀분석에서 거의 사용하지 않는 위계적 선형모형(HLM)을 이용하여 대학별로 다를 수 있는 변수의 효과를 추정해 보고 있다는 점에서 그 의의가 크다.

토론자는 이 방법론의 적용 및 실증분석의 결과와 함의에 대체로 동의하지만 몇 가지 의문과 과제가 남는다고 생각하여 다음과 같이 제시한다.

첫째, 대학의 성적서열의 효과를 고려할 때 중요한 고려요소는 성적과 다른 변수와의 다중공선성의 문제와 역의 상관관계이다. 다중공선성 문제부터 살펴보면 다음과 같다. 개인들의 취향과 개인의 자질보다 성적에 맞추어 대학과 전공을 선택하여 진학하는 경우 대학의 성적, 계열을 통제하면 개인의 성적은 이 두 변수의 효과에 의해 압도된다. 이 문제를 해결하기 위해서 변수들의 조합을 이용한 다양한 모형을 적용 활용할 필요가 있다.

둘째, 역의 상관관계 문제이다. 노동시장의 구조화된 임금이 대학의 서열에 역으로 영향을 주었을 가능성이 있다. 대학서열에 관한 연구를 보면 성적이 임금에 영향을 미친다는 가정을 전제하고 있다. 그러나 대학별 의학계열의 평균성적이 거의 평준화된 것이나 교육대학의 성적이 급격히 올라간 점은 노동시장의 구조가 역으로 이에 반영된 것일 수 있다. 따라서 이 역의 상관관계에 대한 본격적인 분석이 필요하거나 통제할 필요성이 있다. 이는 차후의 연구과제로 남는다고 본다.

셋째, 위계적 선형모형의 경우 학생들의 개인적 배경이 학교에 따라 학생들의 성적에 영향을 미치는 방식이 다를 수 있다는 것에서 출발했다. 학교간의 차이를 개인간의 차이로 잘못 해석할 수 있다는 점이다. 가정배경과 학교만을 가진 학생들의 성적에 대한 회귀분석 방법이 노동시장의 성과를 분석하는 데 적절한 것인지 여전히 의문이 남는다.

넷째, 성적을 통제한 후 수도권의 임금 프리미엄이 거의 없는 것으로 나타났다. 그렇다면 왜 수도권으로 진출하는 우수한 학생들이 점차 많아지는가 하는 점은 개인들의 행태 때문인가? 경제적 근거가 없는가? 비용은 높고 수익은 거의 없다면 왜 그런 낭비적 투자를 하는가?

다섯째, 본 연구에서 사용한 자료는 노동패널과 달리 제한된 코호트를 사용하고 있으며 대학 졸업 후 시간이 지날수록 대학의 NETWORK를 통한 생산성 효과는 높아질 수 있다는 점을 상기할 필요가 있다.

4. 대표토론: 세션 발표 및 토론에 대한 전반적 논평

이 세션에서 발표된 3편의 논문에서는 암묵적으로 한국의 교육시장과 노동시장 간 원활한 연계와 균형이 결여되었음을 전제로 하고 있다. 이러한 불균형은 과잉학력 및 하향취업의 문제를 야기하기도 하며, 산업수요에 부응하지 못하는 교육의 질적 낙후성의 문제를 야기하기도 하는 것이 현실이다.

단순한 경제성장을 통한 노동수요의 증대가 이 모든 문제를 해결해 줄 수 있을 것인가? 반드시 그렇지만은 않다는 것이 이번 세션의 발표와 토론을 통해 논의되었다. 경제성장이 청년층 신규 학졸자의 고용증대 효과를 가져올 것은 분명하나, 교육시장과 노동시장 간의 불균형이 지속되는 한 성장에 의한 고용확대는 제한적일 수밖에 없다. 또한 대학교육의 낮은 생산성이 지속되는 한 교육시장과 노동시장의 질적 불일치 현상은 개선될 수 없을 것이다.

그렇다면 이러한 불일치를 개선시킬 수 있는 정책적 대안은 무엇인가? 이번 세션에서의 논의는 주로 대학교육 혁신의 필요성에 초점이 맞추어졌다. 대학의 인적자원개발 기능 활성화, 경쟁 환경의 조성을 통한 대학교육의 질 개선, 대학서열에 따른 차별적 임금격차의 해소 등에 관한 논의가 진행되었다.

그러나 이번 세션에서의 학술적·정책적 논의에서 아쉬웠던 점은 다음의 두 가지로 요약된다. 첫째, 실증분석 방법에 있어서 보다 정교한 분석이 수행되지 못했던 점이다. 이는 주로 자료의 한계로 인한 문제로 보이며, 향후 보다 풍부한 교육관련 데이터의 구축을 통해 보다 과학적인 후속 연구가 필요함을 절감하였다. 둘째, 교육시장과 노동시장의 불균형을 논의함에 있어 교육시장에 대한 분석에 치우치다 보니, 노동시장 측면에서의 문제점들이 제대로 부각되지 못한 측면이 있다. 사실 두 시장간 불균형은 교육시장의 경직성과 교육시장의 독과점적 구조 등의 문제로부터 기인하는 측면도 있지만, 다른 한편으로는 노동시장에서의 제도와 관행이 불균형을 야기하는 측면도 무시할 수 없을 것이다. 향후 심층적인 후속 연구가 수행되어 보다 과학적인 정책대안이 제시될 것으로 기대한다.

제2절 직무 및 교육불일치의 노동시장 성과와 정책방향*

• 요 약 •

1. 연구목적과 과제

본 연구는 직무 및 교육불일치가 노동시장 성과에 미치는 효과를 주로 분석한다. 우선 교육 및 직무불일치가 노동이동을 통해 해소되는 동태적 이행확률을 추정한다. 그리고 교육 및 직무불일치 해소 여부가 노동시장 성과에 미치는 효과 등이 분석된다. 마지막으로 개인의 인적자본 특성 가운데 숙련 이질성 등을 통제변수로 관리하여 '하향취업'이 노동시장 성과에 미치는 효과가 분석된다. 이와 같은 실증분석을 통해 첫 일자리의 일시적 과잉학력과 직무불일치가 장기적으로 노동시장에 긍정적 효과를 발휘하는 가교 기능을 하는지를 분석한 이후 청년노동시장의 합리적 고용정책을 제시하고자 한다.

2. 주요 연구결과

전문대졸과 대졸의 하향취업과 숙련불일치 비율이 거의 비슷하나, 전공불일치 비율은 뚜렷한 차이를 보이고 있다. 전문대졸의 전공불일치 비율은 32.9%로 아주 높은 데 반해, 대졸자는 23.2%로 크게 낮았다. 직무-교육불일치의 장기적 추세와 동학을 보면, 과잉교육에 따른 하향취업 추세가 점진적으로 하락하고, 대학원졸의 하향취업 현상은 2004년부터 크게 떨어지고 있다. 다시 말해 과잉교육과 숙련불일치는 시간에 따라 해소되고 있으나, 전공불일치 현상은 더욱 심화되고 있다. 대학을 비롯한 교육시장이 노동시장의 숙련수준별 수요에 탄력적으로 반응하지 못하고 있다. 대학졸업자의 노동시장 진입 이후 노동이동은 직무-교육불일치에 유리하게 작용한다. 장기적 측면에서 볼 때, 과잉교육은 노동이동이나 기업내부의 이동, 직무순환이나 배치전환 등을 통해 해소되고 있다.

---

* 주무현(한국고용정보원 연구위원, 인력수급전망센터장).

과잉교육에 따른 임금손실은 7.8%이고, 전공불일치와 숙련불일치의 임금손실은 각각 6.4%와 8.3%인 것으로 추정되었다. 특히 과거(첫) 일자리 또는 이전 일자리의 직무-교육불일치가 현재 일자리 임금에 부정적으로 작용한다. 그리고 노동시장에서 이동횟수가 많을수록 임금에 부정적인 효과가 발생하고 있어, 노동이동이 노동시장 성과를 제고시키는 데 크게 기여하지 못해, 노동이동이 낙인효과를 낳고 있다. 이것은 우리나라 노동시장의 기업별 분단구조가 심각하고, 빈번한 노동이동이 부정적 인식을 낳는다는 현실인식과 연결되어 있다.

3. 정책적 함의

본 연구는 다음과 같은 결론에 도달하였다. 첫째, 노동시장 조기 진입이 개인의 생애소득 증대에 반드시 유리하지는 않다. 둘째, 청년층 노동시장의 질적 불일치 해소를 위한 교육시장의 체질개선이 시급하다. 셋째, 기업의 참여적 작업조직 구축이 필요하다. 기업내부조정 또는 직무순환(배치전환)이 과잉교육 해소에 긍정적 역할을 담당하고 있다. 넷째, 당분간 고학력화 현상은 쉽게 해소되지 않을 것이다. 고학력화에 따라 높아진 기대임금을 실현하기 위해 적정교육 또는 전공일치 일자리로 취업하고자 하는 경향이 증대하고, 그 일자리에 취업하기 위해 다시 교육투자를 늘리는 악순환이 반복될 것으로 전망된다. 결론적으로, 청년 고학력자의 눈높이 조절론에 대한 주의 깊은 접근이 필요하며, 교육투자의 편익-비용에 대한 사회적 인식을 확대시켜 나가는 노력이 대단히 중요하다.

Ⅰ. 문제제기

청년실업은 좋은 일자리의 '절대적' 부족, 신규채용 감소, 직무탐색기간의 장기화, 과잉학력과 직무불일치(job mismatch) 등 다양한 요인들이 복합적으로 작용한 결과이다. 무엇보다도 대졸 청년의 '눈높이'가 높아 실업자와 비경제활동인구 등이 증가한다는 주장 또한 만만치 않게 제기되고 있다. 이에 기업은 대학의 교육기능이 기업의 요구 숙련 및 자격기준과 너무 동떨어져 있어 교육제도가 전반적으로 개혁되어야 한다는 견해를 제시하고 있다. 학교에서 노동시장으로의 이행과정과 노동시장 진입 이후 노동이동을 통한 정착과정에 대한 이론적·정책적 연구는 비교적 많이 진행되었다(이병희 외, 2002; 김기헌, 2005; 김주섭, 2005; 오호영, 2005; 임찬영, 2008).

경제성장과 고용이 연동되어 좋은 일자리(decent jobs) 창출이 원활해지면, 고학력 청년층의 실업문제와 그에 따른 사회경제적 손실은 쉽게 해소될 것이다. 그러나 '고용 없는' 성장이 점차 현실화되고 있어 고학력 청년 노동시장 현상을 양적 인력수급의 관점에서 분석하는 것은 제한적인 측면이 있다. 고학력 청년 실업문제를 질적 수급불균형(qualitative disequilibrium)의 관점에서 해명해야 한다는 주장이 최근 증가하고 있다. 대학의 전공별 노동공급과 산업(기업) 특수적 노동수요 사이의 숙련수준별·기능별 질적 불일치로 인해 청년 실업이 가중되고 있다는 것이다. 노동시장 불균형은 현재 일자리 직무특성과 전공학과 교과내용이 서로 일치하지 않아서 나타난 현상이다. 개별 인적자원의 노동시장 성과를 판단하는 데 있어 직무불일치(학력-전공-숙련불일치)와 하향취업 문제가 새롭게 재조명되어야 한다.

청년 고학력자의 눈높이 조절 '실패'가 노동시장 실패의 주요 원인으로 제기되고 있다. 이들의 눈높이가 높아서 청년 실업과 인력부족 현상이 발생한다는 주장은 일자리부족과 실업문제를 사회구조적 현상이 아닌 개인의 선택 문제로 전가시킬 수 있다. 노동시장의 학력별-성별-기업별 격차 구조로 인한 노동시장 진입 장벽과 분절화가 해소되지 않고, 노동시장 진입을 촉진하는 유인장치가 발달하지 않은 상황에서 눈높이만 낮추면 되는 것인가? 경직적 일자리 '행렬구조'에서 고학력자의 하향취업은 저학력자의 하향취업 또는 노동시장 이탈이라는 하향취업의 도미노 현상을 낳고 있다. 이와 같은 사회적 비효율성을 해소하고 합리적인 고용정책을 개발하기 위해 노동시장 진입 이후 첫 일자리 특성이 노동시장 성과에 미치는 효과가 체계적으로 분석되어야 한다.

신규 노동력이 자신에게 유리한 일자리를 모색하기 위해 노동시장으로의 진입을 늦추거나, 역동적으로 구직활동을 하는 것은 경제이론의 측면에서 합리적인 행위이다. 다른 연령계층 및 학력계층에 비해 대졸자 노동시장의 진입경쟁 또는 구직경쟁이 활발하다. 노동시장의 적절한 경쟁구조는 유능한 인적자본

형성과 활용에 유리하게 작용하기 때문이다. 반대로 노동시장 진입 지연 또는 미취업기간 장기화, 교육 및 직무불일치(하향취업) 현상은 개인적 소득손실과 사회적 비용을 낳는다. 노동시장으로의 진입(준비)기간을 단축하고, 과잉학력 또는 직무불일치에 따른 인적자본 활용의 비효율성이 해소되기 위한 노동시장의 징검다리(stepping stone)가 필요하다. 그것은 아마도 노동시장의 진입을 용이하게 하고, 노동시장 내부에서 자유롭게 이동하여 자신의 인적자원을 최대한 발휘할 수 있는 제도적 보완장치를 의미할 것이다.

노동시장 진입 이후 첫 일자리가 개인의 노동시장 성과를 결정하는 데 있어 대단히 중요하다(Ellwood, 1982). 직무불일치는 단기적 관점에서 교육훈련기관을 통해 습득한 숙련과 능력을 충분히 발휘하지 못해 손실을 발생시킨다. 그러나 장기적 관점에서 직무불일치 해소를 위한 '다양한' 일자리 경험은 새로운 직업선택의 기회는 물론 기존 숙련 및 능력을 한층 더 발전시키는 역동적이고 생산적인 과정이다(Neal, 1999; Tope and Ward, 1992; Dolton and Vignoles, 2000). 반대로 청년층의 빈번한 직장이동과 노동시장 유출입은 근로생애의 혼란으로서 일종의 낙인효과(stigma effect)를 낳아 안정적인 인적자본형성에 불리하게 작용한다는 주장도 있다(Light and McGarry, 1998; Gardecki and Neumark, 1998; 이병희 외, 2002). 따라서 첫 일자리의 일시적 직무불일치가 합리적 일자리 선택 또는 생애소득의 극대화를 위한 노동시장의 가교(bridge)로서 기능하는지 여부를 분석하는 것은 중요하다.

본 논문은 교육 및 직무불일치에 따른 노동시장 성과를 실증적으로 분석하여 합리적인 정책대안을 제시하는 데 있다. 과거(첫) 일자리가 노동시장 진입기간 단축과 노동시장 정착(attachment) 효과를 높일 수 있는 가교로서 기능하는지도 살펴보고자 한다. 예컨대 "노동시장 진입 → 첫 일자리 하향취업 → 직장(직업)이동 → 적합취업 → 기대임금실현"이라는 교과서적인 이동경로는 첫 일자리가 미래 일자리의 가교로서 기능하는 사례이다. 반대로 빈번한 노동이동에도 불구하고 하향취업과 직무불일치 현상이 해소되지 않고, 그로 인해 상대적 저임금이 계속 유지된다면 하향취업은 함정이다. 만약 우리나라 노동시장에서 후자의 경향이 일반화되고 있다면, 눈높이를 낮추고서라도 노동시장에 조기 진입해야 한다는 주장은 합리적이지 못하다. 이와 같은 문제의식에서 본 연구는 직무불일치와 교육불일치가 노동시장에서 어떤 효과를 발생시키는지 분석하고, 합리적인 청년노동시장 정책을 찾고자 한다.[2)]

본 연구는 고용정보원의 「대졸자 직업이동경로조사(GOMS)」와 「청년패널(YP)」을 활용하여 교육 및 직무불일치의 노동시장 성과를 실증적으로 분석하고자 한다. 이러한 분석결과를 바탕으로 교육투자가 현실적으로 유리한 것인지를 검증할 것이다. 이후 본 논문의 2절은 교육 및 직무불일치의 노동시장 성과를 분석하는 데 필요한 이론적 배경과 분석방법을 간략하게 제시한다. 3절은 청년층의 교육 및 직무불일치 실태를 정태적으로 파악하고, 하향취업이 노동이동을 통해 해소되는 과정을 동태적으로 분석한다. 그리고 교육 및 직무불일치의 결정요인 및 노동시장 성과, 그리고 노동이동의 결정요인을 주로 분석한다. 4절은 직무불일치의 결정요인과 노동시장 성과를 분석한다. 5절은 앞의 분석결과에 기초해서 청년층의 과잉교육 해소와 고용정책 방향을 제시하고자 한다.

Ⅱ. 이론적 배경과 분석방법

1. 이론적 배경

1) 인적자본이론(Human Capital Theory)

인적자본이론은 임금이 항상 노동의 한계생산물에 의해 결정된다는 가정에 기초하고 있다(Becker, 1964; Mincer, 1974). 개별 노동자의 한계생산물은 공식적 교육훈련과정과 비공식적인 직무교육(on-job-training: OJT)을 통해 축적된 인적자본에 의해 결정된다. 기업은 노동공급 변화에 생산과정을 적응시키면서 노동자의 숙련을 활용한다. 인적자본이론에 따르면, 교육 및 직무불일치는 노동력의 상대적 과소 활용(under utilization)으로 인해 발생하는 현상이다. 따라서 하향취업과 직무불일치는 특정 직업의 요구 교육 및 숙련을 보유한 근로자보다 낮은 임금을 받아 손해를 본다. 예컨대 Hartog(2000)는 과잉교육이 임금결정에 긍정적인 효과를 가지지만, 교육투자수익률에는 부정적인 영향을 준다고 보았

---

2) 금번 「2006 대졸자 직업이동경로조사」는 제 1 차 추적조사이기 때문에 조사결과가 장기간 축적되지 못해 노동시장의 장기적 성과 분석은 극히 제한적이다.

다. 반대로 과소교육은 소득에 부정적인 효과를 갖지만, 과소교육의 손실은 과잉교육의 손실보다는 낮다는 것이다. 과잉교육이 과소교육에 비해 상대적으로 손실이 더 크다. 인적자본이론은 과잉교육현상을 설명하는 관측 자료를 제시하지 못했다는 반론이 제기되었다. Dolton and Vignoles(2000)에 따르면, 인적자본이론은 직무 관련 인적자본투자와 노동자의 숙련 이질성을 통제하지 못했다고 주장한다. 일시적인 교육 및 직무불일치 현상이 인적자본이론의 기본 가정을 뒤집지는 못할 것이다. 그럼에도 불구하고 인적자본이론은 동일 학력 노동자의 숙련불일치 현상을 해명하는 데 있어 과잉교육의 임금 손실을 논외로 한다. 결국 개인의 모든 미관측 차이는 인적자본 특성과 관련되고, 다른 직업 및 개인적 특성은 일반적으로 무시된다.

2) 직무경쟁이론(Job Competition Theory)

직무경쟁이론은 직무 특성(job characteristics)만을 소득분배 및 임금결정의 거의 유일한 요소로서 간주한다(Throuw, 1975). 노동시장은 기존 숙련만을 판매하는 경쟁적 시장이 아니라 훈련장소가 상이한 노동자에게 반드시 할당되어야 하는 직무훈련시장이다. 한계생산물은 개별 노동자 특성이라기보다 직무 특성 그 자체에 의해 좌우된다. 직무경쟁이론은 개별 근로자가 자신의 직무 지위(job position)를 보호하기 위한 지속적인 교육투자가 과잉교육 현상을 유발한다고 본다.[3] 과잉교육은 직무경쟁의 일환으로서 한 사회의 학력수준이 높아지면 높아질수록 증가한다는 것이다. 어떤 사회의 교육수준이 점차 상승하고 학력에 따른 채용관행이 그대로 유지되면, 과잉학력현상이 전혀 해소되지 않는다. 노동행렬[4]에서 좋은 일자리는 교육수준에 따라 채워지고, 그 다음 서열의 일자리는 한 단계 낮은 교육수준에 의해 채워지는 하향이동이 진행되는 것이다.[5]

---

3) 인적자본이론은 노동공급이 증가하여 교육수익률이 떨어질 경우, 개인은 교육에 더 이상 투자하지 않을 것이라 간주한다.

4) 노동행렬(labor queue)이란 어떤 사회에서 다양한 종류의 직무가 마치 행렬구조처럼 존재하고, 개별 근로자는 행렬구조의 어떤 지위에 반드시 위치하게 된다는 것이다. 노동행렬의 지위는 임금결정의 주요 요인이라는 주장이다.

5) 이와 같은 追突(bumping)현상은 마치 자동차의 연쇄추돌사고가 일어나는 것과 같다. 학력수준에 따른 직종분배가 고착되어 동일 직종의 고학력화 현상 또는 동일 학력의 하향이동 현상이 일반화된다. 과거 고졸 학력자의 직무를 대졸 학력자가 담당하는 현상 등이 그것이다.

직무경쟁이론은 교육과 소득분배의 관계를 사회구조적 측면에서 찾고 있어 인적자본이론과 대비된다. 인적자본이론은 교육투자 확대가 고학력자의 상대적 희소가치를 낮춰서 학력간 소득불평등을 해소할 수 있다고 본다. 반면, Throw(1974)는 교육투자 그 자체는 생산성을 증대시키지 못하고, 현장실무교육(OJT)만이 노동생산성을 증대시킨다고 보았다. 더 나아가서 그는 과잉교육이 인적자원의 낭비를 가져오고, 교육확대는 학력간 불평등을 해소시키지 못한다고 보았다. 이런 측면에서 직무경쟁이론은 교육을 선별장치로 간주하기 때문에 선별가설과 유사하지만, 직무의 훈련가능성이 선별기준으로 작용한다는 점에서 선별가설과 구별된다. 인적자본형성에 유리하다기보다는 능력 있는 노동자를 가려내는 선별가설(signal theory)과 유사한 측면을 갖고 있다. 청년 고학력자의 실업문제, 비경활과 NEET현상이 더욱 심화되고 있는 우리의 현실에서 직무경쟁이론이 어느 정도 설득력을 가질지는 실증적 분석을 통해 해명되어야 할 것이다.

3) 직무할당이론(Assignment Model)

직무할당이론은 인적자본이론과 직무경쟁이론의 중간 영역에 속한다(Mc-Guinness, 2006). 직무할당이론은 노동자의 적합 직무, 노동자간 차이, 직무 기술, 노동자 특성, 노동자에게 직무를 할당하는 메커니즘을 규정하고 있다. 직무할당이론에서 임금함수는 더 이상 직접 관측 가능한 관계가 아니라 직무할당문제가 해소된 균형상태를 의미한다. 다시 말해 근로소득이 점차 불균등해지면서 상대 임금 변화가 기존 이론에 의해 설명되지 못하는 상황이 발생하고 있다는 것이다. 생산성과 근로소득이 교육수준과 경력에 의해 배타적으로 결정되어 경제체제에서의 취업 가능성(availability of job) 및 일자리 질과 무관하다는 신고전학파 이론에 의해 설명되지 않는 현상들이 늘어나고 있다고 본다. 직업 또는 산업의 선택은 개인적 특성과 임금 사이에 중간적 단계를 만들어낸다. 즉, 직무할당은 단순한 제비뽑기가 아닌 것이다. 고임금 직무일수록 임금이 특정 숙련 또는 능력에 대한 보상 기능보다 직무할당 기능을 더욱 많이 하게 된다. 소득분배를 설명하기 위한 직무할당모델은 직무와 개인적 특성의 관계를 분석한다. 이처럼 한계생산물과 임금은 개인적 특성과 직무에 어느 정도 관련되고,

임금수준이 전적으로 학력수준과 미관측 개인적 속성에 의해 결정되거나, 직무 속성(nature of job)에 의해 전적으로 결정되어야 할 이유는 없다.

4) 국내 연구동향

교육 및 직무불일치 현상에 대한 국내 연구 동향은 주로 불일치 수준 측정 방법과 노동시장 성과를 다루었다. 정태화(1994)는 국내 최초의 체계적 연구로서 직업별 요구 학력수준(General Education Development: GED) 척도를 활용하여 대졸자의 25%가 과잉학력 상태라고 분석했다. 김주섭(2005)은 과잉학력에 따른 임금손실 추정결과가 통계적으로 유의하지 않았으나 외국에 비해 상대적으로 낮다고 보았다.[6] 특히 그는 적정학력에서 과잉학력 일자리로 이동한 사례가 16.7%, 과잉학력에서 적정학력 일자리로의 노동이동이 65.8%라고 보았다. 이와 달리 오호영(2005)은 과잉교육에서 적정교육 일자리로의 노동이동은 전문대졸이 12.9%, 대졸이 10.1%에 불과하여 노동이동이 과잉학력 해소 수단으로서의 기능이 취약하다고 주장했다.[7] 김기헌(2005)은 전공불일치의 노동시장 성과를 추정하였으며 그것에 따른 임금손실은 3%에 불과하다고 보았다. 전공불일치에 따른 임금손실은 과잉학력에 따른 임금손실(12%)에 비해 크게 낮았다. Moohyeon(2007)은 고용정보원의 「제5차 청년패널조사」를 활용하여 전문대졸 20%, 대졸 20.2%가 과잉학력이라고 보았다. 이어서 전공불일치는 전문대졸 43.5%, 대졸 31.8%이고, 숙련불일치는 전문대졸 23.0%, 대졸 20.1%라고 보았다. 하향취업에 따른 임금손실은 1.4%인 데 반해, 과소학력에 따른 임금손실은 6%로 높아 해외연구와 유사한 결과가 제시되었다. 숙련불일치에 따른 임금손실은 거의 미미하고, 전공불일치에 따른 임금손실은 4.8% 정도였다.

2. 직무 및 교육불일치 측정방법

1) 직무 및 교육불일치 개념

과잉교육은 개인의 학력 수준이 특정 직업에서 요구하는 학력 수준을 초과

6) 그는 과잉학력의 학력별 임금손실 규모를 전문대졸 6.2%, 대졸 18.8%, 대학원졸 5.7%로 추정하였다.

7) 오호영은 전문대졸의 10~21%, 대졸의 19% 가량이 과잉학력이라고 보았다.

하는 정도를 말한다. 이것은 정규교육과정을 통해 습득한 능력과 숙련이 발휘되지 않는 상대적 저숙련-저학력 직업으로의 하향취업을 의미한다. 하향취업은 기대임금과 직무만족 수준이 낮기 때문에 잦은 노동이동의 원인으로 작용한다. 과소교육(under-education)은 개인이 획득한 교육 수준이 직무가 요구하는 교육 수준보다 낮은 상태를 의미한다. 임금이 한계생산물가치에 따라 결정된다고 가정할 경우 과소교육이 경제이론에서 비효율적이라 볼 수 없다. 따라서 과소교육은 적정교육 또는 적정취업 개념에 포함시켜 논의한다.

전공불일치는 개별 근로자의 직업(무)이 교육훈련기관의 전공과 일치하지 않아 발생한다. 특정 직업 집단(의사, 과학자 등)을 제외하고 대부분 직업(예컨대, 관리자, 사무직 노동자와 생산직 노동자)은 자신의 전공과 반드시 일치하지 않아도 된다. 전공불일치는 숙련불일치와 유사한 개념이다. 숙련불일치(skill mismatch)는 특정 직업의 요구 숙련 또는 기능보다 낮거나 높은 숙련 또는 기능 수준을 갖고 있는 경우를 의미한다. 현실적으로 인문사회계열 대학생의 전공불일치 현상이 가장 심각할 것이다. 본 논문은 과잉교육과 구별하여 숙련불일치와 전공불일치를 직무불일치의 유형으로 파악한다. 교육 및 직무불일치는 노동시장의 양적 불균형과 다른 학력과 숙련의 질적 수급블일치로서 정의된다.

2) 불일치 측정방법

교육 및 직무불일치 측정방법은 세 가지가 있다(Kler, 2005). 주관적 측정방법(자기 판단방법), 객관적 직무분석방법, 통계적 또는 실현된 일치도 측정방법 등이 있다. 교육 및 직무불일치는 응답자에게 직무의 최소 자격 요건에 관한 정보를 제공하고 개인의 학력과 비교하여 개인이 주관적으로 판단하거나, 단순하게 과잉교육 또는 직무불일치 상태에 있는지를 직접 질문하여 측정된다(Dolton and Vignoles, 2000). 주관적 불일치 측정방법은 다수의 비판을 받았다(McGuinness, 2006). 첫째, 하향취업 노동자는 직무만족도가 상대적으로 낮고, 자기 직무에 대해 냉소적이기 때문에 과잉교육을 과소평가하는 경향이 많다. 예컨대 하향취업자는 직무 자격요건을 실제로 과대평가하거나, 채용관행에 불만을 가질 수 있다. 둘째, 주관적 측정방법은 직무 자격조건에 대한 응답자의 평가기준이 상이하다. 이와 같은 한계에도 불구하고, 노동자는 자기 직무를 수행하는 데 요구되는 실제 숙련 수준, 예외적으로 일부 새로운 직업을 제외하고 특정 직무의 취업에 필요한 공식적 교육자격 등을 잘 알고 있다고 가정하는 것이 합리적이다. 유일한 문제는 자기 직무의 요구 학력 및 숙련 수준을 평가할 때 주관적 기준을 어떻게 통제할 것인가이다.

객관적 측정방법은 과잉교육과 직무불일치 규모를 측정하기 위해 전문가의 직무분석에 의해 제공된 정보를 활용하는 것이다. 예컨대 고용정보원 「한국직업사전」과 미국의 *Dictionary of Occupational Titles* 등이 그것이다. 하지만, 직업사전에 기초한 객관적 측정방법은 다양한 영역으로부터 비판을 받았다. 동일한 직업 명칭을 갖고 있더라도 상이한 직무를 수행하고 있고, 상이한 공식·비공식 교육 배경을 갖고 있다. 예컨대 동일 기업의 관리자라고 하더라도 업무 영역이 아주 다양하고 광범위하다. 다양한 직업의 교육 자격조건은 공급조건의 변화에 따라 진화하게 된다. 이와 같은 변화가 상대적으로 정태적인 직업분류체계에 즉각 통합되는 것이 아니다.

통계적 측정방법은 특정 직업의 학력분포를 이용하는 것으로서 평균학력을 기준으로 학력분포의 좌우 꼬리 부분에 해당되는 부분을 과잉 또는 과소교육으로 추정하는 것이다(Kler, 2005). 표준편차를 이용한 객관적 측정은 학력분포의 어느 부분에서 과잉 또는 과소학력으로 추정할 것인가가 연구자의 자의적인 판단에 따르기 때문에 많은 비판을 받고 있다(McGuinness, 2006). 만약 특정 직업에 과잉학력 노동자가 많이 포함되어 있을 경우, 이 직업의 평균 학력 수준은 상승하게 되고 학력분포의 절단지점(cut-off points)이 과잉교육현상을 과소평가할 수 있다. 표준편차에 의한 측정방법이 함의하는 대칭성 가정은 비현실적이다. 그리고 직업별 평균 학력 개념 활용은 형식적 측정방법의 우수성을 주장하는 다수 연구에 의해 비판받았다.

객관적 또는 주관적 측정방법은 동일 학력수준 또는 유사 자격을 가진 사람들이 대체로 유사한 숙련을 갖고 있다고 가정한다. 이와 같은 접근은 동일한 학력수준 배경을 갖고 있는 사람의 숙련에서 이질성(heterogeneity)을 허용하고 있기 때문에 직무불일치 지표와 효과를 부정확하게 추정할 수 있다. 최근 고학력화 현상에 따라 직무 숙련의 이질성이 점차 증가하고 있다. 기존 연구들은 이질적 숙련효과 및 미관측 효과를 통제하기 위해 노동자의 다변적 특성이 허용되는 모델을 사용하기도 했다. 만약 유사 학력수준 개인들의 숙련 차별성이 무시된다면, 과잉교육의 임금 손실은 사라지게 된다. 하지만, 직무경쟁이론과 직무할당모델은 임금이 개인의 인적자본수준보다 직무 특성에 의해 결정된다고 가정한다. 이질적 숙련효과는 임금 변동의 5%에 불과하고, 과잉학력에 따른 임금수준이 학력일치보다 낮았다(McGuinness, 2006).

본 연구는 대졸 청년노동시장의 교육 및 직무불일치를 추정하기 위해 몇 가지 한계에도 불구하고 주관적 측정방법을 사용한다. 이 경우 학력수준이 동일한 노동자의 비공식적 인적자본과 숙련이질성이 통제되지 않을 경우 인적자본의 효과가 과소 또는 과대평가될 수 있다. 그리고 조사대상 또한 직업별 요구 학력 및 자격 수준 등을 평가하는 데 있어 상이한 기준을 적용할지도 모른다. 그럼에도 불구하고 노동자는 자기가 담당하고 수행하는 직무의 요구 숙련 및 자격, 그 직무로의 취업에 요구되는 공식적·비공식적 교육수준을 가장 잘 알고 있다고 가정한다.

3. 연구가설과 분석모형

본 연구는 직무 및 교육불일치가 노동시장 성과에 미치는 효과를 주로 분석한다. 우선 교육 및 직무불일치가 노동이동을 통해 변화하는 이행확률이 추정된다. 그리고 교육 및 직무불일치 해소 여부가 노동시장 성과에 미치는 효과 등이 분석된다. 이 과정에서 개인의 인적자본 특성 가운데 숙련 이질성 등은 노동시장 성과에 영향을 주기 때문에 통제변수로 관리되어야 한다. 이와 같은 실증분석을 통해 첫 일자리의 일시적 과잉학력과 직무불일치가 장기적으로 노동시장에 긍정적 효과를 발휘하는 가교 기능을 하는지 살펴보고자 한다.

(1) 연구가설: 과거(첫) 일자리의 과잉학력(직무불일치)은 노동이동을 통해 현재 일자리의 적정학력(직무일치)으로 이행한다.
(2) 연구가설: 노동이동을 통한 과잉학력(직무불일치)해소는 노동시장 성과에 긍정적인 영향을 준다.

위의 두 개 연구가설에 대한 실증분석 결과는 고학력화에 따른 과잉교육과 청년실업문제를 해소하는 데 필요한 몇 가지 정책적 대안을 제시해 줄 것이다. 이와 같은 연구가설을 입증하기 위해 과거(첫) 일자리의 직무불일치(하향취업)가 미래 일자리의 가교 기능을 수행하는지, 노동시장의 함정(trap)으로 작용하는지가 실증적으로 분석되어야 한다. 학교에서 노동시장으로의 빠른 진입이 개인의 생애소득을 낮추고 사회적 후생수준에 부정적인 영향을 줄 수 있다. 때문에 청년 고학력자의 직무불일치 또는 하향취업에 따른 노동시장 성과를 동태적으로 실증하는 작업이 중요하다.[8)]

대표적인 과잉교육 임금함수는 Mincer(1971)의 모델에 기초하고 있다. 민서의 임금방정식은 (1)식과 같이 표기된다.

$$\ln \omega = X\beta_1 + \beta_2 S + \beta_3 Ex + \beta_4 Ex^2 + \varepsilon_i \tag{1}$$

여기서 X는 임금 결정에 영향을 주는 개인적 특성의 벡터이고, S는 교육기간이고, Ex는 경력변수를 표현한다. $\ln w$는 로그임금으로서 종속변수이다. ε_i는 오차항이다. 일반적인 과잉교육 임금함수는 교육기간이 분해되고, 과잉교육과 과소교육으로 분리되어야 하기 때문에 (2)식과 같이 새롭게 정의된다고 가정한다.

$$\ln \omega = X\beta_1 + \beta_2 S^r + \beta_3 S^o + \beta_4 S^u + \beta_5 Ex + \beta_6 Ex^2 + \varepsilon_i \tag{2}$$

(2)식에서 S^r은 특정 직무의 요구학력이고, S^o는 과잉학력, S^u는 과소학력

[그림 5-2-1] 연구가설과 분석틀

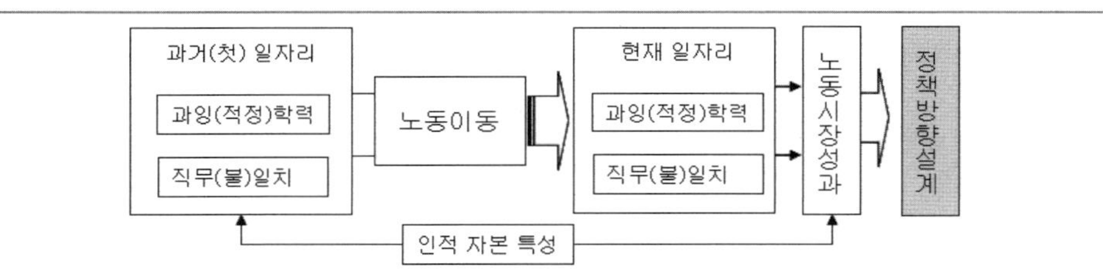

8) 금번 「2006 대졸자 직업이동경로조사」는 제1차 추적조사이기 때문에 조사결과가 장기간 축적되지 못해 노동시장의 장기적 성과 분석은 극히 제한적이다.

을 의미한다. (1)식과 (2)식은 취득학력(acquired education), 과잉학력, 과소학력 및 요구학력 등의 수익률을 비교 추정하는 데 활용된다. 하지만, 취득학력이 요구학력, 과소학력과 과잉학력 등의 분해가 불가능하기 때문에 과잉교육은 더미변수 등을 통해 추정된다. (3)식 직무불일치 임금함수는 (2)식 과잉교육 임금함수를 변경하여 새롭게 정의된 것이다.

$$\ln \omega = X\beta_1 + \beta_2 D^o + \beta_3 D^u + \beta_4 Ex + \beta_5 Ex^2 + \varepsilon_i \tag{3}$$

(3)식에서 더미변수 D^o과 D^u는 각각 과잉학력과 과소학력, 또는 숙련과잉과 숙련과소 등을 나타낸다. 만약 학력불일치 또는 직무불일치 현상이 발생하지 않을 경우, 더미변수는 모두 영(zero)이 된다. 그리고 (4)식 전공불일치 임금함수는 (3)식을 응용하여 도출된 것이다. (4)식에서 더미변수 D^s는 전공불일치 여부를 보여준다.

$$\ln \omega = X\beta_1 + \beta_2 D^s + \beta_3 Ex + \beta_4 Ex^2 + \varepsilon_i \tag{4}$$

(4)식에서 더미변수 사용은 직무일치여부에 따른 임금차이를 설명해 준다. 마지막으로 (5)식은 프로빗 모형을 활용하여 개인의 직무불일치와 과잉교육을 결정하는 요인을 실증적으로 분석한다. 직무불일치와 과잉교육의 노동시장 성과를 분석하기 위해 미관측 효과를 통제하고 숙련이질성 효과와 노동자 개인의 다양한 특성을 관리해야만 한다.

$$y = x\beta + u_i + v, \quad i = 1, \cdots, n, \ t = 1, \cdots, T_i \tag{5}$$

$$y = \begin{cases} 1 & \text{if } y > 0, \\ 0 & \text{if } y \le 0. \end{cases}$$

Ⅲ. 직무 및 교육불일치와 노동이동

1. 분석자료

본 연구는 고용정보원 「대졸자 직업이동 경로조사(GOMS)」와 「청년패널(YP)」을 활용한다. 「대졸자 직업이동 경로조사(GOMS)」는 전문대와 4년제 대학 졸업생을 대상으로 학교교육, 직장경험과 직업훈련 등을 매년 추적조사하는 것이다. GOMS는 대졸자의 직장경험 및 노동이동을 추적하는 종단면 조사(longitudinal survey)로서 본 논문의 연구목적에 잘 부합한다. 「청년패널(YP)」은 우리나라 청년층 만 15~29세를 대표하는 패널조사로, 학교생활, 직장경험, 직업관 및 향후 진로, 직업교육훈련 및 자격증, 구직활동, 가계배경 등에 관하여 매년 추적 조사하는 종단면 조사이다. 두 개의 패널조사는 청년층의 학교에서 노동시장으로의 이행과정(School to Work) 및 노동시장경로(Career Path)를 추적함으로써 청년층 고실업 문제 해결방안 제시 및 진로결정, 직업선택을 위한 기초자료를 제공한다.

〈표 5-2-1〉에서 첫 일자리 유지, 노동이동과 노동시장 상태를 보면, 노동시장 진입 이후 첫 일자리를 현재 일자리로 유지하는 비율은 여자가 남자보다 낮아 노동이동이 빈번하며, 노동시장 이탈비율도 높다. 반면, 남자는 여자보다 취업경험이 낮다. 남자의 고용률과 경제동활동참가율이 높다. 연령계층에 따른 일자리유지와 노동이동에 큰 차이가 있다. 연령이 높을수록 현재 일자리 유지비율이 높고, 노동이동이 낮으며, 노동시장 이탈 비율도 낮다. 국공립대 출신이 사립대에 비해 현재 일자리 비율과 취업미경험 비율이 모두 함께 높은 것으로 나타났다. 전문대졸은 현재 일자리 유지 비율이 상대적으로 낮고 취업미경험 비율이 낮아 노동시장에서 이동과 유출입이 빈번하다. 서울지역의 현재 일자리 유지 비율과 취업미경험 비율이 다른 지역보다 높다. 이것은 서울지역 대졸자들은 노동시장 진입 이후 노동이동과 노동시장 유출입이 상대적으로 낮다는 것이다. 반면 경기지역 대졸자들은 서울지역과 비교적 상반된 특성을 보이고 있다.

〈표 5-2-1〉 2005년 8월과 2006년 2월 대졸자의 첫 일자리 유지, 노동이동과 노동시장 진출입 상태

(단위: 명, %)

		표본	첫 일자리				경제활동상태		
			유지[1)]	이동[2)]	이탈[3)]	미경험[4)]	고용률	실업률	경활율
성별	남	14,218(53.6)	8,284(58.3)	3,207(22.6)	1,106(7.8)	1,621(11.4)	80.8	2.5	83.4
	여	12,326(46.4)	6,363(51.6)	3,338(27.1)	1,417(11.5)	1,208(9.8)	78.7	2.5	81.3
연령계층	24세 이하	7,742(29.2)	3,781(48.8)	2,268(29.3)	903(11.7)	790(10.2)	78.1	2.7	80.9
	25~29세	15,986(60.2)	8,784(54.9)	3,865(24.2)	1,470(9.2)	1,867(11.7)	79.1	2.7	81.8
	30~34세	1,405(5.3)	933(66.4)	280(19.9)	98(7.0)	94(6.7)	86.3	1.9	88.2
	35~39세	630(2.4)	502(79.7)	75(11.9)	27(4.3)	26(4.1)	91.6	0.8	92.4
	40세 이상	781(2.9)	647(82.8)	57(7.3)	25(3.2)	52(6.7)	90.1	0.8	90.9
설립형태	국공립대	3,995(15.1)	2,423(60.7)	717(17.9)	342(8.6)	513(12.8)	78.6	2.2	80.8
	사립대	22,549(84.9)	12,224(54.2)	5,828(25.8)	2,181(9.7)	2,316(10.3)	80.1	2.6	82.7
대학	전문대	9,981(37.6)	5,370(53.8)	2,919(29.2)	1,033(10.3)	659(6.6)	83.0	2.7	85.8
	4년제	15,910(59.9)	8,714(54.8)	3,553(22.3)	1,474(9.3)	2,169(13.6)	77.1	2.5	79.6
	교육대	653(2.5)	563(86.2)	73(11.2)	16(2.5)	1(0.2)	97.4	0.8	98.2
전공계열	인문계열	2,553(9.6)	1,264(49.5)	653(25.6)	313(12.3)	323(12.7)	75.1	2.7	77.8
	사회계열	6,546(24.7)	3,783(57.8)	1,509(23.1)	609(9.3)	645(9.9)	80.8	2.9	83.8
	교육계열	1,957(7.4)	1,278(65.3)	355(18.1)	188(9.6)	136(6.9)	83.4	1.0	84.5
	공학계열	8,151(30.7)	4,706(57.7)	1,864(22.9)	622(7.6)	959(11.8)	80.6	2.4	83.0
	자연계열	2,991(11.3)	1,431(47.8)	717(24.0)	329(11.0)	514(17.2)	71.8	3.0	74.9
	의약계열	1,577(5.9)	906(57.5)	482(30.6)	125(7.9)	64(4.1)	88.0	1.7	89.7
	예체능계열	2,769(10.4)	1,279(46.2)	965(34.9)	337(12.2)	188(6.8)	81.0	3.0	84.0
입학연도	1996년이전	636(2.4)	384(60.4)	147(23.1)	48(7.5)	57(9.0)	83.5	3.6	87.1
	1997~9년	8,198(30.9)	4,719(57.6)	1,819(22.2)	634(7.7)	1,026(12.5)	79.8	2.5	82.3
	2000년	4,885(18.4)	2,439(49.9)	1,281(26.2)	589(12.1)	576(11.8)	76.2	3.2	79.3
	2001년	4,838(18.2)	2,590(53.5)	1,107(22.9)	508(10.5)	633(13.1)	76.4	2.2	78.6
	2002년	2,294(8.6)	1,267(55.2)	707(30.8)	189(8.2)	131(5.7)	86.1	1.6	87.7
	2003년이후	5,693(21.4)	3,248(57.1)	1,484(26.1)	555(9.7)	406(7.1)	83.1	2.5	85.7
졸업연도	2004년	2,587(9.7)	1,386(53.6)	675(26.1)	247(9.5)	279(10.8)	79.7	2.4	82.1
	2005년	23,957(90.3)	13,261(55.4)	5,870(24.5)	2,276(9.5)	2,550(10.6)	79.9	2.6	82.4
지역	서울권	6,053(22.8)	3,533(58.4)	1,214(20.1)	490(8.1)	816(13.5)	78.4	1.9	80.3
	경기권	6,594(24.8)	3,604(54.7)	1,772(26.9)	601(9.1)	617(9.4)	81.5	2.8	84.3
	충청권	3,733(14.1)	1,990(53.3)	966(25.9)	379(10.2)	398(10.7)	79.2	2.9	82.1
	경상권	6,600(24.9)	3,547(53.7)	1,742(26.4)	661(10.0)	650(9.8)	80.1	2.7	82.8
	전라권	3,564(13.4)	1,973(55.4)	851(23.9)	392(11.0)	348(9.8)	79.2	2.5	81.7
	전체	26,544(100.0)	14,647(55.2)	6,545(24.7)	2,523(9.5)	2,829(10.7)	79.8	2.5	82.4

주: 1) "유지"는 노동시장 진입 이후 첫 일자리가 현재 일자리로 그대로 유지되는 경우.
2) "이동"은 노동시장 진입 이후 첫 일자리에서 현재 일자리로 이동한 경우.
3) "이탈"은 노동시장 진입 이후 첫 일자리를 경험하였으나 노동시장을 이탈하여 미취업 상태.
4) "미경험"은 취업미경험자를 의미.

자료: 고용정보원, 「대졸자직업이동경로조사」, 2006.

2. 직무 및 교육불일치 수준

〈표 5-2-2〉 전문대졸 이상 직무 및 교육불일치 실태는 전문대졸 이상의 하향취업과 직무불일치 수준을 보여주고 있다. 일반적 예상과 달리 전문대졸과 대졸의 하향취업과 숙련불일치 비율이 거의 비슷하나, 전공불일치 비율은 뚜렷한 차이를 보이고 있다. 전문대졸의 전공불일치 비율은 32.9%로 아주 높은 데 반해, 대졸자는 23.2%로 크게 낮았다. 다른 한편 교육대졸의 직무 및 교육불일치 수준은 비교적 낮았다. 그리고 첫 일자리의 직무 및 하향취업이 노동이동의 주요 요인으로 작용하고 있다. 노동시장을 이탈하였거나, 현재 일자리로 이동한 청년 대졸자의 과거(첫) 일자리의 직무 및 교육불일치 수준은 대졸 평균 수준보다 크게 높았다. 예컨대 고용형태 기준에서 동일한 정규직이라 하더라도 현재 일자리 과잉교육은 21.5%였으나, 과거(첫) 일자리 과잉교육은 36.2%로 아주 높았다. 자영업을 첫 일자리로 경험한 청년 대졸자들은 47% 가량이 과잉교육이라고 응답하였다. 첫 일자리에서 다른 직장(업)으로 이동하거나 노동시장을 이탈한 대졸자들은 직무 및 교육불일치 수준이 아주 높다.

〈표 5-2-2〉에서 노동시장 진입 이후 보다 나은 일자리를 찾아 이동하는 대졸자의 첫 일자리 특성과 직무불일치 실태가 정리되어 있다.[9] 고용형태별로 보면, 정규직(상용직)과 고용주의 과잉교육, 숙련불일치 및 전공불일치 수준이 상대적으로 낮고, 비정규직(임시직과 일용직)과 자영업은 상대적으로 높다. 하향취업과 직무불일치는 정규직과 고용주보다 비정규직과 자영업에서 더 높다. 첫 일자리 특성에서 교육-직무불일치의 기업규모별 격차는 크지 않았다. 종업원 규모 300명 이상 대기업에서 각종 교육-직무일치 수준이 다른 기업규모에 종사하는 대졸자에 비해 상대적으로 높다. 월평균 임금 기준에서 교육일치 수준이 뚜렷하게 비교된다. 즉, 월평균 임금수준이 높아질수록 적정학력 비율이 큰 폭으로 증가하고, 과잉학력 비율은 큰 폭으로 하락한다. 임금수준이 높아질수록 숙련일치와 전공일치 수준이 크게 높아지는 현상이 발견된다.

청년 대졸자는 첫 일자리 경험 이후 적정취업 및 숙련일치 일자리로 이동

9) 「제1차 대졸자직업이동경로조사」는 2004년 8월 2005년 2월 전문대와 4년제 대학 졸업자 Cohort 조사라는 특성을 지닌다고 볼 수 있다.

〈표 5-2-2〉 전문대졸 이상 직무 및 교육불일치 실태(2004년 8월과 2005년 2월 졸업자)

(단위: 명, %)

		표본		과잉교육		숙련불일치		전공불일치	
		현재 일자리	첫 일자리	현재 일자리	첫 일자리	현재 일자리	첫 일자리	현재 일자리	첫 일자리
고용형태	정규직	17,215	6,292	21.5	36.2	19.5	34.3	24.8	30.5
	비정규직	2,954	2,611	38.9	47.3	37.7	44.8	34.6	37.8
	고용주	420	44	22.1	31.8	17.6	34.1	24.5	34.1
	자영업	540	109	28.0	47.7	25.6	46.8	29.1	43.1
기업규모	9명 이하	5,269	3,081	29.3	42.6	26.9	40.1	29.4	31.8
	10~49명	5,928	2,737	23.6	37.4	21.0	34.9	25.9	32.3
	50~99명	2,438	985	22.5	37.4	20.0	37.1	23.9	31.8
	100~299명	2,471	983	24.8	40.3	23.7	38.9	27.6	34.7
	300명 이상	5,085	1,277	20.1	37.8	19.3	36.6	24.4	36.0
월평균 임금수준	49만원 이하	520	300	46.5	56.0	46.2	55.2	39.0	42.0
	50~99만원	1,954	2,080	36.3	45.0	33.6	41.3	34.6	35.9
	100~150만원	5,409	3,518	28.3	41.3	25.9	39.3	31.7	34.3
	150~199만원	5,560	1,962	23.3	34.7	21.2	33.7	25.4	29.5
	200~249만원	3,703	1,165	18.5	28.2	16.5	27.4	19.2	26.1
	250만원 이상	3,877	1,165	15.5	28.2	14.8	27.4	21.0	
대학형태	전문대	8,289	3,950	24.6	37.2	23.0	35.8	32.9	35.6
	대학	12,266	5,025	24.6	41.9	22.5	39.4	23.2	31.2
	교육대	636	88	11.0	8.0	7.7	11.4	1.6	4.5
	전체	21,191 (100.0)	9,063 (100.0)	5,129 (24.2)	3,583 (39.5)	4,716 (22.3)	3,403 (37.6)	5,591 (26.4)	2,980 (32.9)

자료: 고용정보원, 「대졸자직업이동경로조사」, 2006.

주: 1) "현재 일자리"는 2004년 8월과 2005년 2월 졸업자가 조사당시 취업상태에 있는 경우를 말한다.

2) "첫 일자리는" 2004년 8월과 2005년 2월 졸업자가 첫 일자리를 경험한 이후 노동시장을 이탈하거나 현재 일자리로 이동한 경우를 의미한다. 현재 일자리에는 첫 일자리를 경험한 사람들이 당연히 포함되어 있다.

을 하거나, 학력-전공-숙련 수준 등에 맞는 일자리에 취업하기 위해 노동시장 밖에서 대기한다. 〈표 5-2-2〉는 첫 일자리에서 노동이동을 통해 직무불일치와 교육불일치가 해소되어 가고 있음을 보여준다. 청년 대졸자들은 자신의 학력-전공에 맞는 일자리를 탐색하고 그것에 따른 기대임금을 실현하려는 경향을 보인다. 동태적 관점에서 직무와 교육불일치의 장기적 추세는 어떻게 진행되는지를 살펴보고자 한다. 이것을 분석하기 위해서는 통제된 특정 집단에 대한 장기적 추적조사가 이뤄져야만 한다. 동일한 패널들의 직무와 교육불일치 현상의 장기적 변화를 분석하기 위한 조사표본 또한 확보되어 있어야 한다. 고용정보원 「청년패널」의 5개년도 추적조사는 이와 같은 분석목적에 부합한다.

[그림 5-2-2]에서 보면, 과잉교육에 따른 하향취업 추세가 점진적으로 하락하고 있다. 특히 대학원졸의 하향취업 현상은 2004년부터 떨어지고 있다. 고졸, 전문대졸과 대졸의 과잉학력 수준은 2006년부터 하락하는 경향이 발견된다. [그림 5-2-3]에서 보면, 학력별 숙련불일치 역시 다소 해소되는 경향을 보

[그림 5-2-2] 과잉교육 추세 (단위: %)

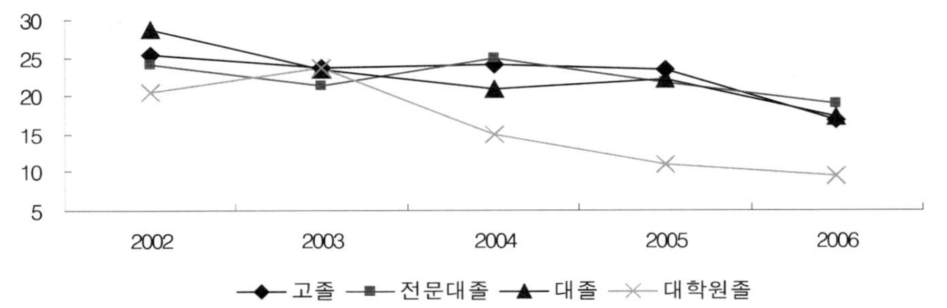

자료: 고용정보원,「청년패널」, 각년도.
주: 중퇴, 재학 또는 휴학 중인 자는 제외되었음.

[그림 5-2-3] 숙련불일치 추세 (단위: %)

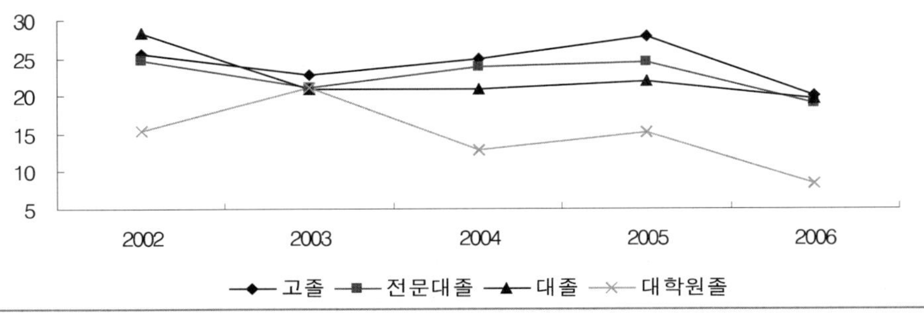

자료: 고용정보원, 「청년패널」, 각년도.
주: 중퇴, 재학 또는 휴학중인 자는 분석에서 제외되었음.

[그림 5-2-4] 전공불일치 추세 (단위: %)

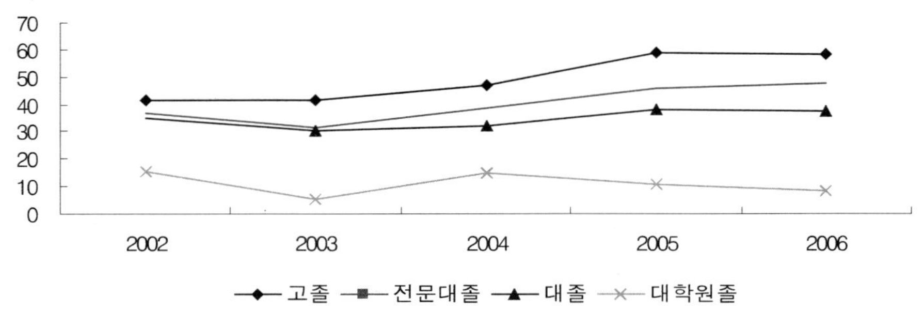

자료: 고용정보원, 「청년패널」, 각년도.
주: 중퇴, 재학 또는 휴학중인 자는 분석에서 제외되었음.

이고 있으나 20~25% 수준을 그대로 유지하고 있다. 다만, 대학원졸의 숙련불일치는 점진적으로 해소되고 있다. [그림 5-2-4]에서 보면, 앞의 과잉교육과 숙련불일치 경향과 달리 전공불일치 추세는 점차 심화되고 있다. 대학원졸을 제외하고 전문대졸과 대졸은 대략 40~50%가 전공불일치 상태에 있다.

〈표 5-2-3〉 교육-숙련-전공일치 여부에 따라 직장만족도가 뚜렷하게 구별된다. 즉 적정교육-숙련일치-전공일치라고 응답한 사람들은 직장에 대해 전반적으로 높은 점수를 준 반면, 과잉교육-숙련불일치-전공불일치는 직장만족도가 평균보다 낮다. 하향취업과 직무불일치가 기업 또는 조직에 대한 전반적인 만족도와 밀접하게 연결되어 있다고 볼 수 있다. 다만, 전반적인 직무만족도가 낮기 때문에 하향취업이라고 인지하고 있는 것인지, 반대로 하향취업 상태이기 때문에 직무만족도가 낮게 나온 것인지에 대한 인과관계가 분명하지 않다. 교육-전공-숙련일치 수준이 높을수록 직장만족도가 높다는 것을 보여준다. 반대로 전반적 직무만족도가 낮은 사람이 직무 및 교육불일치를 주장할 가능성이 높다. 2차 노동시장 또는 비정규 고용관계에 있는 노동자가 과잉학력 또는 숙련불일치라고 판단할 가능성이 여전히 높다. 이런 현상은 주관적 측정방법이 갖는 불가피한 한계로서 제기될 수밖에 없다. 직장 또는 각종 후생복지에 대해 긍정적인 태도를 취하거나 만족할 경우 일반적으로 과잉교육 및 직무불일치 수준이 높게 추정될 수 있다.

〈표 5-2-3〉 교육-숙련-전공일치 여부별 직장만족도

(단위: 점)

	교육일치		숙련일치		전공일치	
	적정교육	과잉교육	숙련일치	숙련불일치	전공일치	전공불일치
전반적인 만족여부	3.2	2.7	3.1	2.7	3.0	2.8
임금 또는 소득	2.9	2.5	2.8	2.5	2.7	2.7
고용의 안정성	3.1	2.7	3.0	2.7	3.0	2.8
직무내용	3.4	2.8	3.4	2.8	3.3	2.9
근무환경	3.3	2.8	3.3	2.8	3.2	3.0
일한 시간	3.0	2.7	3.0	2.8	2.9	2.9
개인의 발전 가능성	3.2	2.3	3.2	2.3	3.1	2.5
인간관계	3.6	3.2	3.6	3.2	3.5	3.3
복리후생제도	3.0	2.5	3.0	2.5	2.9	2.7
인사체계	2.9	2.4	2.9	2.4	2.7	2.6
사회적 평판	3.5	2.8	3.4	2.8	3.3	2.9

자료: 고용정보원, 「대졸자직업이동경로조사」, 2006.
주: 각 항목은 5점 척도임. “1”은 매우 불만족이고, “5”는 매우 만족을 나타내기 때문에 점수가 높을수록 직장 만족도 수준이 높다.

3. 직무불일치와 노동이동

본 연구는 Markov 이행확률모형을 활용하여 교육-직무불일치에 따른 노동이동의 동태적 과정을 분석한다. 첫 일자리에서 과잉교육, 적정교육 상태에서 노동이동을 통해 현재 일자리의 과잉교육이 해소되는 과정을 확률적으로 추정하는 것이다. $(t-1)$시점에서 하향취업 상태에 있던 대졸 노동자가 t시점에서 적정취업 상태로 이동하는 경우를 보자. 이처럼 $(t-1)$시점에 노동시장으로 진입한 이후 첫 일자리가 하향취업 상태에 있는 노동자 수에서 노동이동을 통해 t시점 일자리가 적정취업 상태에 있는 노동자 수를 나누어서 얻게 되는 수치가 이행확률이다.

이행확률은 과잉교육 해소 과정의 동태적 현상을 보여줌으로써 과거 일자리가 노동시장 정착을 위한 가교인지 함정인지를 평가할 수 있는 중요한 정보를 제공한다. 만약 어떤 노동자가 과잉교육 일자리에서 적정교육 일자리로 이동하여 ‘적절한’ 임금소득을 얻게 된다면, 다소 눈높이를 낮추어 우선 노동시장에 진입하여 다양한 일자리 경험을 통해 경력을 쌓는 것이 경제이론의 관점에서 합리적인 선택행위이다. 반대로 첫 일자리의 과잉교육이 노동이동을 통해서

〈표 5-2-4〉 과잉교육 이행행렬 (단위: 명, %)

		전문대			대학		
이동 횟수	교육(불)일치	첫 일자리	현재 일자리		첫 일자리	현재 일자리	
			적정교육	과잉교육		적정교육	과잉교육
2회	적정교육	1,441 (65.7)	1,133 (78.6)	308 (21.4)	1,745 (61.5)	1,375 (78.8)	370 (21.2)
	과잉교육	751 (34.3)	462 (61.5)	289 (38.5)	1,091 (38.5)	678 (62.1)	413 (37.9)
	합계	2,258 (100.0)	1,595 (72.8)	597 (27.2)	2,836 (100.0)	2,053 (72.4)	783 (27.6)
3회	적정교육	358 (60.9)	254 (67.0)	104 (49.8)	333 (56.9)	251 (61.2)	82 (46.9)
	과잉교육	230 (39.1)	125 (33.0)	105 (50.2)	252 (43.1)	159 (38.8)	93 (53.1)
	합계	588 (100.0)	379 (64.5)	209 (35.5)	585 (100.0)	410 (70.1)	175 (29.9)
4회 이상	적정교육	83 (60.1)	51 (61.4)	32 (38.6)	71 (54.6)	51 (71.8)	20 (28.2)
	과잉교육	55 (39.9)	30 (54.5)	25 (45.5)	59 (45.4)	29 (49.2)	30 (50.8)
	합계	138	81	57	130	80	50

자료: 고용정보원, 「대졸자직업이동경로조사」, 2006.

교육일치가 실현되지 않고, 다음 일자리에서도 과잉교육 상태 또는 직무불일치 일자리에 머물게 된다면 임금손실이 발생하게 된다.

첫 일자리의 과잉교육 또는 적정교육에서 현재 일자리로의 이행확률을 〈표 5-2-4〉에서 확인할 수 있다. 우선 노동이동을 2회 경험한 전문대졸의 첫 일자리 적정교육 노동자는 현재 일자리 적정교육 노동자로 78.6%, 과잉교육 노동자로 21.4%로 이행했다.[10] 반면 이들의 첫 일자리 과잉교육은 적정교육으로 61.5%, 과잉교육으로 38.5%로 이행했다. 전체적으로 볼 때 노동이동을 2회 경험한 전문대졸의 경우 적정교육이 65.7%에서 72.8%로 이행할 확률이 다소 높아졌다.

4년제 대학졸업자의 첫 일자리 적정교육은 적정교육으로 78.8%, 과잉교육

10) 대학 졸업 이후 노동시장에 처음 진입하여 조사당시 현재 일자리로 이동한 사람들을 일컫는다.

〈표 5-2-5〉 숙련불일치 이행행렬

(단위: 명, %)

이동 횟수	숙련(불)일치	전문대			대학		
		첫 일자리	현재 일자리		첫 일자리	현재 일자리	
			숙련일치	숙련불일치		숙련일치	숙련불일치
2회	숙련일치	1,470 (67.1)	1,181 (80.3)	289 (19.7)	1,787 (63.0)	1,423 (79.6)	364 (20.4)
	숙련불일치	722 (32.9)	448 (62.0)	274 (38.0)	1,048 (37.0)	653 (62.3)	395 (37.7)
	합계	2,192 (100.0)	1,629 (74.3)	563 (25.7)	2,835 (100.0)	2,076 (73.2)	759 (26.8)
3회	숙련일치	357 (60.7)	265 (74.2)	92 (25.8)	350 (59.8)	272 (77.7)	78 (22.3)
	숙련불일치	231 (39.3)	129 (55.8)	102 (44.2)	235 (40.2)	144 (61.3)	91 (38.7)
	합계	588 (100.0)	394 (67.0)	194 (33.0)	585 (100.0)	416 (71.1)	169 (28.9)
4회 이상	숙련일치	83 (60.1)	54 (65.1)	29 (34.9)	76 (58.5)	58 (76.3)	18 (23.7)
	숙련불일치	55 (39.9)	27 (49.1)	28 (50.9)	54 (41.5)	27 (50.0)	27 (50.0)
	합계	138	81	57	130	85	45

자료: 고용정보원, 「대졸자직업이동경로조사」, 2006.

으로 21.2% 이행하고, 첫 일자리 과잉교육은 현재 일자리 적정교육으로 62.1%, 과잉교육으로 37.9% 이동했다. 노동이동을 2회 경험한 4년제 대학 졸업자는 과잉교육이 38.5%에서 27.6%로 다소 낮아졌다. 노동이동을 2회 경험한 전문대와 대학 과잉교육이 전반적으로 해소되었다. 노동이동 횟수가 높아질수록 전문대졸은 과잉교육이 심화되는 반면, 4년제 대학 졸업은 점차 완화되는 방향으로 이행하고 있다. 다시 말해 4년제 대학졸업자의 경우 노동이동을 통해 과잉교육이 점진적으로 해소되는 방향으로 이행하고 있다. 이러한 현상은 적정교육이 과잉교육 상태로 이행하는 확률보다 과잉교육이 적정교육으로 이행하는 확률이 항상 높기 때문에 가능하다.

〈표 5-2-5〉 숙련불일치 이행행렬은 노동이동에 따라 숙련불일치가 해소되는 동태적 과정을 보여주고 있다. 숙련불일치는 노동이동이 2~3회 반복될 때

까지만 해도 점차 해소되는 방향으로 이행하고 있다. 노동이동이 4회 이상 빈번하고 반복적으로 이뤄질 때 숙련불일치는 해소되지 않거나 그 상태로 유지되고 있다. 빈번한 노동이동이 숙련일치로의 이행확률을 높여주지 않았다. 〈표 5-2-6〉은 전공불일치 이행행렬을 보여주고 있다. 전공불일치에서 전공일치로의 이행확률은 노동이동 횟수와 학력에 따라 상이하게 전개된다. 전문대의 경우 노동이동이 4회 이상인 경우 전공불일치 이행확률이 더 높아지는 현상까지 발생하고 있다. 노동이동이 전공불일치 해소에 크게 기여하지 못했다.

〈표 5-2-7〉 과잉교육의 '장기' 이행행렬은 「청년패널」에서 2003년부터 2006년까지 패널로 유지되고 있는 취업자의 과잉교육 이행행렬을 추정하였다. 고졸이하 학력자는 분석대상에서 제외하였다. 2003년 현재 학력수준을 기준으로 하여 작성한 것이다. 2003년 과잉교육 또는 적정교육 취업자가 4년을 거치면서 교육일치에 어떤 변화가 일어났는가를 장기적으로 추정한 결과라고 볼 수 있다. 우선 2003년 적정교육 취업자 777명 가운데 일자리 유지 및 변동을 경험하면서 여전히 적정취업 상태에 있는 패널은 636명이고, 이 가운데 77명은 하향취업 상태로 변화되었다. 이것을 이행확률로 해석하면, 2003년에서 2006년까지 적정취업에서 적정취업으로 이행확률은 89.2%이고, 적정취업에서 하향취업으로 이행확률은 10.8%이다. 다른 한편 2003년에서 2006년까지 하향취업에서 적정취업으로 이행확률은 69.5%이고, 하향취업에서 하향취업으로 이행확률은 30.5%이다. 〈표 5-2-8〉에서 보면, 2003년에서 2006년까지 과잉교육은 대략 7% 개선되는 것으로 나타났다. 노동이동을 통해 과잉교육이 점진적으로 해소되고 있다.

〈표 5-2-8〉 기업내부 조정에 의한 과잉교육의 장기 이행행렬은 2003년 일자리를 2006년까지 그대로 유지하고 있는 패널 표본 824명을 중심으로 분석하였다. 기업내부 조정 또는 직무순환 등을 통해 과잉교육 상태가 변화되는 과정을 보여주고 있다. 과잉교육 해소가 기업내부 이동을 통해, 즉 2003년부터 2006년까지 동일 기업에 근무하고 있는 노동자의 교육불일치 이행확률에 대해 살펴보았다. 적정교육에서 적정교육으로 이행확률은 89.4%이고, 적정교육에서 과잉교육으로 이행확률은 10.6%로 나타났다. 하향취업에서 적정취업으로 이행확률은 69.2%이고, 하향취업에서 하향취업으로 이행확률은 30.8%에 불과했다.

〈표 5-2-6〉 전공불일치 이행행렬

(단위: 명, %)

이동 횟수	전공(불)일치	전문대			대학		
		첫 일자리	현재 일자리		첫 일자리	현재 일자리	
			전공일치	전공불일치		전공일치	전공불일치
2회	전공일치	1,501 (68.4)	1,115 (74.3)	386 (25.7)	1,993 (70.3)	1,674 (84.0)	319 (16.0)
	전공불일치	692 (31.6)	282 (40.8)	410 (59.2)	843 (29.7)	412 (48.9)	431 (51.1)
	합계	2,193 (100.0)	1,397 (63.7)	796 (36.3)	2,836 (100.0)	2,086 (73.6)	750 (26.4)
3회	전공일치	369 (62.8)	245 (66.4)	124 (33.6)	384 (65.6)	304 (79.2)	80 (20.8)
	전공불일치	219 (37.2)	72 (32.9)	147 (67.1)	201 (34.4)	97 (48.3)	104 (51.7)
	합계	588 (100.0)	317 (53.9)	271 (46.1)	585 (100.0)	401 (68.5)	184 (31.5)
4회 이상	전공일치	89 (64.5)	52 (58.4)	37 (41.6)	88 (67.2)	73 (83.0)	15 (17.0)
	전공불일치	49 (35.5)	14 (28.6)	35 (71.4)	43 (32.8)	25 (58.1)	18 (41.9)
	합계	138	66	72	131	98	33

자료: 고용정보원, 「대졸자직업이동경로조사」, 2006.

〈표 5-2-7〉 과잉교육의 '장기' 이행행렬

(단위: 명, %)

2003	적정교육			과잉교육			합계
	777(77.3)			228(22.7)			1,005
	적정교육	과잉교육	합계	적정교육	과잉교육	합계	
2004(개별)	610 (85.3)	105 (14.7)	715 (100	108 (54.3)	91 (45.7)	199 (100)	914
2005(개별)	668 (86.0)	109 (14.0)	777 (100)	145 (63.6)	83 (36.4)	228 (100)	1005
2006(개별)	636 (89.2)	77 (10.8)	713 (100)	139 (69.5)	61 (30.5)	200 (100)	913
2006(전체)	775(84.9)			138(15.1)			

자료: 고용정보원, 「청년패널」, 각년도.

〈표 5-2-8〉 기업내부 조정에 의한 과잉교육의 '장기' 이행행렬 (단위: 명, %)

2003	적정교육			과잉교육			합계
	652(79.1)			172(20.9)			824
	적정교육	과잉교육	합계	적정교육	과잉교육	합계	
2004(개별)	559 (85.7)	93 (14.3)	652 (100	93 (54.1)	79 (45.9)	172 (100)	824
2005(개별)	570 (87.4)	82 (12.6)	652 (100)	107 (62.2)	65 (37.8)	172 (100)	824
2006(개별)	583 (89.4)	69 (10.6)	652 (100)	119 (69.2)	53 (30.8)	172 (100)	824
2006(전체)	702(85.2)			122(14.8)			

자료: 고용정보원, 「청년패널」, 각년도.

전체적으로 볼 때, 기업내부 조정 또는 직무순환(배치전환) 등을 통한 과잉교육 상태는 5% 정도 개선되었다.

Ⅳ. 직무불일치의 결정요인과 노동시장 성과

1. 직무불일치와 노동이동의 결정요인

〈표 5-2-9〉에서 남자, 교육대, 교육계열 등의 특성을 가진 대졸자의 하향취업 가능성이 상대적으로 낮다. 4년제 대학의 사회계열 졸업생이 과거(첫) 일자리 하향취업에 빠질 가능성이 높았다. 남자 대졸자의 전공불일치 가능성이 높다. 공학계열, 의약계열과 예체능계열이 자신의 전공과 다른 첫 일자리에 취업할 가능성은 아주 낮다. 연령이 높은 남자 대졸자일수록 숙련불일치 가능성이 낮았으며, 교육계열과 의약계열 졸업자는 자신의 전공과 다른 첫 일자리에 취업하는 경향이 낮다. 사회서비스분야에 종사하는 대졸자 대부분은 적정취업-전공일치-숙련일치 일자리에 취업하고 있다. 특히 이과계열 대졸자 대부분은 자신의 전공에 맞는 첫 일자리로 이행할 확률이 높다.

〈표 5-2-10〉 직무 및 교육불일치의 결정요인 추정결과는 두 가지 특징을 갖고 있다. 첫째, 이론적 측면에서 직무 및 교육불일치의 결정요인 추정을 위해 5개년도의 패널자료를 구축하여 장기적이고 동태적인 효과를 분석했다는 데

〈표 5-2-9〉 과거(첫) 일자리의 직무와 교육불일치 결정요인(Probit 분석)

	과잉학력			전공불일치			숙련불일치		
	계수	표준편차	$P>\|z\|$	계수	표준편차	$P>\|z\|$	계수	표준편차	$P>\|z\|$
남성	−0.0716	(0.0338)	0.034	0.1431	(0.0356)	0.000	−0.0411	(0.0339)	0.225
연령	−0.0038	(0.0048)	0.434	−0.0184	(0.0053)	0.000	−0.0030	(0.0049)	0.540
대학	0.1387	(0.0296)	0.000	−0.1862	(0.0312)	0.000	0.1033	(0.0298)	0.001
교육대	−0.9388	(0.2073)	0.000	−0.9290	(0.2426)	0.000	−0.7438	(0.1890)	0.000
사회계열	0.1471	(0.0502)	0.003	−0.0411	(0.0511)	0.421	0.1281	(0.0504)	0.011
교육계열	−0.2509	(0.0749)	0.001	−0.7969	(0.0860)	0.000	−0.2181	(0.0753)	0.004
공학계열	0.0351	(0.0542)	0.517	−0.1229	(0.0552)	0.026	0.0367	(0.0544)	0.500
자연계열	−0.0117	(0.0576)	0.839	−0.0439	(0.0585)	0.453	−0.0542	(0.0580)	0.350
의약계열	−0.1305	(0.0748)	0.081	−0.4937	(0.0860)	0.000	−0.1443	(0.0756)	0.056
예체능계열	−0.0245	(0.0563)	0.664	−0.3920	(0.0590)	0.000	0.0027	(0.0565)	0.962
상수항	−0.2856	(0.2801)	0.308	0.0690	(0.2915)	0.813	−0.3365	(0.2802)	0.230
	N=9,046 Log likelihood =−5844.0186			N=9,051 Log likelihood =−5224.3334			N=9,045 Log likelihood =−5785.7913		

자료: 고용정보원, 「대졸자직업이동경로조사」, 2006.
주: 고용형태, 직업, 기업규모와 산업 특성 등 통제변수는 생략.

그 의의가 있다. 즉, 직무불일치 결정요인의 GLS 임의효과(Random-effect) 분석이 실시된 것이다. 둘째, 우리나 노동시장과 교육시장의 관계가 비교적 잘 드러나고 있다. 직무불일치와 교육불일치 현상이 교육기간과 근속기간에 크게 좌우된다는 것이다. 직무불일치와 교육불일치 결정에서 교육기간효과가 근속효과보다 더 크다. 직무일치 또는 적정취업을 위해 교육기간이 장기화되는 현상이 발견되고 있다. 이것은 고학력화에 따른 높아진 기대임금을 실현하기 위해 교육기간이 장기화되고, 그것은 다시 고학력화 현상을 심화시키고 있다. 〈표 5-2-10〉은 비교적 장기간의 종단면 자료에 기초한 패널분석효과라는 점에서 이와 같은 주장을 가능하게 한다. 무엇보다 교육기간이 장기화될수록 전공불일치 가능성이 크게 떨어진다는 점에 주목하지 않을 수 없다.

〈표 5-2-10〉 직무 및 교육불일치의 결정요인(Random-effects)

	과잉학력			전공불일치			숙련불일치		
	계수	표준편차	P>|z|	계수	표준편차	P>|z|	계수	표준편차	P>|z|
남성	0.0397	0.0991	(0.689)	0.1039	0.0985	(0.291)	0.0888	0.0965	(0.357)
교육기간	−0.0183	0.0098	(0.062)	−0.2421	0.0291	(0.000)	−0.0420	0.0270	(0.120)
근속기간	−0.0053	0.0016	(0.001)	−0.0035	0.0014	(0.015)	−0.0035	0.0015	(0.019)
정규직	−0.5527	0.1077	(0.000)	−0.4550	0.1094	(0.000)	−0.6031	0.1058	(0.000)
고용주	−1.0423	0.3610	(0.004)	−0.2012	0.3069	(0.512)	−0.9054	0.3257	(0.005)
자영업주	−0.3541	0.2194	(0.107)	−0.0448	0.2321	(0.847)	−0.5107	0.2170	(0.019)
10~49명	0.0069	0.1143	(0.952)	0.1158	0.1113	(0.298)	−0.0921	0.1110	(0.407)
50~99명	0.1074	0.1492	(0.472)	−0.0573	0.1471	(0.697)	−0.1316	0.1484	(0.375)
100~299명	−0.0075	0.0362	(0.835)	−0.0009	0.0347	(0.978)	−0.0239	0.0348	(0.493)
300명 이상	0.0499	0.1376	(0.717)	0.1145	0.1336	(0.391)	−0.1607	0.1349	(0.233)
관리경영직	−0.5731	0.1232	(0.000)	−0.6337	0.1232	(0.000)	−0.4497	0.1182	(0.000)
사회서비스직	−0.9802	0.1822	(0.000)	−1.9583	0.1878	(0.000)	−1.0305	0.1805	(0.000)
판매 및 개인서비스직	−0.2849	0.1266	(0.024)	−0.7257	0.1319	(0.000)	−0.2729	0.1245	(0.028)
건설생산직	0.5154	0.5914	(0.383)	0.5535	0.7102	(0.436)	0.0267	0.6004	(0.965)
상수항	−0.8146	0.53933	(0.832)	4.2253	0.4190	(0.000)	0.4565	0.3734	(0.221)
	N=2699 Log likelihood =−1180.625			N=2698 Log likelihood =−1553.2973			N=2698 Log likelihood =−1246.1522		

자료: 고용정보원, 「청년패널」 원시자료, 5개년도.

2. 직무 및 교육불일치의 노동시장 성과

기존 연구를 통해서 살펴보았듯이 직무불일치과 교육불일치는 임금손실을 낳는다. 〈표 5-2-11〉은 직무-교육불일치의 임금효과를 추정한 것이다. 실증분석 결과에 따르면, 과잉교육-전공불일치-숙련불일치는 임금에 부정적 효과를 낳고 있다. 과잉교육은 약 7.8%의 임금손실효과를 발생시키고, 숙련불일치도 이와 비슷한 8.3% 수준에서 임금손실을 낳고 있다. 고학력 청년노동시장의 과잉교육은 임금손실을 낳고 있다.

〈표 5-2-12〉는 과거(첫) 일자리 또는 이전 일자리의 직무-교육불일치가 현재 일자리 임금에 부정적으로 작용한다는 것을 보여주고 있다. 다시 말해 첫 일자리의 직무-교육불일치는 일종의 낙인효과를 낳고 있다는 주장도 조심스럽

게 제기할 수 있다. 교육기간 장기화가 직무-교육일치 수준을 제고하는 데 기여하고, 직무-교육일치 일자리의 임금효과가 높을 경우 당분간 과잉교육 및 고

〈표 5-2-11〉 직무 및 교육불일치의 임금효과

직무 및 교육불일치	모형 1			모형 2			모형 3			모형 4		
	계수	표준편차	$P>\|z\|$	계수	표준편차	$P>\|z\|$	계수	표준편차	$P>\|z\|$	계수	표준편차	$P>\|z\|$
과잉교육	−0.0780	(0.0071)	0.000							−0.0335	(0.0090)	0.000
전공불일치				−0.0642	(0.0066)	0.000				−0.0480	(0.0067)	0.000
숙련불일치							−0.0830	(0.0067)	0.000	−0.0537	(0.0086)	0.000
인적속성												
남성	0.1258	(0.0069)	0.000	0.1252	(0.0069)	0.000	0.1216	(0.0069)	0.000	0.1229	(0.0069)	0.000
연령	0.0137	(0.0008)	0.000	0.0138	(0.0008)	0.000	0.0143	(0.0008)	0.000	0.0139	(0.0008)	0.000
근속	0.0022	(0.0001)	0.000	0.0023	(0.0001)	0.000	0.0022	(0.0001)	0.000	0.0022	(0.0001)	0.000
대학	0.1614	(0.0063)	0.000	0.1474	(0.0063)	0.000	0.1540	(0.0062)	0.000	0.1518	(0.0063)	0.000
전문대	0.3788	(0.0210)	0.000	0.3680	(0.0210)	0.000	0.3707	(0.0210)	0.000	0.3660	(0.0210)	0.000
사립대	0.0022	(0.0084)	0.797	0.0023	(0.0084)	0.789	0.0012	(0.0084)	0.882	0.0010	(0.0084)	0.906
상수항	3.8488	(0.0705)	0.000	3.8627	(0.0706)	0.000	3.8516	(0.0704)	0.000	3.9288	(0.0727)	0.000
	N=18,734 Adj R2=0.4527			N=18,734 Adj R2=0.4520			N=18,734 Adj R2=0.4536			N=18,734 Adj R2=0.4565		

자료: 고용정보원, 「대졸자직업이동경로조사」, 2006.
주: 전공계열, 일자리 특성(고용형태, 기업규모 및 산업 특성) 관련 통제변수는 생략.

〈표 5-2-12〉 과거(첫) 일자리 교육-직무불일치가 현재 일자리 임금에 미치는 효과

첫 일자리	모형 1			모형2			모형3		
	계수	표준편차	p/t	계수	표준편차	p/t	계수	표준편차	p/t
과잉교육	−0.0388	(0.0109)	0.000						
전공불일치				−0.0815	(0.0116)	0.000			
숙련불일치							−0.0339	(0.0110)	0.002
유지기간	0.0000	(0.0000)	0.001	0.0000	(0.0000)	0.001	0.0000	(0.0000)	0.001
이동회수	−0.0205	(0.0101)	0.042	−0.0190	(0.0100)	0.058	−0.0207	(0.0101)	0.040
상수항	3.9722	(0.1907)	0.000	4.0036	(0.1902)	0.000	3.9713	(0.1908)	0.000
	N=6,473 Adj R2=0.3461			N=6,476 Adj R2=0.3497			N=6,472 Adj R2=0.3458		

자료: 고용정보원, 「대졸자직업이동경로조사」, 2006.
주: 인적속성과 일자리 특성(고용형태, 기업 및 산업) 관련 통제변수는 생략.

학력화 현상은 지속될 수밖에 없다. 교육투자가 선별기능을 하고, 노동행렬에서 유리하게 작용할 경우 과잉교육은 지속될 수밖에 없다. 노동이동횟수가 많을수록 임금에 부정적인 효과를 발생시키고 있다. 노동이동이 노동시장 성과를 제고시키는 데 크게 기여하지 못해, 노동이동이 낙인효과를 낳고 있다. 이것은 우리나라 노동시장의 기업별 분단구조가 심각하고, 빈번한 노동이동이 부정적 인식을 낳는다는 현실인식과 연결되어 있다.

고용정보원의 제 1 차 GOMS는 조사결과가 누적되어 있지 않아 〈표 5-2-11〉과 〈표 5-2-12〉는 단기적 직무-교육불일치의 노동시장 성과를 보여주는 것에 불과하다. 〈표 5-2-11〉과 〈표 5-2-12〉는 아직까지 코호트조사의 성격이 강하기 때문에 직무-교육불일치의 장기적 임금효과를 추정하는 데 한계가 있다. 이에 본 연구는 「청년패널」 원시자료 5개년도 패널을 구축하여 직무-교육불일치의 장기적 임금효과를 추정하였다. 〈표 5-2-13〉 직무 및 교육불일치의 임금효과 추정결과 역시 이제까지 논의는 있었으나 실제 추정되지 않았던 부분이다. 직무-교육불일치의 패널임금모형에 따른 임의효과(Random-effect)를 분석한 결과, 과잉교육-전공불일치-숙련불일치의 임금효과는 부정적이었다. 무엇보다 이러한 추정결과는 직무-교육불일치의 임금손실이 장기적 효과를 보여준다는

〈표 5-2-13〉 직무 및 교육불일치의 임금효과(GLS Random-effects 추정방식)

	모형 1			모형 2			모형 3			모형 4		
직무 및 교육불일치	계수	표준편차	$P>\|z\|$	계수	표준편차	$P>\|z\|$	계수	표준편차	$P>\|z\|$	계수	표준편차	$P>\|z\|$
과잉교육	−0.1160	0.0166	(0.000)							−0.0764	0.0207	(0.000)
전공불일치				−0.0297	0.0141	(0.035)				−0.0022	0.0145	(0.877)
숙련불일치							−0.1079	0.0160	(0.000)	−0.0630	0.0202	(0.002)
인적속성												
남성	0.2720	0.0180	(0.000)	0.2718	0.0182	(0.000)	0.2729	0.0180	(0.000)	0.2727	0.0180	(0.000)
교육기간	0.0681	0.0049	(0.000)	0.0668	0.0051	(0.000)	0.0677	0.0049	(0.000)	0.0676	0.0050	(0.000)
근속기간	0.0027	0.0003	(0.000)	0.0027	0.0003	(0.000)	0.0027	0.0003	(0.000)	0.0027	0.0003	(0.000)
상수항	3.4772	0.0696	(0.000)	3.4699	0.0731	(0.000)	3.4854	0.0698	(0.000)	3.4976	0.0723	(0.000)
	N=2677 Rsq=0.4033			N=2,676 Rsq=0.3934			N=2,672 Rsq=0.4035			N=2,677 Rsq=0.4064		

자료: 고용정보원, 「청년패널조사」 원시자료, 6개년도.
주: 일자리 특성(고용형태, 직업과 기업규모) 관련 통제변수는 생략.

데 있다. 인적자본이론에 대한 직무경쟁이론의 비판 근거로서 제시되었던 주요 쟁점은 직무-교육불일치의 임금효과에 관한 것이다. 〈표 5-2-13〉은 직무-교육불일치의 임금효과가 장기적으로 지속되고 있으며, 횡단면 자료에 의한 추정규모보다는 높았다. 패널자료의 상이성으로 인해 주의 깊은 해석이 필요하나 직무-교육불일치의 임금손실효과는 장기화되어도 해소되지 않을 것으로 전망된다.

Ⅴ. 정책적 함의

본 연구는 직무-교육불일치의 실태, 결정요인 및 노동시장 성과를 주로 분석하였다. 특히 과거(첫) 일자리의 직무불일치와 하향취업이 노동이동을 통해 적정(하향)취업 또는 직무(불)일치로 이행하는 동태적 과정에 대한 실증분석도 추가하였다. 일시적 직무-교육불일치가 노동이동을 통해 해소되어갈 수 있다면, 노동시장 진입을 촉진하여 보다 나은 일자리로 이동할 수 있도록 노동시장 분절구조를 해소하는 것이 아주 중요한 정책적 대안이다. 만약 그렇지 않고, 노동시장 진입 이후 직무-교육불일치가 해소되지 않은 채 노동시장 성과에 부정적인 효과를 지속적으로 발생시키게 된다면, 노동시장 조기 진입은 일종의 함정으로 전락할 수 있다. 결과적으로 적합 일자리로 취업 또는 이동하기 위한 교육기간의 장기화 및 투자증대가 지속되어 고학력화가 지속될 전망이다. 본 연구의 실증분석결과에 따른 정책적 함의는 다음과 같이 제시될 수 있다.

첫째, 노동시장 조기 진입이 개인의 생애소득 증대에 유리하게 작용한다고 판단하기 어렵다. Markov 이행확률모형을 통해 직무불일치 해소 과정을 동태적으로 분석해 본 결과, 노동이동이 증가하면서 과잉학력과 숙련불일치 이행확률이 다소 낮아지고 있다. 그러나 첫 일자리의 하향취업이 궁극적으로 노동시장에 긍정적인 효과를 발휘하는지는 여전히 불명확한 상태로 남아 있다. 첫 일자리 과잉학력, 숙련불일치와 전공불일치는 근로자의 임금 결정에 긍정적인 효과를 낳지 못했다. 비록 이들이 노동이동을 통해 과잉교육이 해소되는 확률이 점차 높아지고 있더라고 그것이 곧바로 노동시장 성과에 미치는 영향은 효과적으로 분석되지 못했다.

둘째, 노동시장의 분절화 구조 및 기업별 분단구조를 해소하는 정책 및 임금보전 정책 등이 체계적으로 개발되어야 한다. 하향취업과 직무불일치는 노동이동을 촉진하였고, 노동이동 또는 기업내부 조정을 통해 과잉교육이 긍정적으로 해소되는 경향이 발견되었다. 그리고 상대적 저임금 노동자의 노동이동이 빈번하다. 그럼에도 불구하고 노동이동이 노동시장 성과를 개선시키는 데 크게 기여하지 못했다. 특히 직무-교육불일치의 장기적 임금효과는 항상 음의 효과를 낳고 있다. 노동시장의 분절화 구조 및 기업별 분단구조가 낳은 부정적 현상이다. 결국 교육시장의 개혁 또는 교육훈련기관의 인력양성메커니즘은 노동시장의 신호를 적극 수용해야 하는 측면도 있지만, 노동시장의 차이 또는 분절구조와 밀접하게 연계되어 있다는 점을 지적하고자 한다.

셋째, 인력수급의 질적 불일치 해소를 위한 교육시장의 체질개선이 시급하다. 앞서 살펴보았듯이 대학원졸을 제외한 전문대졸과 대졸의 전공불일치 수준은 40~50%에 달하는 것으로 나타났다. 이와 같은 현실은 대학 등 교육훈련시스템의 인력양성 및 공급체제가 노동시장의 신호에 탄력적으로 대응하지 못하고 있다는 것을 의미한다. 교육의 당위적 기능과 현실적 요구 사이에서 적절한 조정이 노동시장의 신호를 바탕으로 이뤄질 필요가 있음은 오랫동안 지적되어 왔던 것이다. 노동수요 신호(signal)가 교육시장에 효율적으로 전달될 수 있는 맞춤형(customized) 인적자원개발체제가 구축되어야 할 필요도 있을 것이다.

넷째, 기업의 참여적 작업조직 구축이 필요하다. 과잉교육의 장기 이행행렬에서 확인하였던 바와 같이 기업내부조정 또는 직무순환(배치전환)이 교육불일치에 다소 기여하고 있었다. 다시 말해 하향취업이 기업의 배치전환 등을 통해 부분적으로 해소되었다. 이것은 기업의 참여적·혁신적 작업조직이 구축되어 실무교육훈련이 적극 활용되고, 노동자의 적극적 참여가 실현되어야 가능하다. 직무순환 또는 배치전환 등을 활성화하는 기업 내 교육시스템 개발과 그에 따른 보상체계 도입을 통해 과잉교육 등 각종 불일치 현상이 해소될 수 있다고 본다.

다섯째, 노동이동에 대한 인식전환이 필요하다. 노동이동의 낙인효과는 노동시장의 구조적 요인에 의해 발생되기도 하지만, 사회문화적 요인에 의해 유발되는 측면 또한 부정할 수 없다는 점이 지적되어야 한다. 과거 전통적인 평생직장 개념이 여전히 강력한 사회적 추동력으로 작용하고 있는 상황에서 노동이동을 통한 개인의 경력형성은 쉽게 수용되지 않는다.

여섯째, 당분간 고학력화 현상은 쉽게 해소되지 않을 것이다. 우리나라 노동시장에서 직무-교육일치의 교육기간 효과가 작용하는 것으로 나타났다. 이것은 교육투자가 노동행렬에서 좋은 일자리를 획득하기 위한 수단으로 기능하고 있음을 보여준다. 직무불일치와 교육불일치 결정에서 교육기간효과가 근속효과보다 더 큰 것으로 추정되었다. 고학력화에 따라 높아진 기대임금을 실현하기 위해 적정교육 또는 전공일치 일자리로 취업하고자 하는 경향이 증대하고, 그 일자리에 취업하기 위해 다시 교육투자를 늘리는 악순환이 반복될 것으로 전망된다.

일곱째, 청년 고학력자의 눈높이 조절론에 대한 주의 깊은 접근이 필요하다. 첫 일자리의 직무-교육불일치가 노동이동을 통해 해소되고 있으나, 첫 일자리 직무-교육불일치가 노동시장 성과에 긍정적으로 작용하지 않았다. 노동이동을 통해 직무-교육불일치가 해소되더라도 노동시장 성과가 개선되지 않을 경우 눈높이를 낮춘 노동시장 진입은 함정으로 작용할 수도 있다.

참고문헌

김기헌(2005), "교육과 직무의 불일치,"「교육사회학연구」제15권 제 3 호, 한국교육사회학회.

김주섭(2005), "청년층의 고학력화에 따른 학력과잉 실태 분석,"「노동정책연구」, 한국노동연구원.

김희삼 · 이삼호(2007), "고등교육의 노동시장 성과와 서열구조 분석," 한국개발연구원

안주엽 · 홍서연(2002), "청년층의 첫 일자리 진입: 경제위기 전후의 비교,"『노동경제논집』제25권 제 1 호, 한국노동경제학회.

오호영(2005), "과잉교육의 원인과 경제적 효과,"「노동경제논집」제28권 제 3 호, 한국노동경제학회.

이병희 외(2002), "학교로부터 노동시장으로 이행힐태와 정책과제," 한국노동연구원.

이병희(2003), "재학 중 근로경험의 실태와 노동시장 성과,"「노동경제논집」제26권 제 1 호, 한국노동경제학회.

임찬영(2008), “전공불일치 결정요인과 전공불일치가 근속과 임금에 미치는 효과,” 「노동정책연구」 제 8 권 제 1 호, 한국노동연구원.

전병유 외(2005), “한국의 노동수요 구조에 관한 연구,” 한국노동연구원.

정태화(1994), “한국의 과잉교육 현상에 대한 실증적 연구,” 성균관대학교 박사학위논문.

허식 · 임진우(2005), “전공계열간 임금격차에 관한 연구: 인문사회계열과 자연공학계열 중심으로,” 「응용경제」 제 7 권 제 1 호, 한국응용경제학회.

Becker, G.(1964), Human Capital: A Theoretical and Empirical Analysis with Special Reference to Education, New York: Columbia University Press.

Dolton, P. and A. Vignoles(2000), “The incidence and effects of overeducation in the UK graduate labor market,” *Economics of Education Review*, Vol. 19.

Gardecki, R. and D. Neumark(1998), “Order from Chaos? The Effects of Early Labor Market Experiences on Adult Labor Market Outcomes,” *Industrial and Labor Relations Review*, Vol. 51, No. 2.

Handel, M.(2003), “Skills Mismatch in the Labor Market,” *The Annual Review of Sociology*, Vol, 29, No. 135.

Hartog, J.(2000), “Overeducation and earnings: where are we, where should we go?,” *Economics of Education Review*, Vol. 19.

Kler, P.(2005), “Graduate Overeducation in Australia: A Comparison of the Mean and Objective Methods,” *Education Economics*, Vol. 13, No. 1.

Light, A. and K. McGarry(1998), “Job Change Patterns and the Wages of Young Men,” *Review of Economics and Statistics*, Vol. 80.

Marimon, R. and F. Zilibotti(1999), “Unemployment Vs. Mismatch of Talents: Reconsidering Unemployment Benefits,” *The Economic Journal*, Vol. 109(April).

McGuinnes, Séamus(2006), “Overeducation in the Labor Market,” *Journal of Economic Surveys*, Vol. 20, No. 3.

Moohyeon, J.(2007), “Estimate of job mismatch by educational attainment in Korea,” prepared for International Conference for Panel Data Analyses: Employment and the Quality of Life jointly organized by Korea Employment Information Service and Korea Labor Institute on Oct 25~26, 2007, Seoul Korea.

Neal, D.(1999), “The Complexity of Job Mobility among Young Men,” *Journal of Labor Economics*, Vol. 17, No. 2.

Sweeney, S.(2004), “Regional Occupational Employment Projections: Modeling Supply Constraints in the Direct-Requirement Approach,” *Journal of Regional*

Science, Vol. 44, No. 2.
Thurow, L.(1975), "Generating Inequality: Mechanisms of Distribution in the U.S. Economy," New York: Basic Books, 1975.
Topel, R. and M. Ward(1992), "Job Mobility and the Careers of Young Men," *Quarterly Journal of Economics*, Vol. 197.
Wessel, T.(2005), "Industrial Shift, Skill Mismatch and Income Inequality: A Decomposition Analysis of Changing Distributions in the Oslo Region," *Urban Studies*, Vol. 42, No. 9.

•토론• 직무 및 교육불일치의 노동시장 성과와 정책방향*

본 논문은 청년 고학력자의 노동시장 이행기에서의 행태가 노동시장 성과에 어떠한 영향을 미치고 있는가에 대한 심층적인 분석을 통하여 합리적 고용정책 수립을 위해 많은 시사점을 주고 있다. 특히 노동이동이 과잉학력의 해소에 긍정적인 역할을 하고 있는지, 또한 노동이동을 통한 과잉학력의 해소가 노동시장 성과에 긍정적인 영향을 주는지에 대한 분석이 본 논문의 핵심적 연구문제이다.

전반적으로 특별히 지적할 내용은 없으나 분석방법 및 분석결과에 대한 해석에 있어서 몇 가지 의문의 여지가 있다. 첫째, 사회서비스 분야에 종사하는 대졸자는 대부분 적정취업-전공일치-숙련일치 일자리에 취업하고 있다고 서술하고 있으나, 〈표 5-2-9〉에서 업종별 분석결과가 제시되지 않아 어떤 분석에 근거한 것인지가 불명확하다. 둘째, 일반적으로 대학 계열선택에 있어서 남녀간 선호도의 차이가 있고, 실제로도 계열별 남녀 재학생 수에 있어서 구조적 차이를 보이고 있다. 이러한 점을 전제로 한다면 〈표 5-2-9〉에서 성별 더미와 대학 계열별 더미 간에는 일정정도 상관관계가 존재하며, 이 경우 다중공선성의 문제로 인한 bias의 가능성이 존재한다고 판단된다. 셋째, 직무-교육 불일치

* 김주섭(한국노동연구원 연구위원, 연구관리본부장).

가 일종의 낙인효과를 낳고 있다는 필자의 견해에는 다소 논란의 여지가 있는 것으로 판단된다. 〈표 5-2-11〉에서 과잉교육의 임금손실은 7.8%로 추정되었으며, 〈표 5-2-12〉에서는 과잉교육 경험이 현재 일자리 임금에 미치는 영향이 3.8%인 것으로 추정되었는 바, 이는 교육불일치의 낙인효과로 해석하기보다는 과잉교육으로 인한 임금손실이 직장이동을 경험하면서 회복되고 있음을 보여주는 것으로 해석하는 것이 타당할 것으로 판단된다. 넷째, 청년 고학력자 눈높이 조절론의 유효성에 관한 평가는 좀더 심도 있는 분석이 뒤따라야 할 것이다. 개인의 특성(관측가능한 혹은 관측불가능한 특성 모두를 포함한) 및 여타 조건이 일정한 경우에 눈높이 조절을 통해 하향취업을 감행한 경우와 취업 대신에 대학원 진학 등 교육에 보다 많은 투자를 한 경우 그 성과가 어떠한 차이를 유발하였는가에 대한 분석을 통해 필자의 문제제기에 대한 해답이 찾아질 것으로 보인다.

제3절 한국의 고등교육 시장과 대졸자의 노동시장 성과: 실증적 검토*

• 요 약 •

대졸자 고용의 양과 질을 높이기 위해서는 우선 우리나라 고등교육과 대졸자들의 노동시장 성과에 대한 정확한 현황 파악이 선행되어야 할 것이다. 본고에서는 최근의 실증분석을 통해 이해하게 된 고등교육시장과 노동시장 사이의 관계를 살펴보고 이를 바탕으로 정부의 고등교육시장에 대한 역할과 적절한 고등교육 정책에 대해 생각해 본다.

대졸자 노동시장에 대한 검토에서는 대졸 초기 학교 서열에 따른 어느 정도의 차별이 이루어지며 노동시장에서 기업에 의한 엄격한 선발이 이루어진다는 사실이 발견되었다. 학과별 수능점수를 통제하고도 상위 학교 졸업생들의

---

* 김진영(건국대학교 경제학과 교수).

임금이 5~7% 가량 높은 것으로 나타나고 있다. 서열이 높은 학교 출신 졸업생들의 임금이 높은 이유는 (1) 노동시장의 차별 때문일 수도 있고 (2) 서열이 높은 학과일수록 능력이 뛰어난 동료와의 상호작용과 네트워크 형성 등 긍정적인 동료집단 효과일 수도 있으며 (3) 서열이 높은 학교가 높은 질의 교육을 제공하기 때문일 수도 있다. 현재로서는 어떠한 가설도 실증분석의 대상이 되지 못하고 있다.

한편 대학별 평균임금 자료를 통해 살펴보면, 기본적으로 학교별 1인당 교육비의 증가가 임금 상승이나 취업률 제고에 영향을 미치지 못하는 것으로 나타났다. 교육비 지출액이 높다고 해서 졸업생들의 노동시장 성과가 좋은 것은 아니라는 결과를 교육비 지출액 증가의 유효성이 전혀 없다고 해석하기는 어렵겠지만 최소한 교육비 지출이 효과를 거두는 학교와 그렇지 못한 학교가 공존한다고 해석할 수는 있다. 해석에는 유의해야겠지만 재정지출 증가만으로 학생들의 노동시장 성과가 좋아진다는 보장이 없다는 사실만은 분명하다고 하겠다. 반면 교수의 연구업적 증가는 학교 서열의 변동과 졸업생 임금에 모두 긍정적인 영향을 미치는 것으로 나타나 대학의 경쟁이 어떤 차원에서 이루어져야 할지를 잘 보여주고 있다.

실증분석을 토대로 규범적 측면을 논해 보면, 노동시장에서 출신 학교에 따른 차별을 극복하기 위해서 개인의 능력을 좀더 파악하기 위한 메커니즘들을 고민할 필요가 있을 것이다. 본고에서는 "서류 → 면접"이라는 순서 대신 "추천서와 면접 → 서류"라는 순서를 통해 개인 능력과는 관계없는 학벌의 영향을 감소시키는 선발 기제를 제안하고 있다. 또한 대학 서열 문제의 해결은 노동시장을 통해서만 이루어질 수 있으며 특히 우리나라의 경우는 공공부문의 노동시장에서 서열 문제에 대한 해결의 단초가 제공될 가능성이 높을 것으로 생각된다.

그리고 취업의 양과 질을 높이자면 직업훈련 교육에 대한 뿌리 깊은 편견이 극복되어야 함과 동시에 연구-교육 중심대학을 통해 고부가가치 첨단산업 및 서비스업에서 활동할 전문 인력이 양성되어야 한다. 특히 인문·사회계열의 교육의 질 제고를 통해 상대적 위상이 제조업에 비해 크게 떨어지는 고급 서비스산업 관련 인력이 양성되어야 한다. 그런 면에서는 "연구-현장 적응 교육"

못지않게 "일반 교양교육"이 중요시되어야 할 것이다. 서비스산업의 전문성과 생산성은 일반교양이라는 개인적 인프라에서 출발하는 경우가 많기 때문이다.

정부의 지원 방식으로는 다음과 같은 원칙을 제안하고 있다. 첫째로, 지원 대상을 명확히 선별하여 직접적인 혜택이 갈 수 있는 지원 방식을 많이 활용해야 한다. 둘째로, 정부의 지원은 양의 외부성을 시현하는 곳에 집중되어야 한다. 셋째로, 가능하다면 자율과 책무성을 높이는 시장 친화적인 방식의 지원이 필요하다. 마지막으로, 강조되어야 할 사항은 이익집단의 주장에 흔들리지 않는 원칙의 고수이다.

이 글 전체를 관통하는 기본적인 입장은 우리나라 대학의 낮은 경쟁력은 분명 문제이지만 낮은 경쟁력은 보다 경쟁적인 환경을 통해 개선되어야 한다는 것이다. 그러나 지금과 같이 모든 경쟁이 대입이라는 부적절한 시점에 모여서는 대졸자 고용의 질 문제의 해결은 요원하며 대학 교육의 질이 경쟁 변수가 되어야 한다. 그리고 이제는 보다 구체적으로 어떤 요인들이 졸업생의 취업의 질 향상과 관련되는지에 대한 본격적인 연구들이 필요하다.

Ⅰ. 들어가는 말

최근 국제 경쟁력 조사에서도 나타나듯이 우리나라 고등교육의 경쟁력은 상당히 낮은 것으로 평가되고 있다. 이런 국제적 평가가 아니더라도 우리 국민들의 고등교육에 대한 만족도는 높은 편이라고 하기 어렵다. 특히 높은 청년 실업률은 우리 고등교육에 대한 기업의 인식을 반영한다고 볼 수 있다. 이런 상황에서 어떻게 우리 스스로 만족할 수 있는 고등교육의 질을 확보해 갈 것인가는 우리나라의 미래를 위해 매우 중요한 과제라 할 수 있다.

이런 과제는 우선 우리나라 고등교육과 대졸자들의 노동시장 성과에 대한 정확한 현황 파악에서 시작되어야 할 것이다. 본고에서는 최근의 실증분석을 통해 이해하게 된 고등교육시장과 노동시장 사이의 관계를 살펴보고 이를 바탕으로 정부의 고등시장에 대한 역할과 적절한 고등교육 정책에 대해 생각해 본다.

본고는 다음과 같이 구성된다. 본고의 2절에서는 최근 대학 졸업생들의 노동시장 성과에 대해 살펴본다. 다음, 3절에서는 우리나라 고등교육 시장의 특징에 대해 살펴본다. 4절에서는 우리나라 고등교육 시장에서 경쟁이 어떠한 양상으로 이루어지며 그런 경쟁이 과연 고용의 양과 질 향상에 도움이 될 수 있을지에 대해 살펴본다. 5절은 이상의 실증분석들을 토대로 규범적인 측면에 대해 정부의 역할을 중심으로 논의한다. 6절은 맺는 말이다.

Ⅱ. 대졸자 노동시장에 대한 이해

본 절에서는 현재 활용 가능한 자료들을 동원하여 최근 졸업생들의 취업 양상에 대해 살펴본다. 우선 개략적인 취업 현황을 진단해 본 후, 출신 대학별 취업률과 임금 차이가 어떤 양상을 보이는지를 살펴볼 것이다. 현재 대졸자들의 취업 상황을 알아볼 수 있는 자료는 한국교육개발원(KEDI)의 취업통계조사와 한국직업능력개발원(KRIVET)의 졸업생 조사이다. KEDI의 조사는 학교의 협조로 이루어지는 전수조사로 취업여부만을 알 수 있는 데 반해, KRIVET의 졸업생 조사는 25,000명의 표본에 대해 보다 자세한 정보를 담고 있다. 이들 자료를 통해 대졸자들의 취업양상에 대해 개략적인 취업현황과 임금 및 취업 회귀분석 등으로 나누어 살펴본다.

1. 개략적인 취업 현황: 취업통계조사[11)]

대학졸업자들의 진로는 어떻게 될까? 취업자 통계 자료에서는 대졸 이후의 상황을 정규직, 비정규직, 자영업 취업, 국내 및 해외 대학 진학, 입대, 국내 및 해외 대학원 진학, 국가 고시나 진학을 위한 준비, 취업준비를 위한 미취업자 등으로 분류하고 있다. 2005년 조사결과에 따르면 〈표 5-3-1〉과 같이 정규직 혹은 비정규직 취업이 65% 가량이며 취업 준비중인 미취업자가 12% 가량된다. 이런 분류에 따르면 입대자, 진학 및 진학 준비자, 고시 준비자 등은 경

---

11) 본절의 논의는 남기곤·김진영(2007)의 「취업통계조사 자료의 활용도 제고 방안 연구」의 내용에 근거하고 있다. 아직까지는 졸업생 조사에 대한 연구자의 접근은 금지되어 있어 이미 공개된 용역보고결과를 재생하는 선에서 논의를 진행하고자 한다.

〈표 5-3-1〉 2005년 대졸자의 취업상태

(단위: 명)

취업상태 분류	빈도 수	백분율
취업자(정규직)	272,482	51.4%
취업자(비정규직)	76,082	14.3%
취업자(자영업)	8,529	1.6%
진학자(국내대학교)	14,754	2.8%
진학자(국외대학교)	2,762	0.5%
입대자	6,077	1.1%
미취업자(국가고시준비)	25,061	4.7%
미취업자(진학준비)	10,154	1.9%
미취업자(기타)	17,425	3.3%
진학자(국내대학원)	22,512	4.2%
진학자(국외대학원)	2,107	0.4%
미취업자(취업준비)	63,233	11.9%
미상	9,239	1.7%
합계	530,417	

제활동인구에서 제외되어야 한다. 이렇게 경제활동인구조사의 정의에 맞추어 재분류를 하고 실업률을 계산해 보면 2005년 대학졸업자 중 경제활동인구는 420,326명이며, 이 중 취업자가 357,093명이므로 취업률은 85%, 실업률은 15%가 된다. 이는 대졸자 중 상당 수가 실업자라는 인식과는 거리가 있지만 통계청의 경제활동인구조사에 따른 전체적인 실업률에 비해서는 상당히 높은 수준이다.

취업통계조사에서는 취업의 질을 평가하기 위해 취업상태를 몇 가지로 구분하고 있다. 2005년의 예를 들면 "거래소 상장 기업 취업률," "KOSDAQ 등록기업 취업률," "정부출연 및 출자 기관 취업률," "종업원 300인 이상 기업 취업률" 등의 취업률 지표들이 도출 가능하다. 그런데 전체 졸업생을 대상으로 할 경우 이런 "괜찮은 일자리" 취업률은 각각 4.5%, 0.4%, 0.6%, 7.2%에 불과하다. 이들 취업률이 상호 배타적이라고는 할 수 없지만[12] 이들 취업률 지표의

12) KOSPI 기업의 상당수가 대기업이기 때문이다. 그러나 KOSPI 기업 취업률 자체가 상당히 작은 값이기 때문에 이 괜찮은 취업률 지표가 상호 배타적인 지표들의 합에 비해 큰 오차를 가

합을 "괜찮은 일자리 취업률"로 정의해 보자. 이 합은 13% 정도이다.

이제 학교별로 이 "괜찮은 일자리 취업률"을 구해 보면 이 취업률이 0인 학교도 49개나 존재한다. 정규직 취업률과 "괜찮은 일자리" 취업률 사이의 관계를 살펴보면 아래의 [그림 5-3-1]과 같이 어느 정도 양의 상관관계를 보이는 것은 사실이나 이 관계가 강하다고는 볼 수 없다(상관계수는 0.1). 즉, 정규직

[그림 5-3-1] 정규직 취업률(가로축)과 괜찮은 일자리 취업률(세로축)

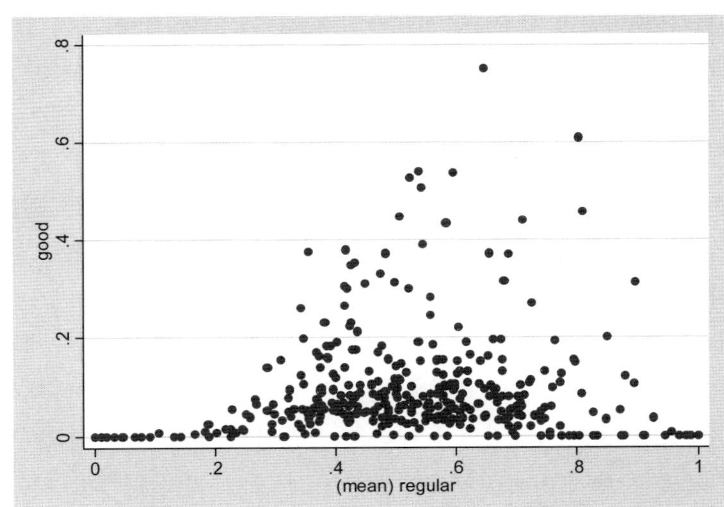

〈표 5-3-2〉 대학별 여러 취업률지표 사이의 상관계수

	정규직	비정규직	코스닥	코스피	정부	대기업
정규직	1					
비정규직	−0.3844	1				
코스닥	0.0937	−0.1767	1			
코스피	0.1328	−0.0312	0.4101	1		
정부	0.0755	−0.0792	0.0306	−0.0436	1	
대기업	0.1059	−0.1594	0.9711	0.4808	0.0427	1

지지는 않을 것이다.

취업률이 높은 학교가 반드시 괜찮은 일자리 취업률이 높다고는 볼 수 없으며 그림에서 확인할 수 있듯이 정규직 취업률이 높은 학교들 중에서도 괜찮은 일자리 취업률은 0인 학교도 적지 않다. 특히 취업률 60%까지는 어느 정도 강한 양의 상관관계가 존재하다가(상관계수 0.318), 60%가 넘는 학교 사이에서는 이 관계가 역으로 가는 현상(상관계수 −0.146)은 주목할 만하다. 물론 이런 결과는 취업률이 높은 학교의 취업의 질이 반드시 높은 것은 아니므로 취업률 지표를 다양화할 필요성을 잘 보여주고 있다.

한편 학교별로 이런 각종 취업률 사이의 상관관계를 구해 보면 〈표 5-3-2〉와 같다. 일반적으로 정규직 취업률과 괜찮은 일자리 취업률 사이에는 어느 정도 양의 상관관계가 있음이 확인된다. 또한 충분히 예측가능한 일이지만 비정규직 취업률과 괜찮은 일자리 취업률 사이에는 음의 상관관계가 존재한다. 역시 충분히 예측 가능한 결과지만 정부부문 취업률을 제외한 다른 괜찮은 일자리 취업률 지표들 사이에는 높은 양의 상관관계가 존재하고 있다.

그러나 "괜찮은 일자리"라는 사전적 정의에 기초한 취업률만으로 취업의 질을 평가하기에는 한계가 있다. 기본적으로 "괜찮은 일자리"라는 개념 자체가 모호하다. 〈표 5-3-3〉에서도 보듯이 괜찮은 일자리(Decent Job)에 대해서는 몇몇 다른 기관이 서로 다른 정의를 내리고 있는데 이 모든 일자리의 정의가 높은 취업의 질을 대변하기에는 부족하다는 사실 또한 지적해야 할 것이다. 이를테면 ILO의 정의는 너무나 추상적이어서 구체적인 지표 형성에 실질적인 도움

〈표 5-3-3〉 괜찮은 일자리(Decent Job) 정의

기관	정의
ILO(국제노동기구)	자유, 공평, 안전, 인간의 존엄성이란 조건에서 남성과 여성 모두 사회적 기준에 맞는 생산적 노동을 획득할 수 있는 기회를 줄 수 있는 일자리
삼성경제연구소	명목임금 기준 전체 평균 임금 수준을 상회하는 산업부문에서 창출되는 일자리
경영자총협회	정규직이면서, 임금이 평균치보다 약 20% 정도 더 높은 일자리
한국개발연구원(KDI)	30대 대기업 집단, 공기업, 금융업
한국교육개발원	고등교육기관 졸업자 취업통계조사에서는 '정규직 대기업취업자'에 포함되는 자

이 되지 못하며 KDI의 괜찮은 일자리 개념은 성장하는 기업들을 모두 놓치게 되는 단점이 있으며 이는 취업통계조사의 '정규직 대기업 취업자'도 마찬가지이다. '금융업'의 경우, 매우 부실한 회사가 적지 않다는 점도 염두에 둘 필요가 있다. 삼성경제연구소나 경영자총협회의 개념은 훨씬 더 명확하게 지표화할 수 있다는 장점이 있다. 그러나 본인뿐 아니라 전체 졸업자들의 임금에 대한 정보가 없이는 실제로 지표를 만들어낼 수 없다는 단점을 갖는다. 물론 임금 정보만 있다면 동년 졸업생이라는 동료 집단(cohort)의 다른 사람들과 임금을 비교하여 도출되는 괜찮은 일자리 개념이 가장 바람직할 것이다.

결국 사전적인 정의의 괜찮은 일자리보다는 임금이라는 지표를 이용할 때 취업의 질에 대한 논의가 가능할 것이다. 이제 졸업생 모집단에 대한 분석은 되지 못하나 임금에 대한 정보가 있는 자료들을 통해 얻은 결과들을 살펴본다.

2. 서열과 노동시장 문제: 졸업생 조사

본 절에서는 대졸생 취업의 질을 평가하기 위해 임금자료를 바탕으로 졸업생들의 노동시장의 성과에 대해 살펴본 기존 연구들을 개관해 본다. 최근 들어 몇몇 연구들이 대학서열과 노동시장의 성과 사이의 관계에 주목하고 있다. 일반적으로 서열에 따른 학벌이 노동생산성과 관련된 개인의 고유한 능력과 반드시 동일한 정보를 내포하지 않을 가능성이 있는 상황에서 학벌이 노동시장에서 어떤 영향을 주는가 하는 문제는 고등교육 및 노동시장과 관련된 정책적 측면뿐만 아니라 학문적 측면에서도 흥미롭고 중요한 주제이기 때문이다.

그 동안 대학별 졸업생 임금 자료를 얻을 수 없었기 때문에 출신 학교와 노동시장 성과의 관계에 대한 연구는 제약될 수밖에 없었다.[13] 최근 졸업생 조사와 더불어 몇몇 연구들이 서열과 임금 사이의 관계라는 주제에 실증적으로 접근하고 있다. 가장 먼저 대규모 미시 자료를 통해 수능점수로 파악한 대학서열과 졸업생들의 임금 사이의 관계를 살펴본 연구는 오호영·김승보(2006)의 연구이다. 이런 연구는 학교 학과별 수학능력 점수 자료와 졸업생 임금자료가 결

13) 가장 초기 연구라 할 수 있는 장수명에서는 명문대학 프리미엄이 상당한 것으로 발견되었지만 이 연구에서는 수능점수가 적절히 통제되었다고 보기 어렵다는 한계가 있고 1998~2001년 임금자료가 이용되었기 때문에 본고에서는 보다 최근의 연구들에 초점을 맞추기로 한다.

합됨으로써 가능해졌다. 동일 자료를 이용한 김진영(2007)의 주요 결과를 따라 양자의 관계 중 몇 가지 측면을 살펴본다.

가장 먼저 출신 대학의 서열이 얼마만큼 노동시장 성과를 좌우하느냐는 수능점수로 파악한 대학의 순위와 졸업생의 임금분포로부터 알 수 있다. [그림 5-3-2]에서 가로축은 1998년도 인문계 수능점수를 바탕으로 출신학교의 순위를 부여한 학교별 순위이며 세로축은 졸업생 조사에서 관측된 해당 학교 졸업생의 졸업 후 2년이 지난 시점에서의 임금들이다. 이 산포도에서 학교 간 연소득의 격차보다는 학교 내의 연소득 격차가 크다는 사실은 어렵지 않게 확인된다.

보다 구체적으로 임금의 분포를 학교 간 불평등과 학교 내 불평등으로 나누는 불평등지수를 도출하여 서열의 영향을 살펴볼 수 있다. 만약 대학들이 심각하게 서열화되어 있을 경우 같은 대학을 졸업한 학생들 사이의 소득불평등도는 크지 않은 반면 대학 사이의 불평등도는 매우 클 것이라는 가설을 설정할 수 있다. 물론 학교 내 불평등도에 비해 학교 간 불평등도가 클수록 노동시장에서 학교 서열에 따른 차별이 심하다고 해석할 수 있다. 김진영(2007)에서는 집단 간(between) 불평등도와 집단 내(within) 불평등도로 분리가 가능한 타일

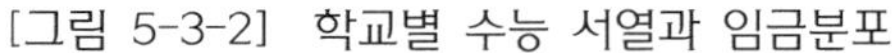
[그림 5-3-2] 학교별 수능 서열과 임금분포

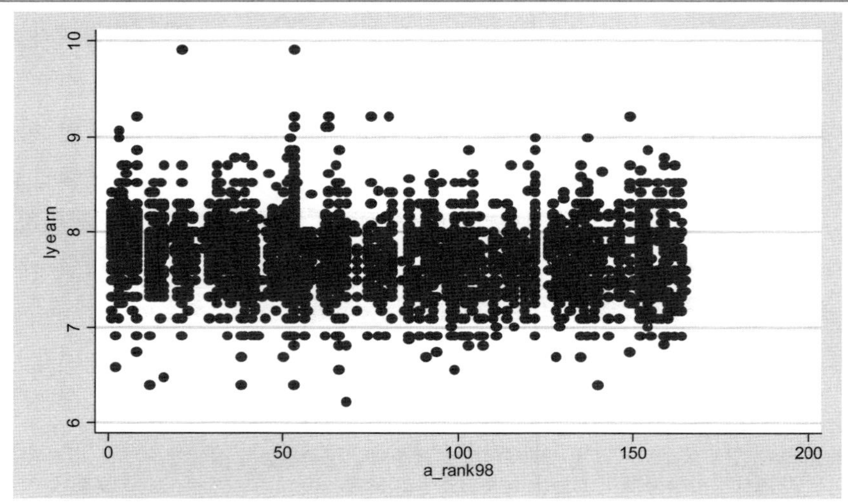

지수(Theil index)를 이용하여 졸업생 연소득의 불평등과 서열의 관계를 살펴본 바 있다. 그 결과 25명 이상이 취업 한 82개 대학들을 대상으로 타일 지수를 구해 보면 88.25%는 학교 내 불평등(within school variation)이며, 11.75%가 학교 간(between school) 불평등인 것으로 나타난다.[14] 이는 다른 방식으로 개인간 임금차이의 12.2%는 학교 간 차이에 의해서, 그리고 나머지 87.8%는 학교 내 졸업생간 차이에 의해 발생함을 발견한 오호영·김승보(2006)의 결과와도 잘 상응하고 있다. 즉 임금분포만으로 보았을 때는 대학 서열이라는 굴레를 숙명적으로 받아들일 필요는 없다는 결론을 내릴 수 있다. 그런데 이런 결과는 2000년대 이후 대학서열에서 대학 못지 않게 전공이 중요한 요소로 등장했다는 점에서 좀더 깊은 분석을 필요로 한다.

이제 각 학과별로 수능점수를 부여하여 수능점수를 통제한 후에도 취업이나 임금에 대학이 영향을 주는지를 살펴보자. 〈표 5-3-4〉는 학과별 수능점수와 여타 취업에 영향을 줄 수 있는 요소들을 고려한 후에도 대학의 서열에 따른 취업률의 차이가 있는지를 검토한 회귀분석 결과를 제시하고 있다. 그 결과에 따르면 수능점수를 통제한 후에는 대학 서열이 취업확률에 미치는 영향은 거의 없는 것으로 나타나고 있다. 이를테면 수능점수 외에도 상위 3개 대학의 더미를 더했을 때 이 변수의 계수 값은 유의한 음으로 나타나고 있다. 이들 학교를 나온 것이 취업에 부정적인 영향을 준다고 해석하는 것은 무리겠지만 수능점수가 통제된 상태에서 이들 학교를 나왔다는 사실 자체가 높은 취업확률로 연결되지 못한다고는 해석할 수 있을 것이다. 이와 유사한 결과가 상위 10개 대학 더미변수 및 15, 20, 25, 30개 대학 더미변수의 계수를 통해서도 확인된다. 즉, 수능점수를 통제한 이상 이들 상위 대학 출신이라는 것 자체만으로는 취업확률이 오른다고 할 수 없다.

물론 취업의 질이 고려되지 않은 상태에서 취업확률만이 갖는 의미를 확대해석해서는 안 되겠지만 수능점수를 능력을 통제하는 변수로 해석할 경우 취업

---

14) 또한 학교 내 불평등도가 서열이 높은 학교일수록 낮은 것도 아니란 점도 지적할 수 있다. 만약 서열이 높은 학교들이 학교 내 불평등도가 낮다면 높은 서열의 학교들이 선호되는 이유는 충분하다고 할 수 있다. 높은 서열이 장래의 소득과 관련된 위험을 제거해 준다고 볼 수 있기 때문이다. 그러나 학교의 서열과 Theil 지수로 측정된 학교 내 불평등도 사이에는 높은 상관관계가 존재하지 않았다.

〈표 5-3-4〉 취업확률과 서열 효과(수능점수를 통제한 Probit)

	(1)	(2)	(3)	(4)	(5)	(6)
연령	0.125 (4.65)**	0.126 (4.69)**	0.125 (4.66)**	0.126 (4.68)**	0.126 (4.68)**	0.126 (4.69)**
연령제곱	−0.001 (3.98)**	−0.002 (4.01)**	−0.002 (3.99)**	−0.002 (4.00)**	−0.002 (4.01)**	−0.002 (4.01)**
남성 더미	0.300 (8.81)**	0.298 (8.75)**	0.300 (8.80)**	0.298 (8.75)**	0.297 (8.72)**	0.297 (8.72)**
면접 회수	0.024 (8.16)**	0.025 (8.25)**	0.025 (8.22)**	0.024 (8.20)**	0.024 (8.19)**	0.025 (8.22)**
자격증 수	0.041 (3.35)**	0.042 (3.42)**	0.041 (3.37)**	0.041 (3.37)**	0.041 (3.40)**	0.042 (3.41)**
수능점수	0.003 (8.32)**	0.002 (7.67)**	0.003 (8.23)**	0.003 (8.22)**	0.003 (8.16)**	0.003 (8.07)**
top 3	−0.122 (2.25)*					
top10		−0.045 (0.96)				
top15			−0.100 (2.31)*			
top20				−0.099 (2.37)*		
top25					−0.091 (2.34)*	
top30						−0.083 (2.16)*
Constant	−3.248 (7.15)**	−3.234 (7.11)**	−3.267 (7.18)**	−3.281 (7.21)**	−3.283 (7.21)**	−3.278 (7.20)**

주: 김진영(2007)에서 재구성하며 인용.
관측치 수는 모두 8967이고 괄호 안은 z값이며 **는 1%에서 유의.

가능성에서 출신학교보다는 능력이 더 고려된다고 해석하는 것이 큰 무리는 아닐 것이다.[15)]

그럼 취업률이 아닌 임금이 종속변수인 경우에는 어떤 현상이 나타날까? 졸업생 조사에서 졸업 후 2년 후 취업 상태에 있는 졸업생들을 표본으로 한

15) 물론 표본 추출의 신뢰성이나 응답자의 성실성 등의 요인이 어떤 작용을 했는지는 알 수 없으나 적어도 우리가 현재 가지고 있는 단 하나의 자료를 통해 보자면 위와 같은 결론을 내릴 수 있을 것이다.

Mincer 방정식 추정 결과가 〈표 5-3-5〉에 제시되어 있다. 첫 번째 결과를 보면 상위 3개 대학들이 수능점수를 통제한 상태에서도 그 이하 순위 학교에 비해 5.3% 높은 임금을 받고 있음을 알 수 있다. 소속 학과의 평균 수능점수가 개인의 능력을 대변할 수 있다고 한다면, 그리고 누락변수의 문제가 심각하지 않다고 한다면 이는 노동시장에서 5.3%만큼의 서열에 따른 프리미엄이라는 형태의 차별이 있다고 해석할 수 있다.[16]

그러나 〈표 5-3-5〉에서도 나타나듯이 그 차별은 상위 3개 대학에만 국한된 것은 아니라는 점이 흥미롭다. 〈표 5-3-5〉의 결과가 말해 주듯이 수능점수를 통제하더라도 상위 30개 학교의 졸업생들까지도 그 아래 순위 학교의 졸업생들에 비해 높은 임금을 받고 있다. 그리고 〈표 5-3-5〉는 이러한 차별이(차별이라고 이름붙일 수 있다면) 90~100위까지 이르고 있음을 보여주고 있다. 물론 순위 프리미엄은 줄어들고 있지만 순위 90위에 이르기까지 유의한 양의 값을 지속적으로 보여주고 있으며 통계적 유의성은 순위 100위에 이르러서야 멈추고 있다.

100위이라는 서열은 백분위로 보았을 때 대략 66%, 즉 상위 1/3에 해당한다. 이 100위라는 순위가 취업률에서 차이가 있는 한계 순위와도 대략 일치한다는 사실은 흥미롭다. 만약 노동시장의 평가가 상위 1/3과 2/3를 차별하는 것이라고 한다면 큰 문제는 아닐 수도 있다. 물론 수능점수가 능력을 충분히 대변하지 못할 가능성도 완전히 배제할 수는 없지만 임금과 높은 상관관계나 계수의 안정성 등을 생각하면 어느 정도 능력을 대변한다는 사실을 받아들일 수 있을 것이다.

이렇게 본다면 전체 4년제 대학생의 약 2/3, 그리고 같은 해에 대학 입학시험을 치른 학생의 약 1/3에 대한 차별을 차별로 보아야 할 것인가 하는 의문이 제기될 수 있다. 이러한 차별은 상위권 대학 학생들에 대한 차별적 대우라기보다는 과잉 학력을 발생시킨 대학 정원 증가에 대한 노동시장의 대응으로도 볼 수 있기 때문이다.

---

16) 능력과 수능점수 사이에 단순한 선형관계가 아닌 이차함수나 그 이상의 관계가 있다고 생각해 볼 수도 있다. 수능점수와 그 제곱을 임금함수에 포함하였을 경우 제곱항의 계수 값은 양(+), 일차항의 계수 값은 음(−)이 나와 그 개연성이 충분함을 암시하고 있다. 그러나 그 경우에도 순위 더미 변수들의 계수값이 크게 달라지는 것은 아니다.

〈표 5-3-5〉 수능점수 통제 후 순위의 효과(1~30위)

	(1)	(2)	(3)	(4)	(5)	(6)
연령	0.054 (6.50)**	0.054 (6.53)**	0.055 (6.61)**	0.053 (6.39)**	0.052 (6.30)**	0.053 (6.41)**
연령제곱	−0.001 (4.89)**	−0.001 (4.92)**	−0.001 (4.98)**	−0.001 (4.79)**	−0.001 (4.73)**	−0.001 (4.82)**
현 직장 근무연수	0.024 (12.12)**	0.025 (12.15)**	0.024 (12.12)**	0.025 (12.18)**	0.025 (12.20)**	0.025 (12.16)**
남성	0.122 (11.32)**	0.122 (11.32)**	0.122 (11.34)**	0.127 (11.76)**	0.126 (11.59)**	0.124 (11.43)**
수능점수	0.002 (22.76)**	0.002 (20.92)**	0.002 (20.24)**	0.002 (20.12)**	0.002 (21.86)**	0.002 (24.32)**
sky	0.053 (3.35)**					
top10		0.069 (5.22)**				
top20			0.076 (6.01)**			
top40				0.057 (5.57)**		
top80					0.033 (3.71)**	
top100						0.010 (1.14)
Constant	5.960 (42.16)**	5.984 (42.37)**	5.983 (42.42)**	6.005 (42.46)**	5.987 (42.23)**	5.945 (42.03)**
관측치 수	4558	4558	4558	4558	4558	4558
R-squared	0.29	0.29	0.29	0.29	0.29	0.28

이러한 가능성은 김희삼·이삼호(2008)의 연구에서도 지적된 바 있다. 이들의 연구는 노동패널 자료를 이용하여 개인별 수능점수 급간을 도출한 연구를 시도하고 있다. 이 연구의 주요 발견 중 하나는 노동시장에서 기업의 선별이 학과 점수와 개인수능점수 중 더 낮은 쪽을 바탕으로 하는 엄혹한 선별(harsh screening)의 형태로 이루어진다는 것이다. 즉, 다음과 같은 선별 기제가 작용한다는 것이다. [그림 5-3-3]과 같이 가로축을 입학성적, 세로축을 시간당 임금이라 하자. 입학생의 성적면에서 전국 최상위에 있는 학과를 A라고 했을 때,

B, C, D, E는 그 다음 서열의 학과들을 순위별로 나타낸 것이다. 같은 학과 입학생들 간에도 입시성적의 차이가 존재하는 점을 반영하여, 학과 B의 상위득점자(타원 B 우측의 실선)는 학과 A의 중위득점자(타원 A)와 입시성적이 비슷하고, 학과 B의 중위득점자(타원 B)는 학과 A의 하위득점자(타원 A 좌측의 점선) 및 학과 C의 상위득점자(타원 C 우측의 실선)와 입시성적이 비슷하며, 학과 B의 하위득점자(타원 B 좌측의 점선)는 학과 C의 중위득점자(타원 C) 및 학과 D의 상위득점자(타원 D 우측의 실선)와 입시성적이 비슷하게 그려져 있다.

예컨대 타원 D에 해당하는 입시성적으로 학과 D에 진학한 경우와 비교할 때, 비슷한 성적으로 학과 C에 상향진학한 경우(타원 D 위의 점선)에 임금 프리미엄이 있었는지, 비슷한 성적으로 학과 E에 하향진학한 경우(타원 D 아래의 실선)에 임금 페널티가 있었는지를 살펴본 것이다. 그 결과는 급간 내 진학자와 상향진학자는 유의미한 시간당 임금 차이가 없지만, 하향 진학자는 이들보다 낮은 시간당 임금을 받는다는 것이었다. 즉, 비슷한 성적으로 중간 이상 서열의 학과에 진학하면 노동시장에서 비슷한 보상을 받지만, 중간 아래의 학과로

[그림 5-3-3] 학과서열과 입시성적에 대한 프리미엄과 페널티

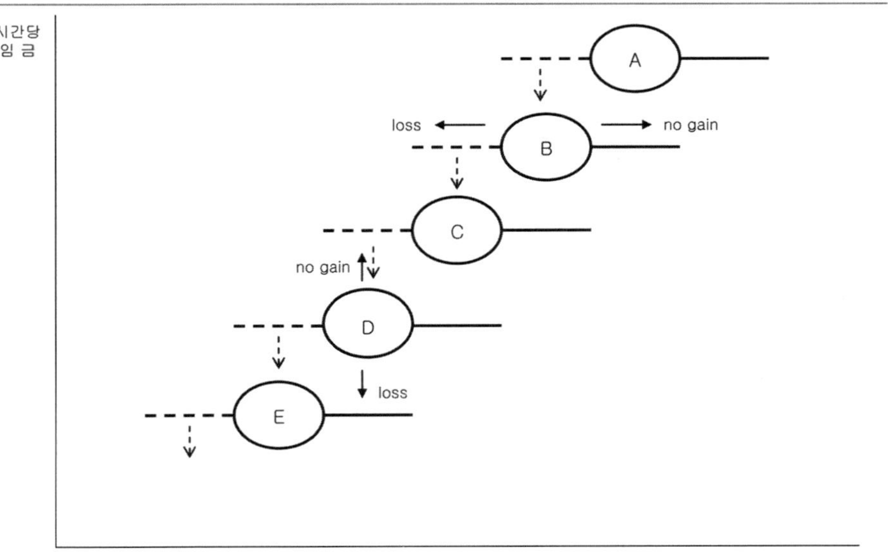

자료: 김희삼·이삼호(2008)에서 옮김.

가면 페널티가 주어진다는 것이다. 표본의 수가 적었다는 한계는 있지만 노동시장에서 개인의 성적이 학과 성적보다 우선하되 개인과 학과 성적 중 더 낮은 쪽으로 선별이 이루어진다는 사실은 우리나라 대졸자 노동시장의 중요한 특징일 수 있다.

이상의 최근 연구 결과를 요약하자면 대졸 초기 학교 서열에 따른 어느 정도의 차별이 이루어지며 노동시장에서 기업에 의한 엄격한 선발이 이루어지는 것을 알 수 있다. 그렇다면 문제는 서열이 학교의 질을 반영하는가 하는 점이다. 이에 대해서는 어떠한 선행연구도 존재하지 않는 상황이다. 서열이 높은 학교 출신 졸업생들의 임금이 높은 이유는 (1) 노동시장의 차별 때문일 수도 있고 (2) 서열이 높은 학과일수록 능력이 뛰어난 동료와의 상호작용과 네트워크 형성 등 긍정적인 동료집단 효과일 수도 있으며 (3) 서열이 높은 학교가 높은 질의 교육을 제공하기 때문일 수도 있다. 첫 번째 이유라면 현재의 상황은 당연히 개선되어야 할 것이며 두 번째 이유라면 네트워크 형성이 생산성 상승과 관계가 있는지를 검토해야 할 것이고 세 번째 이유라면 서열에 대해서는 본질적으로 크게 우려할 바가 없다고 할 수 있다. 향후 이러한 각 가능성에 대한 검토들이 이루어져야 할 것이다. 현재로서는 어떠한 가설도 실증분석의 대상이 되지 못하고 있다.

Ⅲ. 고등교육 시장에 대한 이해

졸업생들의 노동시장 성과를 특히 학교 간 차이에 주목하여 살펴보았다. 이제 우리나라 고등교육 시장의 몇 가지 측면에 대해 살펴보자. 우리나라 고등교육에 대한 투자가 충분히 이루어지지 않고 있다거나, 교육비 증가가 자동적으로 교육의 질을 향상시킬 것이라거나, 연구에 대한 강조가 교육의 질을 낮출 것이라는 등의 일반적인 인식의 오류에 대해서 짚고 넘어갈 필요가 있기 때문이다.

1. 우리나라는 고등교육 투자가 낮은가

낮은 고등교육의 질과 함께 고등교육에 대한 투자 수준 자체가 낮다는 사실이 흔히 지적된다. 과연 이 사실을 당연한 것으로 받아들여야 할 지에 대해서는 좀더 엄밀한 검토가 필요하다. 2005년 현재 우리나라 대학의 총 재정규모는 약 20조원으로 GDP의 약 2.5%이다. 이런 고등교육비 대 GDP 비율은 OECD 국가 중 2.9%인 미국을 제외하면 가장 높은 수준이다. 캐나다가 우리보다 약간 낮은 2.4%이고 다른 국가들은 모두 2% 미만이다. 이렇게 GDP 대비 고등교육 지출이 높은 수준인 일차적인 이유는 고등교육 진학률이 높기 때문이다.

그렇지만 1인당 고등교육 지출도 상대적으로 낮은 수준이라고 볼 수 없다. 〈표 5-3-6〉에서 보듯이 OECD 자료에 의하면 우리나라의 GDP 대비 학생 1인당 고등교육비는 미국에 비해서는 크게 뒤지나 일본 영국에 비해서는 크게 뒤지는 편이 아니다. 게다가 우리나라 학생 1인당 교육비 수준을 보더라도 선진국에 비해 크게 낮지는 않은 데에 주목해야 한다. 우리나라의 1인당 GDP 대비 학생 1인당 고등교육비 수준은 37%로 동 수준이 가장 높은 미국(64%)에 비해서는 상당히 낮은 편이지만 일본(41%)이나 영국(40%)과 큰 차이를 보이지 않는다.

총지출 수준이 높은 편이기는 하지만 국립대학에 대한 경상비, 시설비 지원을 포함하는 정부의 대학재정지원액은 4.5조원으로 전체 대학재정의 23%에 불과해 대학재정에서 정부의 대학재정지원액이 차지하는 비중은 선진국에 비해

〈표 5-3-6〉 학생 1인당 교육비 국제비교

(단위: US$ PPP, %)

국가	학생 1인당 교육비		1인당 GDP 대비 학생 1인당 고등교육비
	고등교육	중등교육	
한국	7,089	6,410	37%
일본	11,556	7,283	41%
영국	11,866	7,290	40%
미국	24,074	9,590	64%
OECD 평균	11,254	6,962	43%

낮은 편이다.

그러나 정부 지원 비중이 다른 나라에 비해 낮다는 것이 반드시 정부의 재정지원 비중을 늘려야 한다는 것을 의미하지는 않는다. 고등교육이 과거 초중등교육처럼 보편화되었으므로 고등교육재정 지원을 늘려야 한다는 주장이 있지만 그것만으로는 고등교육 지원, 특히 기관에 대한 증가의 이유가 될 수 없다.

교육 외의 다른 부문에서와 마찬가지로 정부의 지원은 외부성을 창출하는 부문이나 국민적인 합의하에 보편적인 공급이 이루어져야 하는 부문으로 국한되어야 할 것이다. 고등교육 보편화에 따른 지원 증가 주장은 고등교육에 대한 정부의 지원이 비용 이상의 사회적 효과가 있다는 근거를 보이지 못하고 있다. 성장 동력의 확보라는 측면에서나 물적·인적자본 투자의 효율적 배분이라는 측면에서 볼 때 과연 고등교육 재정지원이 공공부문을 통해 이루어져야 하는지는 쉽게 판단할 수 없는 문제이다.

게다가 우리나라의 현실은 고등교육 과잉에 따른 질적 저하와 대졸자의 실업 문제를 우려해야 하는 상황이다. 높은 대졸 실업률은 대졸자의 공급 과잉에 따른 수급 불일치를 의미한다. 고등교육 재정 지원 증가, 특히 기관에 대한 지원 증가는 공급과잉 부문에 공급자에 대한 정부 보조금이 지급되는 것과 같다. 만약 과잉공급이 이루어지는 부문이 "교육"이 아니라면 이러한 상황을 누구도 납득하기 어려울 것이다. 그리고 과잉공급 부문에 보조금이 지급되어서는 안 된다는 원칙에는 교육 부문이라고 해서 예외가 될 수 없다. 교육 부문에 과잉공급에 대한 우려가 있다면 선별적이 아닌 일반적인 보조의 증가는 충분히 경계해야 한다.

이상에서 고등교육에 대한 지출 수준이 적지 않으며 정부 개입에 의한 고등교육 재정 확대가 반드시 바람직한 지에 대해서도 의문을 제기해 볼 필요가 있음을 지적했다. 다음으로 전반적인 교육재정 지출의 확대가 교육의 질 향상으로 연결된다고 낙관할 수 있을지에 대해 생각해 본다.

2. 교육비 증가가 교육의 질 향상과 직결되는가

일반적으로 교육비가 증가하면 교육의 질이 높아질 것으로 생각하는 것은 일견 당연해 보이나 사실 교육비 증가가 더 높은 성과로 이어진다는 점에 대한 실증적인 근거는 부족하다. 사실 교육의 질을 측정하는 것은 매우 어려운 일이다. 기본적으로 교육의 질을 유추할 수 있는 변수들이 있을 뿐이다. 이를테면 교수 1인당 학생수, 교수 1인당 논문수, 학생 1인당 교육비 등의 변수는 교육의 질과 상관관계가 높으리라 예상할 수 있는 투입 변수들이다. 그러나 이런 투입변수들이 교육의 질과 연결된다는 것을 어떻게 검증할 것인가? 결국은 교육을 받은 학생들이 졸업 후 노동시장에서 얻는 성과가 교육의 질을 대변하리라고 예상해 볼 수 있다.

본 절에서는 우리나라 사립대학 자료를 바탕으로 학생 교육비와 교수 연구업적이 각 학교 졸업생들의 취업이나 평균 임금에 미치는 영향에 대한 간단한 회귀분석을 통해 교육비 지출 증가가 반드시 더 높은 성과로 이어진다는 보장은 없으며 고등교육에서 가장 중요한 투입요소라 할 수 있는 교수 연구의 질적 수준이야말로 고등교육의 질적 향상을 위해 가장 먼저 주목해야 할 변수임을 보이고자 한다.

분석 자료는 (1) 각 학교의 자금계산서를 통해 얻은 재정자료와 (2) 교수 연구업적 자료 (3) 2003년도 졸업생들의 2005년 노동시장 활동 자료를 모은 졸업생 조사 자료를 결합하여 얻어진 것이다.

2003년도의 4년제 대학교 졸업생의 노동 시장 성과와 학교의 재정지출이나 교수연구업적 사이의 관계를 알아보는 분석이기 때문에 재정지출 자료는 2001년 혹은 2002년의 학생 1인당 교육비 지출액을 변수로 선택하였으며 교수 연구업적 자료는 2002년 자료와 1995년에서 2002년 사이 연구 업적의 증가 등을 변수로 선택하였다. 즉 2003년 졸업생들 재학 당시의 자료들을 선택한 것이다. 재정 자료의 경우 국립대학과 사립대학 간에 직접 비교가 가능하지 않기 때문에 분석대상은 불가피하게 사립대학으로 한정하게 되었다.

이제 회귀분석을 통해 학교별 재정투입의 대표변수라 할 수 있는 학생 1인당 교육비 지출액과 학교 인지도의 대표 지수라 할 수 있는 수능점수가 학교별 졸업생들의 노동시장 성과에 미치는 영향에 대해 살펴보자. 종속변수가 되는 취업률과 임금 자료는 한국직업능력개발원의 졸업생 조사로부터 추출한 자료이다. 졸업생 조사는 2003년도의 전문대 및 4년제 대학 졸업생 25,000여 명의 개인자료를 담고 있다. 이 자료에서 학교별로 2003년 졸업자 중 2005년에 취업하여 임금을 받고 있는 졸업자의 비중을 학교별 취업률로 간주했으며, 취업한 졸업생들의 평균 임금을 학교별 평균 임금으로 간주하였다. 물론 모집단 자료가 있으면 더 바람직하겠으나 학교별 취업률은 아직까지 공식적으로 공개되지 않고 있으며 학교별 평균 임금 자료도 현재로서는 졸업생 조사 자료가 가장 신뢰할 만한 공개 자료라고 할 수 있다.

종속변수인 임금이나 취업률이 교육의 질을 대변할 수 있느냐에 대해서는 논란이 있을 수 있겠지만 앞서 언급한대로 졸업생들에 대한 노동시장의 평가로 이들 지표보다 더 나은 것을 찾기 어려울 것이다. 각 전공별로 모든 대학 학생들에게 교육의 질을 반영하는 동일한 시험을 치르게 하는 것과 같은 직접적인 비교 수단이 없는 상황에서 노동시장 성과의 요약이라고 할 수 있는 취업률과 임금을 학교별 교육의 질을 간접적으로 보여줄 수 있는 가장 신뢰할 수 있는 변수로 간주하고자 한다. 물론 노동시장의 성과는 교육의 질뿐 아니라 졸업생들의 개인적 능력에도 의존하는 바가 크다. 따라서 이하의 회귀분석에서는 졸업생들의 평균적 능력에 대한 대리 변수로 수능점수를 통제변수로 추가해 보기도 했다. 수능점수는 인문계 평균 점수이다.

우선 1인당 교육비의 증가가 임금 및 취업에 미치는 영향에 대해 살펴보자. 〈표 5-3-7〉에서도 확실히 나타나듯이 기본적으로 학생 1인당 교육비의 증가가 취업한 졸업생의 임금이나 취업률에 통계적으로 유의한 영향을 미치지 못

〈표 5-3-7〉 교육비 증가의 임금 및 취업효과

	취업자의 연평균 소득		학교취업률	
학생 1인당 교육비	0.007	−0.019	0.000	−0.001
	(1.36)	(0.77)	(0.52)	(1.52)
2003년 수능점수		4.191		0.105
		(4.59)**		(3.14)**
상 수	1,006.50	173.473	44.518	28.884
	(16.76)**	(0.91)	(21.60)**	(4.12)**
관측치 수	96	73	96	73
R-squared	0.02	0.27	0.00	0.13

주: 괄호 안은 *t* 통계량의 절대값이며 **는 1%에서 유의함을 의미.

하는 것으로 나타나고 있다. 이는 학생들의 능력에 대한 대리변수로서 수능점수를 추가하든 하지 않든 동일한 결과이다. 이런 결과는 교육비의 증가 자체로 교육의 질이 높아지는 것은 아니라는 점을 간접적으로나마 보여준다고 해석할 수 있을 것이다.

교육비 지출액이 높다고 해서 졸업생들의 노동시장 성과가 좋은 것은 아니라는 결과를 교육비 지출액 증가의 유효성이 전혀 없다고 해석하기는 어렵겠지만 최소한 교육비 지출이 효과를 거두는 학교와 그렇지 못한 학교가 공존한다고 해석할 수는 있다. 해석에는 유의해야겠지만 재정지출 증가만으로 학생들의 노동시장 성과가 좋아진다는 보장이 없다는 사실만은 분명하다고 하겠다.

3. 높은 학생 부담률을 어떻게 볼 것인가

마지막으로 고등교육에서 정부부담이 지나치게 낮은 반면 학생의 부담률이 지나치게 높다는 사실에 대해 생각해 보자. 외국에 비해 학생 부담률이 높은 것은 명백한 사실이다. 특히 고등교육의 대부분을 차지하는 사립학교의 경우 등록금 의존율은 평균 65%로 국립이나 외국 사립대에 비해 상당히 높은 편이다. 학생 부담을 상당히 낮춘 국립대학을 보더라도 여전히 외국에 비해서는 학생 의존도가 높다.

학생 부담이 낮은 국립 서울대학교를 보더라도 학생들이 납부하는 수업료와 기성회비의 합이 전체 예산의 31%에 달한다. 이는 미국 사립 Harvard 대학의 학생부담 비중 21%와 비교하더라도 10%p 높은 편이다.[17)]

미국 일류 사립 외에 국제비교를 통해 보더라도 높은 사립 의존도와 높은 사부담 고등교육비(수업료)는 우리나라 고등교육재정의 특징이라 할 수 있다. 〈표 5-3-8〉에서 보듯이 호주, 터키, 미국을 제외하면 OECD 국가 중에서 우리나라의 수업료가 가장 높다. 이를 GDP 비중으로 계산한다면 우리나라 수업료는 거의 세계 최고 수준이라 해도 좋을 것이다.

이렇게 학생 부담 비중이 높은 편이지만 이도 반드시 좋지 않은 현상이라고만 볼 수는 없다. 왜냐하면 고등교육의 일차적인 수혜자는 교육을 받는 학생

---

17) 적립금 사용 31%, 학생부담 21%, 정부 사업수입 18%, 경상 기부금 7%, 민간 사업수입 4%, 기타 수입 19%로 학생부담은 우리나라 국립대학보다 낮다.

〈표 5-3-8〉 OECD 국가 사립대학의 수업료와 장학금

	사립대 재학생 비중	평균 수업료 (미국 달러)	전액 장학금 수혜자 비중	부분 장학금 수혜자 비중	수혜 못받는 학생 비중
호주	0.1	13,420	n	n	100.0
오스트리아	10.0	800	m	m	m
벨기에(Fl.)	51.2	536	18.6	0.9	80.5
체코공화국	5.0	3,449	m	m	m
핀란드	13.0	No tuition fees			
프랑스	10.0	From 500 to 8000	m	m	m
이태리	6.3	3,992	6.7	1.4	91.9
일본	75.1	5795 [4769 to 25 486]	n	n	100.0
한국	77.7	6953 [2143 to 9 771]	3.9	24.5	71.6
네덜란드	100.0	1,565	82.5	2.5	15.0
뉴질랜드	1.9	3,075	n	26.0	74.0
스웨덴	6.7	No tuition fees	a	a	a
스위스	5.0	m	m	m	m
터키	n	From 9303 to 11961	1.0	14-19	80-85
영국	100.0	1,794	m	m	m
미국	30.8	17,777	x(9)	87.0	13.0

자료: OECD, Education at a Glance, 2006.

이기 때문이다. 단순히 진학률이 높아졌다고 해서 고등교육을 모든 국민이 받아야 할 당연한 보편적 서비스라고 보기는 어렵다. 고등교육에서 수혜자 부담의 원칙이 지켜지는 것은 원칙적으로 잘못된 것이 아니다. 물론 민간 지출 중에서도 학생 학부모의 직접 지출 비중을 낮추고 기부금, 학교 자체 수입을 증가시키는 방향으로 변해 가는 것이 바람직하다. 그러나 학생의 부담을 더는 것이 일반적인 수혜자 부담의 원칙을 대체하는 공공지출이라는 방식으로 이루어지는 것은 바람직하다고 볼 수 없다. 높은 학생 부담으로 인해 재정 제약이 발생하고 그에 따라 학업에 의사와 능력을 갖춘 학생이 고등교육의 혜택을 보지 못하게 되는 것은 어떤 형태로든 막아야 할 것이다. 그렇지만 고등교육에서 특히 외부성이 높지 않은 부분에서 수혜자 부담이라는 원칙이 기본적으로 지켜져야 할 것이다. 과잉의 우려가 있는 상황에서는 더욱 그러하다.

Ⅳ. 대학의 경쟁과 성과

대학은 왜 경쟁하며 어떤 경쟁을 하며 어떤 성과를 얻는 것일까? 대체로 학교의 명성을 극대화하고 유지하기 위해서라고 해도 크게 틀리지는 않을 것이다. 그렇다면 좋은 학생과 교수를 지속적으로 보유해야 할 것이다. 또한 좋은 시설도 필요하다. 따라서 재정적 노력이 뒷받침되어야 한다. 본 절에서 대학간 경쟁은 재정측면에서 대학이 보이는 노력과 대학의 구성원인 교수들의 노력을 대변하는 연구 업적이라는 두 가지 측면에서 파악해 본다.

1. 재정측면[18)]

본 소절에 학생 1인당 운영비 지출을 늘리고 재단 전입금을 증가시키는 등의 재정적 노력이 서열 변동에 영향을 미치는지에 대해 생각해 본다. 대학들이 재정 측면에서 어떤 노력을 기울이는지, 또한 재정적 노력이 서열의 변화에 기여하는지를 재정관련 자료의 확보가 가능한 사립대학 자료를 중심으로 살펴본다.

우선 재정증가가 학교의 인지도 향상에 미치는 영향은 〈표 5-3-9〉와 같다. 〈표 5-3-9〉는 재정 및 교육여건 변수들이 수능점수가 아닌 2001년과 2003년 사이의 수능점수 변화에 준 영향을 회귀분석한 결과를 보여주고 있다. 종속변수를 수능점수가 아닌 수능점수의 차이를 선택함으로써 서열 자체가 아닌 서열의 변화와 설명변수들 사이의 관계를 파악하려는 것이다. 설명변수인 교육비 전입금 등이 2001년과 2002년 사이의 자료이므로 2001년과 2003년도의 점수 차이를 종속변수로 택했으며 1994년과 2003년 사이의 변화도 종속변수로 선택해 보았다.[19)] 회귀분석 결과에서도 보이듯이 어떤 종속변수를 택하든지 기본적인 결과에는 큰 차이가 없다. 한편 모든 자료가 충족되는 84개 사립학교들로 표본을 구성하였지만 표본 수가 다소 작아지더라도 동질성 있는 학교들을 모아

---

18) 본절의 서술은 김진영(2006)의 결과를 바탕으로 이루어진 것이다.

19) 2001년의 쉬운 수능 영향으로 2001년과 2003년의 점수 차이도 2003년 점수의 영향을 많이 받을 수 있다는 점을 고려한 것이다. 2003년 수능점수의 영향력이 강할 경우 서열 혹은 인지도의 변화가 아닌 서열 자체가 종속변수가 되기 때문이다.

〈표 5-3-9〉 학교의 재정적 노력과 수능점수의 변화

종속변수	인문계 평균 수능점수 차이(2001~2003)				인문계 평균 수능점수 차이(2001~1994)			
표본	전체표본	BK21	특성화	타부처	전체표본	BK21	특성화	타부처
상수항	−247.22 (1.86)	−623.34 (4.02)**	−97.77 (0.26)	−361.879 (2.65)*	−303.13 (2.88)**	−317.12 (2.39)*	−0.655 (0.00)	−289.52 (2.82)**
log(1인당 교육비)	10.883 (0.61)	59.517 (2.90)**	−10.257 (0.20)	27.203 (1.50)	27.434 (2.00)*	33.994 (1.83)	−20.383 (0.35)	27.441 (2.05)*
log(1인당 전입금)	2.905 (1.75)	0.511 (0.27)	3.744 (1.43)	2.860 (1.74)	1.398 (1.14)	1.592 (0.87)	0.203 (0.07)	1.339 (1.08)
(교육비/등록금)	0.278 (0.01)	−48.639 (2.32)*	22.094 (0.39)	−27.052 (1.18)	−21.455 (1.27)	−31.631 (1.56)	34.386 (0.56)	−21.514 (1.29)
log(학생수)	7.281 (2.95)**	9.433 (2.10)*	8.342 (1.34)	7.485 (2.79)**	10.622 (4.73)**	7.105 (1.61)	17.275 (2.28)*	9.175 (3.87)**
지방더미	−21.791 (3.90)**	−26.685 (5.22)**	−29.492 (2.14)*	−21.370 (3.94)**	−30.600 (7.25)**	−25.666 (5.16)**	−37.314 (2.40)*	−29.888 (7.22)**
조정 R2	0.38	0.84	0.49	0.42	0.64	0.77	0.52	0.65
관측치수	84	30	24	78	80	33	22	76

주: 타부처는 교육인적자원부 이외의 부처를 의미.
괄호 안은 *t*-값이며, * 5% 수준에서 유의, ** 1% 수준에서 유의.

보기 위해 특정 재정지원을 받는 학교들로 별도의 표본을 구성해 보기도 했다. 회귀분석 결과는 서열의 변화가 2년이라는 비교적 짧은 기간에도 학교의 상황 또는 노력 여부에 따라 적지 않게 일어날 수 있음을 보여주고 있다. 그러나 서열의 변화에 영향을 주는 변수들이 재정 변수보다는 학생 수나 지방 더미와 같이 학교의 노력과는 큰 관련이 없는 외생적 성격이 강한 변수라는 사실은 부정적인 측면이라고 보아야 할 것이다. 이를테면 지방에 있는 대학들은 2001년도에서 2003년의 수능점수가 수도권 소재 대학들에 비해 20점 이상 떨어졌다. 한편 학생 수가 많은 학교들이 점수의 상대적 상승에 긍정적인 영향을 주는 것으로 나타나고 있다. 우리나라에서 학생 수와 서열은 매우 강한 상관관계가 있다. 이상의 결과들은 내생적인 학교의 노력보다는 외생적인 학교의 위치나 학생 수와 같은 변수들이 서열의 변화에 더 큰 영향을 미쳤음을 의미한다.

그러나 표본에 따라서는 1인당 전입금이나 교육비와 같은 변수들이 수능점수의 상대적 상승에 영향을 주기도 하며 별도의 표로 제시하지는 않았지만 1인당 교육비만을 회귀식에 포함할 경우 모든 표본에서 수능점수 변화에 유의한

영향을 주는 것이 확인된다는 사실에는 주목할 필요가 있다. 수능점수가 아닌 수능점수의 변화도 1인당 교육비에 의해 영향을 받을 수 있다는 사실은 서열이 고정적인 것은 아니고 재정적인 노력이 인지도의 변화를 통해 더 우수한 학생 유치라는 성과를 거둘 수 있음을 의미하기 때문이다.

이제 투입의 인적측면에 주목해 보자. 고등교육에서 가장 중요한 투입요소는 학생들을 직접 가르치는 교원의 확보와 교수의 질이라고 할 수 있다. 이 중 교원 확보 정도를 나타내는 학생-교수 비율이 흔히 교육의 질을 대변하는 변수로 간주되고 있다. 그렇지만 이 변수의 계수는 예상한 것과는 다른 부호가 나왔다. 즉 교수 1인당 학생 수가 많은 학교들의 수능 점수가 상대적으로 향상되는 것으로 나타났다. 이러한 의외의 결과는 학생 수가 많은 학교들이 대체로 교수 1인당 학생 수가 많으며 서열의 변동이 학생 수가 많은 학교들 사이에서 이루어지기 때문에 나타나는 것으로 보인다. 따라서 단순히 적정 수의 교수 확보라는 양적 측면만으로는 서열 상승을 기대하기 어려운 것으로 보인다.

그러나 교수의 질과 서열 사이에는 의미 있는 인과관계가 있을 수 있다. 사실 재정적인 측면으로는 파악하기 어려운 대학당국의 노력 중 하나는 우수한 교수를 확보하는 것이다. 문제는 교수의 질을 어떻게 파악할 것인가 하는 점인데 본고에서는 교수의 질을 논문 편수를 바탕으로 한 NCR 지수로 파악하고자 한다.[20] 문제는 학교의 위치와 학생 수 등 외생적인 요인들을 통제하고도 교수 연구 업적 향상이 서열 변화를 가져올 수 있는가 하는 것이다.

〈표 5-3-10〉은 외생변수들과 연구업적 변수가 종속변수인 2001년과 2003년 사이의 수능점수 변화를 어떻게 설명하는지를 보여주는 회귀분석 결과이다. 연구실적은 2001년과 2002년의 두 해 동안 교수 1인당 NCR 지표이다.[21] 회귀분석 결과는 연구가 활발히 이루어진 학교들의 수능점수가 상대적으로 상승되었음을 분명히 보여주고 있다. 특성화지원 수혜학교 표본을 제외한 모든 표본에서 교수 1인당 논문수가 1편 증가할 때 인문계 수능 평균 점수가 10점 이상

---

20) NCR 지수는 이공계열 저널의 논문색인인 SCI, 사회과학 저널의 논문색인인 SSCI, 그리고 인문과학계열 저널의 논문색인인 AHCI를 종합한 것이다.

21) 1995년과 2002년 사이의 NCR 지표가 아니라 2년간의 NCR 지표를 연구업적 변수로 삼은 이유는 학교별 교수 수의 자료가 이전 연도에 대해서는 구비되어 있지 못하기 때문이다.

〈표 5-3-10〉 교수들의 연구실적과 수능점수의 변화

종속변수	인문계 평균 수능점수 차이(2001~2003)				인문계 평균 수능점수 차이(2001~1994)			
표본	전체표본	BK21	특성화	타부처	전체표본	BK21	특성화	타부처
상수항	−151.086 (5.72)**	−145.838 (3.35)**	−116.863 (1.99)	−139.630 (5.02)**	−114.170 (3.86)**	−47.063 (1.20)	−227.274 (4.17)**	−97.081 (3.13)**
log(학생수)	7.890 (2.63)*	7.912 (1.70)	3.951 (0.60)	6.604 (2.09)*	13.522 (4.02)**	6.517 (1.55)	25.713 (4.24)**	11.596 (3.29)**
지방더미	−26.113 (7.56)**	−31.570 (7.34)**	−24.757 (2.58)*	−25.649 (7.51)**	−32.150 (9.67)**	−27.851 (7.16)**	−31.347 (4.15)**	−31.375 (9.46)**
01−02 연구실적	15.855 (4.14)**	12.103 (3.33)**	19.308 (2.06)	16.377 (4.33)**	11.608 (3.09)**	10.553 (3.08)**	6.682 (0.91)	12.458 (3.33)**
조정 R2	0.70	0.84	0.49	0.69	0.74	0.80	0.76	0.73
관측치수	70	28	22	68	69	31	20	68

주: 타부처는 교육인적자원부 이외의 부처를 의미.
　　괄호 안은 t-값이며, * 5% 수준에서 유의, ** 1% 수준에서 유의.

상승하는 것으로 나타났다.

물론 학교의 위치와 규모를 대변하는 외생적인 여건변수들도 상당한 설명력을 보여주고 있다. 모든 변수들이 확보된 표본에서 학교의 위치, 규모, 교수 연구업적지표 단 3개 변수만으로 2001년과 2003년 사이 학교별 수능점수 변화의 70% 가량을 설명해 준다는 사실은 매우 인상적이다. 또한 BK21 수혜 학교만으로 표본을 구성했을 때 조정 결정계수는 0.84에 이르고 있어 어느 정도 좋은 교육여건을 가진 동질적인 표본일수록 수능점수로 대변되는 서열 변화를 단 3개의 변수가 상당부분 설명하고 있음을 보여주고 있다.

이러한 회귀분석 결과에도 불구하고 여전히 두 개 연도 사이의 교수 연구성과 변화가 학교의 인지도 변화에 큰 영향을 준다는 사실을 쉽게 받아들이기 어려운 측면이 있으며 이 양자의 관계가 인과관계가 아닌 단순한 상관관계로서 제 3 의 변수에 의해 동시에 영향을 받을 가능성을 배제할 수 없다. 그렇지만 교수들의 연구 성과와 학교 인지도 변화 사이의 관계가 인과관계가 아닌 단순 상관관계라 할지라도 이는 매우 의미 있는 발견이라 생각된다. 서열의 변화가 교수들의 연구 활동과 밀접한 관련이 있다는 사실 자체는 대학 간의 경쟁이 활발히 이루어지고 그 결과로 학교의 명성 자체가 바뀔 수 있음을 보여주는

〈표 5-3-11〉 대학별 연구기여(1995년 NCR 지수 50 이상 학교)

대학명	NCR95 (A)	NCR02 (B)	증가폭 (B/A)	순위	1995년	2002년	증가폭
서울대	1,304	3,296	2.53	1	서울대	서울대	성균관대
한국과기원	1,235	1,581	2.28	2	한국과기원	한국과기원	조선대
연세대	396	1,573	3.97	3	연세대	연세대	울산대
포항공과대	366	890	3.43	4	포항공과대	한양대	한양대
고려대	279	988	3.54	5	고려대	고려대	인하대
한양대	219	1,052	5.80	6	한양대	성균관대	한림대
부산대	218	620	2.84	7	부산대	포항공대	중앙대
경북대	186	690	3.71	8	경북대	경북대	이화여대
전남대	173	516	3.98	9	전남대	부산대	전북대
충남대	169	459	3.72	10	충남대	인하대	충북대
경희대	158	456	2.89	11	경희대	울산대	홍익대
성균관대	130	944	7.26	12	성균관대	전남대	원광대
인하대	128	536	5.19	13	인하대	충남대	아주대
전북대	122	440	4.61	14	전북대	경희대	전남대
경상대	114	299	2.62	15	경상대	전북대	연세대
이화여대	109	394	4.61	16	이화여대	이화여대	가톨릭대
울산대	105	518	5.93	17	울산대	가톨릭대	충남대
충북대	105	347	4.30	18	충북대	아주대	경북대
가톨릭대	102	390	3.82	19	가톨릭대	충북대	건국대
서강대	95	258	2.72	20	서강대	경상대	고려대
영남대	92	222	2.41	21	영남대	서강대	포항공과대
아주대	91	377	4.14	22	아주대	조선대	동아대
강원대	81	243	3.00	23	강원대	강원대	강원대
원광대	73	207	3.84	24	원광대	중앙대	경희대
동국대	64	173	2.70	25	동국대	영남대	부산대
단국대	64	157	2.45	26	단국대	건국대	서강대
중앙대	63	228	4.62	27	중앙대	한림대	동국대
건국대	60	222	3.70	28	건국대	원광대	경상대
광운대	60	126	2.10	29	광운대	동국대	서울대
순천향대	59	125	2.12	30	순천향대	동아대	단국대
계명대	57	102	1.79	31	계명대	단국대	영남대
한림대	56	208	4.71	32	한림대	홍익대	한국과기원
동아대	53	168	3.17	33	동아대	광운대	순천향대
조선대	52	246	5.73	34	조선대	순천향대	광운대
홍익대	51	133	3.61	35	홍익대	계명대	계명대

유력한 근거이기 때문이다.

그럼 우수 교수를 확보하고 학교 자체의 연구실적을 높이려는 노력이 실제로 진행되는지를 살펴보자. 〈표 5-3-11〉은 1995년의 NCR 지수가 50 이상인 35개교의 1995년 NCR 지수와 2002년 NCR 지수, 그리고 NCR 지수의 증가폭을 제시하고 있다. 그리고 이들 각 변수의 순위도 함께 제시하고 있다. 이 표에서 다음과 같은 사실을 확인할 수 있다. 우선 국립과 사립의 NCR 지수 합이 1995년과 2002년 사이 역전되고 있다. 1995년에는 국립이 3,707, 사립 2,982로 국립대학이 많았지만 2002년에 오면 국립 8,491, 사립 10,693으로 사립이 국립을 앞서고 있다. 또한 1995년과 2002년 사이 연구업적 증가폭이 가장 큰 8개 학교들이 사립대학이다. 좋은 국립대학들이 높은 연구 성과를 올리고 있는 가운데 사립대학의 연구성과 개선 폭이 높다는 사실을 확인할 수 있다.

단순한 통계치 분석에서도 사립대학이 연구를 통해 상당한 경쟁을 하고 있음은 분명해 보인다. 과거 우수한 학교들은 국립이 많았던 것이 사실이나 최근 들어 사립대학의 발전이 빠른 속도로 이루어진다는 사실에 대해서는 지배구조상 사립대학이 연구 증진에 유리할 수 있다는 사실에도 주목해야 할 것이다.

이상의 분석은 외생적인 여건이 서열은 물론 서열의 변화도 상당부분 설명함으로써 대학의 자체적인 노력이 서열변화에 반영되는 데에는 어려운 측면이 있는 것만은 분명하나 우수한 교수확보 노력이 학교의 상대적 서열 상승에 크게 기여할 수 있음을 보여주고 있다. 이는 대학들의 노력과 경쟁이 어떤 측면에서 이루어져야 하는가를 잘 보여주는 결과로 생각된다.

2. 연구에 대한 지나친 강조가 교육의 질을 "구축"하는가

이제 마지막으로 연구에 대한 경쟁이 취업의 질에도 도움이 될 것인가 하는 문제가 남아있다. 교수진의 연구를 통해 이루어지는 학교 간의 경쟁이 교육의 질 후퇴라는 결과를 낳는다면 그 경쟁의 의미가 크게 퇴색하기 때문이다.

실제로 연구에 대한 지나친 강조가 학교 교육의 질을 낮출 것이라는 우려[22]에 대해 선험적으로 그렇지 않다고 답하기는 어렵다. 교수들의 연구 업적

22) 일례로 송기창 외(2007)에서는 다음과 같이 지적하고 있다. "현행 지원사업 구조는 연구자에게 연구비를 지원하면 연구성과가 나타나고 이를 바탕으로 교육은 자연적으로 발전할 것으로

이 교육의 질에 어떤 영향을 주는지에 대해서는 상반되는 두 견해가 존재할 수 있다. 우선 주어진 시간이라는 자원을 교육과 연구로 배분한다고 할 때 교수 연구 업적을 늘리기 위해서는 당연히 연구에 더 시간이 투자되어야 하고 따라서 교육에 투자되는 시간은 줄어들 것이다. 이런 면에서 교수 연구 업적 향상은 일정 정도 교육의 질에는 부정적인 영향을 줄 것이다. 반면 연구 업적이 높은 교수들이 최근의 연구 성과를 반영한 더 나은 수업을 할 수 있다는 면에서 교육에 긍정적인 영향을 줄 수 있다. 다른 한편으로 연구업적이 좋은 교수들이 연구 지원 인력을 효과적으로 수업에 활용할 수 있다면 적은 시간 투입으로도 더 높은 질의 교육을 제공할 수도 있다. 또한 연구 능력과 교육 능력 사이에 정의 상관관계까지 존재한다면 연구업적이 좋은 교수들이 많은 학교의 교육의 질이 높을 것이라는 주장은 더 설득력을 가질 것이다.

결국 교수 연구 업적과 교육의 질은 근본적으로 실증적인 질문이다. 그럼 과연 교수 연구 업적의 증가가 교육의 질에 부정적인 영향을 미칠지에 대해 자료를 통해 검토해 보자. 보다 구체적으로 교수들의 연구 업적과 졸업생들의 노동시장 성과의 관계에 대해서 살펴보기로 한다.

학교별 교수 연구업적은 역시 NRC 지수로 측정하였다. 모든 연도에 대해 연도별 교수 수에 대한 정확한 자료가 없기 때문에 일단 교수 전체의 연구업적을 변수로 삼았다. 따라서 이 변수의 계수에는 학교 규모와 연구업적이 혼합되어 있다. NRC 지수 자체는 교수 수로 파악한 학교 규모의 요소가 크다고 할 수 있다. 이러한 단점을 보완하기 위한 방법으로 연구업적의 증가비율, 즉 2002년 NRC 지수/1995년 NRC 지수도 변수로 삼기도 했다. 〈표 5-3-12〉의 회귀분석 결과를 보면 설명변수를 2002년 NRC 지수로 삼든 1995년에서 2002년 사이의 7년 간 연구업적의 증가로 보든 교수들의 연구업적이 졸업생들의 취업률 및 평균소득에 유의한 영향을 주고 있다. 그렇지만 수능점수를 회귀식에 추가했을 때는 교수들의 연구 업적이 소득이나 취업률에는 유의한 영향을 주지 못함도 알 수 있다. 물론 이는 학교별 수능점수와 교수 업적 간에 상당정도의

가정하나, 연구중심(대학원)에 대한 지원을 확대한 결과 대학원 교육과 연구의 성과는 나타나고 있지만, 교수들이 학부교육보다 대학원 교육과 연구에 치중한 나머지 학부교육은 오히려 악화되거나 변하지 않고 있다.”

상관관계가 있음을 암시하는 데 실제로 이 두 변수 사이의 상관계수는 0.55에 이른다.

〈표 5-3-12〉는 간단한 회귀분석 결과를 제시한 것이지만 그 해석에는 상당히 유의해야 할 점들이 많다. 우선 교수 연구 실적 변수들이 수능점수와 함께 회귀식에 들어갔을 때 그 계수값이 유의한 양의 값을 가지지 못하는 점에 대해서 생각해 보자. 이 결과는 일반적으로 교수연구 업적이 좋은 학교 출신의 졸업생들이 높은 임금을 받는 경향이 있으나 수능점수로 본 능력이 비슷한 학생들이 다니는 학교들끼리 비교할 때 연구업적이 좋은 학교 출신이라고 더 높은 임금을 받는 것은 아니라는 의미이다. 즉 교수들의 연구 실적이 좋은 학교들이 학생들의 "부가가치"를 높이는 교육의 질을 보이지는 못한다는 의미로도 볼 수 있다.

그러나 이 결과를 반드시 부정적으로 해석해야 하는 것은 아니다. 임금이 노동생산성을 반영한다고 가정해 보자. 이 결과는 수능점수에 반영된 능력이 유사한 학생들이 각기 다른 학교에 다닌다고 할 때 교수들의 연구 업적이 더 많은 학교 출신 학생들의 생산성이 교수들의 연구 업적이 더 낮은 학교에 비해 낮은 것은 아니라는 의미도 된다. 즉, 임금이 생산성을 반영한다고 한다면 적어도 연구 실적의 증가에 의해 교육의 질이 낮아지는 현상은 발견되지 않는

〈표 5-3-12〉 학교별 교수연구업적과 임금 및 취업

	취업자의 연평균 소득			학교취업률		
2002년 NRC 지수	0.445		0.156	0.007		0.001
	(2.54)*		(1.04)	(1.14)		(0.17)
95-02 NRC 증가		25.887			0.707	
		(4.18)**			(3.80)**	
2003년 수능점수			3.359			0.074
			(4.21)**			(2.38)*
상수	1,085.457	1,102.663	289.920	47.050	47.496	30.243
	(20.56)**	(20.56)**	(1.50)	(25.56)**	(29.50)**	(4.04)**
관측치 수	83	67	69	83	67	69
R-squared	0.07	0.21	0.34	0.02	0.18	0.12

주: 괄호 안은 t 통계량의 절대값이며 **는 1%에서 유의함을 의미.

다는 사실을 보여주고 있는 것이다.

물론 노동시장에서 생산성이 제대로 평가되지 않고 수능점수라는 신호에 따른 선별만이 작용한다고 가정한다면 교수들의 연구 성과는 그것이 질 높은 교육수준으로 이어진다 할지라도 노동시장에서 아무런 의미를 갖지 못할 것이다. 반대로 높은 수능점수를 받은 학생을 받아들이는 학교들은 교육의 질이 낮아도 여전히 노동시장에서 높은 평가를 받을 것이고 이것이 다시 졸업생들의 높은 임금으로 이어질 것이다. 그러나 이런 가정이 현실을 제대로 반영한다고 보기도 어려울뿐더러 만약 현실을 반영한다고 하더라도 문제의 해결은 노동시장에서 시작되어야지 고등교육 재정지원 방식의 변화나 재정지원 증가로 해결할 문제는 아닐 것이다.

앞의 간단한 회귀분석에서는 교수의 연구업적이 교육의 질에 적어도 부정적인 영향은 주지 않으리라는 시사점을 얻을 수 있었다. 이제 보다 직접적으로 교육비 증가와 교수연구업적의 효과를 비교해 보자.

〈표 5-3-13〉은 교수연구 업적 변수와 학생 1인당 교육비 변수를 동시에 포함하는 회귀분석의 결과이다. 연구 업적 변수는 2002년 NRC 지수와 1995년과 2002년 사이 NRC 증가 둘을 각각 넣어 보았는데 결과에는 큰 차이가 없다. 회귀분석 결과는 교육비 증가보다는 연구업적의 향상이 졸업생의 연평균

〈표 5-3-13〉 교육비 증가와 교수연구업적의 임금 및 취업효과

	취업자의 연평균 소득		학교취업률	
2002년 NRC 지수	0.412		0.007	
	(2.19)*		(1.07)	
95－02 NRC 증가		26.416		0.798
		(4.01)**		(4.10)**
학생 1인당 교육비	0.002	－0.001	－0.000	－0.000
	(0.49)	(0.25)	(0.02)	(1.44)
상수	1,073.135	1,107.143	47.069	48.267
	(18.31)**	(19.44)**	(22.99)**	(28.67)**
관측치 수	83	67	83	67
R-squared	0.08	0.21	0.02	0.21

주: 괄호 안은 t 통계량의 절대값이며 **는 1%에서 유의함을 의미.

소득이나 취업률에 확실히 더 긍정적인 영향을 주고 있음을 보여주고 있다. 1인당 교육비 지출액은 어떤 회귀식에서도 유의한 양의 값을 보이지 못하는 반면 NRC 지수는 두 변수 모두 취업률에 확실히 유의한 영향을 주는 것으로 나타났으며, NRC 증가 변수는 취업률에도 유의한 영향을 주는 것으로 나타나고 있다.

이 결과 역시 대학의 경쟁이 어떻게 이루어지는 것이 바람직한지를 시사한다고 판단된다. 물론 이상의 회귀분석의 결과와 같이 교수들의 연구업적이 좋은 학교들의 졸업생들이 상대적으로 더 높은 임금을 받는 경향이 있다는 사실을 연구가 활발한 학교가 교육의 질이 높다는 증거로까지 받아들이기는 어려울 수도 있다. 그러나 더 많이 연구하는 학교들의 교육의 질이 그렇지 않은 학교에 비해 상대적으로 낮다고 보기 어렵다는 사실만은 분명하다.

이는 연구에 대한 강조가 교육의 질을 낮게 하리라는 근거는 찾기 어렵다는 점을 시사한다. 더구나 연구에 대한 지원의 일차적인 목적은 교육의 질 향상이 아니라는 점도 인식해야 할 것이다. 연구 활동은 일반적으로 외부성이 매우 크며 사회적 수익률이 개인적 수익률을 크게 상회하는 것으로 알려져 있기 때문이다.

Ⅴ. 규범적 논의: 고용친화적인 고등교육 정책과 사회환경

1. 노동시장에서 출신 학교별 차이를 어떻게 볼 것인가

대학 서열에 대한 비판자들은 대학의 서열을 우리나라 교육 전체에서 가장 중요한 문제로 인식하고 서열의 완전한 해체를 초중등 교육까지 정상화하는 가장 근본적인 대안으로 생각하고 있다. 그 구체적인 방법으로 대학 평준화 주장까지도 나오고 있다. 이런 주장은 대학교육이 인적자본 축적보다는 노동시장에 대한 신호로만 작동한다는 믿음에 바탕을 둔 것이다. 그러나 이런 주장이 과연 미래를 위한 바람직한 선택이 될 수 있을지는 의문이다.

제한된 자료 속에서도 크지는 않지만 서열로 파악한 학별 효과가 있다는 사실은 밝혀지고 있다. 다만 이것을 차별이라고 단언할 수는 없다. 또한 현재의 학벌에 따른 기업의 선별에는 고등교육 과잉의 영향력도 있음을 인지해야 할 것이다. 김희삼·이삼호(2007)에서도 지적된 엄혹한 선별(harsh screening)의 직접적인 원인으로 고등교육의 양적 팽창을 지적할 수 있기 때문이다. 양적 팽창을 정당화하는 교육의 질은 확보되지 못했다는 점에서 과잉 고등교육의 우려는 여전히 정당함을 갖는다. 고졸자의 80%가 대학에 입학하는 상황에서 잠재적인 대졸 취업자의 능력을 관찰한 직접적인 정보가 결여된 기업은 기존의 학교 명성에 많이 의존할 수 있다. 이러한 엄혹한 선별(harsh screening)은 또한 대학교 서열을 전공 서열이 대체해 가는 원인이 될 수도 있다.

문제는 이러한 선별 기제가 다음과 같은 악순환을 형성할 수 있다는 것이다. 즉 기업의 엄혹한 선별 과정을 피할 수 있는 자격증과 관계있는 학과들, 이를테면 의대, 법대, 교대 등이 성적 우수자들을 흡수하는 것이다. 이는 물론 사회 역동성 약화와 성장잠재력 감소를 낳게 되고 역동성이 떨어지는 사회에서는 다시 과거의 학교 명성에 의존하는 선별이 이루어진다. 물론 이런 악순환은 나라의 장래를 위해서는 피해야만 할 것이다.

출신 학교에 따른 차별을 극복하기 위해서 개인의 능력을 좀더 파악하기 위한 메커니즘들을 고민할 필요가 있을 것이다. 한 가지 간단한 예를 들면 "서류 → 면접"이라는 순서 대신 "면접 → 서류"라는 순서를 통해 개인 능력과는 관계없는 학벌의 영향을 감소시키는 선발 기제도 가능할 것이다. 이런 기제의 단점은 기업의 입장에서 선발 비용이 많이 든다는 것이다. 사실 기업의 선발 비용을 크게 줄일 수 있는 메커니즘 중 하나는 추천서 문화의 활성화이다. 여전히 취업 과정에서 추천서는 요식 행위에 그치는 경우가 많다. 그러나 기업이 학생을 직접 가르친 교수의 의견을 귀담아 듣고, 교수는 자신의 신뢰를 높이기 위해 신중하고 정확한 추천서를 쓸 수 있는 문화가 제대로 정착되어 간다면 기업이 잠재적 근로자에 대한 정확한 정보를 얻고 판단하는 데 기여함은 물론 대학 교육의 모습도 크게 달라질 가능성이 있을 것이다. 요컨대 인재의 선발에서는 비용극소화가 목적이 되기보다는 더 정확한 매칭을 할 수 있는 방안들이 모색되어야 할 것이다.

또 한 가지 생각해 볼 만한 문제는 학벌과 차별에서 공공부문이 할 수 있는 역할이다. 만약 차별이 확대된다면 그 이유는 배타적 학벌이 형성되어 학벌

내부의 상호부조 행위들이 성행하기 때문일 것이다. 그런데 그런 차별은 주로 공공부문을 통해 정착되거나 사적 부문에서도 공공부문과 유착되는 형태로 존재할 가능성이 높을 것으로 생각된다. 그렇다면 궁극적으로는 공공부문의 지대 추구 행위를 실질적으로 줄일 수 있는 여러 조치들이 서열의 부작용을 줄일 수 있는 중요한 대책이 될 수 있을 것이다. 요컨대 대학 서열 문제의 해결은 노동시장을 통해서만 이루어질 수 있으며 특히 우리나라의 경우는 공공부문의 노동시장에서 서열 문제에 대한 해결의 단초가 제공될 가능성이 높을 것으로 생각된다.

대졸 노동시장 연구자들에게는 중요한 연구과제가 남아있다. 출신학교에 따른 임금 차이가 경력 및 연령에 따라 증가하는지를 검토하는 것이다. 최근의 연구들은 모두 비교적 최근 졸업생들의 자료를 바탕으로 하고 있기 때문에 노동시장에 진입한 후 시간이 흘러갈수록 차이가 차별로 변하고 차별의 정도가 확대되는지의 여부에 대해서는 여전히 아무런 평가를 할 수 없는 상황이다. 시간이 흐를수록 차이가 확대되는지의 여부는 향후 중요한 연구과제가 될 것이다.

2. 어떤 대학과 교육내용이 필요한가

흔히 대학은 동일하지 않고 목적에도 적지 않은 차이가 있으며 개략적으로 연구중심, 교육중심, 직업 훈련 중심으로 구분할 수 있다고 생각되고 있다. 연구, 교육, 직업훈련 중 어디에 강조점을 둘 것인가에 따라 교육 내용과 졸업생들의 노동시장 성과도 매우 달라질 수 있다. 그런데 우리나라에서는 연구중심과 교육중심 기관이 서로 구분이 잘 되지 않는다는 문제가 있다. 특히 최근의 한 설문조사에서 행해진 교수들의 평가에 의하면 연구, 교육환경, 교육수준, 학생 성과 등의 변수 사이에는 매우 높은 상관관계가 있는 것으로 나타나고 있다. 대부분의 교수들은 연구 실적이 좋은 학교와 교육환경 및 성과가 좋은 학교들이 일치된다고 보고 있다.[23)]

---

23) 10개 학교 이상의 동일 전공 교수들에게 자신의 전공에서 교수연구, 교육환경, 교육수준이라는 범주에서 상위 10개의 학교를 선택하여 줄 것을 요청한 설문에서 얻은 결과이다. 각 전공별, 범주별로 특정학교를 상위 10개교 내에 포함시킨 교수 수의 비중을 해당 전공단위의 교수평가 척도 변수라고 할 때 교수연구, 교육여건, 교육수준, 학생 성과 사이의 상관계수는 0.97에 달하고 있다.

실제로 우리나라에서는 교육 중심 대학이 연구 중심대학에 비해 열등한 것으로 인식되는 경향이 있으며, 그런 맥락에서 교육 중심 대학을 표방하는 대학도 사실상 거의 없다. 엄밀한 의미에서의 교육중심 대학은 질 높은 교양교육이 학부 중심으로 이루어지는 방식이라고 하겠으나, 현재 일반적인 인식상 교육중심 대학은 취업의 질이 높은 대학을 의미하는 것으로 보인다. 그렇다면 현 상황에서 현실적인 구분은 대학원을 보유하며 제대로 된 full-time 대학원생들을 보유한 연구-교육 중심대학과 R&D보다는 취업률과 취업의 질 제고라는 측면에서 산학협력 중심 대학 사이의 구분이 될 것이다. 그리고 이런 현실 속에서 직업훈련 교육에 대한 뿌리 깊은 편견이 극복되어야 하겠지만 본 소절에서는 연구중심대학에 국한하여 어떤 교육이 필요한지에 대해 생각해 본다.

별다른 교육중심대학 모형을 찾기 어려운 현 시점에서[24] 연구를 통한 미래의 생산 동력 확충과 더 낳은 일자리 취업을 위한 질 높은 교육 둘 모두를 연구 중심대학에 요구할 수밖에 없는 상황이다. 연구-교육 중심대학을 통해 우리가 배출해야 할 인재는 크게 고부가가치 첨단산업 및 서비스업에서 활동할 전문 인력이라고 할 수 있다. 특히 인문·사회계열의 경우는 우리나라 서비스업의 생산성을 높일 수 있는 인재의 양성을 담당해야 한다. 제조업과 서비스업의 균형이라는 측면에서 우리의 서비스업은 상대적 위상이 제조업에 비해 크게 떨어지고 있는 상황이다. 고용을 동반한 성장을 위해서는 서비스 업계를 이끌 인력의 양성이 매우 긴요한 과제이다. 대학교육을 통해 전문 인력이 양성되어야만 현재 취약한 서비스 분야에서 국제적 경쟁력을 가질 수 있음은 물론이다. 즉, 고등교육의 경쟁력이 서비스업의 경쟁력과 직결된다는 시각에서 고등교육을 바라볼 필요가 있다. 어차피 미래 사회에서 요구되는 모든 지식을 대학이라는 한정된 연령대 및 시간에 모두 배운다는 것은 불가능하다. 미래 배움의 기초는 현실적인 필요보다는 다양한 상황에 적용될 수 있는 원리 원칙들이라고

24) 우리나라에서 진정한 의미의 학부 중심, 교육중심 대학이 탄생하고 발전하는 것이 우리 현실에서 바람직한 것인지 현재로서는 분명치 않다. 다만 이런 연구의 기초 작업으로 미국의 Teaching School 운영 사례를 철저히 배울 필요가 있을 것이다. 성급하게 교육중심대학을 지정하고 이들에 대한 재정지원을 확대하기보다는 우리 현실에서 연구 조교 등의 도움 없이 양질의 교육이 이루어지는 진정한 교육중심 대학의 실질적인 운영 사례를 익히고 체화할 수 있을지를 검토할 필요가 있다.

할 수 있다. 이런 원리 원칙을 엄격한 학사관리 과정을 통해 체득하면서 현실 응용능력을 키워야 하는 것이다. 그런 면에서는 현재 강조되는 "연구-현장 적응 교육" 못지않게 "일반 교양교육"이 중요시되어야 할 것이다. 서비스산업의 전문성과 생산성은 일반교양이라는 개인적 인프라에서 출발하는 경우가 많기 때문이다.

3. 정부의 역할은 어떤 것일까

대졸자 취업의 양적·질적 제고를 위해서는 고등교육의 질 향상 이외의 방법은 없을 것이다. 그런데 고등교육의 질적 향상을 유도하는 정부 정책 방향을 모색함에 있어 우리나라 대학의 낮은 경쟁력은 분명 문제이지만 낮은 경쟁력은 재정지원만으로 해결될 문제가 아니라는 점에 대해 잘 인식할 필요가 있다. 이런 기본 입장은 대학 교육의 질 개선에 경쟁과 재정확대 중 어떤 것이 더 효과적인가 하는 근본적인 질문과 관련이 있다. 우리나라의 대학이 연구 실적이나 교육에서 그 동안 충분히 발전하지 못한 가장 큰 이유가 재정적인 이유라면 재정확대가 정당화될 수 있을 것이다. 물론 재정이 충분치 못하므로 해서 시설이나 교원 확보에 충실하지 못했던 측면은 부인할 수 없다. 그러나 우리나라 대학의 경쟁력이 낮은 가장 중요한 요인은 우리나라의 대학들이 사실상 사회전반에 걸쳐 점증해 온 경쟁에서 가장 멀리 떨어진 안전지대 중 하나였다는 데 있다. 고등교육의 질에 대한 고려 없이 대학에 오겠다는 학생들로 고등교육시장은 항상 초과수요 상태였으므로 대학에게는 우수 학생 유치를 위한 경쟁의 압력은 없었다. 실제로 학생 유치가 자동적으로 이루어지지 않는다는 대학의 자각은 최근의 인구 구성변화에 의해 본격화되었을 뿐이다. 연구 측면에서 보더라도 교수들의 입장에서 입직 자체가 곧 정년 보장을 의미했다. 엄격한 연공서열이라는 임금구조와 실질적으로 심사가 없는 진급 보장이 이루어지는 상태에서 교수들의 연구유인은 전혀 없었다 해도 과언이 아니다. 만약 이런 상태가 지속된다면 재정확대가 이루어진다고 하더라도 대학 교육의 질이 높아질 가능성은 희박할 것이다.

대학이 자율적인 경쟁 분위기에서 가장 발전할 수 있다는 사실을 받아들인다면 재정지원확대를 통한 정부 개입의 확대에는 경계할 필요가 있다. 이제는 진부한 표현이 되었지만 고등교육 재정지원에도 자율과 경쟁을 도입하는 것이 기본적인 원칙이 되어야 할 것이다. 보다 구체적으로는 다음과 같은 원칙을 지켜야 할 것이다.

첫째로, 지원 대상을 명확히 선별하여 직접적인 혜택이 갈 수 있는 지원 방식을 많이 활용해야 한다. 둘째로, 정부의 지원은 양의 외부성을 시현하는 곳에 집중되어야 한다. 셋째로, 가능하다면 자율성을 높이면서 시장친화적인 방식의 지원이 필요하다. 마지막으로, 고등교육에 대한 재정지원에서 특히 강조되어야 할 사항은 이익집단의 주장에 흔들리지 않는 원칙의 고수이다.

첫째 원칙에 따르자면 재정지원은 가능한 한 개인에게 직접적인 혜택이 가는 방식으로 이루어져야 한다. 또한 지원은 선별적으로 이루어져야 한다. 우선 개인에 대한 지원에 대해 생각해 보자. 대학 교육의 질은 재정지원의 확대로 높일 수 있다는 인식하에 대학이라는 기관에 대한 지원을 하는 것은 간접적인 지원이다. 이 지원이 실제로 효과가 있으려면 재정 투입과 교육의 질의 인과관계에 대한 확신이 있어야 하고, 학생들이 재정지원을 받는 학교에 모여야 한다는 확신이 있어야 한다. 그러나 이 두 가지 전제조건이 충족될 지 여부는 사전적으로 확신할 수는 없다. 직접적인 혜택을 주는 좋은 예는 학생들에 대한 장학금 혹은 대출이다. 장학금이나 대출은 학업에 의사와 능력을 지닌 학생들이 경제적 여건으로 인해 학업을 중단하는 일은 방지한다는 의미에서 형평성뿐 아니라 인적자원 투자의 효율성 제고를 위한 방식이기도 하다. 직접적인 혜택도 고등교육의 분야에 따른 사회적 기여도의 차이를 반영하여 선별적으로 이루어지는 것이 바람직하다. 모든 고등교육이 사회적 지원을 필요로 하는 것은 아니라는 인식이 필요하다.

다음으로 가급적 경쟁 촉진적이고 시장친화적인 접근이 필요하다. 앞서 언급한 바와 같이 재정지원 확대만으로 교육의 질이 높아진다는 보장은 없다. 실질적으로 대학과 그 구성원들의 행동이 변해야 한다. 또한 대학과 구성원의 행동 변화를 통해 재정지원의 효과가 나타나야 할 것이다.

양의 외부성을 창출하는 데에 대한 직접적인 지원이 이루어져야 한다는 사실도 강조되어야 할 것이다. 고등교육과 초중등교육에는 엄연한 차이가 있으며 재정지원의 당위성에도 큰 차이가 있다. 고등교육은 기본적으로 정부 개입의 필요성이 초중등 교육보다는 낮다. 실제로 우리나라의 높은 사립학교 비중은 그에 대한 반증이라고 할 수 있다. 만약 시장에서 과소공급이 이루어질 수밖에 없으므로 정부의 개입이 필요한 분야였다면 지금과 같이 진학률이 80%를 웃도는 현상이 벌어지지 않았을 것이다.

한편 이런 외부성에 대한 개입이라는 원칙을 엄격히 적용한다면 기존의 국립/사립에 대한 차별은 벗어나야 한다. 학생이든 연구자든 높은 사회적 이득을 시현할 수 있는 곳에 지원한다면 원칙적으로 사립과 공립의 구별은 필요가 없다.

마지막으로 고등교육 재정 지원은 교육의 신성한 가치, 공공성 등의 논리 속에서 특정 집단의 이익을 시현하려는 주장들에 대해서 엄정한 중립을 취해야 한다. 이런 이익집단의 대표적인 예는 국립과 사립의 교수들이다. 국립대학 법인화에 대한 반대나 사립대에 대한 국립에 준하는 지원 확대 등의 주장을 냉철하게 평가하려면 교수들의 입장이 아닌 국가 전체의 입장에서 판단을 내려야 할 것이다. 대학에 영향력을 행사하려는 관료들도 이익집단이다. 이익집단이라는 면에서는 수요자인 학생도 예외일 수 없다. 수요자를 위한 교육이 낮은 비용을 의미하는 것은 아니다. 등록금의 문제도 학생의 이해관계에서만 바라보는 것보다는 교육의 질에 상응하는 등록금이 책정되는 환경 조성이 필요하다.

이런 원칙은 궁극적으로 고등교육에서 외부성에 대한 보정은 이루어지되 기본적으로는 완전경쟁, 혹은 다양성이 강조되는 독점적 경쟁에 가까운 고등교육 시장을 형성해 나가자는 주장으로 요약될 수 있다. 특정 시장 참여자에게 인위적인 렌트를 부여하지 않고 공정한 경쟁이 이루어지게 하며 정부는 필요 이상의 개입을 자제하고 정부의 개입도 경쟁 촉진을 유도하는 방식으로 이루자는 것이다. 양의 외부성이 큰 기초 학문이나 연구개발에 대한 지원이 충실히 이루어져야 하는 것은 물론이다.

이렇게 경쟁적인 시장이 형성되기 위해서는 두 가지 측면이 매우 중요하다. 첫째는 정보의 공개이다. 정보가 시장 참여자에게 완전히 공개되지 않는 한 경쟁적인 시장은 형성될 수 없다. 다음으로 중요한 것은 과연 무엇을 중심으로 경쟁이 이루어지는가이다. 물론 연구자들에게는 연구의 양과 질이 될 것이다. 교육이라는 측면에서 보면 등록금과 교육의 질이 경쟁의 중요한 변수가 되어야 한다. 등록금을 중요한 경쟁변수로 만들지 않는 한 고등교육 시장이 완전하기 어려울 것이다. 이를테면 국립대학의 등록금이 사립대학의 절반이 되는 것은 공정한 경쟁 환경이 아니다. 이는 국립대학이 좀더 외부성을 충실히 구현하는 내용으로 개편되든지 아니면 공사립 간 정부 지원의 차이가 줄어야 하는 것을 의미한다. 그런데 이미 우리나라는 사립중심의 고등교육 구조가 발전해 왔기 때문에 이를 정부의 역할을 더 강조하는 (준)국립의 형태로 변화시키는 것은 비용이 지나치게 많이 드는 방식이 될 우려가 있다는 데에 유념해야 할 것이다.

Ⅵ. 맺 는 말

고등교육의 질에 대한 우려가 학생 학부모는 물론 정책 당국이나 경제 단체에 이르기까지 여러 곳에서 제기되고 있다. 고등교육의 질을 끌어올리기 위한 재정적 수단을 확보해야 한다는 주장과 함께 그 재정적 수단이 이미 높은 수준에 와있고 지속적으로 상승하고 있는 등록금 등 학생 직접 부담보다는 세금을 바탕으로 한 정부 지원의 확대를 통해 확보되어야한다는 주장도 많다.

이러한 배경에서 본고에서는 고등교육시장과 노동시장 사이의 관계에 대한 실증 연구결과들을 개관하고 그 함의에 대해 소개하였다. 이 글 전체를 관통하는 기본적인 입장은 우리나라 대학의 낮은 경쟁력은 분명 문제이지만 낮은 경쟁력은 보다 경쟁적인 환경을 통해 개선되어야 한다는 것이다. 그러나 지금과 같이 모든 경쟁이 대입이라는 부적절한 시점에 모여서는 대졸자 고용의 질 문제의 해결은 요원하며 앞으로 우수한 연구 인력에 의한 대학 교육의 질이 경쟁 변수가 되어야 한다. 그리고 이제는 보다 구체적으로 어떤 요인들이 졸업생의 취업의 질 향상과 관련되는지에 대한 본격적인 연구들이 필요하다.

참고문헌

김진영(2006), “수학능력시험 실시 10년간 대학의 서열 변화,” 「공공경제」.

______(2007), “대학서열과 노동시장,” 「한국경제의 분석」.

김희삼 · 이삼호(2008), “고등교육의 서열과 노동시장의 선별,” 2008년 1월, 제 9 회 노동패널 학술대회 발표논문.

남기곤 · 김진영, 「취업통계조사 자료의 활용도 제고 방안 연구」, 한국교육개발원.

송기창 · 김병주 · 박정수 · 정태화(2007), 「고등교육재정사업 재구조화 방안 연구」, 교육인적자원부 정책연구.

오호영 · 김승보 · 정재호(2006), 「대학서열화와 기업」, 경제 · 인문사회연구회 협동연구총서 06-17-03, 한국직업능력개발원.

이영 · 박정수 · 천세영 · 김병주 · 류장수(2006), 「고등교육재정배분 방향」, 한국정보통신정책연구원.

장수명(2006), “대학서열의 경제적 수익,” 「한국교육」, 제33권 제 2 호, pp. 75~107.

•토론• 한국의 고등교육 시장과 대졸자의 노동시장 성과: 실증적 검토*

한국직업능력개발원의 졸업생 조사자료를 이용하여 대졸자의 노동시장 성과를 분석한 결과, 학과별 수능점수를 통제한 후에도 상위 학교 졸업생의 임금이 6% 가량 높은 것으로 추정되었다. 또한 1인당 교육비의 증가가 임금 상승이나 취업률 제고에 효과가 없었음에 반하여 교수의 연구업적 증가가 학교 서열과 임금 상승에 효과가 있는 것으로 추정되었다.

정책적으로 “추천서와 면접 이후 서류 전형”으로의 고용방식의 전환, 대학에서의 “일반 교양 교육” 강화, 시장친화적이며 원칙적인 정부의 개인단위 지원 등을 제시하였다.

졸업생 임금, 교육비, 교수 업적 간의 관계에 대하여 교육비 증가는 아니

* 이영(한양대학교 경제금융학부 교수).

나 교수업적 증가가 학교 서열과 졸업생 임금에 긍정적인 영향을 주고 있음이 관찰된 것으로 해석하고 있다. 하지만, 〈표 5-3-12〉에서 수능점수를 통제한 후에는 NCR 지수가 통계적으로 유의하지 않은 것으로 보고되었기 때문에 교수업적 증가가 취업률과 임금에 긍정적인 영향을 주고 있는 것으로 해석하기에는 무리가 있다. 또한, 독립변수의 추가가 필요하다. 학교단위 취업 및 임금 요인 분석 및 개인단위 동일 분석에서 통계적으로 유의하게 나타난, 성별과 top# 더미들을 사용하는 것이 맞을 것이다. 교수업적이 단순히 top#의 대리변수일 수도 있다.

이와 더불어 수준 또는 증가율의 추가도 필요할 것으로 보인다. 해석에 있어서 xx의 증가가 yy의 증가로 이어진다고 해석하는 것은 다소 혼란스러움이 있다. 대신 xx가 높은 개인 또는 학교에서 yy도 높은 것으로 관찰되었으므로 설명하는 것이 독자의 오해를 줄일 것이다.

NCR 변수 사용시 교수들의 전공 구성이 매우 큰 영향을 준다. 공대, 의대 등 각 전공 교수의 비중을 통제할 필요성이 있다.

노동시장에서 학과별 수능점수를 통제하고도 상위 학교 졸업생의 임금이 5~7% 높게 나타난 것에 대하여 이러한 임금 격차의 원인을 차별, 동료집단 효과, 인적자본으로 구분하는 것이 학술적으로도 정책적으로도 매우 흥미로운 연구가 될 것이며, 향후 추가연구가 필요하다. 상위대학과 그 외 대학 대졸자의 1인당 부가가치를 계산하여 이를 임금과 크기를 비교하는 작업이 가능할 것으로 생각된다.

또 하나 관련된 연구주제는 이러한 임금격차가 근무년수가 증가함에 따라 어떻게 변화하는가이다. 줄어든다면 외모에 주어진 임금차별과 같은 단순 차별일 것이고, 오히려 증가한다면 경력경로의 분절 등으로 설명해야 할 것이다.

노동시장에서 초기에 상위권 대학 졸업자에게 주어진 높은 임금을 임금차별로 보아야지만, "추천서와 면접 → 서류"로의 선발기제 전환 주장이 설득력이 높다. 그리고, 선발기제의 순서가 문제가 아니라 면접을 볼 때 출신대학을 고려하지 못하도록 만드는 것이 더 중요한 것이 아닌가 생각한다.

서비스 인력은 "일반 교양교육"을 잘 받아야 한다는 주장은 선뜻 받아들이기 어려운 주장으로 들린다.

〈표 5-3-2〉에 있어서 각 상관계수들의 p-value 들도 보고되어 어떤 상관계수가 통계적으로 유의한가를 독자들이 읽을 수 있어야 한다.

[그림 5-3-2]가 분포를 잘 보여주고 있지는 못한 것으로 보인다. 다른 방식으로 보여주는 것이 좋을 것으로 보인다. 추정 결과의 해석에 있어서 단순히 부호를 보고하는 수준에 머물고 있는데, 독립변수가 1 표준편차 증가함에 따른 종속변화의 변화 크기를 보고하는 것이 좋을 것이다.

〈표 5-3-4〉에서 상위학교들의 취업률이 낮은 것으로 나온 것도 통계적으로 유의하기 때문에 "오른다고 할 수 없다"고 해석하는 것보다 "취업률이 낮다"고 해석하는 것이 맞을 것이다. 데이터에 대한 보다 상세한 설명이 필요한 것으로 보인다.

전체적인 논의가 보다 체계적이고 연계성을 가진 형태로 주어지는 것이 바람직할 것으로 보인다.

제 4 절 대학서열화와 노동시장 이행*

• 요 약 •

본 논문의 목적은 고등교육의 대중화 시대를 맞이하여 노동시장에서 진행되고 있는 대학서열화에 따른 고용, 임금격차의 현황을 심층적으로 분석하고 이를 토대로 능력중심 사회로 나아가기 위한 노동시장 정책을 모색하는 데 있다. 1990년대 이후 대학설립이 활발하게 이루어졌음에도 불구하고 신생대학들

* 오호영(한국직업능력개발원 인적자원연구본부 부연구위원).

이 대학서열의 하위권으로 편입됨에 따라 대학서열화는 여전히 공고하게 유지되고 있으며, 지방대학 내부에서 하위권 대학과 상위권 대학으로의 재편이 진행되고 있다. 이 같은 결과는 1994~2003년간의 학교, 학과별 입학생 수능평균점수를 상관관계를 중심으로 분석한 결과 대학별, 전공 내 학교별 수능점수 서열구조가 크게 변화되지 않은 것에서 도출되었다.

대학서열화와 노동시장 성과간의 관계를 살펴보기 위해 첫째로, 대학서열과 대학별 취업률을 분석한 결과 취업률은 중위권 대학에서 가장 낮고 상위권 대학과 하위권 대학에서 높은 V자형태의 취업경향을 나타냈는데, 이는 실질적인 대학서열화가 중위권 대학부터 시작되기 때문으로 해석된다. 즉, 중위권 대학 졸업자의 낮은 취업률은 이들의 구직 눈높이가 중상위권 대학과 유사한 반면 제의 일자리의 질은 하위권 대학과 차별화되지 못하고 있기 때문으로 보인다.

둘째, 대학서열에 따른 임금격차를 살펴보기 위해 수도권 대학과 지방대학 졸업생 임금차별을 분석한 결과 지방대학 졸업생의 월평균임금은 수도권 대학 졸업생에 비해 11.5% 낮으나, 이것은 대부분의 지방대학이 대학서열의 하위권에 편입되었기 때문에 개인 능력의 대리변수라 할 수 있는 개인별 수능성적을 통제할 경우 지방대에 대한 차별에 기인하는 임금격차는 2.6% 수준으로 감소한다. 그러나 수능성적은 학문적성(academic aptitude)에 대한 지표일 뿐 직무수행 역량과는 구분되며, 더구나 수능성적은 고교단계까지의 학업성취도를 나타내는 지표로서 대학에서의 인적자원개발 성과를 반영하지 못하는 결점을 안고 있다.

셋째, 수능서열 100위 이하 최하위권 대학 졸업생을 기준으로 하였을 때, 대학서열에 따른 임금효과는 중위권 대학부터 나타나기 시작하며 대학서열 상승에 따라 임금이 선형으로 증가하는 양상을 보인다. 대학서열과 노동시장 성과간에 밀접한 상관관계가 존재한다는 사실은 대학이 교육을 통한 인적자원개발(human resource development) 기능을 수행하기보다, 우수학생의 선별도구(screening device)에 그치고 있을 가능성을 시사한다. 즉, 입학생의 수능성적으로 측정된 대학서열과 졸업생의 취업률, 임금 등 대학별 노동시장성과에 의한 서열이 동일한 패턴으로 나타나는 것은 대학들이 교육을 통해 학생들의 인적자본에 부가가치(value-added)를 창출하는 데 실패하고 있기 때문으로 볼 수 있다. 이러한 현상은 특히 상대적으로 우수한 학생을 선발한 상위권 대학에서 학생의 능력개발을 위한 학교간 경쟁을 실질적으로 전개하기보다는 상위권 대학으로서 누리는 독과점적 지위에 안주하려는 상위권 대학간 암묵적 담합구조가 존재하기 때문으로 해석된다.

이러한 분석결과를 토대로 학벌문제 완화를 위한 노동시장개혁 과제로서 ① '(가칭) 직업기초능력시험' 도입을 통한 구직자의 직업능력 정보의 생성, ② 자격의 신호기능 강화를 위한 국가직무능력표준(KSS) 정착, ③ 숙련수요 조기경보 시스템 구축을 통한 수급불일치 해소 등을 제시한다.

Ⅰ. 문제제기

우리나라 국민의 평균교육년수는 1980년 7.6년에 불과했으나 2005년 11.2년을 기록하여 불과 25년 만에 전국민의 교육연수가 4년 가까이 증가하였고, 동기간 중 대학진학률은 35.3%에서 82.1%로 증가하여 학령인구의 대부분이 고등교육 기회를 제공받고 있다. 교육은 개인적 차원에서 사회경제적 지위를 향상시키는 핵심적 수단인 동시에 경제사회적으로 국가발전을 위한 견인차이다. Denison(1985)은 일국의 교육수준 상승은 기술변화에 대한 대응력과 노동유연성을 높여 국민소득 증가에 기여함을 강조한다.

1980년의 대학졸업정원제, 그리고 1990년대의 준칙주의에 입각한 대학의 급격한 양적팽창으로 촉발된 대졸자의 양산은 지식기반사회로의 전환에 따른 고급인력 수요확대와 더불어 국민의 높은 교육열을 반영한 것이라 볼 수 있으나, 학력별 인력수급 상황을 변동시킴으로써 노동시장 내의 학력격차문제를 새로운 양상으로 전개시킬 개연성이 높다. 노동시장 신규입직자의 대다수가 대졸자인 상황에서 교육년수라는 의미에서의 학력(學歷)문제[25]가 갖는 중요성이 과

25) 학력(學歷, academic background)이란 "대졸이나 고졸처럼 정규학교에서 받은 교육이력"을 의미하는데, 학력은 다시 수직적 차원과 수평적 차원으로 구분된다.

- 수직적 차원에서 학력은 교육연한(year of schooling)을 뜻하며, 전문대졸, 대졸, 대학원졸 등과 같이 학교교육 연수를 의미. 수평적으로 학력은 동일 단계의 학교를 졸업하였더라도 종

거보다 낮아질 것인 반면, 학력별 노동시장이 상당정도 분단되어 있는 우리나라 노동시장의 현실을 감안하면, 출신대학에 따라 구분되는 학벌(學閥)문제가 보다 심각하게 대두될 가능성이 높다. 80%를 상회하는 높은 대학진학률은 향후 대졸자 노동시장의 초과공급과 고졸 이하 저학력 노동시장의 초과수요라는 인력수급상의 불일치를 더욱 심화시킬 것으로 예상된다(장창원 외, 2005).

치열한 국내외 경쟁에 직면하고 있는 기업은 이윤추구 압력으로 인하여 근로자의 생산성과 무관하게 학력이나 학벌에 따른 차별을 장기적으로 지속할 수 없을 것이나, 채용단계에서는 시장의 불완전성에 기인하는 학력차별의 가능성이 상존한다. 예컨대, 노동시장 신규진입자의 경우 구직자와 고용주간의 정보비대칭성(information asymmetry) — 즉, 구직자의 생산성에 대한 정보를 고용주인 기업은 용이하게 파악할 수 없으나 구직자 본인은 매우 잘 알고 있음 — 에 의해 출신학교에 따른 통계적 차별이 나타날 수 있다. 또한, 기업은 구직자의 생산성에 관한 제한된 정보만을 가지고 다수의 구직자 중 소수를 채용해야 하는 문제에 봉착하여 학력, 출신대학 등을 개인의 능력에 대한 신호로 파악할 가능성이 존재하며, 만약 기업이 개인의 생산성보다는 개인이 속한 집단의 평균적 생산성을 기초로 채용결정을 하게 된다면 노동시장 차별이 발생하게 된다.

본 논문의 목적은 고등교육의 대중화 시대를 맞이하여 노동시장에서 진행되고 있는 대학서열화에 따른 고용, 임금격차의 현황을 심층적으로 분석하고 이를 토대로 능력중심 사회로 나아가기 위한 노동시장 정책을 모색하는 데 있다. 한국사회가 경험하고 있는 급속한 고학력화 추세 속에서 학력에 따른 노동시장 격차문제의 상당부분이 학벌 내지는 대학서열화에서 비롯되고 있으며, 특히 노동시장의 정보비대칭성으로 인하여 주로 신규채용 단계에서 문제가 발생한다는 인식하에 신규대졸자의 고용, 임금격차 문제를 심층적으로 분석하였다.

구체적 연구내용은 90년대 이후 전개된 대학서열 변화의 성격을 규명하고,

류, 학교 이름, 과정(課程) 등의 사회적 위신, 즉 격(格)에 따라 다른 가치를 부여하는 것임. 말하자면, 똑같은 대졸학력이라 하더라도 출신 대학에 따라 구분할 때 적용됨.

• 본고에서는 학력을 교육연한의 의미인 수직적 차원에서 정의하고, 수평적인 의미의 학력(學歷)은 학벌(學閥)로 구분하고자 함. 김동훈(2001)이 학벌주의를 "출신대학을 기초로 형성된 학벌이 그 대학의 위상에 따라 철저히 서열화되는 현상"으로 정의한 바와 같이 학벌과 대학서열은 동전의 앞뒷면과 같은 관계에 있으므로 논문에서는 대학서열을 중심으로 논의.

대학서열화에 따른 고용 및 임금격차 문제를 분석하고 이를 토대로 학교간 인적자원개발 경쟁이 보다 활성화될 수 있는 정책대안의 모색이다.

본고의 2절에서는 연구방향 설정을 위해 기존연구를 검토하고, 3절에서는 학력간 임금격차의 추이, 과잉학력의 현황 등을 통해 대학교육의 성장과 노동시장에 미친 영향을 개괄적으로 검토한다. 4절에서는 대학서열의 추세와 결정요인을 분석하고, 5절에서는 대학서열과 노동시장 성과간의 관계를 취업률과 임금을 중심으로 분석한다. 마지막으로, 6절에서는 논문을 요약하고, 정책과제를 제시한다.

Ⅱ. 선행연구 검토

대학서열화의 현황에 대한 연구로서 김안나(2003)는 1994년부터 2001년까지의 수능시험 점수 분포 및 그 변화 추이를 분석한 결과 해를 거듭할수록 대학의 소재지역, 설립유형, 설립 시기별로 수능성적에 따른 서열화구조가 강화되고 있음을 밝히면서 서열화 구조가 갖는 불평등성을 논의하고 이를 완화하기 위한 정책적 시사점 제시하였다.

또한, 대학서열화의 원인으로서 교육계의 책임뿐만 아니라 사회구조적 요인을 강조한 선행연구들도 존재한다. 이두휴 · 고형일(2003), 심인호(2000) 등은 대학서열화가 한국의 산업화 과정과 밀접한 관련성을 갖는다는 점을 강조하면서 수도권 집중을 강조하였다. 더불어, 이동규(1995)는 4년제 일반대학의 80% 이상이 사립대학일 정도로 비중이 높음에도 불구하고 사립대학이 국립대학과 동일한 틀에서 운영됨으로써 사학의 독자성이나 특성이 발현될 수 없었던 정부의 대학정책을 강조하였다. 동일한 맥락에서 박부권(1999)은 대학설립준칙주의가 시설여건이 불비한 상황하에서 기존에 각종 학교로 분류되던 대학들이 대거 4년제 대학으로 편입됨에 따라 이들이 대학 서열체계의 저변을 형성하는 새로운 층을 형성함으로써 대학서열화를 공고화하였다는 분석을 제시하였다.

장수명(2005)은 고등교육의 확대에도 불구하고 고등교육에 대한 선호가 줄어들지 않는 원인을 학력간, 학교서열간의 경제적 수익률 차이에서 찾고자 시도하여, KLIPS 1~5차 자료를 이용하여 회귀분석을 실시한 결과 경력, 근속년수 등 기본적인 변인들 뿐 아니라 교육년수, 의학전공 및 교육대학 변수까지 통제한 후에도 명문대학의 임금효과는 상당히 크다는 결과를 얻었다. 류장수(2003)는 한국고용정보원의 「청년패널조사」 자료를 이용하여 수도권 대학과 비교한 지방대학 졸업생의 임금격차를 분석한 결과 여타 요인을 통제한 후에도 월평균임금 기준으로 전문대학 4.8%, 4년제 대학 12.5%의 지방대생에 대한 임금차별이 존재함을 밝혔다. 기업의 인사정책에 대학서열(학벌)이 미치는 영향에 대한 홍영란 외(2002)의 연구에서는 100개 기업의 1차 서류전형기준을 분석하여 학력을 전형기준으로 채택하고 있는 회사가 조사대상 가운데 31%이며 배점기준은 100점 중 대략 20~40점에 이르고 있음을 제시하였으며, 근로자에 대한 설문조사 결과 채용과정에서는 학벌을 중시하지만, 승진이나 이동배치의 경우에는 그리 중시하지 않는 것으로 보고하였다.

Ⅲ. 대학교육 성장의 노동시장 영향

1. 대학교육의 성장

2005년의 4년제 일반대학 재학생 수는 188.6만 명으로 1980년의 40.2만 명에 비해 약 4.7배 증가하였다. 대학재학생 수는 [그림 5-4-1]에서 나타나듯 1980년과 1990년을 기점으로 두 단계에 걸쳐 폭발적으로 증가하였으며, 이는 1980년의 「교육 정상화 및 과열과외 해소 방안」 조치로 시행된 대학졸업정원제의 시행과 1990년대 초반부터 실시된 대학설립 조건 완화정책에 기인한다. 대학입학정원의 확대 또한, 1980년 27.2%에 불과했던 대학진학률의 지속적 상승을 가져와 1990년에는 33.2%, 2005년에 83.3%에 달하게 되었다.

이러한 대학정원의 급격한 증가는 대량생산체제에서 지식기반사회로의 이행에 따라 고숙련자에 대한 노동수요 증가를 일정부분 반영하였다고 볼 수 있으나, 1980년대 이후 대학정원의 증가는 주로 인문계열 위주로 이루어졌고 양적 팽창에 따른 질적 수준 제고가 수반되지 못한 문제점을 안고 있다(김형만 외, 2002).

[그림 5-4-1] 대학재학생수 변화 추이(4년제 일반대학교)

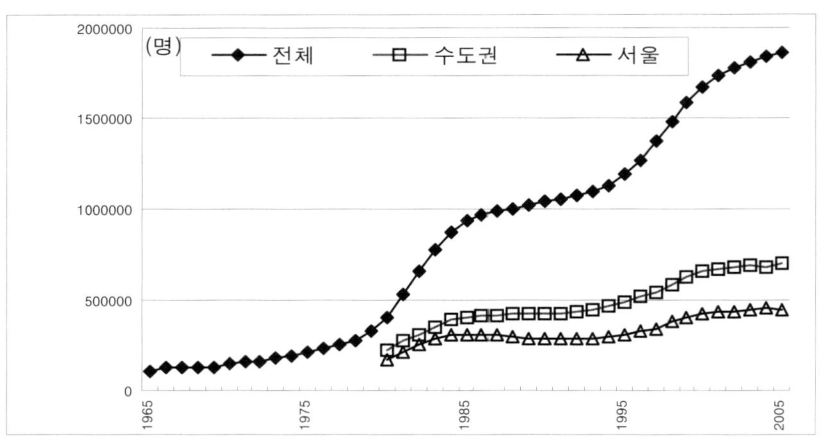

자료: 한국교육개발원, 「교육통계연감」, 각년도.

2. 노동시장에 미친 영향

1) 청년층의 높은 실업률

외환위기 이전 4%대에 불과하던 청년실업률은 경제가 안정화된 2000년 이후에도 떨어지지 않고 8%대로 높은 수준을 유지하고 있다. 일례로, 2006년도 전체 실업률은 3.3%이나, 청년실업률은 7.9%로 나타났다. 이에 평소 학교에도 다니지 않고, 고용되어 있지 않으며, 직업훈련에도 참가하고 있지 않은 청년무직자인 NEET족(Not in Education, Employment or Training)[26)]을 포함하면 15~29세 청년층 인구 중 1,035천 명이 사실상의 실업상태에 놓여 체감실업률은 19.5%에 달한다.

청년층 실업자 중 대졸 이상의 비중은 2000년 30%에서 지속적으로 증가하여 2006년에는 42.9%에 달한다. 청년층 실업률 상승의 근본적 원인은 대졸자의 공급이 노동수요에 비해 과도하게 이루어진 데 기인하며, 구체적으로 대졸자의 구직 눈높이에 적합한 괜찮은 일자리(decent job)의 감소에 기인한다.

26) 현행 우리나라 통계로는 NEET족을 정확히 추계하는 것은 불가능하므로 통계청의 「경제활동인구조사」를 활용하여 '실업자+비경제활동인구 중 일하지 않은 사유를 취업준비, 쉬었음 등으로 응답한 인구'로 추정.

〈표 5-4-1〉 2006년 청년 취업 애로층의 구성

(단위: 천 명, %)

	청년층(15~29세)	전체
경제활동인구	4,634	23,773
취업자(고용률)	4,270(43.4%)	22,989(59.1%)
실업자(실업률)(A)	364(7.9%)	784(3.3%)
비경제활동인구	5,209	15,132
취업준비[1](B)	413	525
쉬었음[2](C)	258	1,277
중위 취업애로층(A+B)	777(15.4%)	1,309(5.2%)
광위 취업애로층(A+B+C)	1,035(19.5%)	2,586(9.8%)

자료: 현대경제연구원, 「한국경제주평」(2007.3.2)에서 재인용.
주: 1) 비경제활동인구에서 통학항목의 '취업을 위한 학원, 기관통학'과 그 외 항목의 '취업준비'의 합.
2) 그 외 항목의 '쉬었음'.

[그림 5-4-2] 괜찮은 일자리의 추이

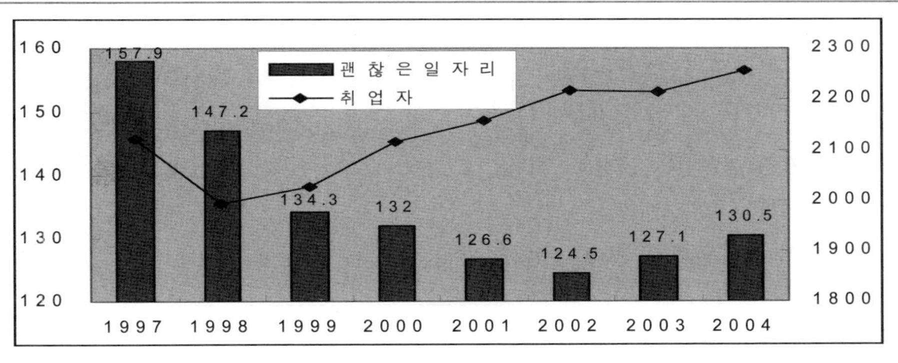

자료: 한국개발연구원(2006), 「양극화 극복과 사회 통합을 위한 사회경제정책 제안」.

대기업·공기업·금융회사 등의 이른바 '괜찮은 일자리'(decent job)는 1997년 외환위기 이후 2004년까지 27만여 개 감소하였다. 한국개발연구원(KDI)이 노동부 고용보험 데이터베이스(DB)를 활용해 분석한 결과에 따르면, 대기업(30대 그룹)·공기업·금융사 종업원 수가 1997년 1,579천 명에서 2004년 1,305천 명으로 274천 명 감소하였다. 동 기간 중 전체 취업자수는 21,214천 명에서 22,557천 명으로 1,343천 명 증가하였다.

2) 학력간 임금격차 축소

학력별 노동공급 구성에 있어서 대졸자의 상대적 공급증가는 고졸자와 대졸자간 임금격차의 축소를 가져왔다. 고졸남성 평균임금을 100으로 했을 때 대졸남성 평균임금은 1980년에는 202.7이었으나, 이것이 지속적으로 낮아져 1990년에는 165.0, 2003년에는 151.7까지 하락하였다.

노동시장이 학력에 따라 어느 정도 분단되어 있기 때문에 대졸자의 상대적

〈표 5-4-2〉 학력별 임금격차와 진학률 추이 (단위: 천 명, %)

	진학률			학력별 임금격차		
	초등학교 → 중학교	중학교 → 고등학교	고등학교 → 대학교	중졸	고졸	대졸 이상
1980	95.8	84.5	27.2	78.5	100.0	202.7
1985	99.2	90.7	36.4	81.8	100.0	198.4
1990	99.8	95.7	33.2	89.3	100.0	165.0
1995	99.9	98.5	51.4	92.5	100.0	142.0
2000	99.9	99.6	68.0	91.3	100.0	150.1
2003	99.9	99.7	79.7	84.2	100.0	151.7

주: 1) 학력별 임금격차는 고졸남성 평균임금을 100으로 놓고 계산한 결과이며 1980년 이후 중졸의 임금은 중졸 이하의 평균임금 의미.
2) 진학률 = (진학자수/졸업자수) × 100
3) 대학교에는 전문대학, 교육대학, 대학교, 각종 학교가 포함됨.

자료: 1) 통계청, 「경제활동인구연보」, 각년도; 2) 한국교육개발원, 「교육통계연감」, 각년도.

[그림 5-4-3] 학교급별 교육투자 수익률 변화

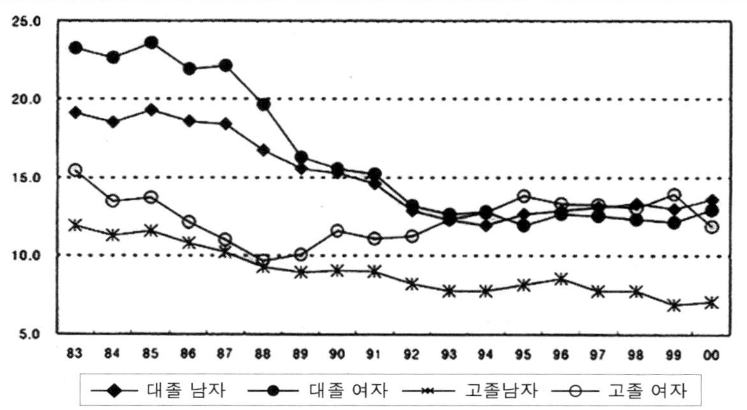

자료: 이병희 외(2005) 11쪽에서 인용.

공급증가는 대졸자의 교육투자 수익률을 다른 학력에 비해 하락하게 만드는 결과를 초래하였다. 이병희 외(2005)는 노동부의 「임금구조기본통계조사」 1983~2000년간 자료를 사용하여 시간당 임금기준으로 고졸근로자에 비해 대졸근로자가 누리는 임금프리미엄을 추정하였고, 대학정원 확대에 따른 노동시장으로의 대졸자 공급증가로 인하여 1980년대 이후 1990년대 초중반까지 대졸자의 교육투자 수익률은 지속적으로 저하되었다.

3) 과잉학력

대학정원 증가가 대학교육의 질적수준 제고를 고려하지 않은 채 단기간에 급격하게 추진됨으로써 구직자의 눈높이에 맞는 일자리의 부족, 숙련불일치(skill mismatch), 구인난 속의 구직난 등의 수급불균형 문제가 청년층 노동시장에서 중요하게 부각되었다(오호영, 2005).

고등교육의 대중화에 따라 직무수행에 필요한 학력수준에 비해 근로자의 실제학력이 더 높은 과잉학력(overeducation)에 대한 우려가 증대되었다. 지식기반사회 진전에 따라 산업의 중심이 기술 및 지식집약산업으로 이행하는 한편으로 산업 내에서의 기술, 지식으로의 생산요소 대체가 진행됨에 따라 고학력자에 대한 노동수요가 높아지고 있으나, 기존연구에서는 공통적으로 고학력자에 대한 노동수요 증가에도 불구하고 고학력층의 노동공급 증가가 더욱 빠르게 진전됨으로써 학력불일치가 상당규모 존재하는 것으로 보고되었다(오호영, 2005; 김주섭, 2005; 전근하, 2004). 오호영(2005)은 한국직업능력개발원의 「전문대 및 대학 졸업생 경제활동상태 추적조사」 자료를 이용하여 2003학년도 졸업생 코호트의 과잉학력 규모를 추정한 결과 전문대졸의 10.1%~20.7%, 4년제 대졸의 18.8%가 과잉학력 상태인 것으로 추정하였고, 박성준(2005)에서 「임금구조기본통계조사」 자료를 이용하여 외환위기 전후의 과잉학력 변화를 분석한 결과 과잉학력 규모는 1996년 18.93%에서 2000년 19.41%로서 소폭 증가한 것으로 나타났다.

Ⅳ. 대학서열의 추세와 결정요인 분석

1. 자　료

대학서열의 추세와 결정요인 분석을 위해 사용된 자료는 진학사의 「대학·학과별 수능성적자료」로써, 분석대상기간은 1994~2003년이다. 또한, 각 연도의 대학·학과별 수능평균성적에 해당학과의 학생 수를 활용하여 가중평균하는 방식으로 대학별 평균수능성적을 계산하고, 이를 토대로 매년의 대학별 서열을 확정하여 자료를 구성하였다.

대학별 입학생 수능성적은 입시기관에 의해 매년 공표되고 교육소비자의 선택을 반영하고 있다는 점에서 우리나라 대학서열에 대한 가장 중요한 지표로 간주되고 있으므로, 대학평가결과가 대학서열에 관해 적합한 지표라 할 수 있다. 하지만, 평가대상학교가 제한적이므로 결과를 활용하는 데 제약이 존재한다.

2. 대학서열 변화의 추세

각 연도의 대학별 순위가 연도간에 어떤 관련성을 맺고 있는지를 파악하고자 매해의 순위상관계수(rank correlation coefficients)를 비교하는 방법을 선택하였다. 서열척도로 측정된 변수간의 관계를 통계적으로 분석하는 경우 일반적으로 Kendall의 tau(τ)와 스피어만의 순위상관(Spearman's ρ)의 두 가지 방법이 사용되는데, 이 가운데 스피어만의 순위상관분석이 흔히 사용되므로 이를 채택하였다. 이 방법은 정규성의 전제조건을 만족시키지 않아도 분석이 가능하다는 장점이 있기 때문에 본 분석에 적합하다. 대개 상관계수가 $|\rho| \geq 0.6$을 넘는 경우 강한 상관관계가 있는 것으로 해석되며, $|\rho| \leq 0.2$ 이하인 경우에는 상관성이 없는 것으로 파악한다.

대학서열의 연도간 산포도를 도시한 [그림 5-4-4]는 비교대상 2개 연도의 대학별 순위를 연도별로 도시한 것으로서 산포도상의 점은 특정 대학을 의미하며, X축은 해당대학의 기준연도의 순위를, Y축은 비교연도의 순위를 각각 의미한다. 이를 살펴보면 대부분의 점들이 대각선에 분포하여 기준연도와 비교연도간의 순위변동이 거의 발생하지 않고 있는 것을 확인할 수 있다.

[그림 5-4-4] 대학서열의 연도간 산포도

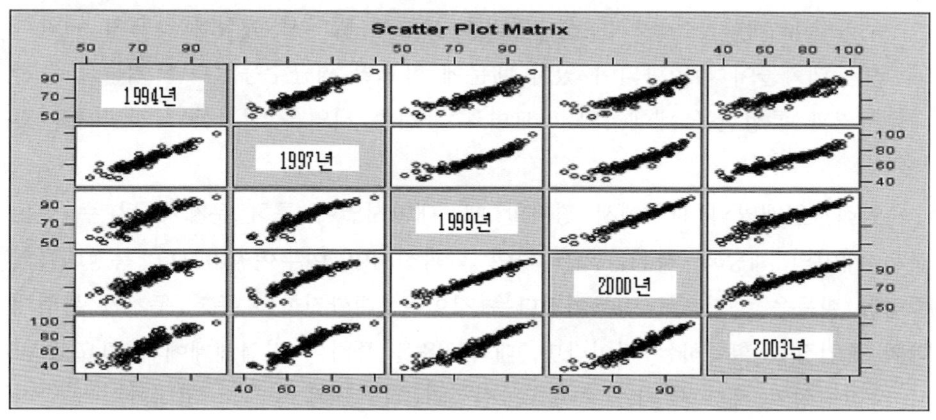

〈표 5-4-3〉 대학서열의 연도간 스피어만 상관계수

	1994년	1997년	1999년	2000년	2003년
1994년	1	0.9406 (0.0001)	0.9274 (0.0001)	0.9190 (0.0001)	0.9161 (0.0001)
1997년	0.9406 (0.0001)	1	0.9622 (0.0001)	0.9588 (0.0001)	0.9540 (0.0001)
1999년	0.9274 (0.0001)	0.9622 (0.0001)	1	0.9876 (0.0001)	0.9651 (0.0001)
2000년	0.9190 (0.0001)	0.9588 (0.0001)	0.9876 (0.0001)	1	0.9667 (0.0001)
2003년	0.9161 (0.0001)	0.9540 (0.0001)	0.9651 (0.0001)	0.9667 (0.0001)	1

주: ( ) 내는 *p*값.

스피어만 상관계수를 이용하여 분석한 결과가 제시되어 있는 〈표 5-4-3〉을 살펴보면, 상관계수는 1% 유의수준에서 통계적으로 유의하며 전반적으로 0.9 이상으로서 매해의 대학순위간에 매우 높은 상관성이 존재한다. 또한, 1994년을 기준으로 보면 매년의 상관계수 절대값이 여전히 크기는 하지만, 해가 지날수록 상관계수의 값이 점차 작아지고 있어 서열변화가 완만하게 진행되고 있음을 시사한다.

3. 학교서열과 전공서열

우리나라 대학들은 학과구성, 커리큘럼 등에 있어서 특성화 정도가 미약하고 모든 대학들이 획일화되어 있기 때문에 학교별 평균수능점수를 기준으로 한 대학서열과 특정전공 내에서의 학교별 수능점수 서열은 밀접한 상관관계를 갖는다.

인적자원개발의 관점에서 평가할 때, 대학서열이 특히 문제가 될 수 있는 것은 개인의 재능과 적성을 고려하여 학과선택이 이루어지기보다 특정대학의 졸업장 획득을 목적으로 이루어진다는 것이다. 대학진학의 주된 동기가 특정대학의 졸업장을 획득하는 것이라면, 대학교육을 통하여 직업세계에서 필요로 하는 숙련형성이 제대로 되기 어렵고, 전공과 직무간의 일치도 기대하기 곤란하다. 또한, 대학에서의 전공이 직업세계와 연계성을 갖지 못할 경우 개인적으로는 물론, 사회적으로도 대학교육의 낭비로 귀결될 수 있으며, 대학진학시 학교요인이 학과선택에 어느 정도 영향을 미치는가가 핵심적인 중요성을 갖게 된다.

대학서열과 각 전공별 대학서열간의 관계를 살펴보기 위하여 양자간의 스피어만 상관계수를 계산한 결과, 최근으로 올수록 모든 전공에서 대학서열과의 상관성이 다소 높아지는 것으로 나타나 대학이 여전히 중시되고 있음을 시사하고 있다. 여기서, 대학서열은 대학별 평균수능성적 서열로 작성하며, 전공별 대학서열은 전공대분류를 기준으로 각 전공 내에서의 학교별 수능점수에 의한 대학서열을 의미한다. 예컨대, 인문계열의 서열은 대학별 인문계열 평균수능성적을 기준으로 작성되었다. 분석결과에서, 각 계열별로 대학서열과의 관계가 상이하게 나타나고 있는데, 인문계열, 사회계열, 공학계열, 자연계열의 경우에는 대학서열과 매우 높은 상관성을 갖는 반면 교육계열은 이보다는 다소 낮은 상관성을 보이고, 의학계열의 상관성이 가장 낮았다. 교육계열과 의학계열의 상관성이 낮은 것은 전공과 직업세계간의 연계성이 비교적 명확한 전공의 특수성으로 인하여 대학진학시 학교보다는 학과가 보다 중시된 결과로 해석된다.

〈표 5-4-4〉 대학서열과 전공 내 대학서열

		전공 내 대학서열					
		인문계열	사회계열	교육계열	공학계열	자연계열	의약계열
대학서열	1994년	0.9622 (0.0001)	0.9454 (0.0001)	0.8822 (0.0001)	0.9491 (0.0001)	0.9422 (0.0001)	0.4176 (0.0053)
	1997년	0.9805 (0.0001)	0.9622 (0.0001)	0.9214 (0.0001)	0.9799 (0.0001)	0.9601 (0.0001)	0.5384 (0.0002)
	1999년	0.9731 (0.0001)	0.9730 (0.0001)	0.8808 (0.0001)	0.9828 (0.0001)	0.9646 (0.0001)	0.4894 (0.0009)
	2000년	0.9646 (0.0001)	0.9656 (0.0001)	0.8752 (0.0001)	0.9777 (0.0001)	0.9539 (0.0001)	0.4056 (0.0070)
	2003년	0.9756 (0.0001)	0.9764 (0.0001)	0.9070 (0.0001)	0.9818 (0.0001)	0.9769 (0.0001)	0.4530 (0.0023)

주: ( ) 내는 p값.

Ⅴ. 대학서열과 노동시장 성과간의 관계 실증분석

1. 취업률 분석

1) 사용자료

대학서열과 신규졸업자 취업률간의 관계를 분석하기 위하여 한국교육개발원의 「고등교육기관취업자통계조사」 2005년 자료에 진학사의 대학별 수능평균점수를 결합하여, 총 163개 대학을 대상으로 대학서열과 취업률간의 상관관계를 분석하였다.

진학사의 「대학·학과별 수능성적자료」 2003년 자료를 사용하여 대학·학과별 수능평균성적에 해당학과의 학생수를 활용하여 가중평균하는 방식으로 대학별 평균수능성적을 계산하고, 대학순위를 계산하였고, 한국교육개발원의 「고등교육기관취업자통계조사」 자료 중 입수가 가능한 2005년의 대학별 취업률 자료를 결합하였다.

2) 대학서열과 취업률

4년제 대졸자 취업률 추이를 살펴보면 외환위기 이전에는 60% 이상으로 비교적 높은 수준을 유지하였으나, 1998년 50%대로 하락한 이후 낮은 수준을

[그림 5-4-5] 연도별 신규대졸자 취업률 추이

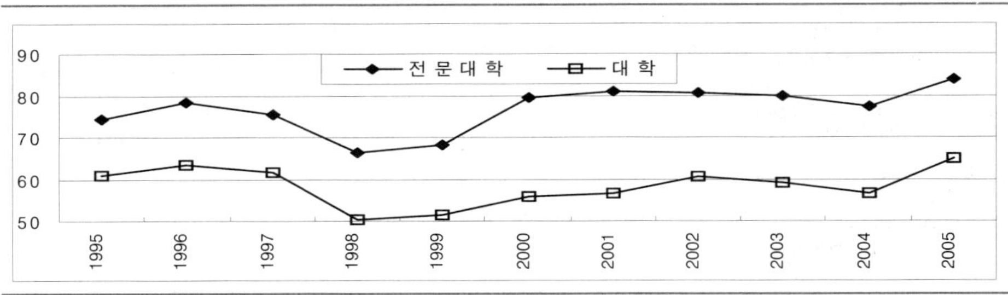

자료: 교육개발원, 「교육통계연감」, 각년도.

[그림 5-4-6] 대학별 수능평균성적과 취업률간의 산포도

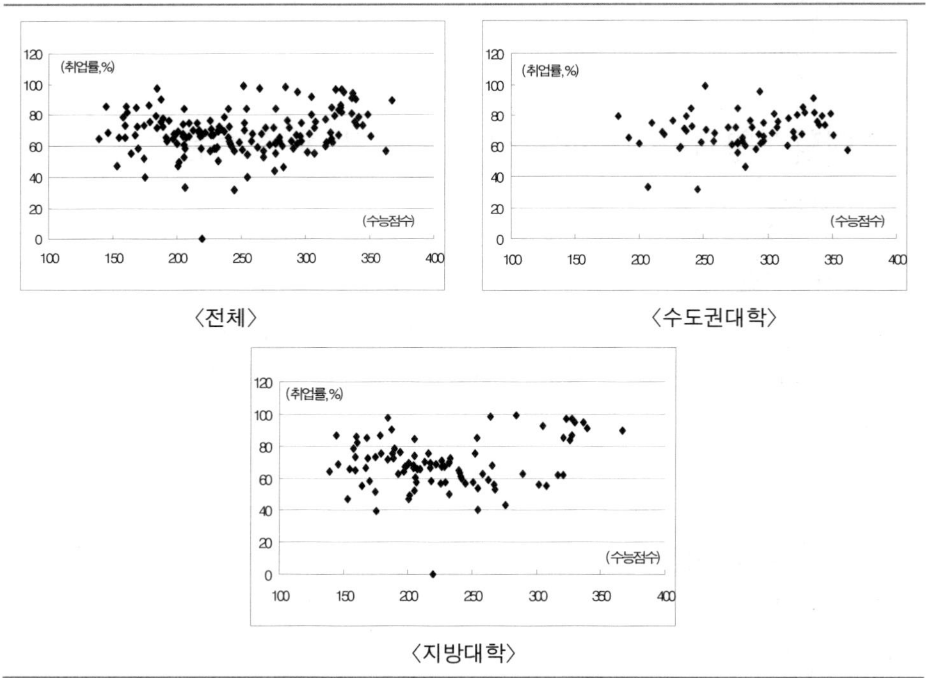

〈전체〉 〈수도권대학〉

〈지방대학〉

유지하다가 2005년에 크게 높아진다. 대졸자의 취업률이 낮은 이유는 괜찮은 일자리의 감소에 따라 취업준비기간이 장기화되고 경력직 채용비중이 높아진 데 기인한다.

2005년 조사결과에 따르면, 수도권 대학졸업생의 취업률이 비수도권에 비해 높아 2005학년도 졸업생의 취업률은 지방대학 62.2%, 수도권대학 69.4%로서 지방대학이 수도권 대학에 비해 7.2%P 낮게 나타난다. 지방대학이 대학서열의 중하위에 주로 위치함으로써 노동시장의 취업기회 감소가 지방대학의 취업률 부진을 초래한 것으로 보인다.

대학수준에서의 대학별 수능평균점수와 취업률간의 관계는 [그림 5-4-6]의 산포도에서 관찰되는 바와 같이 일정한 방향성을 띠지 않으며 평균 근처에 이산되어 있음을 확인할 수 있다.

대학서열에 따른 대학별 취업률 변화추이를 살펴보기 위하여 163개 대학을 대학별 수능평균점수에 따라 서열화한 후 10분위로 묶어 각 분위수별 평균취업률을 계산하였다. [그림 5-4-7]에서 대학서열 10분위수별 취업률 현황을 살펴보면, 대학서열의 중위권에 속하는 대학군의 취업률이 가장 낮은 것으로 나타났다. 중위권 대학의 취업률이 낮은 이유로는 이들이 대학서열의 실질적인 말단[27]에 위치하며, 그 결과 해당대학을 졸업한 구직자의 눈높이와 기업으로부

[그림 5-4-7] 대학의 수능서열 10분위수별 취업률 추이

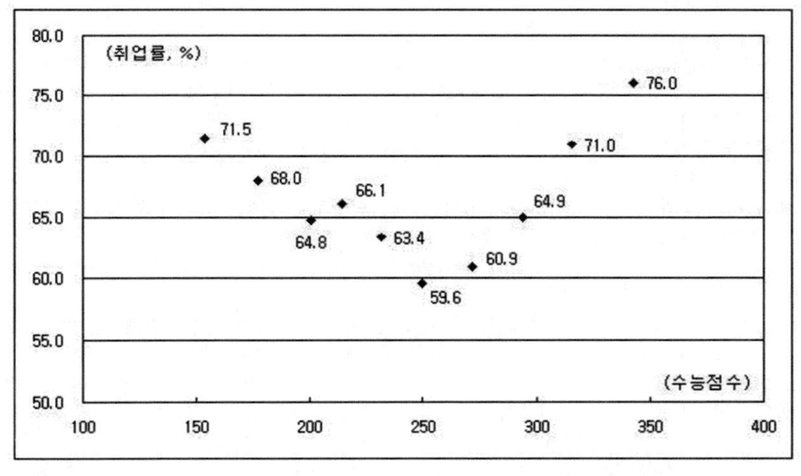

27) 뒤의 대학서열의 임금효과에서 확인되는 바와 같이 중위권 미만의 대학은 노동시장에서 임금과 관련하여 무차별하게 취급되고 있는 것으로 나타남.

터 제의되고 있는 일자리 수준 간에 불일치가 가장 심각하기 때문으로 추측된다. 즉, 중위권 대학 졸업생의 구직 눈높이는 중상위권 대학수준으로 맞춰져 있는 반면, 제의되는 일자리의 수준은 하위권 대학과 무차별할 가능성이 있다.

2. 임금격차 분석

1) 사용자료

한국직업능력개발원에서 2003년부터 격년으로 실시하고 있는 「전문대 및 대학 졸업생 경제활동상태 추적조사」 2005년 자료를 주로 사용[28]하며, 한국교육개발원의 「고등교육기관 교육시설현황 DB」, 진학사의 「대학·학과별 수능평균성적 DB」, 한국대학연구소의 「대학재정 DB」를 결합하였다. 또한, 대학별 교육의 질을 통제하기 위하여 대학별 교수학생비율, 학생 1인당 건물면적 등을 결합하였고,[29] 학교·학과별 학생능력의 차이를 감안하기 위하여 진학사에서 구축한 대학·학과별 신입생 수능평균점수 DB를 「졸업생 조사」에 결합하였다. 구체적으로 「졸업생조사」상의 개인별 출신학교 및 학과정보를 활용하여 1998 학년도 학교·학과 수능평균입학성적을 결합하는 방법을 사용하였다.[30]

수능평균입학성적은 개인의 능력을 나타내주는 동시에 동료그룹 효과(peer

28) 동 자료는 전문대 및 대학 졸업생의 학교교육, 직업세계 이행을 위한 준비, 이행과정, 경제활동상태, 노동시장성과 등에 대한 실태조사를 바탕으로 학생, 학부모, 근로자 등에게 노동시장 상태에 관한 신호를 제공하고 인력수급정책 수립에 활용하는 것을 목적으로 하며, 전공(소분류 기준)과 성별을 고려하여 층화계층추출방법에 의하여 26,041명의 전문대 및 대학교 졸업생을 대상으로 조사 실시.

29) 이 밖에도 교육의 질을 측정(measure)하는 대리변수로는 흔히 학교별 교수의 평균연봉, 학생 1인당 장학금 지급액, 대학별 평가순위 등이 함께 고려할 수 있으나, 본 연구에서는 이들 변수를 모두 파악할 수 없었기 때문에 교육의 질을 가장 잘 측정할 수 있는 변수로서 교수학생비율과 학생 1인당 건물면적을 사용.

30) 이와 같은 방식으로 수능평균입학성적을 구성한 이유는 다음과 같음. 첫째, 본 연구에서 사용한 자료는 2003학년도 전문대 및 대학 졸업생을 대상으로 하고 있지만, 졸업생에 따라 입학시점이 상이하기 때문에 중간치에 해당하는 입학년도를 선택하여 대학은 졸업 5년 전, 전문대학은 졸업 3년 전 수능성적을 사용하였다. 예를 들면, 대학의 경우 2003학년도 졸업자 10,605명 중 1995년 이전 입학자가 1,489명(14.0%), 1996년도 입학자가 2,271명(21.4%), 1997~1998년도 입학자가 2,410명(22.7%), 1999년도 입학자가 3,455명(32.6%) 등임. 둘째, 졸업생의 능력을 보다 정확하게 측정하려면 개인별 입학시점에 맞춰 학교·학과별 수능평균성적을 사용해야 할 것이나, 각 학년도간 수능성적의 절대치 비교가 곤란하다는 점과 학교·학과별 수능평균성적은 단기간 내에는 비교적 안정적일 것이라는 점을 감안하다면 특정 입학연도의 수능성적을 사용하더라도 추정결과는 크게 달라지지 않을 것임.

group effect)를 포착하여 대학의 질을 나타내는 변수로 사용되기도 한다. 따라서 본 연구에서 수능평균입학성적은 개인의 능력을 통제하는 변수이자, 대학의 질을 측정하는 변수로 동시에 사용되었다(장수명, 2002).

최종적으로 분석에 사용된 자료는 결측치를 제외하고 4년제 대학 122개교(수도권대학 44개교, 지방대학 78개교)이며, 현재 취업상태에 있는 졸업생 수는 7,835명(수도권대학 졸업생 3,570명, 지방대학 졸업생 4,265명)이다.

2) 대학수준 분석

대학수준의 분석자료로써, 대학별 평균임금은 한국직업능력개발원의 「졸업생조사」 개인별 월평균임금을 출신대학별로 산술평균하여 작성하였으며, 대학별 평균수능점수는 진학사의 「대학·학과별 수능평균성적」 DB상의 학과별 수능점수에 학과별 입학정원을 가중치로 한 학교별 가중평균값을 사용하였다. 기타 학교특성과 관련된 변수는 한국교육개발원의 「교육통계 DB」와 한국대학연구소의 「대학재정 현황」DB를 결합하였다.

〈표 5-4-5〉에서 학교수준의 요약통계를 살펴보면, 수능점수는 지방대학이 252.73점으로서 수도권대학의 301.08점에 비해 16.1% 낮고, 월평균 임금은 지방대학이 172.75만원으로 수도권대학의 185.65만원에 비해 6.9% 낮다. 수도권대학과 지방대학 졸업생간에는 수능격차에 비해 임금격차가 상대적으로 작으

〈표 5-4-5〉 학교수준의 요약통계

		전체	수도권대	지방대
평균	수능점수(점)	270.17	301.08	252.73
	임금(만원)	177.4	185.65	172.75
	재학생수(명)	10,554.26	9,609.81	11,174.06
	교수수(명)	281.57	263.45	293.65
	교수1인당학생수(명)	45.87	45.76	45.93
	학생1인당건물면적(㎡)	6.28	5.86	6.51
	학생1인당운영지출총액(천원)	4,057.53	5,014.82	3,172.03
	운영수입대비등록금비율	0.31	0.33	0.30
빈도수	국공립대학	44	4	40
	사립대학	78	28	50
	계	122	32	90

며, 이것은 능력차이를 감안할 경우 지방대생 임금차별이 그리 크지 않을 가능성을 시사한다.

재학생수, 교수 수 등을 기준으로 대학규모를 비교해 보면, 평균적으로 수도권대학에 비해 지방대학이 더 큰 것으로 나타난다. 교육여건을 살펴보면 학생 1인당 건물면적, 학생 1인당 운영지출총액 등에서는 지방대학이 수도권대학에 비해 우위에 있고, 교수 1인당 학생수는 큰 차이를 보이지 않았으며, 운영수입 대비 등록금 비율은 수도권대학이 약간 더 높았다. 특히 학생 1인당 운영지출총액은 수도권대학이 지방대학에 비해 58.1% 높은 1,842만원으로 나타나 격차가 매우 큰 특징을 보인다.

[그림 5-4-8]에서 대학수준에서 수능점수와 임금간의 관계를 살펴보면, 양자간에는 유의한 양의 상관관계가 존재하며, 대학전체를 기준으로 할 때 대학

[그림 5-4-8] 대학별 수능점수와 임금

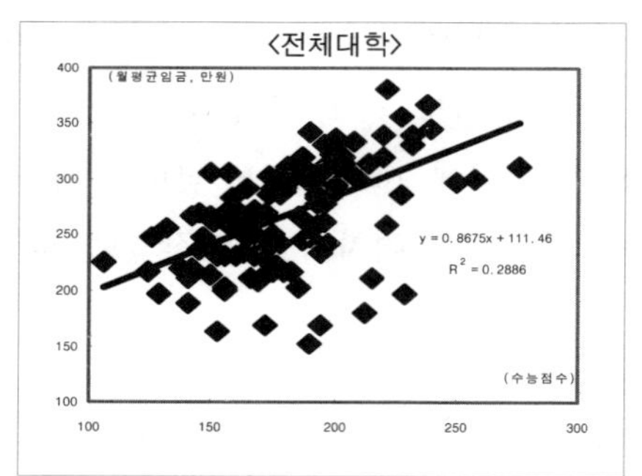

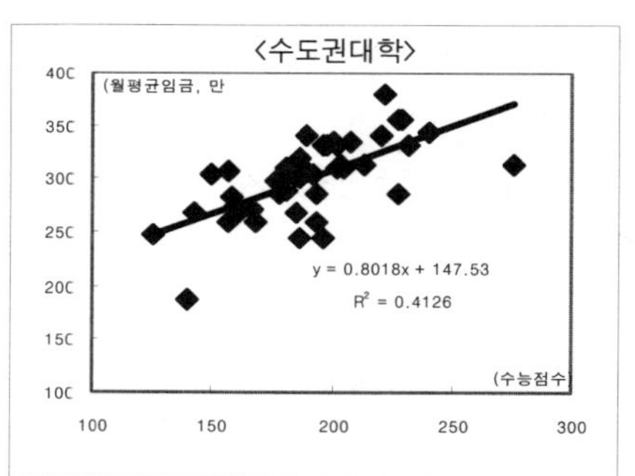

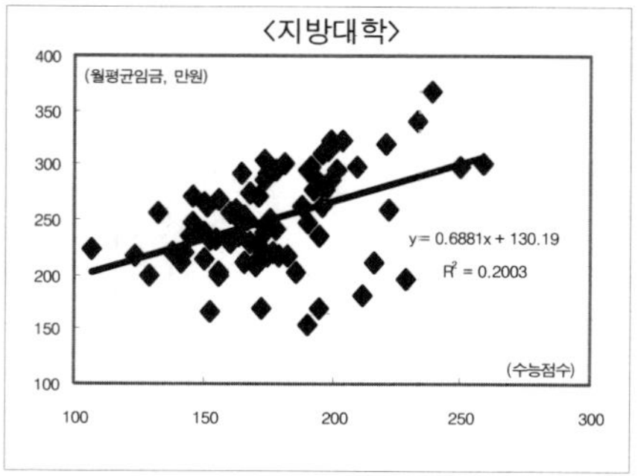

별 평균수능점수가 1점 상승하면 대학별 평균임금은 8,675원 상승하는 관계가 관찰되었다. 수도권대학과 지방대학으로 나누어 살펴보면, 수도권대학의 결정계수(R2)는 0.4126으로서 지방대학의 0.2003에 비해 2배 이상 높아 수능점수가 대학별 임금변동의 상당부분을 설명하는 것으로 나타났다. 또한 대학별 평균수능점수가 1점 상승할 때 대학별 평균임금은 수도권대학에서는 8,018원 상승하는 반면, 지방대학에서는 6,881원 상승하는 데 그쳤다.

수도권대학은 수능서열과 임금서열간의 관계가 비교적 뚜렷한 반면, 지방대학의 경우에는 이러한 관계가 상대적으로 약함을 알 수 있다. 4년제 대학 증가가 지방대학을 중심으로 이루어지면서 지방대학간의 서열경쟁이 진행형임에 반해, 수도권대학의 경우 수도권 대학신·증설 억제정책으로 대학서열에 대한 사회적 인식이 비교적 확고하게 자리잡은 영향으로 판단된다. 또한 수도권에 주로 상위권 대학이 집중되어 있고 중하위권 대학이 지방에 분포하고 있는 지역별 수능서열 구조도 영향을 미쳤을 것으로 추정된다.

[그림 5-4-9]에는 수능 10분위별 지방대학 점유비율이 도시되어 있는데, 이에 따르면 최하위(수능 1분위)에서는 지방대학의 점유비율이 1999년 이후 100%를 차지하고 있으며, 최상위(수능 10분위)에서는 지방대학의 점유비율이 지속적으로 상승하는 양상을 보이고 있다. 이는 지방대학 내부에서 수능성적을 기준으로 상위권에 진입하는 대학과 하위권에 편입되는 대학으로 구분되는 일종의 양극화가 진행되고 있음을 시사한다.

[그림 5-4-9] 수능 10분위별 지방대 분포

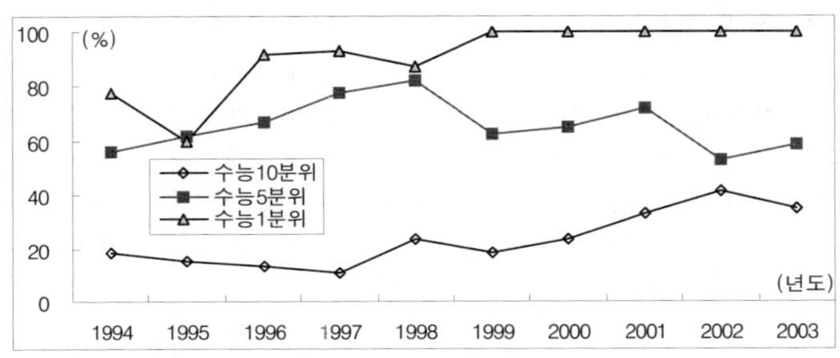

3) 졸업생 개인수준 분석

(가) 요약통계

개인별 분석자료는 한국직업능력개발원의 「졸업생조사」 개인별 자료에 진학사의 「대학·학과별 수능평균성적」 DB를 결합한 자료를 사용하였다.

〈표 5-4-6〉에서 주요변수 요약통계의 특징을 살펴보면, 월평균임금은 지방대학 졸업생이 174.77만원으로 수도권대학 졸업생의 197.52만원에 비해 11.5%

〈표 5-4-6〉 졸업생 임금자료 요약통계

변 수	수도권대학		지방대학	
	평균	표준편차	평균	표준편차
월평균임금	197.52	(70.27)	174.77	(67.56)
연령	27.47	(2.78)	27.14	(2.81)
성더미(여성=1, 남성=0)	0.44	(0.50)	0.46	(0.50)
결혼더미(기혼=1, 미혼=0)	0.13	(0.34)	0.14	(0.34)
개인수능점수	304.90	(38.46)	262.70	(44.26)
전공더미(인문계열=1, 기타=0)	0.15	(0.36)	0.11	(0.32)
〃 (사회계열=1, 기타=0)	0.22	(0.42)	0.21	(0.41)
〃 (사범계열=1, 기타=0)	0.06	(0.23)	0.12	(0.33)
〃 (공학계열=1, 기타=0)	0.30	(0.46)	0.30	(0.46)
〃 (자연계열=1, 기타=0)	0.14	(0.35)	0.15	(0.35)
〃 (의학계열=1, 기타=0)	0.05	(0.21)	0.04	(0.20)
〃 (예체능계열=1, 기타=0)	0.09	(0.28)	0.07	(0.25)
교수1인당학생수	44.33	(11.49)	45.09	(14.16)
학생1인당건물면적	5.35	(2.02)	5.65	(1.91)
기업규모더미(9인 이하=1, 기타=0)	0.11	(0.32)	0.16	(0.37)
〃 (10~29인=1, 기타=0)	0.16	(0.36)	0.19	(0.39)
〃 (30~99인=1, 기타=0)	0.19	(0.39)	0.23	(0.42)
〃 (100~299인=1, 기타=0)	0.12	(0.32)	0.11	(0.31)
〃 (300~499인=1, 기타=0)	0.06	(0.23)	0.05	(0.22)
〃 (500~999인=1, 기타=0)	0.07	(0.26)	0.05	(0.23)
〃 (1000인 이상=1, 기타=0)	0.29	(0.46)	0.21	(0.40)
고용형태더미(비정규직=1, 기타=0)	0.17	(0.38)	0.21	(0.41)
근속기간(월)	19.54	(20.23)	20.38	(25.91)
N	3,570		4,265	

[그림 5-4-10] 수능분위수별 수도권대학과 지방대학 졸업생간 임금격차

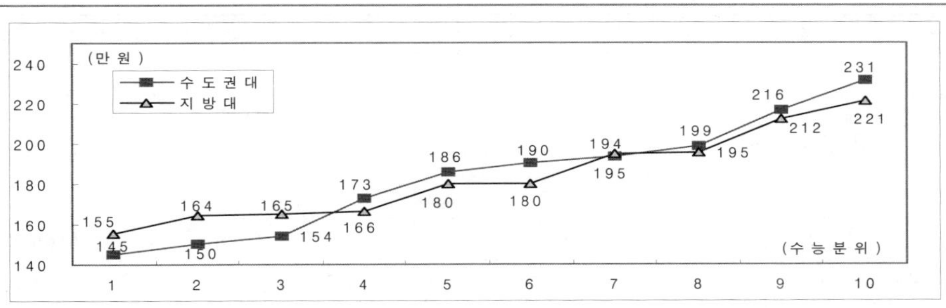

낮았다. 개인능력의 지표라 할 수 있는 수능점수는 지방대학 졸업생이 262.70점으로 수도권대학 졸업생의 304.90점에 비해 13.8% 낮았다.

[그림 5-4-10]에는 개인자료를 이용하여 계산한 수능 10분위별 수도권대학 졸업생과 지방대학 졸업생간의 월평균임금이 도시되어 있는데, 학교수준과 마찬가지로 개인수준에서도 수능점수와 임금간에는 양의 상관관계가 존재한다.

전반적으로 수능 분위수별 수도권대학과 지방대학 졸업생간 임금격차는 크지 않은 것으로 나타났다. 하위 3분위까지는 지방대학 졸업생의 임금이 오히려 더 높으며, 최상위인 수능 10분위에서는 수도권대학 졸업생 임금이 지방대학 출신에 비해 4.5% 높은 231만원을 기록하였다. 한편 수도권과 지방대학 모두에서 수능 최상위의 임금은 최하위에 비해 약 1.5배 정도의 격차를 보여 수능점수에 따라 상당한 수준의 임금격차가 관찰되었다.

(나) 수도권대학과 지방대학간 임금격차 분석결과

실증분석을 위한 위계적 선형모형은 다음과 같은 혼합모형(mixed model)을 이용하여 추정하였다. 식 (1)은 학교 및 학과특성이 배제된 상태에서 학과별 수능성적을 개별학교의 평균과 오차항의 두 부분으로 나눈 것이다. 위계적 선형모형의 특징은 식 (1)에서 배제된 학교특성 변수의 영향을 회귀모형식의 상수항 추정계수를 활용하여 분석에 포함시킬 수 있다는 것이다.

$$Y_{ij} = \beta_{0j} + r_{ij} \tag{1}$$

$$\beta_{0j} = \gamma_{00} + \gamma_{01} Z_j + u_{0j} \tag{2}$$

〈표 5-4-7〉 임금함수 추정결과

변수명	전체		남성		여성	
〈개인변수〉						
상수항	4.3836***	(0.0696)	4.4735***	(0.0832)	4.2049	(0.1026)
연령	0.0107***	(0.0015)	0.0122***	(0.0017)	0.0058***	(0.0027)
성더미(여성=1, 남성=0)	−0.1277***	(0.0083)	−	−	−	−
결혼더미(기혼=1, 미혼=0)	0.0552***	(0.0100)	0.0598***	(0.0116)	0.0511**	(0.0189)
개인수능점수	0.0014***	(0.0001)	0.0010***	(0.0002)	0.0019***	(0.0002)
전공더미(사회계열=1, 기타=0)	0.0277**	(0.0116)	0.0336**	(0.0164)	0.0199**	(0.0164)
〃 (사범계열=1, 기타=0)	0.1536***	(0.0155)	0.1587***	(0.0266)	0.1335**	(0.0199)
〃 (공학계열=1, 기타=0)	0.0457***	(0.0119)	0.0385**	(0.0159)	0.0521**	(0.0193)
〃 (자연계열=1, 기타=0)	0.0093	(0.0127)	−0.0007	(0.0186)	0.0198**	(0.0174)
〃 (의학계열=1, 기타=0)	0.1820***	(0.0193)	0.1394***	(0.0279)	0.2196**	(0.0271)
〃 (예체능계열=1, 기타=0)	0.0350**	(0.0164)	0.0168	(0.0242)	0.0562**	(0.0225)
고용형태더미(비정규직=1, 기타=0)	−0.2500***	(0.0086)	−0.2600***	(0.0127)	−0.2337**	(0.0121)
근속기간(월)	0.0026***	(0.0002)	0.0023***	(0.0002)	0.0034***	(0.0003)
〈학교변수〉						
지방대더미(지방대=1, 수도권대=0)	−0.0261**	(0.0121)	−0.0221*	(0.0132)	−0.0376**	(0.0162)
교수1인당학생수	−0.0008	(0.0005)	−0.0008	(0.0005)	−0.0009***	(0.0007)
학생1인당건물면적(㎡)	−0.0031	(0.0026)	−0.0038	(0.0031)	−0.0031***	(0.0035)
총변량(A+B)	0.0806		0.0728		0.0876	
학교간 변량(A)	0.0015		0.0009		0.0019	
학교내 변량(B)	0.0791		0.0719		0.0857	
−2 Res Log Likelihood	2,648.8		1,122.2		1,573.9	
개인수	7,686		4,179		3,507	
학교수	118		118		118	

주: 1) ( ) 내는 *p*값을 의미하며, ***는 1%, **는 5%, *는 10% 유의수준에서 각각 유의함을 의미.
2) 직업의 특성을 통제하기 위하여 도입된 산업더미(제조업, 건설업, 도소매업, 전기운수업, 사업개인공공서비스업), 직종더미(관리전문직, 사무직, 판매직, 단순노무직), 기업규모더미(9인 이하, 10~29인, 30~99인, 100~299인, 300~499인, 500~999인, 1,000인 이상) 등은 지면 관계상 생략.

$$Y_{ij} = (\gamma_{00} + \gamma_{01} Z_j) + (u_{0j} + r_{ij}) \tag{3}$$

여기서 $r_{ij} \sim N(0,\ \sigma^2)$ 및 $u_{0j} \sim (0,\ \tau_{00})$임.

위계선형모형을 적용하여 개인특성, 출신학교 특성, 기업특성 등을 모두 포함한 임금회귀식을 추정하고 지방대학 차별을 중심으로 결과를 해석하였다. 임금함수 분석방법은 개인의 관찰되지 않는 특성 — 예를 들면, 출신대학에 따른 인적네트워크, 노동시장 정보 등의 차이 — 이 제대로 통제되지 못하는 한계를 갖으나, HLM 모형을 적용하여 고정효과와 임의효과를 통제하고 있기 때문에 통상적인 임금함수 분석방법에 비해서는 우위를 갖는다고 할 수 있다.

〈표 5-4-7〉에는 위계선형모형을 적용하여 추정한 통상적인 임금회귀식의 추정결과가 전체, 남성, 여성으로 나누어 제시되어 있다.

지방대더미는 3개 모형 모두에서 유의한 음의 값을 보였는데, 이는 여타 요인들을 통제하였을 때 지방대생 임금격차는 전체적으로 2.61%, 남성에서 2.21%, 여성에서 3.76% 존재함을 의미한다. 수도권 대학과 지방대학 졸업생간 월평균임금 격차가 11.5%였던 점을 감안하면, 임금격차의 상당부분이 생산성 격차에 의해 설명되고 있다.

수능점수는 졸업생의 임금에 유의한 양의 영향을 미치는 것으로 나타나, 수능점수 1점당 0.14%의 임금상승 효과가 존재하였다. 대학별 교육여건의 차이는 졸업생의 임금에 유의한 영향을 미치지 못하고 있었다. 전체자료를 사용하여 추정한 모형에서 교수 1인당 학생수, 학생 1인당 건물면적의 추정계수는 모두 유의하지 않아 교육의 질개선을 위한 대학간 경쟁이 노동시장에서는 아직 수용되지 못하고 있음을 시사한다.[31)]

(다) 명문대학의 임금효과

대학서열에 따른 학교의 임금효과를 살펴보기 위하여 유사한 방식으로 임금회귀식을 추정하였다. 단, 상이한 점은 임금함수식에서 설명변수로서 개인의 수능점수를 배제하고, 대학별 수능평균성적을 대학순위에 따라 1~5위, 5~10위, 11~20위, 21~30위, …, 91~100위, 100~118위로 집단화하여 각 집단 더미변수를 설명변수로 추가하여, 기준집단인 수능평균성적 100위 이하 대학과의 임금격차를 추정한 것이다.

[그림 5-4-11]은 남여를 모두 합한 전체 자료를 대상으로 수능서열별 각

31) 이는 대학별 교육여건, 인적자원개발 성과, 졸업생의 능력 등에 대한 다양한 정보와 지표를 노동시장에 제공함으로써 기업의 인사정책에 활용할 필요성 제기.

[그림 5-4-11] 대학서열의 임금효과

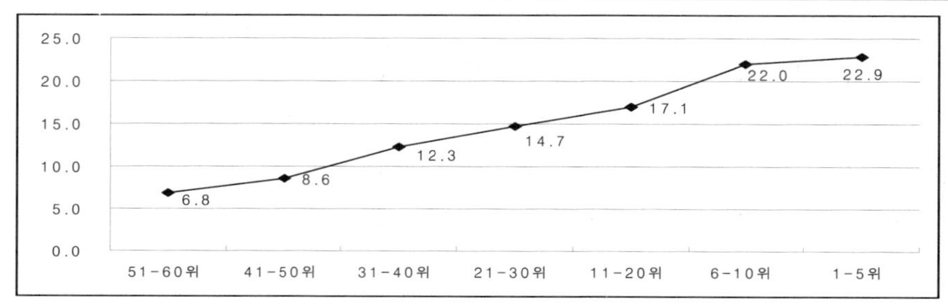

집단더미 변수의 추정계수를 도시한 것으로서 기준집단과 비교한 해당집단의 백분율 임금격차를 의미한다. 예컨대 1~5위 서열에 속하는 대학의 졸업생은 평균적으로 기준집단인 100위권 이하 대학에 비해 월평균임금이 22.9% 높다는 의미이다. 아울러 60위권 미만 대학의 추정계수는 유의하지 않게 나타났는데, 이는 적어도 임금측면에서는 대학서열화의 실질적인 효과가 중위권 이상의 대학에서 유의미하게 나타남을 의미한다.

[그림 5-4-11]에서 주목해야 할 점은 수능성적에 따른 대학서열의 임금효과가 거의 선형으로 나타나고 있다는 사실이다.

미국을 대상으로 한 Dale and Kureger(1998)의 연구에 따르면 평균 SAT 성적의 효과가 비선형으로서 대학의 신입생 평균성적이 올라갈수록 초기에는 임금효과가 상당히 크게 나타나지만, 일정 점수 수준을 넘어서면 평균성적의 차이에 의한 임금차이는 크지 않았다. 우리나라에서 대학서열에 따른 졸업생의 임금효과가 거의 선형으로 존재하다는 사실은[32] 대학이 교육을 통한 인적자원개발(human resource development) 기능을 수행하기보다 우수학생의 선별도구(screening device)에 그치고 있을 가능성을 시사한다. 즉, 입학생의 수능성적으로 측정된 대학서열과 졸업생의 취업률, 임금 등 대학별 노동시장성과에 의한

32) 이러한 결과는 장수명(2002)에서 명문대학의 경제적 효과가 상위 1~5위 대학에서 매우 크게 발생하는 반면 그 이하 순위의 대학에서는 학교의 임금효과가 거의 없거나, 미미한 수준에 그치고 있다는 주요 결과와 상이한 것임. 이러한 차이는 본고에서는 코호트 자료를 사용한 반면 장수명(2002)은 여러 연령집단이 혼합되어 있어 연령효과가 제대로 통제되지 않았을 가능성과 노동패널 자료를 사용하여 출신대학별 관측수가 매우 적다는 한계에 기인하는 것으로 추측됨.

서열이 동일한 패턴으로 나타나는 것은 대학들이 교육을 통해 학생들의 인적자본에 부가가치(value-added)를 창출하는 데 실패하고 있기 때문으로 볼 수 있다. 이러한 현상은 특히 상대적으로 우수한 학생을 선발한 상위권 대학에서 학생의 능력개발을 위한 학교간 경쟁을 실질적으로 전개하기보다는 상위권 대학으로서 누리는 독과점적 지위에 안주하여 암묵적 대학간 담합구조가 존재하기 때문으로 해석된다.

Ⅵ. 요약 및 정책과제

1. 요 약

1990년대 이후 대학설립이 활발하게 이루어졌음에도 불구하고 신생대학들이 대학서열의 하위권으로 편입됨에 따라 대학서열화는 여전히 공고하게 유지되고 있으며, 지방대학 내부에서 하위권 대학과 상위권 대학으로의 재편이 진행되고 있다. 수도권 인구집중 억제를 위해 수도권에 대학신설이 사실상 규제됨으로써 지방에서 대학신증설이 이루어지고, 대학교육의 질이 충분히 담보되지 못한 채 대학교육 확대가 이루어짐으로써 대학간 경쟁구도는 본질적으로 변화하지 않고 신설대학이 대학서열의 하위로 주로 편입되고 있다. 1994~2003년간의 학교, 학과별 수능평균점수 변화추세를 분석한 결과 대학서열구조는 본질적으로 변화하지 않은 채 유지되는 것으로 분석되었다.

대학서열별 취업률은 중위권 대학에서 가장 낮고 상위집단과 하위집단에서 높은 V자형태의 취업경향을 나타냈는데, 이는 실질적인 대학서열화가 중위권 대학부터 시작되기 때문으로 해석된다. 즉, 중위권 대학 졸업자의 낮은 취업률은 이들의 구직 눈높이가 중상위권 대학과 유사한 반면 제의 일자리의 질은 하위권 대학과 차별화되지 못하고 있기 때문으로 보인다. 노동시장에서 고용주와 구직자는 정보비대칭성으로 말미암아 입직단계에서 출신학교에 따른 차별의 가능성이 높으리라는 점을 감안하면, 실질적으로는 대학서열의 중위에 속하면서도 노동시장에서는 하위권 대학과 무차별하게 인식되고 있는 중위권 대학에서 대학서열화의 부정적 영향이 집중된다고 보여진다.

지방대학 졸업생의 월평균임금은 수도권대학 졸업생에 비해 11.5% 낮으나, 이것은 대부분의 지방대학이 대학서열의 하위권에 편입된 결과로써 개인 능력의 대리변수라 할 수 있는 개인별 수능성적을 통제할 경우 지방대에 대한 차별에 기인하는 임금격차는 2.6% 수준으로 감소한다. 지방대학 차별로 인식되는 임금격차의 상당부분은 수능점수의 차이로 대부분 설명되나, 수학능력과 직업능력은 동일하다고 볼 수 없으므로 수능성적에 의해 임금격차가 절명된다고 하더라도 그것이 합리적인가는 별개의 문제이다. 더구나, 수능성적은 고교단계까지의 학업성취도를 나타내는 지표로서 대학에서의 인적자원개발 성과를 반영하지 못하는 결점을 안고 있다.

수능서열 100위 이하 최하위권 대학 졸업생을 기준으로 하였을 때, 대학서열에 따른 임금효과는 중위권 대학부터 나타나기 시작하며 대학서열 상승에 따라 임금이 선형으로 증가하는 양상을 보인다. 대학서열 상승에 따라 임금이 비례적으로 증가한다는 사실은 적성위주로 대학을 선택하고 대학교육을 통해 인적자원을 개발하는 경로보다 학과를 불문하고 명문대학에 입학하는 경로가 노동시장에서 생애소득을 극대화하는 데 보다 우월한 전략임을 의미하며, 이것은 우리사회에서 나타나고 있는 명문대학 진학을 위한 치열한 대학입시 경쟁을 부분적으로 설명하고 있다. 또한 임금함수 분석결과 교수 1인당 학생수, 학생 1인당 건물면적 등과 같은 대학교육의 질이 임금에 미치는 효과가 미미하여 대학단계에서의 인적자원개발 노력이 노동시장 성과로 연결되지 못하고 있음을 의미한다.

대학서열과 노동시장 성과간에 밀접한 상관관계가 존재한다는 사실은 대학이 교육을 통한 인적자원개발(human resource development) 기능을 수행하기보다 우수학생의 선별도구(screening device)에 그치고 있을 가능성을 시사한다. 즉, 입학생의 수능성적으로 측정된 대학서열과 졸업생의 취업률, 임금 등 대학별 노동시장성과에 의한 서열이 동일한 패턴으로 나타나는 것은 대학들이 교육을 통해 학생들의 인적자본에 부가가치(value-added)를 창출하는 데 실패하고 있기 때문으로 볼 수 있다. 이러한 현상은 특히 상대적으로 우수한 학생을 선발한 상위권 대학에서 학생의 인적자원개발을 위한 학교간 경쟁을 실질적으로 전개하기보다는 상위권 대학으로서 누리는 독과점적 지위에 안주하여 상위권 대학간 암묵적 담합구조가 존재하기 때문으로 해석된다.

2. 정책과제

1) '(가칭) 직업기초능력시험' 도입을 통한 구직자의 직업능력 정보 생성

기업이 신규채용 단계에서 출신대학을 중시하는 이론적 근거는 구직자의 능력에 대한 제한된 정보와 높은 정보획득 비용으로 인한 통계적 차별에서 찾아 볼 수 있다. 기업은 치열한 국내외 경쟁에 직면하고 있고, 내부노동시장에서는 기업이 근로자의 생산성에 관한 다양한 정보를 용이하게 확보할 수 있기 때문에 재직근로자에 대해서는 출신대학에 따른 차별문제가 심각하지 않을 수 있다. 오호영 외(2006)에 따르면 1,000명 이상 대기업 중 신규채용시 출신대학을 중시하는 기업은 28.6%에 달하며, 그 이유로는 '출신대학별 졸업생 업무능력이 달라서(65.0%)', '출신대학 이외에 적당한 채용기준이 없어서(25.0%)'로 응답했다고 하였다. 채용과정에서 출신대학이 중요하게 영향을 미치는 단계는 서류전형단계로서 출신대학을 중시하는 기업의 85.0%가 이에 해당한다고 응답하였다.

대학서열에 따른 채용단계에서의 노동시장 차별문제를 해소하기 위해서는 구직자의 직업능력에 대한 공신력 있는 정보를 생성하여 기업들이 채용단계에서 활용할 수 있도록 시스템을 구축할 필요가 있다. 우리나라에서 대학서열은 곧 수능성적의 서열을 의미하므로 대학서열에 따른 노동시장 차별이 존재한다는 사실은 기업들이 수능성적을 채용의 중요한 기준으로 활용하고 있음을 의미한다. 수능성적은 고등학교 단계까지의 학업성취도로서 개인의 능력에 대한 대리지표는 될 수 있으나, 대학 4년을 통한 인적자원개발 성과가 반영되지 못하며, 기업이 중시하는 의사소통능력, 문제해결능력, 대인관계능력, 조직이해능력 등의 직업기초능력과도 상관관계가 높다고 보기 어렵다. 더구나 대졸 신규구직자는 출신대학과 관련된 정보 이외에 대부분 노동시장 경험이 전무하기 때문에 기업이 출신학교 이외에 구직자의 직업능력에 관한 신뢰성 있는 정보를 파악하기 어려운 문제가 있다.

따라서 (가칭) '직업기초능력시험'을 일종의 자격시험처럼 실시하여 대학졸업생의 직업능력에 대한 국가차원의 평가시스템을 구축하고, 그 결과가 수능성적보다 더 유용한 기업의 선별기제(screening device)로 활용될 수 있도록 유도하는 것이 필요하다. 일례로, 호주에서는 교육·과학·훈련부의 주도하에 GSA(Graduate Skills Survey)라는 이름으로 입학시와 졸업시점에 대학생의 일반적 스킬을 평가하고 있다(채창균, 2006). GSA에서는 대학, 기업, 기타 이해관계자의 의견을 수렴하여 여러 능력 중 작문능력, 비판적 사고력, 문제해결능력, 대인관계능력 등을 측정한다. 입학시점과 졸업시점 두 번의 평가를 통해 대학과정에서의 인적자원개발 정도를 평가한다.

'직업기초능력시험'은 단기간의 수험준비를 통해서는 높은 점수를 획득할 수 없고, 대학교육을 통해 개발된 능력을 측정할 수 있도록 설계하여야 하며, 이는 다양한 용도로 활용이 가능할 것이다. '직업기초능력시험'은 대학의 인적자원개발 성과에 대한 직접적인 평가를 통해 대학의 직업교육 기능을 보다 활성화하여 숙련의 불일치 해소에 기여할 것이며, 기업이 구직자의 직업능력에 대한 보다 직접적인 정보를 활용할 수 있게 됨으로써 채용비용을 줄이고, 출신대학에 따른 채용상의 차별문제도 해소할 수 있을 것이다.

2) 자격의 신호기능 강화를 위한 국가직무능력표준(KSS) 정착

출신대학이 노동시장에서 개인의 능력에 대한 일종의 신호역할을 하고 있다는 점에서 자격과 유사하다고 볼 수 있으나, 수능성적 이외에 대학의 인적자원개발 기능은 매우 제한적이라는 점에서 직업능력에 대한 신호로서 한계를 지닌다. 학력은 일반적 숙련(general skill)이 중시됐던 개발연대의 대량생산시스템에서 중요한 기능을 하였으나, 지식기반사회로의 이행에 따라 전문화, 세분화되고 있는 직업세계의 변화와 산업특수적, 기업특수적 숙련의 중요성이 강조되는 21세기에는 자격으로서의 역할에 한계가 있다.

자격의 3대 기능으로는 노동시장에서 근로자의 직업능력을 객관적으로 보여주는 신호제공기능, 개인의 직업능력을 개발하거나 향상시키는 기준으로서의 기능, 구체적인 직무수행능력을 객관화시킴으로써 숙련수급의 불일치를 감소시키는 기능 등이 있으나, 출신대학은 이러한 측면에서 한계를 지닌다.

자격제도가 이러한 기능을 원활히 수행하기 위해서는 직업능력지표로서의 '호환성', 산업수요에 상응하는 '현장성', 그리고 평생학습을 유도하기 위한 '활동성'이 제고되어야 한다. 그러나 우리나라에서는 공급자위주의 검정제도, 현장수요를 정확히 전달할 산업계 역할의 미비, 자격제도의 질을 관리하는 국가관리기구의 역할미비 등으로 자격제도가 본연의 기능을 수행하지 못하고 있다. 서구의 직무중심 노동시장(job-based labor market)에서는 자격이 직무와 깊은 연계를 이루기 때문에 통용성이 높으나, 일본이나 우리나라와 같이 기업단위의 내부노동시장(company-based internal labor market)이 발달한 국가에서는 전문숙련인력 선발기능으로서의 역할이 제한적이다.

국가직무능력표준(KSS)의 정착을 통한 교육훈련-자격-일의 연계체제를 형성함으로써 자격제도가 인적자원개발의 핵심적 수단으로 자리잡고, 평생학습의 기재가 되도록 정착시켜야 한다. 자격제도와 인적자원개발의 연계성을 높이기 위해서는 '숙련에 대한 산업현장수요 포착 → 교육훈련 설계 → 자격신설'의 절차가 국가인적자원개발의 틀 속에서 통합적으로 분석하고 조정하는 기구의 신설 또는 지정이 필요하다. 또한, 자격제도가 원활히 기능하도록 하기 위해서는 국가직무능력표준(KSS)을 직무에 따라 요구되는 직무능력의 수준별로 체계화하는 자격의 수준체계 정비, 즉 국가자격체계(KQF)의 구축이 필요하다. 자격의 수준을 정비함으로써 필요한 인력의 수준, 지식과 기술의 요구정도 등을 표준화할 수 있고, 교육훈련에 적용함으로써 인력수급에 있어서 양적·질적 불일치를 상당부분 해소할 수 있다.

3) 숙련수요 조기경보 시스템 구축

기술진보로 IT, BT 등 신생산업이 급성장하고 세계화에 따른 경쟁격화로 산업구조조정이 빠르게 진행됨에 따라 직업세계의 변동이 심화되고 숙련수요가 급속히 변모되고 있으나, 교육 및 훈련기관의 숙련공급은 숙련수요 변화를 적기에 반영하여 인력양성에 활용하지 못함으로써 숙련수급의 불일치 문제가 심화되고 있다. 숙련수요의 조기파악과 개인 및 교육훈련기관으로의 확산체계가 갖춰지지 못함으로써 부문간 양적 인력수급 불일치와 부문 내에서의 숙련수준과 내용을 둘러싼 질적 불일치가 동시에 심화되고 있다.

학력차별과 관련한 인력공급 측면의 문제점으로는 고등학교 단계까지 직업진로에 대한 특별한 고민 없이 상급학교 진학에만 몰두하고, 대학에서도 제대로 된 직업진로 교육을 받지 못함으로써 청년층의 상당수가 노동시장 진입단계에서 차별화된 직업능력을 갖추지 못하고 붕어빵같은 인력이 양산되는 문제가 있다. 구직자가 원하는 직업을 얻기 위해서는 해당 직업에서 요구하는 직업능력을 갖추는 것이 중요하나, 직업세계에 관한 정보의 부족과 초중등 단계에서의 직업진로 교육의 부실로 직업세계에 대한 준비가 내실화되지 못하고 있다. 직업적성을 조기에 발견하여 자기주도적 진로설계를 유도하고 직업세계가 요구하는 자격과 숙련을 획득하기 위해서는 직업세계에 관한 공신력 있는 정보제공이 필수적이다.

숙련수요 조기경보는 성장하는 고용분야에서 나타나는 새로운 자격요건들을 신속하게 파악하여 직업교육 및 훈련에 반영함으로써 국가인적자원개발의 효율화를 기하는 체계라 할 수 있다. 숙련수요 변화의 조기경보를 위해서는 숙련변화를 인지하고 숙련을 실제 형성하는 데 참여하는 모든 기관들 — 기업, 교육 및 훈련기관, 연구기관, 정부 — 의 참여와 협력 네트워크 구축이 중요하다. 산업 및 직업활동 분야를 중심으로 기술 및 조직 등의 변화가 깊이 반영되어 해당 분야의 자격발전 추세를 이끌어갈 '추세자격'을 파악하는 것이 중요하며, 이를 위해서는 각 분야 발전을 선도하는 혁신기업 내부에서 진행되고 있는 숙련변화에 주목할 필요가 있다. 이와 함께 산업전반에 걸친 숙련변화를 파악하기 위하여 기업을 대상으로 숙련에 관한 광범위한 실태조사를 실시하고 직업전문가가 이를 모니터링, 분석하여 숙련변화를 파악하는 체제구축도 필수적이다.

참고문헌

김동훈(2001), "학벌주의의 극복을 위한 교육정책적 대안," 통권 제20호, 92~102쪽, 학교운영위원회.

김안나(2003), "대학입학 수능 성적 분포의 변화추이를 통해 본 고등교육의 서열화 구조,"「교육사회학연구」제13권 제 3 호, pp. 89~106.

김주섭(2005). "청년층의 고학력화에 따른 학력과잉 실태 분석,"「노동정책연구」, 제 5 권 제 2 호, 1~29쪽, 한국노동연구원.

김형만 외(2002),「국가인력수급 중장기계획 정책연구」, 교육인적자원부.

류장수(2003), "지방대학 졸업생의 노동시장 이행실터와 성과분석,"「산업노동연구」, 제

9권 제1호, 171~196쪽.

박부권(1999), "대학설립 준칙주의 성과분석 및 개선방안 연구," 교육부 교육정책 연구과제.

신극범(2003), "지방화시대의 지방대학의 역할과 발전방향," 「지방대학의 위기 진단과 발전 방안」, 제19차 KEDI 교육정책포럼, pp. 1~8. 서울: 교육개발원

심인호(2000), "교육, 국가, 자본주의 그리고 학력주의: 계급적 관점으로 바라본 학력주의의 본질," 「고대문화」 제52호, pp. 16~31, 서울: 고려대학교 고대문화편집위원회.

오호영(2005), "과잉교육의 원인과 경제적 효과," 「노동경제논집」, 제28권 제3호, 1~37쪽.

이동규(1995), 「대학경영위기」, 서울: 선학사.

이두휴·고형일(2003), "대학서열체계의 공고화와 지역간 불균등발전," 「교육사회학연구」, 제13권 제1호 pp. 191~214.

이병희 외(2005), 「교육과 노동시장 연구」, 한국노동연구원.

이주호 등(2003), "한국 대학의 서열과 경쟁," 「경제학연구」, 제49집 제1호.

장수명(2002), "대학교육의 경제학," 「노동정책연구」, 제2권 제1호, 47~79쪽.

장수명(2005), "학력과 대학서열의 경제 분석," 「한국경제학회」, 경제학공동학술대회 발표문.

장창원 외(2005), 「중장기 인력수급 전망」, 한국직업능력개발원.

전근하(2004), "노동시장의 학력과잉과 고학력화 현상," 「한국의 고용구조」, 163~210쪽, 한국산업인력공단 중앙고용정보원.

최수태(2000), "성적순 '한 줄 세우기'시대 종식: 2002학년도 수능시험 9급등제 도입," 「교육마당 21」, 제220호. pp. 32~35.

채창균(2005), 「대졸 청년층의 노동이동」, 한국직업능력개발원.

채창균(2006), "호주의 대학생능력평가제고 — Gradute Skills Assessment," 「직업과 인력개발」, 제9권 제2호.

홍영란·이남철·신범석(2002), "기업의 직원 채용 및 승진 등에 학벌이 미치는 영향 연구," 한국교육개발원.

진학사(각년도), 「대학·학과별 수능평균성적 데이터베이스」.

통계청(각년도), 「경제활동인구연보」.

한국개발연구원(2006), 「양극화 극복과 사회 통합을 위한 사회경제정책 제안」.

한국교육개발원(각년도), 「교육통계연감」.

한국교육개발원(2005), 「고등교육기관취업자통계조사」.

한국대학연구소(각년도), 「대학재정현황 데이터베이스」.

현대경제연구원(2007), 「한국경제주평」, 3월 2일자.

Dale, S.B., and A. B. Krueger(1998). "Estimating the Payoff to Attending a More Selective College: An Application of Selection on Observables and Unobservable". Working Paper #409, Princeton University, Industrial Relations Section.

Denison, E. F.(1985). Trends in American Economic Growth 1929~1982, Brookings Institution, Washington DC.

•토론• 대학서열화와 노동시장 이행*

이 논문은 대졸자 신규채용시장의 주된 특징인 대학서열화를 분석한 글이다. 대학과 대학생의 확대로 이 논문은 공급과잉 상태에서 구직자가 구인자(기업)보다 많은 정보를 갖는 정보 비대칭으로 인하여 구인자가 대학들의 평균입학성적을 기준으로 구직자 중 신입사원을 선발함으로써 통계적 차별의 가능성이 있음을 지적하고 이를 논증하고자 하였다는 점에서 의의가 크다.

또한 이 논문은 임금회귀분석에서 거의 사용하지 않는 위계적 선형모형(HLM)을 이용하여 대학별로 다를 수 있는 변수의 효과를 추정해 보고 있어 흥미롭다.

토론자는 이 방법론의 적용과 실증분석의 결과와 함의에 대체로 동의하지만 몇 가지 의문과 과제가 남는다고 생각하여 다음과 같이 토론하고 제안한다.

첫째, 대학의 성적서열의 효과를 고려할 때 중요한 문제는 성적과 다른 변수와의 다중공선성의 문제와 역의 상관관계이다. 다중공선성 문제부터 살펴보면 다음과 같다. 개인들의 취향과 개인의 자질보다 성적에 맞추어 대학과 전공을 선택하여 진학하는 경우 대학 전체 평균 성적(또는 전공)과 계열을 통제하면 개인의 성적은 이 두 변수의 효과에 의해 압도된다. 이 문제를 해결하기 위해

* 장수명(한국교원대학교 교육정책대학원 교수).

서 변수들의 조합을 이용한 다양한 모형을 적용·활용할 필요가 있다.

둘째, 역의 상관관계 문제는 노동시장의 구조화된 임금이 대학의 서열에 역으로 영향을 주었을 가능성과 관련 있다. 대학서열에 관한 연구를 보면 성적이 임금에 영향을 미친다는 가정을 전제하고 있다. 그러나 대학별 의학계열의 평균성적이 거의 평준화된 것이나 교육대학의 성적이 급격히 올라간 점은 노동시장의 구조가 역으로 이에 반영한 것일 수 있다. 따라서 이 역의 상관관계에 대한 본격적인 분석이 필요하거나 통제할 필요성이 있다. 이는 차후의 연구과제로 제시할 수 있다.

셋째, 위계적 선형모형은 학생들의 개인적 배경이 학생들의 성적에 영향을 미치는 방식이 학교에 따라 다를 수 있다는 것에서 출발했다. 학교간의 차이를 개인간의 차이로 잘못 해석할 수 있다는 점이다. 그러나 가정배경과 학교의 특성에 관한 정보만으로 학생들의 성적에 대한 회귀분석 방법인 위계적 선형모형이 노동시장의 성과를 분석하는 데 적절한 것인지 여전히 의문이 남는다.

넷째, 성적을 통제한 후 수도권의 임금 프리미엄이 거의 없는 것으로 나타났다. 그렇다면 왜 수도권으로 진출하는 우수한 학생들이 점차 많아지는가? 개인들의 행태 때문인가? 경제적 근거가 없는가? 비용은 높고 수익은 거의 없다면 왜 그런 낭비적 투자를 하는가? 이 논문에는 이에 대한 답과 해석이 없다.

다섯째, 본 연구에서 사용한 자료는 노동패널과 달리 제한된 코호트를 사용하고 있다. 따라서 대학졸업 후 시간이 지날수록 대학의 NETWORK를 통한 생산성 효과는 높아질 수 있다는 점이 포착되지 않는다. 이 점을 연구의 제한점으로 제시해야 할 것이다.

제 6 장

성장과 고용에 관한 선진국의 이론과 현실: 한국에의 적용

제 6 장

성장과 고용에 관한 선진국의 이론과 현실: 한국에의 적용

제 1 절 각국의 문화 및 제도에 따른 경제 성과와 한국에의 시사점*

Ⅰ. 다양성, 인적자본, 경제성장

Oded Galor(Professor of Economics, Brown University) 교수는 문화가 일국의 인적자본 형성과 경제성장에 영향을 미침을 실증 및 이론적 관점에서 밝히고 있다. 즉 문화적 동화 혹은 문화적 다양성이 인적자본의 형성 및 경제성장 단계별로 차별적인 영향을 미친다는 것이다. 지리적으로 분리되어 새로운 문화의 유입이 어려운 국가는 문화적 동질성이 높고 국가특수 인적자본을 집중적으로 축적하여 적어도 농업발전단계에서는 큰 번영을 누릴 수 있었다. 그러나 농업발전단계를 극복하고 산업발전단계로 이행하는 데 문화적 동질성은 애로요인으로 작용할 수 있으며 문화적 이질성을 통한 창의성이 기술진보를 원동력으로 한 산업발전을 촉발시킬 수 있게 된다. 농업발전단계에서 발전의 토양이었던

* 조준모(성균관대학교 경제학과 교수).

문화적 동질성은 산업발전단계에서는 문화확산의 부재, 문화적 경직성으로 말미암아 새로운 기술적 패러다임에 대한 적응력이 부족하게 되며 결과적으로 산업화가 지연되고 경제성장으로의 진입이 지연되게 된다.

발전 초기에 지리적으로 분리된 사회가 비교우위에 있었던 것은 문화적 동화라는 연속적인 과정이 사회고유 인적자본의 이전에 대해 미치는 긍정적인 영향이 문화적 경직성이 지식의 발전이나 농업기술 발전에 미치는 부정적인 영향보다 컸다는 점에 기인한다. 역으로, 지리적으로 개방되었던 사회가 지속적인 경제성장단계로의 진입이 조기에 이루어졌다는 사실은 문화적 다양성과 유연성이 지식집약적 산업기술의 발전에 미친 긍정적인 영향이 사회고유 인적자본 축적에 미친 악영향보다 컸음을 의미한다.

혁신과 산업화 역량에 있어서도 문화적, 제도적 특징에는 위계가 있음을 가정하는 전통적인 문화/제도 가설에 반해 갤러(Galor) 교수의 이론은 문화적 동화와 문화확산 사이의 이상적인 비중은 발전단계에 따라 다르다고 제언한다. 문화적 동화의 정도가 높은 것은 농업발전단계에서는 바람직하지만 산업경제로 도약하는 데 방해가 될 수도 있다. 그러므로 문화적 특성 자체는 발전단계에 차별적 영향을 미치지 않지만 문화적 동화와 문화확산의 상대적 정도가 이러한 특성의 이질성을 결정짓고 바로 이것이 상대적 경제발전에 영향을 미치게 된다.

갤러 교수는 농업경제에서 산업경제로 전환하는 과정에서 문화적 동질성 혹은 다양성 여부가 경제발전 성과의 역전된 결과를 초래할 수 있음을 설명하였고, 이것은 오늘날 세계가 하나의 기술패러다임에서 다른 새로운 패러다임으로 나아가는 데 있어서 일반론적으로 적용될 수 있을 것이다.

실제로 문화적 동화의 단기적인 장점과 문화적 경직성의 장기적 비용 사이의 맞교환 현상은 유성생식, 무성생식의 관계와 유사하다. 무성생식은 환경이 상대적으로 안정적일 때 단기적으로 유리하지만 후세의 유전적 다양성이 감소한다는 측면에서 장기적으로는 비용을 초래할 수 있다. 이러한 유전적 다양성은 변화하는 환경에서의 적응력, 더 나아가 생존력과도 직결될 수 있기 때문이다.

한국은 배달민족 혹은 단일민족을 강조해 오다가 최근 외국인력이 유입되고 국제결혼이 급증함에 따라 순혈주의 전통이 붕괴되는 것에 대한 우려가 있는 것이 사실이다. 순혈주의는 대체로 이방인과의 의사소통을 꺼리고 폐쇄적인 국가 혹은 조직문화를 가짐으로 문화적 동질성이 강조될 수밖에 없다. 유교 계급사회에서 동일한 계급 내에 의사소통은 상대적으로 원활히 이루어지지만 계급을 뛰어 넘는 문화적 교류는 제한적이다. 언어에 대한 태도도 타인의 문화를 흡수하는 적극적인 기술이 미덕으로 여겨지기보다는 '말이 많은 것은 죄다'라고 여길 정도로 문화적 폐쇄성이 오랫동안 지속된 것이 사실이다.

갤러 교수의 연구는 그간의 인적자본과 경제성장을 설명한 수많은 논문들 가운데 문화와 인적자본 그리고 문화와 경제성장간의 상호작용을 설명한 최초의 연구라고 판단된다. 갤러 교수의 이론을 한국에 적용해 본다면 한국 특유의 문화적 동질성은 오랫동안 농업발전단계에서 한국의 성장을 이끈 원동력 중 하나일 수 있다고 판단된다. 그러나 미래의 지식경제에서 과거부터 유지되어온 문화적 동질성은 문화적 경직성으로 돌변하여 타문화와 교류하여 새로운 문화와 기술진보로 이루어지지 못하는 기회비용을 지불케 한다.

그러나 2008년 6월 열린 국제고용포럼에서 한국의 문화적 동질성이 반드시 폐쇄적인가 그리고 한국의 문화적 다양성을 강조하는 주장도 제기되었다. 한 가지 긍정적인 측면은 한국은 IT강국으로서 사이버공간에서 문화적 다양성이 형성될 문화인프라를 구축하고 있다는 점이다. IT 등 사이버 공간에서 문화적 다양성이 확대된다는 점은 글로벌 현상인데 지리적 위치나 물리적 이동에 기초하여 문화적 다양성이 이루어진 과거와 달리 IT의 보급은 문화적 다양성을 확대하여 지구촌 국가들의 성장에 기여할 것으로 판단된다.

또 다른 긍정적인 측면은 최근 영어교육의 강화도 국제화 시대에 문화적 다양성의 촉매역할을 할 것으로 판단된다. 문화적 다양성의 전제하에 창의적인 대화를 하기 위해서는 공통된 언어로 커뮤니케이션하는 것이 중요한데, 문화적 다양성이 혁신과 이어지기 위해서는 의사소통의 단일화, 보다 구체적으로 영어와 같은 소통도구의 단일화가 필요할 것이다. 문화가 다양해도 사용언어가 여러 가지이면 의사소통비용이 증가하여 문화다양성이 혁신으로 귀결되기 어려울 것이다.

마지막으로 한국 내 젊은이들은 기성세대에 비하여 상대적으로 큰 문화적 다양성을 가지고 있다고 판단된다. 이러한 개인문화의 다양성은 기업조직 문화의 다양성, 지역사회 문화의 다양성으로 확대되는 추세에 있다고 판단된다.

다만 문화적 다양성도 중구난방으로 정제되지 않은 모습으로 난무한다면 창의보다는 갈등을 증폭시켜 시장경제의 거래비용만을 증가시킬 수 있다. 따라서 문화적 동질성 내지는 폐쇄성을 전제로 한 과거식 패러다임은 창조적 파괴를 하고, 문화적 다양성을 체계적으로 국가관리해 가는 장기비전과 액션플랜이 문화적 다양성의 열매를 더욱 크게 하는 효과를 갖게 할 것이다.

Ⅱ. 복지국가의 고용성과

Christopher A Pissarides(Professor of Economics, London School of Economics) 교수는 일국의 사회복지제도, 가정재 생산 및 고용간에 밀접한 상관관계를 가지고 있음을 제안한다. 그의 연구는 앵글로색슨형 복지정책은 정부이전을 제한적으로만 제공하여 세율을 낮추고 시장의 성과를 개인주체가 향유하게 함으로써 노동시장 참여를 유인하여 고용창출을 하고 있다고 설명한다.

이러한 앵글로색슨형 복지정책은 포괄적인 정부이전제도를 통해 가족구성원이 피부양자를 돌보도록 장려하는 대륙유럽형 정책에 비해 총고용을 훨씬 더 촉진한다. 반면 스칸디나비아 정책은 국가가 전통적인 가정재 생산의 상당부분을 제공함으로써 여성을 가정재 생산의 구속으로부터 해방시켜 노동시장 참여와 고용을 촉진시키는 모습이다.

고용성과를 보면 대륙유럽국가들과 스웨덴의 경우 영국과 미국보다 비즈니스서비스에서 고용이 저조한 반면, 스웨덴은 앵글로색슨이나 대륙유럽국가들보다 보건사회복지서비스 부문에서 고용이 높은 것을 알 수 있다.

종종 제기되는 질문은 '특정 복지시스템이 다른 복지시스템보다 더 좋은가'라는 문제이다. 이 질문에 답하기 위해서는 먼저 복지에 대한 기준을 구체적으로 정의해야만 할 것이다. 첫 번째 문제는 시장인센티브와 사회지원간의 상충이다. 유럽국가들이 고도로 발달된 사회복지제도를 강력히 지지하고 있다는 점은 분명하다. 앵글로색슨형 복지제도는 저임금, 장기실업, 장애 등과 같은 노동시장 열위자에 대해서는 제한된 수준의 지원을 제공하긴 하지만 일반적인 시장활동을 더 장려하는 편이다. 앵글로색슨형 복지제도와 대조를 이루는 것은 스칸디나비아형 제도로서, 스칸디나비아 국가는 저숙련 근로자들의 시장참여와 여성의 경제활동 참여를 장려하며 앵글로색슨보다는 시장결과의 평등성을 보다 강조한다. 이들 노동시장 열위자들에게는 시장에 기반한 사회서비스를 제공한다. 그러나 스칸디나비아 제도하에서는 조세부담이 크고 이는 전문기술직의 혁신활동에 걸림돌이 될 수 있다.

또 다른 질문은 '사회에서 어떤 사회서비스유형을 요구하는가'와 관련이 있다. 복지지원에서 가장 큰 비중을 차지하는 것은 어린이와 스스로를 돌볼 수 없는 신체장애인 및 가족 내 노인을 돌보는 서비스이다. 대륙유럽형 제도는 이들 서비스에 대한 가정지원을 장려하며 피부양자를 돌보는 책임을 우선적으로 가족에게 둔다. 스칸디나비아형 정책은 이런 가족기능을 시장에서 구입하도록 가족에게 인센티브를 제공함으로써 가족기능을 국영화한다.

공공재정측면에서는 어떤 복지정책이나 어느 정도의 왜곡이 존재한다. 대륙유럽형 정책은 서비스를 시장이 아닌 다른 곳에서 일어나도록 유도함으로써 세원을 감소시키며 가정생산 서비스와 비즈니스 서비스간의 선택을 왜곡시킨다. 일례로 이탈리아의 경우 근로시간은 영국의 근로시간과 같지만, 영국의 시장시간이 이탈리아의 시장시간보다 더 길고 특히 여성의 경우 더 많은 시간을 시장에 배분한다. 여성들은 사회서비스공급에 비교우위가 있으므로, 이탈리아와 프랑스의 여성들은 자국의 복지제도가 제공하는 인센티브로 인해 가정에 남아있는 경우가 증가하게 되며, 영국과 특히 스웨덴의 경우는 여성들이 경제활동에 더 참여하게 된다. 긍정적인 점이라면, 사회서비스가 시장으로 이동하기 때문에 세원이 크다는 점을 들 수 있겠지만, 이러한 시간배분의 이동을 위해 필요한 보조금은 상당 규모에 달하며 다른 서비스, 특히 고소득 비즈니스 서비스로부터의 조세수입으로 보조금을 충당하게 된다. 이것이 서비스의 시간분배가 어느 곳으로 이루어지는가에 대해 시사하는 바는 조세부담이 큰 국가의 경우 유럽경제통합이 점점 더 진행됨에 따라 더 불리해질 수 있다는 점이다.

궁극적으로는 '국가가 저소득층을 지원하는 방법은 무엇인가'하는 질문이 제기된다. 앵글로색슨형 정책은 모든 근로자의 시장활동을 장려하는 반면 스칸디나비아형 정책은 저숙련 근로자의 시장활동을 더 장려하는 편이다. 두 경우 모두 시장을 통해 저숙련 근로자를 지원하지만, 스칸디나비안형 정책은 보조금을 통한 지원이 더 많은 부분을 차지한다. 이 맥락에서 보았을 때 대륙유럽형 이전정책이 가장 비효율적이라고 할 수 있다. 대륙유럽형의 이전정책은 저숙련 노동을 가정으로 배분하고 저소득층에 현금이전을 제공하는데 이는 지원의 취지를 왜곡할 뿐만 아니라 세원을 감소시키는 원인이 되기도 한다.

피사리디스(Pissarides) 교수의 연구는 현재 한국의 고용정책에 관해 여러 가지 시사점을 제공하여 준다. 대부분의 한국 노동경제학자들은 여성고용률이 국가성장을 증가시키는 데 매우 중요하다고 강조한다. 그러나 어떠한 정책을 통해 이를 달성해야 하는지 그리고 어떠한 정책에 우선순위를 두는지에 대해 모호한 주장을 해 오거나 실증적인 기반이 없는 주장을 해 온 측면도 있다. 피사리디스 교수의 연구는 조세와 보조금 정책이 근로시간과 가정재 생산 시간배분에 영향을 미쳐 여성고용률에 영향을 미치고 있음을 시사하고, 한국의 여성고용률 제고를 위해서는 조세 — 지원 — 보육 등 좀더 체계적이고 시스템적인 정책수립이 필요함을 시사한다.

최근 통계치에서 한국의 1인당 GNI는 세계 51위, GDP는 세계 13위를 나타내고 있지만 한국의 여성고용률은 매우 낮고 30대 이후의 전업주부가 많은 것은 대륙유럽국가와 같은 양태를 띠고 있다. 한국의 여성고용률을 제고하기 위해서는 조세와 지원제도가 여성고용률을 제고하는 방향으로 유인체계가 재설계되어야 할 것이다.

과거의 참여정부는 사회서비스를 강조하는 노딕국가의 패러다임과 유사한 정책을 추구해 왔는데 신정부의 패러다임에서는 — 아직은 분명치 않지만 — 조세/지원제도의 변화가 노동공급(특히 여성 노동공급)에 미치는 효과를 면밀히 검토해야만 할 것이다. 특히 비지니스/재무와 사회서비스 분야가 글로벌 경쟁에 비하여 취약한 반면 제조업의 근로시간과 가사활동 시간이 높은 점을 고려한다면, 한국은 비즈니스/재무를 일으키기 위한 세금인하와 사회서비스를 일으키기 위한 사회서비스 육성이 양자택일의 문제가 아니라 병행추진해야 하는 것이라는 이중부담을 가지고 있다. 이는 단순히 영미형인지, 노딕형인지 패러다임을 설정하는 문제 이상의 문제인 것이다. 여성고용창출을 위해서는 비즈니스서비스 육성, 사회서비스 육성이 필요하고, 이를 위해서는 조세감면 등의 혜택이 필요하지만 다른 부문의 방만한 운영을 절약하여 재원을 마련하는 등 이들 부문의 세수감소와 지원재원 마련이 필요하다.

비즈니스 서비스를 일으키기 위해서는 감세와 규제완화가, 사회서비스를 일으키기 위해서는 증세를 통한 재원마련이 전제되어야 하며 동시에 제조업의 혁신역량을 저해하지 않아야 하는 적절한 전환(fine turning)이 필요할 것이다. 영국은 이탈리아보다 런던의 비즈니스 섹터가 발달되어 여성의 근로시간과 고용률을 높이는 데 기여한 반면 이탈리아는 제조생산부문 섹터가 많고 가정재생산에 많은 시간을 투입하므로 공급뿐만 아니라 노동의 수요, 즉 산업측면에서 여성고용을 위한 인사관리 관행의 변화도 필요하다고 판단된다. 조세와 지원의 공급정책 외에도 여성고용영향이 큰 부문의 탈규제 등 수요육성정책도 병행되어야 할 것이다.

Ⅲ. 인지기술, 제도와 경제성과

Eric A. Hanushek(Professor of Economics, Stanford University) 교수는 교육도 양보다는 질이 중요하다는 점을 지적한다. 특히 교육의 질 가운데 인지기술(cognitive skill)이라는 요소를 강조하고 인지기술을 향상시키지 않는 학교교육은 전체 경제성장 및 발전에 제한적인 영향만을 끼친다는 점을 발견하였다. 단순히 학생들의 평균 재학연수를 계산하기보다 학생들이 재학기간 중에 얼마나 많은 것을 배웠고, 문제해결 및 대응능력이 어느 정도 향상되었는지에 초점을 맞추는 것이 중요함을 지적한다. 이는 Barro(2001)의 분석결과와도 일맥상통하며 학교교육의 양과 시험점수 모두 경제성장과 관련이 있지만 계량된 인지기술이 훨씬 더 중요한 요인이라고 제안하고 있다.

하누쉑(Hanushek) 교수는 경제적 결과에 대한 다수의 분석을 종합한 결과, 인지기술이 경제에 상당한 영향을 미친다고 제안한다. 초기 논의의 상당부분은 학업성취나 학교교육의 양적인 수준에 집중되어 있었다.

[그림 6-1-1] 성장과 인지기술간의 상관성(여타변수효과 통제)

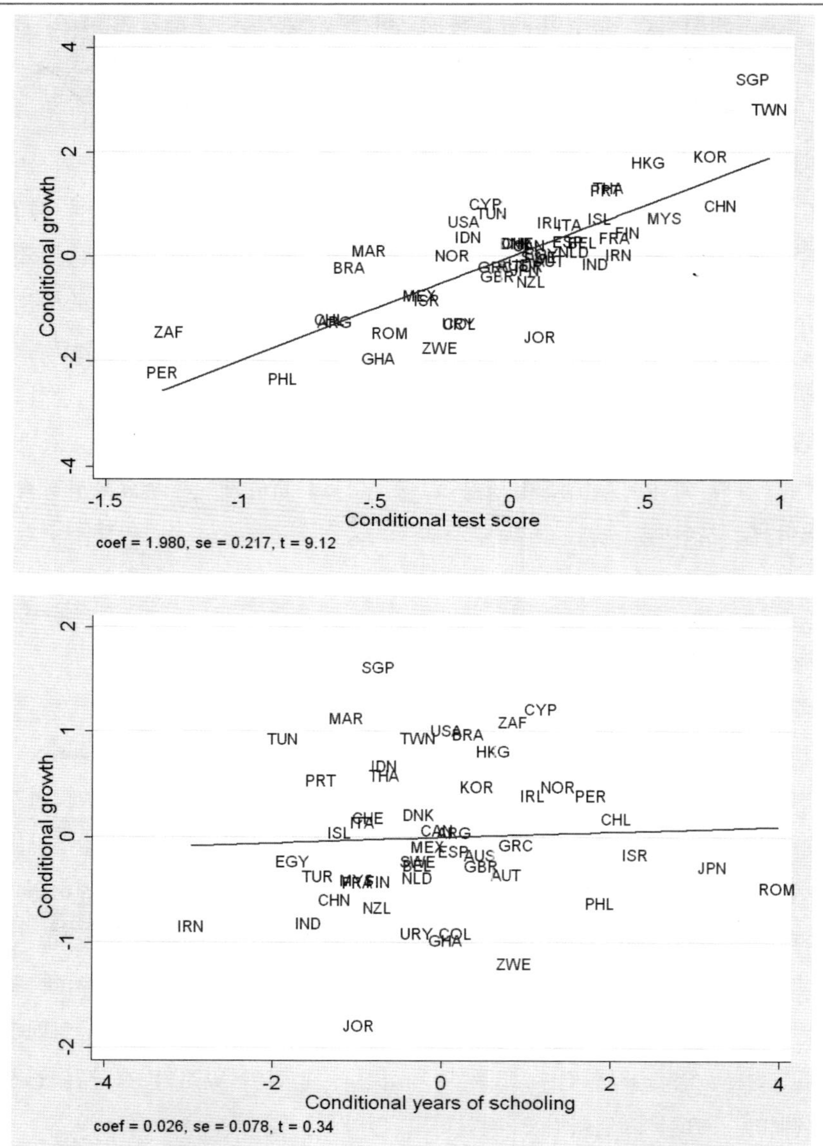

주: 1960년의 1인당 실질 GDP의 초기 수준과 국제 학업성취도 테스트의 평균 점수 및 1960년 평균 교육기간 대비 1960년에서부터 2000년간 1인당 실질 GDP의 연평균 성장률(비율로 표시)의 회귀분석에 대한 변수 그림.

하누쉑 교수의 인지기술 계측법은 모든 국제시험의 수학 및 과학 성적의 단순 평균이다. 앞의 그림에서 성장과 인지기술간의 상관관계는 매우 높음을 알 수 있다. 반면 인지기술의 효과를 제어한 단순 교육연수가 성장에 미치는 효과는 미미함을 알 수 있다.

또한 인지기술과 경제적 결과 간 강력한 상관관계에 대한 증거는 놀라울 정도로 유의적이다. 결정적으로 인과관계 여부를 증명하기는 어렵지만, 결과의 유의성은 이러한 관계로의 해석에 상당한 신뢰성을 제공한다. 이러한 관계는 특정 데이터 표본이나 모델 구성에 기인한 것으로 보이지 않는다.

인지기술이 성장에 미치는 효과는 다음과 같은 여타 환경요인들에 의해 영향을 받는다.

① 시장 및 법체제

시장 및 법체제 등과 같은 제도적 요소들이 제대로 기능하지 못하는 저개발국의 경우 교육이 경제성장에 미치는 영향이 작다. 또한 경제제도가 갖춰지지 않은 많은 개도국에서 인지기술이 사회적으로 비생산적인 활동에 사용되어 국가 전반의 성장에 미치는 교육의 영향이 미미할 수 있다. 예컨대 여성의 인지기술이 발달되어도 그 여성의 높은 인적자본을 활용하기 위한 고용평등제도가 없다면 교육이 성장으로 이어지지 않을 것이다.

적절한 시장, 법 및 정부제도 등 현대 경제사회가 제대로 기능할 수 있도록 지원하는 다른 요소가 없는 환경의 경우 학교교육을 더 많이 제공하거나, 수준 높은 교육을 제공하는 것만으로 경제성장에 큰 영향을 미치지 못할 수도 있다. 후진제도를 가진 저개발국에 투자한 과거 경험을 살펴보면 교육만으로는 경제성장을 위한 충분한 원동력이 되지 못하는 것이다.

② 경제개방도

인지기술이 경제성장에 미치는 영향은 국제교역으로부터 완전히 폐쇄적인 국가보다 완전히 개방된 나라에서 훨씬 높은 것으로 나타난다. Jamison-Jamison-Hanushek(2007)의 연구에서 인지기술이 기술적 진보에 미치는 영향이 개방된 교역구조를 지닌 국가에서는 높았던 반면, 폐쇄경제에서는 0에 가까웠다는 이와 유사한 결과가 발견된다.

하누쉑 교수는 한국에서 개발된 매우 높은 수준의 인지기술은 높은 수준의 경제성장을 가능하게 했으며, 미래의 성장은 미래 근로자들이 지속적으로 높은 수준의 성과를 달성하거나 기본이 되는 경제제도 개선을 통해 유지할 수 있다는 점을 시사한다.

하누쉑 교수의 인지기술 계측법은 모든 국제시험의 수학 및 과학 성적의 단순 평균을 사용하고 이 계측방법에 의한 지표에 따르면 한국의 인지기술 수준은 매우 높은 것으로 평가된다. 그러나 실질적으로 인지기술의 척도를 보면 학문적 기술과 생애기술(life skill)을 포함하는데, 한국의 경우 인지적 기술(cognitive skill) 양성과 연관되어 교육훈련분야에 다음과 같은 두 가지 문제점을 안고 있다고 평가된다.

첫째, 한국의 경우 고등학교까지는 인지적 기술이 세계최고수준인데 대학교육에서 인지적 기술은 급격히 하락하고 대학교육 이후의 직업세계에서 근로자의 인지적 기술은 더 급격히 하락하여 인지적 기술의 번지점프형 생애를 구성한다. 이는 교육 및 훈련제도가 비효율적으로 형성된 데서 기인한다. 이를 해결하기 위해서는 대학의 교육훈련을 단순히 학업성취도를 높이는 것보다 현상에 대한 대처능력, 즉 인지적 기술을 높이는 방향으로 교육체계를 개편하고, 노동부의 훈련체계도 단순 기능훈련 중심에서 근로자의 인지적 기술을 향상시키는 방향으로 발전시켜야 할 것이다. 한국의 경우 평생학습훈련체계도 매우 미흡한 것이 현실이다. 대학생과 재직자의 인지적 기술을 향상시킬 수 있는 정책수립과 정책의 효율화가 시급한 상황이다.

둘째, 한국에서의 학교교육이 직업의 세계와 동떨어져 있어 학문적 교육컨텐츠를 보다 실용적 지식화하는 문제가 대두된다. 물론 학문적 기술이 생애기술 형성을 위한 인프라이기는 하지만 현재 한국의 교육은 과도한 학문적 기술 그리고 과소한 생애기술 공급의 문제를 안고 있다고 판단된다. 이러한 비효율적 공급의 구성을 최적화하기 위해서는 현재 86%에 이르는 대졸자를 감소시키기 위한 대학 구조조정은 불가피해 보인다. 또한 생애기술을 형성하기 위해 전문대, 실업계고 등 기능인력 공급체계를 정립해야 한다. 현재는 전문대와 실업계고 교육도 대학진학을 위한 방편으로 이용되는 경향이 강하다. 엘리트교육을 하는 상위권 대학에서는 학문적 기술을 강조하되 인지적 기술교육을 강화하고,

직업교육을 위한 전문대학 혹은 일반대학의 경우 생애기술을 보다 강조하되 인지적 기술교육을 강화할 필요가 있다.

제2절 선진국의 고용전략과 한국에의 적용*

Ⅰ. 유럽 고용모델에 대한 사례연구

Gerhard Bosch(Professor for Sociology, University of Essen) 교수의 논문은 유럽식 고용모델의 여러 형태를 설명하는 것으로 시작하여 국가별 고용모델의 도전과제와 지속적 생존 가능성을 다루고 있다.

유럽 국가의 고용모델은 아래 표와 같이 자유주의(liberal), 사회민주주의(social-democratic), 대륙형(continental) 셋으로 나눌 수 있고, 추가적으로 EU 신규 회원국들은 과도기(transition)로 분류할 수 있다.

이들 고용모델이 변화하는 데는 다섯 가지의 압력 요인이 존재한다.

1) 생산물시장의 규제 완화와 근로기준의 변화: 1998~2003년 사이 거의 모든 OECD국가에서 생산물시장의 규제가 완화되었고, 이는 근로자의 협상력을 위축시키는 한편 저임금·비정규직의 증가를 초래할 위험성을 제기했다. 생산물시장의 규제완화로 인한 근로기준의 약화를 방지하기 위해서는 법정최저임금제도와 더불어 광범위한 사회적 합의 및 단체협약이 필요하다.

고용모델	생산물시장 규제 완화의 영향
자유주의	(영국) 공공시설의 민영화로 전반적인 고용보호 수준의 저하
사회민주주의	(스칸디나비아 국가) 근로기준에 별 다른 영향 없음－오스트리아, 프랑스, 벨기에, 네덜란드, 이탈리아도 유사
대륙형	(독일) 단체협상의 분열과 저임금 고용의 증대
과도기형	(중동부 유럽) 단체협상의 분열과 저임금 고용의 증대

2) 혁신정책-R&D에 대한 투자: 지속적인 임금상승으로 인해 단순 제조에

* 금재호(한국노동연구원 선임연구위원), 김승택(한국노동연구원 선임연구위원, 사회정책연구 본부장).

관련된 EU는 물론 동유럽 국가들의 경쟁력도 하락했다. 따라서 산업기반을 상실할 위험에 대처하기 위해 R&D에 대한 투자를 확대하고 고숙련 근로자를 양성함으로써 역동성을 제고하는 노력이 필요했다.

3) 교육과 훈련 및 작업조직: 교육과 훈련에 대한 투자 확대를 통해 노동생산성을 증가시키고, 이것이 현대적 작업조직에 활용될 수 있도록 했다.

고용모델	현황
자유주의	(영국) 직업훈련을 소홀히 하는 반면 고등교육에 많은 투자
사회민주주의	(스칸디나비아 국가) 교육과 훈련에 대한 높은 투자와 고숙련 노동력
대륙형	(독일) 뛰어난 중간 숙련 노동력(dual system)으로 고품질 제품 특화에 강점, 그러나 낮은 고등교육 투자
과도기형	교육과 훈련에 많은 투자, 그러나 외국투자자가 원하는 중간수준의 기술에 대한 투자가 낮음

4) 변화하는 성 역할의 압력: 남성이 유일한 소득원인 대륙식 복지모델은 더 이상 적합하지 않으며, 고령화에 대비하기 위해 고용률을 제고할 필요가 있고, 이를 위해 '일과 직장의 병행', '남성의 역할 변화' 등을 통한 여성 고용률 증가가 중요하다.

고용모델	현황
자유주의	(영국) 파트타임의 비중 높아 고용률이 높음
사회민주주의	(스칸디나비아 국가) 높은 고용률과 이를 위한 사회적 인프라 구축
대륙형	(독일 등) 관대한 복지제도는 여성의 취업욕구를 저해하고, 취업을 하더라도 전일제보다는 파트타임을 선호하도록 함
과도기형	구 공산권 국가의 경우 여성의 고용률은 높음

5) 노동력 고령화의 압력: 남부와 대륙형, 그리고 과도기 국가의 경우 고령층 인구의 고용률이 낮고 조기퇴직의 비중이 높다. 따라서 고용률을 제고하고 고령화로 인한 재정 부담을 완화하기 위해 연금개혁 등의 노력이 필요하다.

한국은 아직 적합한 고용모델을 구축하여야 할 상황으로 유럽의 국가고용모델 유형과 비교할 때 현재 단계는 '과도기'형 국가들과 비슷한 것으로 보인다. 세 가지의 고용모델 중 '사회민주주의(스칸디나비아)' 고용모델이 가장 바람직한 것으로 여겨지지만 이에 도달하기 위해서는 충족되어야 할 전제 조건이 있을 것으로 보인다. 특히 스칸디나비아와 달리 인구가 훨씬 많은 한국의 경우 '사회민주주의' 고용모델의 성취가 근본적으로 가능한가는 의문이다.

생산물시장의 규제완화와 근로기준의 측면에서 볼 때, 한국도 1998~2003년 사이 생산물시장의 규제를 완화하였으나 이 논문에서는 아직 다른 국가들에 비해 규제수준이 높은 것으로 평가되고 있다. 현 정부의 정책방향은 생산물시장의 규제를 더욱 완화하겠다는 것이고, 이 논문에 따르면 저임금·비정규직의 증가 및 기존 근로자들의 지위 약화의 위험성이 커지는 문제는 고려해야 할 과제다. 그러나 경제성장이 성숙된 단계가 아닌 지속적인 성장 중인 국가의 경우 생산물시장의 규제완화가 투자 및 생산성의 확대를 통해 경제성장을 제고한다면 이는 노동수요의 증대를 통해 고용률을 높이고, 나아가 근로자의 임금 및 여타 근로조건을 향상시키는 기재로 작용할 수도 있다. 즉, 생산물 시장의 규제완화와 근로자 보호 강화가 국가의 특성과 상관없이 서로 역관계(trade-off)인지는 명확하지 않다고 보인다. 결국 우리가 고민해야 할 과제는 경제 및 노동시장의 역동성을 저해하지 않는 범위에서 근로자의 권익을 보호할 수 있는 최소한의 안전장치는 무엇인가를 발굴하는 것이다.

[그림 6-2-1] 주요국 성인의 지난 1년간 평생학습 참여율

(단위: %)

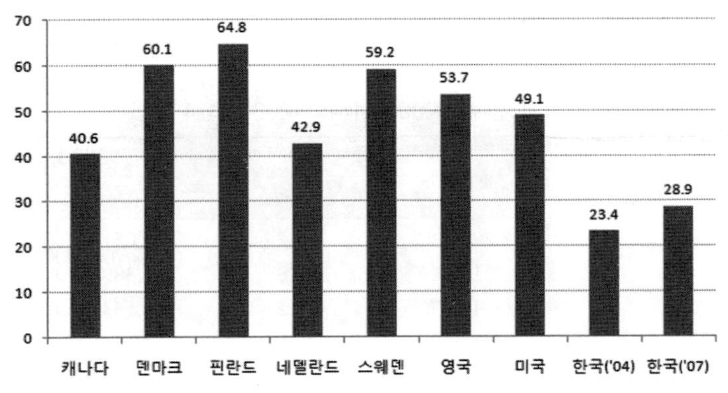

주: 한국('04)은 통계청의 「사회통계조사」, 한국('07)은 '07년 3월의 경활부가조사 결과, 외국은 IALS('94~'98)의 결과.

교육과 훈련 및 작업조직의 경우 한국의 대학진학률은 83% 수준인 반면 학교 졸업 후의 교육훈련 참여는 매우 저조한 상황으로, 특히 '과도기'형 국가들처럼 중간수준의 기술에 대한 투자가 낮고, 교육훈련 기회가 대기업의 정규직에 집중된 문제점을 가지고 있다.

보쉬(Bosch) 교수의 견해처럼 한국은 중간수준의 기술인력 확보를 위한 노력이 필요하다. 특히 외국의 투자자들은 중간기술 수준의 인력에 대한 수요가 높다. 독일의 경우 작업현장과 학교의 이중(dual)시스템(도제제도)을 통해 고품질 제품의 특화에 필수적인 중간수준의 기술인력을 풍부하게 배출하고 있다. 반면 영국은 직업훈련을 소홀히 하고 고등교육에 많은 투자를 하여 제조업 분야의 취약을 가져온 경험을 가지고 있다.

한국 제조업의 취업자수는 지속적으로 감소하고 있으나 제조업이 아직도 우리나라의 경제성장에 미치는 영향력을 고려할 때, 이를 대체할 수 있는 서비스산업의 발전이 미흡한 상황에서는 산업구조 개편이 선진국형으로 변화할 때까지 제조업의 유지(인력측면)를 위한 교육·훈련 강화 및 작업조직의 개선이 중요하다.

한국의 노동시장은 유럽국가와 마찬가지로 시장규제 완화, 지속적인 R&D 투자의 확대, 교육과 훈련시스템의 개편, 여성 및 고령자의 고용확대 등 다섯 가지의 변화 압력들의 영향으로 어려움을 겪고 있다. 이와 같이 복잡하고 다양한 문제를 해결하기 위해 다각적인 노력을 기울여야 하겠지만 이 중 어느 과제에 초점 및 우선순위를 두어야 하는지에 대해서는 논란의 여지가 있다.

〈표 6-2-1〉 산업별 취업자의 변화: 2007. 1/4와 2008. 1/4

산업	2007. 1/4		2008. 1/4	
	취업자(천 명)	증가율	취업자(천 명)	증가율
전체 취업자	22,841	1.2	23,051	0.9
농림어업	1,450	−2.8	1,388	−4.3
광공업(제조업)	4,157	−1.2	4,133	−0.6
건설업	1,772	2.7	1.754	−1.0
도소매·음식숙박	5,743	−1.0	5,707	−0.6
전기·운수·통신·금융	2,363	2.8	2,385	0.9
사업·개인·공공서비스	7,357	4.3	7,684	4.4

Ⅱ. 독일 고용의 역학관계: 하르츠 개혁의 교훈

최근 독일은 고용과 성장, 두 측면에서 상당한 성공을 거두어 왔다. Gűnther Schmid(Professor of Political Economy Emeritus, Free University of Berlin)의 논문에서는 분석틀을 사용하여 독일의 성공 요인이 무엇인지를 설명하고 그 시사점을 논의하는데, 특히 하르츠 개혁이 고용성과를 제고하는 데 끼친 효과를 살펴보고 향후의 과제를 정리하려 했다.

하르츠 개혁을 촉발한 독일 노동시장의 문제들은 낮은 노동생산성, 비정규직의 증가, 저숙련 인구의 높은 실업률, 심각한 지역 (고용) 불균형, 여성의 취업 취약성 등 다양하다. 이러한 문제점을 해결하기 위한 노력으로 일련의 개혁을 거친 독일 노동시장의 성과는 성공적이라 평가할 수 있다. 그 예로 독일은 2006~2007년 2.7%의 GDP 성장률을 기록하였고, 2011년까지 정부 재정적자가 사라질 것으로 예상되며, 160만 명의 실직자가 감소하였고, 고령 근로자의 고용률이 20% 증가한 것 등을 들 수 있다. 반면, 노동생산성의 하락, 고용계약이 없는 고용의 증가, 저숙련 구직자의 높은 실업률, 지역별 격차 확대 등 부정적인 부분은 여전히 해소되지 않고 있다.

이러한 결과에 영향을 미친 요인과 그 영향으로는 다음 8가지를 지적할 수 있다.

1) 세계화와 유로존(euro zone)의 설립: 금융 및 재정정책의 주권 상실, 케인지안 수요 조절의 금지 등으로 고용에 영향을 줄 수 있는 정책수단이 제약되었다.

2) 개인주의화(individualisation): 인구고령화와 이민의 증가, 여성경제활동참여가 증가하였다.

3) 낮은 임금상승: 법정최저임금제도가 없으며, 최근 10년 동안 실질평균임금증가율이 EU의 평균에 미치지 못한다.

4) 높은 수준의 노동시장 규제: 하르츠 개혁으로 최근 파견근로와 창업 등에서 규제완화가 이루어졌다.

5) 복지국가: 복지혜택에 비해 근로의 대가가 낮고, 임금 외 비용이 너무

높아 일자리 창출을 저해한다.

6) 비효율적인 적극적 노동시장정책: 취업지원서비스의 미흡, 어긋난 고용촉진대책 등으로 인해 고용의 역동성을 낮추고 장기실업을 유발할 위험성이 존재한다.

7) 교육 훈련 및 숙련도: 저숙련 근로자의 경우 실업률은 높고 고용률은 낮다.

8) 정치, 경제: 기존의 안정성을 유지하려는 정치적 성향을 보인다.

슈미트(Schmid) 교수는 노동시장 측면에서 정부개입론자와 시장주의자 모두 한계가 있고, '유연안전성제도'가 노동시장을 위해 보다 적합한 구조라고 판단하고 있는데, 이 명제는 네 가지의 핵심 가정에 바탕을 두고 있다.

가정 1: 적절한 노동관련 규제는 적어도 장기적으로는 고용주와 근로자 모두에게 이익이 된다.

가정 2: 유연안전성 시스템은 교섭된(negotiated) 유연성과 교섭된 안정성으로 특징지워지며, 새로운 상황과 불확실성에 신속히 대처할 수 있는 제도를 요구한다. 이를 위해 정부규제는 유연성이 떨어지며, 노사관계에서의 '사회적 대화'가 핵심적 기능을 수행한다.

가정 3: 단일의 최적 '유연안전성 제도'는 없으며, 여러 가지의 가능한 조합이 존재한다(예: 덴마크 모델, 네덜란드 모델).

가정 4: 지속가능한 고용동학(employment dynamics)은 수요정책과 공급정책의 조합에 달려있다. 유효수요가 없는 공급전략은 무용지물이 되거나 높은 실업이나 불완전고용(underemployment)을 초래한다.

유연안정성의 촉구 외에 독일이 개혁한 내용 중 본받을 만한 것은 자영업이 기업가로서 발전하는 출발점이 될 수 있도록 창업보조금, 창업수당 등을 통한 창업의 촉진이 성공했다는 점, 공공고용서비스(PES)의 재조직, 프로파일링(profilling)의 도입, 고용주를 위한 고용지원서비스 강화 그리고 고용지원서비스의 민영화 추진과 같이 고용서비스를 현대화시킨 점, 한계 고용(미니잡과 미디

잡)을 활성화시킴으로써 다양한 형태의 계약을 통한 노동시장의 유연성을 제고한 점 등을 지적할 수 있다.

독일이 성과를 거두지 못한 부분에서 주의해야 할 것은 정부 부처간 책임과 의무가 분산되어 있어 정책추진에 어려움을 겪었던 것, 적극적 노동시장 정책을 추진하기 위한 재정지출을 축소한 것, 노동수요를 창출하는 데 약점을 보인 것, 근로자에게 많은 부담을 주지 말아야 한다는 것, 실현이 어려운 고용창출 규모를 목표로 잡지 말 것 등을 지적할 수 있다.

성공적인 고용전략은 노동공급 측면에서의 취업능력 향상과 노동수요 측면에서의 생산성 향상을 동시에 달성할 수 있는 제도들의 상호작용이 이루어질 때 달성될 수 있다. 교육과 훈련은 취업능력 향상에 확실한 영향을 미치며, 법제도상의 보호조치는 큰 영향을 미치기 어렵다. 생산성의 경우 기술과 자본의 발전을 통해 달성되는 것은 명백하지만 고용보호조치는 이를 감소시키는 성향이 있다. 따라서 수요와 공급에 영향을 미친 외부 충격에 적응할 수 있으며, 취업능력과 생산성을 모두 향상시킬 수 있는 고용전략이 추진 주체와 제도들의 협력적인 연관관계를 통해 실행되어야 할 것이다.

독일 하르츠 개혁에 대한 평가는 한국의 고용정책 설정에 있어 많은 시사점과 해결하여야 할 과제를 제시하고 있다. 먼저 독일 노동시장이 가지고 있던 낮은 노동생산성, 비정규직의 증가, 저숙련 인구의 높은 실업률, 심각한 지역 불균형, 여성의 취업 취약성 등의 문제는 현재 우리나라가 그대로 지니고 있는 문제들과 일치한다. 따라서 이를 해결하기 위한 정책수단들 중에서 긍정적인 성과를 가져온 것에 대한 고찰과 성과를 거두지 못한 부분에 대한 비판 또한 많은 시사점을 제공해 줄 수 있다.

요인 분석에 있어 개인주의화 성향은 한국에서도 나타나는 현상으로 여성의 경제활동 증가를 위한 '일과 삶의 조화(work-life balance)'의 문제, 필요한 노동력 부족에 따른 외국인 인력의 유입 문제들이 더욱 중요한 이슈가 되고 있다. 한편 독일은 고령화 및 연금재정의 문제에 대처하기 위해 고령자의 실업급여 축소 등으로 조기퇴직을 줄이고 이들의 장기근속을 유도하는 정책을 사용했다. 한국도 중·고령자의 조기퇴출과 연금수급시점까지의 안정적 취업을 위한 정책개발의 중요성이 더욱 커지고 있다. 한편, 높은 임금외비용이 일자리 창출, 특히 저임금 일자리 창출을 저해한다는 독일의 경험은 임금외비용(특히 사회보험부담금)이 급속도로 상승하고 있는 한국도 유의하여야 할 과제다. 또한, 지역의 구조조정이나 공공 및 민간투자와 결합될 경우 적극적 노동시장 정책의 효과가 급증한다는 점, 그리고 수요정책과 공급정책이 균형을 이루어야 한다는 의견은 매우 중요한 지적이다. 고용지원서비스의 민영화가 반드시 긍정적 결과를 가져오는 것은 아니라는 설명도 한국의 고용지원서비스 발전방향에 시사점을 제공한다. 공공이든 민간고용서비스기관이든 우선적으로 필요한 것은 전문성과 효율성을 제고하기 위한 노력일 것이다.

슈미트 교수는 '직업훈련 및 교육, 근로시간의 유연성, 임금유연성 등과 같은 방법들이 적절하게 사용된다면, 고용보호는 고용에 부정적 영향을 주지 않는다'라고 주장한다. 근로시간의 유연성, 임금유연성 등은 정부가 주도적으로 개입하기 어려운 분야로 기업 스스로 결정하여야 할 과제이나, 현재 대부분의 한국 대기업은 내부적 유연성을 위한 노사관계 안정 등의 역량을 갖추고 있지 못하다. 특히 경제의 이중구조와 더불어 대기업을 정점으로 한 수직적 계열화가 일반적인 상황에서 대기업의 내부적 유연성 미흡은 국가경제 전체에 상당한 부정적 파급효과를 초래한다. 따라서 이런 상황에서 고용보호법제들을 강화한다면 고용이 감소하는 부정적인 효과가 나타날 수 있으며, 한편으로는 노동시장의 외부적 유연성을 높여야 한다는 반론이 주목을 받을 수밖에 없다. 결국 고용보호를 유지하기 위해서는 훈련 및 교육의 강화와 함께 근로시간, 임금, 그리고 내부 노동시장의 유연성을 강화하는 방향으로의 개선이 먼저 일어날 필요가 있다고 보인다.

독일의 사례는 고용의 활성화를 위해 자영업자 및 창업에 대한 체계적인 지원정책의 필요성을 제기한다. 현재 우리나라는 영세자영업자와 관련된 정책부서가 보건복지부, 중소기업청, 지식경제부, 노동부 등으로 흩어져 있고, 이들의 소득보장 및 원활한 노동시장 이동을 위한 실효성 있는 정책이 부족한 상황이다. 또한 창업 활성화를 통해 고용문제를 완화하려는 독일의 노력은, 영세자영업자의 비중이 높은 한국의 경우에 그대로 적용되기는 어려운 문제를 가지고 있다.

장기적 관점에서는 한국에서도 유연안전성 모형이 바람직한 것으로 판단된다. 유연안전성 제도가 가장 적합한 모델이라는 명제의 근거에는 정부규제를 통한 유연성보다는 '교섭된 유연성과 교섭된 안전성'으로 특징되는 메커니즘의 중요성이 강조되고, 이는 경제적 불확실성과 급격한 변화에 신속하게 대처할 수 있는 핵심적 제도이다. 그러나 '교섭된 유연성과 교섭된 안전성'을 확보할 정도로 한국의 '사회적 합의구조'나 '노사 신뢰'가 형성되어 있는가라는 문제가 남아있다. 또한 향후 10년 이내에 15~64세 생산가능인구의 절대규모가 감소하기 시작할 것으로 보이고, 여성, 자영업자, 고령자, 청년층 등의 고용문제가 심각하며, 1인당 국민소득이 2만 달러 수준으로 '과도기'인 한국경제에서 '유연안전성 모형'이 단기적으로 적합한가에 대해서는 심각한 고려가 필요하다.

Ⅲ. 경제 세계화시대의 고용전략: 역동적이고 포용적인 노동시장의 강화

Paul Swaim 박사(OECD)의 연구는 세계화시대에 OECD 회원국들이 직면하고 있는 고용정책의 도전들을 고찰하고, 국가경제의 적응력과 경쟁력을 강화함과 동시에 노동시장이 작동하도록 하는 정책적 결합이 가능한가를 평가하고 있다.

현재 진행되고 있는 세계화는 노동시장에 새로운 기회와 도전을 안겨주고 있다. 우선 세계화는 노동시장을 활성화시키는 성향이 있는 한편, 노동시장 구조의 불확실성과 불안정성을 확대시킨다. 노동시장의 활성화는 세계화로 인한 무역과 투자의 확대로부터 발생하며, 무역자유화가 일어난 OECD 국가들의 경우 1인당 국민소득이 1980년대~1990년대 기간 동안 평균적으로 약 4% 증가한 것으로 나타난다. 이러한 긍정적인 성과를 가져오기 위해서는 비교우위에 의한 새로운 기회를 놓치지 않아야 하며, 축소부문에서 성장부문으로의 자원이동이 원활히 일어나야 한다. 그러나 이러한 과정에서 국제교역(trade)에 비교열위를 가진 국내 산업·기업의 근로자들은 실업의 위험에 노출되게 되는 등 불확실성·불안정성이 확대되는데, 특히 근로자간 임금불평등의 확대와 더불어 비정규직의 증가가 발생하는 경향이 있다. 이 문제는 고용측면의 정책만으로는 해결할 수가 없다. 즉, 직업이동을 활성화시키는 적극적 노동시장 정책, 실업자에 대한 소득보조정책, 노동시장의 유연성을 향상시키면서 동시에 사회안전망을 확대하는 등의 고용정책과 함께 생산시장에서의 공정한 경쟁, 연구개발의 국가적인 발전 시스템 구축, 교육정책 등이 동반되어야 한다.

또한 무기계약직(정규직)에 대한 지나친 보호는 세계화로 인한 구조조정을 늦추고 노동 이동성을 저해하는 반면, 임시직 등 비정규직에 대한 고용보호제도의 완화는 노동시장의 양극화를 심화시키는 부작용을 초래한다. 따라서 해고관련 법절차를 완화하는 한편 상호적 의무와 활성화(obligation/activation) 정책을 사용하여 세계화로 인한 실직자들의 재고용을 촉진시킬 필요성이 있다. 그리고 특정 지역이나 계층을 대상으로 한 대책보다는 문제발생의 원인과 상관없이 구조적 조정문제에 대처하기 위해 잘 설계된 적극적 고용정책이 중요하다.

노동시장을 역동적으로 만드는 조치와 포용적으로 만드는 조치는 상호보완적이어야 한다. 세계화의 진전은 지역 노동시장에 매우 불균형적인 혜택과 비용을 분배하게 된다. 따라서 비숙련 근로자의 근로빈곤의 위험성이 높아지게 되기 때문에 저임금 근로자를 위한 'make work pay' 정책이 필요하다. 한편, 숙련 및 평생학습의 강화, 지역적 특성에 적합한 맞춤형 고용정책의 개발, 근로자의 지역적 이동성 제고를 위한 지원책 개발 등을 세계화 시대에 대응하기 위한 고용전략으로 제시할 수 있다.

세계화로 경제의 역동성과 불확실성이 높아지는 상황에서 스웨임(Swaim) 박사의 연구는 한국의 노동시장이 가지고 있는 핵심적 문제들을 다루고 있다. 세계화가 경제 규모의 확대와 성장을 위한 기회를 제공하는 한편, 임금불평등과 근로자간 근로조건의 격차 확대를 가져오는 부작용을 어떻게 보완할 것이냐의 문제는 한국에서도 매우 중요한 과제다. 특히 산업 구조조정의 과정에서 퇴출되는 산업의 인력을 성장 부문으로 원활하게 이동하기 위한 정책은 매우 중요하다. 이를 위해서 노동시장의 유연성을 제고하고, 한편으로는 사회안전망을 확충하는 등 안정성에 대한 투자 또한 균형 있게 진행되어야 한다.

지나치게 경직적인 고용보호법제가 세계화로 인한 급격한 환경변화에 대응할 수 있는 기업의 능력을 제약할 수 있다는 스웨임 박사의 논의는 산업공동화 및 고용증가율의 급격한 감소를 겪고 있는 한국이 깊이 새겨들을 시사점이다. 정규직에 대한 보호를 유지하면서 비정규직의 활용에 대한 규제완화는 경제의 적응력을 높일 수 있을지라도 비정규직의 증가로 인한 소득불평등의 심화, 비정규직 함정 등의 문제를 초래한다. 따라서 이를 위한 보완책으로 정규직에 대한 지나친 고용보호를 완화함과 동시에 비정규직의 숙련형성을 위한 지원을 강화하고, 최저임금제도의 강화 등을 통해 노동시장취약계층의 소득안정성을 제고하는 방안이 필요하다. 따라서 전체적인 고용보호법제의 변화가 선행되고 난 뒤에 비정규직에 대한 차별을 완화 또는 해소할 수 있는 보호법제가 추진될 필요가 있다.

한편 복지혜택을 받는 근로자들의 비중이 점차 증가하고 있으며, 이는 고령화가 진전됨에 따라 지속될 전망인 점과 사회복지를 위한 재원부족을 감안할 때, 스웨임 박사의 의견처럼 'make work pay'정책, 즉 근로활성화(activation) 정책의 중요성이 강조되어야 한다. 또한 이를 위해서는 고용, 복지, 교육·훈련이 밀접하게 연계 및 상호 보완되는 '통합적 관리(governance) 시스템'을 구축할 필요가 있으며, 이는 지역단위에서부터 이루어져야 할 것이다.

[공저자 약력]

김승택(한국노동연구원, 사회정책연구본부장)
허재준(한국노동연구원, 노동시장연구본부장)
조준모(성균관대학교, 경제학부 교수)
전용일(성균관대학교, 경제학부 교수)
최공필(우리금융지주, 전무(전략총괄))
양준모(연세대학교, 경제학과 교수)
전병유(한국노동연구원, 사회정책연구본부 선임연구위원)
배진한(충남대학교, 경제학과 교수)
이인재(인천대학교, 경제학과 교수)
김혜원(한국노동연구원, 사회정책연구본부 부연구위원)
전성인(홍익대학교, 경제학과 교수)
황성수(중소기업연구원, 산업연구실 책임연구원)
김종일(동국대학교, 경제학과 교수)
이주선(한국경제연구원, 기업연구본부장)
김주섭(한국노동연구원, 연구관리본부장)
주무현(한국고용정보원, 연구개발본부 인력수급전망센터장)
김진영(건국대학교, 경제학과 교수)
오호영(한국직업능력개발원, 신성장인재연구실 부연구위원)

고용과 성장

2009년 1월 17일 初版印刷
2009년 1월 22일 初版發行

編著者 김승택 · 허재준 · 조준모 · 전용일
發行人 安 鍾 萬
發行處 (株) 博 英 社
서울特別市 鍾路區 平洞 13-31番地
電話 (733) 6771 FAX (736) 4818
登錄 1959. 3. 11. 제300-1959-1호(倫)

저자와 협의하여 인지 첩부를 생략함

www.pakyoungsa.co.kr e-mail: pys@pakyoungsa.co.kr

定 價 29,000원 ISBN 978-89-7189-928-1